新譯後漢書(六)傳五

魏連科等 注譯

三民書局 印行

國家圖書館出版品預行編目資料

新譯後漢書(六)傳㈤ / 魏連科等注譯. ——初版一刷. ——臺北市: 三民, 2013
面; 公分. ——(古籍今注新譯叢書)

ISBN 978-957-14-5786-4 (平裝)

1. 後漢書 2. 注釋

622.201　　102005834

 新譯後漢書(六)傳㈤

注譯者	魏連科等
責任編輯	張加旺
美術設計	陳宛琳
發行人	劉振強
著作財產權人	三民書局股份有限公司
發行所	三民書局股份有限公司 地址　臺北市復興北路386號 電話　(02)25006600 郵撥帳號　0009998-5
門市部	(復北店) 臺北市復興北路386號 (重南店) 臺北市重慶南路一段61號
出版日期	初版一刷　2013年6月
編號	S 033780

行政院新聞局登記證局版臺業字第〇二〇〇號

ISBN 978-957-14-5786-4 (平裝)

http://www.sanmin.com.tw 三民網路書店

新譯後漢書 目次

第六冊

卷五十九

張衡列傳第四十九

【題解】張衡（西元七八—一三九年），字平子，東漢南陽西鄂（今河南南陽）人。中國古代著名科學家。曾兩度任太史令，執管天文、曆法。一生潛心發明著述。創製了世界上最早利用水力轉動測定天體星象的渾天儀、測定風候的候風儀和測定地震的地動儀，還發明和複製出指南車和記里鼓車等多種機械，並第一次正確解釋了月蝕之成因。有天文著作《靈憲》。又擅長文學，作品主要為詩、賦，代表作〈二京賦〉。著作原有集，已佚，明人輯有《張河間集》。

張衡，字平子，南陽❶西鄂❷人也。世為著姓。祖父堪，蜀郡❸太守❹。衡少善屬文，游於三輔❺，因入京師❻，觀太學❼，遂通五經❽，貫六藝❾。雖才高於世，而無驕尚之情。常從容淡靜，不好交接俗人。永元❿中，舉孝廉⓫，不行，連辟公府不就。時天下承平日久，自王侯以下，莫不踰侈。衡乃擬班固⓬兩都，作二京賦，因以諷諫。精思傅會，十年乃成。文多故不載。大將軍⑬鄧騭⑭奇其才，累召不應。

衡善機巧，尤致思於天文、陰陽、歷筭。常耽好玄經⑮，謂崔瑗⑯曰：「吾觀太玄⑰，方知子雲⑱妙極道數，乃與五經相擬，非徒傳記之屬，使人難論陰陽之事，漢家得天下二百歲之書也。復二百歲，殆將終乎？所以作者之數，必顯一世，常然之符也。漢四百歲，玄其興矣。」安帝⑲雅聞衡善術學，公車⑳特徵拜郎中㉑，再遷為太史令㉒。遂乃研覈陰陽，妙盡琁機㉓之正，作渾天儀㉔，著靈憲、筭罔論，言甚詳明。

【章旨】以上記述張衡性情、才學以及入仕朝廷情況。張衡才華出眾，長於天文、曆法、數術之類，所以他的精力和興趣才不在功名利祿上。

【注釋】❶南陽　郡名。戰國時置。治今河南南陽。❷西鄂　縣名。西漢置。治今河南南陽北鄂城寺。❸蜀郡　戰國秦置。治今成都。東漢屬益州。❹太守　官名。西漢景帝時改郡守置，為郡的最高行政長官，掌民政、司法、軍事、財賦等，可以自辟僚屬，秩二千石。東漢沿置。❺三輔　西漢京畿地區三個地方長官，亦用以指其所管理的京畿地區。西漢景帝二年（西元前一五五年）分內史為左、右內史，與主爵中尉（中元六年改為主爵都尉）同治長安城中，所轄皆京畿之地，故合稱「三輔」。漢武帝太初元年（西元前一〇四年）改左、右內史與主爵都尉為左馮翊、京兆尹、右扶風，轄境相當今陝西中部地區。❻京師　即京城。東漢京城在洛陽（今河南洛陽白馬寺東）。❼太學　學校名，漢朝時為全國最高學府。西漢武帝用董仲舒建議，傳授儒家經典，以造就官僚人才。用博士為師。東漢質帝時在學太學生達三萬。❽五經　指《詩》、《書》、《禮》、《易》、

《春秋》五部儒家經典。西漢文帝時，以《詩》列於學官，置《詩經》博士。景帝時，繼以《春秋》博士。武帝建元五年（西元前一三六年）置《五經》博士，則《五經》均列於學官。經學遂成為封建社會的官學。❾六藝　儒家私學從周代官學繼承而來的教學科目，即禮、樂、射、御、書、數。❿永元　東漢和帝劉肇年號，西元八九—一〇五年。⓫孝廉　漢代選拔官吏的科目，孝指孝子，廉指廉潔之士，原為二科，漢武帝採納董仲舒建議，於元光元年（西元前一三四年）初令郡國舉孝、廉各一人。其後多混同連稱，而為一科，所舉也不限於孝者和廉吏。察舉孝廉為歲舉，郡國每年向中央推舉一至二人。被舉者大都先除授郎中。⓬班固　字孟堅，東漢扶風安陵（今陝西咸陽）人。班彪子。明帝時任蘭臺令史，撰《漢書》。建初四年（西元七九年），章帝召集諸儒在白虎觀講論《五經》同異，命其記述其事，撰成《白虎通德論》（《白虎通義》）。和帝永元元年（西元八九年），隨竇憲出擊匈奴，為中護軍，參與謀議。永元四年，竇憲失勢自殺，他受牽連免官、被捕，死於獄中。所撰《漢書》，資料豐富，組織精密，敘事得當，並開創斷代修史之法，後世奉為規範。事見本書卷四十。⓭大將軍　官名。始於戰國，漢代沿置，為將軍的最高稱號，執掌統兵征戰。事實上多由貴戚擔任，掌握政權，職位甚高。⓮鄧騭　（？—西元一二一年），字昭伯，東漢南陽新野（今河南新野）人。妹為漢和帝皇后。和帝死，安帝即位，太后臨朝，他任大將軍。輔政期間，曾進賢士，罷力役，有所建樹。太后死，安帝與宦官李閏合謀誅滅鄧氏，他因而自殺。事見本書卷十六。⓯玄經　書名。西漢揚雄撰。共三篇，紀天地人之道。⓰崔瑗　字子玉，東漢涿郡安平（今屬河北）人。崔駰之子。盡傳其父之業，並從賈逵問學。精於天官、曆數，為儒者所宗。與馬融、張衡等相友，以文章著稱於世。順帝時任假令、濟北相等職，從政有績，年六十六而卒。⓱太玄　書名。亦稱《太玄經》。西漢揚雄撰。⓲子雲　即楊雄，一作「揚雄」（西元前五三—西元一八年），字子雲，西漢蜀郡成都（今屬四川）人。成帝時，為侍郎，給事黃門。新莽時轉為大夫，校書天祿閣。初好辭賦，曾仿司馬相如賦體作〈甘泉〉、〈河東〉、〈校獵〉、〈長楊〉四賦。後以賦無益於諷諫，輟而不為。又仿《論語》作《法言》，仿《易經》作《太玄》。駁斥神仙方術迷信，重視儒家倫理學說。⓳安帝　即劉祜（西元九四—一二五年），東漢章帝孫，清河孝王劉慶子。即位時年十三，鄧太后臨朝，后兄鄧騭執政。在位期間，政治黑暗，社會矛盾尖銳。張伯路等起兵海上，攻擊沿海諸郡，襲殺守令；杜季貢等聯合羌人連年起事，屢敗漢兵。建光元年鄧太后死後親政，與宦官李閏等合謀誅滅鄧騭宗族，自此寵信宦官。廟號恭宗。⓴公車　本意為官車。漢以公家馬車遞送應舉之人。後因以「公車」為舉人應試之代稱，又藉以指應試之舉子。㉑郎中　官名。始於戰國，漢代沿置，屬郎中令（後改光祿勳），管理車、騎、門戶，並內充侍衛，外從作戰。初分為車郎、戶郎、騎郎三類，長官設有車戶騎三將，其後類別逐漸泯除。㉒太史令　官名。相傳夏代置，掌文書。秦代置為奉常屬官。西漢沿置，景帝中元六年（西元前一四四年）隸太常，掌天文、曆法及修撰史書。東漢定員一人，秩六百石，專掌天時、星曆，於歲終奏新年曆，記載瑞應、災異，不再撰史。㉓璇機　亦作「旋璣」。古代觀測天文的儀器。㉔渾天儀　中國古代觀測天體位置的儀器。支架上固定兩個互相垂直的圈（地平圈和子午圈）；其內還有若干個可繞與地軸平行轉動的圈，分別代表赤道、黃道、時圈、黃經圈等。在可轉動的圈上，附有繞中心旋轉的窺管，用以觀測天體。

【語譯】張衡，字平子，南陽郡西鄂縣人。世代為有名望的高門大姓。祖父張堪，曾任蜀郡太守。張衡年少時善於寫文章，到三輔求學，接著又進入京師，在太學讀書，於是通曉《五經》，貫通六藝。雖然才華出眾，但從無驕傲之心。平時舉止自然，寧靜淡泊，不喜歡與俗人往來。永元年間，被推舉為孝廉，他沒有應徵，後來公府一連幾次徵召，也沒有就任。當時，天下太平日子過久了，自王侯以下，無不過度奢侈。張衡於是仿照班固的〈兩都賦〉寫作了〈二京賦〉，想以這篇賦對人們進行諷勸。精心構思，附會事物，用了十年時間方才寫成。因文字太多所以這裡不加收錄。大將軍鄧騭認為他是奇才，多次相召，張衡均不應命。

張衡善於靈巧之事，尤其在天文、陰陽、曆算方面投入大量精力。平常很喜好《玄經》，他對崔瑗說：「我讀《太玄經》，方才知道揚子雲能窮極道術的妙處，才能與《五經》相比擬，不僅僅是傳記之類文章，使人難以議論陰陽之本，這是漢朝取得天下二百年才出現的書。又過了二百年，這本書所論之事大概會消失吧？因此作者的想法，一定會顯明一世，這是自然的符驗。漢朝四百年，《太玄經》很盛行啊。」漢安帝素來聽說張衡善於數術，公車特別徵召，任為郎中，又升遷為太史令。於是，他就研討陰陽變化，並完全掌握天文奧祕，造出了渾天儀，著述《靈憲》、《筭罔論》，內容非常詳細明白。

1 順帝❶初，再轉，復為太史令。衡不慕當世，所居之官，輒積年不徙。自去史職，五載復還，乃設客問，作應間以見其志云：

2

「有間余者曰：蓋聞前哲首務，務於下學上達❷，佐國理民，有云為也。朝有所聞，則夕行之。立功立事，式昭德音。是故伊尹❸思使君為堯舜，而民處唐虞，彼豈虛言而已哉，必旌厥素爾。咎單❹、巫咸❺，寔守王家；申伯❻、樊仲❼，實幹周❽邦，服衮而朝，介圭作瑞❾。厥跡不朽，垂烈後昆，不亦丕歟！且學非以要利，而富貴萃之。貴以行令，富以施惠，惠施令行，故易稱以『大業』。質以文美，實由華輿，器賴彫飾為好，人以輿服為榮。吾子性德體道，篤信安仁，約己博藝，無堅不鑽，以思世路，斯何遠矣！曩滯日官❿，今又原之。雖老氏曲全，進道若退，然行亦以需⓫。必也學非所用，術有所仰，故臨川將濟，而舟楫不存焉。徒經思天衢，內昭獨智，固合理民之式也？故嘗見謗于鄙儒。深厲淺揭⓬，隨時為義，曾何貪於支離⓭，而習其孤技邪？參輪可使自轉，木雕猶能獨飛，已垂翅而還故棲，盍亦調其機而銛諸？昔有文王⓮，自求多福。人生在勤，不索何獲。曷若卑體屈己，美言以相剋？鳴于喬木，乃金聲而玉振之⓯。用後勳，雪前吝⓰，婞佷⓱不柔，以意誰靳⓲也。

3

「應之曰：是何觀同而見異也？君子不患位之不尊，而患德之不崇；不恥祿之不夥，而恥智之不博。是故藝可學，而行可力也。天爵⓳高懸，得之在命。或不速而自懷，或羨旃而不臻[20]，求之無益，故智者面而不思。阽身以徼幸[21]，固貪夫之所為，未得而豫喪也。枉尺直尋[22]，議者譏之，盈欲虧志，孰云非羞？於心有猜，則簋飧饌餔[23]猶不屑餐，旌瞀[24]以之。意之無疑，則兼金盈百而不嫌辭，孟軻[25]以之。士或解裋褐而襲黼黻，或委臿築而據文軒者[26]，度德拜爵，量績受祿也。輸力致庸[27]，受必有階。

4 「渾元初基，靈軌未紀[28]，吉凶紛錯，人用朣朦[29]。黃帝[30]為斯深慘。有風后[31]者，是焉亮之，察三辰[32]於上，跡禍福乎下，經緯歷數，然後天步有常，則風后之為也。當少昊[33]清陽之末，實或亂德，人神雜擾，不可方物，重黎[34]又相顓頊[35]而申理之，日月即次，則重黎之為也。人各有能，因藝授任，鳥師別名，四叔三正[36]，官無二業，事不並濟。晝長則宵短，日南則景北。天且不堪兼，況以人該之。夫玄龍，迎夏則陵雲而奮鱗，樂時也；涉冬則淈泥而潛蟠，避害也。公旦[37]道行，故制典禮以尹天下，懼教誨之不從，有人之不理。仲尼[38]不遇[39]，故論六經以俟來辟，恥一物之不知，有事之無範。所考不齊，如何可一？

5 「夫戰國[40]交爭，戎車競驅，君若綴旒[41]，人無所麗。燭武[42]縣縋而秦伯[43]退師，魯連係箭而聊城弛柝[44]。從往則合，橫來則離，安危無常，要在說夫。咸以得人為梟，失士為尤。故樊噲披帷，入見高祖[45]；高祖踞洗，以對酈生[46]。當此之會，乃黿鳴而鼈應也[47]。故能同心戮力，勤恤人隱，奄受區夏，遂定帝位，皆謀臣之由也。故一介之策，各有攸建，子長[48]諜之，爛然有第。夫女魃北而應龍翔[49]，洪鼎聲而軍容息；溽暑至而鶉火棲，寒冰沍而黿鼉蟄[50]。今也，皇澤宣洽，海外混同，萬方億醜，并質共劑，若修成之不暇，尚何功之可立！立事有三，言為下列；下列且不可庶矣，奚冀其二哉！

6

「于茲搢紳[51]如雲，儒士成林，及津者風攄，失塗者幽僻[52]，遭遇難要，趨偶為幸。世易俗異，事埶舛殊，不能通其變，而一度以揆之，斯契船而求劍[53]，守株而伺兔[54]也。冒愧逞願，必無仁以繼之，有道者所不履也。越王句踐[55]事此，故厥緒不永。捷徑邪至，我不忍以投步；干進苟容，我不忍以歙肩。雖有犀舟勁檝，猶人涉卬否[56]，有須者也。姑亦奉順敦篤，守以忠信，得之不休，不獲不吝。不見是而不悟，居下位而不憂，允上德之常服焉。方將師天老而友地典[57]，與之乎高睨而大談，孔甲[58]且不足慕，焉稱殷彭[59]及周聃！與世殊技，固孤是求。子憂朱泙曼[60]之無所用，吾恨輪扁[61]之無所教也。子覩木雕獨飛，愍我垂翅故棲，吾感去鼃附鴟，悲爾先笑而後號也！

7

「斐豹以斃督燔書[62]，禮至以掖國作銘[63]；弦高以牛餼退敵[64]，墨翟以縈帶全城[65]；貫高以端辭顯義[66]，蘇武以禿節效貞[67]；蒱且以飛矰逞巧[68]，詹何以沈鉤致精[69]；弈秋以棊局取譽[70]，王豹以清謳流聲[71]。僕進不能參名於二立[72]，退又不能群彼數子。愍三墳之既穨，惜八索之不理[73]。庶前訓之可鑽，聊朝隱乎柱史[74]。且韞櫝以待價，踵顏氏以行止[75]。曾不慊夫晉[76]、楚[77]，敢告誠於知己。」

【章　旨】以上記述張衡志不在官場，多年不升遷也不在意，並作〈應間〉來表明自己隱於朝著書立說的志向。

【注　釋】❶順帝　即劉保（西元一一五—一四四年），東漢安帝之子。永寧元年被立為太子。延光三年被廢為濟陰王。安帝死，宦官江京等立北鄉侯劉懿為帝（即少帝），旋卒。宦官孫程等殺江京迎立其為帝。孫程等十九名宦官封侯，外戚梁商、梁冀相繼為大將軍，朝政操於宦官、外戚之手，政治日益腐敗。❷下學上達　下學人事，上知天命。語出《論語》：「孔子曰：『下學而上達。』」❸伊尹　商初大臣，名摯，相傳曾為有莘氏媵臣，入商輔佐成湯，伐桀滅夏，建立商朝。湯死後，其子太丁未立而卒，他先後輔立太丁弟外丙、仲壬。仲壬死後，復輔立太丁子太甲。太甲即位，不遵湯法，乃放之於桐，攝政。太甲居桐三年，悔過，遂迎歸，還以國政，復為相輔，至沃丁時卒。❹咎單　商臣，湯時任司空，曾作〈明居〉，以明居民之法。伊尹死，商王沃丁葬之於亳，又作〈沃丁〉，總結伊尹從政經驗。❺巫咸　商臣，太戊時治王家有功，作〈咸乂〉、〈太戊〉。殷墟甲骨文中有咸戊，或以為即巫咸。或說是神農、黃帝或堯時人，占筮的創始者。❻申伯　周宣王舅父，姜姓，受褒賞，改封於謝（今河南南陽南）。申國對鞏固周朝南土起了重要作用。❼樊仲　即「仲山甫」。甫或作「父」。周宣王大臣。食采於樊（今河南濟源東南），又稱「樊仲」、「樊穆仲」、「樊仲山父」。曾反對宣王干預魯國君位繼承，又勸諫宣王「料民」，皆為宣王所拒。❽周　朝代名。西元前十一世紀周武王滅商後建立，建都於鎬（今陝西長安灃河以東）。西元前七七一年申侯聯合犬戎攻殺周幽王。次年周平王東遷到洛邑（今河南洛陽）。歷史上稱平王東遷以前為西周，以後為東周。❾服袞而朝二句　穿著袞服上朝，以介圭作為寶物。袞，古代帝王及上公的禮服。介圭，長一尺二寸的大玉。《詩・崧高》：「錫爾介圭，以作爾寶。」⑩日官　即史官。⑪雖老氏曲全三句　雖然老子有「曲則全」的理論，前進就等於是後退，走也就是不走。語出《老子》：「曲則全，枉則直。」又曰：「夷道若纇，進道若退。」老氏，姓李，名耳，字聃，春秋楚國苦縣（今河南鹿邑）人。道家創始人。傳說曾為東周王室管理典籍的史官。現存《老子》一書，基本反映其思想。主張「無為而治」，認為「道」是天地萬物的本原，認識到事物之間的依存和轉化關係。老子的思想對中國思想史的發展產生了深遠影響。⑫深厲淺揭　過深水要脫去衣服，過淺水只要挽起褲腿。後比喻行事隨機應變。《詩・匏有苦葉》：「匏有苦葉，濟有深涉。深則厲，淺則揭。」厲，河水可以涉過之處，亦指涉過。揭，提起衣裳。⑬支離　即支離益。據說善屠龍之術。據《莊子》記載，朱泙漫向支離益學屠龍術，用盡千金家財，三年學成後，發現沒有任何用處。⑭文王　姬姓，名昌。商末周族領袖，商紂王時為西伯，亦稱伯昌。曾被商紂囚禁於羑里（今河南湯陰北）。統治期間，國勢強盛。他解決虞、芮兩國爭端，使兩國歸附；還攻滅黎（今山西長治西南）、邘（今河南沁陽西北）、崇（今河南嵩縣北）等國。並建立豐邑（今陝西長安灃水以西），作為國都。在位五十年。⑮鳴于喬木二句　在喬木上鳴叫，都是金玉之聲。《詩・伐木》：「伐木丁丁，鳥鳴嚶嚶，出自幽谷，遷于喬木。」喻求仕遷於高位，振揚德音，如金玉之聲。⑯吝　恥辱。⑰婞佷　剛強。⑱斬　戲辱；奚落。⑲天爵　天子所封的爵位；朝廷官爵。⑳或羨旃而不臻　有的人羨慕至極卻不能得到。旃，文言助詞，相當於「之」或「之焉」。臻，到；達到。㉑阽身以徼幸　以僥倖獲取它的心理而身臨險境。阽，臨近邊緣，一般指險境而言。㉒枉尺直尋　比喻在小處委屈退讓，以求得較大的好處。枉，屈。直，伸。㉓簞飧饌餔　盛在簞內的美味食物。簞，古代盛食物器具，圓口，雙耳。飧，晚飯，亦泛指熟食、飯食。饌餔，美味食物。㉔旌瞀　即爰旌目，一作爰精目。據《列子》記載，東方有個叫爰旌目的人，出行途中，飢餓將死。狐丘父有個叫丘的盜賊見到了，就拿壺餵他東西，爰旌目吃了三口才睜開眼睛，問：「你是幹什麼的？」丘回答：「我是狐丘父的丘。」爰旌目說：「你不是盜賊嗎？我絕不吃你的食物。」就兩手撐地嘔吐，最後餓死。㉕孟軻　即孟子。㉖士或解裋褐二句　士人中有脫去短小的粗布衣而穿上錦緞禮服的，有放下掘土築牆的工具而登上華貴官車的。解裋褐，指的是甯戚。甯戚，春秋時齊國大夫，早年懷才不得志，曾為人挽車。委臿築指傅說。傳說曾為刑徒，服勞役於傅巖從事版築。裋褐，粗陋短衣，多為貧苦者所服。臿，掘土的農具，即鍬。築，搗土的杵。文軒，雕飾華美的車子。㉗庸　功勞。㉘渾元初基二句　天地開闢之初，天道還沒有綱紀。渾元，指天地。靈軌，指日月星辰的運行。㉙朣朦　蒙昧；不明事理。㉚黃帝　姬姓，號軒轅氏、有熊氏。傳說中中原各族的共同祖先。㉛風后　相傳為黃帝之臣。黃帝得於海隅，拜為相。黃帝與蚩尤戰於涿鹿之野（今河北涿鹿東南），蚩尤作大霧，士兵迷惑，黃帝命風后作指南車，以辨別四方，遂擒蚩尤。㉜三辰　指日、月、星。㉝少昊　昊又作「皞」、「皓」、「顥」。又稱「青陽氏」、「金天氏」、「窮桑氏」、「雲陽氏」，或稱「朱宣」。相傳為己姓，名摯（或作質），字清陽，係黃帝之子，生於窮桑（今山東曲阜北），能繼太昊之德，故稱少昊或小昊。都於曲阜（今屬山東），設官分職，皆以鳥名，死後葬於曲阜之雲陽。㉞重黎　相傳為顓頊之裔孫，老童（卷章）之子。任帝嚳之火正，稱祝融。共工氏作亂，帝嚳命其討伐，未能誅盡，因被帝嚳誅殺。傳說中楚國君主的祖先。後世祀為火神。一說係二人合稱，重為少昊氏之子，黎為顓頊氏之子，或說少皞之衰，九黎亂德，民神雜糅，人人自行祭祀，為巫史。顓頊即位，命南正重「司天以屬神」，火正黎「司地以屬民」，使神民分開，稱為「絕地通天」。㉟顓頊　傳說中古代部族首領。號高陽氏。生於若水，居於帝丘（今河南濮陽西南），曾命重任南正之官，掌管祭祀天神；命黎任火正之官，掌管民事。㊱鳥師別名二句　以鳥為師，用鳥名來命名官職，四個叔叔分主三正。《左傳》郯子曰：「少皞鳥師而鳥名。鳳鳥氏歷正也，玄鳥氏司分也，伯趙氏司正也，青鳥氏司啟也，丹鳥氏司閉也。」少昊四叔分別為重、該、脩、熙。㊲公旦　即周公旦。姬姓，名旦，西周初人。周武王弟，與呂尚同為西周開國元勳。以魯公封於曲阜，留朝執政，長子伯禽就封。武王卒，成王幼，攝政。管叔、蔡叔、霍叔等不服，聯合殷貴族武庚和東夷反叛。他率師東征，平定叛亂，滅奄（今山東曲阜東）後大舉分封諸侯，營建成周洛邑（今河南洛陽）。又制禮作樂，為西周典章制度的主要創制者，奠定了「成康之治」的基礎。㊳仲尼　即孔子。㊴不遇　不得志；不被賞識。㊵戰國　時代名。因當時秦、齊、楚、燕、韓、趙、魏七個諸侯大國稱雄爭霸，連年戰爭，故稱為「戰國」。西漢末劉向編《戰國策》始作為時代名稱。戰國開始的年代說法不一：《史記．六國年表》始於周元王元年（西元前四七五年）；司馬光《資治通鑑》起於周威烈王二十三年（西元前四〇三年）承認韓、趙、魏為諸侯國；呂祖謙《大事記》起於周敬王三十九年（西元前四八一年），以上接《春秋》；林春溥《戰國編年》和黃式三《周季編略》都起於周貞定王元年（西元前四六八年）。現在一般以周元王元年到秦王政二十六年（西元前二二一年）統一中國為止，成為戰國時代。㊶綴旒　古代旌旗下邊或邊緣上懸垂的裝飾品。比喻君主為臣下挾持，大權旁落。㊷燭武　即燭之武。春秋時鄭國人。魯僖公三十年（西元前六三〇年），晉、秦聯軍圍鄭都城，他受鄭文公命，夜以繩從城上繫下往秦營，見秦穆公言亡鄭無益於秦，只能增加晉的疆土，並預言如晉滅鄭，必西向秦擴展領土。秦穆公遂與鄭結盟，率軍返秦。晉文公聞之，亦解圍而去。㊸秦伯　即秦穆公（？—西元前六二一年），名任好。春秋時秦國國君。春秋五霸之一，任用百里奚、蹇叔、由余為謀臣，擊敗晉國，俘晉惠公，滅梁、芮兩國。後在崤被晉軍襲擊，大敗。轉而向西發展，攻滅十二國，稱霸西戎。因秦的爵位為伯，所以稱秦伯。㊹魯連係箭而聊城弛柝　魯仲連射入勸降信而聊城不攻自破。魯連，即魯仲連。戰國時齊國人，善謀策，常周遊各國，排難解紛。秦軍圍趙都邯鄲（今屬河北），曾以利害進說趙平原君，勸阻尊秦昭王為帝。後十餘年，齊國欲收復被燕占據的聊城（今山東聊城西北），屢攻不下，他寫信勸說燕將撤守。弛，免除；解除。柝，巡夜者擊以報更的木梆。㊺故樊噲披帷二句　所以樊噲衝入禁宮，進見漢高祖。據《漢書》記載，漢高祖曾經生病，不願見人，下詔功臣等一律不得入宮。樊噲獨自闖入宮中，流著淚對高祖說：「陛下難道沒見趙高專權的事嗎？」高祖大笑起身。樊噲，沛縣（今屬江蘇）人，漢初將領。少以屠狗為業。初隨劉邦起義，為其部將，以軍功封賢成君。滅秦後，項羽謀士范增擬在鴻門宴上謀殺劉邦，他直入營門，斥責項羽，劉邦始得脫走。漢初，隨劉邦擊破臧荼、陳豨和韓王信的叛亂，任左丞相，封舞陽侯。其妻呂須為呂后妹，因得呂后的信任。㊻高祖踞洗二句　漢高祖邊坐著洗腳邊見酈生，聽完建議後就停止洗腳而向酈生道歉。據《漢書》記載，沛公劉邦一邊踞坐在床上讓兩個女子洗腳，一邊召見酈生。等聽完酈生的建議後就停止洗腳而向酈生道歉。酈生，酈食其（？—西元前二〇三年），秦漢之際陳留高陽鄉（今河南杞縣）人。本為里監門吏。秦末農民戰爭時歸劉邦，獻計克陳留，封廣野君。楚漢戰爭中，說齊王田廣歸漢，韓信襲齊，齊王以為被出賣，把他烹死。踞，蹲或坐。㊼當此之會二句　當此之時，他們君臣相感頗為遇合。黿鳴而鼈應，見焦贛《易林》：「黿鳴岐野，鼈應於泉。」這裡比喻一鳴一應，君倡臣隨。黿，動物名。亦稱「綠團魚」，俗稱「癩頭黿」。㊽子長　即司馬遷（西元前一四五或前一三五—？年），字子長，西漢左馮翊夏陽（今陝西韓城）人。初任郎中，元封三年（西元前一〇八年）繼父職，任太史令。太初元年（西元前一〇四年）與唐都、落下閎等共訂《太初曆》，對曆法進行改革。繼其父司馬談遺志，續傳《太史公書》。後因替投降匈奴的李陵辯解，得罪下獄，受腐刑。出獄後任中書令，發憤繼續完成《太史公書》，後稱《史記》，是我國最早的通史，並開創了紀傳體史書的形式。㊾夫女魃北而應龍翔　旱神女魃敗北而雨神應龍翱翔。女魃，又稱「旱魃」。神話中的旱神。㊿溽暑至二句　夏末一到鶉火星就退居西時，寒冰凝結而黿鼉就潛藏。鼉，動物名。亦稱「揚子鱷」，俗稱豬婆龍。穴居池沼底部，冬日蟄居穴中。(51)搢紳　亦作「縉紳」。古代稱有官職或做過官的人。(52)及津者風攄二句　入仕的人飛黃騰達，宦途失意的人退隱到幽僻之地。及津者，指入仕的人。風攄，因風騰躍。比喻飛黃騰達。失塗者，指宦途失意的人。(53)契船而求劍　據《呂氏春秋》記載，有個楚國人坐船過江，不慎把劍掉進江裡。他急忙在掉劍的船舷上用刀子刻上記號，準備在船靠岸後按記號去找劍。結果當然沒找到。後人以「刻舟求劍」或「契船求劍」來比喻處理問題死板僵化，拘泥成例，不知變通。(54)守株而伺兔　語出《韓非子》：宋國有個種田的人，田裡有一棵樹，一隻兔子奔跑撞到樹上，撞斷脖頸死掉，農人於是放下農具守在樹邊，希望再得到撞樹的兔子。這個宋國人再也沒有得到兔子，而且成為笑柄。後人以「守株待兔」比喻死守經驗，不知變通。(55)越王句踐　（？—西元前四六五年），春秋末越國君，越王允常之子。曾被吳大敗，屈服求和，入臣於吳。回國後，臥薪嘗膽，刻苦圖強，任用范蠡、文種等人整頓國政，十年生聚，十年教訓，終於轉弱為強，滅亡吳國。繼在徐州（今山東滕縣南）大會諸侯，成為霸主。(56)人涉卬否　別人渡河我不渡。語出《詩·匏有苦葉》：「招招舟子，人涉卬否。人涉卬否，卬須我友。」鄭玄注：「人皆涉，我友未至，我獨待而不涉。言室家之道，非得所適貞女不行，非得禮義婚姻不成，喻仕當以道，不求妄進也。」卬，我。(57)方將師天老而友地典　天老、地典，相傳均為黃帝之臣。黃帝從未見過鳳，問於天老，他答以鳳的形像是鴻前麟後，蛇頸魚尾，龍紋龜身，燕頷雞喙，五色俱備。(58)孔甲　相傳為黃帝史官。《漢書·藝文志》著錄《盤盂》二十六篇，或傳為孔甲所作。(59)殷彭　即老彭。商臣，傳說為彭祖後裔。有賢德，好述古代之事，孔子曾讚譽之。(60)朱泙曼　據《莊子》記載，朱泙漫向支離益學屠龍術，用盡千金家財，三年學成後，發現沒有任何用處。(61)輪扁　指一個名扁的做車輪的人，見於《莊子》。(62)斐豹以斃督燔書　斐豹因殺督戎立功而使晉君燒掉了賣他為奴的丹書。據《左傳》記載，春秋時期，晉國人斐豹因犯罪，沒為官奴。後豹以殺欒盈的力臣督戎，換得自由身分。(63)禮至以掖國作銘　禮至為國家劫持和殺死了國子而自刻了銘文。據《左傳》記載，衛國征伐邢國，衛人禮至在邢為大夫，他在與邢國正卿國子巡城時，把國子挾持到城外殺死，並親自寫銘文說：「我挾持殺死國子，沒有人敢阻止我。」(64)弦高以牛餼退敵　弦高以牛犒勞秦軍騙退了敵人。據《左傳》記載，秦國軍隊要襲擊鄭國和滑國，鄭國商人弦高在途中遇上，就以鄭國國君的名義用十二頭牛犒勞秦軍，秦將以為鄭國有備，就滅滑國後回軍。(65)墨翟以縈帶全城　墨翟用衣帶為防具保全了宋國都城。據《墨子》記載，楚國進攻宋國，公輸般替楚王製攻城器具。墨子往楚軍軍營勸阻，於是與公輸般進行攻守較量。公輸般做雲梯攻城，墨子就解下腰帶做城牆，以牒為器械。公輸般攻了九次，墨子守了九次，公輸般攻城方法用盡，墨子守城方法還沒用完。楚王見此，就放棄攻宋。墨翟，即墨子（約西元前四六八—前三七六年），名翟，戰國時魯國（一說宋國）人。墨家創始者。曾為宋國大夫，初學儒家學說，後認為其禮繁瑣，乃另立新說，聚徒講學，徒屬滿天下，形成墨家學派。與儒家對立，並稱「儒墨顯學」。注重實踐，有吃苦精神。提出「非攻」的主張，抨擊掠奪戰爭。(66)貫高以端辭顯義　貫高憑藉正直之言顯揚了忠義。貫高（？—西元前一九八年），西漢初人。為趙王張耳客。後任趙相。以高祖過趙辱罵趙王張敖，乃密謀刺之。高帝九年（西元前一九八年）事發，隨王逮至長安。雖受酷刑，極力為王開脫。高祖感其至誠，乃赦王，欲任以官職，他以己實有謀弒之罪，自殺。(67)蘇武以禿節效貞　蘇武手持光禿禿的節杖奉獻了忠心。蘇武（？—西元前六〇年），字子卿，西漢杜陵（今陝西西安東南）人。天漢元年，任中郎將，奉命出使匈奴，其副使張勝參加匈奴貴族的內部鬥爭，事發投降。匈奴貴族對他也多方威脅利誘，又把他遷到北海（今貝加爾湖）邊牧羊。他堅持十九年不屈。始元六年，因匈奴與漢和好，才被遣回朝。官典屬國。卒年八十四。(68)蒱且以飛矰逞巧　蒱且憑射出矰矢表現了技巧。據《列子》記載，蒱且射鳥，用的是弱弓細繩，乘風射出，一箭射中兩隻黃鸝。矰，古代射鳥用的拴著絲繩的短箭。(69)詹何以沈鉤致精　據《列子》記載，詹何用一根繭絲做釣絲，芒刺做釣鉤，荊條做釣竿，切開的米粒做釣餌，釣上滿車的魚。(70)弈秋以棊局取譽　弈秋因為下棋而取得聲譽。弈秋，名秋，姓不詳，戰國時期棋手。《孟子》：「弈秋，通國之善弈者也。」(71)王豹以清謳流聲　王豹因為唱歌揚名。謳，歌唱。(72)二立　指立德、立功。(73)愍三墳之既穨二句　悲哀《三墳》之書已經毀壞，惋惜《八索》之書得不到整理。孔安國認為《三墳》為三皇之書，八卦之說稱作《八索》。(74)柱史　即柱下史。官名。周秦時設。因常侍立殿柱之下，故名。老子曾為柱下史。應劭說：「老子為周柱下史，朝隱終身無患，是為上也。」(75)且韞櫝以待價二句　暫且像玉一樣藏身櫃子中待價而沽，以顏淵為榜樣檢點自己的言行。《論語》：子貢問：「有美玉於斯，韞櫝而藏諸，求善賈而沽諸？」孔子回答說：「我待價者也。」韞櫝，藏在櫃子裡。比喻懷才未用。顏氏，即顏淵。名回，字子淵，春秋末魯國人。孔子學生。家境貧寒，簞食瓢飲，居住陋巷，而不改其樂。為人好學，以德行著稱。(76)晉　古國名。西元前十一世紀周分封的諸侯國，姬姓。開國君主是周成王弟叔虞，在今山西西南部，建都於唐（今山西翼城西）。西元前四世紀中葉晉國為韓、趙、魏三家所分。(77)楚　古國名。始祖鬻熊。西周時立國於荊山一帶，建都丹陽（今湖北秭歸東南）。西元前二二三年為秦所滅。

【語　譯】順帝初年，經兩次轉任，又擔任太史令。張衡不追慕當世權貴，所擔任職務，總是一連多年不升遷變動。自從離開太史令之職，連續過了五年，後又回到原職，於是他假設有客來問，作了〈應間〉來表明他的志向：

2　「有勸我的人說：聽說先賢最首要的事務，是力求下學人事，上達天命，輔佐國君，治理百姓，有所作為。早晨聽到什麼道理，那麼晚上一定實行。建功立業，用來昭示美好的德行。因此，伊尹想使君王成為堯舜，而百姓則處於唐虞盛世，他又怎會說空話呢，並以此來表明他的志向啊。咎單、巫咸，忠實地守護商王室；申伯、樊仲，忠誠地捍衛周朝，穿著袞服去上朝，手持介圭作為瑞玉。他們的功績永遠不朽，流傳到後代，不是也很偉大嗎！況且學習並不是為了獲得利益，但富貴自然會聚集到他頭上來。顯貴可以用來發號施令，富足可以用來布施恩惠，恩惠布施，政令通行，所以《易》稱之為『大業』。質樸因為文飾而美麗，果實因為開花才結出來，器具依賴雕飾而變得漂亮，人因為車馬服飾而變得華貴。先生您性情仁德，遵循道義，忠實篤信，安於仁義，約束自身，博通技藝，沒有什麼艱深的道理不去鑽研，用來思考人世之路，這種謀慮是多麼深遠啊！過去長期滯留史官位置上，今天又回到史官原職。雖然老子有『曲則全』的理論，前進就等於是後退，走也就是不走。一定是所學的東西不能夠應用，技術要有所依賴，所以說站在江邊將要渡河，但沒有舟檝。只是整天思考天道，內心顯示自身智慧，就是適合治理百姓的方式嗎？所以常常被俗儒所誹謗。過深水要脫去衣服，過淺水只要挽起褲腿，應該根據不同的情況採取不同的辦法，卻為什麼要痴迷於支離益的屠龍之術，而學習那用途有限的技藝呢？三個輪子可以讓它自轉，木雕也能夠自飛，已經垂下翅膀而回到原來棲息的地方，何不也調其機關而使之便於高飛呢？從前有周文王，自求多福。人生在於勤快，不去索取哪來的收穫。何不委屈一下自己，講一些漂亮話來抬高自己呢？在喬木上鳴叫，都是金玉之聲。用後面獲得的勳位，洗刷過去所受的恥辱，堅強而不柔弱，又有誰會感到羞愧呢。

3　「我回答說：為什麼觀察相同的事物而見解不同呢？君子不擔心地位不尊貴，而只擔心品德不崇高；不因俸祿不多而羞愧，而以知識不淵博為恥辱。因此技藝可以學習，而行動可以盡力。天子高懸爵位，要得到它完全在於命運。有的人不求它卻自來，有的人羨慕至極卻不能得到，勉強去追求它是沒有益處的，所以智慧的人雖然面對它卻不想。以僥倖獲取它的心理而身臨險境，這本來是貪鄙之人的行為，沒有得到就先失去了一切。在小處委屈退讓，以求得較大的好處，議論的人就會譏笑這件事，欲望過大就會傷害志節，誰說這不是羞恥呢？在心裡有疑惑，就是準備好飯菜食物讓他吃也不屑於去吃，爰旌目就是這樣的人。心裡面沒有疑惑，那就是得到黃金百兩也不會推辭，孟軻就是這樣的人。士人中有脫去粗陋短衣而穿上錦緞禮服的，有放下鍬杵而登上華貴官車的，這是根據他們的德行授予爵位，衡量他們的功績授予俸祿啊。出力立功，朝廷就會授予官階。

4　「天地開闢之初，天道還沒有綱紀，吉祥與凶禍紛亂交雜在一起，人們還處於蒙昧無知之中。黃帝為此深深地悲傷。有個叫風后的人，因此要使人明白事理，在上面觀察日月星三辰，在下面觀察人間禍福，經過條理安排，這樣之後天道才有常規，這就是風后的作為啊。當少昊的末年，確實有人擾亂仁德，人神混雜在一起，無法分辨好壞，重黎輔助顓頊而治理天下，日、月才歸於有序，這就是重黎的作用啊。人們各有各的才能，根據才藝不同而授予不同職位，以鳥為師，用鳥名來命名官職，四個叔叔分主三正，一官不掌任兩職，事情不能同時辦理。白天長了晚上就短，太陽在南影子就在北。上天尚且不能兼顧，何況由人去兼做呢。黑色的龍，一到夏天就振動鱗羽而飛凌雲天，這是以時令適宜為樂；在過冬的時候就掘開泥土潛藏起來，這是逃避時令的傷害。周公旦遵正道而行，所以制定典章禮樂來匡正天下，他還擔心教化得不到通行，有人得不到治理。孔丘不遇明君，所以論述《六經》用來等待後來的賢君，他以對某一事物不知曉，有些事物沒有規範而為恥辱。所考察的事物各有不同，怎麼可以強求一致呢？

5 「戰國時互相爭戰，戰車競先驅馳，國君被人控制像旗幟上的流蘇一樣擺動，而臣民則無所依附。燭之武從城上縋下去勸說秦穆公退軍，魯仲連射入勸降信而聊城不攻自破。主張合縱的人來了六國就聯合，主張連橫的人來了六國又分離，平定危急沒有一定之規，關鍵就掌握在說客手上。都認為得到人才就能勝利，失去人才就會失敗。所以樊噲衝入禁宮，進見漢高祖；漢高祖邊坐著洗腳邊見酈生，聽完建議後就停止洗腳而向酈生道歉。在他們相會之際，君臣相感頗為遇合。所以能夠同心協力，勤於體恤民情，擁有整個華夏，才得到帝王之位，這都是有謀臣的原因啊。所以，每一個謀臣的計策，都有不同的建樹，司馬遷把這些記載下來，按功績大小敘述有序。旱神女魃敗北而雨神應龍翱翔，洪水發出轟鳴聲而軍容受損；夏末一到鶉火星就退居西時，寒冰凝結而黿鼉就潛藏。現在，皇帝恩澤廣施，海內外一統，八方各族，同舟共濟，如果自己修身養性都沒有時間，那還有什麼功勞可以建立！成就事業的方法有三種，立言是屬於最末一種；如果這最末一種尚且沒有希望的話，怎麼能希圖那前兩種呢！

6 「如今縉紳如雲，儒學之士成林，入仕的人飛黃騰達，宦途失意的人退隱到幽僻之地，人的遭際難以強求，還是順其自然為佳。世道變了，風俗也不同了，事情和形勢千差萬別，如果不能通達其變化，而總是以一個標準去衡量它，這就等於是刻舟求劍、守株待兔了。懷著羞愧去逞展自己的心願，接下來必然是不講仁德，這是有道的人所不願幹的事情。越王句踐這樣做，所以他的國運就不會長久。試圖走捷徑而行歪道，我不忍心這樣去邁步；干謁求進，苟合取容，我不屑與這樣的人為伍。雖然有堅固的船、強勁的楫，仍是別人渡河我不渡，這是有所等待啊。姑且也尊奉溫順，敦厚誠實，以忠信自守，得到它不以為美，得不到它也不以為恥。不被任用而不苦悶，身居下位而不憂傷，讓高尚的品德長久相隨。正要以天老為師而以地典為友，與他們高視闊步而大聲談論，孔甲尚且不足以追慕，哪會稱讚商代的殷彭和周代的老聃！與世人所不同的技能，本來就是求其獨特。你擔心朱泙曼的屠龍之技沒有用處，我還遺憾輪扁沒有對後人有所教導呢。你看到木雕獨自飛轉，憐憫我垂落翅膀回到了原來的職位，我還感歎你像那離去的青蛙，依附於兇猛的鵰鳥一樣，為你先笑而後哀號感到悲傷啊！

7 「斐豹因殺督戎立功而使晉君燒掉了賣他為奴的文書，禮至劫持殺死了國子而親自寫了銘文；弦高以牛犒勞騙退了敵人，墨翟以衣帶為比喻保全了宋國都城；貫高憑藉正直之言顯揚了忠義，蘇武手持光禿禿的節杖奉獻了忠心；捕且憑射出矰矢表現了技巧，詹何以簡陋釣具顯示精湛的技術；弈秋因為下棋而取得聲譽，王豹因為唱歌而四處留名。我進身的時候不能在立德、立功上取得名聲，退處的時候又不能像上述數人那樣各有其能。悲哀《三墳》之書已經毀壞，惋惜《八索》之書得不到整理。希望可以鑽研前代聖賢的遺訓，姑且在朝廷的史官中隱姓埋名。暫且像玉一樣藏身匣中待價而沽，以顏淵為榜樣檢點自己的言行。從不曾羡慕晉、楚的財富，冒昧地在知己面前說出自己的誠心。」

1 陽嘉❶元年，復造候風地動儀。以精銅鑄成，員徑八尺，合蓋隆起，形似酒尊，飾以篆文山龜鳥獸之形。中有都柱，傍行八道，施關發機。外有八龍，首銜銅丸，下有蟾蜍，張口承之。其牙機巧制，皆隱在尊中，覆蓋周密無際。如有地動，尊則振龍機發吐丸，而蟾蜍銜之。振聲激揚，伺者因此覺知。雖一龍發機，而七首不動，尋其方面，乃知震之所在。驗之以事，合契若神。自書典❷所記，未之有也。嘗一龍機發而地不覺動，京師學者咸怪其無徵，後數日驛至，果地震隴西❸，於是皆服其妙。自此以後，乃令史官❹記地動所從方起。

2

時政事漸損，權移於下，衡因上疏陳事曰：「伏惟陛下宣哲❺克明❻，繼體承天，中遭傾覆，龍德泥蟠❼。今乘雲高躋，磐桓天位，誠所謂將隆大位，必先倥傯❽之也。親履艱難者知下情，備經險易者達物偽。故能一貫萬機，靡所疑惑，百揆❾允當，庶績咸熙。宜獲福祉神祇，受譽黎庶❿。而陰陽未和，災眚屢見，神明幽遠，冥鑒⓫在茲。福仁禍淫，景響而應，因德降休，乘失致咎，天道雖遠，吉凶可見，近世鄭⓬、蔡⓭、江⓮、樊⓯、周廣、王聖⓰，皆為效矣。故恭儉畏忌，必蒙祉祚，奢淫諂慢，鮮不夷戮，前事不忘，後事之師也。夫情勝其性，流遯忘反，豈唯不肖，中才皆然。苟非大賢，不能見得思義，故積惡成釁，罪不可解也。向使能瞻前顧後，援鏡自戒，則何陷於凶患乎！貴寵之臣，眾所屬仰，其有愆尤，上下知之。褒美譏惡，有心皆同，故怨讟溢乎四海，神明降其禍辟也。頃年雨常不足，思求所失，則洪範所謂『僭恆陽若』者也[17]。懼群臣奢侈，昏踰典式，自下逼上，用速咎徵。又前年京師地震土裂，裂者威分，震者人擾也。君以靜唱，臣以動和，威自上出，不趣於下，禮之政也。竊懼聖思厭倦，制不專己，恩不忍割，與眾共威。威不可分，德不可共。洪範曰：『臣有作威作福玉食，害于而家，凶于而國。』天鑒孔明，雖疎不失。災異示人，前後數矣，而未見所革，以復往悔。自非聖人，不能無過。願陛下思惟所以稽古率舊[18]，勿令刑德八柄[19]，不由天子。若恩從上下，事依禮制，禮制脩則奢僭息，事合宜則無凶咎。然後神望允塞，災消不至矣。」

3 初，光武善讖[20]，及顯宗[21]、肅宗[22]因祖述焉。自中興[23]之後，儒者爭學圖緯，兼復附以訞言。衡以圖緯虛妄，非聖人之法，乃上疏曰：「臣聞聖人明審律歷以定吉凶，重之以卜筮[24]，雜之以九宮[25]，經天驗道，本盡於此。或觀星辰逆順，寒燠所由；或察龜策之占，巫覡[26]之言，其所因者，非一術也。立言於前，有徵於後，故智者貴焉，謂之讖書。讖書始出，蓋知之者寡。自漢取秦[27]，用兵力戰，功成業遂，可謂大事，當此之時，莫或稱讖。若夏侯勝[28]、眭孟[29]之徒，以道術立名，其所述著，無讖一言。劉向父子[30]領校祕書，閱定九流[31]，亦無讖錄。成[32]、哀[33]之後，乃始聞之。尚書[34]堯使鮌[35]理洪水，九載績用不成，鮌則殛死，禹[36]乃嗣興。而春秋讖云『共工[37]理水』。凡讖皆云黃帝伐蚩尤[38]，而詩讖獨以為『蚩尤敗，然後堯受命』。春秋元命包中有公輸班[39]與墨翟，事見戰國，非春秋時也。又言『別有益州[40]』。益州之置，在於漢世。其名三輔諸陵，世數可知。至於圖中訖于成帝。一卷之書，互異數事，聖人之言，埶無若是，殆必虛偽之徒，以要世取資。往者侍中[41]賈逵[42]摘讖互異三十餘事，諸言讖者皆不能說。至於王莽[43]簒位，漢世大禍，八十篇何為不戒？則知圖讖成於哀平[44]之際也。且河洛[45]、六埶，篇錄已定，後人皮傅，無所容簒。永元中，清河[46]宋景遂以歷紀推言水災，而偽稱洞視玉版[47]。或者至於棄家業，入山林。後皆無效，而復采前世成事，以為證驗。至於永建[48]復統，則不能知。此皆欺世罔俗，以昧埶位，情偽較然，莫之糾禁。且律歷、卦候[49]、九宮[50]、風角[51]，數有徵效，世莫肯學，而競稱不占之書。譬猶畫工，惡圖犬馬而好作鬼魅，誠以實事難形，而虛偽不窮也。宜收藏圖讖，一禁絕之，則朱紫[52]無所眩，典籍無瑕玷矣。」

【章旨】以上記述張衡一方面繼續鑽研學術，發明侯風地動儀；另一方面在政治上也力圖有所作為，兩次上疏，勸諫漢順帝掌控權力，禁止讖緯。

【注釋】❶陽嘉 東漢順帝劉保年號，西元一三二—一三五年。❷書典 典籍；史書。❸隴西 郡名。戰國秦昭襄王二十八年（西元前二七九年）以義渠地置。因在隴山以西得名。治今甘肅臨洮。❹史官 主管文書、典籍，並負責修撰前代史書和搜集記錄當代史料的官員。❺宣哲 明哲；明智。❻克明 能察是非；能盡君道。❼中遭傾覆二句 中途遭受挫折，龍體一度蜷曲在泥淖之中。指順帝為太子時被廢為濟陰王。蟠，盤曲而伏。揚雄《方言》：「未升天龍謂之蟠。」❽倥傯 困苦窘迫。❾百揆 指各種政務。❿黎庶 百姓；民眾。⓫冥鑒 指神靈的鑑戒。⓬鄭 即鄭眾（？—西元一一四年），字季產，南陽犨縣（今河南平頂山市）人。東漢宦官，章帝時為中常侍。和帝初，他首謀誅滅外戚竇憲，任大長秋，封鄛鄉侯。和帝常與他議論政事，成為東漢宦官干政的開端。⓭蔡 即蔡倫（？—西元一二一年），字敬仲，東漢桂陽（今湖南郴州）人。和帝時為中常侍，曾任主管製造御用器物的尚方令。安帝元初元年封龍亭侯。他總結西漢以來用麻質纖維造紙的經驗，改進造紙術，採用樹皮、麻頭、破布、舊漁網為原料造紙，於元興元年（西元一〇五年）奏報朝廷，時有「蔡侯紙」之稱。後世傳為我國造紙術的發明人。⓮江 即江京。東漢宦官，初為小黃門，善讒諂，以迎立安帝封都鄉侯，遷中常侍，兼大長秋。後任長樂太僕。與安帝乳母王聖，外戚耿寶、閻顯等結為私黨，干亂朝政，合謀廢皇太子劉保為濟陰王，枉殺太尉楊震。安帝死，又與閻顯等定策立北鄉侯劉懿為帝（即少帝）。少帝病死，宦官孫程等十九人擁立劉保為順帝，遂被殺。⓯樊 即樊豐（？—西元一二五年），東漢宦官，安帝時為中常侍。建光元年安帝親政後，與宦官江京、帝乳母王聖等用事朝中，貪侈枉法，干亂朝政，合謀廢太子劉保為濟陰王。又乘安帝出巡，詐作詔書，調發錢穀、木材，大起第宅苑囿。太尉楊震上疏告發，反遭誣陷，被逼令自殺。延光四年安帝死後，為外戚閻顯所殺。⓰王聖 東漢人，安帝乳母。建光元年（西元一二一年）安帝親政，參與誅滅外戚鄧氏，封野王君。後與宦官江京、樊豐等干亂朝政，合謀廢黜皇太子劉保為濟陰王。安帝死，外戚閻顯秉政，被徙於雁門。⓱則洪範句 那就是〈洪範〉所說的「總是有逾越本分」的事情。洪範，《尚書》篇名。舊傳為箕子向周武王陳述的「天地之大法」。今人或認為係戰國後期儒者所作，或認為作於春秋。《漢書・五行志》：「禹治洪水，賜《洛書》，法而陳之，〈洪範〉是也。」故亦稱「洛書」。託武王與箕子對話，言禹治水有功，上帝予其「洪範九疇（大法九類）」。其中提出水、火、木、金、土「五行」及其性能作用。主張天子建立「皇極」，實行賞罰，使臣民順服。又提出「正直」、「剛剋」、「柔剋」三種治民方法。認為龜筮可以決疑，政情可使天象變化，後成為漢代「天人感應」思想的理論基礎。恆，經常。若，順從。孔安國注〈洪範〉：「君行僭差則常陽順之，常陽則多旱也。」⓲稽古率舊 考察古代的事跡，遵循舊制。⓳刑德八柄 君主駕馭臣下的八種手段。據《周禮》記載，八柄是：一為爵，二為祿，三為予，四為置，五為生，六為奪，七為廢，八為誅。⑳讖　指讖緯。以陰陽五行、天人感應為基礎，以預占為特徵的神學體系。西漢中期以後，方士們採集、製造大量讖言，結集為書。與此同時，以《公羊傳》、《尚書大傳》、《京房易》學、《春秋繁露》等為代表的西漢今文經學，依據其陰陽五行、天人感應的理論，解釋社會政治現象，預占色彩日趨濃厚。哀帝、平帝之際，讖言迷信與今文經學中的陰陽五行、天人感應神學合流，並吸收社會上流傳已久的天文占、五行占、雜占、符命、五德終始等迷信形式，形成讖緯神學。王莽代漢、光武中興，都利用過讖緯中的圖讖符命。東漢時成為占統治地位的社會思想，極為盛行。讖，方士、巫師和儒生等製作的以隱語為形式預決吉凶之宗教預言。因附有圖，故稱為「圖讖」、「圖錄」、「圖緯」等。㉑顯宗　即東漢明帝劉莊（西元二八—七五年），字子麗。東漢光武帝劉秀第四子。在位期間，遵奉光武制度，整頓吏治，嚴明法令，禁止外戚封侯預政。提倡儒術，省減租徭，修治汴河，民生比較安定。數發兵進擊北匈奴，遣班超經營西域，西域諸國皆遣子入侍。後世史家將其與明帝統治時期並稱為「明章之治」。廟號顯宗。㉒肅宗　即東漢章帝劉炟（西元五六—八八年），東漢明帝第五子。即位後一改明帝苛察，事從寬厚。少好儒術，建初四年（西元七九年），令諸儒於白虎觀討論《五經》異同，令班固等據以作《白虎通義》。頒布〈胎養令〉，以獎勵人口生育。在位期間，社會民生尚稱安定，生產有所發展。後世史家將其與明帝統治時期並稱為「明章之治」。然外戚竇憲驕擅，帝待以寬容，遂開外戚專政之始。廟號肅宗。㉓中興　指漢光武帝劉秀建立東漢，恢復漢朝政權。㉔卜筮　古時占卜，用龜甲稱卜，用蓍草稱筮，合稱卜筮。㉕九宮　東漢以前《易》緯家之說。以離、艮、兌、乾、巽、震、坤、坎八卦之宮，加上中央，合為九宮。㉖巫覡　古代稱女巫為巫，男巫為覡，合稱「巫覡」。後亦泛指以裝神弄鬼替人祈禱為職業的巫師。㉗秦　指秦國。開國君主為秦襄公，因護送周平王東遷有功，被周分封為諸侯。春秋時建都於雍（今陝西鳳翔東南），占有今陝西中部和甘肅東南端。秦穆公曾攻滅十二國，稱霸西戎。戰國時秦孝公任用商鞅變法，國力富強，並遷都咸陽（今陝西咸陽東北），成為戰國七雄之一。之後，疆域不斷擴大。西元前二二一年秦王政（即秦始皇）統一中國，建立秦朝。㉘夏侯勝　字長公，西漢東平（今山東東平）人。曾從夏侯始昌受《尚書》及《洪範五行傳》，又從歐陽生問學，為學精湛，所問非一師，世稱「大夏侯」。昭帝時徵為博士、光祿大夫，與謀尊立宣帝。以《尚書》授太后，遷長信少府，賜爵關內侯。曾因非難武帝，認為不宜立廟樂，獲罪下獄。後赦出，復任諫大夫、給事中、太子太傅等職。㉙眭孟　字孟，西漢魯國蕃（今山東滕州）人。以明經為議郎，任符節令。昭帝元鳳三年（西元前七八年），以災異數起，乃推《春秋》之意，使人上書建議求索賢人，禪以帝位。大將軍霍光惡之，遂下廷尉，以妖言惑眾、大逆不道罪名被殺。㉚劉向父子　即劉向、劉歆父子。劉向（約西元前七九—前八年），本名更生，字子政，西漢沛（今江蘇沛縣）人。漢皇族楚元王（劉交）四世孫。曾任諫大夫、光祿大夫等官職，終中壘校尉，故亦稱「劉中壘」。治《春秋穀梁傳》。以天人感應、陰陽災異推論時政得失。成帝時，屢次上書劾奏外戚、宦官專權，終為權貴所壓，不復大用。通達經術，善為文章。奉命校閱群書，又別集眾錄，撰成《別錄》二十卷，為中國最早的目錄學著作。撰有《五經通義》、《洪範五行傳》，均已佚。劉歆（？—西元二三年），字子駿，後改名秀，字穎叔。劉向之子。成帝時以通《詩》、《書》，能屬文召為黃門郎。哀帝初，大司馬王莽薦為侍中太中大夫，遷騎都尉、奉車光祿大夫。復領校《五經》，卒父前業，總群書而類別為《七略》。平帝時王莽執政，官至京兆尹，封紅休侯。莽代漢，拜國師，封嘉新公。後謀誅王莽，事洩，自殺。㉛九流　泛指各學術流派。㉜成　即漢成帝劉驁（西元前五一—前七年），字太孫。元帝子，西漢皇帝。即位後以母舅王鳳為大司馬大將軍領尚書事，總攬朝政。王氏諸舅皆為列侯。耽於酒色，趙飛燕、趙合德姐妹專寵後宮。營建昌陵，費以巨億，以致天下匱竭，百姓流離，餓死於道路者數以百萬計。各地人民反抗鬥爭此起彼伏，西漢王朝迅速衰落。㉝哀　即漢哀帝劉欣（西元前二五—前一年），西漢元帝庶孫，定陶共王子。即位後為削弱外戚王氏權勢，遣王莽及曲陽侯王根就國。又欲限制宗室、諸王侯、吏民名田和奴婢，然外戚丁、傅用事阻撓，均田之議遂罷。因社會危機嚴重，採納方士夏賀良之議，以為漢家王朝曆運中衰，當再受命，以建平二年（西元前五年）為太初元將元年，自號陳聖劉太平皇帝，旋即廢除。身患痿痺之症，末年加劇，朝政日亂。㉞尚書　書名。也稱《書》、《書經》，中國最早的歷史文獻彙編。原意「上古的史書」。是商、周兩代統治者的講話記錄及春秋、戰國時期根據遠古材料加工編成的虞、夏史事記載。西漢以後成為儒家經典之一。㉟鮌　亦作「鯀」。傳說中原始時代的部落首領。顓頊之子，禹之父。建國於崇（亦稱「有崇」），號崇伯。由四岳推舉，奉堯命治水。他用築堤防水的方法，九年未治平，被舜殺死在羽山。㊱禹　亦稱「大禹」、「戎禹」。姒姓，名文命。傳說中古代部落聯盟領袖。鯀之子。原為夏后氏部落領袖，奉舜命治理洪水。據後人記載，他領導人民疏通江河，興修溝渠，發展農業。後以治水有功，被舜選為繼承人，舜死後擔任部落聯盟領袖。傳曾鑄造九鼎。又傳三苗作亂，他克之，闢土以王。其子啟建立中國歷史上第一個王朝，即夏代。㊲共工　傳說中古代部族首領。相傳曾「壅防百川」，「振滔洪水」，因而為帝嚳所誅殺。又傳曾與顓頊爭奪帝位（一說與祝融作戰），怒觸西北不周山，致使「天柱折，地維絕」，「天傾西北」，「地不滿東南」。（見《淮南子‧天文》）㊳蚩尤　傳說中遠古作亂之人和製造兵器之人，又傳為主兵之神。一說為東方九黎族首領。有兄弟八十一人，相傳以「金」作兵器。並能呼雲喚雨。後與黃帝戰於涿鹿（今河北涿鹿東南），失敗被殺。㊴公輸班　戰國時魯國人，故又稱「魯班」。為善於製造新器械的能工巧匠。傳曾發明撞車、車弩、木匠工具等，後人奉為建築匠與木匠的祖師。㊵益州　西漢武帝所置「十三刺史部」之一。察郡八。東漢初治今四川廣漢北，中平中移治今四川德陽東北；

興平中又移治今四川成都。㊶侍中　官名。秦始置。兩漢沿置，為自列侯以下至郎中的加官，無定員。侍從皇帝左右，出入宮廷。初伺應雜事，由於接近皇帝，地位漸形貴重。㊷賈逵　（西元三〇—一〇一年），字景伯，東漢扶風平陵（今陝西咸陽）人。少承家學，習古文經，兼通五家《穀梁》之說。明帝時拜為郎，與班固並校祕書，應對左右。章帝建初元年（西元七六年），奉詔講學於白虎觀及雲臺。並撰述歐陽、大小夏侯《尚書》與古文同異，齊、魯、韓《詩》與毛氏異同，作《周官解故》。又通天文、曆學，曾建議曆法按黃道計算日、月運動，闡發月球運動不等速理論。和帝時遷左中郎將，復為侍中，領騎都尉，兼掌祕書近署，甚見信用。㊸王莽　（西元前四五—西元二三年），字巨君，魏郡元城（今河北大名）人。新王朝的建立者，漢元帝皇后姪。西漢末，以外戚掌握政權，成帝時封新都侯。元始五年毒死平帝，自稱假皇帝。次年立年僅二歲的劉嬰為太子，號「孺子」，初始元年稱帝，改國號為新，年號始建國。命令全國民間的土地改稱「王田」，奴婢改稱「私屬」，都禁止買賣，還實行五均六筦。統治期間，屢次改變幣制，造成經濟混亂。法令苛細，賦役繁重，社會矛盾激化。天鳳四年（西元一七年）爆發了全國性的農民大暴動。更始元年（西元二三年），新王朝終於在赤眉、綠林等農民軍的打擊下崩潰，他也在綠林軍攻入長安時被殺。㊹平　即漢平帝劉衎（西元前九—西元五年）。西漢元帝庶孫。元壽二年九歲被迎立為帝，由太皇太后王政君臨朝，大司馬王莽秉政。莽以大司馬領尚書事，進位安漢公、宰衡，政由己出，西漢王朝名存實亡。元始五年病死，或謂為王莽鴆死。㊺河洛　即《河圖》、《洛書》。古代儒家關於《周易》卦形來源及《尚書・洪範》「九疇」創作過程的傳說。《易・繫辭上》：「河出圖，洛出書，聖人則之。」河，黃河。洛，洛水。據漢儒孔安國、劉歆等解說：伏羲時有龍馬出於黃河，馬背有旋毛如星點，稱作「龍圖」。伏羲取法以畫八卦生蓍法。夏禹治水時有神龜出於洛水，背上有裂紋，紋如文字，禹取法而作《尚書・洪範》「九疇」。㊻清河　郡名。封國名。治今山東臨清東。㊼玉版　據《遁甲開山圖》記載，禹到東海遊，得到一塊玉珪，碧色，長一尺二寸，圓如日月，用來自照，自達幽冥。㊽永建　東漢順帝年號，西元一二六—一三二年。㊾卦候　以《易》卦與節候相配，稱為卦候。㊿九宮　東漢以前《易》緯家之說。以離、艮、兌、乾、巽、震、坤、坎八卦之宮，加上中央，合為九宮。(51)風角　古代占卜之法。以五音占四方之風而定吉凶。(52)朱紫　古代高級官員的服色或服飾。謂朱衣紫綬，即紅色官服，紫色綬帶。這裡指朝廷重臣。

【語　譯】陽嘉元年，張衡又製造候風地動儀。儀器用精銅澆鑄而成，直徑八尺，合蓋高高隆起，形狀像一具酒尊，上面用篆文、山龜、鳥獸的圖形進行裝飾，中部有中心大柱，柱旁有八條行道，設置了可以開、關的機關。外面飾有八條龍，龍頭銜著銅丸，下面蹲著蟾蜍，張開口準備承受落下的銅丸。它的巧妙的機關構制，都隱藏在尊裡面，合上蓋子周圍密封得沒有一點縫隙。如果有地震發生，尊器受到振動龍機開口吐出銅丸，而蟾蜍銜住了它。振動的聲音清脆激揚，守候的人因此就發覺了。雖然有一條龍發動機關，但其他七條龍不動，按照那條龍的方向去尋找，就會知道地震發生的處所。用事實來驗證它，準確相符得像神仙預測一樣。自有書籍記載的時候起，從來沒有這樣靈驗的機械。曾有一次，一條龍發動開關但地面並不覺得震動，京城的學者都驚訝儀器不靈驗，後過了幾日，消息通過驛站傳到京城，果然在隴西發生地震，於是眾人都信服它的精妙。從此以後，就命令史官記載地震所發生的方向。

2 當時朝廷政事逐漸敗壞，權力轉移到臣下手中。張衡因而上疏陳述時政說：「我想陛下通達明智，繼承國體承受天命，中途遭受挫折，龍體一度蜷曲在泥淖之中。現在乘雲高升，高居皇位，確實像人所說的，將要登上大位，一定先讓他窮困一番。親歷艱難困苦的人了解下面的民情，充分經歷艱險和容易事情的人通達事物的真偽。所以能夠統理萬機，無所疑惑，政務處理都公平恰當，各種事業都昌盛繁榮。應該從天神地祇那裡獲得福祿，從平民百姓那裡受到讚譽。但是，陰陽不和，災害屢屢出現，神明幽遠，報應就在眼前。仁者受福，淫者取禍，像影子和回聲一樣立刻應驗，因為德行而降下福氣，由於罪過招致懲罰，天道雖遠，但吉凶禍福立刻可見，近世的鄭眾、蔡倫、江京、樊豐、周廣、王聖等，都已經應驗。所以，恭謙廉潔敬畏忌諱，必然蒙受福祿，奢侈、淫蕩、讒諛、輕慢，很少不遭到誅殺的，前面的事情不能忘記，可以作為以後行事的借鑑。情欲勝過理性，流連於享樂而忘記回頭，豈止不肖之子，一般的人也都是這樣。如果不是大賢人，就不能見得思義，所以就會積小惡而成大禍，罪行就不可解脫了。假使他以前能夠瞻前顧後，用銅鏡自照其作為，那麼，又怎麼會陷於凶禍呢！受到寵幸顯貴的臣子，眾人歸屬和仰慕，如果他有罪過，上上下下都會知道。褒獎美德，批評惡行，人們的想法都是一樣的，所以當四海之內都充滿怨恨時，神明就會降下禍患來進行懲罰。近年來雨水總是不足，想探求所造成的失誤，那就是〈洪範〉所說的『總是有逾越本分』的事情。因而，臣擔心群臣百官奢侈靡費，昏亂地超過了典制，以臣下逼迫君上，因而招致了天罰的徵兆。此外，前年京城地區因地震而土地崩裂，地裂意味君上權威分散，地震是百姓受到擾亂。君王平靜地發令，人臣用行動來執行，權威從君上發出，不能轉移於臣下，這是禮制的章法。臣私下擔心皇上厭倦國事，政令制度不專門由自己發出，君臣私情不忍心割捨，與眾臣共同享有權威。權威是不能分割的，聖德是不能共同享有的。《洪範》說：『臣子如果像天子一樣作威作福，享受玉食，那就有害於自家，有禍於國家。』上天的鑑戒是很明白的，雖然有疏漏但不會失誤。災異之象顯示在人們面前，前後有多次了，卻未能見到有所改變，來表示反悔。不是聖人，就不能沒有過錯。希望陛下想一想為什麼要考查古制和遵循舊章，不要讓刑德權威不由天子發出。如果恩德從上到下，做事循依禮制，禮制修明那麼奢侈僭越的行為就會止息，做事符合禮制那麼就沒有凶兆懲罰。這樣之後，天神的願望得到滿足，災異自然消失，不會來了。」

3 當初，光武帝愛好讖緯之術，到漢明帝、漢章帝一直繼承祖上的作法。自從光武中興之後，儒士爭先學習讖緯，另外又附上虛妄之言。張衡認為讖緯虛假謬妄，不是聖人的方法，就上疏說：「臣聽說聖人明白審察律令和曆法來預測吉凶，再用卜筮來重驗，用九宮之法來推算，以天為法則，以道為驗證，這作法的依據都在這裡。有人觀察星辰是逆行還是順行，由此找到冷暖的緣由；有的人考察龜策占卜的結果，再聽巫覡的話，他們所依據的，不是一種方法。在前面作的預言，在後面就有應驗，所以智慧的人重視這方法，稱這些書為讖書。讖書剛剛出來的時候，了解它的人很少。在漢朝取代秦朝時，用兵力戰，事業終於取得成功，這可以說是大事，在這個時候，沒有人提讖緯。像夏侯勝、眭孟等人，憑道術建立聲名，他們所著述的書中，沒有一個字提到讖緯。劉向父子總領校理祕籍圖書，閱讀刪定了九流之說，也沒有關於讖緯的記錄。漢成帝、漢哀帝之後，才開始聽到這種說法。《尚書》中說，堯派遣鯀去治理洪水，一連九年事情都沒有成功，鯀因而被處死，禹才繼承這事業取得成功。但《春秋讖》卻說『共工治理洪水』。凡是讖書都說黃帝征伐蚩尤，但《詩讖》獨自認為『蚩尤失敗，這之後堯才承受天命』。《春秋元命包》中有公輸班與墨翟，事跡見於戰國，不是春秋時代。又說『另有益州』。益州的設置，在於漢代。三輔各陵的命名，時間長短屈指可數。在此書的圖中，卻記到了漢成帝時期。一卷書中，互相矛盾的說法就有數處，聖人說的話，不會有這樣的情況，恐怕一定是一些弄虛作假之徒，用來欺騙世人而取得資財吧。從前侍中賈逵摘錄讖書中互相矛盾的事情三十餘件，那些說讖緯的人都不能自圓其說。至於王莽篡位一事，是漢代的大禍，在《河圖》、《洛書》、《六藝》八十篇裡為什麼不引以為戒？從這裡就可以知道圖讖之說形成於漢哀帝、漢平帝這段時間。況且《河圖》、《洛書》、《六藝》篇章目錄已經固定，後人即使想強加附會，也沒有地方可以讓他改篡。永元年間，清河人宋景就用編曆紀年來推論水災，卻假稱他看到過大禹時候的玉版。有的人因而至於拋棄家業，深入山林中。後來都沒有成效，就又採用前代的舊事，來作為證驗。至於陛下廢而復立的事情，讖緯就不能知道。這都是欺騙社會、迷惑大眾的把戲，也用來蒙蔽權勢者，真偽一比較就清楚了，但就是無人糾察禁止它。再說律曆、卦候、九宮、風角，多次有過效驗，但世人不肯去學它，卻爭先稱道沒有靈驗的讖書。比如就像那畫工，不喜歡畫犬馬而喜歡畫鬼怪，確實是因為現實的事物難以描畫，而虛假的東西則可以無窮發揮啊。應該收繳封藏圖讖之書，一律加以禁絕，這樣的話，那正道就不會讓人搞亂，典籍也不會讓人玷汙了。」

1　後遷侍中，帝引在帷幄，諷議左右。嘗問衡天下所疾惡者。宦官懼其毀己，皆共目之，衡乃詭對❶而出。閹豎❷恐終為其患，遂共讒之。

2　衡常思圖身之事，以為吉凶倚伏，幽微難明，乃作思玄賦，以宣寄情志。其辭曰：

3　「仰先哲之玄訓❸兮，雖彌高其弗違。匪仁里❹其焉宅兮，匪義迹其焉追？潛服膺❺以永靚❻兮，綿日月而不衰。伊中情之信脩兮，慕古人之貞節。竦余身而順止兮，遵繩墨❼而不跌。志團團以應懸兮，誠心固其如結。旌性行以制佩兮，佩夜光⑧與瓊枝⑨。纗幽蘭之秋華兮，又綴之以江蘺⑩。美襞積⑪以酷裂⑫兮，允⑬塵邈⑭而難虧。既姱麗⑮而鮮雙兮，非是時之攸珍。奮余榮而莫見兮，播余香而莫聞。幽獨守此仄陋⑯兮，敢怠皇而舍勤。幸二八⑰之遻⑱虞兮，喜傅說⑲之生殷⑳。尚前良之遺風兮，恫後辰而無及。何孤行之煢煢兮，孑不群而介立。感鸞鷖㉑之特棲兮，悲淑人㉒之稀合。

4

「彼無合其何傷兮，患眾偽之冒真。旦獲讟于群弟兮，啟金縢而乃信㉓。覽烝民㉔之多僻兮，畏立辟以危身。曾煩毒以迷或兮，羌孰可與言己？私湛憂而深懷兮，思繽紛而不理。願竭力以守義兮，雖貧窮而不改。執雕虎而試象兮，阽焦原㉕而跟止。庶斯奉以周旋兮，要既死而後已。俗遷渝而事化兮，泯規矩之圜方。珍蕭艾於重笥兮，謂蕙芷之不香㉖。斥西施而弗御兮，羈要褭以服箱㉗。行陂僻而獲志兮，循法度而離殃。惟天地之無窮兮，何遭遇之無常！不抑操而苟容兮，譬臨河而無航。欲巧笑以干媚兮，非余心之所嘗。襲溫恭之黻衣㉘兮，披禮義之繡裳㉙。辮貞亮以為鞶兮，雜技藝以為珩㉚。昭綵藻與雕琢兮，璜聲遠而彌長㉛。淹棲遲以恣欲兮，燿靈忽其西藏㉜。恃己知而華予兮，鶗鴂鳴而不芳㉝。冀一年之三秀兮，遒白露之為霜。時亹亹而代序兮，疇可與乎比伉㉞？咨妒嫮㉟之難並兮，想依韓[36]以流亡。恐漸冉而無成兮，留則蔽而不章。

「心猶與而狐疑兮，即岐阯[37]而攄情。文君[38]為我端著兮，利飛遁以保名。歷眾山以周流兮，翼迅風以揚聲。二女感於崇岳兮，或冰折而不營。天蓋高而為澤兮，誰云路之不平！勔自強而不息兮，蹈玉階之嶢崢[39]。懼筮氏[40]之長短兮，鑽東龜以觀禎。遇九皋之介鳥兮，怨素意之不逞[41]。遊塵外而瞥天兮，據冥翳[42]而哀鳴。鵰鶚競於貪婪兮，我脩絜以益榮。子有故於玄鳥兮，歸母氏而後寧[43]。

「占既吉而無悔兮，簡元辰而俶裝[44]。旦余沐於清原兮，晞余髮於朝陽[45]。漱飛泉之瀝液兮，咀石菌之流英[46]。翾鳥舉而魚躍兮，將往走乎八荒[47]。過少皞之窮野兮，問三丘乎句芒[48]。何道真之淳粹兮，去穢累而票輕。登蓬萊而容與兮，鼇雖抃而不傾[49]。留瀛洲[50]而採芝兮，聊且以乎長生。憑歸雲而遐逝兮，夕余宿乎扶桑[51]。噏青岑之玉醴兮，餐沆瀣以為糧[52]。發昔夢於木禾兮，穀崐崘之高岡。朝吾行於湯谷兮，從伯禹於稽山[53]。集群神之執玉兮，疾防風之食言[54]。

「指長沙以邪徑兮，存重華乎南鄰[55]。哀二妃之未從兮，翩儐處彼湘瀕[56]。流目覜夫衡阿兮，睹有黎之圮墳[57]；痛火正之無懷兮，託山陂以孤魂[58]。愁蔚蔚以慕遠兮，越卬州而愉敖[59]。躋日中于昆吾兮，憩炎天之所陶[60]。揚芒熛而絳天兮，水泫沄[61]而涌濤。溫風翕其增熱兮，惄[62]鬱邑其難聊。顤[63]羈旅而無友兮，余安能乎留茲？

8 「顧金天[64]而歎息兮，吾欲往乎西嬉。前祝融使舉麾兮，纚朱鳥以承旗。躔建木於廣都兮，拓若華而躊躇[65]。超軒轅於西海兮，跨汪氏之龍魚[66]；聞此國之千歲兮，曾焉足以娛余？

9 「思九土之殊風兮，從蓐收而遂徂[67]。歘神化而蟬蛻兮，朋精粹而為徒。蹶白門而東馳兮，云台行乎中野[68]。亂弱水之潺湲兮，逗華陰之湍渚[69]。號馮夷俾清津兮，櫂龍舟以濟予[70]。會帝軒之未歸兮，帳相佯而延佇[71]。呬河林之蓁蓁兮，偉關睢之戒女[72]。黃靈詹而訪命兮，摎天道其焉如[73]。曰近信而遠疑兮，六籍闕而不書[74]。神逵昧其難覆兮，疇克謨而從諸[75]？牛哀病而成虎兮，雖逢昆其必噬[76]。鼈令殪而尸亡兮，取蜀禪而引世[77]。死生錯而不齊兮，雖司命其不晰[78]。竇號行於代路兮，後膺祚而繁廡[79]。王肆侈於漢庭兮，卒銜恤而絕緒[80]。尉尨眉而郎潛兮，逮三葉而遘武[81]。董弱冠而司袞兮，設王隧而弗處[82]。夫吉凶之相仍兮，恆反側而靡所。穆負天以悅牛兮，豎亂叔而幽主[83]。文斷袪而忌伯兮，閹謁賊而寧后[84]。通人闇於好惡兮，豈愛惑之能剖？嬴擿讖而戒胡兮，備諸外而發內[85]。或輂䡨而違車兮，孕行產而為對86。慎竈顯於言天兮，占水火而妄訊87。梁叟患夫黎丘兮，丁厥子而事刃88。親所睇而弗識兮，矧幽冥之可信。毋綿攣以涬己兮，思百憂以自疢。彼天監之孔明兮，用棐忱而佑仁。湯蠲體以禱祈兮，蒙厖褫以拯人89。景三慮以營國兮，熒惑次於它辰90。魏顆亮以從理兮，鬼亢回以敝秦91。咎繇邁而種德兮，德樹茂乎英、六92。桑末寄夫根生兮，卉既彫而已毓。有無言而不讎93兮，又何往而不復94？盍遠迹以飛聲兮，孰謂時之可蓄？

10

「仰矯首以遙望兮，魂懭惘而無疇。偪區中之隘陋兮，將北度而宣遊。行積冰之磑磑兮，清泉冱而不流。寒風淒而永至兮，拂穹岫95之騷騷96。玄武97縮於殼中兮，螣蛇蜿而自糾。魚矜鱗而并凌兮，鳥登木而失條。坐太陰98之屏室99兮，慨含欷而增愁。怨高陽之相寓兮，伷顓頊之宅幽。庸織絡100於四裔101兮，斯與彼其何瘳？望寒門102之絕垠兮，縱余緤103乎不周104。迅颮潚其媵我兮，鶩翩飄而不禁105。趨谽呀106之洞穴兮，摽通淵107之碄碄108。經重陰109乎寂寞兮，愍墳羊110之潛深。

11

「追慌忽111於地底兮，軼無形而上浮。出右密之闇野兮，不識蹊之所由112。速燭龍令執炬兮，過鍾山而中休113。瞰瑤谿之赤岸兮，弔祖江之見劉114。聘王母於銀臺兮，羞玉芝以療飢115；戴勝慭其既歡兮，又誚余之行遲。載太華之玉女兮，召洛浦之宓妃[116]。咸姣麗[117]以蠱媚[118]兮，增嫮眼[119]而蛾眉[120]。舒妙婧[121]之纖腰兮，揚雜錯之袿徽[122]。離朱脣而微笑兮，顏的礰[123]以遺光。獻環琨[124]與璵縭[125]兮，申厥好以玄黃[126]。雖色豔而賂美兮，志浩蕩而不嘉。雙材[127]悲於不納兮，並詠詩而清歌。歌曰：天地烟熅[128]，百卉含蘤[129]。鳴鶴交頸，雎鳩[130]相和。處子[131]懷春，精魂回移。如何淑明，忘我實多[132]。

12 「將答賦[133]而不暇兮，爰[134]整駕而亟行。瞻崐崘之巍巍兮，臨縈河之洋洋。伏靈龜以負坻[135]兮，亘[136]螭龍[137]之飛梁。登閬風之曾城兮，搆不死而為牀[138]。屑瑤蕊以為糇兮，㪺[139]白水以為漿[140]。抨巫咸以占夢兮，迺貞吉之元符[141]。滋令德於正中兮，含嘉禾以為敷。既垂穎而顧本兮，爾要思乎故居[142]。安和靜而隨時兮，姑純懿之所廬[143]。

13 「戒庶寮以夙會兮，僉恭職而並迓[144]。豐隆軯其震霆兮，列缺曄其照夜[145]。雲師䨴以交集兮，涷雨沛其灑塗[146]。轙琱輿而樹葩兮，擾應龍以服輅[147]。百神森其備從兮，屯騎羅而星布。振余袂而就車兮，脩劍揭以低昂。冠咢咢其映蓋兮，佩綝纚[148]以煇煌。僕夫儼其正策兮，八乘攄而超驤[149]。氛旄溶以天旋兮，蜺旌飄而飛揚[150]。撫軨軹而還睨兮，心灼藥其如湯[151]。羨上都之赫戲兮，何迷故而不忘[152]？

左青琱以揵芝兮，右素威以司鉦[153]。前長離使拂羽兮，委水衡乎玄冥[154]。屬箕伯以函風兮，澂淟涊而為清[155]。曳雲旗之離離兮，鳴玉鑾之譻譻[156]。涉清霄而升遐兮，浮蔑蒙而上征[157]。紛翼翼以徐戾兮，焱回回其揚靈[158]。叫帝閽使闢扉兮，覿天皇于瓊宮[159]。聆廣樂之九奏兮，展洩洩以肜肜[160]。考理亂於律鈞兮，意建始而思終[161]。惟盤逸之無斁兮，懼樂往而哀來[162]。素撫弦而餘音兮，大容吟曰念哉[163]。既防溢而靜志兮，迨我暇以翱翔。出紫宮之肅肅兮，集大微之閬閬[164]。命王良掌策駟兮，踰高閣之鏘鏘[165]。建罔車之幕幕兮，獵青林之芒芒[166]。彎威弧之撥剌兮，射嶓冢之封狼[167]。觀壁壘於北落兮，伐河鼓之磅硠[168]。乘天潢之汎汎兮，浮雲漢之湯湯[169]。倚招搖、攝提以低回剹流兮，察二紀、五緯之綢繆遹皇[170]。偃蹇夭矯娩以連卷兮，雜沓叢顇颯以方驤[171]。戫汨飂戾沛以罔象兮，爛漫麗靡藐以迭逷[172]。凌驚雷之砊磕兮，弄狂電之淫裔[173]。踰痝鴻於宕冥兮，貫倒景而高厲[174]。廓盪盪[175]其無涯兮，乃今窮乎天外。

14 「據開陽而頫眡兮，臨舊鄉之暗藹[176]。悲離居之勞心兮，情悁悁[177]而思歸。魂眷眷而屢顧兮，馬倚輈[178]而俳回。雖遨游以媮樂兮，豈愁慕之可懷。出閶闔[179]兮降天塗，乘飆忽兮馳虛無。雲霏霏兮繞余輪，風眇眇兮震余旟[180]。繽聯翩兮紛暗曖，倏眩眃兮反常閭[181]。

15 「收疇昔之逸豫兮，卷淫放之遐心[182]。修初服之娑娑兮，長余珮之參參[183]。文章煥以粲爛兮，美紛紜以從風。御六藝之珍駕兮，遊道德之平林。結典籍而為罟兮，敺儒、墨而為禽[184]。玩陰陽之變化兮，詠雅、頌之徽音[185]。嘉曾氏之歸耕兮，慕歷陵之欽崟[186]。共夙昔而不貳兮，固終始之所服也；夕惕若厲以省諐兮，懼余身之未勑也[187]。苟中情之端直兮，莫吾知而不恧[188]。墨無為以凝志兮，與仁義乎消搖。不出戶而知天下兮，何必歷遠以劬勞[189]？

16 「系曰：天長地久歲不留，俟河之清祇懷憂。[190]願得遠度以自娛，上下無常窮六區[191]。超踰騰躍絕世俗，飄颻神舉逞所欲。天不可階仙夫希，柏舟悄悄吝不飛[192]。松、喬高跱孰能離？結精遠遊使心攜[193]。回志朅來從玄謀，獲我所求夫何思[194]！」

【章　旨】以上記述張衡通過〈思玄賦〉宣寄情志。在〈思玄賦〉中張衡表明自己仰慕古人的態度和孤獨無奈的心情，在煩惱和憂慮中仍堅定著自己追求道義的信念。

【注　釋】❶詭對　用假話對答。❷閹豎　對宦官的賤稱。❸玄訓　謂道德之教誨。❹仁里　仁者居住的地方。後泛稱風俗淳美的鄉里。❺服膺　牢牢記在心裡；衷心信服。❻永靚　經常思慮審度。❼繩墨　木匠工具。用繩染墨在木上彈印直線。

比喻規矩法度。❽夜光　美玉。❾瓊枝　玉樹。❿江蘺　古書上說的一種香草。⓫襞積　衣服上的褶襉。⓬酷裂　香氣濃烈。⓭允　信。⓮塵邈　久遠。⓯姱麗　美麗。⓰仄陋　卑微。⓱二八　即「八元」、「八愷」。八元，相傳為高辛氏八個有才德的人，即伯奮、仲堪、叔獻、季仲、伯虎、仲熊、叔豹、季狸。元是善之意。八愷，相傳為高陽氏時八個有才德的人，即蒼舒、隤敳、檮戭、大臨、尨降、庭堅、仲容、叔達。愷，是和之意。⓲遻　遇到。⓳傅說　商武丁時賢臣，相傳曾為刑徒，服勞役於傅巖從事版築。武丁即位後，欲振興商朝，未得其佐，三年不言，後託言夜夢聖人名說，使群臣於百工中尋求，得之於傅巖中，遂以傅為姓，舉以為相，王朝得以振興。⓴殷　朝代名。即商朝，西元前十六世紀商湯滅夏後建立的奴隸制國家。建都亳（今山東曹縣南），曾多次遷移。後盤庚遷都殷（今河南安陽小屯村），因而商也被稱為殷。傳至紂，被周武王攻滅。共傳十七代，三十一王。約當西元前十六到前十一世紀。㉑鸑鷟　鸑鳥與鷟鳥。皆鳳屬。用以比喻君子。㉒淑人　善人。㉓旦獲讟二句　周公旦受到弟弟們的誹謗啊，打開了金縢之封人們才會相信他的忠誠。周成王即位後，周公攝政，其弟管叔、蔡叔等誹謗他，說他將做不利於成王的事情，周公於是誅殺二人。當年秋天莊稼未熟之時，出現狂風暴雨，莊稼都被颳倒。成王與大夫開啟金縢密封之書，看到了武王患病之時，周公向先王祈求願以身代的禱告之辭，至此人們才相信周公的忠誠。旦，即周公，周武王弟，西周開國元勳。讟，怨恨；誹謗。㉔蒸民　眾民；百姓。㉕焦原　地名。據《尸子》記載，焦原在莒國境內，寬八尺，長五十步，臨百刃之溪。㉖珍蕭艾二句　珍惜蕭草艾草而放進盒子裡啊，卻會說香蕙白芷不芬香。意謂任用小人，放棄賢人。蕭艾，艾蒿；臭草。常用來比喻品質不好的人。重笥，雙層竹編的衣箱。蕙芷，均為香草。這裡比喻賢人。㉗斥西施二句　擯棄西施而不臨幸啊，在駿馬頭上套上籠頭讓牠駕起重車。言疏遠美女，又用駿馬駕車，比喻不能用賢。西施，春秋末年越國苧蘿山（今浙江諸暨）人，以貌美著稱。夫椒之戰，吳敗越，被越王句踐獻給吳王夫差，深得寵。傳說越滅吳後，同范蠡入五湖而去。要褭，古良馬名。服箱，駕車。㉘黻衣　古代禮服名。繡有青黑色花紋。㉙繡裳　彩色下衣。古代官員的禮服。㉚辮貞亮二句　編織高風亮節為衣帶啊，交織技藝為佩玉。辮，編織。貞亮，忠貞誠信。鞶，古人佩玉的衣帶。珩，佩玉。㉛昭綵藻二句　彩帶和佩飾都鮮明啊，玉璜的叮噹聲悠遠而深長。綵藻，繫玉的五綵絲繩。雕琢，指佩飾。璜，佩玉。㉜淹棲遅二句　久久地遊息來放縱身心啊，太陽忽然要降落到西山。淹，久。棲遅，遊息。遅，同「遲」。燿靈，太陽。㉝恃己知二句　想要依靠知己而使自己獲得榮華啊，反倒遭遇讒言而受害。己知，知己。華，榮華。鶗鴂，鳥名。即杜鵑。㉞時亹亹二句　四時不停地循環代替啊，誰能夠與它進行對抗。亹亹，行進貌。疇，誰。比伉，匹偶。㉟妒媢　謂嫉妒美人。㊱韓　指韓終。齊國人，傳說他為齊王採藥，齊王不肯服用，終便自己服下，於是得以成仙。㊲岐阯　岐山的山腳。岐，即岐山。在陝西。周先祖古公亶父自豳遷於岐山腳下。㊳文君　即周文王。㊴嶢崢　高峻。㊵筮氏　卜筮者。㊶遇九皐二句　卜得棲鶴的徵兆啊，怨恨素志不得施展。《詩．鶴鳴》：「鶴鳴于九皐，聲聞于野。」皐，同「臯」。沼澤。九臯，深澤。介，耿介。《龜經》有棲鶴兆。㊷冥翳　幽暗。㊸子有故二句　我卜得棲鶴兆啊，遇賢君然後得安寧。有故於玄鳥，意謂卜得棲鶴兆。歸母氏然後得寧，意謂臣遇賢君方享爵祿。㊹占既吉二句　占卜吉祥而沒有凶辭啊，選擇吉日整理行裝。悔，惡。元辰，吉辰。俶，整理。㊺旦余沐二句　早晨我在清泉中洗頭啊，在朝陽下曬乾我的頭髮。晞，曬。㊻漱飛泉二句　用飛泉的微流漱口啊，咀嚼石上靈芝的流芳。瀝液，微流。石菌，靈芝。㊼翾鳥舉而魚躍兮二句　鳥兒高飛而魚兒騰躍啊，我將遠走那荒莽的八方。翾，飛。八荒，八方荒遠之地。㊽過少皞二句　經過少皞的窮桑之野啊，向東方木神句芒詢問海上的三座仙山。窮野，窮桑之野。窮桑，古地名。在今山東曲阜北，相傳為少昊所居。張衡欲往東方，故先過窮桑之野。三丘，東海中三仙山，蓬萊、方丈、瀛洲。句芒，古代傳說中主木之官，故為木神名，也指東方之神。㊾登蓬萊二句　登上蓬萊從容徘徊啊，龜雖顛而不傾覆。蓬萊，古代傳說中海上的仙山之一。鼇，大龜。㊿瀛洲　傳說中的仙山，在大海中。(51)扶桑　古國名。在東海之外，其地多扶桑木，故名。按其方位，約相當於日本，故後相沿用為日本的代稱。(52)噏青岑二句　吸青山頂峰上的露水啊，飲半夜的水氣作為食糧。噏，同「吸」。岑，小而高的山。沆瀣，夜間的水氣；露水。(53)朝吾行二句　早晨我從湯谷出發啊，追從夏禹在會稽山上。湯谷，傳說中日出之處。伯禹，即夏禹，因其代鯀為崇伯，故稱伯。稽山，會稽山的省稱，在今浙江中部紹興、嵊州、諸暨、東陽等間，為錢塘江支流浦陽江與曹娥江的分水嶺。相傳夏禹至苗山（或稱「茅山」）大會諸侯，計功封爵，名為會稽。後禹崩葬於此。(54)集群神二句　招集眾多執持玉帛的神仙啊，怨恨防風氏違命後至。《左傳》：「禹合諸侯於塗山，執玉帛者萬國。」防風，即防風氏。相傳為夏禹時汪芒氏之君，釐姓。夏禹南巡至會稽之山，大會諸侯，他違命後至，為禹所殺。(55)指長沙二句　以向西南的路徑斜走向長沙啊，在長沙南問候舜。長沙，郡名。治今湖南長沙。長沙在會稽的西南方向，故說邪徑。重華，舜名。葬於蒼梧，在長沙南，故云「南鄰」。(56)哀二妃二句　哀傷娥皇、女英未能跟從啊，二妃都溺死在湘江之濱。二妃，即「娥皇」、「女英」，相傳為堯之女。二人俱嫁舜為妻。舜受堯禪後，隨舜南巡狩，舜死於蒼梧（今湖南寧遠南），二人亦死於湘江。(57)流目覜二句　放目遠望那衡山之峰啊，看到有黎氏的毀壞的墳頭。衡阿，衡山之曲。有黎，相傳為顓頊之後，老童（卷章）之子。任帝嚳之火正，稱祝融。共工氏作亂，帝嚳命其討伐，未能誅盡，因被帝嚳誅殺，葬於衡山。傳說中楚國君主的祖先。後世祀為火神。(58)痛火正二句　哀痛火神祝融無處歸身啊，把孤魂寄託在山坡之上。火正，官名。傳說顓頊氏所置五行之官，掌祭火星，行火政，祝融曾任此官。後世尊為火神。(59)愁蔚蔚

二句　愁緒茫茫思慕遠方啊，越過印州而遊樂。《河圖》：「天有九部八紀，地有九州八柱。」正南為印州曰深土。[60]蹢日中二句　登上日升正中處的昆吾啊，在炎熱的南方火山邊休息。昆吾，古代傳說中太陽正午所經之處。[61]泫沄　水沸騰的樣子。[62]惄　憂思。[63]顑　孤獨。[64]金天　即金天氏。西方之帝少皞。[65]躔建木二句　休息在廣都的建木之下啊，折取若木之花而躊躇不前。躔，泛指經行、踐歷。廣都，縣名。治今四川雙流東中和場。屬蜀郡。[66]超軒轅二句　在西海超越了軒轅啊，跨過汪氏國的龍魚。據《山海經》記載，軒轅之國，在窮山之際，國中有八百歲的長壽者。在它北邊有龍魚，一稱蝦魚，有神巫騎乘著行遍天下；一稱鱉魚，在汪野北，其魚形像鯉魚。[67]思九土二句　思念九州獨特的風俗啊，隨從西方之神蓐收起身而前行。九土，即九州。傳說中的中國古地理區劃。起於春秋戰國，說法不一。西漢以前，都認為九州係禹治水後所劃分，州名未有定說。《尚書・禹貢》作冀、兗、青、徐、揚、荊、豫、梁、雍；《爾雅・釋地》有幽、營州，而無青、梁州；《周禮・職方》有幽、并州，而無徐、梁州；《呂氏春秋・有始覽》有幽州，而無梁州。實際上，九州都只是當時學者就其所知的大陸劃分為九個地理區域。蓐收，西方神。[68]躡白門二句　經過白門而馳向東方啊，我行走在中原。白門，據《淮南子》載，西南方曰編駒之山，曰白門。台，我。[69]亂弱水二句　橫渡潺湲的弱水啊，逗留於華山北面的黃河水邊。弱水，凡水道由於水淺或當地人民只用皮筏交通的，古人往往認為是水弱不能勝舟，因稱「弱水」。古籍所載弱水甚多，此指崐崘山下之河流。華陰，華山的北面。[70]號馮夷二句　呼叫河伯馮夷清理渡口啊，划龍舟載我過河。馮夷，即河伯。古人信仰的黃河神。[71]會帝軒二句　正值軒轅帝還未歸家啊，悵然徘徊而久久地佇立。帝軒，黃帝。未歸，意為黃帝得道升天，神靈未歸。相佯，徘徊。[72]呬河林二句　休息在河邊茂密的樹林下啊，讚美〈關雎〉詩篇告誡女子之德。呬，休息。蓁蓁，茂盛的樣子。關雎，《詩・周南》中的詩篇。[73]黃靈詹二句　黃帝神回來而諮詢啊，尋求天道在何處。黃靈，黃帝神。詹，到達。摎，求。[74]曰近信而遠疑兮二句　黃帝回答說相信離得近而懷疑離得遠啊，《六經》空缺而沒有記載。曰，指黃帝回答說。六籍，即《六經》。[75]神逵昧二句　神道不明而難以查考啊，誰能謀劃就跟從他。逵，四通八達的大路。疇，誰。謨，計謀；謀略。[76]牛哀病二句　牛哀生病而變成虎啊，即使遇到兄長他也一定會吞噬。牛哀，即公牛哀。人名，據《淮南子》記載，公牛哀病七日，化而為虎，他兄長去看他，變成虎的公牛哀殺死他，而不知道是自己兄長。昆，兄。[77]鼈令殪二句　蜀王鼈令死後屍身不見了啊，復活後取得蜀王之位而代代傳世。鼈令，蜀王名。據揚雄《蜀王本紀》記載，鼈令本是荊楚人，死後屍體順江水逆流漂至成都，見蜀王杜宇，杜宇任命他為相。杜宇號望帝，自認為德不如鼈令，就把王位禪讓給鼈令，號開明帝。下傳五代，有開明尚，始去帝號，又稱王。蜀，古國名。曾從周武王伐紂，周夷王時與呂人獻瓊玉。始稱王者為蠶叢。相傳其都在今四川成都，國境包括四川西北部及陝西南部。西元前三一六年為秦所滅。(78)死生錯二句　生與死交錯而不一致啊，即使是司命之神也不明瞭。司命，天神。名為滅黨，身高八尺，小鼻，多鬚，清瘦，通曉命運預測。(79)竇號行二句　當年竇皇后在去代國的路上邊行邊哭啊，後來子孫繼位繁榮昌盛。西漢呂后時把許多宮女遣出賜予諸王，竇氏賄賂宦者，希望到離家較近的趙國去，結果宦者忘記這件事，誤把她放到去代國的隊伍中，竇氏涕泣不想往，被強行至代。得代王寵幸，生景帝。景帝生十四子，後至光武中興。竇，即竇皇后（？－西元前一三五或前一二九年），信都觀津（今河北武邑）人。西漢文帝皇后，高后時，以良家子選入宮。後出宮賜代王。得幸，生子劉啟（漢景帝）。及代王即帝位，得立為皇后。景帝即位，尊為皇太后。武帝即位，尊為太皇太后。好黃老，不悅儒術。代，西漢封國，漢文帝曾被封為代王。漢文帝，即劉恆（西元前二〇二－前一五七年），漢高祖劉邦之子。呂后死後，周勃等平定諸呂之亂，他以代王入為皇帝。執行「與民休息」的政策，減輕田租、賦役和刑獄，使農業生產有所恢復發展。又削弱諸侯王勢力，以鞏固中央集權。史家把他同景帝統治時期並舉，稱為「文景之治」。廟號太宗。(80)王肆侈二句　王皇后在漢朝宮庭恣意奢侈啊，最終含恨而死卻沒有後嗣。王，指西漢平帝王皇后，王莽之女。據《漢書》記載，聘以黃金二萬斤，派劉歆奉乘輿法駕，迎接入宮。王莽篡位，后常稱疾不朝，王莽被殺死後，王皇后也投火而死。(81)尉尨眉二句　都尉顏駟眉毛花白仍然低就於郎署啊，過了三代才遇上漢武帝。尉，指都尉顏駟。一次，漢武帝到郎署，看到一年老郎官，眉鬢皓白，就問：「何時為郎？怎麼這麼老呢？」老郎官回答說：「臣姓顏，名駟，文帝時開始為郎。文帝喜歡用文臣而臣好武，景帝喜歡用老臣而臣還年輕，陛下喜歡用年輕人而臣已年老，所以三代都沒有機會升官。」武帝被他的話感動，提拔他任會稽郡都尉。武，漢武帝劉徹（西元前一五一－前八七年），西漢景帝之子。統治期間接受董仲舒建議，「獨尊儒術」，作為鞏固政權的工具。頒行「推恩令」，使諸侯王多分封子弟為侯，以削弱割據勢力。設置十三部刺史，以加強對地方的控制。徵收商人資產稅，打擊富商大賈，又採納桑弘羊建議，把冶鐵、煮鹽、鑄錢收歸官營。曾派張騫兩次至西域，加強對西域的聯繫。派唐蒙至夜郎，在西南先後建立七個郡。用衛青、霍去病為將，進擊匈奴貴族，解除匈奴威脅。由於舉行封禪，祀神求仙，揮霍無度，加以徭役繁重，致使農民大量破產流亡。晚期爆發農民起事。尨，雜色。遘，遇；遭遇。(82)董弱冠二句　董賢弱冠之年就當了大司馬啊，哀帝為他修墳卻死無葬身之地。董，即董賢（西元前二三－前一年），字聖卿，西漢雲陽（今陝西淳化）人。因父任為太子舍人。哀帝悅其容貌，拜為黃門郎。後封高安侯。元壽元年拜大司馬衛將軍，時年二十二。雖為三公，常給事於中，領尚書，百官因其奏事，權與人主侔。次年，哀帝卒，王莽以太后詔收其大司馬印綬，罷歸第，後被殺。哀帝曾為董賢修墳冢，最後卻死於獄中，所以有文中之語。弱冠，古代男子二十歲行冠禮，故用以指男子二十歲左右的年齡。衰，三公官服。83穆負天二句　叔孫豹因夢見豎牛幫他解脫天的重壓而喜歡豎牛啊，豎牛攪亂叔孫豹的家室又將他幽禁。穆，即叔孫豹。諡穆，故又稱「叔孫穆子」、「穆叔」。春秋時魯國人，魯襄公時任為卿，掌軍政。魯襄公十一年（西元前五六二年），與季武子商定作三軍，三分公室，「三桓（季孫氏、叔孫氏、孟孫氏）」各有其一。後老病，為其庶子豎牛虐待而死。牛，即豎牛。叔孫豹之子。據《左傳》記載，叔孫豹奔齊，在庚宗住宿，遇到一個婦人並與她有了私情。到齊國後，夢見天壓在自己身上，掙脫不得，一人幫忙使他掙脫。後來叔孫豹回到魯國，見到庚宗婦人所生的兒子，就是夢中幫他的人。於是讓他做童僕，非常寵愛。後叔孫豹有病，豎牛幽禁他，不給進食，致使叔孫豹餓死。84文斷袪二句　晉文公因袖子被砍斷而懷恨勃鞮啊，但後來閹人勃鞮卻告發謀亂之事而使晉文公得到安寧。文，即晉文公（西元前六九七—前六二八年），名重耳。獻公子，春秋時晉國國君。因獻公立幼子奚齊為太子，他出奔在外十九年，由秦送回。即位後整頓內政，增強軍隊，使國力強盛。又平定周的內亂，迎接周襄王復位，以「尊王」相號召。城濮（今山東鄄城西南）之戰，大勝楚軍；並在踐土（今河南原陽西南）大會諸侯，成為霸主。伯，即伯楚。名勃鞮，春秋晉國寺人。晉獻公曾命勃鞮到蒲城討伐晉文公，文公跳牆逃走時被勃鞮砍斷袖子。後來晉文公回國即位，呂甥、冀芮陰謀作亂，勃鞮得知後，報告晉文公，鏟除呂、冀之亂。袪，袖子。85嬴擿讖二句　秦王嬴政解釋圖讖而戒備胡人啊，防備了外敵卻引發了內亂。嬴，指秦始皇嬴政。嬴政（西元前二五九—前二一〇年），戰國時秦國國君、秦王朝的建立者。即位時年僅十三歲，呂不韋和太后寵信的宦官嫪毐專權用事。親政後，鎮壓嫪毐叛亂。次年，免呂不韋相職。旋即任用李斯，並派王翦等大將繼續進行統一戰爭。從西元前二三〇到前二二一年，先後消滅割據稱雄的六國，建立中國歷史上第一個統一的中央集權的封建國家。分全國為三十六郡，確定最高統治者的稱號為皇帝，國家一切重大事務由皇帝決定，統一法律、度量衡、貨幣和文字。又派兵北擊匈奴，築長城，南定百越。為加強統治，焚書阬儒，嚴刑酷法，租役繁重，廣大人民痛苦不堪，他去世後不久即爆發大規模的農民暴動。擿讖，指秦始皇發讖。說「亡秦者胡」，於是派蒙恬北築長城，防備匈奴，而不知「胡」又與秦二世胡亥之名相合，胡亥為趙高所殺，秦亡，所以是發於內。胡，指匈奴，我國古代北方少數民族。戰國時活動於燕、趙、秦以北地區。秦漢之際，冒頓單于統一各部，勢盛，統轄大漠南北廣大地區。漢初，不斷南下攻擾，漢朝基本上採取防禦政策。武帝對其轉取攻勢，多次進軍漠北，使其受到很大打擊，勢漸衰。宣帝甘露二年（西元前五二年）呼韓邪單于附漢，翌年來朝。其後六七十年間，漢與匈奴之間經濟文化交流頻繁。東漢光武帝建武二十四年（西元四八年）分裂為二部，南下附漢的稱為南匈奴，留居漠北的稱為北匈奴。南匈奴屯居朔方、五原、雲中（今內蒙古自治區境內）等郡，東漢末分為五部。北匈奴在漢和帝時被東漢和南匈奴所擊敗，部分西遷。(86)或韡賄二句　周犨夫婦運走財物而想逃避還財於張車子啊，孕婦生子而對應。《搜神記》故事：周犨夫婦夜耕，休息時睡著，夢見天帝經過，天帝哀憐他們，對司命說：「這對夫婦能富嗎？」司命說：「命中貧困，有張車子的財富可以借給他一段時間。」天帝對周犨夫婦說：「車子生，要立刻歸還。」周犨從此富裕起來。時限到時，周犨夫婦運走財物逃跑。路上有一起住宿的婦人在夜裡生子，向產婦丈夫打聽孩子的名字，回答說：「在車裡出生，起名叫車子。」周犨家從此越來越窮困。違，躲避。(87)慎竈顯二句　梓慎、裨竈以通曉天道而聞名啊，預測水火而妄言災害。據《左傳》記載，在出現日蝕後，梓慎說：「將要有水災。」叔孫昭子說：「是旱災。」後來果然大旱。又記載，宋、衛、陳、鄭等國出現火災，鄭國大夫裨竈請求祈禱消除火災，子產不同意。裨竈說：「不採納我的話，鄭國還得發生火災。」子產說：「天道遠，人道近，不是你所能明白的。」最終沒有採納，也沒有再發生火災。誶，告知。(88)梁叟患二句　梁國老人擔心那裝神弄鬼的黎丘啊，遇到了他自己的兒子卻用劍刺殺。據《呂氏春秋》記載，梁國北部有個黎丘鄉，有個老人去市集，喝醉後回家，黎丘奇鬼裝成他兒子的樣子在半路上找他麻煩。老人酒醒後責怪他兒子，兒子很委屈，哭泣著說：「一定是奇鬼做的。」第二天老人又去市集，喝醉往回走，他兒子去迎接他，老人以為是奇鬼，拔劍刺殺了兒子。丁，當。(89)湯蠲體二句　商湯齋戒潔身以己為祭品祈禱蒼天啊，蒙受大福而拯救了人民。《帝王紀》記載，商湯時大旱七年，巫史占卜說：「應當用人為祭祀物品祈禱。」湯就齋戒，剪掉頭髮和指甲，以自己作為祭祀物品，在桑林之社祈禱，果然下起大雨。湯，又稱「成湯」、「武湯」等，商朝第一位王。用伊尹、仲虺為輔佐，自葛（今河南寧陵北）開始，接連攻滅韋（今河南滑縣東）、顧（今山東鄄城東北）、昆吾（今河南濮陽，一說在新鄭境內）等夏之屬國，進而伐夏桀，放桀於南巢（今安徽巢湖市西南），遂滅夏，建立商朝。厖，龐大。褫，福。(90)景三慮二句　宋景公三次善言都是為了治理國家啊，感動火星遷移到其他地方。據《呂氏春秋》記載，宋景公有病，司馬子韋說：「火星守在心宿。您進行祭祀，就可以轉移到相的身上。」景公說：「相，是國家的股肱，把心腹之病轉移到股肱，可以嗎？」子韋又建議轉移於民，景公說：「有民才有國，沒有民哪有君？」又建議轉移於收成，景公說：「收成是養活百姓的，如果沒有收成，怎麼讓百姓活命呢？」子韋說：「君善言三，熒惑必然退三舍。」景，指宋景公（？—西元前四六八年），名頭曼，春秋末宋國國君。宋元公之子。景公十一年，晉定公以周王室名召諸侯於召陵（今河南郾城東）之會。三十年宋滅曹。次年，鄭圍宋雍丘（今河南杞縣）。宋軍救雍丘，攻鄭。三慮，即三次善言。熒惑，火星。由於火星呈紅色，熒熒像火，亮度常有變化；而且在天空中運行，隱現不定，令人迷惑，所以我國古代稱之為「熒惑」。(91)魏顆亮二句　魏顆做事順從事理啊，鬼絆住杜回助他打敗了秦國。據《左傳》記載，魏武子有愛妾，武子生病，命兒子魏顆在其死後把愛妾嫁出去。不久武子病重，又要求把愛妾殉葬。武子死後，魏顆將愛妾嫁人。後來魏顆在輔氏與秦軍交鋒，得到婦人父親鬼魂的幫助，俘獲秦國力士杜回。(92)咎繇邁二句　皋陶行布道德啊，因德高而其後被封於英、六二國。咎繇，又作「皋陶」。相傳為堯舜時人，生於曲阜（今屬山東），偃姓。舜命為管理刑政的士。佐禹平水土有功，後禹封其後裔於英（今安徽六安西）、六（今安徽六安）。(93)無言而不讎　沒有說就沒有應答。若有善言，必有酬報。語出《詩・抑》：「無言不讎，無德不報。」(94)何往而不復　去哪裡而不回還。語出《易》：「無往不復。」(95)穹岫　山峰。(96)騷騷　象聲詞。風吹樹木聲。(97)玄武　指龜。(98)太陰　北方極陰之地。(99)屏室　幽深之室。(100)織絡　亦作「織路」。謂奔走往來，猶如穿梭織布。(101)四裔　指四方邊遠之地。(102)寒門　山名。《淮南子》：「北極之山，曰寒門。」(103)紲　繫牲口的韁繩。(104)不周　古代傳說中的山名。據說在崑崙山西北。(105)迅飆潚二句　狂風迅猛地送我前行啊，烈馬飛奔不可遏止。飆，風。潚，迅疾。媵，送。騖，奔馳。翩飄，輕快貌。(106)谽嘲　空曠的樣子。(107)通淵　深淵。(108)砯砯　深貌。(109)重陰　地中。(110)墳羊　土怪。《國語・魯語下》：「土之怪曰墳羊。」(111)慌忽　亦作「慌惚」。模模糊糊。(112)出右密二句　從西方密山的幽暗荒野中出來啊，不知道路徑在哪裡。右，指西方。密，山名。《山海經》：「西北曰密山。」闇不明貌。(113)速燭龍二句　召燭龍來讓它照明啊，經過鍾山而在中途休息。速，召。燭龍，亦作「爥龍」。古代神話中的神名，傳說其張目（亦有謂其駕日、銜燭或珠）能照耀天下。(114)瞰瑤谿二句　俯瞰瑤岸紅色的高岸啊，憑弔祖江之被殺。瑤谿，瑤岸。《山海經》：「鍾山之東曰瑤岸。」又曰：「鍾山，其子曰鼓，其狀人面而龍身，是與欽䲹殺祖江於崐崘之陽。」祖江，傳說中的天神，為鍾山神之子所殺。劉，殺。(115)聘王母二句　在銀臺恭請西王母啊，以玉芝為食來填飽飢腸。王母，即西王母。古代傳說中的神名。銀臺，神話傳說中的神仙居處。羞，進。玉芝，芝草的一種，又稱白芝。(116)載太華二句　載來太華山的玉女啊，又召來洛浦的宓妃。玉女，據《詩含神霧》：「太華之山，上有明星玉女，主持玉漿，服之成仙。」洛浦，洛水之濱。宓妃，伏羲氏女。相傳溺死洛水，遂為洛水之神。(117)姣麗　漂亮；美麗。(118)蠱媚　妖冶嫵媚。蠱，通「冶」。(119)嫮眼　美目。(120)蛾眉　同「娥眉」。形容美人細長而彎的眉毛。(121)妙婧　妍美纖細。(122)袿徽　古代婦女袿衣上所佩的香纓。(123)的礰　光亮、鮮明貌。(124)環琨　環與琨，並為玉佩。(125)璵縭　古人身上佩飾之物。璵，古代的一種佩玉。縭，古代婦女出嫁時所繫的佩巾。(126)玄黃　謂繒綺等絲織品。(127)雙材　指玉女、宓妃。(128)烟熅　雲煙瀰漫貌。(129)蘤　古同「花」。(130)雎鳩　古書上說的一種鳥。(131)處子　處女。(132)如何淑明二句　為何如此賢淑惠明的人，卻一點也不記得我呢。語出《詩・晨風》：「如何如何，忘我實多。」(133)賦　指玉女所歌詩。(134)爰　於是。(135)坻　水中的小塊高地。(136)亘　同「亙」。橫，從此端直貫到另一端。(137)螭龍　傳說中無角的龍。(138)登閬風二句　登上閬風山旁的高城啊，架起不死之樹作為大床。閬風，即閬風巔。山名，傳說中神仙居住的地方，在崑崙之巔。曾城，傳說中昆侖山上的增城。《淮南子・墬形》：「昆侖虛以下地，中山有增城九重，其高萬一千里……，上有木禾，其修五尋。珠樹、玉樹、琁樹、不死樹在其西。」增城，層城；樓次重累之城。不死，不死樹。139 歟　舀取。140 屑瑤穄二句　碾碎瓊瑤作為乾糧啊，舀起白水作為米漿。瑤，美玉。穄，乾糧。141 抨巫咸二句　讓巫咸來為我占夢啊，才得到貞吉的命符。抨，使。元，善。142 既垂穎二句　禾穗低垂而顧戀它的根本啊，你也思念自己的故鄉。穎，禾穗。143 安和二句　安定和靜而順應時俗啊，姑且使你的居所更美好。姑，暫且。懿，美好。廬，房舍。144 戒庶寮二句　告誡眾僚早些相會啊，全都恭行職守而一起來迎接。庶寮，亦作「庶僚」。指百官。僉，全；都。迓，迎接。145 豐隆軯二句　雷聲轟響震動天庭啊，閃電通明照亮夜空。豐隆，古代神話中的雷神。後多用作雷的代稱。軯，象聲詞，霹靂聲。震霆，霹靂。列缺，閃電。曄，光。146 雲師二句　雲師將烏雲攏聚於高空啊，暴雨澆打在道路上。雲師，即屏翳。雲神。黮，陰暗的樣子。147 轙琱輿二句　在玉飾的車子上樹起華蓋啊，馴服應龍來駕車。轙，車衡上貫穿轡繩的大環。琱，用玉裝飾。葩，華蓋。擾，馴。應龍，古代傳說中一種有翼的龍。服輅，駕車。148 紼纚盛裝貌。149 僕夫二句　僕夫端坐揚起鞭子啊，八匹馬一躍而齊頭奔馳。儼，恭敬；莊重。八乘，八龍。攄，騰。超驤，騰躍而前貌。150 氛旄溶二句　大旗飄飄像天在旋動啊，彩旗獵獵也隨風飄揚。氛，天氣；氣象。旄，古代用犛牛尾裝飾的旗子。溶，廣大。蜺旌，彩飾之旗。151 撫軨軹二句　手扶車欄向遠處眺望啊，內心灼熱如同滾湯。軨軹，車箱的欄杆。還睨，回頭看。爇，熱。152 羨上都二句　羨慕天上的光明燦爛啊，為何又迷戀故土而不能忘懷。上都，天上。赫戲，光明盛大貌。153 左青琱二句　左邊青龍支撐起車蓋啊，右邊的白虎搖起那銅鈴。青琱，青龍。揵，豎起。芝，蓋。素威，白虎。司鉦，負責擊鼓敲鉦之事。鉦，古代的一種樂器，銅質，形似鍾而狹長，有長柄可執，口向上，以物擊之而鳴，在行軍時敲打。154 前長離二句　前面的朱雀揚起羽毛啊，委任玄冥擔任水官之職。長離，即鳳。古代傳說中的靈鳥。一說為神名。水衡，泛指管理水利之官。玄冥，水神。155 屬箕伯二句　囑咐風神箕伯收起狂風啊，洗去汙濁使天空重新清朗。箕伯，風師，中國古代神話中的風神。澂，水靜而清。渫涊，汙濁；卑汙。156 曳雲旗二句　搖曳雲旗迎風飄揚啊，風鈴叮叮作響。鳴玉，指風鈴。用碎玉片組成，風吹相擊發聲，即知有風。古稱占風鐸。鸞，一種鈴鐺。嚶嚶，象聲詞。157 涉清霄二句　騰上高天飛向遠方啊，憑藉游氣向上飛行飄浮。霄，雲。蔑蒙，指風雲霧氣等浮游輕揚之物。上征，上於天。158 紛翼翼二句　安閒有節地飛行緩緩來到啊，火花閃爍顯揚神的靈光。翼翼，飛動貌。戾，至。回回，光芒。159 叫帝閽二句　叫上帝的守門人打開門啊，想在瓊宮拜見天帝。閽，守門人。覿，相見。天皇，天帝。瓊宮，指天宮。160 聆廣樂二句　聆聽天上的〈廣樂〉多次演奏啊，神情舒展和樂融融。廣樂，盛大之樂。這裡指仙樂。九奏，指古代行禮奏樂九曲。洩洩，閒散自得貌；和樂貌。彤彤，和樂貌。161考理亂二句　從音樂中考察政治的治亂啊，其意義在開始的時候考慮它的終結。律，中國古代審定樂音高低的標準，把聲音分為六律（陽律）和六品（陰律），合稱十二律。162惟盤逸二句　思考放縱遊樂而不知滿足啊，害怕歡樂會過去而悲哀就要到來。盤逸，縱情歡樂。斁，通「度」。節度。163素撫弦二句　素女撫琴而餘音裊裊啊，樂師大容吟唱要戒絕逸樂。素，素女。大容，黃帝的樂師。念哉，戒逸樂。164出紫宮二句　飛出肅穆的紫宮啊，停留在光明宏大的大微星座。紫宮，即微宮。星官名。在北斗以北。大微，星名。165命王良二句　命王良掌鞭駕車啊，越過聳立雲天的高閣。王良，春秋時晉國人，一名郵無恤，善御馬。166建罔車二句　立在密密的罔車星座旁邊啊，狩獵於茫茫的青林。罔車，畢星，二十八宿之一。以形狀像畢網得名。青林，星名。即天苑星。167彎威弧二句　用力拉彎威弧之弓啊，射嶓冢山上的大狼。弧，星名。嶓冢，山名。封，大。狼，星名。168觀壁壘二句　在北落星旁觀察壁壘啊，敲響咚咚的戰鼓。壁壘、北落、河鼓均為星名。169乘天潢二句　乘著天潢星浮游啊，浮過浩浩蕩蕩的雲漢。天潢，星名。雲漢，銀河；天河。170倚招搖二句　倚著招搖、攝提兩星宿而回轉啊，觀察日月、金木水火土五星的連綿運行。招搖、攝提均為星名。劉流，環繞。二紀，日、月。五緯，金、木、水、火、土五星。171偃蹇二句　或高揚或頹落而連綿不絕啊，星宿眾多天象紛紜。偃蹇，高聳。夭矯，屈伸貌。連卷，長曲貌。雜沓，紛雜；雜亂。叢顇，眾多雜亂的樣子。方驤，乍合乍離貌。172瞰汩二句　飛馳不停若有若無啊，星宿分散連綿曠渺幽深往復搖蕩。飀戾，疾貌。罔象，虛無。173凌驚雷二句　乘著轟轟的驚雷啊，擺弄閃閃的狂電。硠磕，象聲詞。形容雷聲。淫裔，閃電閃耀貌。174踰庬澒二句　在天的高處逾越元氣啊，穿過日月之影而高高揚起。庬澒，元氣混沌未分貌。宕冥，天極高處之氣。借指高空。高厲，上升；高高騰起。175廓盪盪　空曠遼闊的樣子。176據開陽二句　憑據開陽星而往下看啊，已飛臨到遙遠的故鄉。開陽，北斗七星中第六顆。瞷盼，俯視。暗藹，遠貌。177悁悁　憂愁。178輈　車轅。179閶闔　天門。180旟　旗幟。181繽聯翩二句　繽紛聯綿地飛啊一片昏暗朦朧，只是片刻之間啊回到我的故里。倏，極快地；忽然。眩眃，疾貌。常閭，舊居；故里。182收疇昔二句　收起往日的逸樂啊，控制那自由放任的閒心。指開始遊歷四方天地之間縱情放任，至此改悔。疇昔，從前。逸豫，安樂。淫放，遠遊；任性遊蕩。遐心，放逸不羈之心。183脩初服二句　修整我原來那清潔多姿的服裝啊，帶上我那長長的玉佩。語出《楚辭》：「退將復脩吾初服。」王逸注：「修吾初始清潔之服也。」娑娑，飄動、輕揚貌。參參，長貌。184結典籍二句　把典籍編織起來作為羅網啊，把儒、墨學說當作飛禽。罟，網。儒，即儒家，以孔子為創始者的重要學派。因與春秋時代從巫、史、祝、卜分化出來的「師儒」有淵源關係，故稱。主張「仁政」和「德治」，提倡「忠恕」和「中庸」

之道，重視倫理道德教育，對鬼神持存疑態度。戰國時期分裂為八派，以孟氏（孟子）、孫氏（荀子）兩派影響最大。西漢武帝罷黜百家，獨尊儒術，從此其學說成為中國封建社會的統治思想。墨，即墨家，戰國時期重要學派。創始人墨翟。政治上主張尚賢、尚同和非攻。經濟上主張彊本節用，重視農業生產。思想上提出尊天事鬼。墨家有嚴密的組織，成員多來自社會下層，相傳皆能赴火蹈刀，以自苦勵志。185玩陰陽二句　研究陰陽變化的學說啊，吟詠〈雅〉、〈頌〉的美音。雅，《詩》的一部分，分為〈小雅〉、〈大雅〉。頌，《詩》的一部分，分為〈周頌〉、〈魯頌〉、〈商頌〉，係宗廟祭祀等隆重典禮時所用樂歌。徽音，優美的樂聲。186嘉曾氏二句　嘉美曾子的〈歸耕〉之孝啊，追慕大舜躬耕歷山的崇高。曾氏，即曾子（西元前五〇五—前四三六年），名參，字子輿，春秋戰國間魯國南武城（今山東費縣）人。孔子弟子，以孝名世，能融會貫通孔子之道，提出「吾日三省吾身」的修養方法。卒於魯。將孔子學說傳於子思，經弟子再傳於孟子。因其學頗得孔子學說精髓，後世儒家譽其為「宗聖」。歸耕，曾子所作琴曲。歷陵，即歷山。相傳舜耕之處。欽崟，形容山高。187夕惕二句　晚上害怕有錯誤而自省啊，擔心我自己不能去改正它。厲，病。省僁，反省過失。勑，整頓。188恧　慚愧。189不出戶二句　不出門而盡知天下事啊，何必付出辛勞去遊歷遠方？語出《老子》：「不出戶而知天下。」劬勞，勞苦；勞累。190系曰天長地久三句　總結說：天長地久歲月如梭不停留，要等黃河水清心裡只有懷憂。系，繫。謂重繫一賦之意旨。俟河之清，語出《左傳》：「俟河之清，人壽幾何？」191六區　四方上下。192天不可二句　上天沒有路而成仙的人少，如〈柏舟〉詩中所說雖憂心而不忍遠飛。〈柏舟〉，《詩・邶風》中詩篇名。本意是說船不用來渡人，而是和其他物品一樣只漂浮在水上。這裡比喻仁人不被重用，而與群小並列。吝不飛，是說臣不受國君重用，仍不忍心奮翼飛去。張衡也是被宦官詆毀，不受重用，所以用來自諭。193松喬高跱二句　赤松子、王子喬高據天上誰能接近？只能是專心遠遊使內心與他們相同。松，即赤松子。又作「赤誦子」、「赤松子輿」、「松子」。相傳為帝嚳之臣，帝嚳曾從其學。後世神仙家依託為上古仙人。喬，王子喬，周靈王太子晉。好吹笙作鳳鳴，遊伊洛間。術士浮丘公接上嵩高山，三十餘年，後得道成仙。194回志二句　挽回遠遊之志來追求玄妙之道。朅，去；離去。玄諆，玄妙之道。

【語　譯】後來張衡升遷為侍中，漢順帝命他進宮，在自己身邊進行勸諫議論。曾經問張衡天下人最憎惡的是什麼人。宦官害怕他會詆毀自己，都一起用眼睛看他，張衡於是假意應付後就出宮而去。宦官擔心張衡終究會成為他們的心腹之患，於是共同進讒言詆毀他。

2 張衡常常考慮自己安身之計，認為吉凶並存，幽深細微難以辨明，因而就寫了一篇〈思玄賦〉，用來宣洩情緒，寄託志向。賦中說：

3 「仰慕前代聖哲的道德教誨啊，雖然很高深但我也不能違背。不是風俗淳美的鄉里怎能作為住所，不是義士的足跡又怎能去追隨？心中默默記住而永遠思考著這個道理，日深月久而永不停止。那內心之情真誠而美好啊，追慕古人忠貞義節的情懷。嚴肅認真地對待，恭恭敬敬地順從，遵循禮法繩墨而不能失誤。志向忠貞專一來順應規矩啊，誠心誠意像繩結一樣固定不移。為昭示性情而製作佩飾啊，佩帶美玉和瓊枝。繫上幽香的秋天的花朵啊，又把香草江蘺點綴到上面。精心穿戴而香氣濃烈啊，能保持長久而不消失。佩飾既然美好而舉世無雙啊，又不是世俗所珍貴的東西。展放我的花朵而沒有人看見啊，散播我的香氣而沒有人聞到。孤獨深居在偏僻荒陋之處啊，哪敢怠惰荒嬉而捨棄勤奮。慶幸八愷、八元遇到了虞舜啊，喜賀傅說生活在殷代。羨慕前賢遺留的風尚啊，痛心降生太晚而沒趕上那個時代。我是多麼的孤單獨行啊，孑然一身無人可告。有感鳳凰的特立棲息啊，悲傷善人君子的孤獨寡合。

4 「落落寡合沒什麼不好啊，擔心眾人虛偽而以假冒真。周公旦受到弟弟們的誹謗啊，打開了金縢之封人們才會相信他的忠誠。看到眾民之心是多麼偏狹啊，害怕立法會危害自身。增加了煩憂和迷惑啊，可以跟誰傾吐自己的內心之言呢？內心深深憂慮而又深深懷念啊，思緒紛紛而不能自理。但願竭盡全力來守住節義啊，即使貧窮也不改悔。手執斑斕猛虎而願竭盡試象之力啊，看著焦原的足跡而跟從高義。就是這樣遵奉而跟著前賢周旋啊，其要點就是要死而後已。世俗屢遷屢變而導致事情變故啊，泯滅了規矩和方圓。珍惜蕭草艾草而放進盒子裡啊，卻會說香蕙白芷不芬香。擯棄西施而不臨幸啊，在駿馬頭上套上籠頭讓牠駕起重車。行為怪僻而獲展志向啊，依循法度卻要遭受災禍。只有天與地浩大無窮，為何人生卻遭遇無常！不降低節操而苟合取容啊，譬如站在河邊卻沒有渡船。雖然想要偽裝笑臉來討好獻媚啊，但這又不是我內心所願。穿上溫良恭謙的黑衣啊，披上禮法節義的繡服。編織高風亮節為衣帶啊，交織技藝為佩玉。彩帶和佩飾都鮮明啊，玉璜的叮噹聲悠遠而深長。久久地遊息來放鬆心身啊，太陽忽然要降落到西山。想要依靠知己而使自己獲得榮華啊，反倒遭遇讒言而受傷。希望一年裡開花三次啊，恰恰又遇到白露變為寒霜。四時不停地循環代替啊，誰能夠與它進行對抗？歎息嫉妒美人而難以與她並行啊，想要跟隨仙人韓眾而四處飄流。擔心光陰荏苒而學仙之業無成啊，但留在這裡卻會被掩蔽而不能揚名。

5 「心裡猶豫而又狐疑啊，來到岐山腳下傾吐情懷。周文王為我端著占卜啊，利於遠走高飛來保住聲名。歷遍眾山而到處飄流啊，憑藉疾風高飛來揚起聲音。二女有感於高山啊，但冰川崩折而不可營求。天雖然高但可變為水澤啊，誰說道路不平不可行！時時自勉而自強不息啊，想登上那高峻的天梯。害怕算卦人的卜筮啊，鑽孔龜甲來觀察凶吉。卜得棲鶴的徵兆啊，怨恨素志不得施展。遨遊塵俗之外瞥見高天啊，據幽暗之地而哀鳴。讒佞貪婪爭逐啊，我潔身自好更加榮光。我卜得棲鶴兆啊，遇賢君然後得安寧。

6 「占卜吉祥而沒有凶辭啊，選擇吉日整理行裝。早晨我在清泉中洗頭啊，在朝陽下曬乾我的頭髮。用飛泉的微流漱口啊，咀嚼石上靈芝的流芳。鳥兒高飛而魚兒騰躍啊，我將遠走那荒莽的八方。經過少皞的窮桑之野啊，向東方木神句芒詢問海上的三座仙山。道德真義是多麼純樸精要啊，離開塵俗頓感飄然輕鬆。登上蓬萊從容徘徊啊，大鰲雖顛簸而不會傾覆。留在瀛洲採摘靈芝啊，姑且用它延年益壽。憑依回歸的雲朵而遠逝啊，晚上我宿在扶桑。吸青山頂峰上的露水啊，飲半夜的水氣作為食糧。昔日夢中見到了木禾啊，木禾生在崐崘山高峰。早晨我從湯谷出發啊，追從夏禹在會稽山上。招集眾多執持玉帛的神仙啊，怨恨防風氏違命後至。

7 「以向西南的路徑斜走向長沙啊，在長沙南問候虞舜。哀傷娥皇、女英未能跟從啊，二妃都溺死在湘江之濱。放目遠望那衡山之峰啊，看到有黎氏的毀壞的墳頭；哀痛火神祝融無處歸身啊，把孤魂寄託在山坡之上。愁緒茫茫思慕遠方啊，越過卬州而遊樂。登上日升正中處的昆吾啊，在炎熱的南方火山邊休息。火光四射將天染成大紅色啊，大水沸騰波濤洶湧。熱風聚會大增酷熱啊，憂思抑鬱難以聊賴。孤獨寄客於他鄉無友作伴啊，我怎能長留在此地？

8 「回頭望見西方金天而歎息啊，我想往西南而遊樂。前面祝融舉旗指示方向啊，後繼朱雀高捧大旗。休息在廣都的建木之下啊，折取若木之花而躊躇不前。在西海超越了軒轅啊，跨過汪氏國的龍魚；聽說這個國家的人都壽滿千歲啊，這難道足以使我快樂？

9　「思念九州獨特的風俗啊，隨從西方之神蓐收起身而前行。轉瞬間神仙羽化而如蟬蛻皮啊，與精粹之氣結為伴侶。經過白門而馳向東方啊，我行走在中原。橫渡潺湲的弱水啊，逗留於華山北面的黃河水邊。呼叫河伯馮夷清理渡口啊，划龍舟載我過河。正值軒轅帝還未歸家啊，悵然徘徊而久久地佇立。休息在河邊茂密的樹林下啊，讚美〈關雎〉詩篇告誡女子之德。黃帝之靈回來而諮詢啊，尋求天道在何處。黃帝回答說相信離得近而懷疑離得遠啊，《六經》空缺而沒有記載。神道不明而難以查考啊，誰能謀劃就跟從他？牛哀生病而變成虎啊，即使遇到兄長他也一定會吞噬。蜀王鼈令死後屍身不見了啊，復活後取得蜀王之位而代代傳世。生與死交錯而不一致啊，即使是司命之神也不明瞭。當年竇皇后在去代國的路上邊行邊哭啊，後來子孫繼位繁榮昌盛。王皇后在漢朝宮庭恣意奢侈啊，最終含恨而死卻沒有後嗣。都尉顏駟眉毛花白仍然低就於郎署啊，過了三代才遇上漢武帝。董賢弱冠之年就當了大司馬啊，修建無人能比的陵墓卻死無葬身之地。吉凶互相更替啊，總是反覆無常沒有定數。叔孫豹因夢見豎牛幫他解脫天的重壓而喜歡豎牛啊，豎牛攪亂叔孫豹的家室又將他幽禁。晉文公因袖子被砍斷而懷恨勃鞮啊，但後來閹人勃鞮卻告發謀亂之事而使晉文公得到安寧。通達的人對於好壞善惡都昏闇不明啊，更何況素來昏亂迷惑的人能夠辨別嗎？秦王嬴政解釋圖讖而戒備胡人啊，防備了外敵卻引發了內亂。周犨夫婦運走財物而想逃避還財於張車子啊，孕婦生子而對應。梓慎、裨竈以通曉天道而聞名啊，預測水火而妄言災害。梁國老人擔心那裝神弄鬼的黎丘啊，遇到了他自己的兒子卻用劍刺殺。親眼所看到的都不能識別啊，那幽暗不明的事情怎麼能相信。不要被世俗所累而使自己憂傷啊，憂慮過度會招致疾病。蒼天是很明察的啊，輔助誠實的幫助仁德的人。商湯齋戒潔身以己為祭品祈禱蒼天啊，蒙受大福而拯救了人民。宋景公三次善言都是為了治理國家啊，感動火星遷移到其他地方。魏顆做事順從事理啊，鬼絆住杜回助他打敗了秦國。咎繇行布道德啊，因德高而其後被封於英、六二國。桑樹枝末寄生的植物啊，百草至秋皆凋落獨有它還生長。沒有說就沒有應答啊，去哪裡而不回還？何不遠走高飛播揚聲譽啊，誰說時機可以等待？

[10] 「仰頭舉目遠望啊，神魂悵惘而孤獨無伴。走到中原地區何其狹隘偏陋啊，我將要去北方四處漫遊。走到冰雪皚皚的原野上啊，清泉凍結而不流。寒風淒淒而長久不息啊，橫捲山巒呼呼作響。北方神獸玄武縮在甲殼之中啊，螣蛇蜷曲而自行纏繞。魚兒竦著鱗片而越過冰凌啊，鳥兒登上樹枝而站立不穩。坐在北方陰地的側室之中啊，感慨唏噓而更加憂愁。埋怨高陽看中的住所啊，屈居在顓頊帝的幽都。往來四方邊遠之地就像往來織絡啊，在此地或彼地又有何損失？眼望寒門這塊絕地啊，放開我的馬奔馳在不周山。狂風迅猛地送我前行啊，烈馬飛奔不可遏止。越過空曠的洞穴啊，走進深淵愈走愈深。經過陰森的洞穴備感寂寞啊，憐憫墳羊入地如此之深。

[11] 「在地下追蹤無影無形的元氣啊，超出無形之氣而往上浮。從西方密山的幽暗荒野中出來啊，不知道路徑在哪裡。召燭龍來讓它照明啊，經過鍾山而在中途休息。俯瞰瑤岸紅色的高岸啊，憑弔祖江之被殺。在銀臺恭請西王母啊，以玉芝為食來填飽飢腸；西王母因我的到來而歡娛啊，又責怪我走得太慢。載來太華山的玉女啊，又召來洛水之濱的宓妃。都是那樣姣麗和嫵媚啊，再加上迷人的眼睛和彎彎的眉。舒展美妙的纖纖細腰啊，舞動起彩色的衣裙。啟開朱唇而微笑啊，容光煥發光彩照人。獻來環佩和香袋啊，又贈以繒綺表示修好。雖然顏色美好而所贈豐厚啊，但她們心志放蕩而不合我意。兩個美人悲哀不被接納啊，一起詠詩和清歌。歌辭說：天地間煙雲蒸騰，百花含苞待放。白鶴交頸而鳴，雎鳩水鳥聲聲相和。處女心懷戀情，神魂放蕩不定。為何如此賢淑惠明的人，卻一點也不記得我呢。

[12] 「將要回答二女的歌賦而不暇顧及啊，於是整理車駕趕快出行。抬頭看見巍巍的崐崘山啊，面對的是洋洋的黃河。伏著的靈龜背負起水中高地啊，橫亙的螭龍飛架起一座橋梁。登上閬風山旁的高城啊，架起不死之樹作為大床。碾碎美玉作為乾糧啊，舀取白水作為米漿。讓巫咸來為我占夢啊，才得到貞吉的命符。在心中滋養美好的品德啊，含著嘉穀來顯示豐足。禾穗低垂而顧戀它的根本啊，你也思念自己的故鄉。安定和靜而順應時俗啊，姑且使你的居所更美好。

13「告誡眾僚早些相會啊，全都恭行職守而一起來迎接。雷聲轟響震動天庭啊，閃電通明照亮夜空。雲師將烏雲攏聚於高空啊，暴雨澆打在道路上。在玉飾的車子上樹起華蓋啊，馴服應龍來駕車。百神雲集來作為隨從啊，聚來騎士簇擁著如同群星密布。揮動我的袖子登上車啊，長長的寶劍低垂在腰間。高冠聳立映照車蓋啊，佩飾繁盛光彩輝煌。僕夫端坐揚起鞭子啊，八匹馬一躍而齊頭奔馳。大旗飄飄像天在旋動啊，彩旗獵獵也隨風飄揚。手扶車欄向遠處眺望啊，內心灼熱如同滾湯。羨慕天上的光明燦爛啊，為何又迷戀故土而不能忘懷？左邊青龍支撐起有如靈芝的車蓋啊，右邊的白虎搖起那銅鈴。前面的朱雀揚起羽毛啊，委任玄冥擔任水官之職。囑咐風神箕伯收起狂風啊，洗去汙濁使天空重新晴朗。搖曳雲旗迎風飄揚啊，風鈴叮叮作響。騰上高天飛向遠方啊，憑藉游氣向上飛行飄浮。安閒有節的飛行緩緩來到啊，火花閃爍顯揚神的靈光。叫上帝的守門人打開門啊，想在瓊宮拜見天帝。聆聽天上的〈廣樂〉多次演奏啊，神情舒展和樂融融。從音樂中考察政治的治亂啊，其意義在開始的時候考慮它的終結。思考放縱遊樂而不知滿足啊，害怕歡樂會過去而悲哀就要到來。素女撫琴而餘音裊裊啊，樂師大容吟唱要戒絕逸樂。既要防止過度逸樂又要平靜心志啊，趁我閒暇時還要翱翔。飛出肅穆的紫宮啊，停留在光明宏大的大微星座。命王良掌鞭駕車啊，越過聳立雲天的高閣。立在密密的罔車星座旁邊啊，狩獵於茫茫的青林。用力拉彎威弧之弓啊，射嶓冢山上的大狼。在北落星旁觀察壁壘啊，敲響咚咚的戰鼓。乘著天潢星浮游啊，浮過浩浩蕩蕩的雲漢。倚著招搖、攝提兩星宿而回轉啊，觀察日月二紀、金木水火土五緯的連綿運行。或高揚或頹落而連綿不絕啊，星宿眾多天象紛紜。飛馳不停若有若無啊，星宿分散連綿曠渺幽深往復搖蕩。乘著轟轟的驚雷啊，擺弄閃閃的狂電。在天的高處逾越元氣啊，穿過日月之影而高高揚起。空曠遼闊無邊無際啊，到現在已遊到了天外。

14「憑據閒陽星而往下看啊，已飛臨到遙遠的故鄉。悲哀離鄉而居的痛苦心情啊，憂思重重而想回到家鄉。魂魄牽掛而屢屢回頭啊，馬倚著車轅而原地徘徊。雖然遨遊而得到了片刻快樂啊，但豈能撫慰我的憂愁和思念。出了閶闔之門啊降到天道上，乘著狂風啊飛馳在空中。雲霏霏啊環繞著我的車輪，風眇眇啊鼓動著我的旗幟。繽紛聯綿地飛啊一片昏暗朦朧，只是片刻之間啊回到我的故里。

15　「收起往日的逸樂啊，控制那自由放任的閒心。修整我原來那清潔多姿的服裝啊，帶上我那長長的玉佩。衣冠鮮明而燦爛啊，美飾紛紜而隨風飄蕩。我駕馭六藝這輛珍貴的寶車啊，遨遊在道德之林裡。把典籍編織起來作為羅網啊，把儒、墨學說當作飛禽。學習陰陽變化的學說啊，吟詠〈雅〉、〈頌〉的美音。嘉美曾子的〈歸耕〉之孝啊，追慕大舜躬耕歷山的崇高。與這些早晚不離而專一不二啊，正是我始終應該服膺的；晚上害怕有錯誤而自省啊，擔心我自己不能去改正它。如果我內心是正直的啊，沒有人理解我也不自慚。墨守無為之道來凝聚自己的志向啊，信守仁義而逍遙。不出門而盡知天下事啊，何必付出辛勞去遊歷遠方？

16　「總結說：天長地久歲月如梭不停留，如果要等黃河水清心裡就只有憂愁。希望憑藉遠遊來得到自娛，天地無常但我走遍八方。縱馬飛騰跳躍而脫離世俗，飄搖升空而隨心所欲。上天沒有路而成仙的人少，如〈柏舟〉詩中所說雖憂心而不忍遠飛。赤松子、王子喬高據天上誰能接近？只能是專心遠遊使內心與他們相同。挽回遠遊之志來追求玄妙之道，獲得了我所追求的還想什麼呢！」

1　永和❶初，出為河閒❷相❸。時國王驕奢，不遵典憲；又多豪右❹，共為不軌。衡下車，治威嚴，整法度，陰知姦黨名姓，一時收禽，上下肅然，稱為政理。視事三年，上書乞骸骨，徵拜尚書。年六十二，永和四年卒。

2　著周官訓詁，崔瑗以為不能有異於諸儒也。又欲繼孔子易說彖、象殘缺者，竟不能就。所著詩、賦、銘、七言、靈憲、應閒、七辯、巡誥、懸圖凡三十二篇。

3　永初❺中，謁者僕射❻劉珍❼、校書郎❽劉騊駼等著作東觀❾，撰集漢記，因定漢家禮儀，上言請衡參論其事，會並卒，而衡常歎息，欲終成之。及為侍中，上疏請得專事東觀，收撿遺文，畢力補綴。又條上司馬遷、班固所敘與典籍不合者十餘事。又以為王莽本傳但應載篡事而已，至於編年月，紀災祥，宜為元后⑩本紀⑪。又更始⑫居位，人無異望，光武初為其將，然後即真，宜以更始之號建於光武之初。書數上，竟不聽。及後之著述，多不詳典，時人追恨之。

【章　旨】以上記述張衡晚年為河間相時的作為，以及在藝文、學術方面的成就。

【注　釋】❶永和　東漢順帝劉保年號，西元一三六—一四一年。❷河間　封國名。轄境相當今河北雄縣及大清河以南，南運河以西，高陽、肅寧等以東，阜城以北地區。❸相　封國中的行政長官，職位俸祿相當於郡守。❹豪右　豪門大族。❺永初　東漢安帝劉祜年號，西元一〇七—一一三年。❻謁者僕射　官名。秦、西漢隸郎中令（光祿勳），統領諸謁者，執掌朝會司儀，傳達策書，皇帝出行時在前奉引。東漢為謁者臺長官，名義上隸光祿勳，侍從皇帝左右，關通內外，職權頗重。秩皆比千石。❼劉珍　又名寶，字秋孫，東漢南陽蔡陽（今湖北棗陽）人。時稱通儒。安帝永初中，為謁者僕射，奉詔與劉騊駼、馬融等校定東觀《五經》、諸子傳記、百家藝術，整齊脫誤，訂正文字。永寧元年（西元一二〇年），又與劉騊駼作《建武以來名臣傳》。遷侍中、越騎校尉，拜宗正，轉衛尉。卒於官。❽校書郎　官名。東漢置，即以郎官典校皇家祕籍圖書。❾東觀　宮觀名。為漢代皇家藏書之所。❿元后　即王政君（西元前七〇—西元一三年），西漢魏郡元城（今河北大名）人。元帝皇后，王莽姑母。宣帝五鳳中，入掖庭為宮女，後為太子（元帝）所幸。元帝即位，立為皇后。成帝即位，尊為太后。兄鳳為大司馬大將軍領尚書事。河平二年兄弟譚、商、立、根、逢等五人同日封侯，王氏專權自此始。哀帝即位，尊為太皇太后。哀帝死，復召王莽入朝為大司馬，共議立平帝。遂臨朝稱制，委政於王莽。王莽稱帝後，迫其更名為「新室文母太皇太后」。⓫本紀　紀傳體史書的一部分。按年月記載帝王事跡的史篇。司馬遷作《史記》，取先秦時《禹本紀》之名，以十二本紀為首。以後的紀傳體史書都首列本紀，也簡稱紀。⓬更始　新末劉玄年號，西元二三—二五年。

【語　譯】永和初年，出任為河間國相。當時河間王劉政驕橫奢侈，不遵從典章國法；當地又有許多豪門大族，互相聯合起來做不法之事。張衡一到任，就嚴厲施政，整頓法律制度，他暗中了解到奸徒姓名，很短時間內就將他們收捕擒拿，上下心懷敬畏，人們稱讚河間政事得到較好治理。張衡任職三年後，上書請求退休，朝廷徵召任為尚書。活到六十二歲，永和四年死去。

2　張衡著有《周官訓詁》，崔瑗認為這本書與其他儒學學者的著作相比沒有特別之處。張衡想繼承孔子的《易經》之學，解說〈彖〉、〈象〉裡面殘缺的內容，但最終沒有完成。所著的詩、賦、銘、七言、《靈憲》、〈應間〉、〈七辯〉、〈巡誥〉、《懸圖》，總計三十二篇。

3　永初年間，謁者僕射劉珍、校書郎劉騊駼等人在東觀著述，撰寫集錄《漢記》，並因而制定漢家的禮儀制度，上書請求讓張衡參與這件事，正好劉珍、劉騊駼兩人都去世了，因而張衡經常歎息，想完成《漢記》這部著作。等張衡擔任侍中時，上疏請求專門到東觀著述，收集整理遺文，盡力對《漢記》進行補充完善。又逐條上奏司馬遷、班固所記述的與典籍上記載不相符合的十餘件事。又認為王莽本傳只應該記載篡位的事情，至於按年月記載災異祥瑞，應該撰元后本紀。另外更始皇帝居天子之位，人們並無異議，光武帝開始還擔任過更始帝的部將，然後才即天子位，應該將更始帝的年號置建於光武帝年號的前面。張衡幾次上書，朝廷最終沒有聽從。等到後人著述，大多不能詳盡了解事實，當時人因此十分追悔。

論曰：崔瑗之稱平子曰「數術窮天地，制作侔造化❶」。斯致可得而言歟！推其圍範兩儀，天地無所蘊其靈；運情機物，有生不能參其智。故知思引淵微，人之上術。記曰：「德成而上，藝成而下❷。」量斯思也，豈夫藝而已哉？何德之損乎！

贊曰：三才❸理通，人靈多蔽。近推形筭，遠抽深滯。不有玄慮❹，孰能昭晣❺？

【章　旨】以上是作者對張衡在發明製作方面的成就給予了高度評價。

【注　釋】❶數術窮天地二句　術數能窮究天地間的道理，製作機械能與自然造化相比。二句出自崔瑗所撰張衡碑文。❷德成而上二句　成就德行為上，成就技藝為下。二句出自《禮記・樂記》。❸三才　天、地、人。❹玄慮　深慮。❺昭晣　清楚；明顯。晣，同「晢」。明白；明顯。

【語　譯】史家評論說：「術數能窮究天地間的道理，製作機械能與自然造化相比。」這兩句話可以說是準確的評價！推究他模擬天地製作渾天儀，天地間都無法包容他的靈巧；運用精思製作候風地動儀等，一般人有生之年也不能明白其中的原理。所以，他的智慧思想能導引出最深刻細微的道理，這是人類的最上等技術。《禮記》中說：「成就德行為上，成就技藝為下。」思量張衡所用的心思，難道僅僅是技藝嗎？這種技藝對德又有什麼損害呢！

史官評議說：天、地、人三才理應相通，但人的性靈大多被蒙蔽了。近則可以推究形相算術，遠則可以抽象出深奧的道理。沒有玄妙的思慮，誰能夠這樣昭著而明顯呢？

【研　析】中國是世界四大文明古國之一，曾經創造了輝煌燦爛的文化。其中在科學技術方面，貢獻就十分突出，如最具代表性的四大發明等，對人類社會發展曾產生巨大推動作用。然而，中國古代的科技成就又是在一個並不適宜其生長的社會環境裡取得的，「學而優則仕」的文化傳統使傑出人才毫無選擇地流向官場，科學技術被視作雕蟲小技，不受重視。科學家往往以另外的身分立世，如官員、手工業者等，因為在士農工商「四民」之中，沒有科學家的歸屬。當然，科技成就也得不到政府的認可和獎勵，更無政策性的鼓勵和資助，這必然會影響到科學技術的持續發展。所以，許多發明創造都停留在比較原始的階段，都未能創造出更大的經濟和社會效益，有的甚至在歷史長河中逐漸湮滅。如張衡所發明的候風儀比歐洲的「候風雞」早出現一千多年，他所製作的地動儀是世界上第一臺測報地震的儀器，然而也僅此而已，因為我們在張衡之後的近兩千年裡，沒有發現相應的延續和發展。所以，在回顧歷史的時候我們無法不發出感歎，那些輝煌的記錄充分證明了中國人的聰明和才智，而科技成果的自生自滅又的確值得我們去反思。

張衡曾任官太史令、侍中、河間相、尚書等，仕途並不顯赫，除了幾番上疏勸諫順帝掌控權力，遵守禮制，禁止讖緯，在政治上也並無多大建樹。正如張衡志不在仕途一樣，他對社會、對人類歷史的貢獻也非政治，而主要體現在他的科學成就上。

張衡自幼博學多才，更難能可貴的是他才高於世，卻並不熱心於官場，年輕時即無意仕宦，多次拒絕了大將軍鄧騭的徵召。同時，張衡性格寧靜淡泊，不喜歡與俗人交往。也許正因如此，他才沒有像當時主流社會那樣，專注於經學和讖緯。張衡從年輕時就在天文、陰陽、曆算方面投入了大量時間和精力。等到他出任太史令後，就更把主要精力放在研討陰陽變化、天文、曆算方面。張衡在天文學上造詣很深，他指出月球本身並不發光，月光其實是日光的反射；他還正確地解釋了月蝕的成因，並且認識到宇宙的無限性和行星運動的快慢與距離地球遠近的關係，觀測記錄了兩千五百顆恒星，創製了世界上第一架能比較準確地顯示天象的漏水轉渾天儀，第一架測試地震的儀器——候風地動儀。著有天文學著作《靈憲》和《懸圖》等。正如二十世紀中國著名文學家、歷史學家郭沫若所評價的：「如此全面發展之人物，在世界史中亦所罕見，萬祀千齡，令人景仰。」（韋占彬注譯）

卷六十上

馬融列傳第五十上

【題　解】本卷為東漢二位著名學者的列傳，卷上為〈馬融列傳〉，卷下是〈蔡邕列傳〉。

馬融（西元七九—一六六年），字季長，東漢右扶風茂陵（今陝西興平）人。安帝永初四年（西元一一〇年）拜校書郎中，因上〈廣成頌〉忤鄧太后旨，十年不得升調，復遭禁錮。大將軍梁冀掌權時，又因觸犯梁冀，被免官髡徙朔方。但晚年為梁冀歌功頌德，頗為正人所羞。著述極豐，世稱通儒。生徒受教者常有千餘人，當世名儒鄭玄、盧植等皆出其門下。

蔡邕，字伯喈，東漢陳留圉（今河南杞縣）人。好辭章、數術、天文，善音律，工琴藝。靈帝時辟司徒橋玄府。後任郎中，校書東觀。熹平四年（西元一七五年），奉命與五官中郎將堂谿典、光祿大夫楊賜等勘正《六經》文字。自書丹於碑，使工鐫刻，立於太學門外，世稱「熹平石經」。後為中常侍程璜誣陷，舉家流徙朔方。因在東觀曾與盧植、韓遂等撰補《後漢記》未就，乃上書自陳，得赦還本郡。復遭宦官陷害，亡命江海十餘年。董卓擅政時，召為祭酒，遷尚書，拜左中郎將，封高陽鄉侯。及董卓被誅，為司徒王允收付廷尉治罪。自請黥首刖足，續成漢史。不久，死於獄中。有《蔡中郎集》，已佚，後人有輯本。

1 馬融，字季長，扶風❶茂陵人也，將作大匠❷嚴之子。為人美辭貌，有俊才。初，京兆❸摯恂以儒術教授，隱于南山❹，不應徵聘，名重關西❺，融從其遊學，博通經籍。恂奇融才，以女妻之。

2 永初❻二年，大將軍❼鄧騭❽聞融名，召為舍人❾，非其好也，遂不應命，客於涼州❿武都⓫、漢陽⓬界中。會羌⓭虜飆起，邊方擾亂，米穀踊貴，自關以西，道殣相望⓮。融既飢困，乃悔而歎息，謂其友人曰：「古人有言：『左手據天下之圖，右手刎其喉，愚夫不為⓯。』所以然者，生貴於天下也。今以曲俗咫尺之羞，滅無貲之軀，殆非老⓰莊⓱所謂也。」故往應騭召。

3 四年，拜為校書郎中⓲，詣東觀⓳典校祕書。是時鄧太后⓴臨朝㉑，騭兄弟輔政。而俗儒世士，以為文德可興，武功宜廢，遂寢蒐狩之禮㉒，息戰陳之法，故猾賊從橫，乘此無備。融乃感激，以為文武之道，聖賢不墜，五才㉓之用，無或可廢。元初㉔二年，上廣成頌以諷諫。其辭曰：

【章旨】以上記述馬融的出身及出仕的經過。馬融先是拒絕了鄧騭的徵召，後因飢餓貧困，心生悔意，又接受了鄧騭的聘任。

【注釋】❶扶風 即右扶風。政區名。西漢太初元年（西元前一〇四年）改主爵都尉置，分右內史西半部為其轄區，職掌相當於郡太守。因地屬畿輔，故不稱郡，為三輔之一。治今西安西北郊。東漢移治今興平東南，屬司隸校尉部。❷將作大匠　官名。西漢時由將作少府改名，亦簡稱「將作」、「大匠」。掌領徒隸修建宮室、宗廟、陵寢及其他土木工程，植樹於道旁。東漢初不設置專官，常以謁者兼領其事，至章帝始真受。❸京兆　政區名。西漢太初元年改右內史置，分原右內史東半部為其轄區，職掌相當於郡太守。因地屬畿輔，故不稱郡。為三輔之一。治今陝西西安西北。❹南山　指終南山。屬秦嶺山脈，在今陝西西安南。❺關西　地區名。漢唐等時代泛指函谷關或潼關以西地區。❻永初　東漢安帝劉祜年號，西元一〇七—一一三年。❼大將軍　官名。始於戰國，漢代沿置，為將軍的最高稱號，執掌統兵征戰。事實上多由貴戚擔任，掌握政權，職位甚高。❽鄧騭　（？—西元一二一年），字昭伯，東漢南陽新野（今河南新野）人。妹為漢和帝皇后。和帝死，安帝即位，太后臨朝，他任大將軍。輔政期間，曾進賢士，罷力役，有所建樹。太后死，安帝與宦官李閏合謀誅滅鄧氏，他因而自殺。❾舍人　官名。戰國、秦時貴戚官僚屬員，類似賓客，為主人親近私屬。至漢代演變為正式職官。太子太傅、少傅屬官及皇后、公主屬官皆有之。同時，大臣仍有私養舍人者。❿涼州　西漢武帝置「十三刺史部」之一。東漢治今甘肅張家川回族自治縣。⓫武都　西漢置。治今甘肅西和西南。為武都郡治。⓬漢陽　郡名。東漢改天水郡置。治今甘肅甘谷東南。⓭羌　古族名。最早見於甲骨卜辭，殷周時又稱「羌方」，分布於黃河中上游地區，秦逐諸戎，被迫西遷。西漢武帝置護羌校尉，統轄羌族各部。東漢時內徙諸部於隴西、漢陽（今甘肅甘谷）、安定（今甘肅鎮原）、三輔（今陝西渭水流域）等地，與漢族雜居。西漢時對居於隴西郡（今甘肅臨洮南）以西以南諸羌人泛稱為西羌。東漢多次平定羌人起事，使其內徙，稱徙居金城、隴西、漢陽等郡者為西羌，稱東遷安定、北地、西河、上郡、三輔一帶者為東羌。⓮道殣相望　道路上到處有餓死的人。殣，餓死。⓯左手據天下之圖三句　左手拿天下地圖，右手割自己的喉嚨，愚蠢的人也不會做這樣的事。莊子語，意不以虛名危害生命。⓰老　即老子。姓李，名耳，字聃，春秋楚國苦縣（今河南鹿邑）人。道家創始人。傳說曾為東周王室管理典籍的史官。現存《老子》一書，基本反映其思想。主張「無為而治」，認為「道」是天地萬物的本原，認識到事物之間的依存和轉化關係。老子的思想對中國思想史的發展產生了深遠影響。⓱莊　即莊子（約西元前三六九—前二八六年），名周，字子休，戰國宋國蒙（今河南商丘）人。楚莊王後裔。做過蒙漆園吏。家貧，曾借粟於監河侯。拒絕楚威王厚幣迎聘。繼承和發展老子道家學說，成為道家另一重要代表人物，對後代思想影響很大。⓲校書郎中　官名。東漢時在東觀置校書郎中，掌校勘書籍，訂正訛誤。⓳東觀　宮觀名。為漢代皇家藏書之所。⓴鄧太后　漢和帝的皇后，和帝死後，她廢和帝長子，立生下僅百日的嬰兒為帝，即殤帝。殤帝死後，她又迎立年僅十三歲的安帝即位，她以太后的身分臨朝聽政，以其兄鄧騭為大將軍輔政，鄧氏一門權傾一時。重用宦官，宦官專權局面逐漸形成。她死後，安帝與宦官李閏合謀，誅滅了鄧氏。㉑臨朝　漢代遇皇帝年幼，由皇太后聽政，稱臨朝。㉒蒐狩之禮　古代帝王春、冬時的射獵活動。蒐，春蒐，帝王春季的射獵。狩，冬狩，指古代天子或王侯在冬季圍獵。㉓五才　指金、木、水、火、土。㉔元初　東漢安帝年號，西元一一四－一二〇年。

【語譯】 馬融，字季長，扶風郡茂陵縣人，將作大匠馬嚴的兒子。為人善言詞，重儀表，有傑出才華。起初，京兆人摯恂用儒學教授門徒，在南山隱居，不接受朝廷的徵召聘任，在關西一帶非常有名聲，馬融跟從他四處遊學，博通經書典籍。摯恂認為馬融有奇才，將女兒嫁給他。

2　永初二年，大將軍鄧騭聽說馬融聲名，徵召馬融為舍人，但這不是馬融喜歡的事情，因此他沒有應召，客居在涼州的武都郡和漢陽郡的交界處。適逢羌虜像狂飆一樣起事，邊境被擾亂，米穀價錢一下子貴起來，從潼關以西，道路上到處有餓死的人。馬融非常飢餓貧困，於是後悔歎息，對友人說：「古人有這樣的話：『左手拿天下地圖，右手割自己的喉嚨，愚蠢的人也不會做這樣的事。』之所以這樣說，是因為活命比得天下更重要。如今因為害怕世俗那一點點羞辱，卻要毀滅自己寶貴的身軀，大概不是老子、莊子所提倡的吧。」所以，馬融應召前往鄧騭處。

3　永初四年，馬融被任命為校書郎中，到東觀掌管校勘書籍。當時鄧太后臨朝執政，鄧騭兄弟輔佐朝政。一些凡俗的儒生、士人，認為文德可以興隆，武功則應該廢棄，於是放棄狩獵練武的禮制，停止戰陣訓練的方法，所以狡猾的賊人乘這時不修武備，四處縱橫。馬融因此事感奮激發，認為文德、武功兩條法則，聖賢都不會放棄，五才的運用，沒有一點可以荒廢。元初二年，馬融向朝廷呈上〈廣成頌〉來進行諷諫。其文辭為：

1　「臣聞孔子曰：『奢則不遜，儉則固❶。』奢儉之中，以禮為界。是以蟋蟀、山樞之人，並刺國君，諷以太康馳驅之節❷。夫樂而不荒，憂而不困，先王❸所以平和府藏，頤養精神，致之無疆。故戛擊鳴球，載於虞謨❹；吉日車攻，序於周詩❺。聖主賢君，以增盛美，豈徒為奢淫而已哉？伏見元年已來，遭值厄運❻，陛下戒懼災異，躬自菲薄，荒棄禁苑，廢弛樂懸，勤憂潛思，十有餘年，以過禮數。重以皇太后體唐堯親九族篤睦之德❼，陛下履有虞❽烝烝❾之孝，外舍諸家，每有憂疾，聖恩普勞，遣使交錯，稀有曠絕。時時寧息，又無以自娛樂，殆非所以逢迎太和，裨助萬福也。臣愚以為雖尚頗有蝗蟲，今年五月以來，雨露時澍，祥應將至。方涉冬節，農事間隙，宜幸廣成，覽原隰，觀宿麥，勸收藏，因講武校獵，使寮庶❿百姓，復覩羽旄之美⓫，聞鐘鼓之音，歡嬉喜樂，鼓舞疆畔，以迎和氣，招致休慶。小臣螻蟻，不勝區區。職在書籍，謹依舊文，重述蒐狩之義，作頌一篇，并封上。淺陋鄙薄，不足觀省。

2

「臣聞昔命師於鞬櫜，偃伯於靈臺⓬，或人嘉而稱焉。彼固未識夫雷霆之為天常，金革之作昏明也。自黃⓭炎⓮之前，傳道罔記；三五⓯以來，越可略聞。且區區之酆⓰郊，猶廓七十里之囿，盛春秋之苗。詩詠圃草，樂奏騶虞⓱。是以大漢之初基也，宅茲天邑⓲，總風雨之會，交陰陽之和。揆厥靈囿，營于南郊⓳。徒觀其坰場區宇⓴，恢胎曠蕩㉑，藐敻勿罔㉒，寥豁鬱泱㉓，騁望千里，天與地莽。

於是周阹環瀆[24]，右䜌三塗[25]，左概嵩嶽[26]，面據衡陰[27]，箕背王屋[28]，浸以波[29]、溠[30]，夤以滎[31]、洛[32]。金山[33]、石林[34]，殷起乎其中，峨峨磑磑，鏘鏘嶊嶊，隆穹槃回，嵎峗錯崔[35]。神泉側出，丹水[36]涅池[37]，怪石浮磬，燿焜[38]于其陂。其土毛則摧牧薦草，芳茹甘荼，茈萁[39]、芸蒩，昌本、深蒲，芝荋、董、荁，蘘荷、芋渠，桂荏、鳧葵，格、韭、菹、于。其植物則玄林包竹，藩陵蔽京，珍林嘉樹，建木叢生，椿、梧、栝、柏，柜、柳、楓、楊，豐彤對蔚，崟頟槮爽[40]。翕習[41]春風，含津吐榮，鋪于布濩，蓶扈蘳熒[42]，惡可殫形[43]。

3 「至于陽月，陰慝害作[44]，百草畢落，林衡[45]戒田，焚萊柞木。然後舉天網，頓八紘[46]，揫斂[47]九藪[48]之動物，繯橐[49]四野之飛征[50]。鳩[51]之乎茲囿之中，山敦雲移，群鳴膠膠，鄙駭[52]譟讙[53]，子野[54]聽聳，離朱[55]目眩，隸首[56]策亂，陳子[57]籌昏。於時營圍恢廓，充斥川谷，罦罝羅羉[58]，彌綸[59]阬澤，皐牢[60]陵山。校隊[61]案部，前後有屯，甲乙相伍，戊己為堅[62]。

4 「乘輿乃以吉月之陽朔[63]，登于疏鏤之金路[64]，六驌驦之玄龍[65]，建雄虹之旌夏，揭鳴鳶之脩橦[66]。曳長庚之飛髾，載日月之太常[67]，棲招搖與玄弋，注枉矢於天狼[68]。羽毛紛其髟鼬，揚金爂而拕玉瓖[69]。屯田車於平原，播同徒於高岡，旃旝摻其如林，錯五色以摛光[70]。清氛埃，埽野場，誓六師[71]，搜儁良。司徒[72]勒卒，司馬[73]平行，車攻馬同，教達戒通。伐咎鼓[74]，撞華鍾，獵徒縱，赴榛叢[75]。徽嫿[76]霍奕[77]，別騖分奔，騷擾聿皇[78]，往來交舛，紛紛回回，南北東西。風行雲轉，匈磕[79]隱訇[80]，黃塵勃滃，闇若霧昏。日月為之籠光，列宿為之翳昧[81]，僄狡[82]課才，勁勇程氣。狗馬角逐，鷹鸇競鷙，驍騎旁佐，輕車橫厲，相與陸梁[83]，聿皇于中原。絹猑虦[84]，鏦特肩[85]，脰完羝[86]，撝介鮮[87]，散毛族[88]，梏羽群[89]。然後飛鋋電激，流矢雨墜，各指所質，不期俱殪，竄伏扔[90]輪，發作梧轊。祋殳[91]狂擊，頭陷顱碎，獸不得猭[92]，禽不得瞥。或夷由未殊[93]，顛狽[94]頓躓[95]，蝡蝡蟫蟫[96]，充衢塞隧，葩華[97]荓布[98]，不可勝計。

「若夫鷙獸毅蟲，倨牙黔口[99]，大匈哨後[100]，緼巡[101]歐紆[102]，負隅依阻，莫敢嬰禦。乃使鄭叔[103]、晉婦[104]之徒，睽孤封剌[105]，裸裎袒裼[106]。冒柧柘，槎棘枳，窮浚谷，底幽嶰，暴斥虎，搏狂兕，獄黿熊，抾封豨[107]。或輕訬趬悍[108]，廋疏[109]嶁領，犯歷嵩巒，陵喬松，履脩樠，踔攳枝[110]，杪標端，尾蒼蜼[111]，掎玄猨[112]，木產盡，寓屬[113]單。罕罔[114]合部，罾[115]弋[116]同曲，類行並驅，星布麗屬，曹伍相保，各有分局。矰碆[117]飛流，纖羅絡縸[118]，遊雉群驚，晨鳧[119]輩作，翬[120]然雲起，霅[121]爾雹落。

6

「爾乃蘋觀高蹈，改乘回轅，泝恢方[122]，撫馮夷，策句芒[123]，超荒忽，出重陽，厲雲漢，橫天潢[124]。導鬼區，徑神場，詔靈保[125]，召方相[126]，驅厲疫，走蜮[127]祥。捎罔兩，拂游光，枷天狗，緤墳羊[128]。然後緩節舒容，裴回安步[129]，降集波籞[130]，川衡[131]澤虞[132]，矢魚陳罟[133]。茲飛[134]、宿沙[135]，田開[136]、古蠱[137]，翬終葵，揚關斧，刊重冰[138]，撥蟄戶，測潛鱗，踵介旅[139]。逆獵湍瀨，浡薄汾橈，淪滅潭淵[140]，左挈夔龍，右提蛟鼉，春獻王鮪[141]，夏薦鼈黿。於是流覽徧照，殫變極態，上下究竟，山谷蕭條，原野嵺愀[142]，上無飛鳥，下無走獸，虞人植旍[143]，獵者效具，車弊[144]田罷，旋入禁囿[145]。棲遲[146]乎昭明之觀，休息乎高光之榭，以臨乎宏池。鎮以瑤臺，純以金堤，樹以蒱柳，被以綠莎，瀇瀁沆漭[147]，錯紾[148]槃委[149]，天地虹洞，固無端涯，大明生東，月朔西陂[150]。乃命壺涿[151]，驅水蟲，逐罔[152]、螭[153]，滅短狐，簎鯨、鯢。然後方餘皇[154]，連舼舟，張雲帆，施蜺幬，靡颸風，陵迅流，發櫂歌[155]，縱水謳，淫魚出，蓍蔡[156]浮，湘靈[157]下，漢女[158]游。水禽鴻鵠，鴛鴦、鷗、鷖，鶬鴰、鸕、鷁，鷺、鴈、鷿鷉，乃安斯寢，戢翮[159]其涯。魴、鱮、鱏、鯿，鰋、鯉、鱨、魦，樂我純德，騰踊相隨，雖靈沼之白鳥，孟津之躍魚，方斯蔑矣[160]。然猶詠歌於伶蕭，載陳於方策，豈不哀哉[161]！

7

「於是宗廟[162]既享，庖廚[163]既充，車徒既簡，器械既攻。然後擺牲班禽，淤賜[164]犒功，群師疊伍，伯校千重，山罍[165]常滿，房俎[166]無空。酒正[167]案隊，膳夫[168]巡行，清醪車湊[169]，燔炙[170]騎將，鼓駭舉爵，鍾鳴既觴。若乃陽阿[171]衰斐之晉[172]制，闡鼃華羽之南音[173]，所以洞蕩匈臆[174]，發明耳目，疏越蘊慉[175]，駭恫[176]底伏[177]，鍠鍠鎗鎗，奏于農郊大路之衢，與百姓樂之。是以明德曜乎中夏[178]，威靈暢乎四荒[179]，東鄰浮巨海而入享，西旅越葱領[180]而來王，南徼因九譯[181]而致貢，朔狄[182]屬象胥[183]而來同。蓋安不忘危，治不忘亂，道在乎茲，斯固帝王之所以曜神武而折遐衝者也。

8

「方今大漢收功於道德之林，致獲於仁義之淵，忽蒐狩[184]之禮，闕槃虞[185]之佃。闇昧不覿日月之光，聾昏不聞雷霆之震，于今十二年，為日久矣。亦方將刊禁臺[186]之祕藏，發天府之官常，由質要之故業，率典刑之舊章[187]。采清原[188]，嘉岐陽[189]，登俊桀，命賢良，舉淹滯[190]，拔幽荒。察淫侈之華譽，顧介特[191]之實功，聘畎畝[192]之群雅[193]，宗重淵之潛龍。乃儲精山藪，歷思河澤，目矖鼎俎[194]，耳聽康衢[195]，營傅說於胥靡[196]，求伊尹於庖廚[197]，索膠鬲於魚鹽[198]，聽甯戚於大車[199]。俾之昌言而宏議，軼越三家[200]，馳騁五帝，悉覽休祥，總括群瑞。遂棲鳳皇於高梧，宿麒麟於西園201，納僬僥之珍羽，受王母之白環202。永逍搖乎宇內，與二儀203乎無疆，貳造化於后土204，參神施於昊乾，超特達而無儔205，煥巍巍而無原。豐千億之子孫，歷萬載而永延。禮樂既闋，北轅反旆，至自新城206，背伊闕207，反洛京208。」

【章　旨】以上記述馬融上〈廣成頌〉，委婉勸諫安帝效法古代賢王，選拔、重用人才。

【注　釋】❶奢則不遜二句　過於奢侈就不會謙虛，過於節儉就會固執。不遜，傲慢無禮。固，固執。❷是以蟋蟀三句　所以作〈蟋蟀〉、〈山樞〉的人，都是為了譏刺國君，用過於安樂和馳驅適度來進行諷勸。〈蟋蟀〉、〈山樞〉均為《詩·唐風》中篇名。〈蟋蟀〉諷刺晉僖公過於奢侈、享樂。〈山樞〉，即〈山有樞〉，諷刺晉昭公有才不能用。馬融在此意指文武之道應折中。❸先王　先代聖王。❹故戛擊鳴球二句　所以戛擊之樂、玉球之聲，記載在〈虞謨〉之中。戛，形如伏獸，背上有二十七刻度，用長木尺擊打，用來中止音樂演奏。擊，像桶，中有椎柄，連底搖之，用來表示音樂的開始。球，玉磬。虞謨，即〈舜典〉，東晉梅賾所上偽《古文尚書》篇名。原為〈堯典〉中「慎徽五典」至篇末部分，另加「曰若稽古」至「乃命以位」二十八字，定名〈舜典〉。記述堯、舜禪讓傳說。❺吉日車攻二句　寫吉祥之日行車遊樂的詩句，也列在《周詩》之中。吉日，見《詩·吉日》：「吉日維戊，既伯既禱。田車既好，四牡孔阜。」車攻，見《詩·車攻》：「我車既攻，我馬既同。」周詩，即指《詩經》。中國最早的詩歌總集。❻伏見元年已來二句　臣見到從永初元年以來，國家遭到戹運。元年，指漢安帝即位之年。戹運，指地震、大水、雨雹之類。❼重以皇太后句　再加上皇太后履行像唐堯一樣親待九族篤實和睦的美德。唐堯，號陶唐氏，名放勳。傳說中父系氏族社會後期部落聯盟領袖。相傳曾命羲和掌管時令，制定曆法。諮詢四岳，選舜為其繼任人。對舜進行三年考核後，命舜攝位行政。他死後，即由舜繼位，史稱禪讓。九族，指本身及以上的父、祖、曾祖、高祖和以下的子、孫、曾孫、玄孫。古代立宗法、定喪服，皆以此為準。也有包括異姓親屬而言的，以父族四、母族三、妻族二為「九族」。❽有虞　即舜。姚姓，一作「嬀」姓，號有虞氏，名重華，史稱「虞舜」。傳說中父系氏族社會後期部落聯盟領袖。相傳因四岳推舉，堯命他攝政。他巡行四方，除去共工、驩兜、三苗、鯀等四人。堯去世後繼位，又諮詢四岳，挑選賢人，治理民事，並選拔治水有功的禹為繼承人。❾烝烝　謂孝德之厚美。❿寮庶　百官；眾官。⓫羽旄之美　裝飾著羽毛的旗子飄動的壯觀景象。羽旄，古時以雉羽和旄牛尾裝飾旗竿的軍旗。⑫臣聞二句　臣聽說古時候舉起弓衣箭袋表示興師，奏樂於靈臺表示休戰。韇櫜，裝弓箭的袋子。《禮記》：「武王剋殷，倒載干戈，包以獸皮，名之曰韇櫜。」韇以藏箭，櫜以藏弓。偃伯，休戰。偃，停止；停息。伯，古代軍隊編制，百人為伯。靈臺，周代臺名。周文王時修建，用以遊觀，一說用以觀天象。⑬黃　即黃帝。姬姓，號軒轅氏、有熊氏。傳說中中原各族的共同祖先。少典之子。相傳炎帝擾亂各部落，他得到各部落的擁戴，在阪泉（今河北涿鹿）打敗炎帝。後蚩尤擾亂，他又率領各部落在涿鹿擊敗蚩尤。從此他由部落首領被擁戴為部落聯盟領袖。傳說有很多發明創造，如養蠶、舟車、文字、音律、醫學、算數等，都創始於黃帝時期。黃帝又被戰國時黃老學派推崇為始祖。今國人自稱炎黃子孫，即指他與炎帝。⑭炎　即炎帝。傳說中上古姜姓部族首領。號烈山氏，一作「厲山氏」。相傳為少典娶有蟜氏而生。原居姜水流域，後向東發展到中原地區。曾與黃帝戰於阪泉，被打敗。一說炎帝即神農氏。⑮三五　三皇五帝。三皇，相傳為上古三個帝王。其說不一。五帝，傳說中的上古帝王。時在三皇之後，夏代以前。究為何五帝，說法不一。他們都是傳說中原始社會末期部落或部落聯盟的領袖。⑯酆　周文王時都城，在今陝西長安西南灃河以西。⑰騶虞　本指一種動物，「騶虞，義獸也，白虎黑文，不食生物。有至信之德則應之。」後以之為樂曲名。《周禮・大司樂》：「王大射則奏《騶虞》。」⑱天邑　指洛陽。⑲揆厥靈囿二句　比照靈囿，在南郊營造廣成苑。靈囿，周文王苑囿名。揆，度。這裡指比照的意思。⑳坰場區宇　指廣成苑的場地。坰，野外。區宇，境域；天下。㉑恢胎曠蕩　恢弘寬廣。恢胎，旺盛貌；廣大貌。曠蕩，空闊；寬廣。㉒藐敻勿罔　渺遠無邊。藐，廣大。敻，遙遠。勿罔，不清晰。㉓寥豁鬱泱　寥廓廣大。寥豁，寥廓。鬱泱，亦作「鬱鞅」。廣大貌。㉔周阹環瀆　四周環繞著山谷河流。阹，河流。瀆，溝渠；水道。㉕右矕三塗　矕，視。三塗，山名。在今河南嵩縣西南，伊水經其下。㉖嵩嶽　即嵩山。在河南登封北，為五嶽之中嶽。古稱「外方」、「太室」，又名「崇高」、「嵩高」。其峰有三：東為太室山，中為峻極山，西為少室山。㉗衡陰　衡山之北。衡，山名。在今河南鄧州境內。㉘王屋　山名。在今河南濟源境內。㉙波　即波水。水名。其水源出自今河南魯山縣西北。㉚溠　即溠水。水名。流經今湖北隨州棗陽等地。㉛滎　即滎水。在今河南滎陽東。㉜洛　即洛水。河名。即今河南洛河。㉝金山　又稱「金門山」。在今河南澠池縣南。㉞石林　即大石山。一名「萬安山」。在洛陽南。㉟峨峨磑磑四句　形容山高險峻。㊱丹水　水名。在今河南沁陽北。㊲涅池　即涅水。在河南鄧州。㊳燿焜　輝燿。㊴茈萁　草名。一種蕨類植物。以下的昌本、深蒲等均為植物名。㊵豐彤對蔚二句　都是形容林木茂盛。㊶翕習　風吹拂貌。㊷蓶扈蘛熒　花葉鮮豔貌。㊸惡可殫形　怎麼形容得盡。惡，何；怎麼。㊹至于陽月二句　每年到了十月，隱匿起來的陰氣再度為害。陽月，十月。《爾雅》：「十月為陽。」陰慝，陰氣。害作，指陰氣肅殺，對植物造成危害。㊺林衡　周代官名。掌管巡視山林的禁令。㊻八紘　八方極遠之地。泛指天下。㊼揫斂　聚斂；聚集。㊽九藪　九個澤藪的總稱。據《周禮·職方》記載，九藪包括揚州具區、荊州雲夢、豫州蒲田、青州孟諸、兗州大野、雍州弦蒲、幽州貕養、冀州楊紆、并州昭余祁。藪，生長著很多草的湖。㊾繯橐　捕捉獵物的繩套和袋子。繯，繩索的套子。橐，囊；袋子。㊿飛征　飛禽走獸。(51)鳩　聚集。(52)鄙駭　野獸奔跑迅疾貌。(53)譟讙　指野獸吼叫。(54)子野　即師曠。字子野，春秋時期晉國樂師，生而失明，以善於辨音著稱。(55)離朱　又稱「離婁」。古代傳說中的人物，視力超常，「能視於百步之外，見秋毫之末」，「察針末於百步之外」。黃帝遊赤水之北，登昆侖之丘，丟失了玄珠，命他去尋找。(56)隸首　傳說中黃帝時人。始作算術。《世本》稱黃帝使「隸首作算術」。《數術記遺》：「隸首註術，迺有多種。」認為三種十進制記數法係他所創，後人遂尊為算學之鼻祖。(57)陳子　即陳平。漢初陽武（今河南原陽）人，少時家貧，好黃老之術。陳勝起事，他投魏王咎，為太僕。後從項羽入關，任都尉。旋歸劉邦，任護軍中尉，建議用反間計使項羽去謀士范增，並以爵位籠絡大將韓信，為劉邦所採納。漢朝建立，封曲逆侯。傳說曾為劉邦六出奇計。惠帝、呂后時任丞相，以呂氏專權，不治事。呂后死，他與周勃定計，誅殺呂產、呂祿等，迎立文帝，任丞相。(58)罦罝羅羂　泛指捕捉鳥獸的網。罦，一種捕鳥的網，鳥入網後能自動將鳥罩住。罝，捕捉兔子的網。羅，捕捉鳥的網。羂，捕捉野豬的網。(59)彌綸　籠罩。(60)皐牢　牢籠。(61)校隊　校尉、隊將。校尉，官名。秦漢為統兵武官，略次於將軍，高於都尉。出征時臨時任命，領一校（營）兵，有司馬、候等屬官亦或冠以名號，如討虜校尉、輕騎校尉等。又有常設的專職校尉，依其具體職務冠以名號，如統領常備禁軍的中壘、屯騎等北軍諸校尉及西園八校尉等。西漢秩二千石，東漢秩比二千石。隊將，官名。統率百人。(62)甲乙相伍二句　依次編成伍，伍長居中成為中堅。甲乙，按順序依次。戊己，居中之意。(63)陽朔　十月初一。朔，陰曆每月初一。(64)登于疏鏤之金路　登上雕鏤金花的車子。疏鏤，雕鏤。(65)六驌騻之玄龍　駕著六匹黑龍駿馬。六，指駕六匹馬。《續漢志》：「天子五路，駕六馬。」驌騻，馬名。玄龍，黑馬。《周禮》：「馬高八尺曰龍。」(66)建雄虹之旌夏二句　車上插著雄偉的彩虹一樣的大旗，舉著畫有鳴鳶圖案的長長的旗幟。旌夏，大旗。鳶，鴟；鷂鷹。橦，旗竿。(67)曳長庚之飛髾二句　拖著長庚星那樣的飛揚的飄羽，太常旗上畫著日月圖案。長庚，太白星。太常，天子所建大旗，上面畫有日月。(68)棲招搖與玄弋二句　還畫著招搖、玄弋二星，中間畫有枉矢射向天狼。招搖、玄弋、天狼，均為星名。枉矢，妖星。即古代占星術所認為的有災禍預兆的客星中的一種。(69)羽毛紛其髟鼬二句　羽毛紛紛而飛揚，揚起金馬冠而玉帶閃光。髟鼬，羽毛飛揚。玉瓖，馬肚帶上的玉玦。(70)旃旝摻其如林二句　旗幟密密豎插如同樹林，五彩錯雜閃閃發光。旃旝，旃幟。摛光，放射光芒。(71)六師　周代軍隊編制。因在西土王畿，又稱西六師。(72)司徒　官名。掌管民戶、土地、徒役的輔政大臣。相傳商代已置，為天子五官之一。西周為三公之一。《周禮》中列為六卿之一，掌地官。(73)司馬　官名。掌管軍政、軍賦、馬政的執政大臣。亦稱大司馬。相傳商代已置，為天子五官之一。西周為三公之一。《周禮》中列為六卿之一，為夏官。(74)谽鼓　大鼓。(75)榛叢　叢生的草木。(76)徽嫿　乖戾貌。(77)霍奕　奔馳貌。(78)聿皇　迅疾輕快貌。(79)匈礚　象聲詞。形容大聲。(80)隱訇　轟然大聲。(81)翳昧　陰暗；昏暗。(82)僄狡　敏捷勇猛。(83)陸梁　跳躍奔走的樣子。(84)猑虢　野馬。(85)特肩　大獸。(86)完羝　野羊。(87)介鮮　貝類和魚類。(88)毛族　指獸類。(89)羽群　即羽族。指鳥類。(90)扔　摧毀。(91)祋殳　古代杖屬兵器。祋與殳同類，有棱而無刃。(92)豫　獸走草中。(93)或夷由未殊　有的雖然未死但已不能行走。夷由，不行走。未殊，未死。(94)顛狽　猶顛沛。(95)頓躓　顛仆；行路顛蹶。(96)蝡蝡蟬蟬　蠕動。蝡，同「蠕」。像蚯蚓那樣慢慢地爬動。蟬，蠕動的樣子。(97)葩華　花分散的樣子。(98)蓱布　像浮萍一樣的遍布。喻其多。蓱，同「萍」。(99)倨牙黔口　曲牙黑口。黔，黑。(100)大匈哨後　胸腹大背脊小。匈，同「胸」。哨，小。(101)緼巡　並行。(102)歐紆　迂迴曲折。(103)鄭叔　指鄭莊公之弟太叔段。被封於京（今河南滎陽），號京城太叔。叔段以京城叛，母武姜欲應之，鄭莊公發兵平叛，叔段出奔共（今河南輝縣）。故又稱「共叔段」。據《詩．鄭風》記載：太叔曾乘馬出獵，袒胸徒手擒虎，獻於鄭莊公。(104)晉婦　據《孟子》記載，晉國有個姓馮名婦的人，善於搏殺老虎，當他捋袖伸臂地下車要與虎搏殺時，眾人都非常歡喜。(105)睽孤封刺　挺身刺獸。睽孤，乖離而孤獨。封，刺。(106)袒裼　露出身體。(107)拑封狶　捕捉大野豬。拑，捕捉。封，大。狶，豬。這裡指野豬。(108)輕訬趬悍　輕捷精悍。訬，輕捷。趬，舉步輕捷。(109)廋疏　搜索。(110)踔⿰足尋枝　蹬上長長的枝幹。踔，跳。⿰足尋，長枝。(111)蜼　一種體形較大的長尾猿，黃黑色，尾長數尺。(112)猗玄猨　抓住黑猿。猗，拖住。玄，黑色。猨，同「猿」。(113)寓屬　寄寓樹上的獸類，如猿猴等。(114)罕罔　捕鳥用的工具。罕，古代捕鳥用的長柄小網。罔，同「網」。用繩線等結成的捕魚捉鳥器具。(115)罶　古代一種用木棍或竹竿做支架的方形漁網。(116)弋　用帶繩子的箭射鳥。(117)矰碆　用絲繩繫住石製箭頭的射鳥工具。矰，古代用來射鳥的拴著絲繩的短箭。碆，古代射鳥用的拴在絲繩上的石箭鏃。(118)絡縸　同「絡幕」。張羅覆蓋貌。(119)晨鳧　指野鴨。(120)翬　飛翔。(121)霅　雨。(122)泝恢方　奔向回程的遠方。泝，同「溯」。往上。恢，大。(123)撫馮夷二句　撫慰河伯馮夷，策馬奔向東方之神句芒。馮夷，即河伯。古人信仰的黃河神。句芒，東方之神。(124)超荒忽四句　離開幽遠之地，升到九天之上，渡過天河雲漢，橫穿天潢星座。荒忽，幽遠。重陽，指天。雲漢，天河。天潢，星名。(125)靈保　神巫。(126)方相　即方相氏。周官名。夏官之屬，由武夫充任，執掌驅除疫鬼和山川精怪。(127)蜮　即短狐。又名「射工」。傳說能含沙射影，使人得病的怪物。(128)捎罔兩四句　消滅魑魅魍魎，除掉惡鬼游光，鎖住天狗，繫住墳羊。罔兩，亦作

「魍魎」。古代傳說中的精怪名。游光，神名。天狗，星名。墳羊，土怪。129裴回安步　緩步徐行。裴回，徐行貌。130波籞　即池籞。籞，池水中編竹籬養魚。131川衡　官名。掌川澤禁令。132澤虞　官名。掌封國川澤政令。133矢魚陳罟　使漁夫陳設漁具，觀其捕魚。矢，陳列。罟，漁網。134茲飛　即佽飛。人名。據《呂氏春秋》記載，佽飛為楚國人，一次過江，船行至江中流，兩蛟繞裏住船。佽飛拔出劍跳到江裡，刺殺了蛟。135宿沙　即宿沙渠子。古代擅長捕魚的人。136田開　即田開疆。春秋時齊國人，與古治子、公孫接一起以勇敢著稱，立了很多功勞，但也因此傲慢無禮。晏子勸齊景公除掉他們。於是在一次宴席上，景公賜三人二桃，命功勞大的兩人享用。三人因此產生矛盾，最後都自盡身亡。137古蠱　即古治子。138翬終葵三句　揮動鐵錘，揚起斸斧，鑿開層層堅冰。翬，揮。終葵，椎。斸斧，斧子名。刊，除去。139撥蟄戶三句　撥開冬眠動物的穴居，捕撈潛游的魚類，尋找甲類動物的蹤跡。蟄戶，蟲類蟄伏的洞穴。鱗，魚的代稱。踵，尋找。介，指有甲殼的動物。140逆獵湍瀨三句　迎著湍急的流水去捕獵，順著水流去獲取，將身子沉入深淵之中。湍瀨，石灘上湍急的流水。洊薄汾橈，形容入水的樣子。潭淵，猶深淵。141王鮪　魚名。142嵺愀　蕭條。143虞人植旍　虞人樹起旌旗。虞人，古掌山澤苑囿之官。植，樹起。旍，同「旌」。旗子。144車斃　車行停止。145禁囿　帝王的園林。146棲遲　遊息。147瀇瀁沆漭　水深廣無涯貌。148錯紾　交結；聯結。149槃委　盤繞屈曲貌。150大明生東二句　太陽從它的東邊升出來，月亮也升出於它的西邊。《禮記》：「大明生於東，月生於西。」大明，太陽。151壺涿　即壺涿氏。西周時人，掌除水蟲。152罔　罔兩。古代傳說中的一種精怪。153螭　古代傳說中一種沒有角的龍。154餘皇　吳國船名。155櫂歌　行船時所唱之歌。156蓍蔡　猶蓍龜，筮卜。蓍，蓍草，多年生草本植物，古代用其莖占卜。蔡，占卜用的大龜。157湘靈　即女英。堯的次女，舜妃，在湘水溺死，又稱「湘夫人」。158漢女　漢水神女。159戢翮　斂翼止飛。160雖靈沼之白鳥三句　即使是周代靈沼中的白鳥，在孟津躍入周武王舟中的白魚，與這池中的魚兒相比相形見絀了。靈沼，《詩．靈臺》：「王在靈沼，於牣魚躍。」鄭玄注：「靈沼之水，魚盈滿其中也，皆以跳躍。」孟津，周武王出兵伐紂渡河之處。《尚書中候》：「武王度孟津，白魚躍入于王舟中。」161然猶詠歌於伶蕭三句　然而，「白鳥」、「躍魚」的舊事還在歌伶中演唱，記載在史冊之中，豈不是很悲哀嗎。伶，樂官。方策，典籍。162宗廟　古代帝王、諸侯或大夫、士祭祀祖宗的處所。163庖廚　廚房。164淤賜　賞賜豐盛的酒食。淤，同「飫」。165山罍　古代刻有山雲圖紋的盛酒的祭器。也稱「山尊」。166房俎　周時祭器。167酒正　官名。《周禮》天官之屬。掌理釀酒的政令和方法。168膳夫　官名。周代置，掌王家飲食之官。169清醪車湊　清酒都匯聚起來。清醪，清酒。車湊，車輻集中於軸心。這裡意謂匯集。170燔炙　烤肉。泛指佳餚。171陽阿　亦作「揚荷」。古歌曲名。宋玉〈對楚王問〉：「其為《陽阿》、《薤露》，國中屬而和者數百人。」

172 晉 古國名。西元前十一世紀周分封的諸侯國，姬姓。開國君主是周成王弟叔虞，在今山西西南部，建都於唐（今山西翼城西）。春秋時晉文公改革內政，國力富強，成為霸主。晉景公時遷都新田（今山西曲沃西北），亦稱「新絳」，兼併赤狄，疆域大有擴展，有今山西大部、河北西南部、河南北部和陝西一角。西元前四世紀中葉晉國為韓、趙、魏三家所分。173 闡鼉華羽之南音 輕靡緩慢動人的南音。闡鼉，寬舒和緩。羽，古代五音之一，相當於簡譜「6」。174 洞蕩匈臆 滌蕩胸臆。洞蕩，滌蕩。匈臆，胸臆；胸懷。175 疏越蘊慉 疏散鬱積之氣。疏越，疏散。蘊慉，鬱積。176 駭恫 驚怕。177 底伏 隱伏。178 中夏 指華夏。179 四荒 四方邊遠之地。180 葱領 古代對今帕米爾高原及崑崙山、喀喇崑崙山西部諸山的統稱。為古代東方和西方陸路交通的要道。漢屬西域都護統轄。181 九譯 謂不同民族或外國的語言經過輾轉翻譯始能通曉。182 朔狄 即北狄。古代對北方民族的蔑稱。183 象胥 官名。《周禮》秋官之屬。掌接待少數民族國家的使臣和來賓及通譯事宜。184 蒐狩 春蒐和冬狩。古代帝王春、冬時的射獵活動。185 槃虞 娛樂。186 禁臺 猶臺省。指禁中尚書臺等官署。亦為中央級官府的統稱。187 發天府之官常三句 申明掌祭器的天府的職責，沿用契券的故例，遵循刑罰的舊制。天府，官名。《周禮》春官之屬。一說為周代置，主管祖廟祭享器具的保管。官常，官之常職。質要，古代買賣貨物的券契。亦泛指券契。188 清原 春秋晉邑。在今山西稷山縣東南。一說即今聞喜東北三十五里大馬村古城。《左傳》：「晉蒐于清原，作五軍。」189 岐陽 即岐山南邊。岐山，在今陝西岐山縣東北。190 淹滯 有才德而未得提拔。191 介特 孤高；不隨流俗。192 畎畝 田地；田野。引申指民間。193 群雅 眾賢才。194 目矚鼎俎 目矚，眼睛看。鼎俎，鼎和俎。古代祭祀、燕饗時陳置牲體或其他食物的禮器。195 康衢 寬闊平坦的大路。196 營傳說於胥靡 在刑徒中去求得傳說。傳說，商武丁時賢臣，相傳曾為刑徒，服勞役於傅巖從事版築。武丁即位後，欲振興商朝，未得其佐，三年不言，後託言夜夢聖人名說，使群臣於百工中尋求，得之於傅巖中，遂以傅為姓，舉以為相，王朝得以振興。胥靡，古代服勞役的奴隸或刑徒。197 求伊尹於庖廚 在廚房中去求得伊尹。伊尹，名摯，商初大臣，相傳曾為有莘氏媵臣，入商輔佐成湯，伐桀滅夏，建立商朝。湯死後，其子太丁未立而卒，他先後輔立太丁弟外丙、仲壬。仲壬死後，復輔立太丁子太甲。太甲即位，不遵湯法，乃放之於桐，攝政。太甲居桐三年，悔過，遂迎歸，還以國政，復為相輔，至沃丁時卒。198 索膠鬲於魚鹽 在魚鹽販子中去求得膠鬲。膠鬲，商朝大臣，見紂王無道，乃自殷適周，佐武王以滅商。199 聽甯戚於大車 在趕車的人中去求得甯戚。甯戚，生卒年不詳，春秋時萊國棠邑（今山東平度）人，一說為衛國人。早年懷才不得志，曾為人挽車。齊桓公初立時，拜甯戚為大夫，他管理農事，獎勵墾種，薄取租賦，為齊國的富強和齊桓公的霸業起了重大作用，著有《相牛經》一卷。200 三家 即三皇。201 遂棲鳳皇於高梧二句 於是在高高的梧桐上棲息了鳳凰，在西園之中放養了麒麟。《韓詩外傳》：「黃帝時鳳皇止帝東園，集帝梧桐，食帝竹食。」《尚書中候》：「黃帝時麒麟在園。」202納僬僥之珍羽二句　收納了僬僥氏貢來的珍奇羽毛，接受了王母娘娘的白玉環。《帝王紀》：「堯時僬僥氏來貢沒羽。西王母慕舜之德，來獻白環。」僬僥，亦作「焦僥」。古代傳說中的矮人。《列子・湯問》：「從中州以東西十萬里，得焦僥國，人生一尺五寸。」王母，即西王母。古代傳說中的神名。銀臺，神話傳說中的神仙居處。203二儀　指天地。204后土　對大地的尊稱。205無儔　沒有能夠與之相比。206新城　縣名。屬河南郡。207伊闕　山名。又名「闕塞山」、「龍門山」。在今河南洛陽南，為洛陽南面門戶。208洛京　洛陽，東漢都城。在今河南洛陽東北白馬寺東。

【語　譯】「臣聽孔子說：『過於奢侈就不會謙虛，過於節儉就會鄙陋。』奢侈和節儉之間，應以禮為度。所以作〈蟋蟀〉、〈山有樞〉的人，都是為了譏刺國君，用過於安樂和馳驅適度來進行諷勸。歡樂但不荒淫，憂思但不困惑，先王就是這樣來平和心境，頤養精神，以使自己萬壽無疆。所以，擊戛之樂、玉球之聲，記載在〈虞謨〉之中；寫吉祥之日行車遊樂的詩句，也序列在《周詩》之中。聖主賢君，用這些來增加盛世之美，難道僅僅是為了自己玩樂而已嗎？臣見到從永初元年以來，國家遭到厄運，陛下警戒和畏懼災異，親自削減用度，荒棄了皇家苑囿，廢棄了鐘磬管樂，勤勞、憂急，苦苦思索，至今已十餘年，已超過了禮儀的限度。再加上皇太后履行像唐堯一樣親待九族篤實和睦的美德，陛下又履行像虞一樣淳厚的孝行，外戚諸家，每有憂患疾病，聖上會普遍問候，派人前往，很少有間斷。時時考慮國家安寧、人民生息，又沒有什麼可以用來自我娛樂，大概這不是可以用來逢迎太和之氣，補益和幫助國家實現萬福的方法。愚臣認為，雖然現在尚且有許多蝗蟲在造成危害，但今年五月以來，雨露按時而至，祥瑞之氣就要到來。正好現在是冬季，農事較少，應該臨幸廣成苑，觀覽平原景色，看看麥子過冬情況，勸農民收藏好糧食，接著要演練武藝，獵取禽獸，讓官員百姓看一看軍威的壯美，聽一聽鐘鼓之聲，歡嬉遊樂，鼓舞國內民心，以此來迎接祥瑞和順之氣，招致喜慶之福。小臣如同螻蟻，微不足道。因為職務在掌管書籍，謹依照過去的典章，重述獵狩之禮的用意，寫下頌辭一篇，一起呈上。文辭淺陋鄙俗，不值得覽閱。

2　「臣聽說古時候舉起弓箭袋表示興師，奏樂於靈臺表示休戰，有人嘉美和稱道這些作法。他們固然沒有認識到雷霆是天上的自然法則，但戰爭的興起和休止則可表現君王的昏庸或明智。在黃帝、炎帝之前，史書上沒有記載；但三皇五帝之後，是可以略微知道的。況且小小的酆都之郊，就好比寬闊的七十里苑囿，讓周文王春秋兩季狩獵。《詩》裡面吟詠，在圃苑行狩，要奏起《騶虞》之樂。因此，大漢在初建基業時，以這天都洛陽為屋宅，風雨在這裡匯總，陰陽在這裡交合。比照靈囿，在南郊營造廣成苑。僅僅觀察它那寬廣的場地，就覺得恢弘曠蕩，渺遠無邊，寥廓廣大，遠望千里，天與地莽莽連成一片。在這裡四周環繞著山谷河流，右邊聳立著三塗山，左邊攔著嵩山，面前憑據衡山的北巒，背後靠著王屋山，用波、溠兩水灌溉，用滎、洛兩水環繞四周。金山、石林山，聳起在苑囿中，嵯峨崢嶸，奇峰椎立，峰迴路轉，山巒縱橫。神奇的泉水從山間流淌而出，形成丹水、涅池，波浪捲起怪石像浮起玉磬，光耀閃爍於水邊。那土地上長滿牧草，流溢著野草的芳香，有茈萁、芸蒩，有昌本、深捕，有芝荋、堇、苴、蘘荷、芋渠，有桂荏、梟葵，有格、韭、葅、于。那植物則是深密的樹林中間夾雜翠竹，掩蔽山陵巔峰，珍奇嘉美的樹種，高高地密密地生長，椿樹、梧桐、栝樹、柏樹、柜樹、柳樹、楓樹、楊樹，繁榮茂盛，相對映輝，高大挺拔，參天直立。春風習習，草木含津吐榮，漫山遍野，嫩草黃花鮮亮無比，這種盛況怎麼形容得盡。

3 「每年到了十月，隱匿起來的陰氣再度為害，百草枯萎凋落，林衡之官告請田獵，預先焚燒野草雜木。這樣之後就打開天羅地網，整頓八股繩絃，收捕九個澤藪中的野獸，網羅四方野地的飛禽走獸。禽獸都聚集到這苑囿中來了，山峰挺立彩雲飄移，群鳥膠膠鳴叫，群獸奔突喧譁。子野的聽覺失靈了，離朱的眼睛眩昏了，隸首計算不清，陳平運籌失靈。在這時，圍獵隊伍規模浩大，充滿平川山谷，到處布置了羅網，一直伸展到山坑水澤，籠罩了丘陵山峰。校尉隊吏巡查部隊，前後有屯長，依次編成伍，伍長居中成為中堅。

4 「皇帝就在這吉祥的十月初一，登上雕鏤金花的車子，駕著六匹黑龍駿馬，車上插著雄偉的彩虹一樣的大旗，舉著畫有鳴鳶圖案的長長的旗幟。拖著長庚星那樣的飛揚的飄羽，太常旗上畫著日月圖案，還畫著招搖、玄弋二星，中間有枉矢射向那天狼。羽毛紛紛而飛揚，揚起金馬冠而玉帶閃光。把畋獵的車安頓在平原之上，讓眾獵手分布於高崗，旗幟密密豎插如同樹林，五彩錯雜閃閃發光。消除塵埃，掃淨野場，六軍誓師，選用駿馬。司徒指揮士卒，司馬調整隊形，車子堅固，戰馬整齊，命令通達禁戒無阻。敲起大鼓，撞響華鍾，獵手縱身向前，穿行在密林之中。一時迅速聚集，一時眾馬飛奔，騷擾迅猛，往來交錯，人馬紛紜雜亂，南北東西四處奔馳。像風行雲轉，響聲隆隆，黃塵滾滾而起，天暗得如同有霧的黃昏。日月因而被擋住了光芒，星星因而變得昏昧不明，慓悍狡猾的人在此考驗他的才能，強勁勇猛的人在此表現他的氣魄。獵犬、戰馬相互角逐，獵鷹、鶚鳥相互競爭，驍勇的騎士從旁邊協助，輕捷的戰車奮厲向前，相互跳躍前進，迅捷奔馳在原野之上。捆住野馬，撞殺幼獸，射穿野羊的頸項，剖開貝類和魚類，分割長毛的動物，捕繫成群的飛禽，然後像閃電一樣擲出飛鏢短矛，像雨點一樣射出利箭，各個指向所對準的目標，禽獸不約而同地一起斃命，鼠竄的野獸死於車輪之下，露頭的野獸被車頭撞死。劍矛錘棒瘋狂地打擊，野獸被打得頭骨陷進去顱腔破碎，走獸來不及奔逃，飛禽來不及看一眼。有的雖然未死但已不能行走，跌跌撞撞，緩慢移動，充塞在道路上，像撒落的鮮花一樣密布，數不勝數。

5「至於那些兇猛的惡獸大蟲，都長著彎曲的長牙和黑洞洞的大口，胸腹大背脊小，並行曲繞，憑藉險阻對抗，人們不敢前去捕殺。於是，就派出鄭叔、馮婦一樣的勇士，獨身向前衝刺，脫去衣服，袒露上身。穿過刺木，砍去荊棘，走過深谷，下到幽澗之底，徒手攻擊老虎，搏殺瘋狂的野牛，抓住兇暴的熊，捕獲大野豬。有的人輕捷精悍，搜索山嶺，踩遍大小山崗，爬上高大的松樹，攀上修長的樠樹，蹬上長長的枝幹，一直達到樹梢的最頂端，尾隨蒼蜼，抓住黑猿，樹上猿猴等獸類就捕盡了。各種羅網一起使用，網和箭功用相同，按部而行，並駕齊驅，像群星一樣分布又相互依屬，曹伍之間互為保護，又各有部署。利箭像飛過的流星，羅網紛紛張開，逃走的野雞成群驚起，野鴨隊隊飛起，牠們像雲一樣飛起來，中箭後又像雨雹一樣落下。

6「這樣就登高而遠望，改乘回轉的獵車，奔向遠方，撫慰河伯馮夷，策馬奔向東方之神句芒，離開幽遠之地，升到九天之上，渡過天河雲漢，橫穿天潢星座。走過鬼區，經過神場，詔命靈保來護衛，又召來方相謀算，驅除可怕的瘟疫，趕走鬼蜮不祥之物。消滅魑魅魍魎，除掉惡鬼游光，鎖住天狗，繫住墳羊，然後放慢步伐，舒展容顏，安然地徘徊漫步，降落集會到水中臺榭之上，有掌握川澤禁令的川衡，有掌握國澤政令的澤虞，陳列魚網對魚立下不濫捕撈的誓言。佽飛、宿沙渠子，田開疆、古冶子，揮動鐵鎚，揚起闟斧，鑿開層層堅冰，撥開冬眠動物的穴居，捕撈潛游的魚類，尋找甲類動物的蹤跡。迎著湍急的流水去捕獵，順著水流去獲取，將身子沉入深淵之中，左手抓住夔龍，右手提著蛟龍，春天獻來王鮪魚，夏天供奉鱉和鼉。於是到處觀望、察看，竭盡一切變化，上上下下追尋，山谷淒涼蕭條，原野空曠寂靜，天上沒有飛鳥，地下沒有走獸，虞人樹起旌旗，獵人獻出獵具，停住車子休止畋獵，迴車進入到皇家苑囿去。在華麗明亮的樓臺上停留，在高大光明的臺榭上休息，在那裡觀賞廣闊天池。用瑤臺坐鎮池水中心，用金堤環築在池邊，把柳樹種植在上面，還鋪種上綠色的莎草，池水廣大蒼茫，水勢交錯，天地相連，確實是無邊無際，太陽從它的東邊升出來，月亮也升出於它的西邊。於是就命令壺涿氏，驅逐水怪，趕走罔兩、螭龍，消滅短狐，用刺杖殺取泥中的鯨、鯢。這樣之後就啟動餘皇大船，後面緊跟著船舟，張開白雲般的風帆，拉起雲一般的帷幕，無視狂風，淩駕激流，唱著划船之曲，弄水之歌，魚兒因而浮出水面，載著占卜者一起浮游，湘靈妃子冉冉而下，漢水神女悠然而游。水禽有鴻鵠、鴛鴦、鷗、鷖、鶬鴰、鸕、鷀、鷺、雁、鷿鷉，都安於生活在這池水中，收起翅膀停留在水邊。魚類有魴魚、鱮魚、鱒魚、鯿魚、鰋魚、鯉魚、鰌魚、魦魚，都樂於人類的仁德，騰躍相隨，即使是周代靈沼中的白鳥，在孟津躍入周武王舟中的白魚，與這池中的魚兒相比也相形見絀了。然而，『白鳥』、『躍魚』的舊事還在歌伶中演唱，記載在史冊之中，豈不是很悲哀嗎！

7 「在這時候宗廟已祭祀完畢，廚房中的菜餚已準備齊整，車輛隨從已經挑選出來，兵具器械也收拾停當了。然後擺設牲類禽類佳餚，以豐厚的賞賜來慰勞有功之人，三軍排列整齊，重重疊疊千行，酒器裡酒盛得滿滿的，祭器中自然也不會空。命酒正來檢閱隊伍，命膳夫來巡視隊列，清酒都匯聚起來，燒烤熟肉用馬馱過來，在鼓聲中舉起大杯，在鐘鳴聲中一飲而盡。至於像《陽阿》那種哀涼的音曲，輕靡緩慢動人的南音，都可以用來擴大胸臆，開闊視野，釋放出心中的憂鬱，驚怕隱伏，鐘鼓聲響亮，演奏在農村郊野的大路上，與百姓共同享受這快樂。因此，美德在華夏閃耀出光芒，威力影響到四方，東方鄰國浮過大海來進獻，西方眾邦翻越蔥領來朝拜，南方各族通過翻譯來獻上貢品，北方的外族也帶著翻譯來求和。天下安寧的時候不要忘記危險，國家治理的時候不要忘記動亂，道理就在這裡，這本來就是帝王用來顯耀神聖武德而擊退入侵者的方法。

8 「如今大漢朝在道德的樹林裡收取功效，在仁義的淵藪裡取得收穫，卻忽視了狩獵的禮儀，失去了畋獵的快樂。眼睛昏昧不明的人看不到太陽月亮的光芒，耳朵聾蒙的人聽不到雷霆的轟響，到今天已十二年，時間已經很久了。也正要刻寫藏於禁臺的祕笈，申明掌祭器的天府的職責，沿用契券的故例，遵循刑罰的舊制。採納如同晉國在清原閱兵作五軍的方法，嘉獎如同周成王在岐陽一類的行為，提拔豪傑之士，任用賢良之人，升遷滯留不進的賢才，選拔荒郊幽谷的隱士。明察淫逸虛假的華美聲譽，顧念樸質而突出的實際功勞，禮聘流落在鄉間的儒雅之士，重視沉淪在深水中的巨龍。於是，將注意力轉移到山林之中，思想考慮河澤之上，眼睛要看到在廚房裡做事的人，耳朵要聽到大路上的聲音，在刑徒中去求得傅說，在廚房中去求得伊尹，在魚鹽販子中去求得膠鬲，在趕車的人中去求得甯戚。讓他們盡情說話，發表宏論，超過三皇，借鑑五帝，包攬和總括一切祥瑞的事物。這就等於在高高的梧桐上棲息了鳳凰，在西園之中放養了麒麟，收納了僬僥氏貢來的珍奇羽毛，接受了王母娘娘的白玉環。在寰宇之間永遠逍遙自在，與天地一起萬壽無疆，像大地一樣孕育萬物，像天神一樣施放長空，獨特通達，無與倫比，功勳巍巍，前無古人。使千千萬萬子孫豐足，歷千秋萬世而永遠延續。禮儀音樂停止了，車頭向北旗幟轉向，由新城出發，背向伊闕，返回到洛陽。」

1 頌奏，忤鄧氏，滯於東觀，十年不得調。因兄子喪自劾歸。太后聞之怒，謂融羞薄詔除，欲仕州郡，遂令禁錮之。

2 太后崩，安帝❶親政，召還郎署❷，復在講部。出為河間王廄長史❸。時車駕❹東巡岱宗❺，融上東巡頌，帝奇其文，召拜郎中❻。及北鄉侯❼即位，融移病去，為郡功曹⑧。

3 陽嘉⑨二年，詔舉敦樸⑩，城門校尉⑪岑起舉融，徵詣公車⑫，對策，拜議郎⑬。大將軍梁商⑭表為從事中郎⑮，轉武都太守⑯。時西羌反叛，征西將軍⑰馬賢與護羌校尉⑱胡疇征之，而稽久不進。融知其將敗，上疏乞自效，曰：「今雜種諸羌轉相鈔盜，宜及其未并，亟遣深入，破其支黨，而馬賢等處處留滯。羌胡百里望塵，千里聽聲，今逃匿避回，漏出其後，則必侵寇三輔⑲，為民大害。臣願請賢所不可用關東⑳兵五千，裁假部隊之號，盡力率厲，埋根㉑行首㉒，以先吏士，三旬之中，必克破之。臣少習學藝，不更武職，猥陳此言，必受誣罔之辜。昔毛遂㉓廝養，為眾所蚩，終以一言，克定從要。臣懼賢等專守一城，言攻於西而羌出於東，且其將士必有高克潰叛之變㉔。」朝廷不能用。又陳：「星孛參、畢㉕，參西方之宿，畢為邊兵，至於分野，并州㉖是也。西戎㉗北狄㉘，殆將起乎！宜備二方。」尋而隴西㉙羌反，烏桓㉚寇上郡㉛，皆卒如融言。

4 三遷，桓帝㉜時為南郡㉝太守。先是融有事忤大將軍梁冀㉞旨，冀諷有司㉟奏融在郡貪濁，免官，髡㊱徙朔方㊲。自刺不殊㊳，得赦還，復拜議郎，重在東觀著述，以病去官。

5 融才高博洽，為世通儒㊴，教養諸生㊵，常有千數。涿郡㊶盧植㊷，北海㊸鄭玄㊹，皆其徒也。善鼓琴，好吹笛，達生任性，不拘儒者之節。居宇器服，多存侈飾。常坐高堂，施絳紗帳，前授生徒，後列女樂，弟子以次相傳，鮮有入其室者。嘗欲訓左氏春秋㊺，及見賈逵㊻、鄭眾㊼注，乃曰：「賈君精而不博，鄭君博而不精。既精既博，吾何加焉？」但著三傳異同說。注孝經㊽、論語㊾、詩、易㊿、三禮(51)、尚書(52)、列女傳(53)、老子(54)、淮南子(55)、離騷(56)，所著賦、頌、碑、誄、書、記、表、奏、七言、琴歌、對策、遺令，凡二十一篇。

6 初，融懲於鄧氏，不敢復違忤埶家，遂為梁冀草奏李固(57)，又作大將軍西第頌，以此頗為正直所羞。年八十八，延熹(58)九年卒于家。遺令薄葬。族孫日磾，獻帝(59)時位至太傅(60)。

【章　旨】以上記述馬融在官場的沉浮。馬融得罪鄧騭，又惹怒太后，被禁錮多年。安帝時雖被召還，也只是擔任地位很低的官職。因得罪梁冀被免官受刑，之後竟屈服於權貴，代梁冀寫奏章彈劾正直的李固，為士大夫所不齒。

【注　釋】❶安帝　即劉祜（西元九四—一二五年），東漢章帝孫，清河孝王劉慶子。即位時年十三，鄧太后臨朝，后兄鄧騭執政。在位期間，政治黑暗，社會矛盾尖銳。張伯路等起兵海上，攻擊沿海諸郡，襲殺守令；杜季貢等聯合羌人連年起事，屢敗漢兵。建光元年鄧太后死後親政，與宦官李閏等合謀誅滅鄧騭宗族，自此寵信宦官。廟號恭宗。❷郎署　官署名。西漢有中郎，分屬五官、左、右中郎將，有郎中，分屬車、戶、騎將，皆更值宿衛。時於皇宮、園囿、離宮等處皆設郎署，各置長，掌該處直衛郎官。東漢則專指五官、左、右署。❸長史　官名。戰國時秦國始置，掌顧問參謀。秦漢沿置。西漢時丞相、太尉、御史大夫府及大將軍、車騎將軍等主要將軍幕府皆置，為所在府署諸掾屬之長，秩皆千石。掌府中諸務，並佐府主參與國政，其中丞相長史職權尤重。東漢三公府、諸主要將軍府皆沿置，秩千石。❹車駕　帝王所乘的馬車。這裡借指帝王。❺岱宗　即今山東泰山。古時為諸山所宗，故稱「岱宗」。❻郎中　官名。始於戰國，漢代沿置，屬郎中令（後改光祿勳），管理車、騎、門戶，並內充侍衛，外從作戰。初分為車郎、戶郎、騎郎三類，長官設有車戶騎三將，其後類別逐漸泯除。❼北鄉侯　即劉懿。章帝孫濟北惠王劉壽子，延光四年（西元一二五年）安帝死，被閻皇后與閻顯迎立為帝。不久病死。❽功曹　即功曹史。官名。漢代郡守的屬官，相當於郡守的總務長，除掌人事外，並得與聞一郡的政務。❾陽嘉　東漢順帝劉保年號，西元一三二—一三五年。❿敦樸　東漢選舉科目之一。⓫城門校尉　官名。西漢武帝征和二年（西元前九一年）始置，秩二千石，掌京城長安諸城門警衛，領城門屯兵。王莽居攝時，更名為城門將軍。東漢復舊名，秩比二千石。⓬公車　本意為官車。漢以公家馬車遞送應舉之人。後因以「公車」為舉人應試之代稱，又借以指應試之舉子。⓭議郎　官名。西漢置，隸光祿勳。為高級郎官，不入值宿衛，執掌顧問應對，參與議政，指陳得失，為皇帝近臣。東漢更為顯要，常選任耆儒名士、高級官吏，除議政外，亦或給事宮中近署。⓮梁商　（？—西元一四一年），字伯夏，東漢安定烏氏（今寧夏固原）人。少以外戚拜郎中，遷黃門侍郎。順帝永建元年嗣爵為乘氏侯。陽嘉元年，其兩女被立為皇后、貴人，遂加位特進，任執金吾。四年，拜大將軍，備受寵信。曾辟名儒周舉等為從事郎中，以籠絡人心。又遣子梁冀等與掌權宦官曹節等結交。後幾為宦官所害。病卒。事見本書卷三十四。⓯從事中郎　官名。東漢置，為大將軍、車騎將軍之屬官，參與謀議。大將軍府定員二人，秩六百石。⓰太守　官名。西漢景帝時改郡守置，為郡的最高行政長官，掌民政、司法、軍事、財賦等，可以自辟僚屬，秩二千石。東漢沿置。⓱征西將軍　官名。東漢永元間置，同雜、偏、裨等號將軍。⓲護羌校尉　官名。掌羌族事務。漢武帝時始置，東漢沿置。秩比二千石，除監護內附羌人各部落外，亦常將羌兵與度遼將軍、使匈奴中郎將、護烏桓校尉等協同作戰，戍衛邊塞。⓳三輔　西漢京畿地區三個地方長官，亦用以指其所管理的京畿地區。西漢景帝二年（西元前一五五年）分內史為左、右內史，與主爵中尉（中元六年改為主爵都尉）同治長安城中，所轄皆京畿之地，故合稱「三輔」。漢武帝太初元年（西元前一〇四年）改左、右內史與主爵都尉為左馮翊、京兆尹、右扶風，轄境相當今陝西中部地區。⓴關東　地區名。秦漢時稱函谷關以東地區為關東，又稱關外。㉑埋根　植根於土。比喻作戰時堅守不退。㉒行首　指軍隊的行列。㉓毛遂　戰國時趙國人，平原君門下食客。趙孝成王九年（西元前二五七年），秦圍邯鄲（今屬河北），平原君到楚求救，他自薦同往。平原君和楚王談判半日不決，他按劍而上，直陳厲害，說服楚王同意趙楚合縱。於是為平原君上客。㉔高克潰叛之變　據《左傳》記載，鄭國派高克率軍到黃河邊駐紮，很久都沒有召回，後軍隊潰亂回歸，高克逃往陳國。㉕星孛參畢　參星和畢星相孛離。參、畢均為星名，二十八星宿中的兩星。㉖并州　西漢武帝所置「十三刺史部」之一。領太原、上黨、雲中、定襄、雁門、代等六郡。東漢治今山西太原西南古城營。㉗西戎　古代中原王朝對西北地區少數民族的稱呼。㉘北狄　原指古代的狄族。因其主要居住於北方，故稱。後用為對北方各少數民族的泛稱。㉙隴西　郡名。戰國秦昭襄王二十八年（西元前二七九年）以義渠地置。因在隴山以西得名。治今甘肅臨洮。㉚烏桓　古族名。也作「烏丸」，東胡族的一支。秦末漢初東胡遭匈奴擊破後，部分遷烏桓山，因以為名。以游牧射獵為生。尚處原始公社末期，母權很重。漢初附匈奴，武帝以後附漢，遷至上谷、漁陽、右北平、遼西、遼東等五塞外。西漢時置護烏桓校尉，東漢沿置。受漢族影響，後漸營農業。每年在上谷、寧城等處與漢朝互市。㉛上郡　戰國時魏國置。東漢屬并州。治今陝西榆林。㉜桓帝　即劉志（西元一三二—一六七年），東漢章帝曾孫。本初元年被梁太后與兄大將軍梁冀迎立為帝。在位期間，梁太后臨朝，梁冀專權，朝政昏亂，民不聊生。各族人民反抗蜂起。延熹二年與宦官單超等合謀誅滅梁氏，封單超等為縣侯，自後權歸宦官，政治更趨黑暗。大臣陳蕃、李膺等聯合太學生，反對宦官干政，被宦官誣指共為部黨。下詔逮捕黨人，禁錮終身，史稱「黨錮」。㉝南郡　戰國時置。初治今湖北荊州北紀南城，後移治今湖北荊州。㉞梁冀　（？—西元一五九年），字伯卓，東漢安定烏氏（今甘肅平涼）人。兩妹為順帝、桓帝皇后。其父梁商死後，繼為大將軍。順帝死，他與妹梁太后先後立沖、質、桓三帝，專斷朝政近二十年。執政期間，驕奢橫暴，多建苑囿，並強迫人民數千為奴婢，稱「自賣人」。梁太后、皇后先後死，桓帝與宦官單超等五人定議，誅滅梁氏，他被迫自殺。東漢政府沒其財產，賣錢三十萬萬之巨。事見本書卷三十四。㉟有司　古代設官分職，各有專司，因稱職官為有司。㊱髡　刑名。將罪犯剃光頭並強制其服勞役的刑罰，常與鉗（用鐵圈鎖住頸項）並用，稱為髡鉗。周代對王族犯宮刑罪者代以髡刑。漢代有髡鉗為城旦舂，五歲刑。漢文帝除肉刑，用髡鉗代替原來的黥刑，用完城旦舂代替原來的髡鉗城旦舂。㊲朔方　郡名。西漢置。治今內蒙古杭錦旗北。東漢移治今內蒙古磴口北。東漢末年廢。㊳不殊　謂身首尚未分離。指自殺未死。㊴通儒　通曉儒家經典學識淵博的大儒。㊵諸生　指儒生。也指在學讀書的學生。㊶涿郡　西漢置。治今河北涿州。㊷盧植　（約西元一五九—一九二年），字子乾，東漢涿郡涿縣（今河北涿州）人。少時師事馬融。靈帝時徵為博士，後任九江太守，平定九江蠻起事。黃巾之亂後，以中郎將率軍與張角所部黃巾戰於廣宗（今河北威縣東）。因與小黃門左豐相忤，被陷獲罪。

後任尚書。因反對董卓廢少帝，被免官，隱於上谷。㊸北海　封國名。西漢景帝置郡。治今山東昌樂。東漢改為國，移治劇縣（今昌樂西）。㊹鄭玄　字康成，東漢北海高密（今屬山東）人。經學家稱「後鄭」，以與「先鄭（鄭眾）」相別。先後師從第五元、張恭祖、馬融等經學家，兼通經今古文，見經今古文兩家各立門戶，意欲破其壁壘，自成一家之言。後遊學歸里，徒眾相隨已數百千人。因黨禍事被禁錮，乃杜門不出，遍注群經。其內容均兼採今古文。遂集漢代經學之大成，世稱「鄭學」。㊺左氏春秋　書名。又稱《左傳》、《春秋左氏傳》、《春秋左傳》等。《春秋》三傳之一。傳為春秋末魯太史左丘明所作，近人多認為完成於戰國前期。按《春秋》編年體記述春秋史事，始自魯隱公元年（西元前七二二年），迄於魯哀公二十七年（西元前四六八年），並敘及魯悼公四年之事。以記事為主，同時集錄許多春秋以前的史事和傳說，為中國第一部完整的編年史。㊻賈逵　（西元三〇－一〇一年），字景伯，東漢扶風平陵（今陝西咸陽）人。少承家學，習古文經，兼通五家《穀梁》之說。明帝時拜為郎，與班固並校祕書，應對左右。章帝建初元年，奉詔講學於白虎觀及雲臺。並撰述歐陽、大小夏侯《尚書》與古文同異，齊、魯、韓《詩》與毛氏異同，作《周官解故》。又通天文、曆學，曾建議曆法按黃道計算日、月運動，闡發月球運動不等速理論。和帝時遷左中郎將，復為侍中，領騎都尉，兼掌祕書近署，甚見信用。㊼鄭眾　（？－西元八三年），字仲師，東漢河南開封（今屬河南）人。經學家稱「先鄭」，以與「後鄭（鄭玄）」相別；又稱鄭司農，以與宦官鄭眾相別。曾任大司農。年十二，從父鄭興受《左氏春秋》，致力於學，明《三統曆》，兼通《易》、《詩》，知名於世。受章帝詔作《春秋刪》十九篇。著作已佚。㊽孝經　書名。儒家經典之一。多以為孔門後學所撰。今文本十八章。宣傳孝道。認為，孝是天經地義之常理，處理封建倫理關係之準則，亦是治家治國之根本。視不孝為罪孽。並將孝道與天道相聯繫，賦之以天命外衣，故從漢代起即被推崇。㊾論語　書名。儒家經典之一。孔子弟子、再傳弟子所記孔子及其弟子言行。由其再傳弟子編輯成書。共二十篇。內容綜合孔子道德和教育的多方面論述，反映其哲學、政治觀點，是研究孔子思想的主要資料。東漢列入七經，南宋列入四書。㊿易　書名。亦稱《周易》、《易經》。周代的占卜書，後成為儒家經典之一。「易」的原義是簡易，因周人以蓍草占卜較以前以甲骨占卜容易，故名。內容包括《經》和《傳》兩部分。《經》亦名《易經》，主要是六十四卦和三百八十四爻，卦有卦名與卦辭，爻有爻題和爻辭。《傳》亦名《易傳》，是對《經》的解釋，共七種十篇。(51)三禮　《儀禮》、《周禮》、《禮記》的合稱。東漢鄭玄兼注三書，合稱《三禮注》，盛行於當時，開創三禮學之綜合研究，為歷代經學家所繼承。(52)尚書　書名。也稱《書》、《書經》，中國最早的歷史文獻彙編。原意「上古的史書」。是商、周兩代統治者的講話記錄及春秋、戰國時期根據遠古材料加工編成的虞、夏史事記載。西漢以後成為儒家經典之一。(53)列女傳　書名。西漢劉向撰。採《詩》、《尚書》

所載賢妃貞婦故事編撰，以戒天子。共八篇。54老子　書名。即《道德經》。相傳為春秋末老聃著。或謂成書於春秋戰國之際，或謂成書於秦漢間，現多認為編定於戰國時期，基本保留老子本人思想。55淮南子　書名。又稱《淮南鴻烈》。漢武帝時，淮南王劉安及其門客蘇非等集體編撰而成。此書以道家學說為主，又多採陰陽五行之說，並出入儒、墨、名、法諸家，一般認為是雜家著作。部分內容也講災異祥瑞，天人感應。書中包含一些自然科學知識。56離騷　戰國時楚國屈原的詩作，上稱帝嚳，下道齊桓，中述湯武，以刺世事。57李固　（西元九四—一四七年），字子堅，東漢漢中南鄭（今陝西漢中）人。順帝永和年間，任荊州刺史、泰山太守，招撫境內起事農民。沖帝即位，任太尉，與大將軍梁冀共參錄尚書事。沖帝死，他議立清河王，冀不從，另立質帝。不久，冀鴆殺質帝，欲立蠡吾侯。他再次固請立清河王，為冀所忌，因被免職。後為冀所誣，被殺。事見本書卷六十三。58延熹　東漢桓帝劉志年號，西元一五八—一六七年。59獻帝　即劉協（西元一八一—二三四年），東漢皇帝。即位時東漢政權已名存實亡，成為軍閥董卓的傀儡。西元一九六年，他被曹操迎都於許（今河南許昌），此後又成為曹操的傀儡。西元二二〇年，曹丕代漢稱帝，他被廢為山陽公。60太傅　官名。西周置，為三公之一，位次太師，在太保上。其後歷代沿置。東漢以授元老重臣，居百官之首，秩萬石。明帝以後，諸帝即位時皆置，兼錄尚書事，行使宰相職權，有缺不補。

【語譯】〈廣成頌〉奏上，觸犯了鄧氏，將馬融滯留在東觀，十年不能調升。後來以兄長的兒子死去為理由，自己辭職歸鄉。鄧太后聽說此事後發怒，認為馬融是對朝廷任命官職太小而感到羞恥，想到州郡去任職，於是下令禁錮他不許再做官。

2　鄧太后死去，漢安帝親理朝政，將馬融召回到郎中官署，又在講部任職。又出任河閒王的廄長史。當時皇帝東巡泰山，馬融奉上〈東巡頌〉，皇帝認為這篇文章奇絕，召命他為郎中。到北鄉侯即皇位時，馬融稱病離任，擔任郡裡的功曹。

3　陽嘉二年，皇帝下詔命推薦敦厚樸實的人士，城門校尉岑起舉薦馬融，以公車徵召，對策之後，任為議郎。大將軍梁商上表推薦馬融擔任從事中郎，又轉任武都太守。當時西羌反叛，征西將軍馬賢與護羌校尉胡疇領兵去征討羌人，但久久稽留沒有進兵。馬融知道他們會失敗，就上疏請求讓自己去出征效力，文中說：

「現在各部族羌人到處侵擾為害，應該趁他們沒有合併到一起之前，迅速遣兵深入擊破各個支黨，但是，馬賢等人處處停留不前。羌胡百里之外看道上塵土，千里之外聽官軍的聲音，現在逃避躲藏，又會從官軍身後漏脫出來，這樣就一定會侵擾三輔地區，成為百姓的大禍害。臣願意請求帶領馬賢所認為不可用的關東兵五千人，假借正規部隊的稱號，盡力統率激厲士卒，堅守不退，奮勇向前，臣自己也身先士卒，三十日之內，必定攻克擊破羌人。臣年輕時學習六藝，沒有擔任過武職，現在冒昧地陳述這些看法，一定會被以誣陷和欺罔的罪名治罪。過去毛遂出身低賤，被眾人所恥笑，最終以一句話，確定合縱之約。臣擔心馬賢等人專門只守一座城，說要向西進攻而羌人卻在東面出現，況且，他的將士中一定會出現像高克那樣的潰散叛亂的變故。」朝廷沒有採用馬融的意見。馬融又陳述說：「參星和畢星相孛離，參星是西方星宿，畢星出現代表邊疆有兵事，從這兩個星宿的分野來看，這正是并州的方位。西戎和北狄，大概要引起災禍！應該防備這兩方敵寇。」不久，隴西羌人反叛，烏桓人入侵上郡，這些都應驗了馬融的預言。

4 之後馬融又經歷三次調遷，漢桓帝時擔任南郡太守。先前，馬融有事情違背了大將軍梁冀的旨意，梁冀暗示主管官員參奏馬融在郡裡貪汙，馬融被免官，受髡刑流放到朔方。自殺未遂，後被赦免放還，又任為議郎，重新在東觀從事著述，因病辭去職務。

5 馬融才能高妙，博聞多識，為一代大儒，教誨培養的門生，常有千人。涿郡的盧植、北海郡的鄭玄，都是他的門徒。善於彈琴，喜歡吹笛，通達人生，放任個性，不拘泥於儒家的小節。他的居室和所用器物、服飾，大多華麗侈奢。他常常坐在高堂之上，施設紅色的紗帳，前面教授門徒，後面排列女樂，弟子們按次序傳授學問，很少有進到他住室裡去的。他曾想為《左氏春秋》作注釋，等見到賈逵、鄭眾的注解，就說：「賈逵的注釋精當但不廣博，鄭眾的注釋廣博但不精當。既有精當的又有廣博的，我還要解釋些什麼呢？」僅著有《三傳異同說》。注釋《孝經》、《論語》、《詩》、《易經》、《三禮》、《尚書》、《列女傳》、《老子》、《淮南子》、《離騷》，所著的賦、頌、碑、誄、書、記、表、奏、七言、琴歌、對策、遺令，總計二十一篇。

6 當初，馬融遭鄧氏懲罰，不敢再違背忤逆權勢之家，於是為梁冀代寫彈劾李固的奏章，又寫了大將軍〈西第頌〉，因為這些事情頗為正直的人所羞恥。享年八十八歲，延熹九年死於家中。遺言命家人薄葬。族孫馬日磾，漢獻帝時官至太傅。

論曰：馬融辭命鄧氏，逡巡隴漢之間❶，將有意於居貞❷乎？既而羞曲士❸之節，惜不貲之軀❹，終以奢樂恣性，黨附成譏，固知識能匡欲者鮮矣。夫事苦，則矜全之情薄；生厚，故安存之慮深❺。登高不懼者，胥靡之人也；坐不垂堂者，千金之子也❻。原其大略，歸於所安而已矣。物我異觀，亦更相笑也。

【章旨】以上是作者在對馬融進行點評的同時，對於人們因環境不同而產生不同處世態度的差異發出感慨。

【注釋】❶逡巡隴漢之間　指馬融客居漢陽時。❷居貞　遵守正道。貞，通「正」。❸曲士　鄉曲之士。比喻孤陋寡聞的人。❹不貲之軀　指寶貴的身體。極言人之高貴。貲，估量。❺生厚二句　生活富裕，所以保全現狀的思慮就很強烈。《老子》：「人之輕死者，以其求生。生之厚也，是以輕死。」❻坐不垂堂者二句　不在屋簷下坐的人，是富有千金的人。垂堂，靠近屋簷處。人在簷下，易遭墜瓦擊傷，因比喻有危險的地方。

【語譯】史家評論說：馬融辭去鄧騭的任命，徘徊進退在隴西、漢陽之間時，大概將有意於貞潔自守吧？但不久又做出了使鄉曲之士都羞恥的有違義節的事來，愛惜自己無價的生命，最終導致奢侈享受，恣情任性，因黨附權貴而被人譏刺，確實讓人明白本性能匡正欲望的人是太少了。從事的事情勞苦，那麼保全自己的心情就淡薄；生活過於優厚，所以保全現狀的思慮就很深刻。登上高處而不害怕的人，是刑徒一類的卑賤者；不在屋簷下坐的人，是家富千金的貴人。推究大概的原因，歸於各人所處的環境不同而已。各人自有不同的處世態度，他們互相看對方也都覺得可笑。

卷六十下

蔡邕列傳第五十下

1 蔡邕，字伯喈，陳留[1]圉人也。六世祖勳，好黃老[2]，平帝[3]時為郿令[4]。王莽初，授以厭戎[5]連率[6]。勳對印綬仰天歎曰：「吾策名漢室，死歸其正。昔曾子[7]不受季孫[8]之賜，況可事二姓哉？」遂攜將家屬，逃入深山，與鮑宣[9]、卓茂[10]等同不仕新室[11]。父棱，亦有清白行，謚曰貞定公。

2 邕性篤孝，母常滯病三年，邕自非寒暑節變，未嘗解襟帶，不寢寐者七旬。母卒，廬于冢側，動靜以禮。有菟馴擾其室傍，又木生連理，遠近奇之，多往觀焉。與叔父從弟[12]同居，三世不分財，鄉黨[13]高其義。少博學，師事太傅[14]胡廣[15]。好辭章、數術、天文，妙操音律。

3 桓帝[16]時，中常侍[17]徐璜[18]、左悺[19]等五侯擅恣，聞邕善鼓琴，遂白天子，敕陳留太守⑳督促發遣。邕不得已，行到偃師㉑，稱疾而歸。閑居翫古，不交當世。感東方朔㉒客難及揚雄㉓、班固㉔、崔駰㉕之徒設疑以自通，乃斟酌群言，韙其是而矯其非，作釋誨以戒厲云爾。

【章旨】以上介紹蔡邕家世及其早年事跡。蔡邕的六世祖蔡勳在西漢末年為官，王莽執政後拒絕官職逃入深山。父親蔡棱，也有清白的行狀，死後諡號貞定公。

【注釋】❶陳留　郡名。治今河南開封東南陳留城。❷黃老　即黃老之學，或稱「黃老之術」。指黃老學派的學術。戰國時流傳於楚、鄭、趙、齊等地。齊國稷下學宮，是該學術的培植、發育和昌盛之所。以重道尚法為宗旨，表現出道家向法家的轉化與融合。主張「文武並用」、「刑德相養」，使刑罰與教化相結合。做到「靜作相養」，使民以時。漢初統治者崇尚黃老清靜無為之術，採取與民休息政策，對恢復和發展生產起了積極作用。至漢武帝崇儒黜道，始漸失勢。❸平帝　即劉衎（西元前九—西元五年），西漢元帝庶孫。元壽二年九歲被迎立為帝，由太皇太后王政君臨朝，大司馬王莽秉政。莽以大司馬領尚書事，進位安漢公、宰衡，政由己出，西漢王朝名存實亡。元始五年病死，或謂為王莽鴆死。❹郿令　郿縣縣令。郿，縣名。戰國秦置。治今陝西眉縣東渭河北岸。西漢屬右扶風，為右輔都尉治。東漢末屬扶風郡。❺厭戎　郡名。王莽改隴西郡為厭戎郡。隴西郡，戰國秦昭襄王二十八年（西元前二七九年）以義渠地置。因在隴山以西得名。治狄道縣（今甘肅臨洮）。❻連率　亦作「連帥」。新莽時郡一級地方行政長官。天鳳元年（西元一四年）置。《漢書・王莽傳》：「莽以《周官・王制》之文，置卒正、連率、大尹，職如太守。」以伯典郡者稱連率。東漢廢。❼曾子　即曾參（西元前五〇五—前四三六年），名參，字子輿，春秋戰國間魯國南武城（今山東費縣）人。孔子弟子，以孝名世，能融會貫通孔子之道，提出「吾日三省吾身」的修養方法。卒於魯。將孔子學說傳於子思，經弟子再傳於孟子。因其學頗得孔子學說精髓，後世儒家譽其為「宗聖」。❽季孫　即季孫氏。春秋後期魯國掌握政權的貴族，三桓之一。魯桓公少子季友的後裔。從季文子（季友之孫）起，季武子（文子之子）、季平子（武子之孫）、季桓子（平子之子）、季康子（桓子之子）等相繼執政，掌握魯國權力。是三桓中勢力最強者。❾鮑宣　（？—西元三年），字子都，西漢渤海高城（今河北鹽山縣）人。好學明經。初為縣鄉嗇夫，哀帝時兩為諫大夫，數上書諫諍。後任司隸，以摧辱丞相閉門不納使者事下廷尉獄。博士弟子王咸聚諸生千餘人守闕上書為之申訴，得減死一等，髡鉗，徙上黨。平帝時，王莽秉政，指使州郡誅除不附己者，被陷繫獄，自殺。⑩卓茂　（？—西元二八年），字子康，西漢末南陽宛（今河南南陽）人。元帝時，遊學長安，號為通儒。後以儒術舉為侍郎。曾任密令、京部丞。更始時為侍中祭酒，旋以年老辭歸。劉秀稱帝後，聞名求之，任為太傅，封褒德侯。⑪新室　即新朝。王莽所建朝代。西漢平帝年幼即位，太皇太后姪王莽以大司馬大將軍執掌朝政。平帝死後，王莽立兩歲的劉嬰，號曰孺子，自稱「攝皇帝」。西元八年，稱帝，改國號為「新」，建元「始建國」。僅一世而亡，史稱「新莽」。稱帝後進行改制，更名天下田曰「王田」，奴婢曰「私屬」，都不許買賣；推行五均六筦；改革幣制；又任意改變中央和地方的官制和官名，製造與匈奴等周邊少數民族的紛爭。這些措施加劇了西漢末年的社會危機，爆發了全國性的赤眉、綠林暴動。西元二三年，綠林軍攻入長安，新莽政權滅亡。⑫從弟　堂弟。⑬鄉黨　周制以五百家為黨，一萬二千五百家為鄉，後因以「鄉黨」泛指鄉里。⑭太傅　官名。西周置，為三公之一，位次太師，在太保上。其後歷代沿置。東漢以授元老重臣，居百官之首，秩萬石。明帝以後，諸帝即位時皆置，兼錄尚書事，行使宰相職權，有缺不補。⑮胡廣　字伯始，東漢南郡華容（今湖北潛江市）人。安帝時舉孝廉，奏章為天下第一。曾任尚書僕射，典章樞機十年。後歷順、沖、質、桓、靈帝五朝，先後任郡守、九卿以至三公。雖主政者更迭，宦官、外戚交互專權，而為官如故，無忠直之風，時諺譏為：「萬事不理問伯始，天下中庸有胡公。」質帝死，懾於大將軍梁冀權勢，反對太尉李固立清河王劉蒜為帝之議，又與中常侍丁肅聯姻，以此為時人譏毀。事見本書卷四十四。⑯桓帝　即劉志（西元一三二—一六七年），東漢章帝曾孫。本初元年被梁太后與兄大將軍梁冀迎立為帝。在位期間，梁太后臨朝，梁冀專權，朝政昏亂，民不聊生。各族人民暴動蜂起。延熹二年與宦官單超等合謀誅滅梁氏，封單超等為縣侯，自後權歸宦官，政治更趨黑暗。大臣陳蕃、李膺等聯合太學生，反對宦官干政，被宦官誣指共為部黨。下詔逮捕黨人，禁錮終身，史稱「黨錮」。⑰中常侍　官名。秦始置，西漢沿置，出入宮廷，侍從皇帝，常為列侯至郎中的加官。東漢時則專用宦官為中常侍，以傳達詔令和掌理文書，權力極大。⑱徐璜　東漢下邳良城（今江蘇邳州）人。桓帝初年為中常侍。延熹二年（西元一五九年），奉桓帝命與單超等五宦官共誅專擅朝政的外戚梁冀。遂封武原侯，與單超等並稱「五侯」。此後權歸宦官，皆恃權驕縱，兄弟姻親宰州臨郡，宗族賓客虐害百姓。因兇橫殘暴，有「徐臥虎」之稱。⑲左悺　東漢宦官，河南平陰（今河南孟津）人。桓帝時，為小黃門史，因與單超、具瑗、徐璜、唐衡合謀誅滅外戚梁冀，任中常侍，封上蔡侯，為「五侯」之一。他和具瑗等驕橫貪暴，兄弟親戚都為州郡刺史、太守，侵奪人民。後被司隸校尉韓縯劾奏，自殺。⑳太守　官名。西漢景帝時改郡守置，為郡的最高行政長官，掌民政、司法、軍事、財賦等，可以自辟僚屬，秩二千石。東漢沿置。㉑偃師　縣名。西漢置。治今河南偃師東南。㉒東方朔　字曼倩，西漢平原厭次（今山東惠民）人。武帝初上書自薦，待詔金馬門。後為常侍郎、太中大夫。性滑稽，有急智，武帝以俳優待之。曾以辭賦諫武帝戒奢侈，又陳農戰強國之計。其言多為商鞅、韓非之語，然終不為所用。㉓揚雄　一作「楊雄」（西元前五三—一八年），字子雲，西漢蜀郡成都（今屬四川）人。成帝時，為侍郎，給事黃門。新莽時轉為大夫，校書天祿閣。初好辭賦，曾仿司馬相如賦體作〈甘泉〉、〈河東〉、〈校獵〉、〈長楊〉四賦。後以賦無益於諷諫，輟而不為。又仿《論語》作《法言》，仿《易經》作《太玄》。駁斥神仙方術迷信，重視儒家倫理學說。㉔班固　字孟堅，東漢扶風安陵（今陝西咸陽）人。班彪子。明帝時任蘭臺令史，撰《漢書》。建初四年（西元七九年），章帝召集諸儒在白虎觀講論《五經》同異，命其記述其事，撰成《白虎通德論》（《白虎通義》）。和帝永元元年（西元八九年），隨竇憲出擊匈奴，為中護軍，參與謀議。永元四年，竇憲失勢自殺，他受牽連免官、被捕，死於獄中。所撰《漢書》，資料豐富，組織精密，敘事得當，並開創斷代修史之法，後世奉為規範。事見本書卷四十。㉕崔駰　字亭伯，東漢涿郡安平（今屬河北）人。善著文，與班固、傅毅齊名。元和年間，上〈四巡頌〉，為章帝所稱。外戚竇憲引為上客，辟為掾屬，乃屢諫戒憲驕恣。及憲出擊匈奴，為主簿。前後奏記憲不法事數十，遂為憲所不容，出為長岑長，旋歸，卒於家。事見本書卷五十二。

【語譯】蔡邕，字伯喈，陳留郡圉縣人。他的六世祖蔡勳，喜歡黃老之術，漢平帝時擔任郿縣縣令。王莽執政初年，蔡勳被授以厭戎郡連率。蔡勳對著印綬仰天長歎說：「我曾被漢室策封，就是死了也要歸於漢室的正統之道。過去曾子不接受季孫的賞賜，何況可以服事二姓呢？」於是攜帶家屬，逃入深山，與鮑宣、卓茂等人一起不出仕新朝。蔡邕的父親叫蔡棱，也有清白的品行，死後諡號貞定公。

2　蔡邕生性很孝順，他母親曾經患病三年，蔡邕如果不是寒暑季節的變化，不曾解開衣帶，曾經一連七十餘天不上床睡覺。母親死後，在墳墓旁邊起了個守孝的草廬，一舉一動都遵循守孝之禮。有野兔馴服地在草廬旁邊出沒，又長出了連理樹，遠近的人感到驚奇，都前往觀看。他與叔父和堂弟住一起，三代不分家產，同鄉的人都很敬佩他的仁義。他年輕時學問就很廣博，以太傅胡廣為師。喜歡文章辭賦、術數、天文，妙通音樂聲律。

3 桓帝時，中常侍徐璜、左悺等五侯專擅朝政，恣意橫行，聽說蔡邕善於彈琴，就告訴天子，下令陳留太守督促並遣送蔡邕入京。蔡邕不得已前往，走到偃師，又託患病而歸家。閒居在家賞玩古物，不與當世權貴交往。他感慨東方朔的〈客難〉以及揚雄、班固、崔駰等人自設疑問又自己解答的文章形式，於是斟酌各家之言，肯定其正確的又矯正其錯誤，寫作了〈釋誨〉，來勸戒和勉勵。

1 「有務世公子誨於華顛❶胡老❷曰：『蓋聞聖人之大寶曰位，故以仁守位，以財聚人。然則有位斯貴，有財斯富，行義達道，士之司也。故伊摯有負鼎之衒❸，仲尼設執鞭之言❹，甯子有清商之歌❺，百里有豢牛之事❻。夫如是，則聖哲之通趣，古人之明志也。夫子生清穆之世，稟醇和之靈，覃思典籍，韞櫝❼六經❽，安貧樂賤，與世無營，沈精重淵，抗志高冥，包括無外，綜析無形，其已久矣。曾不能拔萃出群，揚芳飛文，登天庭，序彝倫❾，埽六合❿之穢慝⓫，清宇宙之埃塵，連光芒於白日，屬炎氣於景雲⓬。時逝歲暮，默而無聞。小子惑焉，是以有云。方今聖上寬明，輔弼賢知，崇英逸偉，不墜於地，德弘者建宰相⓭而裂土，才羨者荷榮祿而蒙賜。盍亦回塗要至，俛仰取容，輯當世之利，定不拔之功，榮家宗於此時，遺不滅之令蹤？夫獨未之思邪，何為守彼而不通此⓮？』

2 「胡老慠然而笑曰：『若公子，所謂覩曖昧之利，而忘昭晢⓯之害；專必成之功，而忽蹉跌之敗者已。』公子謖爾⑯歛袂⑰而興曰：『胡為其然也？』胡老曰：『居，吾將釋汝。昔自太極⑱，君臣始基，有羲皇⑲之洪寧，唐虞之至時。三代之隆，亦有緝熙⑳。五伯㉑扶微，勤而撫之。于斯已降，天網縱，人紘弛，王塗壞，太極陁，君臣土崩，上下瓦解。於是智者騁詐，辯者馳說，武夫奮略，戰士講銳。電駭風馳，霧散雲披，變詐乖詭，以合時宜。或晝一策而綰萬金，或談崇朝而錫瑞珪㉒。連衡者六印磊落，合從者駢組流離㉓。隆貴㉔翕習㉕，積富無崖，據巧蹈機㉖，以忘其危。夫華離蔕而萎，條去幹而枯，女冶容而淫，士背道而辜。人毀其滿，神疾其邪，利端始萌，害漸亦牙。速速方轂，夭夭是加㉗。欲豐其屋，乃蔀㉘其家。是故天地否閉，聖哲潛形㉙，石門守晨㉚，沮、溺㉛耦耕，顏歜㉜抱璞，蘧瑗㉝保生，齊人歸樂，孔子斯征㉞，雍渠驂乘，逝而遺輕㉟。夫豈傲主而背國乎？道不可以傾也。

3 『且我聞之，日南至則黃鍾㊱應，融風動而魚上冰，蕤賓㊲統則微陰㊳萌，蒹葭蒼而白露凝㊴。寒暑相推，陰陽代興，運極則化，理亂相承。今大漢紹陶唐之洪烈，盪四海之殘灾，隆隱天之高，拆絙地之基。皇道惟融，帝猷顯丕，泜泜庶類，含甘吮滋。檢六合之群品，濟之乎雍熙㊵，群僚恭己於職司，聖主垂拱㊶乎兩楹[42]。君臣穆穆，守之以平，濟濟多士，端委縉綎[43]，鴻漸盈階，振鷺充庭[44]。譬猶鍾山之玉，泗濱之石，累珪璧不為之盈，採浮磬不為之索。曩者，洪源辟而四隩集[45]，武功定而干戈戢[46]，玁狁攘而吉甫宴[47]，城濮捷而晉凱入[48]。故當其有事也，則蓑笠並載，擐甲揚鋒，不給於務；當其無事也，則舒紳緩佩，鳴玉[49]以步，綽有餘裕。

4 『夫世臣[50]、門子[51]，暬御[52]之族，天隆其祐，主豐其祿。抱膺[53]從容，爵位自從；攝須理髯，餘官委貴。其取進也，順傾轉圓，不足以喻其便；逡巡放屣，不足以況其易。夫夫有逸群之才，人人有優贍[54]之智。童子不問疑於老成，瞳矇[55]不稽謀於先生。心恬澹於守高，意無為於持盈[56]。粲乎煌煌，莫非華榮。明哲泊焉，不失所寧。狂淫振蕩，乃亂其情。貪夫殉財，夸者死權。瞻仰此事，體躁心煩。闇謙盈之效，迷損益之數。騁駑駘[57]於脩路，慕騏驥[58]而增驅，卑俯乎外戚[59]之門，乞助乎近貴之譽。榮顯未副，從而顛踣[60]，下獲熏胥[61]之辜，高受滅家之誅。前車已覆，襲軌而騖，曾不鑒禍，以知畏懼。予惟悼哉，害其若是！天高地厚，跼而蹐之[62]。怨豈在明，患生不思。戰戰兢兢，必慎厥尤。

5 『且用之則行，聖訓也[63]；舍之則藏，至順也。夫九河[64]盈溢，非一凷[65]所防；

帶甲百萬，非一勇所抗。今子責匹夫以清宇宙，庸可以水旱而累堯、湯[66]乎？懼煙炎之毀熸，何光芒之敢揚哉！且夫地將震而樞星直，井無景則日陰食[67]，元首寬則望舒朓，侯王肅則月側匿[68]。是以君子推微達著，尋端見緒，履霜知冰，踐露知暑。時行則行，時止則止，消息盈沖，取諸天紀。利用遭泰，可與處否，樂天知命，持神任己。群車方奔乎險路，安能與之齊軌？思危難而自豫，故在賤而不恥。方將騁馳乎典籍之崇塗，休息乎仁義之淵藪，般旋乎周[69]、孔之庭宇，揖儒[70]、墨[71]而與為友。舒之足以光四表[72]，收之則莫能知其所有。若乃丁千載之運，應神靈之符，闓閶闔[73]，乘天衢，擁華蓋[74]而奉皇樞，納玄策於聖德，宣太平於中區。計合謀從，己之圖也；動績不立，予之辜也。龜鳳山翳，霧露不除，踊躍草萊，祗見其愚。不我知者，將謂之迂。脩業思真，棄此焉如？靜以俟命，不斁不渝[75]。「百歲之後，歸乎其居[76]。」幸其獲稱，天所誘也。罕漫[77]而已，非己咎也。昔伯翳[78]綜聲於鳥語，葛盧[79]辯音於鳴牛，董父[80]受氏於豢龍，奚仲[81]供德於衡輈[82]，倕氏[83]興政於巧工，造父[84]登御於驊騮[85]，非子[86]享土於善圉，狼瞫[87]取右於禽囚，弓父[88]畢精於筋角，佽非[89]明勇於赴流，壽王創基於格五[90]，東方要幸於談優[91]，上官效力於執蓋[92]，弘羊據相於運籌[93]。僕不能參跡於若人，故抱璞而優遊。』

6 「於是公子仰首降階，忸怩而避。胡老乃揚衡[94]含笑，援琴而歌。歌曰：『練余心兮浸太清[95]，滌穢濁兮存正靈[96]。和液[97]暢兮神氣寧，情志泊兮心亭亭，嗜欲息兮無由生。踔宇宙而遺俗兮，眇翩翩而獨征。』」

【章旨】以上記述蔡邕作〈釋誨〉，以設疑相答的方式，闡述自己對仕宦的見解。

【注釋】❶華顛　白頭，意年老。顛，頭頂。❷胡老　老人。❸故伊摯有負鼎之衒　所以伊摯有負鼎說湯而自薦的辦法。據《史記》記載，伊尹想去拜見湯，但沒有事由，就做了有莘家僕，身負鼎俎，以滋味之道勸說湯，引申到王道。伊摯，即伊尹。名摯，商初大臣，相傳曾為有莘氏媵臣，入商輔佐成湯，伐桀滅夏，建立商朝。湯死後，其子太丁未立而卒，他先後輔立太丁弟外丙、仲壬。仲壬死後，復輔立太丁子太甲。太甲即位，不遵湯法，乃放之於桐，攝政。太甲居桐三年，悔過，遂迎歸，還以國政，復為相輔，至沃丁時卒。❹仲尼設執鞭之言　孔子有願當執鞭之士的言語。《論語》載孔子之言：「行義以達其道。」「富而可求，雖執鞭之士吾亦為之。」執鞭，執鞭開道之意。仲尼，即孔子。❺甯子有清商之歌　據《淮南子》記載，甯戚想拜見齊桓公，但苦於沒有門路，就扮作商人，趕車到齊國，夜晚停宿在城門口，在車下餵牛。見齊桓公經過，就敲打牛角唱清商之歌。桓公聽到後認為其非平常之人，就命人把他帶回宮，任命他為大夫。甯子，即甯戚。生卒年不詳，春秋時萊國棠邑（今山東平度）人，一說為衛國人。早年懷才不得志，曾為人挽車。齊桓公初立時，拜甯戚為大夫，他管理農事，獎勵墾種，薄取租賦，為齊國的富強和齊桓公的霸業起了重大作用，著有《相牛經》一卷。❻百里有豢牛之事　據《史記》記載，百里奚曾在秦國養牛，後來秦穆公才了解到他的才能，加以重用。百里，即百里奚。春秋時秦國大夫。原為虞國大夫，虞亡時被晉俘去，作為陪嫁之臣送入秦國。後出走到楚，為楚人所執，又被秦穆公以五張牡黑羊皮贖回，用為大夫，稱為五羖大夫。與蹇叔、由余等共同幫助穆公建立霸業。❼韞櫝　藏在櫃子裡；珍藏；收藏。❽六經　指《詩》、《書》、《禮》、《易》、《春秋》、《樂》六部儒家經典。《莊子．天運》：「孔子謂老聃曰：『丘治《詩》、《書》、《禮》、《樂》、《易》、《春秋》

六經。』」❾彝倫　指倫常。❿六合　本指天地和東、西、南、北四方，在此泛指天下。⓫穢慝　汙濁；邪惡。⓬景雲　祥雲；瑞雲。⓭宰相　我國古代以對君主負責總攬政務的人為宰相。宰是主持，相是輔佐之意。但歷代所用官名與職權廣狹程度，各有不同。秦和西漢以相國或丞相為宰相，而御史大夫為丞相之副。東漢則司徒等於丞相，與司空、太尉共掌政務。然按之實際，則實權悉歸尚書，尚書令主贊奏事，總領紀綱，無所不統。⓮夫獨未之思邪二句　難道您唯獨沒有想到這個問題，為什麼獨守貧賤而不求通達呢。彼，謂貧賤。此，謂榮祿。⓯昭晢　清楚；明顯。⓰謖爾　形容精神振作、凝聚貫注的樣子。⓱斂袂　整飭衣袖。行禮拜揖的準備動作。⓲太極　指派生萬事萬物的本原，天地之始。⓳羲皇　即伏羲氏，也稱「宓羲」、「包犧」、「羲皇」等。神話中人類的始祖。傳說人類由他和女媧氏兄妹相婚而產生。又傳他教民結網，從事漁獵畜牧，反映中國原始時代開始漁獵畜牧的情況。傳說八卦也出於他的制作。⓴緝熙　光明。㉑五伯　即「五霸」。諸侯首領。三代五霸是指夏的昆吾氏，商的大彭氏、豕韋氏，周的齊桓公、晉文公。㉒或畫一策而綰萬金二句　有的謀劃一條計策就得到萬金，有的談論於朝堂上而受賜瑞珪之寶。前一句源自《戰國策》：秦王曾應頓弱的要求，出資萬金，使其東遊韓、魏，北遊燕、趙，殺李牧。最終齊王入秦朝見，四國順從。後一句源自《史記》：虞卿說趙孝成王，一見賜黃金百溢，二見賜白璧一雙。㉓連衡者六印磊落二句　遊說連橫的人身掛六國相印，主張合縱的人一束印綬閃閃發光。合縱連橫，戰國時各國處理軍事外交活動的二種方式。「合眾弱以攻一彊」稱合縱，「事一彊以攻眾弱」稱連橫。戰國後期，秦國日益強大，合縱即指東方六國聯合抗秦，連橫即秦國拉攏某些弱國進攻他國。由於六國皆欲藉外力以利己，故合縱實為鬆散聯盟，抗秦活動不能持久，最終為秦國各個擊破。一說南北為縱，六國地處南北，故南北聯合抗秦謂之合縱；東西為橫，秦處西，六國在東，故東方六國事秦謂之連橫。㉔隆貴　尊貴。㉕翕習　和諧。㉖蹈機　謂處於事物的跡象和表徵已顯露的時候。㉗速速方轂二句　當小人得勢，獲取富貴俸祿時，那殺身之禍也會隨之而來。語出《詩・正月》。速速，鄙陋貌。轂，祿。夭，殺。㉘蔀　覆。㉙是故天地否閉二句　所以天地之門閉住了，聖哲之人就會藏起來。語出《易・文言》：「天地閉，聖人隱。」㉚石門守晨　據《論語》記載，孔子弟子子路在石門住宿，看門人問：「從哪裡來？」子路回答：「從孔子那裡。」看門人問：「就是那個知道不可為而為的人嗎？」石門，魯國都城外門。晨門，負責早晚開關城門的人。㉛沮溺　即長沮、桀溺。春秋時隱士。《論語・微子》載二人耦耕，子路曾向他們問路。他們認為，天下已亂，無人能夠救治，對社會和政治持消極態度。㉜顏歜　戰國時齊國人。處士。曾與齊宣王辯論。王問以「王者貴乎，士貴乎？」他提出一套士貴於王的理論，宣王為之心折，並願受教為弟子，與共富貴。他卻辭去，終身不仕。㉝蘧瑗　名瑗，字伯玉，春秋時衛國大夫，洞達世事，是一個在自己的抱負不能實現時能「不預時政，不忤於人」的人。㉞齊人歸樂二句　齊人送給季桓子女樂，孔子就離職出行。時季桓子為魯國執政，他接受齊國的女樂，孔子很失望，故離職而去。齊，即齊國。西元前十一世紀周分封的諸侯國。姜姓。在今山東北部，開國君主姜尚，建都營丘（今山東淄博東舊臨淄北）。春秋初期齊桓公任用管仲改革內政，國力強盛，成為霸主。西元前五六七年，齊靈公滅萊，領土擴展到山東東部。疆域東至海，西至黃河，南至泰山，北至無棣水（今河北鹽山縣南）。後田氏代齊，成為戰國七雄之一。西元前二二一年為秦所滅。㉟雍渠驂乘二句　宦官雍渠陪乘車右，孔子就離開衛國如同拋棄賤物。孔子到衛國，見衛靈公與夫人同乘一輛車，而且讓宦者雍渠陪乘。孔子認為此舉很醜陋，就離開衛國前往曹國。驂乘，古代在車右陪乘，或指陪乘的人。㊱黃鍾　古代為了預測節氣，將葦膜燒成灰，放在律管內，到某一節氣，相應律管內的灰就會自行飛出。黃鍾律和冬至相應，時在十一月。㊲蕤賓　古人律曆相配，十二律與十二月相適應，謂之律應。蕤賓位於午，在五月，故代指農曆五月。㊳微陰　謂陰氣初生。㊴蒹葭蒼而白露凝　蒹葭蒼綠而白露凝結為霜。語出《詩·蒹葭》：「蒹葭蒼蒼，白露為霜。」蒹葭，沒有長穗的蘆葦。㊵雍熙　和樂昇平。㊶垂拱　垂衣拱手。謂不動手，不做什麼事。㊷兩楹　房屋正廳當中的兩根柱子。兩楹之間是房屋正中所在，為舉行重大儀式和重要活動的地方。㊸端委縉綎　禮服莊重整齊。端委，古代禮服。縉，赤色的帛。綎，絲綬帶。㊹鴻漸盈階二句　賢者像鴻鳥一樣站滿臺階，才士像鷺鳥一樣聚集朝廷。鴻漸，語出《易經》：「鴻漸于陸。」喻君子仕進於朝。鴻，大雁。振鷺，語出《詩·有駜》：「振振鷺，鷺于下。」喻廉潔之士群集於朝。鷺，鳥類的一科，翼大尾短，嘴直而尖，頸和腿很長。㊺洪源辟而四隩集　大禹疏導洪水四方才能安居。洪源辟，指禹疏導洪水。辟，開。四隩，指我國古代四方邊遠地區之可居者。㊻武功定而干戈戢　武王伐紂功成才干戈止息。武功定，指武王伐紂。㊼獫狁攘而吉甫宴　獫狁被征服吉甫才設宴受福。獫狁，古族名。居於周之西北，為周之勁敵，與葷育為同族。厲王、宣王時侵擾最甚。吉甫，即尹吉甫。周人。宣王大臣。尹為官名。一說尹氏，係尹佚之後。曾率軍反擊獫狁入侵有功，《詩·六月》詠其事。後代詩文中多以之作賢能宰輔的典型。㊽城濮捷而晉凱入　城濮大捷晉軍才凱樂而歸。城濮捷，即城濮之戰。我國歷史上以弱勝強的著名戰例。周襄王十九年（西元前六三三年），楚成王率陳、蔡、鄭、許諸國軍隊圍攻宋國，宋國向晉國求救。次年，晉文公派兵進攻楚的盟國曹衛。晉楚兩軍在城濮（今山東鄄城西南）對陣。晉軍選擇楚軍薄弱環節，首先擊潰由陳、蔡軍隊組成的楚軍右翼。同時晉軍主力偽裝退卻，誘使楚軍左翼追擊，然後回頭夾攻，加以擊潰，迫使楚軍中間的主力也後退。戰後不久，晉文公就成為霸主。晉，古國名。西元前十一世紀周分封的諸侯國，姬姓。開國君主是周成王弟叔虞，在今山西西南部，建都於唐（今山西翼城西）。春秋時晉文公改革內政，國力富強，成為霸主。晉景公時遷都新田（今山西曲沃西北），亦稱「新絳」，兼併赤狄，疆域大有擴展，有今山西大部、河北西南部、河南北部和陝西一角。西元前四世紀中葉晉國為韓、趙、魏三家所分。49鳴玉　古人在腰間佩帶玉飾，行走時使之相擊發聲。50世臣　歷代有功勳的舊臣。51門子　卿大夫之嫡子。52瞽御　近侍。53抱膺　懷抱；心胸。54優贍　淵博豐富。55瞳矇　愚昧的人。56持盈　保守成業。57駑駘　劣馬。喻才能低劣者。58騏驥　駿馬。59外戚　指帝室的母族、妻族。60顛踣　跌倒。比喻處境困頓。61熏胥　互相牽連。62天高地厚二句　雖然天高地厚，但也不敢不曲身小步走路。《詩・正月》：「謂天蓋高，不敢不局；謂地蓋厚，不敢不蹐。」局蹐，也作「跼蹐」。戒慎畏懼的樣子。局，通「跼」。曲身。蹐，後腳緊接著前腳，用極小的步子走路。63且用之則行二句　況且有人任用就出來，這是聖人的教誨。《論語》載孔子說：「用則行，捨則藏。」所以稱為聖訓。64九河　上古時期黃河下游河道分為多條，古人稱其為九河。65凷　塊的本字。66湯　又稱「成湯」、「武湯」等，商朝第一位王。用伊尹、仲虺為輔佐，自葛（今河南寧陵北）開始，接連攻滅韋（今河南滑縣東）、顧（今山東鄄城東北）、昆吾（今河南濮陽，一說在新鄭境內）等夏之屬國，進而伐夏桀，放桀於南巢（今安徽巢湖西南），遂滅夏，建立商朝。67且夫地將震二句　而且地將震天樞星會出現異變，井星無光就會有日蝕。樞星，古星名。北斗第一星，亦稱「天樞」。井，星名。二十八宿之一。68元首寬則望舒朓二句　皇帝為政寬仁就會有晦而月見西方之象，王侯執政峻急就會有初一月見東方之異。望舒，神話中為月神駕車的神。後用為月亮的代稱。朓，晦而月見西方的名稱。側匿，初一而月見於東方。69周　指周公。姬姓，名旦，西周初人。周武王弟，與呂尚同為西周開國元勳。以魯公封於曲阜，留朝執政，長子伯禽就封。武王卒，成王幼，攝政。管叔、蔡叔、霍叔等不服，聯合殷貴族武庚和東夷反叛。他率師東征，平定叛亂，滅奄（今山東曲阜東）後大舉分封諸侯，營建成周洛邑（今河南洛陽）。又制禮作樂，為西周典章制度的主要創制者，奠定了「成康之治」的基礎。70儒　即儒家，以孔子為創始者的重要學派。因與春秋時代從巫、史、祝、卜分化出來的「師儒」有淵源關係，故稱。主張「仁政」和「德治」，提倡「忠恕」和「中庸」之道，重視倫理道德教育，對鬼神持存疑態度。戰國時期分裂為八派，以孟氏（孟子）、孫氏（荀子）兩派影響最大。西漢武帝罷黜百家，獨尊儒術，從此其學說成為中國封建社會的統治思想。71墨　即墨家，戰國時期重要學派。創始人墨翟。政治上主張尚賢、尚同和非攻。經濟上主張彊本節用，重視農業生產。思想上提出尊天事鬼。墨家有嚴密的組織，成員多來自社會下層，相傳皆能赴火蹈刃，以自苦勵志。72四表　指四方極遠之地，亦泛指天下。73閶闔　開天門。閶，開。閶闔，傳說中的天門。74華蓋　古代帝王所乘車子上傘形的遮蔽物。75不斁不渝　不厭倦也不改變。斁，厭倦。渝，改變。76百歲之後二句　百年以後，都回歸到墳墓裡去了。《詩・葛生》詩句。居，這裡指墳墓。77罕漫　不明白；茫然無所知。78伯翳　又名

「益」、「伯益」。相傳為少昊後裔，嬴姓，封於費，又稱「費侯」。秦之先祖。善調馴鳥獸，為舜掌山澤之虞官，佐禹治水平土，有功。禹繼舜位後，曾以皋陶為繼位人，皋陶死，乃以益為繼位人，委以政事。禹死後，益避讓禹子啟繼位。或說益於禹死後與啟爭位，為啟所殺。據說益能和鳥對話。(79)葛盧　東夷介國之君。出使魯國，聽到牛的叫聲，說：「這頭牛生下三頭小牛，都被用作祭祀了。」向人打聽，果然和他說的一樣。(80)董父　父或作「甫」。相傳為舜時人，係祝融之後，為飂叔安的後裔，因善養龍，舜賜姓董，為豢龍氏，封於川（今山東定陶北），後為夏所滅。(81)奚仲　相傳為夏禹之臣。任姓。車的改製者，曾作夏朝掌管造車的車正，居於薛（今山東滕州東南），後遷於邳（今山東微山縣西北）。商湯的左相仲虺為其後裔，春秋時薛國的始祖。(82)衡輈　車轅與轅前橫木。借指車。(83)倕氏　相傳為黃帝時的巧工，是耒耜、規矩、準繩等的創制者。或說為神農之臣（《世本·作篇》宋衷注），或說堯時巧工（《呂氏春秋·離謂》高誘注）。(84)造父　西周時人。善駕馭。蜚廉、惡來之後。為周穆王駕車巡狩，攻破徐偃王有功，穆王賜以趙城（今山西洪洞北），為晉國趙氏之祖。其後裔建立趙國。(85)驊騮　駿馬。(86)非子　秦的先祖。長於畜牧，為周孝王養馬於汧渭之間，得到孝王嘉獎，被封於秦（今甘肅張家川回族自治縣東），為周之附庸，號為秦嬴。(87)狼瞫　春秋時代晉國的武士，以英勇過人被晉襄公擢升為車右，但在對秦戰爭的前夕，被主帥無故罷黜。友人慫恿他發難刺殺主帥，狼瞫不從，最後馳入秦師奮戰而死。(88)弓父　春秋時宋國弓工。宋景公命之製弓，九年後，才來向景公獻弓。宋景公責備他來得太晚。弓工回答說：「我的精力已經耗盡在弓上了。」回去後三天就死去了。景公張弓向東射出，箭矢越過西霜山，到彭城之東，餘力仍然強勁，箭羽沒入山石之中。(89)佽非　春秋時楚國人。據《呂氏春秋》記載，一次過江，船行至江中流，兩蛟繞裹住船。佽飛拔出劍跳到江裡，刺殺了蛟。(90)壽王創基於格五　壽王因善於格五而創下家業。壽王，即吾丘壽王。西漢趙人，字子贛。武帝時，以善格五為待詔。從中大夫董仲舒受《春秋》，高才通明，遷侍中中郎，坐法免。復召為郎。稍遷，拜東郡都尉。後徵入為光祿大夫侍中。丞相公孫弘奏言禁民毋得挾弓弩，因相與辯難，弘不得已而服。後坐事誅。格五，漢代博戲。亦叫「簺」。由兩人各執六枚棋對壘。具體玩法今已不得其詳。(91)談優　說笑詼諧。(92)上官效力於執蓋　上官桀從舉傘蓋的侍從受到提拔重用。上官，即上官桀（？—西元前八〇年），字少叔，西漢隴西上邽（今甘肅天水市）人。少時任羽林期門郎，有才力，頗為武帝賞識，遷未央廄令。後為侍中、太僕。武帝臨終，受封為左將軍、安陽侯，與大將軍霍光等受遺詔輔佐少主。昭帝即位，其子安之女立為皇后。安為驃騎將軍，封桑樂侯。後父子與霍光爭權結怨，遂結交燕王旦和蓋長公主等謀誅光、廢昭帝。元鳳元年事發，族誅。(93)弘羊據相於運籌　桑弘羊善於運籌而做了宰相。弘羊，即桑弘羊（西元前一五二—前八〇年），西漢洛陽（今河南洛陽）人。武帝時任治粟都尉，領大司農。主張實行鹽鐵官營、酒類專賣和平準均輸一系列經濟改革。其主張在武帝支持下得以推行，打擊了富商大賈及地方割據勢力，加強了西漢王朝經濟實力。又主張抗擊匈奴侵擾，反對「和親」政策，組織屯墾以加強邊防。武帝臨終，授御史大夫，與大將軍霍光等受遺詔共輔昭帝。後被指與上官桀等謀廢昭帝立燕王劉旦，被殺。94揚衡　舒展眉目。95太清　道家所稱的天道。這裡指天空。96正靈　純正的心靈。97和液　指人體中的元氣和津液。

【語譯】「有一個務實求進的公子教訓一個白髮老人說：『我聽說聖人最寶貴的東西是地位，所以應該用仁義來守住地位，用財物來招聚眾人。這樣，有地位就顯貴，有財物就富裕，推行仁義，宣傳王道，這是士人的職責。所以，伊摯有負鼎說湯而自薦的辦法，孔子有願當執鞭之士的言語，甯戚對著齊桓公唱清商之歌，百里奚有自賣於秦牧牛而受重用之事。如此看來，那麼求得富貴是聖哲們的普遍追求，古人的明確志向。先生您生活在清平靜穆的時代，稟承醇厚和順的靈性，精思典籍，熟讀《六經》，自安於貧困，自樂於卑賤，與世人無爭，思想深沉如在深淵之下，志節高尚如在天外，能懂得無盡的事情，能分析沒有形體的事物，其由來已很久了。但你還不能使自己超出眾人之上，芳名遠揚，文采飛舞，登上朝廷大殿，整理法度倫常，橫掃世間之汙穢邪惡，澄清宇宙間的塵埃，讓太陽的光芒普照地面，讓祥瑞之雲擋住熱氣。但是，時光消逝了，年歲垂暮了，您卻仍然默默無聞。我對此感到疑惑不解，因此才說出上面的話。當今皇帝寬厚聖明，輔弼大臣賢良智慧，高超不俗的英偉之才，不會墜落於地而不被任用，品德崇高的人會任命為宰相而裂土封爵，才能傑出的人會得到榮祿而蒙受賞賜。何不也求取捷徑與時俯仰，取悅於人，收取當世之利，建立不朽之功，在這時候光宗耀祖，留下永不磨滅的善跡？難道您唯獨沒有想到這個問題，為什麼獨守貧賤而不求通達呢？』

2「老人傲然而笑說：『像公子所說的，是看到那曖昧的利益，而忘記了那明顯的害處；專注於必定要取得的成功，而忽略轉眼間就會有的挫折和失敗。』公子臉上變得嚴肅，整理衣服起來說：『為什麼這樣呢？』老人說：『坐下來，我將解釋給你聽。過去從天地之始，君臣開始創立基業，有羲皇氏最安寧的時代，有唐堯、虞舜最完美的時代。夏商周三代相繼隆興，也代代有光明。五伯扶助弱小，勤謹地安撫他們。在這以後，國法天綱放縱了，人情關係鬆弛了，王道之途毀壞了，天地太極傾斜了，君臣倫常像土崩一樣坍塌，上下都瓦解了。在這時候，智慧的人就運用他詭詐之術，能言善辯的人就四處往來各方遊說，武將策士就拿出他們的韜略，戰鬥之士就磨利他們的銳器。天下形勢一時如風馳電掣，一時又霧散雲消，機變、偽詐、乖張、詭譎，以這些來適應時局。有的謀劃一條計策就得到萬金，有的談論一個早晨而受賜瑞珪之寶。遊說連横的人身掛六國相印，主張合縱的人一束印綬閃閃發光。顯貴興隆，財富無邊，投機取巧，一時忘記自身的危險。可是，鮮花離開了花蒂就會萎落，枝條離開樹幹就會枯乾，女子放縱容貌妖冶就會導致淫亂，士人背離道義就會犯罪。人如果自滿就會受損，思想產生邪惡就會生出疾病，利益的端倪剛剛萌生，那禍害也會漸漸跟著發芽。當小人得勢，獲取富貴俸祿時，那殺身之禍也會隨著加到他身上去了。本來想使自己房屋高大，反而導致房子傾覆。所以天地之門閉塞了，聖哲之人就會隱藏起來，在石門負責守門，長沮、桀溺也在田間種地，顏歜有才藏匿深山，蘧伯玉為保生一生退隱，齊人送給季桓子女樂，孔子就離職出行，宦官雍渠要來陪乘，孔子就離開衛國如同拋棄賤物。那難道是傲視君王背棄國家嗎？這是堅守正道不可以改變啊。

3 『而且我聽說，冬至時就有黃鍾之聲響應，春風吹動時魚兒就會躍到冰上來，仲夏時草木茂盛而微微的陰氣也在萌生，蒹葭蒼綠而白露凝結為霜。寒暑之季，不斷推移更替，陰陽二氣相互取代興起，運行到極點就會發生變化，治世和亂世相繼變換。如今大漢繼承陶唐氏的事業，蕩滌四海之內的殘災餘孽，使上天更加高隆，使地基更加牢固。皇道暖意融融，帝德美好平正，那芸芸眾民，吸吮著甘甜的皇恩。觀察天下的各類人民，用正大光明的王道進行教化，文武百官都恭恭敬敬地各司其職，聖明的皇帝從容地聽政於朝廷。君臣嚴肅而有禮，以平正之道治守天下，朝中人才濟濟，禮服莊重整齊，賢者像鴻鳥一樣站滿臺階，才士像鷺鳥一樣聚集朝廷。就好像鍾山的寶玉，泗水邊的美石，堆滿珪寶璧玉也不算多，不斷採集水中美石也不會窮盡。從前，大禹疏導洪水四方才能安居，武王伐紂功成才干戈止息，獫狁被征服吉甫才設宴受福，城濮大捷晉軍才凱樂而歸。所以，當國家有變故時，就穿著蓑衣，戴著斗笠，披上盔甲，舉起兵器，事務應接不暇；當國家太平無事時，那麼舒展束帶放鬆飾物，走起路來玉佩叮噹，每天悠閒度日。

4 『世臣、卿大夫之嫡子，以及侍御的皇親，上天降給他福佑，君主賜給他優厚的俸祿。抱著手臂悠閒從容，也能享有爵位；手撚鬍鬚，那顯赫的官位也會授予親貴。如果他們要進取功名的話，像順著斜坡轉動圓石，也不足以比喻他的方便；拖著鞋子從容度步，也不足以形容他的容易。每個人都有出類拔萃的才能，每個人都有充足的智慧。兒童不用向老人詢問疑難，瞳矇未開的人也不必向先生討教。心情恬淡自然保持高潔，意無所為也就不考慮保成守業。眼前光輝燦爛的，無不是榮華富貴。對這些東西明智淡泊，就不會失去悠閒安寧。一旦狂淫放蕩，就會亂了他的本性。貪婪的人以身殉財，誇耀權力的人死於權勢。眼睛看到這些事情，就會體躁心煩。不明於保持謙虛和持滿之術的效用，迷惑於損益虧盈。在漫長的路上騎著劣馬，卻羨慕騏驥而試圖迅速奔馳，卑下地伏身在外戚的門邊，乞求那靠近權貴的名譽。取得榮譽與顯耀又不能名實相副，接著又遭到挫敗，輕則遭受牽連之罪，重則受到毀家滅門之誅。前面的車子已經傾覆，後面的還沿著軌跡繼續驅馳，不以禍害為鑑戒而知畏懼。我只有傷悼他們，為什麼要這樣呢！雖然天高地厚，但也不敢不彎下身子小步走路。怎能怨恨自己不聰明，禍患產生於不思量。戰戰兢兢，小心做人，一定要警惕那災難的發生。

5 「況且有人任用就出仕，這是聖人的教誨；不受重用就隱居，這是至順的道理。九河泛濫成災，不是一塊土所能堵得住的；披甲之兵一百萬，不是一個勇士所能對抗的。今天先生責成一介匹夫來清理宇宙，難道可以因水旱之災而歸罪唐堯、商湯嗎？如果害怕微弱的火焰燒毀東西，哪裡還會有光芒敢放射出來！而且地將震天樞星會出現異變，井星無光就會有日蝕，皇帝為政寬仁就會有晦日而月見西方之象，王侯執政峻急就會有初一月見東方之異。因此，君子見微知著，找到端倪就能理清頭緒，踩到白霜就知道水將結冰，踏到露水就知道暑天要來臨。時勢有利於行動就行動，時勢不利於行動就趕快停止，是消是長、是息是沖，取決於天道綱紀。利用所遇到的好運，可將它來處置不幸，樂於上天的安排，懂得命運的定數，控制住精神才能使自己有所作為。群車正在危險的道路上奔馳，怎能與它並駕齊驅？想到時勢艱難而自己有心理準備，所以身處卑賤而不認為是恥辱。正要在典籍的崇高道路上盡情馳騁，在仁義的淵藪裡得到休息，在周公、孔子的庭院裡盤桓不離，迎來儒、墨學說而與它們為友。打開它們足以光照四海之外，收起它們就誰也不知道包蘊什麼玄機。若是遇到千載難逢的運氣，響應神靈的符兆，開啟天門，登上天街，護擁華麗的傘蓋而奉侍皇帝，給皇帝出謀獻策，給華夏帶來太平。心意與皇帝相合，計謀也一一聽從，這正是自己所希望的；不建立功勳，這是我自己的罪過了。賢人還隱居在山林中，昏暗的霧露沒有消除，這時在草叢之中踴躍欲試，只能是表現出愚蠢。不了解我的人，會說我迂闊。修研學業、思考真理，拋棄這根本的東西又追求什麼呢？平靜地等待命運安排，不厭倦也不改變。「百年以後，都回歸到墳墓裡去了。」有幸得到爵稱，那是上天暫時的誘惑。若無所聞無所知，也就算了，也不是個人的罪過。過去伯翳對於鳥語能聽出意思，葛盧也能聽懂牛的叫聲，董父因養龍而得到姓氏，奚仲因作車而留下德名，倕氏由於百工技巧而建有政績，造父由於獻馬而為皇帝的御者，非子善於養馬而受封土地，狼瞫殺秦囚而擔任車右，弓父畢生精力用於造弓，佽非為表明勇敢躍入長江斬殺蛟龍，壽王因善於格五而創下家業，東方朔以一個善於談笑的俳優而得到寵幸，上官桀從舉傘蓋的侍從受到提拔重用，桑弘羊善於運籌而做了宰相。我不能加入到上述人的行列，所以懷抱才能在山野間優遊。」

6 「於是，公子仰面而視，降下身分，慚愧地避讓在一邊。老人就揚眉含笑，拿過琴來彈奏歌唱。歌詞道：『修練我的心啊讓它溶化在太空之中，滌去汙穢啊保存純正的魂靈。靈液和氣通暢啊心神安寧，情志淡泊啊我心孤峻，嗜欲止息啊就無從再產生。超越宇宙而遠離世俗啊，高遠翩翩而獨自征行。』」

1 建寧❶三年，辟司徒❷橋玄❸府，玄甚敬待之。出補河平長❹。召拜郎中❺，校書東觀❻。遷議郎❼。邕以經籍去聖久遠，文字多謬，俗儒穿鑿，疑誤後學，熹平❽四年，乃與五官中郎將❾堂谿典、光祿大夫❿楊賜⓫、諫議大夫⓬馬日磾、議郎張馴、韓說、太史令⓭單颺等，奏求正定六經文字。靈帝⓮許之，邕乃自書丹於碑，使工鐫刻立於太學⓯門外。於是後儒晚學，咸取正焉。及碑始立，其觀視及摹寫者，車乘日千餘兩，填塞街陌。

2 初，朝議⑯以州郡相黨，人情比周，乃制婚姻之家及兩州人士不得對相監臨。至是復有三互法⑰，禁忌轉密，選用艱難。幽⑱冀⑲二州，久缺不補。邕上疏曰：「伏見幽、冀舊壤，鎧馬所出，比年兵飢，漸至空耗。今者百姓虛縣，萬里蕭條，闕職經時，吏人延屬，而三府⑳選舉，踰月不定。臣經怪其事，而論者云『避三互』。十一州有禁，當取二州而已。又二州之士，或復限以歲月，狐疑遲淹，以失事會。愚以為三互之禁，禁之薄者，今但申以威靈，明其憲令，在任之人豈不戒懼，而當坐設三互，自生留閡邪？昔韓安國㉑起自徒中，朱買臣㉒出於幽賤，並以才宜，還守本邦。又張敞㉓亡命，擢授劇州。豈復顧循三互，繼以末制乎？三公㉔明知二州之要，所宜速定，當越禁取能，以救時敝；而不顧爭臣㉕之義，苟避輕微之科，選用稽滯，以失其人。臣願陛下上則先帝，蠲除近禁，其諸州刺史㉖器用可換者，無拘日月三互，以差厥中。」書奏不省。

3 初，帝好學，自造皇羲篇五十章，因引諸生㉗能為文賦者。本頗以經學㉘相招，後諸為尺牘及工書鳥篆者，皆加引召，遂至數十人。侍中㉙祭酒㉚樂松、賈護，多引無行趣埶之徒，並待制鴻都門下㉛，憙陳方俗閭里小事，帝甚悅之，待以不次之位。又市賈小民，為宣陵[32]孝子者，復數十人，悉除為郎中、太子舍人[33]。時頻有雷霆疾風，傷樹拔木，地震、隕雹、蝗蟲之害。又鮮卑[34]犯境，役賦及民。六年七月，制書引咎，誥群臣各陳政要所當施行。邕上封事曰：

「臣伏讀聖旨，雖周成[35]遇風，訊諸執事，宣王[36]遭旱，密勿祇畏[37]，無以或加。臣聞天降災異，緣象而至。辟歷數發，殆刑誅繁多之所生也。風者天之號令，所以教人也[38]。夫昭事上帝，則自懷多福；宗廟致敬，則鬼神以著。國之大事，實先祀典，天子聖躬所當恭事。臣自在宰府[39]，及備朱衣[40]，迎氣五郊[41]，而車駕稀出，四時至敬，屢委有司[42]，雖有解除，猶為疏廢。故皇天不悅，顯此諸異。鴻範傳曰：『政悖德隱，厥風發屋折木。』坤為地道，易稱安貞。陰氣憤盛，則當靜反動，法為下叛。夫權不在上，則雹傷物；政有苛暴，則虎狼食人；貪利傷民，則蝗蟲損稼。去六月二十八日，太白[43]與月相迫，兵事惡之。鮮卑犯塞，所從來遠，今之出師，未見其利。上違天文，下逆人事。誠當博覽眾議，從其安者。臣不勝憤滿，謹條宜所施行七事表左：

「一事：明堂[44]月令，天子以四立[45]及季夏之節，迎五帝[46]於郊，所以導致神氣，祈福豐年。清廟祭祀，追往孝敬，養老辟雍[47]，示人禮化，皆帝者之大業，祖宗所祗奉也。而有司數以蕃國疏喪，宮內產生，及吏卒小汙，屢生忌故。竊見南郊齋戒，未嘗有廢，至於它祀，輒興異議。豈南郊卑而它祀尊哉？孝元皇帝[48]策書曰：『禮之至敬，莫重於祭，所以竭心親奉，以致肅祗者也。』又元和[49]故事，復申先典。前後制書，推心懇惻[50]。而近者以來，更任太史。忘禮敬之大，任禁忌之書，拘信小故，以虧大典。禮[51]，妻妾產者，齋則不入側室[52]之門，無廢祭之文也。所謂宮中有卒，三月不祭者，謂士庶人數堵之室，共處其中耳，豈謂皇居之曠，臣妾之眾哉？自今齋制宜如故典，庶荅風霆災妖之異。

6 「二事：臣聞國之將興，至言數聞，內知己政，外見民情。是故先帝雖有聖明之姿，而猶廣求得失。又因災異，援引幽隱，重賢良[53]、方正[54]、敦朴[55]、有道[56]之選，危言極諫，不絕於朝。陛下親政以來，頻年災異，而未聞特舉博選之旨。誠當思省述脩舊事，使抱忠之臣展其狂直，以解易傳[57]『政悖德隱』之言。

7 「三事：夫求賢之道，未必一塗，或以德顯，或以言揚。頃者，立朝之士，曾不以忠信見賞，恆被謗訕[58]之誅，遂使群下結口，莫圖正辭。郎中張文，前獨盡狂言，聖聽納受，以責三司。臣子曠然，眾庶解悅。臣愚以為宜擢文右職，以勸中心謇[59]，宣聲海內，博開政路。

8 「四事：夫司隸校尉[60]、諸州刺史，所以督察姦枉，分別白黑者也。伏見幽州刺史楊憙、益州[61]刺史龐芝、涼州[62]刺史劉虔，各有奉公疾姦之心，憙等所糾，其效尤多。餘皆枉橈，不能稱職。或有抱罪懷瑕，與下同疾，綱網弛縱，莫相舉察，公府臺閣[63]亦復默然。五年制書，議遣八使[64]，又令三公謠言奏事。是時奉公者欣然得志，邪枉者憂悸失色。未詳斯議，所因寢息。昔劉向奏曰：『夫執狐疑之計者，開群枉之門；養不斷之慮者，來讒邪之口。』今始聞善政，旋復變易，足令海內測度朝政。宜追定八使，糾舉非法，更選忠清，平章賞罰。三公歲盡，差其殿最，使吏知奉公之福，營私之禍，則眾災之原庶可塞矣。

9 「五事：臣聞古者取士，必使諸侯歲貢。孝武[65]之世，郡舉孝廉[66]，又有賢良、文學[67]之選，於是名臣輩出，文武並興。漢之得人，數路而已。夫書畫辭賦，才之小者，匡國理政，未有其能。陛下即位之初，先涉經術，聽政餘日，觀省篇章，聊以游意，當代博弈，非以教化取士之本。而諸生競利，作者鼎沸。其高者頗引經訓風喻之言；下則連偶俗語，有類俳優[68]；或竊成文，虛冒名氏。臣每受詔於盛化門，差次錄第，其未及者，亦復隨輩皆見拜擢。既加之恩，難復收改，但守奉祿，於義已弘，不可復使理人及仕州郡。昔孝宣[69]會諸儒於石渠[70]，章帝[71]

集學士於白虎[72]，通經釋義，其事優大，文[73]武[74]之道，所宜從之。若乃小能小善，雖有可觀，孔子以為『致遠則泥』，君子故當志其大者[75]。

10 「六事：墨綬長吏[76]，職典理人，皆當以惠利為績，日月為勞。褒責之科，所宜分明。而今在任無復能省，及其還者，多召拜議郎、郎中。若器用優美，不宜處之冗散[77]。如有釁故，自當極其刑誅。豈有伏罪懼考，反求遷轉，更相放效，臧否無章？先帝舊典，未嘗有此。可皆斷絕，以覈真偽。

11 「七事：伏見前一切以宣陵孝子為太子舍人。臣聞孝文皇帝[78]制喪服三十六日，雖繼體之君，父子至親，公卿[79]列臣，受恩之重，皆屈情從制，不敢踰越。今虛偽小人，本非骨肉，既無幸私之恩，又無祿仕之實，惻隱思慕，情何緣生？而群聚山陵，假名稱孝，行不隱心，義無所依，至有姦軌之人，通容其中。桓思皇后[80]祖載[81]之時，東郡[82]有盜人妻者亡在孝中，本縣追捕，乃伏其辜。虛偽雜穢，難得勝言。又前至得拜，後輩被遺；或經年陵次，以暫歸見漏；或以人自代，亦蒙寵榮。爭訟怨恨，凶凶道路。太子官屬，宜搜選令德，豈有但取丘墓凶醜之人？其為不祥，莫與大焉。宜遣歸田里，以明詐偽。」

12 書奏，帝乃親迎氣北郊，及行辟雍之禮[83]。又詔宣陵孝子為舍人者，悉改為丞[84]尉[85]焉。光和[86]元年，遂置鴻都門學[87]，畫孔子及七十二弟子像。其諸生皆勑州郡三公舉用辟召，或出為刺史、太守，入為尚書[88]、侍中，乃有封侯賜爵者，士君子皆恥與為列焉。

13　時妖異數見，人相驚擾。其年七月，詔召邕與光祿大夫楊賜、諫議大夫馬日磾、議郎張華、太史令單颺詣金商門，引入崇德殿，使中常侍曹節[89]、王甫[90]就問災異及消改變故所宜施行。邕悉心以對，事在五行、天文志。又特詔問曰：「比災變互生，未知厥咎，朝廷焦心，載懷恐懼。每訪群公卿士，庶聞忠言，而各存括囊，莫肯盡心。以邕經學深奧，故密特稽問，宜披露失得，指陳政要，勿有依違，自生疑諱。具對經術，以皁囊[91]封上。」邕對曰：「臣伏惟陛下聖德允明，深悼災咎，褒臣末學，特垂訪及，非臣螻蟻所能堪副。斯誠輸寫肝膽出命之秋，豈可以顧患避害，使陛下不聞至戒哉？臣伏思諸異，皆亡國之怪也。天於大漢，殷勤不已，故屢出祆變，以當譴責，欲令人君感悟，改危即安。今災眚之發，不於它所，遠則門垣，近在寺署，其為監戒，可謂至切。蜺墮雞化[92]，皆婦人干政之所致也。前者乳母趙嬈，貴重天下，生則貲藏侔於天府，死則丘墓踰於園陵，兩子受封，兄弟典郡；續以永樂門史[93]霍玉，依阻城社，又為姦邪。今者道路紛紛，復云有程大人者，察其風聲，將為國患。宜高為隄防，明設禁令，深惟趙、霍，以為至戒。今聖意勤勤，思明邪正。而聞太尉[94]張顥，為玉所進；光祿勳[95]姓璋，有名貪濁；又長水校尉[96]趙玹、屯騎校尉[97]蓋升，並叨時幸，榮富優足。宜念小人在位之咎，退思引身避賢之福。伏見廷尉[98]郭禧，純厚老成；光祿大夫橋玄，聰達方直；故太尉劉寵[99]，忠實守正：並宜為謀主[100]，數見訪問。夫宰相大臣，君之四體，委任責成，優劣已分，不宜聽納小吏，雕琢大臣也。又尚方[101]工技之作，鴻都篇賦之文，可且消息，以示惟憂。詩云：『畏天之怒，不敢戲豫。』天戒誠不可戲也。宰府孝廉，士之高選。近者以辟召不慎，切責三公，而今並以小文超取選舉，開請託之門，違明王之典，眾心不厭，莫之敢言。臣願陛下忍而絕之，思惟萬機，以荅天望。聖朝既自約厲，左右近臣亦宜從化。人自抑損，以塞咎戒，則天道虧滿，鬼神福謙矣。臣以愚贛，感激忘身，敢觸忌諱，手書具對。夫君臣不密，上有漏言之戒，下有失身之禍。願寢臣表，無使盡忠之吏，受怨姦仇。」章奏，帝覽而歎息，因起更衣，曹節於後竊視之，悉宣語左右，事遂漏露。其為邕所裁黜者，皆側目思報。

【章　旨】以上記述蔡邕面對弊政，兩次上書直諫，勸漢靈帝重視人才選拔，廣求為政得失，對官員應賞罰分明。

【注　釋】❶建寧　東漢靈帝劉宏年號，西元一六八—一七二年。❷司徒　官名。三公之一，西漢哀帝時罷丞相，置大司徒，東漢時稱司徒，名義上與司空、太尉共掌政務，實際上權力已在尚書臺。❸橋玄　（西元一〇九—一八三年），字公祖，東漢梁國睢陽（今河南商丘南）人。桓帝時歷任齊相、上谷太守、漢陽太守、將作大將等職。後為度遼將軍，擊退鮮卑、南匈奴及高句驪侵擾。在職三年，邊境安寧。靈帝建寧三年（西元一七〇年）累遷至司空。轉司徒。光和元年（西元一七八年）拜太尉。素與南陽太守陳球有隙，及在公位，薦球為廷尉。家無餘財，死後無以殯葬，時人稱之。❹河平長　河平縣長。河平，縣名。今址不詳。❺郎中　官名。始於戰國，漢代沿置，屬郎中令（後改光祿勳），管理車、騎、門戶，並內充侍衛，外從作戰。初分為車郎、戶郎、騎郎三類，長官設有車戶騎三將，其後類別逐漸泯除。❻東觀　宮觀名。為漢代皇家藏書之所。❼議郎　官名。西漢置，隸光祿勳。為高級郎官，不入值宿衛，執掌顧問應對，參與議政，指陳得失，為皇帝近臣。東漢更為顯要，常選任耆儒名士、高級官吏，除議政外，亦或給事宮中近署。❽熹平　東漢靈帝年號，西元一七二—一七八年。❾五官中郎將　官名。秦置，西漢隸光祿勳，主中郎，秩比二千石。東漢時，部分侍郎、郎中亦歸其統率。執掌宿衛殿門，出充車騎。東漢初年或參與戰事。又協助光祿勳典領郎官選舉，有大臣喪事，則奉命持節策贈印綬或東園祕器。❿光祿大夫　官名。戰國時置中大夫，漢武帝時始改稱光祿大夫，掌顧問應對，屬光祿勳。⓫楊賜　（？—西元一八五年），字伯獻，東漢弘農華陰（今陝西華陰）人。楊震之孫。少傳家學，博聞廣識，隱居教授生涯。後以通《尚書》為靈帝師。歷任司空、司徒、太尉等顯職，封臨晉侯。屢上書薦舉名士，請用賢去佞、罷修苑囿。遂為擅權宦官所嫉，以帝師得免禍。事見本書卷五十四。⓬諫議大夫　官名。西漢置諫大夫，東漢改稱諫議大夫，屬光祿勳，無定員，掌議論。⓭太史令　官名。相傳夏代置，掌文書。秦代置為奉常屬官。西漢沿置，景帝中元六年（西元前一四四年）隸太常，掌天文、曆法及修撰史書。東漢定員一人，秩六百石，專掌天時、星曆，於歲終奏新年曆，記載瑞應、災異，不再撰史。⓮靈帝　即劉宏（西元一五六—一八九年），東漢章帝玄孫。初襲父爵為解瀆亭侯。永康元年桓帝死，被竇太后及其父竇武迎立為帝，時年十二。在位期間，竇武與陳蕃謀誅宦官事敗，宦官繼續掌政。黨禁再起，捕殺李膺、杜密等百餘人。曾公開標價賣官鬻爵，並增天下田畝稅百錢，大修宮室。政治黑暗，民不聊生。中平元年爆發全國規模的黃巾暴動，東漢王朝趨於崩潰。⓯太學　學校名，漢朝時為全國最高學府。漢武帝用董仲舒建議，傳授儒家經典，以造就官僚人才。用博士為師。東漢質帝時在學太學生達三萬。⑯朝議　指朝廷的評議、決議。⑰三互法　漢代任用地方官吏的一種限制規定。即諸州郡行政長官不僅不能任用本籍人士，而且三州人士及婚姻之家也不能交互任官。此法的目的是防止地方官吏互相勾結庇護，以加強中央對地方的控制。但因禁忌轉密，選用困難，幽冀二州，久缺不補，故蔡邕奏請蠲除，靈帝不納。⑱幽　西漢武帝所置「十三刺史部」之一。東漢時治所在薊縣（今北京市區西南）。⑲冀　西漢武帝所置「十三刺史部」之一。東漢治今河北柏鄉北，末期移置今河北臨漳西南。⑳三府　指太尉、司徒、司空三公府。㉑韓安國　（？—西元前一二七年），字長孺，西漢梁國睢陽（今河南商丘）人。初事梁孝王，為中大夫。吳楚七國反時，阻擊吳兵有功，以此顯名，為梁內史。武帝時，任御史大夫，後為衛尉。匈奴貴族進攻，他任材官將軍，屯兵漁陽，兵敗，徙屯右北平，不久病死。㉒朱買臣　（？—西元前一一五年），字翁子，西漢吳縣（今屬江蘇）人。武帝時，為會稽太守，與橫海將軍韓說等擊破東越。曾官主爵都尉，後為丞相長史，被殺。㉓張敞　字子高，西漢河東平陽（今山西臨汾）人。初為太僕丞。宣帝時任太中大夫，得罪大將軍霍光，出為函谷關都尉。後任京兆尹。因與楊惲善，被罷職。不久又起用，任冀州刺史。直言敢諫，所至有治績。㉔三公　官名合稱，周代已有此稱，為最高輔政大臣，一說為司馬、司徒、司空，一說為太師、太傅、太保。西漢時以丞相、太尉、御史大夫合稱三公。東漢時以太尉、司徒、司空合稱三公。為共同負責軍政的最高長官。㉕爭臣　能直言諍諫的大臣。爭，通「諍」。㉖刺史　官名。西漢武帝始置，分全國為十三部（州），各置刺史一人，秩六百石。無治所，奉詔巡行諸郡，以六條問事，省察治政，黜陟能否，斷理冤獄。東漢時沿置，有固定治所，實際上成為比郡守高一級的地方行政長官。靈帝時，改刺史為州牧，掌握一州的軍政大權。㉗諸生　指儒生。也指在學讀書的學生。㉘經學　訓解、闡述儒家經典之學。起源常被追溯到孔子弟子子夏。自漢武帝獨尊儒術，立《五經》博士，經學成為中國傳統文化的正統。兩漢時經學極盛，分為今文經學和古文經學兩派。㉙侍中　官名。秦始置，兩漢沿置，為自列侯以下至郎中的加官，無定員。侍從皇帝左右，出入宮廷。初伺應雜事，由於接近皇帝，地位漸形貴重。㉚祭酒　官名。古代貴族大夫饗宴，以長者酹酒祭神，稱祭酒，後漸演為官名。漢代多用以稱主管長官，如博士祭酒、侍中祭酒、軍師祭酒等。㉛待制鴻都門下　在鴻都門外等待詔命。待制，等待詔命。鴻都門，東漢皇宮宮門名。㉜宣陵　桓帝陵墓。㉝太子舍人　官名。秦置，掌行書令、表啟等。兩漢沿置，秩二百石，無員限，輪流宿衛，職如三署郎中。西漢時隸太子太傅、少傅，東漢隸於少傅。㉞鮮卑　少數民族東胡族的一支。漢初各部均受匈奴統治。西漢武帝派兵破匈奴東部地區，部分鮮卑南下至西拉木倫河流域烏桓故地。東漢永元元年（西元八九年），北匈奴西遷，鮮卑各部漸入據匈奴故地，吸收北匈奴餘眾十餘萬落。桓帝時，首領檀石槐在漠南北建立部落大聯盟，分為東中西三部。以游牧狩獵為業，居無常處。㉟周成　即周成王。姬姓，名誦。西周國王。其父武王死時，他年幼，由叔父周公旦攝政。周公東征勝利後，他大規模分封諸侯，建設東都成周（今河南洛陽），確立官制和禮制，鞏固了西周王朝的統治。後周公歸政於他。㊱宣王　即周宣王（？—西元前七八二年），姬姓，名靖（一作靜）。西周厲王子。在位期間，廢除籍田制度。曾不斷對淮夷、徐戎、玁狁用兵，互有勝負，損失很多人力物力。㊲密勿祗畏　勤勞戒懼。祗畏，敬畏。㊳風者天之號令二句　狂風是上天的號令，是用來教訓人們的。《翼氏風角》：「風者天之號令，所以譴告人君者。」㊴宰府　指司徒橋玄府。㊵朱衣　指祭官。㊶五郊　謂東郊、南郊、西郊、北郊、中郊。古代禮儀，帝王於五郊設祭迎氣。立春之日，迎春於東郊，祭青帝句芒；立夏之日，迎夏於南郊，祭赤帝祝融；立秋前十八日，迎黃靈於中郊，祭黃帝后土；立秋之日，迎秋於西郊，祭白帝蓐收；立冬之日，迎冬於北郊，祭黑帝玄冥。㊷有司　古代設官分職，各有專司，因稱職官為有司。㊸太白　星名。即「金星」，又名「啟明星」。㊹明堂　古代天子朝會及舉行封賞、慶典等活動的地方。㊺四立　指立春、立夏、立秋、立冬。㊻五帝　傳說中的上古帝王。時在三皇之後，夏代以前，都是傳說中的原始社會末期部落或部落聯盟的領袖。㊼辟雍　本為西周天子所設大學，校址圓形，圍以水池，前門外有便橋。東漢以後，歷代皆有辟雍，為行鄉飲、大射或祭祀之禮的地方。㊽孝元皇帝　即劉奭（西元前七五—前三三年），西漢宣帝子。愛好儒術，先後任貢禹、薛廣德、韋玄成、匡衡等為丞相。宦官弘恭、石顯專權，任石顯為中書令，賞賜達錢一萬萬。統治期間，賦役繁重，西漢開始由盛而衰。㊾元和　東漢章帝劉炟年號，西元八四—八七年。㊿懇惻　誠懇痛切。(51)禮　即《周禮》，亦名《周官》、《周官經》。儒家經典之一。古文經學家認為周公所作，今文經學家認為出於戰國或指為西漢末年劉歆所偽造。近人從周秦銅器銘文所載官制，參證該書的政治經濟制度和學術思想，認為是戰國時代儒者根據當時各國官制，添附儒家政治思想，增減編排而成。其中經濟思想雜有法家的一些觀點。(52)側室　古時住房分正寢、燕寢、側室三部分。正寢在前，燕寢在後，側室在燕寢之旁。(53)賢良　東漢選舉科目，始於漢文帝前二年（西元前一七八年），全稱舉賢良方正能直言極諫科，常賢良文學並稱。非歲舉。漢代舉賢良方正，對策者百人，有高下之分，卻未有黜落，對者皆預選。(54)方正　東漢選舉科目。(55)敦朴　東漢選舉科目。(56)有道　即有道術之士。東漢察舉科目之一，始於安帝。(57)易傳　即《周易大傳》，亦稱《十翼》。《周易》的傳文部分。是對《易經》最古的注解。凡七種共十篇。舊傳係孔子作，然各篇觀點不盡相同，恐非出於一時一人之手，成書當在戰國後期。其解說雖有以「天尊地卑」等論證社會等級制的永恆性和合理性的內容，但也提出一些辯證觀點。(58)謗訕　譏謗譏刺。(59)忠謇　忠誠正直。(60)司隸校尉　官名。西漢武帝時始置，秩二千石。初掌管理役使在中央諸官府服役的徒隸，領一千二百人，持節，亦捕治罪犯。後罷其兵，掌糾察京都百官及京師附近的三輔、三河、弘農七郡的犯法者，職權漸重。東漢司隸校尉威權更重，凡宮廷內外，皇親貴戚，京都百官，無所不糾，兼領兵，有檢敕、捕殺罪犯之權。並為司隸州行政長官，轄前述七郡。治所在河南洛陽。61益州　西漢武帝所置「十三刺史部」之一。察郡八。東漢初治今四川廣漢北，中平中移治今四川德陽東北；興平中又移治今四川成都。62涼州　西漢武帝置「十三刺史部」之一。東漢治今甘肅張家川回族自治縣。63臺閣　東漢時對尚書臺的別稱。64八使　東漢順帝派遣侍中周舉、杜喬、守光祿大夫周栩、前青州刺史馮羨、尚書欒巴、侍御史張綱、兗州刺史郭遵、太尉長史劉班等八位有威望的官員並為守光祿大夫，巡行各地，糾察地方官員，刺史、二千石有貪贓枉法者舉劾，縣令以下可立即收押。八使同時任命，天下人稱之為「八俊」。65孝武　即漢武帝劉徹（西元前一五六－前八七年），西漢景帝之子。統治期間接受董仲舒建議，「獨尊儒術」，作為鞏固政權的工具。頒行「推恩令」，使諸侯王多分封子弟為侯，以削弱割據勢力。設置十三部刺史，以加強對地方的控制。徵收商人資產稅，打擊富商大賈，又採納桑弘羊建議，把冶鐵、煮鹽、鑄錢收歸官營。曾派張騫兩次至西域，加強對西域的聯繫。派唐蒙至夜郎，在西南先後建立七個郡。用衛青、霍去病為將，進擊匈奴貴族，解除匈奴威脅。由於舉行封禪，祀神求仙，揮霍無度，加以徭役繁重，致使農民大量破產流亡。晚期爆發農民暴動。66孝廉　漢代選拔官吏的科目。孝，指孝子。廉，指廉潔之士。原為二科，漢武帝採納董仲舒建議，於元光元年（西元前一三四年）初令郡國舉孝、廉各一人。其後多混同連稱，而為一科，所舉也不限於孝者和廉吏。察舉孝廉為歲舉，郡國每年向中央推舉一至二人。被舉者大都先除授郎中。67文學　漢代察舉科目之一，多與賢良連稱為賢良文學。68俳優　古代演雜耍滑稽戲的藝人。69孝宣　即西漢宣帝劉詢（西元前九一－前四九年），戾太子孫。幼遭巫蠱之禍，生長民間。元平元年，霍光與大臣廢昌邑王劉賀，被迎立為帝。初委政霍光。光死親政，致力整頓吏治，強化皇權。招撫流亡，假民公田，設置常平倉，蠲免和減輕租賦，以此安定民生，恢復生產。匈奴呼韓邪單于降漢，消除匈奴對漢的威脅。又設置西域都護，政令從此頒於西域。統治期間號稱「中興」，然重用宦官和外戚許、史與王氏。廟號中宗。70石渠　即石渠閣，漢代閣名。西漢初年丞相蕭何主持修造，在未央宮殿北，為漢代國家收藏圖書祕籍的場所。宣帝甘露三年（西元前五一年），曾詔諸儒講《五經》同異於此。71章帝　即劉炟（西元五六－八八年），東漢明帝第五子。即位後一改明帝苛察，事從寬厚。少好儒術，建初四年，令諸儒於白虎觀討論《五經》異同，令班固等據以作《白虎通義》。頒布〈胎養令〉，以獎勵人口生育。在位期間，社會民生尚稱安定，生產有所發展。後世史家將其與明帝統治時期並稱為「明章之治」。然外戚竇憲驕擅，帝待以寬容，遂開外戚專政之始。廟號肅宗。72白虎　即白虎觀，宮觀名。漢章帝建初四年會集學者於此，講議《五經》同異，作

《白虎議奏》。(73)文　即周文王。姬姓，名昌。商末周族領袖，商紂王時為西伯，亦稱伯昌。曾被商紂囚禁於羑里（今河南湯陰北）。統治期間，國勢強盛。他解決虞、芮兩國爭端，使兩國歸附；還攻滅黎（今山西長治西南）、邘（今河南沁陽西北）、崇（今河南嵩縣北）等國。並建立豐邑（今陝西長安灃水以西），作為國都。在位五十年。(74)武　即周武王。姬姓，名發。周朝建立者，周文王之子，用太公望、周公旦等人輔政，伐紂。與商軍會戰於牧野（今河南淇縣西南）。商軍倒戈，紂登鹿臺自焚而死，遂滅商。周朝建立，都鎬京（今陝西長安灃河東）。二年後病卒。(75)孔子以為致遠則泥二句　孔子認為「用於遠大的事業則會滯陷不通」，所以，君子應當有志於經學這樣的大事業。《論語》載子夏曰：「雖小道必有可觀者焉，致遠恐泥。」鄭玄注：「小道，如今諸子書也。泥謂滯陷不通。」(76)墨綬長吏　西漢官秩比六百石以上至千石之大縣令、郡丞、長史、都尉丞等皆授銅印墨綬，故名墨綬長吏。東漢常指縣令、長之屬。墨綬，繫官印的黑色絲帶。(77)冗散　冗官、散官。冗官，機構中超過實際需要的多餘的官員。散官，有官名而無固定職事之官。與職事官相對而言。(78)孝文皇帝　即劉恆（西元前二〇二—前一五七年），漢高祖劉邦之子。呂后死後，周勃等平定諸呂之亂，他以代王入為皇帝。執行「與民休息」的政策，減輕田租、賦役和刑獄，使農業生產有所恢復發展。又削弱諸侯王勢力，以鞏固中央集權。史家把他同景帝統治時期並舉，稱為「文景之治」。廟號太宗。(79)公卿　三公九卿的合稱，後泛指中央政府高級行政官員。(80)桓思皇后　即竇皇后（？—西元一七二年），名妙，東漢扶風平陵（今陝西咸陽）人。桓帝皇后。延熹八年入宮，同年冬立為皇后。及桓帝死，定策立靈帝，尊為皇太后。因父武為大將軍，謀誅宦官，事敗自殺，遂被遷於南宮雲臺，家族徙比景，後憂鬱病死。(81)祖載　謂臨葬時祖祭於庭，升棺於車。(82)東郡　戰國末期秦國置。治今河南濮陽西南，西漢轄境相當今河南滑縣、濮陽、清豐、南樂以東，山東東阿、梁山以西，北起山東茌平、聊城、莘縣，南抵山東鄆城、東明及河南延津中部。東漢移治今山東莘縣西南。(83)辟雍之禮　皇帝詣太學祭孔講學之禮。辟雍，西周為天子所設的大學，東漢以後，歷代設為皇家祭祀之所。(84)丞　即郡丞。官名。郡守（太守）副貳，佐郡守掌眾事，秩六百石，由朝廷任命。(85)尉　即郡尉。官名。亦可省稱「尉」。秦朝置，為郡守主要佐官，秩比千石。漢因之，景帝中元二年（西元前一四八年）更名都尉。(86)光和　東漢靈帝年號，西元一七八—一八四年。(87)鴻都門學　學校名。東漢靈帝光和元年（西元一七八年）創立，因設於洛陽皇宮鴻都門內，故名。以諸臣通文藝者待制其間，由州郡及朝中三公推薦能為尺牘及工書鳥篆者入學，極盛時學生多達千人。因靈帝愛好辭賦文藝，鴻都門學生頗見寵用，往往旬月間飛黃騰達。其中多有依託權豪以求倖進者，形成一股勢力。當時士大夫多稱其「鴻都群小」，恥與為伍。(88)尚書　官名。戰國時秦、齊等國始置，最初僅為管理文書的小吏。漢武帝時以尚書掌管機要，職權漸重，為中朝重要宮官。東漢時尚書臺分六曹，各置尚書，秩六百石，位在令、僕射下，丞、郎之上。[89]曹節　字漢豐，東漢南陽新野人。順帝初為小黃門。桓帝時遷中常侍、奉車都尉。靈帝即位，以定策功封長安鄉侯。與宦官王甫等矯詔發兵殺大將軍竇武及太傅陳蕃等人。遂用事朝中，遷長樂衛尉，封育陽侯。熹平元年（西元一七二年），藉口有人書朱雀闕抨擊宦官，唆使靈帝大捕黨人。又與王甫誣奏桓帝弟勃海王劉悝謀反，因而殺之。[90]王甫　（?—西元一七九年），東漢宦官。靈帝初為長樂食監，受中常侍曹節等矯詔為黃門令，將兵誅殺大將軍竇武等人，因遷中常侍。後與節誣奏渤海王劉悝謀反，封冠軍侯。由此操縱朝政，父兄子弟皆為公卿列校、牧守令長，布滿天下。光和二年，與養子永樂少府萌、沛相吉並為司隸校尉陽球收捕，磔屍於城門。[91]皁囊　封裝上給皇帝的機要文書的黑色綢袋。[92]蜺墯雞化　虹蜺降於殿前，雌雞變化為雄雞。蜺，同「霓」。虹的一種，亦稱「副虹」。[93]永樂門史　負責永樂門出入事務的小吏。[94]太尉　官名。秦、西漢時為全國軍政長官，與丞相、御史大夫並列，合稱三公。東漢時太尉與司徒、司空並稱三公，秩萬石，但因權歸尚書臺，太尉已無實權。[95]光祿勳　官名。秦稱郎中令，西漢武帝時改稱光祿勳。東漢末年復稱郎中令。掌領宿衛侍從之官。[96]長水校尉　官名。西漢武帝初置，為北軍八校尉之一，秩二千石，位次列卿。東漢建武七年（西元三一年）省，十五年復置，為北軍五校尉之一，秩比二千石，隸北軍中候，掌宿衛禁兵。地位親要，官顯職閒，多以宗室外戚近臣充任。[97]屯騎校尉　官名。漢武帝初置，為北軍八校尉之一。秩二千石。掌騎士，戍衛京師，兼任征伐。東漢初改為驍騎，建武十五年復舊。比二千石。掌宿衛兵。屬北軍中候，為五校尉之一。官顯職閒，多以宗室外戚近臣充任。[98]廷尉　官名。秦始置，為九卿之一。廷尉的職掌是管刑獄，為最高法官。廷尉的主要職責是負責審理皇帝交辦的詔獄，同時審理地方上報的疑難案件。[99]劉寵　字祖榮，東漢東萊牟平（今山東煙台）人。少受父業，以明經舉孝廉。桓帝時任會稽太守，見山民官吏侵擾，乃廢除煩苛賦役，察舉非法，百姓得安。後徵拜將作大匠。建寧元年為司空，旋遷司徒、太尉。居官清廉，家無餘財。次年，罷官歸鄉里。後病卒。[100]謀主　出謀劃策的主要人物。[101]尚方　即尚方令。官名。秦及西漢少府屬官有尚方令、丞。東漢沿置，秩六百石，常以宦者為之。執掌製造兵器及宮內器用。東漢末分置中、左、右三尚方。

【語譯】建寧三年，蔡邕被徵召到司徒橋玄府中任職，橋玄很敬待他。後外放補任為河平縣縣長。又召回任命為郎中，在東觀校書。升任議郎。蔡邕認為經書典籍離聖人時代太久遠，文字上謬誤很多，俗儒喜歡穿鑿附會，造成更多疑點而誤導了後學。熹平四年，他就與五官中郎將堂谿典、光祿大夫楊賜、諫議大夫馬日磾、議郎張馴、韓說、太史令單颺等人，上奏皇帝請求訂正《六經》文字。靈帝答應了他們的要求，蔡邕就親手用硃砂寫在石碑上，讓工匠鐫刻後豎立在太學的門外。於是，後輩儒生弟子，都可以從這石碑上看到正確的《六經》文字。等到石碑一開始豎立，有很多前來觀看及摹寫的人，每天車乘都達一千餘輛，塞滿了太學附近的街道。

[2] 當初，朝中議論認為相鄰州郡之人相互結黨，人們因人情關係朋比營私，於是規定有婚姻關係的人家以及兩州人士不能互相做對方州郡的官員，從此就有了《三互法》，後因為這一禁忌愈來愈嚴密，以致造成選官艱難。幽、冀兩州的官員久缺不能補員。蔡邕上疏說：「我看到幽冀這塊古老大地，是生產鎧甲戰馬的地方，在連年兵荒中，也漸漸至於空虛耗盡。如今百姓四處流離，城鄉空虛，萬里蕭條，州郡長官久缺不補，府吏則連續相繼沒有變換，而三府選舉之事，幾個月都定不下來。臣很奇怪這樣的事情，而議論的人說『這是迴避三互之法』。十一州都有禁令，或許也從這兩州取用人才。而兩州的人士，有的又受任職年月的限制，辦事遲疑拖延不決，而往往失去了處理事情的機會。臣愚以為，三互的禁令，只是淺層次的做法，如今只要申明朝廷的權威，明確國家法令，在任的官員難道不警戒畏懼，反而設置三互之法，無謂地生出一些障礙隔閡嗎？過去韓安國從囚徒中被起用，朱買臣出身於卑賤無聞，他們都因為有才能，回到本郡任郡守。還有張敞曾亡命他鄉，後來被擢升任作為大州的冀州刺史。當時，難道會顧忌遵循三互之法，以這並不合理的制度來限制嗎？三公大臣應該明白知道幽、冀兩州的重要，應該把適宜的人選迅速定下來，應當逾越禁令而選取賢能之人，來匡救當前兩州的時弊；如果不考慮勸諫之臣的意見，苟且迴避這無關緊要的條例，選用之事曠日持久地拖下去，就會失去適宜當州郡職守的人才。臣希望陛下往上效法先帝，廢除近來立下的禁令，各州那些擔任刺史的人才，可以調換使用，不要拘泥於任期年月和三互之法，這樣做才適當。」上疏奏報後，皇帝沒有省閱。

[3] 當初，皇帝很好學，自己寫就《皇羲篇》五十章，於是招引諸儒生中那些能寫文作賦的人。本來都是以經學相招引，後來諸如善於寫公文尺牘的，以及善於鳥篆體書法的，都一併加以招引，於是招引到數十個人。

侍中祭酒樂松、賈護，招引了很多無品行的趨炎附勢之徒，這些人都在鴻都門下等待制命，他們喜歡談論一些地方風俗和街巷鄉里的小事，皇帝很喜歡聽，用超等的官位來任用他們。又有一些商賈小民，稱為宣陵孝子的人，又有數十個人，都任命為郎中、太子舍人。當時頻繁出現雷霆暴風天氣，拔起樹木，發生地震、冰雹、蝗蟲等災害。再加上因鮮卑人侵犯邊境，對人民又增加勞役稅賦。熹平六年七月，皇帝下制書引咎自責，告示群臣各自陳述政見要點和所應當施行的辦法。蔡邕上書陳事說：

4 「臣恭讀聖旨，即使周成王遇到風災，詢問諸執事大臣，周宣王遭旱災，以勤謹修行表示戒懼，都沒有比陛下更殷勤了。臣聽說上天降下災禍，都是藉一些異常現象來顯示的。霹靂雷電連續發生，大概就是因為刑罰誅殺太多所引起的。狂風是上天的號令，是用來教訓人們的。誠心誠意地奉事上帝，那麼，自然就會給自己帶來許多福氣；在宗廟中致上敬意，那麼鬼神就會給以明白的報答。國家的大事，確實應該以祭祀典禮為先，天子應當親自做好這件事。臣自從在宰相橋玄府任朱衣祭官之職，到五郊迎接過四時氣象，但天子車駕很少參與，四時最重大的敬神祭祀，屢屢委託給官員去辦，雖然近來有所改正，但還是有所疏漏缺失。所以上天不高興，顯示了這些異象。《鴻範傳》說：『政事悖理，仁德不備，那大風就會掀屋子拔樹木。』〈坤卦〉表示為地，《易》稱它為『安貞』。陰氣過於盛旺，那麼應當靜的反而會動，預示下面的人反叛。如果權柄不在上面，那麼冰雹就會砸傷萬物；政事如果苛刻殘暴，那麼虎狼就會吃人；貪圖利益、傷害百姓，那麼蝗蟲就會危害莊稼。過了六月二十八日，太白金星與月亮互相逼近，是兵家所忌惡的。鮮卑人侵犯邊境，由來已久，現在出動軍隊，未見戰事有什麼轉機。上違天意，下逆人事。確實應當博覽眾人之議，聽從那些穩定可靠的意見。臣心中很激動，謹此寫下所適宜施行的七件事如下：

5 「第一件事：天子居於明堂，各依其月發布政令，應該在立春、立夏、立秋、立冬及季夏之節，到郊外迎接東、南、西、北、中五方之帝，用來招致神明之氣，祈求豐年之福。祭祀宗廟，追思和孝敬祖先，贍養老人，開設學校，用禮義教化宣示於人，這都是帝王的大業，祖宗所敬奉的事情。而主管官員總是以藩國遠親的喪事、宮內生產皇子，甚至於官吏近臣的生老病死為理由，屢屢以禁忌為由來阻止。臣見南郊齋戒，還不曾停止過，至於其他祭祀，總是一要祭祀就有不同的議論。難道南郊之祀卑下可以隨便而其他祭祀高貴需要謹慎嗎？孝元皇帝有策命說：『禮制中最要敬重的，莫過於祭祀了，所以應該竭盡心力親自奉事，以表示對神祇的嚴肅態度。』另外應效法元和年間舊例，重申先朝祭祀之典。皇帝先後頒下制書，推心置腹，心誠意摯。而近年以來，換任太史。忘記祭禮敬神的大事，聽任各種有關禁忌的書籍傳播，拘泥相信一些小緣故，以這些而妨礙了祭祀大典。《禮記》說：妻妾在生孩子時，丈夫齋戒，並不准進入側室的門，但並沒有因而廢棄祭祀的文字。所謂房中有人死亡，三個月不祭祀，是指士人百姓，只有數間房子，因為家人共住在這座房子裡，怎麼會是指有寬闊的地方、嬪妃宮女眾多的皇宮呢？從今以後，齋戒制度應該遵照原來的典制，以此來回應狂風、雷霆等災異的警告。

6 「第二件事：臣聽說國家將要興隆時，會聽到許多至理之言，於內知道為政得失，於外了解民風民情。因此，先帝雖然有聖明的資質品格，卻仍然廣求為政得失。又因為出現災異，援引隱居之士，重視賢良、方正、敦朴、有道各科目人才的選拔，這樣，措辭激烈的言論，用心懇切的勸諫，不斷在朝堂上出現。陛下親自執政以來，災患連年發生，而未聽過有特別選舉的旨意。的確應當考慮繼承和遵循舊制，讓那些懷抱忠義之心的臣子能展示他那狂放正直的志向，來解決《易傳》中所說『政治悖謬仁德退隱』的問題。

7 「第三件事：訪求賢才之道，未必只有一條途徑，有人因品德高尚而著稱，有人因能言善辯而揚名。近來，在朝之士，不曾有人因為忠誠信義而被封賞，卻經常有人因遭到誹謗而被誅殺，於是使群臣閉嘴，別想聽到一句嚴肅正直的話。郎中張文，先前獨自敢於說盡心中狂直之言，皇上接受，以此責成三司照辦。臣子們心胸豁朗，百姓們歡欣鼓舞。臣認為應該擢升張文擔任更高的職責，用來勸勉忠誠正直的人士，宣仁德之聲於海內，廣開議政的道路。

8 「第四件事：司隸校尉、各州刺史，是朝廷用來監督糾察奸佞邪惡，分辨黑白是非的官員。臣見幽州刺史楊憙、益州刺史龐芝、涼州刺史劉虔，各有忠心為國、痛恨奸邪之心，楊憙等人所糾舉，效果非常明顯。除上述幾人，其他的大多枉法曲斷，不能稱職。有的自身有罪或有汙點，與下屬同流合汙，法網鬆弛放縱，互相之間不會舉報，公府臺閣看到這情況也默然無語。熹平五年皇帝下詔，商議派遣八使，又命三公搜集民間對地方官評議的言論上奏。當時，奉公守法的人為能實現志向而高興，奸佞枉法的人則因擔憂、恐懼而驚惶失措。但是這種建議還未詳細實施，就因故停止了。從前劉向上疏說：『如果實行狐疑不定的政策，就會為枉法之徒打開大門；懷著不能決斷的思慮，就會招來讒邪之人議論是非。』今天剛剛聽到有善政施行，轉眼之間又加以改變，足以使天下人猜度朝政。應該趕快定下八使，糾察揭發不法行為，另選清廉忠貞之士，公平地執行賞罰。三公在年歲之末，考核官員優劣等級，使官吏們懂得奉公守法有福，營私舞弊招禍，那麼眾多災變的根源就可以堵塞住了。

9　「第五件事：臣聽說古代天子選拔人才，一定要諸侯每年貢獻賢士。漢武帝時期，各郡推舉孝廉，又有賢良、文學的選舉，於是名臣相繼出現，文治武功一併興隆。漢朝獲得人才，就是這幾條途徑。善於書法、繪畫、辭賦文章的人，是人才中最下等的，匡扶國家，料理政事，他們不具有這種能力。陛下在剛剛即位時，先涉獵經學，聽政的閒暇，觀覽篇目文章，聊以舒展心意，時下通行的博弈遊戲，是不能用來作為教化取士的根本的。而諸生爭名奪利，辭賦作者喧譁浮躁。那些水平高的多引用一些經典訓示和諷諭之言；水平低的則鋪排鄙言俗語，類似於演滑稽戲的俳優；而有的竟剽竊成文，假冒他人名字。臣每次在盛化門接受詔書，按等級次序錄取及第，那些未能及第的人，也隨同一起被任用。既然聖恩施加到他們身上了，就難再收回來加以更改，只讓他們享受俸祿，從道義上說已是很寬宏，不能再讓他們管理政事或派到州郡任職。從前宣帝在石渠閣聚會諸儒生，章帝也在白虎觀招集儒學學士，通讀經典，解釋經義，這樣的事情是很美好宏大的，文武之道，都應該遵遁。像那些書畫、辭賦等小能小善，雖然也有可觀之處，但孔子認為『用於遠大的事業則會滯陷不通』，所以，君子應當有志於經學這樣的大事業。

10　「第六件事：地方長官，執掌治理百姓，都應當以給百姓帶來好處為政績，按任職時間為考核根據。褒獎和責罪的條例，應該分明。但現在在任的官員沒有誰能領悟，等到被召還朝廷時，大多任為議郎、郎中。如果才能出眾，就不應該給他安排閒散之職。如果犯有過失，自然應當以刑罰進行處置或誅殺。哪有身犯罪惡，害怕拷問，卻反而求得升遷轉任，更加相互仿效，獎懲沒有章法呢？先帝過去的典章制度，不曾有這樣的作法。可以一概斷絕，而核實其真偽。

11 「第七件事：臣見從前一切自稱為宣陵孝子的人都授予太子舍人。臣聽說孝文皇帝制定服喪三十六日之禮，即使是繼承大位的嗣君，父子至親，公卿列臣，受皇恩深重，都克制自己的感情，服從文帝制定的喪制，不敢有絲毫逾越。如今一些虛偽的小人，本來不是骨肉至親，既沒有受過皇帝臨幸寵愛過的恩情，又沒有官祿仕位的實封，所謂痛苦之心，思念之情，這感情從何而來？而他們卻成群地聚集在陵園裡，假稱為孝子，行動隱瞞不住內心，孝義又無所依歸，甚至還有一些作奸犯法的人，也夾雜在這些人中。桓帝思皇后下葬的時候，東郡有一個盜姦他人妻子的人逃亡後就躲藏在戴孝的人中間，他本縣的人一直追捕過來才抓獲他伏罪。這種虛偽中又夾雜著汙穢的事，難以盡言。還有前面的拜官，後面的被遺漏；有的整年守陵，因暫時歸家而被遺漏；有的請人代替自己服喪，也享受寵遇恩榮。爭執打官司，相互怨恨，沸沸騰騰布滿道路。太子宮中的屬官，應該搜求選擇有美好品德的人，怎能只是從墳墓邊的兇頑醜惡的人裡面選取呢？這樣做很不吉祥，沒有比這更嚴重的了。應該遣送他們回家，來揭穿他們的欺詐和虛偽。」

12 奏疏遞上後，皇帝就親自到北郊祭拜迎接神氣，又舉行辟雍之禮。接著又詔令宣陵孝子中已封為太子舍人的，一律改為郡丞、郡尉。光和元年，設置鴻都門學館，畫上孔子及七十二弟子的像。在這裡的學生都是詔令州郡長官和三公舉薦後徵召的，他們有的外放就擔任刺史、太守，入京就擔任尚書、侍中，有的甚至被封侯賜爵，士人君子都以與他們為伍為恥辱。

13 當時，妖孽異象多次出現，人們互相驚擾。當年七月，下詔召蔡邕和光祿大夫楊賜、諫議大夫馬日磾、議郎張華、太史令單颺一起到金商門，由內官引進崇德殿，靈帝命中常侍曹節、王甫向他們詢問出現災異之象的原因及消除這些變故所應該施行的辦法。蔡邕盡心盡意作了回答，這件事情記載在〈五行志〉、〈天文志〉中。又特別下詔詢問蔡邕道：「近來災變接連發生，不知道有什麼過失，朝廷為此焦慮，人人心懷恐懼。每次訪求眾位公卿士大夫，希望聽到一些忠言，而他們又存保守之心，不肯盡心對答。朕認為蔡邕你精通經學裡面深奧的道理，所以密詔特別詢問，應該揭露朝廷得失，指說施政的關鍵，不要違背垂詢之意，自己生出懷疑、忌諱之心。要按照經術道理進行回答，用皂囊密封後奏上來。」蔡邕因此上書對答說：「臣認為陛下聖德明智，認真查找引起災變的過失，褒獎臣下的微薄學問，特地垂恩進行詢問，這種責任不是臣下螻蟻之人所能肩負的。但在這確實應該傾吐肝膽之言和付出生命的時候，怎麼可以只顧自己避害，而使陛下聽不到最重要的勸誡呢？臣認真考慮這些異象，都是亡國的怪象。上天對於大漢朝，情意殷勤懇切，眷戀不已，所以屢屢發出妖變之象，用此來作為譴責，想讓皇帝受到感悟，從而使國家轉危為安。現在災害的發生，不在其他地方，遠的在城門城牆，近的就在寺署之旁，上天發出的鑑戒，可以說是至為懇切。虹蜺降於殿前，雌雞變化為雄雞，這都是婦人干預朝政所造成的。過去皇上的乳母趙嬈，顯貴傾動天下，在世的時候財富寶物可以與皇宮府庫相比，死了之後墳墓規格超過皇陵，兩個兒子都受封爵位，兄弟掌管州郡；接著又有永樂宮門史霍玉，倚仗國家權勢，又作出一些奸佞邪惡之事。如今道路上人們議論紛紛，又在說有一個叫程大人的，觀察他的所作所為，將要成為國家的禍患。應該高高築起堤防，明確設立禁令，仔細思考寵幸趙嬈、霍玉的失誤，把這作為最重要的鑑戒。如今聖上用意勤勤懇懇，想要區分清楚邪惡和正直的人。而我聽說太尉張顥，是霍玉所引薦的人；光祿勳姓璋，有貪汙的名聲；還有長水校尉趙玹、屯騎校尉蓋升，都一併得到聖上的寵幸，榮華富貴享用不盡。應該想一想讓小人在位的過失，退而再考慮隱退避讓賢人的福氣。臣發現廷尉郭禧，純正寬厚辦事老成；光祿大夫橋玄，聰明、通達、方正、耿直；原太尉劉寵，忠誠、樸實，恪守正道：這些人都應該成為替陛下出謀劃策的大臣，應多次召見詢問。宰相大臣，是君王的手足四肢，委任職位，責成辦事，是優是劣可以分辨出來，不應該聽信小吏的讒言，過於苛責宰輔大臣。此外，尚方的工技製作，鴻都的辭賦文章，可以暫且停下來，以此表示陛下的思慮和憂懼。《詩》上說：『畏懼上天發怒，不敢嬉戲放蕩。』上天的告誡的確不能當成兒戲。宰府的孝廉，是士人中的優選之才。近來因為徵召不謹慎，嚴厲斥責三公，而如今都憑小小的文賦就超常取得舉薦資格，大開請託引薦之門，違背聖明帝王的典制，眾人之心不服，但都不敢揭發他們。臣希望陛下下決心來杜絕這樣的事情，心裡想著天下萬事，來符上天之望。皇上既然能自我約束勉勵，左右親近之臣也應該跟著轉化。人人都自己壓抑和克制自己，來防止災異的懲戒，那麼，上天的不滿就會平息，鬼神也會跟著賜福了。臣因為愚蠢憨笨，被陛下感動激發而忘記自身，因而敢於冒犯忌諱，親寫奏書對答陛下詢問。君臣之間不能保守機密，皇上就會有失言的錯誤，臣下就會遭受殺身之禍。希望陛下將臣的表章仔細收藏好，不要使盡忠的官吏，受到奸人仇敵的怨恨。」表章奏上後，皇帝閱畢歎息不已，曹節乘皇上去廁所之機，從後面偷看了表章的內容，又全部告訴左右親信，事情於是就洩露出來。那些被蔡邕判定該罷黜的人，都對蔡邕側目而視，謀圖報復。

1

初，邕與司徒劉郃❶素不相平，叔父衛尉❷質又與將作大匠❸陽球❹有隙。球即中常侍程璜女夫也，璜遂使人飛章言邕、質數以私事請託於郃，郃不聽，邕含隱切，志欲相中。於是詔下尚書，召邕詰狀。邕上書自陳曰：「臣被召，問以大鴻臚❺劉郃前為濟陰❻太守，臣屬吏張宛長休百日，郃為司隸，又託河內郡❼吏李奇為州書佐❽，及營護故河南尹❾羊陟❿、侍御史⓫胡母班，郃不為用致怨之狀。臣征營⓬怖悸⓭，肝膽塗地，不知死命所在。竊自尋案，實屬宛、奇，不及陟、班。凡休假小吏，非結恨之本。與陟姻家，豈敢申助私黨？如臣父子欲相傷陷，當明言臺閣，具陳恨狀所緣。內無寸事，而謗書外發，宜以臣對與郃參驗。臣得以學問特蒙褒異，執事祕館⓮，操管御前，姓名貌狀，微簡聖心。今年七月，召詣金商門，問以災異，齋詔申旨，誘臣使言。臣實愚戇，唯識忠盡，出命忘軀，不顧後害，遂譏刺公卿，內及寵臣。實欲以上對聖問，救消災異，規為陛下建康寧之計。陛下不念忠臣直言，宜加掩蔽，誹謗卒至，便用疑怪。盡心之吏，豈得容哉？詔書每下，百官各上封事，欲以改政思譴，除凶致吉，而言者不蒙延納之福，旋被陷破之禍。今皆杜口結舌，以臣為戒，誰敢為陛下盡忠孝乎？臣季父質，連見拔擢，位在上列。臣被蒙恩渥，數見訪逮。言事者因此欲陷臣父子，破臣門戶，非復發糾姦伏，補益國家者也。臣年四十有六，孤特一身，得託名忠臣，死有餘榮，恐陛下於此不復聞至言矣。臣之愚冗，職當咎患，但前者所對，質不及聞，而衰老白首，橫見引逮，隨臣摧沒，并入阬埳，誠冤誠痛。臣一入牢獄，當為楚毒所迫，趣以飲章，辭情何緣復聞？死期垂至，冒昧自陳。願身當辜戮，匄質不并坐，則身死之日，更生之年也。惟陛下加餐，為萬姓自愛。」於是下邕、質於洛陽⑮獄，劾以仇怨奉公，議害大臣，大不敬⑯，棄市⑰。事奏，中常侍呂強愍邕無罪，請之，帝亦更思其章，有詔減死一等，與家屬髡鉗⑱徙朔方⑲，不得以赦令除。陽球使客追路刺邕，客感其義，皆莫為用。球又賂其部主使加毒害，所賂者反以其情戒邕，故每得免焉。居五原⑳安陽縣㉑。

2

邕前在東觀，與盧植㉒、韓說等撰補後漢記，會遭事流離，不及得成，因上書自陳，奏其所著十意，分別首目，連置章左。帝嘉其才高，會明年大赦，乃宥邕還本郡。邕自徙及歸，凡九月焉。將就還路，五原太守王智餞之。酒酣，智起舞屬邕，邕不為報。智者，中常侍王甫弟也，素貴驕，慚於賓客，詬邕曰：「徒敢輕我！」邕拂衣而去。智銜之，密告邕怨於囚放，謗訕朝廷。內寵惡之。邕慮卒不免，乃亡命江海，遠跡吳會㉓。往來依太山㉔羊氏，積十二年，在吳。

3

吳人有燒桐以爨㉕者，邕聞火烈之聲，知其良木，因請而裁為琴，果有美音，而其尾猶焦，故時人名曰「焦尾琴」焉。初，邕在陳留㉖也，其鄰人有以酒食召邕者，比往而酒以酣焉。客有彈琴於屏，邕至門試潛聽之，曰：「憘！以樂召我而有殺心，何也？」遂反。將命者告主人曰：「蔡君向來，至門而去。」邕素為邦鄉所宗，主人遽自追而問其故，邕具以告，莫不憮然㉗。彈琴者曰：「我向鼓弦，見螳蜋方向鳴蟬，蟬將去而未飛，螳蜋為之一前一卻。吾心聳然，惟恐螳蜋之失之也，此豈為殺心而形於聲者乎？」邕莞然而笑曰：「此足以當之矣。」

【章　旨】以上記述蔡邕上奏疏，直陳弊政，結果得罪很多人，不久遭到陷害，與家屬受髡鉗之刑後流放朔方。遇大赦將歸，又遭陷害，再次亡命四方，在吳地生活了十二年。另記蔡邕之知音。

【注釋】❶劉郃 （？—西元一七九年），字季承，東漢河間（今河北獻縣）人。靈帝時，任大鴻臚。光和二年，為司徒，與永樂少府陳球、衛尉陽球等密謀誅除宦官曹節、張讓等。事洩，下獄死。❷衛尉 官名。戰國秦始置，掌宮廷警衛。西漢沿置，秩中二千石，列位九卿。掌皇帝所居未央宮禁衛，主管宮門屯駐衛士，專司晝夜巡警和檢查出入者之門籍。東漢時總領南、北宮衛士令丞，又轄左右都候、諸宮掖門司馬。❸將作大匠 官名。西漢時由將作少府改名，亦簡稱「將作」、「大匠」。掌領徒隸修建宮室、宗廟、陵寢及其他土木工程，植樹於道旁。東漢初不設置專官，常以謁者兼領其事，至章帝始真受。❹陽球 字方正，東漢漁陽泉州（今天津武清）人。靈帝時任九江太守，平定山民起事。光和二年（西元一七九年）遷司隸校尉，奏請收捕干亂朝政的中常侍王甫和阿附宦官的太尉段熲，王甫死杖下，段熲自殺，權貴震慴。後與司徒劉郃謀誅宦官曹節、張讓等，事洩，為宦官陷害下獄，被殺。事見本書卷七十七。❺大鴻臚 官名。西漢武帝時改典客為大鴻臚，東漢沿置。原掌接待少數民族等事，為九卿之一。後漸變為贊襄禮儀之官。❻濟陰 郡名。治今山東定陶西北。❼河內郡 秦置。治今河南武陟西南。❽州書佐 官名。漢代置，掌起草和繕寫文書。位從事下，由州長官自行辟除。❾河南尹 官名。東漢建武十五年置，為京都雒陽所在河南郡長官，秩二千石。主掌京都事務。❿羊陟 字嗣祖，東漢泰山梁父（今山東泰安）人。舉孝廉，為太尉李固屬吏，拜侍御史。桓帝初，固遇害，以故吏禁錮歷年。後復舉高第，歷任冀州刺史、虎賁中郎將、河南尹等職。時太尉張顥、司徒樊陵等與宦官勾結，賄賂公行，乃奏言罷黜之，不被採納。延熹九年（西元一六六年）黨錮事發，免官歸家，禁錮終身。士人譽為「八顧」之一。⓫侍御史 官名。漢沿秦置，在御史大夫下，或給事殿中，或舉劾非法，或督察郡縣，或奉使出外執行指定任務。⓬征營 惶恐不安貌。⓭怖悸 驚懼。⓮祕館 即祕閣。帝王藏書之所。⓯洛陽 東漢都城。在今河南洛陽東北白馬寺東。⓰大不敬 中國古代重罪之一。謂不敬皇帝。⓱棄市 在鬧市執行死刑並陳屍街頭。⓲髡鉗 刑名。將罪犯剃光頭，用鐵圈鎖住頸項，並強制其服勞役，稱為髡鉗。周代對王族犯宮刑罪者代以髡刑。漢代有髡鉗為城旦舂，五歲刑。漢文帝除肉刑，用髡鉗代替原來的黥刑，用完城旦舂代替原來的髡鉗城旦舂。⓳朔方 西漢置。治今內蒙古杭錦旗北。東漢移治今內蒙古磴口北。東漢末年廢。⓴五原 郡名。西漢元朔二年置。治今內蒙古包頭西北。㉑安陽縣 即西安陽縣。西漢置。治今內蒙古烏拉特前旗東南公廟溝口古城。屬五原郡。東漢末廢。㉒盧植 （約西元一五九—一九二年），字子乾，東漢涿郡涿縣（今河北涿州）人。少時師事馬融。靈帝時徵為博士，後任九江太守，平定九江蠻起事。黃巾之亂後，以中郎將率軍與張角所部黃巾戰於廣宗（今河北威縣東）。因與小黃門左豐相忤，被陷獲罪。後任尚書。因反對董卓廢少帝，被免官，隱於上谷。㉓吳會 即吳郡、會稽郡。東漢順帝永建四年（西元一二九年）分會稽郡為吳、會稽兩郡，合稱

「吳會」。會稽，郡名。秦置。治今江蘇蘇州，東漢永建四年移郡治今浙江紹興。吳郡，東漢永建四年分浙江以西置。屬揚州。治吳縣。㉔太山　即泰山。郡名。西漢高帝置，因境內泰山得名。治今泰安東南，元封以後移治今泰安東。東漢以後縮小。㉕爨　燒火煮飯。㉖陳留　郡名。治今河南開封東南陳留鎮。㉗憮然　驚愕貌。

【語譯】起初，蔡邕與司徒劉郃素來不相合，叔父衛尉蔡質又與將作大匠陽球有隔閡。陽球即中常侍程璜的女婿，程璜於是派人上緊急奏章，說蔡邕、蔡質幾次因私事託請劉郃幫忙，劉郃沒有聽從，蔡邕就懷著隱恨，一心想中傷劉郃。皇上於是下詔給尚書，召蔡邕審問情況。蔡邕上書自我辯解說：「臣被尚書召喚，審問大鴻臚劉郃過去擔任濟陽太守時，臣的屬吏張宛長期休假達百日，劉郃擔任司隸校尉時，又向他託請讓河內郡吏李奇擔任州書佐，以及袒護前河南尹羊陟、侍御史胡母班等，劉郃均不接受託請而導致臣的怨恨的情況。臣極其驚惶恐怖，肝膽塗地，而不知身死何處。臣暗自考慮事情的原委，張宛、李奇的事情屬實，而羊陟、胡母班的事情是無中生有。但小吏休假的事情，不是結怨的根本原因。我與羊陟是兒女親家，豈敢為他申訴、援助而私結為黨？如果臣兩叔侄想要中傷陷害別人的話，就會明言申訴於臺閣，詳細陳述怨恨的原因。實際上沒有任何實據，而誹謗之書卻憑空而出，應當把臣的回答與劉郃的話互相參照驗證。臣能夠因為學問特別蒙受皇上的褒獎，在祕館擔任職務，在皇帝面前操弄筆墨，姓名面貌，在皇帝心中有點印象。今年七月，召臣到金商門，問臣災異之事，昭示皇帝詔書，申明聖上意旨，讓臣把話講出來。臣確實愚蠢憨笨，又只知道竭盡忠誠，忘記自我而付出生命，不考慮今後的禍害，於是批評揭露公卿，還涉及內宮寵臣。用心確實是想回答皇上的詢問，以挽救和消除災害，目的是為陛下提出康樂和安寧的大計。陛下不顧慮盡忠之臣的直露之言，應該加以保密，現在誹謗突然來了，因此懷疑和怪罪臣下。盡忠的官吏，怎會有容身之處呢？詔書每次下來時，百官各自將封事奏上去，想因此而使朝廷改變政令，考慮上天的譴責，除去凶暴邪惡而導致天下吉祥，但是，上書言事的人沒有蒙受盡忠言之福，相反，很快就遭受誣陷攻擊的禍害。如今朝中官員都閉口不言，以臣為鑑戒，這樣今後誰敢為陛下盡忠致孝呢？臣的叔父蔡質，連續被提拔重用，職位在上層之列。臣本人蒙受皇恩深重豐厚，並幾次被召見問事。向皇上上書言事的人，是想因此誣陷臣兩叔姪，破壞臣的家門，而不是為了揭露奸惡，對國家有所補益。臣今年四十六歲，孤高獨立一身正氣，能夠得到一個忠臣之名，就是死了也有說不盡的光榮，只是擔心陛下從這件事之後就再也聽不到忠直之言了。臣愚蠢無能，應當受到被追究罪過的禍患，但前次所對答的奏章，蔡質並不知道，而他頭髮斑白已經衰老，無緣無故地被牽連，隨同臣遭受摧殘，一起落入陷阱，確實冤枉，確實痛心。臣只要一進入牢獄，就會被毒刑逼供，按他們奏章所列事情反覆催問，臣的言詞冤情又能通過什麼途徑才能讓皇上知道呢？死期就要到了，冒昧地自我陳述。希望在我獲罪遭戮之時，乞求讓蔡質不要被牽連，那麼，臣的死亡之日，就是再生之年了。希望陛下多多進餐，為萬民百姓愛護身體。」於是將蔡邕、蔡質關押於洛陽大牢，以怨恨仇視奉公的官吏、誹謗陷害大臣，對皇帝大不敬等罪名進行彈劾，判以死罪。事情奏上去，中常侍呂強憐憫蔡邕無罪受懲，為他請命，皇帝也想到他奏章的申訴，就下詔將死罪降低一等，與家屬受髡鉗之刑後流放朔方，不能因赦令而解除懲罰。陽球還派刺客半路追殺蔡邕，刺客被蔡邕的忠義所感動，都沒有遵從陽球刺殺的命令。陽球又賄賂主管官吏加以毒害，但受賄賂的人反而把內情告訴蔡邕，所以每次都得以免除災禍。他後來居住在五原郡安陽縣。

2　蔡邕從前在東觀時，與盧植、韓說等人撰寫修補《後漢記》，恰在這時獲罪被流放，來不及將《後漢記》修補完成，因而上書陳述，上奏他所著的「十意」，並將篇目分別開列出來，寫在表章的左邊。靈帝欣賞他才能高超，正巧第二年朝廷大赦，於是寬宥蔡邕還歸本郡。蔡邕從流放起到回歸止，總計九個月。將要回歸上路時，五原太守王智為他設宴餞行。飲酒至酣暢時，王智起舞向蔡邕勸酒，蔡邕不回應。王智是中常侍王甫的弟弟，素來驕橫自貴，這時認為在賓客面前丟了面子，就大罵蔡邕說：「刑徒竟敢輕視我！」蔡邕拂衣離去。王智心裡懷恨，祕密上告蔡邕在囚禁流放時心懷怨恨，誹謗朝廷。宮中內寵在皇帝面前詆毀蔡邕。蔡邕擔心最終不能免罪，就亡命四方，遠逃到吳郡、會稽郡。往來投靠太山郡羊氏家族，在吳地一共生活了十二年。

3　吳郡有人用桐木燒火煮飯，蔡邕聽到烈火燃木的爆裂之聲，知道所用的是優良的木材，因而請求吳人給他，經過裁製做成一把琴，果然彈起來聲音絕美，而琴尾一截仍然有燒焦的痕跡，所以當時人稱這把琴為「焦尾琴」。當初，蔡邕在陳留郡，他的鄰居中有人準備酒食請蔡邕赴宴，等他趕到時人們酒意已酣。客人中有個人在屏風後彈琴，蔡邕走到門邊暗暗偷聽了一會，說：「唉！用琴樂來召喚我而琴聲中暗含殺心，這是為什麼呢？」於是返回。受命請客的人告訴主人說：「蔡君剛才來了，走到門邊又離開了。」蔡邕素來被鄉邦里人所尊崇，主人立刻親自追上蔡邕，問他回去的原因，蔡邕就把實情告訴他，聽到的人無不感到驚訝。彈琴的人說：「我剛才彈琴時，看見螳螂正向鳴蟬爬去，蟬兒要飛而沒有飛走，螳螂也一會兒向前，一會兒後退。我心裡很著急，唯恐螳螂會丟失了蟬兒，這難道是殺心，而且表現在琴聲之中嗎？」蔡邕明白過來，笑著說：「這就足以說明剛才的事了。」

1 中平❶六年，靈帝崩，董卓❷為司空❸，聞邕名高，辟之。稱疾不就。卓大怒，詈曰：「我力能族人，蔡邕遂偃蹇❹者，不旋踵❺矣。」又切敕州郡舉邕詣府，邕不得已，到，署祭酒，甚見敬重。舉高第❻，補侍御史，又轉持書御史❼，遷尚書。三日之間，周歷三臺❽。遷巴郡❾太守，復留為侍中。

2 初平❿元年，拜左中郎將⓫，從獻帝⓬遷都長安⓭，封高陽鄉侯⓮。

3 董卓賓客⓯部曲⓰議欲尊卓比太公⓱，稱尚父。卓謀之於邕，邕曰：「太公輔周⓲，受命翦商⓳，故特為其號。今明公威德，誠為巍巍，然比之尚父，愚意以為未可。宜須關東⓴平定，車駕還反舊京㉑，然後議之。」卓從其言。

4 二年六月，地震，卓以問邕。邕對曰：「地動者，陰盛侵陽，臣下踰制之所致也。前春郊天，公奉引車駕，乘金華青蓋㉒，爪畫兩轓，遠近以為非宜。」卓於是改乘皁蓋車㉓。

5 卓重邕才學，厚相遇待，每集讌，輒令邕鼓琴贊事，邕亦每存匡益。然卓多自很用㉔，邕恨其言少從，謂從弟㉕谷曰：「董公性剛而遂非，終難濟也。吾欲東奔兗州㉖，若道遠難達，且遯逃山東㉗以待之，何如？」谷曰：「君狀異恆人，每行觀者盈集。以此自匿，不亦難乎？」邕乃止。

6 及卓被誅，邕在司徒王允㉘坐，殊不意言之而歎，有動於色。允勃然叱之曰：「董卓國之大賊，幾傾漢室。君為王臣，所宜同忿，而懷其私遇，以忘大節！今天誅有罪，而反相傷痛，豈不共為逆哉？」即收付廷尉治罪。邕陳辭謝，乞黥首㉙刖足㉚，繼成漢史。士大夫多矜救之，不能得。太尉馬日磾馳往謂允曰：「伯喈曠世逸才，多識漢事，當續成後史，為一代大典。且忠孝素著，而所坐無名，誅之無乃失人望乎？」允曰：「昔武帝不殺司馬遷㉛，使作謗書，流於後世。方今國祚中衰，神器不固，不可令佞臣執筆在幼主左右。既無益聖德，復使吾黨蒙其訕議。」日磾退而告人曰：「王公其不長世乎？善人，國之紀也；制作，國之典也。滅紀廢典，其能久乎！」邕遂死獄中。允悔，欲止而不及。時年六十一。搢紳㉜諸儒莫不流涕。北海㉝鄭玄㉞聞而歎曰：「漢世之事，誰與正之？」兗州、陳留間皆畫像而頌焉。

7　其撰集漢事，未見錄以繼後史。適作靈紀及十意，又補諸列傳四十二篇，因李傕㉟之亂，湮沒多不存。所著詩、賦、碑、誄、銘、讚、連珠、箴、弔、論議、獨斷、勸學、釋誨、敘樂、女訓、篆埶、祝文、章表、書記，凡百四篇，傳於世。

【章旨】以上記述蔡邕受董卓器重，屢有勸諫。但董卓死後，蔡邕僅僅因為在談到董卓時歎了口氣，就被司徒王允收捕治罪，最後甚至被處死。

【注釋】❶中平　東漢靈帝劉宏年號，西元一八四—一八九年。❷董卓　（？—西元一九二年），字仲穎，東漢隴西臨洮（今甘肅岷縣）人。本為涼州豪強。靈帝中平六年，任并州牧。少帝即位，大將軍何進謀誅宦官，召他率兵入洛陽。旋廢少帝，立獻帝，專斷朝政。曹操與袁紹等起兵反抗，他挾獻帝西遷長安，自為太師。殘暴專橫，縱火焚洛陽周圍數百里，使生產受到嚴重破壞。後為王允、呂布所殺。事見本書卷七十二。❸司空　官名。三公之一，西漢成帝時改御史大夫為大司空，東漢時稱司空，主要職務為監察、執法，兼掌重要文書圖籍。❹偃蹇　驕傲；傲慢。❺旋踵　轉動腳跟，比喻時間短促。❻高第　官吏考課成績列為優等。❼持書御史　官名。秦置。亦稱「治書御史」、「治書侍御史」，簡稱「御史」、「侍御」。或說西漢宣帝時令侍御史二人治書（管理圖籍文書），遂有其名。東漢為御史臺屬官，置二員，秩六百石。執掌依據法律審理疑獄，與符節郎共平廷尉奏事，選御史考試高第、明習法律者充任。❽三臺　官署合稱。指尚書臺、御史臺、謁者臺。❾巴郡　郡名。戰國時秦國置。治今重慶北嘉陵江北岸。❿初平　東漢獻帝劉協年號，西元一九〇—一九三年。⓫左中郎將　官名。西漢置，隸光祿勳。居宮禁中，與五官、右中郎將分領中郎，更直宿衛，協助光祿勳考核管理郎官、謁者、從官。秩比二千石。多由外戚及親近之臣充任。東漢領左署中郎、侍郎、郎中，執掌訓練、管理、考核後備官員，出居外朝。⓬獻帝　即劉協（西元一八一—二三四年），東漢皇帝，即位時東漢政權已名存實亡，成為軍閥董卓的傀儡。西元一九六年，他被曹操迎都於許（今河南許昌)，此後又成為曹操的傀儡。西元二二〇年，曹丕代漢稱帝，他被廢為山陽公。⑬長安　城名。在今陝西西安西北六公里。⑭鄉侯　東漢爵位名，位次都鄉侯，指列侯食邑為鄉者，封爵不世襲。⑮賓客　貴族官僚所養食客的稱謂。亦作「門客」、「舍人」等。賓客有上下等級之分，衣食住行，各有區別。他們要為主人充當勇士、謀士、侍衛，管理傢俬雜事，或委派為使者、說客、間諜。與主人無穩定隸屬關係，可自由來去。⑯部曲　部和曲本為兩漢時軍事建制，後漸變成軍隊的代名、士卒隊伍的變稱。東漢末，對主將有人身依附關係的部曲，變為主將的私屬。⑰太公　即太公望。又稱「師尚父」、「呂望」、「呂尚」，俗稱「姜太公」、「姜子牙」。姜姓，呂氏，名尚，字牙。周文王遇之於渭水之陽，云「吾太公望子久矣」，故號「太公望」。佐武王伐紂，滅商後受封於營丘（今山東淄博東北），為齊國開國之君。⑱周　朝代名。西元前十一世紀周武王滅商後建立，建都於鎬（今陝西長安灃河以東）。西元前七七一年申侯聯合犬戎攻殺周幽王。次年周平王東遷到洛邑（今河南洛陽）。歷史上稱平王東遷以前為西周，以後為東周。⑲商　朝代名。西元前十六世紀商湯滅夏後建立的奴隸制國家。建都亳（今山東曹縣南），曾多次遷移。後盤庚遷都殷（今河南安陽小屯村），因而商也被稱為殷。傳至紂，被周武王攻滅。共傳十七代，三十一王。約當西元前十六到前十一世紀。⑳關東　地區名。秦漢時稱函谷關以東地區為關東，又稱關外。㉑舊京　指洛陽。東漢都城。在今河南洛陽東北白馬寺東。㉒金華青蓋　漢制，皇帝乘輿大駕，公卿奉引，皇太子、皇子皆安車，朱輪，青蓋，金華爪，畫轓。董卓用金華青蓋明顯逾制。㉓皁蓋車　漢代中二千石、二千石所用車。㉔很用　剛愎自用。㉕從弟　堂弟。㉖兗州　西漢武帝所置「十三刺史部」之一。東漢治今山東金鄉西北。㉗山東　戰國、秦、漢時通稱崤山或華山以東為山東，與當時所謂關東含義相同。一般專指黃河流域。㉘王允　（西元一三七—一九二年），字子師，東漢太原祁縣（今屬山西）人。靈帝時，以司徒高第為侍御史。中平元年特選為豫州刺史，鎮壓黃巾暴動。因得罪宦官，被誣下獄，後得釋。獻帝即位，為太僕，守尚書令。初平元年為司徒。及董卓遷都長安，收藏蘭臺、石室圖籍，經籍賴以得存。後與司隸校尉黃琬等密謀誅殺卓，不久被卓部將李傕、郭汜所殺。事見本書卷六十六。㉙黥首　古代五刑中的一種，即墨刑，用刀刺刻額頰等處，再塗上墨。㉚刖足　古代五刑中的一種，即斷足。㉛司馬遷　（西元前一四五或前一三五—？年），字子長，西漢左馮翊夏陽（今陝西韓城）人。初任郎中，元封三年（西元前一〇八年）繼父職，任太史令。太初元年（西元前一〇四年）與唐都、落下閎等共訂「太初曆」，對曆法進行改革。繼其父司馬談遺志，續傳《太史公書》。後因替投降匈奴的李陵辯解，得罪下獄，受腐刑。出獄後任中書令，發憤繼續完成《太史公書》，後稱《史記》，是我國最早的通史，並開創了紀傳體史書的形式。㉜搢紳　同「縉紳」。古代稱有官職的或做過官的人。㉝北海　封國名。西漢景帝置郡。治今山東昌樂東南。東漢改為國，移治今昌樂西。

㉞鄭玄　字康成，東漢北海高密（今屬山東）人。經學家稱後鄭，以與「先鄭（鄭眾）」相別。先後師從第五元、張恭祖、馬融等經學家，兼通經今古文，見經今古文兩家各立門戶，意欲破其壁壘，自成一家之言。後遊學歸里，徒眾相隨已數百千人。因黨禍事被禁錮，乃杜門不出，遍注群經。其內容均兼採今古文。遂集漢代經學之大成，世稱「鄭學」。㉟李傕　（？—西元一九八年），字稚然，東漢北地（今寧夏吳忠）人。為董卓所部校尉。初平三年卓被殺後，與郭汜等率部叛亂，攻陷長安，縱兵殺掠，死者萬人，殺司隸校尉黃琬、司徒王允，與汜共專朝政。又與汜相攻，大肆燒殺，致使長安城空。建安三年，被段煨等討殺，夷三族。

【語譯】中平六年，靈帝死去，董卓擔任司空，聽說蔡邕名氣很盛，就徵召蔡邕。蔡邕推說有病沒有應召。董卓大怒，罵道：「我能夠族滅任何人，蔡邕如果還傲慢無禮的話，滅族之禍就不會太久了。」又嚴詞下令州郡推舉蔡邕到公府來，蔡邕迫不得已，起身赴京，到了之後，被任命為國子監祭酒，很受朝廷敬重。又被推舉中了高第，接著遞補為侍御史，又轉任持書御史，遷升為尚書。三日之間，歷任三臺。遷任巴郡太守，又留在朝中任侍中。

2　初平元年，蔡邕被任命為左中郎將，後隨從漢獻帝遷都長安，封為高陽鄉侯。

3　董卓的賓客部屬商議想比照姜太公為董卓上尊號，稱為「尚父」。董卓與蔡邕謀劃此事，蔡邕說：「姜太公輔佐周王室，受命翦除了商紂王，所以特地以『尚父』為尊號。如今明公的威望德行，確實是巍峨高大，然而與姜太公相提並論，我認為還不可以。應該等到關東平定，皇帝車駕返回舊京，這樣之後才能議論尊號問題。」董卓聽從了蔡邕的話。

4　初平二年六月，發生地震，董卓以地震之事詢問蔡邕。蔡邕回答說：「大地震動，是陰氣太盛侵犯了陽氣，臣下權威太重踰越了制度造成的。去年春天在郊外祭天，明公奉命引導皇帝車駕，而明公乘著金華青蓋、爪畫兩幡的車子，遠近的人都認為這樣不恰當。」董卓從此以後就改乘皁蓋車。

5　董卓很器重蔡邕的才學，用很優厚的條件來對待蔡邕，每次召集宴會時，就命蔡邕一邊彈琴一邊議論政事，蔡邕在這時候也總是懷著匡扶補益朝廷之心。然而董卓總是剛愎自用，蔡邕也因為自己的話很少被聽從而遺憾，對堂弟蔡谷說：「董公性格剛強而堅持錯誤，終究難以成事。我想往東逃奔兗州去，如果路途太遠難以到達，就暫且逃到山東等待機會，你看如何？」蔡谷說：「君的相貌風度與一般人有很大的不同，每次出行時圍觀的人太多。用這種方式隱匿自己，不是很難嗎？」蔡邕於是打消了逃跑的想法。

6 等到董卓被誅殺，有一次蔡邕在司徒王允那裡客坐，在談到董卓時蔡邕無意間歎了口氣，臉上略略變色。王允勃然大怒，斥責他說：「董卓是國家的大賊，幾乎傾覆了漢朝皇室。你身為漢室大臣，應該與漢室同情共憤，怎能懷著對董卓的私遇之恩，而忘掉大節呢！現在上天誅殺董卓這有罪之人，而你卻反而為之感到悲傷痛心，豈不是與他一起為叛逆嗎？」隨即將蔡邕收捕，交送廷尉治罪。蔡邕上書陳辭謝罪，乞求願受黥面砍足的刑罰，讓他繼續寫成漢史。士大夫多懷著同情救援他，沒有成功。太尉馬日磾騎馬趕去對王允說：「蔡伯喈是曠世奇才，對漢朝的史事知道很多，應當讓他繼續寫後漢史，成為一代大典，況且他忠孝之名素來顯著，而且給他加的罪名又沒有法律根據，殺了他不是會讓天下人失望嗎？」王允說：「從前漢武帝不殺司馬遷，讓他寫了一部誹謗之書，流傳於後世。現在國運中衰，國家政權不穩固，不能讓奸佞之臣在幼主左右執筆寫史。既對皇帝無益，又會使我們這些人今後蒙受他的誹謗非議。」馬日磾無奈告退，而後告訴別人說：「王允大概不會長久於世吧？善待人才，這是國家的綱紀；寫作史書，這是國家的典制。毀滅綱紀，廢棄典制，這樣的人能長久於世嗎！」蔡邕於是就死在獄中。王允後悔，想去阻止已來不及了。蔡邕死時年六十一歲。士大夫、儒生無不流淚。北海儒生鄭玄聽說此事感歎道：「漢代的史事，還有誰能來辯證呢？」兗州、陳留郡的人都畫上蔡邕的像來頌揚他。

7 蔡邕所撰寫和集錄的漢朝事跡，沒有被人收錄下來續記在後漢史中。寫就不久的《靈紀》以及「十意」，又補加諸列傳四十二篇，後來因李傕之亂，都散失湮沒而沒有保存下來了。所著的詩、賦、碑、誄、銘、讚、連珠、箴、弔、論議、《獨斷》、《勸學》、《釋誨》、〈敘樂〉、《女訓》、《篆執》、祝文、章表、書記，總計一百零四篇，流傳於世。

論曰：意氣之感，士所不能忘也。流極❶之運，有生所共深悲也。當伯喈抱鉗扭❷，徙幽裔❸，仰日月而不見照燭，臨風塵而不得經過，其意豈及語平日倖全人哉？及解刑衣，竄歐越❹，潛舟江壑，不知其遠，捷步深林，尚苦不密，但願北首❺舊丘❻，歸骸先壟，又可得乎？董卓一旦入朝，辟書先下，分明枉結，信宿三遷。匡導既申，狂僭屢革，資同人之先號❼，得北叟之後福❽。屬其慶者，夫豈無懷？君子斷刑，尚或為之不舉，況國憲倉卒，慮不先圖，矜情變容，而罰同邪黨？執政❾乃追怨子長謗書流後，放此為戮，未或聞之典刑。

贊曰：季長❿戚氏，才通情侈。苑囿典文，流悅音伎⓫。邕實慕靜，心精辭綺。斥言金商⓬，南徂北徙。籍梁⓭懷董⓮，名澆身毀。

【章　旨】以上記述作者對蔡邕的遭遇發出慨歎，又對蔡邕、馬融進行簡單的評議。

【注　釋】❶流極　流放。❷鉗扭　束頸縛手的刑具。❸幽裔　遠僻之地。❹歐越　即「甌越」，「東甌」的別稱。指今溫州及浙南一帶。❺北首　頭朝北。古禮，人死入葬，屍體頭朝北，故北首為死人之象。❻舊丘　故鄉；故居。❼資同人之先號　先像《易・同人卦》說的那樣號哭。《易・同人卦》：「先號咷而後笑。」❽得北叟之後福　在後來又像北叟那樣得到了後福。北叟，又稱「塞上叟」、「塞翁」。據《淮南子》記載，塞翁的馬逃入胡人地區，人們都來安慰他。塞翁說：「怎麼知道不是好事呢？」過了幾個月，他的馬引胡人駿馬跑回，人們都來祝賀。塞翁說：「怎麼知道不是禍事呢？」果然，不久其子騎馬，摔斷腿。人們來安慰，塞翁說：「怎麼知道不是好事呢？」過了一年，胡人大舉內侵，丁壯都被徵兵，大部分戰死，塞翁之子因有殘疾，幸免，得以父子相保。❾執政　掌握國家大權的人。這裡指王允。❿季長　即馬融。⓫音伎　音樂技能。指鼓琴吹笛之類。⑫斥言金商　金商門內直言無諱。斥言，謂直言指責過失。⑬籍梁　指馬融依靠梁冀獲得富貴。⑭懷董　指蔡邕懷念董卓之恩。

【語　譯】史家評論說：情有所感，是士大夫所不能忘懷的。流放的命運，是有感情的人都感到深深悲哀的。當蔡邕抱著刑具，流放到邊遠之地，仰頭只見日月而不見燭照之光，頂著風塵行走而不能躲避，那種苦楚豈能跟平日幸福安全的人訴說呢？等到解去了囚徒之衣，逃竄在甌越之間，躲在船裡，漂流江湖，不覺得船行太遠，在深山老林中捷步飛奔，還苦於不夠隱密，心裡只希望能返回北方故鄉，將屍骸埋到先人墳地去，這個要求又能辦得到麼？董卓一朝入朝，徵召任用之書就下來了，冤屈得到辨明，三日之間歷任三臺。蔡邕匡扶勸導董卓去邪歸正已作努力，屢次革除董卓狂妄僭越的行為。董卓幫了蔡邕改變命運，使他得到後來的優遇與受人賞識。得到過人家的恩遇，豈能不深深感懷？君子在執掌斬決之刑時，尚且因憐憫而不舉餐，況且在國家制度法律混亂破壞時，在事先沒有考慮，偶爾因憐憫之心而變了臉色，就能將他視為同黨而遭懲罰？執政王允還追怨司馬遷的誹謗之書流傳於世，因此而作為殺人理由，還沒有聽說過像這樣執掌刑法的。

史官評議說：馬季長親近外戚，才氣通達而性情放蕩。在宮苑中執掌文書祕笈，心裡面流連於聲樂歌伎。蔡邕內心追慕肅靜，思想精深而辭藻綺麗。金商門內直言無諱，往北方流放又向南方逃亡。馬融借重梁冀，蔡邕懷念董卓，都落得身敗名裂。

【研　析】馬融從少年時代就博學多才，受到他的老師摯恂的賞識，還把女兒嫁給了他。後來更是成就卓著，成為一代大儒。其學術成就在東漢一代屈指可數。但馬融的仕途生涯卻頗不順利，不僅起起落落，而且一直沒有施展自己抱負的機會。

無可否認，馬融是一個胸懷抱負，力圖通過入仕來濟世救民的讀書人，這從他的章奏、言論中都能看出來，在他的政治生涯中也不乏這樣的作為。如曾上〈廣成頌〉，勸諫朝政，勸諫漢安帝像古代聖君一樣選拔重用人才，結果得罪了掌權的鄧騭和鄧太后，十年時間沒有升遷；漢順帝時，馬融分析西北局勢，提出自己的主張，並毛遂自薦，願帶兵平定羌人之亂，同樣也未被朝廷採納。馬融政治上的失意，主要是因為東漢惡劣的政治環境。在外戚、宦官交替掌權的東漢，像馬融這樣胸懷抱負卻無用武之地的官員，又何止一二呢？作為一種普遍現象，馬融的遭遇並不值得大驚小怪。

然而，在馬融的政治生涯中，還有另外的一面，與他的胸懷抱負、濟世救民形成鮮明對比。這既是他人生的瑕疵，也是古代士大夫的悲哀。不同的兩個方面更襯托出馬融政治生涯中的矛盾色彩。

年輕時，大將軍鄧騭聞其名，召他為舍人，但馬融自恃清高，對鄧騭的徵召拒不應命。然而當一場饑饉隨之而來時，面對極端的飢困，馬融生出悔意，放棄了初衷接受了鄧騭的徵召，同時馬融還得出了一個影響他一生的結論：活著比什麼都重要。桓帝時，馬融得罪了大將軍梁冀，被免官髡徙朔方。對馬融來說，這是一個巨大的打擊，不僅他的政治前途被毀掉，還要面對惡劣、艱苦的生存環境，絕望之下，馬融想以自殺結束自己的生命。雖然自殺未成，馬融最終被赦免返還，但這種遭遇使馬融就像當初面對饑饉心生悔意一樣，再次背叛了自己。他再也不敢得罪權勢之家，甚至還助紂為虐，為梁冀代寫彈劾李固的奏章，又寫作了為大將軍梁冀歌功頌德的〈西第頌〉，因此為正直人士所不齒。

馬融的政治悲劇既是東漢時期特殊政治環境的畸形產物，同時又與馬融的性格直接相關。馬融不是一個信念堅定的人，面對理想和現實的巨大反差，馬融不得不一次次地重新進行選擇，最終向殘酷的現實低頭，違心地放棄了自己的信念。馬融的一生是可悲的，他的抱負在黑暗的現實裡夭折，他的人格在自我否定中分裂，他的聲名在隨波逐流中沉淪。在集權專制又政治腐敗的歷代封建王朝裡，可悲的又豈是馬融一人？

蔡邕多才多藝，擅長辭章、術數、天文，精通音律，是東漢後期一位很有名望的學者。同時蔡邕還是一個書法家，其書法精於篆、隸，尤以隸書造詣最深，名望最高，有「蔡邕書骨氣洞達，爽爽有神力」的評價。蔡邕對經籍造詣很深，曾與堂谿典、楊賜、馬日磾等一起正《六經》文字，寫經於碑刻，是所謂「熹平石經」。雖然蔡邕學識淵博，在朝野均以博學聞名，但仕途卻很不順利。出仕以後，長期擔任郎中、議郎等低級官職，即使後來被董卓強迫任職，也只是尚書、侍中、左中郎將等中級官職，在朝廷中一直未受到重用。但蔡邕並不以自己官職低微而尸位素餐，而是關注朝政，頻頻上疏，提出自己的見解，並大膽議政，對一些弊政進行批評。也正因此，蔡邕得罪了很多有權勢的人，多次遭到陷害。漢靈帝時，蔡邕因揭露弊政，直指一些權勢之臣，被中常侍程璜等誣陷下獄，幸虧中常侍呂強同情他，為他求情，靈帝才給他減罪一等，流徙朔方。好不容易獲得大赦，又得罪宦官王甫之弟，蔡邕料想自己會再遭宦官陷害，於是遠逃到吳郡、會稽一帶，亡命江海十餘年，歷盡艱辛，顛沛流離。到董卓專權時，蔡邕又被脅迫著出來任職。雖然董卓專權，蔡邕又是被脅迫任職，但面對朝政蔡邕並未緘默明哲保身，相反他仍不斷提出各種建議，希望有裨益於社稷。隨後董卓被殺，司徒王允竟因蔡邕對董卓露出同情之色，而將之交付廷尉治罪，最後蔡邕死在獄中。

蔡邕的遭遇只是亂世之中眾多正直士大夫中極為普通的一例，並無多少特殊之處。然而，我們又不能不對蔡邕的遭遇產生感慨。中國古代的士大夫大都懷著治國平天下的壯志，即使是以詩文、學問見長的文人學者，也往往是把出仕朝廷輔佐君王放在第一位，而把著述放在其次。然而，現實與理想之間存在著巨大的反差，許多文人學者不僅無法施展其抱負，反而仕途坎坷，其中還不乏遭受刑獄甚至丟掉身家性命者。之所以如此，原因不外乎以下幾個方面：其一，政治環境惡劣，權臣、奸佞把持朝政，打擊異己，培植親信，而許多文人學士不屑於結交權貴，更不會屈己侍人，所以，仕途難免不順；其二，文人多具耿直的性情，對於朝廷中的弊政，他們敢於犯顏直諫，敢於抨擊奸佞的不法之舉，但耿直的性情和直言進諫也往往惹惱皇帝，得罪權臣，而使自己身陷險境；其三，許多文人激情有餘，能力不足，空懷大志，卻無濟世之才，因此常常陷於空談，其結果是既無濟於朝政，也不可能有益於他本人的仕途。（韋占彬注譯）

卷六十一

左周黃列傳第五十一

【題解】本卷主要記載了左雄、周舉、黃瓊三人的生平事跡，並述及其後人的傑出表現。左、周、黃等人生活在東漢中期，出仕於順帝到桓帝年間。他們都曾擔任要職，左雄曾任尚書令，周舉官至光祿勳，黃瓊歷任司徒、太尉、司空等，在政治上均有一定的建樹，如左雄屢屢上書，薦舉賢才，匡正選官制度；周舉勸諫皇帝懲處貪官，遠離奸佞；黃瓊獨持己見，反對褒崇大將軍梁冀。同時他們又都剛正不阿，敢作敢為。左雄為冀州刺史，不與豪族結交，奏案奸猾二千石，無所顧忌；周舉為八使之一巡行州郡，劾奏貪官汙吏；黃瓊舉奏州郡貪官至死徙者十餘人。

1　左雄，字伯豪，南陽❶涅陽❷人也。安帝❸時，舉孝廉❹，稍遷冀州❺刺史❻。州部多豪族，好請託，雄常閉門不與交通。奏案貪猾二千石❼，無所回忌。

2　永建❽初，公車❾徵拜議郎❿。時順帝⓫新立，大臣懈怠，朝多闕政，雄數言事，其辭深切。尚書僕射⓬虞詡⓭以雄有忠公節，上疏薦之曰：「臣見方今公卿⓮

以下，類多拱默[15]，以樹恩為賢，盡節為愚，至相戒曰：『白璧不可為，容容[16]多後福。』伏見議郎左雄，數上封事，至引陛下身遭難厄，以為警戒，實有王臣蹇蹇[17]之節，周公[18]謨成王[19]之風。宜擢在喉舌之官，必有匡弼之益。」由是拜雄尚書[20]，再遷尚書令[21]。上疏陳事曰：

3

「臣聞柔遠和邇，莫大寧人，寧人之務，莫重用賢，用賢之道，必存考黜[22]。是以皋陶[23]對禹，貴在知人。『安人則惠，黎民懷之[24]。』分伯[25]建侯[26]，代位親民，民用和穆，禮讓以興。故詩云：『有渰凄凄，興雨祁祁。雨我公田，遂及我私[27]。』及幽[28]、厲[29]昏亂，不自為政，褒豔[30]用權，七子[31]黨進，賢愚錯緒，深谷為陵。故其詩云：『四國[32]無政，不用其良。』又曰：『哀今之人，胡為虺蜴[33]？』言人畏吏如虺蜴也。宗周[34]既滅，六國[35]并秦[36]，阬儒泯典[37]，剗革五等[38]，更立郡縣，縣設令長，郡置守[39]尉[40]，什伍相司[41]，封豕[42]其民。大漢受命，雖未復古，然克慎庶官，蠲苛救敝，悅以濟難，撫而循之。至於文[43]、景[44]，天下康乂[45]。誠由玄靖寬柔，克慎官人故也。降及宣帝[46]，興於仄陋，綜覈名實，知時所病，刺史守相[47]，輒親引見，考察言行，信賞必罰。帝乃歎曰：『民所以安而無怨者，政平吏良也。與我共此者，其唯良二千石乎！』以為吏數變易，則下不安業；久於其事，則民服教化。其有政理者，輒以璽書勉勵，增秩賜金，或爵至關內侯[48]，公卿缺則以次用之。是以吏稱其職，人安其業。漢世良吏，於茲為盛，故能降來儀之瑞[49]，建中興之功。

4 「漢初至今，三百餘載，俗浸彫敝，巧偽滋萌，下飾其詐，上肆其殘。典城百里，轉動無常，各懷一切，莫慮長久。謂殺害不辜為威風，聚斂整辨為賢能，以理己安民為劣弱，以奉法循理為不化。髡鉗[50]之戮，生於睚眥；覆尸之禍，成於喜怒。視民如寇讎，稅之如豺虎。監司[51]項背相望，與同疾疢[52]，見非不舉，聞惡不察，觀政於亭傳[53]，責成於朞月[54]，言善不稱德，論功不據實，虛誕者獲譽，拘檢者離毀。或因罪而引高，或色斯[55]以求名。州宰不覆，競共辟召，踊躍升騰，超等踰匹。或考奏捕案，而亡不受罪，會赦行賂，復見洗滌。朱紫同色，清濁不分。故使姦猾枉濫，輕忽去就，拜除如流，缺動百數。鄉官部吏，職斯祿薄，車馬衣服，一出於民，廉者取足，貪者充家，特選橫調，紛紛不絕，送迎煩費，損政傷民。和氣未洽，災眚不消，咎皆在此。今之墨綬[56]，猶古之諸侯[57]，拜爵王庭，輿服有庸，而齊於匹豎，叛命避負，非所以崇憲明理，惠育元元[58]也。臣愚以為守相長吏[59]，惠和有顯效者，可就增秩，勿使移徙，非父母喪不得去官。

其不從法禁，不式王命，錮之終身，雖會赦令，不得齒列60。若被劾奏，亡不就法者，徙家邊郡，以懲其後。鄉部親民之吏，皆用儒生清白任從政者，寬其負筭，增其秩祿，吏職滿歲，宰府州郡乃得辟舉。如此，威福之路塞，虛偽之端絕，送迎之役損，賦斂之源息。循理之吏，得成其化；率土之民，各寧其所。追配文、宣中興之軌，流光垂祚，永世不刊。」

5 帝感其言，申下有司61，考其真偽，詳所施行。雄之所言，皆明達政體，而宦豎擅權，終不能用。自是選代交互，令長月易，迎新送舊，勞擾無已，或官寺空曠，無人案事，每選部劇，乃至逃亡。

6 永建三年，京師、漢陽62地皆震裂，水泉涌出。四年，司63、冀復有大水。雄推較災異，以為下人有逆上之徵，又上疏言：「宜密為備，以俟不虞。」尋而青64、冀、揚州65盜賊連發，數年之間，海內擾亂。其後天下大赦，賊雖頗解，而官猶無備，流叛之餘，數月復起。雄與僕射郭虔共上疏，以為「寇賊連年，死亡太半，一人犯法，舉宗群亡。宜及其尚微，開令改悔。若告黨與者，聽除其罪；能誅斬者，明加其賞」。書奏，並不省。

7 又上言：「宜崇經術66，繕脩太學67。」帝從之。陽嘉68元年，太學新成，詔試明經[69]者補弟子，增甲乙之科，員各十人。除京師及郡國耆儒年六十以上為郎[70]、舍人[71]、諸王國郎者百三十八人。

8 雄又上言：「郡國孝廉，古之貢士[72]，出則宰民，宣協風教。若其面牆，則無所施用。孔子曰『四十不惑』，禮稱『強仕』。請自今孝廉年不滿四十，不得察舉[73]，皆先詣公府，諸生[74]試家法[75]，文吏課牋奏，副之端門，練其虛實，以觀異能，以美風俗。有不承科令者，正其罪法。若有茂才異行，自可不拘年齒。」帝從之，於是班下郡國。明年，有廣陵[76]孝廉徐淑，年未及舉，臺郎[77]疑而詰之。對曰：「詔書曰『有如顏回[78]、子奇[79]，不拘年齒』，是故本郡以臣充選。」郎不能屈。雄詰之曰：「昔顏回聞一知十，孝廉聞一知幾邪？」淑無以對，乃譴卻郡。於是濟陰[80]太守胡廣[81]等十餘人皆坐謬舉免黜，唯汝南[82]陳蕃[83]、潁川[84]李膺[85]、下邳[86]陳球[87]等三十餘人得拜郎中[88]。自是牧守[89]畏慄，莫敢輕舉。迄于永憙[90]，察選清平，多得其人。

9 雄又奏徵海內名儒為博士[91]，使公卿子弟為諸生。有志操者，加其俸祿。及汝南謝廉，河南[92]趙建，年始十二，各能通經，雄並奏拜童子郎[93]。於是負書來學，雲集京師。

10

初，帝廢為濟陰王，乳母宋娥與黃門94孫程95等共議立帝，帝後以娥前有謀，遂封為山陽君，邑五千戶。又封大將軍96梁商97子冀98襄邑侯。雄上封事曰：「夫裂土封侯，王制所重。高皇帝約，非劉氏不王，非有功不侯。孝安皇帝封江京99、王聖100等，遂致地震之異。永建二年，封陰謀之功，又有日食之變。數術之士，咸歸咎於封爵。今青州飢虛，盜賊未息，民有乏絕，上求稟貸。陛下乾乾勞思，以濟民為務。宜循古法，寧靜無為，以求天意，以消災異。誠不宜追錄小恩，虧失大典。」帝不聽。雄復諫曰：「臣聞人君莫不好忠正而惡讒諛，然而歷世之患，莫不以忠正得罪，讒諛蒙倖者，蓋聽忠難，從諛易也。夫刑罪，人情之所甚惡；貴寵，人情之所甚欲。是以時俗為忠者少，而習諛者多。故令人主數聞其美，稀知其過，迷而不悟，至於危亡。臣伏見詔書顧念阿母舊德宿恩，欲特加顯賞。案尚書故事，無乳母爵邑之制，唯先帝時阿母王聖為野王君。聖造生讒賊廢立之禍，生為天下所咀嚼，死為海內所歡快。桀101、紂102貴為天子，而庸僕羞與為比者，以其無義也。夷、齊103賤為匹夫，而王侯爭與為伍者，以其有德也。今阿母躬蹈約儉，以身率下，群僚蒸庶104，莫不向風，而與王聖並同爵號，懼違本操，失其常願。臣愚以為凡人之心，理不相遠，其所不安，古今一也。百姓深懲王聖傾覆之禍，民萌之命，危於累卵，常懼時世復有此類。怵惕之念，未離於心；恐懼之言，未絕乎口。乞如前議，歲以千萬給奉阿母，內足以盡恩愛之歡，外可不為吏民所怪。梁冀之封，事非機急，宜過災厄之運，然後平議可否。」會復有地震、緱氏[105]山崩之異，雄復上疏諫曰：「先帝封野王君，漢陽地震，今封山陽君而京城復震，專政在陰，其災尤大。臣前後瞽言封爵至重，王者可私人以財，不可以官，宜還阿母之封，以塞災異。今冀已高讓，山陽君亦宜崇其本節。」雄言數切至，娥亦畏懼辭讓，而帝戀戀不能已，卒封之。後阿母遂以交遘失爵。

11 是時大司農[106]劉據以職事被譴，召詣尚書，傳呼促步，又加以捶撲。雄上言：「九卿[107]位亞三事，班在大臣，行有佩玉之節，動有庠序之儀[108]。孝明皇帝[109]始有撲罰[110]，皆非古典。」帝從而改之，其後九卿無復捶撲者。自雄掌納言[111]，多所匡肅，每有章表奏議，臺閣[112]以為故事。遷司隸校尉。

12 初，雄薦周舉[113]為尚書，舉既稱職，議者咸稱焉。及在司隸，又舉故冀州刺史馮直以為將帥，而直嘗坐臧受罪，舉以此劾奏雄。雄悅曰：「吾嘗事馮直之父，而又與直善，今宣光以此奏吾，乃是韓厥[114]之舉也。」由是天下服焉。明年坐法免。後復為尚書。永和[115]三年卒。

【章　旨】以上為〈左雄傳〉。左雄入朝就頻頻上疏，直言弊政，得到虞詡的讚賞。

【注　釋】❶南陽　郡名。戰國時置。治今河南南陽。❷涅陽　縣名。西漢置。在涅水（今趙河）北岸，故名。治今河南鄧州東北。東漢沿置，屬南陽郡。❸安帝　即劉祜（西元九四—一二五年），東漢章帝之孫，清河孝王劉慶子。即位時年十三，鄧太后臨朝，后兄鄧騭執政。在位期間，政治黑暗，社會動蕩。張伯路等起兵海上，攻擊沿海諸郡，襲殺守令；杜季貢等聯合羌人連年起事，屢敗漢兵。建光元年鄧太后死後親政，與宦官李閏等合謀誅滅鄧騭宗族，自此寵信宦官。廟號恭宗。❹孝廉　漢代選拔官吏的科目，孝，指孝子。廉，指廉潔之士。原為二科，漢武帝採納董仲舒建議，於元光元年（西元前一三四年）初令郡國舉孝、廉各一人。其後多混同連稱，而為一科，所舉也不限於孝者和廉吏。察舉孝廉為歲舉，郡國每年向中央推舉一至二人。被舉者大都先除授郎中。❺冀州　漢武帝所置「十三刺史部」之一。東漢治今河北柏鄉北，末期移治今河北臨漳西南。❻刺史　官名。西漢武帝始置，分全國為十三部（州），各置刺史一人，秩六百石。無治所，奉詔巡行諸郡，以六條問事，省察治政，黜陟能否，斷理冤獄。東漢時沿置，有固定治所，實際上成為比郡守高一級的地方行政長官。靈帝時，改刺史為州牧，掌握一州的軍政大權。❼二千石　官秩等級，因所得俸祿以穀為準，故以「石」稱之。因郡守、王國傅相均秩二千石，所以二千石成為漢代對郡守、國相等一級官吏的通稱。❽永建　東漢順帝劉保年號，西元一二六—一三二年。❾公車　本意為官車。漢以公家馬車遞送應舉之人。後因以「公車」為舉人應試之代稱，又藉以指應試之舉子。❿議郎　官名。西漢置，隸光祿勳。為高級郎官，不入值宿衛，執掌顧問應對，參與議政，指陳得失，為皇帝近臣。東漢更為顯要，常選任耆儒名士、高級官吏，除議政外，亦或給事宮中近署。⓫順帝　即劉保（西元一一五—一四四年），東漢安帝之子。永寧元年被立為太子。延光三年被廢為濟陰王。安帝死，宦官江京等立北鄉侯劉懿為帝（即少帝），旋卒。宦官孫程等殺江京迎立其為帝。孫程等十九名宦官封侯。外戚梁商、梁冀相繼為大將軍，朝政操於宦官、外戚之手，政治日益腐敗。⓬尚書僕射　官名，尚書令的副手，因東漢權歸尚書臺，尚書僕射的職權也漸重。⓭虞詡　字升卿，東漢陳國武平（今河南柘城）人。初辟太尉李脩府，拜郎中。後任朝歌長，設謀平定甯季起事。遷武都太守，平息羌變，招還流亡，開通水運，使郡內糧米豐賤，二三年間戶口由萬餘增至四萬餘。順帝永建元年（西元一二六年），為司隸校尉，劾奏中常侍張防弄權，坐論輸左校，旋得赦，任尚書僕射。以數忤權戚，曾九見譴考，三遭刑罰，然剛正之性終老不改。事見本書卷五十八。⓮公卿　三公九卿的合稱，後泛指中央政府高級行政官員。⓯拱默　指垂拱無為。⓰容容　隨眾附和。⓱蹇蹇　忠直貌。蹇，通「謇」。⓲周公　姬姓，名旦，西周初人。周武王弟，與呂尚同為西周開國元勳。以魯公封於曲阜，留朝執政，長子伯禽就封。武王卒，成王幼，攝政。管叔、蔡叔、霍叔等不服，聯合殷貴族武庚和東夷反叛。他率師東征，平定叛亂，滅奄（今山東曲阜東）後大舉分封諸侯，營建成周洛邑（今河南洛陽）。又制禮作樂，為西周典章制度的主要創制者，奠定了「成康之治」的基礎。⑲成王　姬姓，名誦。西周國王。其父武王死時，因年幼，由叔父周公旦攝政。周公東征勝利後，他大規模分封諸侯，建設東都成周（今河南洛陽），確立官制和禮制，鞏固了西周王朝的統治。後周公歸政於他。⑳尚書　官名。戰國時秦、齊等國始置，最初僅為管理文書的小吏。漢武帝時以尚書掌管機要，職權漸重，為中朝重要宮官。東漢時尚書臺分六曹，各置尚書，秩六百石，位在令、僕射下，丞、郎之上。㉑尚書令　官名。始於秦，西漢沿置，本為少府的屬官，掌章奏文書。漢武帝以後職權漸重。東漢政務皆歸尚書，尚書令成為直接對君主負責總攬一切政令的首腦。㉒考黜　考績以定黜陟。㉓皐陶　亦作「皋陶」。相傳為堯舜時人，生於曲阜（今屬山東），偃姓。舜命為管理刑政的士。佐禹平水土有功，後禹封其後裔於英（今安徽六安西）、六（今安徽六安）。㉔安人則惠二句　讓百姓安定就要愛百姓，百姓就會感激懷念他。《尚書・皋陶謨》語句。惠，愛。黎民，百姓。㉕伯　五等爵第三等。《禮記》：「王者之制祿爵，公、侯、伯、子、男，凡五等。」㉖侯　五等爵第二等。㉗有渰淒淒四句　天上陰雲密布，雨水徐徐而下。先落在我們公田裡，然後再落到我的私田中。《詩・大田》詩句。渰，陰雲。淒淒，形容雲的密布。祁，徐徐。㉘幽　即周幽王（？—西元前七七一年），姬姓，名宮涅。西周國王。宣王子。任用虢石父執政，剝削嚴重，再加地震與旱災，使人民流離失所。又進攻六濟之戎，大敗。因寵愛褒姒，立褒姒之子伯服為太子，廢掉申后和太子宜臼。申侯聯合曾、犬戎等攻周，周幽王被殺於驪山下，西周滅亡。㉙厲　即周厲王（？—西元前八二八年），姬姓，名胡。西周王。周夷王之子。曾命虢仲征伐淮夷，又伐戎，均不克。好利，聽信榮夷公之言，任之為卿士，對民實行專利（壟斷山澤物產），以聚斂人民之財；又用衛巫監視國人，殺有怨言者。西元前八四一年，被國人逐奔於彘（今山西霍州），居汾水之旁，稱「汾王」，朝中共和行政。十四年後，死於彘。㉚褒豔　即褒姒。姒姓，褒國（今陝西勉縣）人。周幽王的寵妃。周幽王三年（西元前七七九年）褒國把她進獻給周，為幽王所寵，繼而被立為后，其子伯服被立為太子。申侯聯合曾、犬戎攻殺幽王，她也被俘。㉛七子　褒姒的親族，都得到厲王的重用。皇甫為卿士，仲允為膳伕，傢伯為宰，番為司徒，蹶為趣馬，楀子為內史，楀為師氏。㉜四國　四方之國。㉝哀今之人二句　悲哀如今的人，為什麼像那虺蜴一樣。《詩・正月》詩句。虺蜴，蜥蜴。虺蜴之性，見人就走，民聞王政，莫不逃避，所以說為虺蜴。㉞宗周　西周都邑鎬京（今陝西長安灃河東），這裡代指西周。約西元前十一世紀，周武王伐紂滅商，建立周朝，都鎬，又稱宗周。後「三監」和武庚叛周，周公東征平叛後，在雒邑（今河南洛陽）建立東都成周，以鎮撫東方，安置殷遺民。統治地區東到今山東，西至今甘肅，南抵今江淮流域及四川，北達今內蒙古和遼寧，並與四周民族有廣泛聯繫。幽王十一年（西元前七七一年）被犬戎攻滅。㉟六國　指戰國七雄中除秦以外的六個國家：齊、楚、燕、韓、趙、魏。㊱秦　指秦國。開國君主為秦襄公，因護送周平王東遷有功，被周分封為諸侯。春秋時建都於雍（今陝西鳳翔東南），占有今陝西中部和甘肅東南端。秦穆公曾攻滅十二國，稱霸西戎。戰國時秦孝公任用商鞅變法，國力富強，並遷都咸陽（今陝西咸陽東北），成為戰國七雄之一。之後，疆域不斷擴大。西元前二二一年秦始皇統一中國，建立秦朝。㊲阬儒泯典　秦始皇三十四年（西元前二一三年），博士淳于越反對中央集權的郡縣制，要求根據古制，分封子弟。丞相李斯加以駁斥，主張禁止儒生以古非今，以私學誹謗朝政。秦始皇採納李斯的建議，下令：焚燒《秦記》以外的列國史記，對不屬於博士官的私藏《詩》、《書》等亦限期繳出燒毀；有敢談論《詩》、《書》的處死，以古非今的滅族；禁止私學，欲學法令的以吏為師。次年，盧生、侯生等方士、儒生攻擊秦始皇。秦始皇派御史查究，將四百六十多名方士和儒生阬死在咸陽。史稱「焚書阬儒」。㊳五等　即五等爵。西周爵制名，依次為公、侯、伯、子、男。㊴守　郡守，官名。始見於戰國。初為武職，防守邊郡，後漸演變為郡級行政機構最高長官，省稱守。秩二千石。西漢景帝二年（西元前一五五年）更名太守。掌一郡的民政、司法、軍事、財賦等，可以自辟僚屬。東漢沿置。㊵尉　郡尉，官名。亦可省稱「尉」。秦朝置，為郡守主要佐官，秩比千石。漢因之，景帝中元二年（西元前一四八年）更名都尉。㊶什伍相司　商鞅變法時在秦國推行的戶籍連坐制度。一家有罪而九家連舉發，若不糾舉，則十家連坐。㊷封豕　大豬。這裡喻暴虐殘害。㊸文　即漢文帝劉恆（西元前二〇二—前一五七年），漢高祖劉邦之子。呂后死後，周勃等平定諸呂之亂，他以代王入為皇帝。執行「與民休息」的政策，減輕田租、賦役和刑獄，使農業生產有所恢復發展。又削弱諸侯王勢力，以鞏固中央集權。史家把他同景帝統治時期並舉，稱為「文景之治」。㊹景　即漢景帝劉啟（西元前一八八—前一四一年），文帝子。繼續實行「與民休息」的政策，改田賦十五稅一為三十稅一。進行「削藩」，平定吳楚七國之亂後，把諸侯王任免官吏的權力收歸中央，王國行政由中央所任官吏處理，鞏固中央集權。歷史上把他和文帝統治時期稱為「文景之治」。㊺康乂　安治。㊻宣帝　即劉詢（西元前九一—前四九年），戾太子孫。幼遭巫蠱之禍，生長民間。元平元年，霍光與大臣廢昌邑王賀後，被迎立為帝。初委政霍光。光死親政，致力整頓吏治，強化皇權。招撫流亡，假民公田，設置常平倉，蠲免和減輕租賦，以此安定民生，恢復生產。匈奴呼韓邪單于降漢，消除匈奴對漢的威脅。又設置西域都護，政令從此頒於西域。統治期間號稱「中興」，然重用宦官和外戚許、史與王氏。廟號中宗。㊼相　國相。封國中的行政長官，職位俸祿相當於郡守。㊽關內侯　爵名。戰國秦置，為二十等爵第十九級，位徹（通）侯下。秦漢沿置，因秦都咸陽，以關內為王畿，故名。但有侯號，居京師，無封土，依封戶多少享受徵收租稅之權。(49)來儀之瑞　謂鳳凰來舞而有容儀，古人以為瑞應。(50)髡鉗　刑名。將罪犯剃光頭，用鐵圈鎖住頸項，並強制其服勞役，稱為髡鉗。周代對王族犯宮刑罪者代以髡刑。漢代有髡鉗為城旦舂，五歲刑。漢文帝除肉刑，用髡鉗代替原來的黥刑，用完城旦舂代替原來的髡鉗城旦舂。(51)監司　官名或官署名統稱。指刺史、侍御史及尚書左、右丞等有監察權的官員。(52)疢　病。(53)亭傳　亭驛；驛站。(54)朞月　一個月。(55)色斯　《論語・鄉黨》：「色斯舉矣，翔而後集。」後以「色斯」指避世遠遁。(56)墨綬　繫官印的黑色絲帶。西漢官秩比六百石以上至千石之大縣令、郡丞、長史、都尉丞等皆授銅印墨綬，故名墨綬長吏。東漢常指縣令、長之屬。(57)諸侯　封國國君。封國最高統治者掌握一國政治、軍事、經濟等大權，並按時向周天子交納貢賦和朝見述職。後借指掌握軍政大權的地方長官。(58)元元　指庶民、眾民。(59)長吏　地位較高官吏的統稱。秦、漢一般指秩六百石以上的官吏，縣丞、尉祿秩雖低，亦可稱長吏。(60)齒列　按年次同等敘列；同列。(61)有司　古代設官分職，各有專司，因稱職官為有司。(62)漢陽　郡名。東漢改天水郡置。治所在今甘肅甘谷東南。屬涼州。(63)司　即司隸校尉，官名。西漢武帝時始置，秩二千石。初掌管理役使在中央諸官府服役的徒隸，領一千二百人，持節，亦捕治罪犯。後罷其兵，掌糾察京都百官及京師附近的三輔、三河、弘農七郡的犯法者，職權漸重。東漢司隸校尉威權更重，凡宮廷內外，皇親貴戚，京都百官，無所不糾，兼領兵，有檢敕、捕殺罪犯之權。並為司隸州行政長官，轄前述七郡。治所在河南洛陽。(64)青　州名。西漢武帝時所置「十三刺史部」之一。東漢治今山東淄博臨淄鎮北。(65)揚州　漢武帝所置「十三刺史部」之一。東漢治所在今安徽和縣。末年移治今安徽壽縣、合肥。(66)經術　即經學、儒術。(67)太學　學校名，漢朝時為全國最高學府。漢武帝用董仲舒建議，傳授儒家經典，以造就官僚人才。用博士為師。東漢質帝時在學太學生達三萬。(68)陽嘉　東漢順帝劉保年號，西元一三二—一三五年。(69)明經　選舉名目之一，即將通曉經學之人推薦於朝廷。始見於漢，自武帝尊崇儒術後，頗盛。無常制。東漢章帝元和二年（西元八五年）始令郡國舉通曉經學者，凡十五萬人以上舉五人，十萬人以下舉三人。此選多補博士、議郎。東漢後漸不為所重。(70)郎　郎官泛稱。戰國至秦有郎中，為君王侍從近官，宿衛宮廷，參與謀議，備顧問差遣。西漢依職責不同，有郎中、中郎、侍郎、議郎等，無定員，多至千餘人。執掌守衛皇宮殿廊門戶，出充車騎扈從，備顧問應對，守衛陵園寢廟等。東漢於光祿勳下設五官、左右中郎將署，主管諸中郎、侍郎、郎中，實為儲備官吏人才的機構，其郎官多達二千餘人。(71)舍人　官名。戰國、秦時貴戚官僚屬員，類似賓客，為主人親近私屬。至漢代演變為正式職官。太子太傅、少傅屬官及皇后、公主屬官皆有之。同時，大臣仍有私養舍人者。(72)貢士　本指地方向朝廷薦舉人才。這裡指所薦舉之人。(73)察舉漢代選拔官吏的制度。由丞相、列侯、刺史、守相等推舉，經過考核，任以官職。始於武帝時，其主要科目有孝廉、賢良文學、秀才等，目的在擴大封建統治基礎。為漢代重要出仕途徑之一。74諸生　指儒生。也指在學讀書的學生。75家法　漢代經學，某經有一家之學，傳承有緒，故稱家法。76廣陵　郡名。西漢置。治今江蘇揚州西北蜀岡上，後分置廣陵國、臨淮郡。東漢又改廣陵國為廣陵郡。77臺郎　尚書郎別稱。西漢武帝時常以郎官供尚書署差遣，掌收發文書章奏庶務，後成為常設官職，員四人。東漢置三十六員，分隸尚書臺六曹尚書。負責啟封百官章奏，面奏皇帝，並解答皇帝的質疑。皇帝成命亦經其代擬詔令下達。秩四百石，秩輕而職顯權重，升遷頗速。78顏回　即顏淵。名回，字子淵，春秋末魯國人。孔子學生。家境貧寒，簞食瓢飲，居住陋巷，而不改其樂。為人好學，以德行著稱。79子奇　戰國時齊國人，年十八，齊君派他去治阿縣。子奇到阿縣後，把庫中兵器改鑄成農具，拿出糧倉的糧食賑濟窮人，阿縣社會秩序轉好。80濟陰　郡名。治今山東定陶西北。81胡廣　字伯始，東漢南郡華容（今湖北潛江市）人。安帝時舉孝廉，奏章為天下第一。曾任尚書僕射，典章樞機十年。後歷順、沖、質、桓、靈帝五朝，先後任郡守、九卿以至三公。雖主政者更迭，宦官、外戚交互專權，而為官如故，無忠直之風，時諺譏為：「萬事不理問伯始，天下中庸有胡公。」質帝死，懾於大將軍梁冀權勢，反對太尉李固立清河王劉蒜為帝之議，又與中常侍丁肅聯姻，以此為時人譏毀。事見本書卷四十四。82汝南　郡名。西漢置。治今河南上蔡西南。83陳蕃　字仲舉，東漢汝南平輿（今河南平輿）人。桓帝時任太尉，與李膺等反對宦官專權，為太學生所敬重，被稱為「不畏強禦陳仲舉」。靈帝立，他為太傅，與外戚竇武謀誅宦官，謀洩，率官屬及太學生八十餘人，衝入宮門，事敗入獄被害，年七十餘。事見本書卷六十六。84潁川　郡名。秦置。治所在今河南禹州。東漢以後治所屢有變化。85李膺　（西元一一〇—一六九年），字元禮，東漢潁川襄城（今屬河南）人。桓帝時為司隸校尉，與太學生首領郭泰等結交，反對宦官專權，太學生稱為「天下楷模李元禮」。延熹九年，宦官誣之為結黨誹謗朝廷，被逮捕入獄。釋放後禁錮終身。靈帝立，外戚竇武執政，他又被起用為長樂少府，與陳蕃等謀誅宦官失敗，死獄中。事見本書卷六十七。86下邳　封國名。改臨淮郡置。屬徐州。治今江蘇睢寧西北。87陳球　字伯真，東漢下邳淮浦（今江蘇漣水縣）人。順帝陽嘉中，舉孝廉，歷任繁陽令、侍御史。太尉楊秉薦為零陵太守，平定桂陽李研和州兵朱蓋等人起事。靈帝時任太尉、永樂少府，與司徒劉郃等密謀翦除宦官曹節等。事洩，被誣以圖謀不軌，下獄死。88郎中　官名。始於戰國，漢代沿置，屬郎中令（後改光祿勳），管理車、騎、門戶，並內充侍衛，外從作戰。初分為車郎、戶郎、騎郎三類，長官設有車戶騎三將，其後類別逐漸泯除。89牧守　州郡長官的泛稱。90永憙　東漢沖帝劉炳年號，西元一四五年。91博士　官名。春秋戰國時已有此稱，初泛指學者，戰國末年齊、魏、秦等國置為職官。秦、西漢初充當皇帝顧問，參與議政、制禮，典守書籍。武帝時改置《五經》博士，兼具學官職能，掌教授經學、考核人才、奉命出使等事。東漢以後，議政職能逐漸削弱。[92]河南　郡名。本秦三川郡，西漢高帝二年改名。治今洛陽東北。[93]童子郎　東漢專授未成年者之郎官。[94]黃門　指宦官。漢代宮中宦官有小黃門、中黃門、黃門令等。後遂為對宦官的泛稱。[95]孫程　（？—西元一三二年），字稚卿，東漢涿郡新城（今河北徐水縣）人。安帝時為中黃門。後與中黃門王康等十八人擁立順帝，誅外戚閻氏、宦官江京等。以此封浮陽侯，任騎都尉，康等亦同日封侯，時稱「十九侯」。後以過免官，徙封宜城侯。後養子壽襲封，開宦官以養子襲爵之始。[96]大將軍　官名。始於戰國，漢代沿置，為將軍的最高稱號，執掌統兵征戰。事實上多由貴戚擔任，掌握政權，職位甚高。[97]梁商　（？—西元一四一年），字伯夏，東漢安定烏氏（今寧夏固原）人。少以外戚拜郎中，遷黃門侍郎。順帝永建元年嗣爵為乘氏侯。陽嘉元年，其兩女被立為皇后、貴人，遂加位特進，任執金吾。四年，拜大將軍，備受寵信。曾辟名儒周舉等為從事郎中，以籠絡人心。又遣子梁冀等與掌權宦官曹節等結交。後幾為宦官所害。病卒。事見本書卷三十四。[98]冀　即梁冀（？—西元一五九年），字伯卓，東漢安定烏氏（今甘肅平涼）人。兩妹為順帝、桓帝皇后。其父梁商死後，繼為大將軍。順帝死，他與妹梁太后先後立沖、質、桓三帝，專斷朝政近二十年。執政期間，驕奢橫暴，多建苑囿，並強迫人民數千為奴婢，稱「自賣人」。梁太后、皇后先後死，桓帝與宦官單超等五人定議，誅滅梁氏，他被迫自殺。東漢政府沒其財產，賣錢三十萬萬之巨。事見本書卷三十四。[99]江京　東漢宦官，初為小黃門，善讒諂，以迎立安帝封都鄉侯，遷中常侍，兼大長秋。後任長樂太僕。與安帝乳母王聖、外戚耿寶、閻顯等結為私黨，干亂朝政，合謀廢皇太子劉保為濟陰王，枉殺太尉楊震。安帝死，又與閻顯等定策立北鄉侯劉懿為帝（即少帝）。少帝病死，宦官孫程等十九人擁立劉保為順帝，遂被殺。[100]王聖　東漢人，安帝乳母。建光元年（西元一二一年）安帝親政，參與誅滅外戚鄧氏，封野王君。後與宦官江京、樊豐等干亂朝政，合謀廢黜皇太子劉保為濟陰王。安帝死，外戚閻顯秉政，被徙於雁門。[101]桀　夏代國君。名履癸。殘酷剝削，暴虐荒淫。在有仍（今山東濟寧東南）會合諸侯，攻滅有緡氏（今山東金鄉）。後被商湯所敗，出奔南巢（今安徽巢湖市西南）而死。夏朝滅亡。[102]紂　商代最後的國君。亦稱帝辛。曾征服東夷，損耗大量人力物力。又殺死九侯、鄂侯、比干、梅伯等，囚禁周文王、箕子。沉迷酒色，重徵賦稅，統治暴虐。後周武王會合西南各族向商進攻，牧野（今河南淇縣南）之戰，他因「前徒倒戈」，兵敗自焚。商亡。[103]夷齊　即伯夷、叔齊，原為孤竹國君之子，二人因遜讓君位，奔周，路遇武王伐紂，叩馬進諫。商亡後，兩人不食周粟，餓死於首陽山。[104]蒸庶　也作「烝庶」。民眾；百姓。[105]緱氏　縣名。本春秋周侯氏邑，秦置緱氏縣。治今河南偃師東南。兩漢沿置。[106]大司農　官名。西漢武帝改大農令設，秩中二千石，列位九卿。掌管全國租賦收入和國家財政開支，凡百官俸祿、軍費、各級政府機構經費等皆由其支付，兼理各地倉儲、水利、官府農業、手工業、商業的經營，調運貨物，管制物價等。107九卿　官名合稱。始見於《尚書大傳》。漢代習慣將奉常（太常）、郎中令（光祿勳）、太僕、廷尉（大理）、典客（大鴻臚）、宗正、治粟內史（大司農）、少府、衛尉、中尉（執金吾）、三輔長官等中二千石一級的中央各高級行政機構長官並列為九卿，並非專指九種官職，故亦稱列卿。西漢九卿名義上僅次於丞相、御史大夫，分掌全國行政，職權甚重。東漢以後，其任漸輕。108庠序之儀　學校教育培養的禮儀。庠序，學校。漢代鄉校曰庠，聚校曰序。109孝明皇帝　即劉莊（西元二八—七五年），字子麗。東漢光武帝劉秀第四子。在位期間，遵奉光武制度，整頓吏治，嚴明法令，禁止外戚封侯預政。提倡儒術，省減租傜，修治汴河，民生比較安定。數發兵進擊北匈奴，遣班超經營西域，西域諸國皆遣子入侍。後世史家將其與章帝統治時期並稱為「明章之治」。廟號顯宗。110撲罰　謂以鞭撲來懲罰。111納言　官名。相傳舜時設此官，掌承上啟下，傳宣上命，受納奏言。這裡指諫議大夫。112臺閣　東漢對尚書臺的別稱。113周舉　字宣光，東漢汝南汝陽（今河南商水縣）人。順帝時先後為并州、冀州刺史。陽嘉三年（西元一三四年）徵拜尚書。漢安元年（西元一四二年）以侍中與杜喬等七人俱為使者巡行州郡，劾奏貪官汙吏，士人譽為「八俊」之一。事見本卷下文。114韓厥　又稱「韓獻子」。春秋時晉國人。初任司馬。晉景公三年（西元前五九七年），隨荀林父率軍救鄭，被楚軍擊敗於邲（今河南滎陽北）。十一年與郤克等與齊師戰於鞍（今山東濟南西北），大勝，幾擒齊頃公。晉厲公時，敗援鄭楚軍於鄢陵（今河南鄢陵西北）。後欒書等欲廢厲公，他辭不應召。欒書死，他為中軍將。時楚攻宋，他以為欲成霸業，當自宋始，乃出兵救宋，楚軍畏而退去。晉悼公元年（西元前五七二年）率師擊敗鄭軍於洧水。韓厥曾被趙宣子舉薦為司馬，為人非議。後在河曲之役時，趙宣子派出之人乘車擾亂了軍伍，被韓厥處死。趙宣子舉薦韓厥的無私得到證明。115永和　東漢順帝年號，西元一三六—一四一年。

【語譯】左雄，字伯豪，南陽郡涅陽縣人。漢安帝時，被舉薦為孝廉，不久升遷為冀州刺史。州部有很多豪門大族，喜歡拉關係，左雄常常閉門謝客，不與他們相交往來。左雄奏請查辦貪婪狡猾的郡守等地方官，毫不迴避忌諱。

2 永建初年，朝廷徵召左雄入朝，任為議郎。當時漢順帝剛剛即位，大臣們懶散懈怠，朝廷政事有很多缺失，左雄幾次上書言事，其言詞深刻懇切。尚書僕射虞詡認為左雄有忠誠公道的氣節，就上疏推薦他說：「臣見當今公卿以下官員，大多拱手緘默，認為樹立恩信就是賢能，為皇帝盡忠盡節就是愚蠢，甚至於互相告誡說：『像白璧一樣純潔的人不可做，與眾人能相融合的人多有後福。』臣見議郎左雄，多次上書言事，甚至於引用陛下身遭患難厄運的事情，以之作為警戒，確實有帝王之臣忠貞的節操、周公規勸成王的風範。應該擢升左雄為喉舌之官，一定會有匡正失誤的好處。」於是，朝廷任左雄為尚書，再次升遷後至尚書令。左雄上書言事說：

[3]「臣聽說懷柔安撫遠方之邦，協同調和近處之民，沒有比安定人心更重要，安定人心的關鍵，沒有比任用賢能更重要，用賢之道，一定要有考察廢黜的制度。因此，皋陶對於大禹，可貴之處在於有知人之明。『讓百姓安定就要愛百姓，百姓就會感激懷念他。』裂土分封，賜爵侯伯，代代繼位都是為了親近人民，人民因而和平安定，禮義謙讓之風就興旺起來。所以《詩》中說：『天上陰雲密布，雨水徐徐而下。先落在我們公田裡，然後再落到我的私田中。』到周幽王、周厲王時，昏庸淫亂，不能自己執掌朝政，褒姒玩弄政權，她的七個親屬結黨而進用，賢能的和愚蠢的錯雜混亂，卑下的深谷上升為山陵。所以有詩說：『四方之國都沒有善政，又不任用賢良之臣。』又說：『悲哀如今的人，為什麼像那虺蜴一樣？』說人們畏懼官吏像虺蜴一樣。周朝滅亡，六國被秦國吞併，活埋儒生、焚燒典籍，削去五等爵位，廢除分封，改為郡縣之制，縣設縣令、縣長，郡置郡守、郡尉，又制定什伍連坐之法，像對待豬狗一樣管制人民。大漢朝承受天命，雖然沒有完全恢復古制，但能慎重地選擇官吏，革除苛政，挽救時弊，樂於解救時勢的危困，安撫百姓而順從民意。到漢文帝、漢景帝時期，天下康樂太平。確實是由於施行寬柔無為的政策，能慎重選擇官吏的緣故。往下再到漢宣帝時期，他從微賤的地位登基，能調查核實名與實是否相符，了解當時存在的弊病，對刺史、太守、國相，都能親自接見，考察他們的言行，有功必賞，有過必罰。宣帝還歎息說：『百姓之所以能安定而沒有怨恨，是因為政治公平、官吏賢良。與我一起營造這種局面的，大概只有賢良的州郡長官吧！』他認為官吏變換頻繁，那麼下面百姓就不會安居樂業；官吏在一個位置上久一些，那民眾就能服從教化。對那些有政績的官員，則經常下詔書勉勵，增加俸祿，賜給賞金，有的甚至賜爵位到關內侯一級。公卿大臣有缺額時，則

按次序進用他們。因此，官吏辦事都能稱職，人民也能安居樂業。漢代的好官，在這時候最為興旺，所以能出現鳳凰來朝拜的祥瑞，創建中興漢室的功勞。

4　「從漢初到今天，三百餘年了，民俗遭受浸染而凋敝，機巧、虛假的現象大量滋生，下級官吏掩飾他的欺詐，高官則肆意放縱他的兇殘。主管百里之地的官員，轉任和升調都沒有常規，人人各懷私念，不考慮長久之事。以殺害無罪之人為威風，以搜刮民財役使百姓為賢能，把約束自己、安撫百姓當作笨拙和懦弱，把奉守國法、依循常理當作冥頑不化。髡鉗的刑罰，產生於睚眥之怒；橫陳屍首的災禍，發生在喜怒之間。把百姓看成是賊寇和仇敵，徵稅聚財如同虎狼。監察官員一個接著一個，但與他們同病相憐，見到過失不舉報，聽說有惡行也不督察，憑藉驛站郵傳來了解政績，責成辦事時間以一月為限，說好又道不出他的美行，評論功勞又拿不出實據，虛妄的人獲得榮譽，自我約束檢點的人卻遭到詆毀。有人因獲罪卻借清高之名而離職，有人以隱世遠遁來獵取好名聲。州郡長官也不調查，相互爭著徵召他們，使他們一下子獲得升任，超過等級，逾越同輩。有的雖經上奏立案查辦，但因逃亡而沒有被治罪，後適逢赦令又加上行賄，罪名又被洗刷。把紅的紫的看成一樣的顏色，清的濁的不加區分。所以導致那些奸詐狡猾之徒肆意猖獗，看輕官職的去留，任免官吏像流水一樣，待補的缺額動不動以百計數。鄉官部吏，雖然職務低、俸祿微薄，但他們用的車馬衣物，都是出自於老百姓，廉潔的人足夠取用，貪婪的人財富滿家，橫徵暴斂，連綿不斷，官府送往迎來的繁雜耗費，損害了政事，也傷害了百姓。和順之氣沒有融洽，災眚之氣沒有消除，癥結都在這裡。現在的地方長官，就如同古代的諸侯，在朝廷受封，車馬衣物有固定之數，但他們卻等同於普通百姓，背叛王命，逃避責任，是不能靠他們來尊崇國法、養育百姓啊。臣認為太守、國相等地方長官，仁惠、和順有顯著成效的人，可給他們增加俸祿，不能隨意使他們轉任調動，除非是父母大喪，否則不能無故去職離任。那些不依從國法禁令、不遵從皇命的人，終生禁錮不能做官，即使遇到赦令，也不能敘官。如果被彈劾、逃亡而不服國法的人，應將他全家流放到邊境州郡，用來懲戒繼任者。鄉部直接與百姓接觸的官吏，都用儒生中身世清白而能從政的人，寬免他們欠下的口錢賦稅，增加他們的俸祿，為吏滿一年後，宰府和州郡才能徵用舉薦他們。這樣，作威作福的途徑就堵住了，虛偽無恥的弊端也杜絕了，送往迎來的勞役也減省了，賦稅聚斂的源頭也就堵塞了。依法循理的官吏，得以成就他的政令教化；普天之下的百姓，在各方土地上得到安寧。追循文帝、宣帝中興國家的軌跡，留下的光芒和福澤，永世不會改變。」

5 順帝被左雄上書中的言詞所感動，申令有司，考察奏書所論事情真偽，認真實施。左雄所說的話，都通達政體，但是宦官執掌朝政，最終還是不能採用。從此，選官替任交錯頻繁，縣令縣長每月變換，迎接新官、送走舊官，勞役煩擾無休無止，有的官署空曠，無人理事，每當選任繁難州縣的官員時，甚至有人因拒任而逃亡。

6 永建三年，京城、漢陽都因地震而出現地裂，泉水從裂口中湧出來。永建四年，司州、冀州又出現大水災。左雄比較和推究災異現象，認為這是天下有人反叛朝廷的徵兆，又上疏說：「應該嚴密準備，來等待意料不到的形勢變化。」不久，青州、冀州、揚州盜賊謀亂接連發生，數年之間，全國都紛擾混亂。之後，朝廷大赦天下，盜賊雖然稍稍瓦解，但官府還是沒有多作準備，叛亂流賊的餘孽，數月之後又發動起來了。左雄與尚書僕射郭虔共同上疏，認為「寇賊連年不斷，天下人死的、逃的已過半數，往往一人犯法謀亂，整個家族的人都一起逃亡。應該趁寇賊勢力尚且微小時，下詔命他們改悔。如果有能夠告發同黨的，可以免除他的罪；有能夠誅斬寇賊的，可以公開加以賞賜」。疏文奏上後，順帝沒有理睬。

7 左雄又上書言事說：「應該尊崇儒家經學，修繕太學。」順帝聽從他的意見。陽嘉元年，太學新建成，詔令考試明經科的補作弟子，增設甲、乙兩科，人數各十人。任命京城和郡國六十歲以上的老儒為郎官、舍人以及各王國的郎官，共計一百三十八人。

8 左雄又上書說：「郡國的孝廉，就是古代貢士，他們出仕就治理百姓，宣傳協調風俗教化。如果讓他們面對牆壁苦讀，那麼才能就無處使用。孔子說『四十歲就不受迷惑』，《禮記》上稱『年長之後出仕』。請從現在起，孝廉年齡不滿四十歲，不能被考察舉用，都應該先讓他們去公府，諸生要考儒家之學，文吏要考試文書、奏章，並在端門協助辦事，考驗他們是徒有虛名還是有真才實學，來觀察他們是否有突出才能，以此來勸導風俗。有不接受考察的人，要將他依法治罪。如果有很優秀的才能和很卓越的品行，自然可以不拘年歲限制。」順帝聽從了他的意見，於是頒發到各郡州、藩國。第二年，有個廣陵郡孝廉徐淑，未到舉薦年齡，臺郎懷疑因而詰問他。他對答說：「詔書說『有像顏淵、子奇那樣的人才，可以不拘年歲』，因此本郡把臣充為人選。」臺郎不能讓徐淑屈服。左雄詰問他說：「過去顏回能聞一知十，孝廉你能聞一知幾呢？」徐淑不能回答，於是被譴責退回州郡。因此濟陰太守胡廣等十餘人都因為舉薦不當而遭到免職廢黜，只有汝南陳蕃、潁川李膺、下邳陳球等三十餘人得以任為郎中。從此刺史、太守心懷畏懼，不敢隨意舉薦孝廉。一直到永憙年間，考察選舉清正公平，朝廷因此選得許多人才。

9 左雄又上奏，請徵召海內名儒擔任博士，讓公卿子弟為諸生。對有志節操守的人，增加其俸祿。至於汝南郡的謝廉、河南郡的趙建，年齡才剛剛十二歲，各能通曉經典，左雄奏請任命他們為童子郎。於是背著書來求學的儒生，雲集京師。

10 當初，順帝為太子時曾被廢為濟陰王，乳母宋娥與黃門孫程等人，共同謀議而擁立順帝，順帝即位後認為宋娥以前有謀立之功，於是封她為山陽君，食邑五千戶。又封大將軍梁商的兒子梁冀為襄邑侯。左雄因此事而上書陳事說：「裂土封侯，是帝王制度中最重要的事情。漢高祖有約法，不是劉氏家族的人不能封王，沒有戰功的人不能封侯。孝安皇帝曾封江京、王聖等人，結果導致地震之災。永建二年，給有密謀之功的人封爵，就發生了日蝕這一災變之象。方術之士，都把災異歸罪於封爵不當。如今青州因饑荒而空虛，盜賊擾亂沒有休止，百姓因絕糧而無路可走，向上面請求借貸。陛下應多多操勞憂思，以救濟百姓為要務。應該依循古代之法，讓百姓康寧安靜，輕傜薄賦，來求得上天感動，用以消除災異。確實不應該追封小恩小德，而使國家大典遭到損失。」順帝不聽從。左雄又上書諫道：「臣聽說君王無不喜歡忠誠正直而厭惡阿諛讒佞，然而歷代的禍患，又無不是因忠誠正直而得罪皇上，而阿諛讒佞之徒卻得到寵幸，這中間的原因，大概是聽信忠言難，而依從阿諛之言容易。刑罰、罪名，是人情所非常厭惡的；顯貴、受寵，是人情所非常希望得到的。因此，一般的人中，願當忠臣的人少，而習慣阿諛奉承的人多。所以，總是讓皇帝多聽到關於自己的好話，少了解自己的過失，帝王多迷惑而不覺悟，以至於政權危亡。臣見詔書中顧念乳母的舊德宿恩，想特別追加顯赫的封賞。但依據尚書臺的舊例，沒有可以給乳母封爵賜邑的制度，僅有先帝時乳母王聖被封野王君。王聖進讒言造成太子廢立之禍，活著時被天下人切齒痛恨，死後讓海內之人歡喜痛快。夏桀、商紂貴為天子，而庸奴、僕役羞於與他們作為對比，這是因為他們沒有道義啊。伯夷、叔齊，卑下低賤，只是一介百姓，而王侯貴族爭先與他們為伍，這是因為他們有德行啊。如今乳母能夠自甘儉約，以自身行為給下面作出表率，群臣百姓，無不聞風而仰慕，而如果要與王聖一樣享有爵號，擔心會違背她本來的節操，不符合她歷來的願望。臣認為，一般人的心理，從常理來說都差不太遠，那於心不安的事，古今之人都是一樣的。百姓都非常害怕王聖造成的天下傾覆的大禍，民眾的生命，危險得像疊起的雞蛋，因而常常憂懼當今之世又會出現這類事情。驚惶不安的念頭，未從心裡離開；恐懼害怕的語言，不絕於口。乞求如前所議，每年拿錢千萬奉養乳母，於內足可以讓恩愛之母盡歡，於外可以不被官吏百姓所責備。梁冀封侯，事情不是非常急迫，應該等度過災異厄運之後，再來議論是否可行。」恰恰又發生地震、緱氏山崩等災異，左雄再次上疏進諫說：「先帝封王聖野王君，漢陽即發生地震，如今封乳母山陽君而京城又有地震，朝政掌握在女性手裡，那災禍就更大。臣前前後後妄言封爵之事至為重大，皇帝可以私自給人財物，但不可以給人官職，應該將乳母的封爵收回，以堵塞災異之象。如今梁冀已謙遜地讓出爵位，山陽君也應該自重個人的節操。」左雄多次言事，急切之至，宋娥也因畏懼而推讓，但順帝仍懷眷戀之心，不能克制，最終還是給予封爵。後來乳母終於因為與人勾結謀事而失去爵位。

11　當時大司農劉據因本職事務被責罰，下詔送尚書府查辦，一路上傳呼催趕，又加以捶打。左雄上書說：「九卿之位僅次於三公，在大臣之列，行走時身上佩戴玄玉，舉止間有庠序禮教的風儀。孝明皇帝時才開始對大臣有捶撲之刑的處罰，這都不符合古代典制。」順帝聽從意見並下詔改正，從此以後九卿之官再沒有遭捶撲之刑處罰的人。自從左雄執掌納言之任，對朝政多有匡扶肅理，每次他上表章奏事，臺閣都把表章內容作為施政的成例。後升遷為司隸校尉。

12 當初，左雄曾推薦周舉擔任尚書，周舉到任後很稱職，議論的人都稱道這件事。等左雄任司隸校尉時，又舉薦原冀州刺史馮直擔任將帥，而馮直曾因受賄而獲罪，周舉因此彈劾左雄。左雄和顏悅色地說：「我曾經事奉過馮直的父親而又與馮直交情深，如今周宣光因此來彈劾我，這是韓厥那樣的義舉。」因此，天下人對左雄的奉公之心都很敬服。第二年，左雄犯法免職。後來又擔任尚書。永和三年死去。

1 周舉，字宣光，汝南汝陽❶人，陳留❷太守防❸之子。防在儒林傳。舉姿貌短陋，而博學洽聞，為儒者所宗，故京師為之語曰：「五經從橫周宣光。」

2 延光❹四年，辟司徒❺李郃❻府。時宦者孫程等既立順帝，誅滅諸閻❼，議郎陳禪❽以為閻太后❾與帝無母子恩，宜徙別館，絕朝見。群臣議者咸以為宜。舉謂郃曰：「昔鄭❿武姜⓫謀殺嚴公⓬，嚴公誓之黃泉⓭；秦始皇⓮怨母失行，久而隔絕，後感潁考叔⓯、茅焦⓰之言，循復子道。書傳美之。今諸閻新誅，太后幽在離宮，若悲愁生疾，一旦不虞，主上將何以令於天下？如從禪議，後世歸咎明公。宜密表朝廷，令奉太后，率厲群臣，朝覲如舊，以厭天心，以荅人望。」郃即上疏陳之。明年正月，帝乃朝于東宮，太后由此以安。

3 後長樂少府⓱朱倀代郃為司徒，舉猶為吏。時孫程等坐懷表上殿爭功，帝怒，悉徙封遠縣，敕洛陽⓲令促期發遣。舉說朱倀曰：「朝廷⓳在西鍾下時，非孫程等豈立？雖韓[20]、彭[21]、吳[22]、賈[23]之功，何以加諸？今忘其大德，錄其小過，如道路夭折，帝有殺功臣之譏。及今未去，宜急表之。」張曰：「今詔怒，二尚書已奏其事，吾獨表此，必致罪譴。」舉曰：「明公年過八十，位為台輔[24]，不於今時竭忠報國，惜身安寵，欲以何求？祿位雖全，必陷佞邪之譏；諫而獲罪，猶有忠貞之名。若舉言不足採，請從此辭。」張乃表諫，帝果從之。

4 舉後舉茂才[25]，為平丘[26]令。上書言當世得失，辭甚切正。尚書郭虔、應賀等見之歎息，共上疏稱舉忠直，欲帝置章御坐，以為規誡。

5 舉稍遷并州[27]刺史。太原[28]一郡，舊俗以介子推[29]焚骸，有龍忌[30]之禁。至其亡月，咸言神靈不樂舉火，由是士民每冬中輒一月寒食，莫敢煙爨[31]，老小不堪，歲多死者。舉既到州，乃作弔書以置子推之廟，言盛冬去火，殘損民命，非賢者之意，以宣示愚民，使還溫食。於是眾惑稍解，風俗頗革。

6 轉冀州刺史。陽嘉三年，司隸校尉左雄薦舉，徵拜尚書。舉與僕射黃瓊[32]同心輔政，名重朝廷，左右憚之。是歲河南、三輔[33]大旱，五穀[34]災傷，天子親自露坐德陽殿東廂請雨，又下司隸、河南禱祀河神、名山、大澤。詔書以舉才學優深，特下策問曰：「朕以不德，仰承三統[35]，夙興夜寐，思協大中[36]。頃年以來，旱災屢應，稼穡焦枯，民食困乏。五品[37]不訓，王澤未流，群司素餐，據非其位。審所貶黜，變復之徵，厥效何由？分別具對，勿有所諱。」舉對曰：「臣聞易稱『天尊地卑，乾坤以定』。二儀[38]交構，乃生萬物，萬物之中，以人為貴。故聖人養之以君，成之以化，順四節之宜，適陰陽之和，使男女婚娶不過其時。包之以仁恩，導之以德教，示之以災異，訓之以嘉祥。此先聖承乾養物之始也。夫陰陽閉隔，則二氣否塞；二氣否塞，則人物不昌；人物不昌，則風雨不時；風雨不時，則水旱成災。陛下處唐虞之位，未行堯舜之政，近廢文帝、光武之法，而循亡秦奢侈之欲，內積怨女，外有曠夫。今皇嗣不興，東宮[39]未立，傷和逆理，斷絕人倫之所致也。非但陛下行此而已，豎宦之人，亦復虛以形埶，威侮良家，取女閉之，至有白首歿無配偶，逆於天心。昔武王[40]入殷[41]，出傾宮之女；成湯[42]遭災，以六事剋己[43]；魯僖[44]遇旱，而自責祈雨：皆以精誠轉禍為福。自枯旱以來，彌歷年歲，未聞陛下改過之效，徒勞至尊暴露風塵，誠無益也。又下州郡祈神致請。昔齊[45]有大旱，景公[46]欲祀河伯[47]，晏子[48]諫曰：『不可。夫河伯以水為城國，魚鼈為民庶。水盡魚枯，豈不欲雨？自是不能致也。』陛下所行，但務其華，不尋其實，猶緣木希魚[49]，卻行求前。誠宜推信革政，崇道變惑，出後宮不御之女，理天下冤枉之獄，除太官[50]重膳之費。夫五品不訓，責在司徒，有非其位，宜急黜斥。臣自藩外擢典納言，學薄智淺，不足以對。易傳[51]曰：『陽感天，不旋日[52]。』惟陛下留神裁察[53]。」因召見舉及尚書令成翊世、僕射黃瓊，問以得失。舉等並對以為宜慎官人，去斥貪汙，離遠佞邪，循文帝之儉，尊孝明之教，則時雨必應。帝曰：「百官貪汙佞邪者為誰乎？」舉獨對曰：「臣從下州，超備機密，不足以別群臣。然公卿大臣數有直言者，忠貞也；阿諛苟容者，佞邪也。司徒視事六年，未聞有忠言異謀，愚心在此。」其後以事免司徒劉崎，遷舉司隸校尉。

7 永和元年，災異數見，省內惡之，詔召公、卿、中二千石[54]、尚書詣顯親殿，問曰：「言事者多云，昔周公攝天子事，及薨，成王欲以公禮葬之，天為動變。及更葬以天子之禮，即有反風之應。北鄉侯[55]親為天子而葬以王禮，故數有災異，宜加尊謚，列於昭穆[56]。」群臣議者多謂宜如詔旨，舉獨對曰：「昔周公有請命之應，隆太平之功，故皇天動威，以章聖德。北鄉侯本非正統，姦臣所立，立不踰歲，年號未改，皇天不祐，大命夭昏[57]。春秋王子猛[58]不稱崩，魯子野[59]不書葬。今北鄉侯無它功德，以王禮葬之，於事已崇，不宜稱謚。災眚之來，弗由此也。」於是司徒黃尚、太常[60]桓焉[61]等七十人同舉議，帝從之。尚字伯河，南郡[62]人也，少歷顯位，亦以政事稱。

8 舉出為蜀郡[63]太守，坐事免。大將軍梁商表為從事中郎[64]，甚敬重焉。六年三月上巳日，商大會賓客，讌于洛水，舉時稱疾不往。商與親暱酣飲極歡，及酒闌倡罷，繼以薤露[65]之歌，坐中聞者，皆為掩涕。太僕[66]張种時亦在焉，會還，以事告舉。舉歎曰：「此所謂哀樂失時，非其所也。殃將及乎！」商至秋果薨。商疾篤，帝親臨幸，問以遺言。對曰：「人之將死，其言也善。臣從事中郎周舉，清高忠正，可重任也。」由是拜舉諫議大夫[67]。

9 時連有災異，帝思商言，召舉於顯親殿，問以變眚[68]。舉對曰：「陛下初立，遵脩舊典，興化致政，遠近肅然。頃年以來，稍違於前，朝多寵倖，祿不序德。觀天察人，準今方古，誠可危懼。書[69]曰：『僭恆暘若[70]。』夫僭差無度，則言不從而下不正；陽無以制，則上擾下竭。宜密嚴勑州郡，察彊宗大姦，以時禽討。」其後江淮猾賊周生、徐鳳等處處並起，如舉所陳。

10 時詔遣八使巡行風俗，皆選素有威名者，乃拜舉為侍中[71]，與侍中杜喬[72]、守光祿大夫[73]周栩、前青州刺史馮羨、尚書欒巴[74]、侍御史[75]張綱[76]、兗州[77]刺史郭遵、太尉長史[78]劉班並守光祿大夫，分行天下。其刺史、二千石有臧罪顯明者，驛馬上之；墨綬以下，便輒收舉。其有清忠惠利，為百姓所安，宜表異者，皆以狀上。於是八使同時俱拜，天下號曰「八俊」。舉於是劾奏貪猾，表薦公清，朝廷稱之。遷河內[79]太守，徵為大鴻臚[80]。

11

及梁太后[81]臨朝，詔以殤帝[82]幼崩，廟次宜在順帝下。太常馬訪奏宜如詔書，諫議大夫呂勃以為應依昭穆之序，先殤帝，後順帝。詔下公卿。舉議曰：「春秋魯閔公[83]無子，庶兄僖公代立，其子文公[84]遂躋僖於閔上。孔子譏之，書曰：『有事于太廟[85]，躋僖公。』傳[86]曰：『逆祀也。』及定公[87]正其序，經曰『從祀先公』，為萬世法也。今殤帝在先，於秩為父，順帝在後，於親為子，先後之義不可改，昭穆之序不可亂。呂勃議是也。」太后下詔從之。遷光祿勳[88]，會遭母憂去職，後拜光祿大夫。

12

建和[89]三年卒。朝廷以舉清公亮直[90]，方欲以為宰相[91]，深痛惜之。乃詔告光祿勳、汝南太守曰：「昔在前世，求賢如渴，封墓軾閭[92]，以光賢哲。故公叔[93]見誅，翁歸[94]蒙述，所以昭忠厲俗，作範後昆。故光祿大夫周舉，性侔夷、魚[95]，忠逾隨[96]、管[97]，前授牧守，及還納言，出入京輦，有欽哉之績[98]，在禁闈[99]有密靜[100]之風。予錄乃勳，用登九列[101]。方欲式序[102]百官，亮協三事[103]，不永夙終，用乖遠圖。朝廷愍悼，良為愴然。詩不云乎：『肇敏戎功，用錫爾祉[104]。』其令將大夫以下到喪發日復會弔。加賜錢十萬，以旌委蛇素絲之節[105]焉。」子勰。

13 勰字巨勝，少尚玄虛，以父任為郎，自免歸家。父故吏河南召夔為郡將[106]，卑身降禮，致敬於勰。勰恥交報之，因杜門自絕。後太守舉孝廉，復以疾去。時梁冀貴盛，被其徵命者，莫敢不應，唯勰前後三辟，竟不能屈。後舉賢良方正[107]，不應。又公車徵，玄纁[108]備禮，固辭廢疾。常隱處竄身，慕老聃[109]清靜，杜絕人事，巷生荊棘，十有餘歲。至延熹[110]二年，乃開門延賓，遊談宴樂，及秋而梁冀誅，年終而勰卒，時年五十。蔡邕[111]以為知命。自勰曾祖父揚至勰孫恂，六世一身，皆知名云。

【章旨】以上為〈周舉傳〉。周舉忠介耿直，敢於直言。作為「八使」之一巡行州郡時，彈劾貪婪狡猾之徒，表彰舉薦公正清明之吏，頗受朝廷稱道。

【注釋】❶汝陽　縣名。西漢置。因在汝水之北而得名。治今河南商水縣西北。❷陳留　郡名。治今河南開封東南陳留鎮。❸防　周防，字偉公，東漢汝南（今河南商水縣）人。年十六為郡小吏。光武帝巡狩南陽，召掾史試經，以能誦讀，拜為守丞，因年少請去。後師事蓋豫，受《古文尚書》。又舉孝廉，拜郎中。撰《尚書雜記》三十二篇，四十萬言。太尉張禹薦補博士，稍遷陳留太守，坐法免。年七十八卒。事見本書卷七十九上。❹延光　東漢安帝劉祜年號，西元一二二—一二五年。❺司徒　官名。三公之一，西漢哀帝時罷丞相，置大司徒，東漢時稱司徒，名義上與司空、太尉共掌政務，實際上權力已在尚書臺。❻李郃　字孟節，東漢漢中南鄭（今陝西漢中）人。李固之父。通《五經》，善方術。和帝時為漢中戶曹史，以諫郡守勿與大將軍竇憲交通而知名。後舉孝廉，累遷尚書令、司空。永寧元年（西元一二〇年），因承大將軍鄧騭請託事坐免。安帝死，復為司徒。以與謀立順帝功封涉都侯，不受，年八十餘卒。事見本書卷八十二上。❼諸閻　指外戚閻顯等。閻顯（？—西元一二五年），河南郡滎陽縣（今屬河南）人。以其妹為安帝皇后，封長社侯，掌管禁兵。安帝死，他與其妹定策立年幼的北鄉侯為帝，即少帝。太后臨朝，他任車騎將軍輔政。不久，少帝死，宦官孫程等十九人擁立濟陰王為帝（順帝），他被殺。❽陳禪　字紀山，巴郡安漢縣（今四川南充）人。漢安帝時先後為漢中太守、諫議大夫。因進諫被貶遼東。會北匈奴入犯，命為遼東太守，以懷柔手段安撫單于。曾為車騎將軍閻顯長史。順帝即位後任司隸校尉，卒於官。事見本書卷五十一。❾閻太后　名姬，河南滎陽人。安帝皇后。永初元年（西元一一四年）入選掖庭為貴人。次年，立為皇后。其兄閻顯等把持朝政，與宦官江京、樊豐譖廢皇太子劉保為濟陰王。延光四年（西元一二五年）安帝死，欲久柄國政，貪立幼主，與顯定策禁中，迎立北鄉侯劉懿為少帝，以皇太后臨朝，誅除大將軍耿寶及其黨羽。閻氏皆居權要。少帝旋死，中黃門孫程等擁立濟陰王為順帝，閻顯等皆伏誅。遂被遷於離宮。次年卒。❿鄭　古國名，姬姓。開國君主是周宣王弟鄭桓公（名友）。西元前八〇六年分封於鄭（今陝西華縣）。周幽王時，桓公見西周將亡，把財產、部族、家屬連同商人遷移到東虢和鄶之間。鄭武公即位，先後攻滅鄶和東虢，建立鄭國，都新鄭（今屬河南）。鄭武公、莊公相繼為周平王卿士，在春秋初年為強國。後漸衰弱，西元前三七五年為韓所滅。⓫武姜　春秋時鄭武公夫人。生太子寤生，後又生少子叔段。武姜愛叔段，武公病時，請立叔段為太子，未果。莊公即位後，迫莊公封叔段於京（今河南滎陽東南）。叔段叛，欲應之，被莊公遷到城潁（今河南登封西），誓不相見。後莊公掘地為隧相見。⓬嚴公　即鄭莊公（？—西元前七〇一年），避漢明帝諱而改。名寤生。春秋時鄭國國君，即位後，任祭仲為卿。封其弟叔段於京（今河南滎陽東南），號京城太叔。叔段以京城叛，母武姜欲應之，乃發兵平叛，叔段出奔共（今河南輝縣）。為周平王卿士。曾聯齊、魯擊敗宋、衛。鄭莊公三十七年（西元前七〇七年）以周桓王免其卿士職位，遂不朝周。周桓王率諸侯師伐鄭。他率部抗禦，大敗王師，桓王中箭受傷。⓭黃泉　地下的泉水。指人死後埋葬的地方，迷信的人指陰間。⓮秦始皇　即嬴政（西元前二五九—前二一〇年），戰國時秦國國君、秦王朝的建立者。即位時年僅十三歲，呂不韋和太后寵信的宦官嫪毒專權用事。親政後，平定嫪毒叛亂。次年，免呂不韋相職。旋即任用李斯，並派王翦等大將繼續進行統一戰爭。從西元前二三〇到前二二一年，先後消滅割據稱雄的六國，建立中國歷史上第一個統一的中央集權的封建國家。分全國為三十六郡，確定最高統治者的稱號為皇帝，國家一切重大事務由皇帝決定，統一法律、度量衡、貨幣和文字。又派兵北擊匈奴，築長城，南定百越。為加強統治，焚書阬儒，嚴刑酷法，租役繁重，廣大人民痛苦不堪，他去世後不久即爆發大規模的農民暴動。⑮潁考叔　(?—西元前七一二年)，春秋初期鄭國人。初為潁谷(今河南登封西)的封人(掌管封疆的官吏)。鄭莊公二十二年(西元前七二二年)，莊公因其弟共叔段叛亂得到其母的支持，發誓與其母「不及黃泉無相見」，不久懊悔。潁考叔提出「掘地及泉，隧而相見」的辦法，使恢復母子關係。三十二年，鄭伐許，出發時他與公孫閼爭車有隙；作戰中，持旆先登城，被閼從城下射死。⑯茅焦　戰國時齊國人。至秦為客卿。秦王政九年(西元前二三八年)因呂不韋、嫪毐事，幽禁太后於雍(今陝西鳳翔南)。次年，他說秦王政迎太后復歸咸陽(今陝西咸陽東北)，居甘泉宮。他被立為傅，爵為上卿，後為博士。⑰長樂少府　官名。西漢平帝元始四年(西元四年)更名長信少府置，秩二千石，掌皇太后宮中事務。東漢因之，不常置，皇太后卒即省。位在大長秋上，其職吏皆宦者。⑱洛陽　東漢都城。在今河南洛陽東北白馬寺東。⑲朝廷　這裡指順帝。孫程與王康等十八人在西鍾下謀劃，一起擁立濟陰王為順帝。⑳韓　韓信(?—西元前一九六年)，淮陰(今江蘇淮安)人。漢初諸侯王。初屬項羽，繼歸劉邦，被任為大將。楚漢戰爭時，劉邦採其策，攻占關中。劉邦在滎陽、成皋間與項羽相持時，使他率軍抄襲項羽後路，破趙取齊，占據黃河下游之地。後劉邦封他為齊王。不久率軍與劉邦會合，擊滅項羽於垓下(今安徽靈璧)。漢朝建立，改封楚王。後有人告他謀反，降為淮陰侯。又被告與陳豨勾結在長安謀反，為呂后所殺。他善於將兵，著有兵法《韓信》三篇，今佚。㉑彭　即彭越(?—西元前一九六年)，字仲，秦末昌邑(今山東金鄉)人。早年為盜。秦末聚眾起兵。楚漢戰爭時，將兵三萬餘歸劉邦，略定梁地(今河南東南部)，屢斷項羽糧道。不久率兵從劉邦擊滅項羽於垓下(今安徽靈璧)。封梁王。漢朝建立後，因被告發謀反，為劉邦所殺。㉒吳　吳漢(?—西元四四年)，字子顏，東漢初南陽宛縣(今河南南陽)人。新莽末年，亡命漁陽(今北京密雲)，以販馬為業。後歸劉秀，為偏將軍，徵發漁陽等郡騎兵，助劉秀消滅王郎的割據勢力，並平定銅馬、重連等部農民起事軍。劉秀即位後，他任大司馬，封舞陽侯，轉戰各地，鎮壓檀鄉、銅馬等農民軍，並率軍攻滅割據益州的公孫述。㉓賈　即賈復(?—西元五五年)，字君文，東漢初南陽冠軍(今河南鄧州)人。曾為縣掾。綠林起事爆發後聚眾起兵，自號將軍。後相繼歸附更始和劉秀。劉秀稱帝，拜執金吾，封冠軍侯。破降更始大將軍朱鮪及赤眉農民軍，遷左將軍。建武十三年(西元三七年)定封膠東侯。知光武帝不欲功臣擁眾京師，乃削除兵甲，敦崇儒學，以此深受賞識。漢明帝時圖畫功臣，列為雲臺二十八將之一。事見本書卷十七。㉔台輔　宰相、三公等最高級官員的尊稱。㉕茂才　漢代察舉重要科目之一。西漢稱秀才，東漢避光武帝劉秀名諱，改為茂才，或作茂材。東漢建武十二年(西元三六年)，詔三公舉茂才四行各一人，司隸州牧歲舉茂才一人，於是成為歲舉的常科。㉖平丘　縣名。屬陳留郡。故治在今河南封丘東。㉗并州　西漢武帝所置「十三刺史部」之一。領太原、上黨、雲中、定襄、雁門、代等六郡。東漢治今山西太原西南古城營。㉘太原　郡名。戰國後期秦國置。治今山西太原西南古城營。㉙介子推　一作介之推、介推。春秋時晉國貴族。曾從公子重耳（即晉文公）流亡國外。文公回國後賞賜隨從臣屬，沒有賞到他。遂和母親隱居緜上（今山西介休東南）山中。文公派人尋求不得，將緜上作為他名義上的封地。後世遂稱緜山為介山。傳說文公燒山逼他出來，他因不願出山而被燒死。舊俗以清明前一天（或二天）為寒食節，斷火冷食三天，一說即起於紀念他被焚死之故。㉚龍忌　鬼神忌日。㉛煙爨　燒火煮飯。㉜黃瓊　（西元八六—一六四年），字世英，東漢江夏安陸（今湖北安陸）人。歷任尚書令、太常、司徒等職。桓帝詔議褒崇大將軍梁冀之禮，特進胡廣等多阿旨稱頌，以為宜比周公，瓊獨堅持異議，以此忤冀。冀伏誅後，封邟鄉侯。舉奏州郡貪官至死徙者十餘人。後以宦官專權，遂稱病不起。卒贈車騎將軍。事見本卷下文〈黃瓊傳〉。㉝三輔　西漢京畿地區三個郡級行政單位。西漢景帝二年（西元前一五五年）分內史為左、右內史，與主爵中尉（中元六年改為主爵都尉）同治長安城中，所轄皆京畿之地，故合稱「三輔」。漢武帝太初元年改左、右內史與主爵都尉為左馮翊、京兆尹、右扶風，轄境相當今陝西中部地區。㉞五穀　五種穀物。通常指稻、黍、稷、麥、豆。一說指稻、稷、麥、豆、麻。也用為糧食作物的總稱。㉟三統　夏、商、周三代的正朔。夏正建寅，以正月為歲首，稱為人統；商正建丑，以十二月為歲首，稱為地統；周正建子，以十一月為歲首，稱為天統。㊱思協大中　希望保持中正之道。大中，謂無過與不及的中正之道。㊲五品　古指人倫等次，家庭內的尊卑之差，即父、母、兄、弟、子。㊳二儀　指天地。㊴東宮　太子所居之宮。亦為太子代稱。㊵武王　姬姓，名發。周朝建立者，周文王之子。用太公望、周公旦等人輔政，伐紂。與商軍會戰於牧野（今河南淇縣西南）。商軍倒戈，紂登鹿臺自焚而死，遂滅商。周朝建立，都鎬京（今陝西長安灃河東）。二年後病卒。㊶殷　朝代名。即商朝，西元前十六世紀商湯滅夏後建立的王朝。建都亳（今山東曹縣），曾多次遷移。後盤庚遷都殷（今河南安陽小屯村），因而商也被稱為殷。傳至紂，被周武王攻滅。共傳十七代，三十一王。約當西元前十六到前十一世紀。㊷成湯　又稱「湯」、「武湯」等，商朝第一位王。用伊尹、仲虺為輔佐，自葛（今河南寧陵北）開始，接連攻滅韋（今河南滑縣東）、顧（今山東鄄城東北）、昆吾（今河南濮陽，一說在新鄭境內）等夏之屬國，進而伐夏桀，放桀於南巢（今安徽巢湖市西南），遂滅夏，建立商朝。㊸以六事剋己　用六件事約束自己。據《帝王紀》記載，湯伐桀後大旱七年，洛川水竭，湯派人持三足鼎祝於山川說：「政不節邪？使人疾邪？苞苴行邪？讒伕昌邪？宮室榮邪？女謁行邪？何不雨之極也？」㊹魯僖　即魯僖公（？—西元前六二七年），名申。魯莊公少子。春秋時魯國國君。四年（西元前六五六年），會同齊桓公伐楚，後又參加召陵之盟。五年，與齊、宋、陳、衛、許、曹共尊周王室，於首止（今河南睢縣東南）會見太子鄭，謀定其位。二十一年夏，國內大旱，欲焚巫尫以禱雨，因臧文仲阻諫而止。二十二年為邾師大敗。㊺齊　即齊國。西元前十一世紀周分封的諸侯國。姜姓。在今山東北部，開國君主姜尚，建都營丘（今山東淄博東舊臨淄北）。春秋初期齊桓公任用管仲改革內政，國力強盛，成為霸主。西元前五六七年，齊靈公滅萊，領土擴展到山東東部。疆域東至海，西至黃河，南至泰山，北至無棣水（今河北鹽山縣南）。後田氏代齊，成為戰國七雄之一。西元前二二一年為秦所滅。㊻景公　即齊景公（？—西元前四九〇年），名杵臼。春秋時齊國國君。齊靈公之子。崔杼殺莊公後立為君。初以崔杼為右相，慶封為左相，後以晏嬰為正卿。在位期間，好治宮室，聚狗馬，厚賦重刑，致民人逃離宮室，歸於田氏。景公三十一年，伐魯取鄆（今山東鄆城東），以安置流亡到齊的魯昭公。四十八年，與魯舉行夾谷之會。㊼河伯　古人信仰的黃河神。黃河兩岸民眾奉為尊神，列入祀典。㊽晏子　即晏嬰（？—西元前五〇〇年），字平仲，春秋時夷濰（今山東高密）人。齊國大夫，歷事齊靈公、莊公、景公三朝。節儉力行，能諍諫，主張計能定祿，誅不避貴，賞不遺賤。重視發展農業生產，提倡蠶桑。多次出使楚、晉、魯等國，名顯諸侯。㊾緣木希魚　爬到樹上希望得到魚。比喻方式、方法完全錯誤，不可能達到目的。語出《孟子》。㊿太官　或作「大官」。官署名。戰國秦置，秦漢沿置，掌供應宮廷膳食宴會及飲料果品，設令、丞為長貳，屬少府。(51)易傳　即《周易大傳》，亦稱《十翼》。《周易》的傳文部分。是對《易經》最古的注解。凡七種共十篇。舊傳係孔子作，然各篇觀點不盡相同，恐非出於一時一人之手，成書當在戰國後期。其解說雖有以「天尊地卑」等論證社會等級制的永恆性和合理性的內容，但也提出一些辯證觀點。(52)陽感天二句　陽氣感動上天，不過一日就應驗。(53)裁察　裁斷審察。(54)中二千石　漢代官吏秩位之一。中即滿，九卿皆為中二千石，銀印青綬，西漢月俸百八十斛，一歲凡得穀二千一百六十石。或亦兼發錢穀。東漢半錢半穀，偶有變動。(55)北鄉侯　即劉懿。章帝孫濟北惠王劉壽子，延光四年（西元一二五年）安帝死，被閻后與閻顯迎立為帝。不久病死。(56)昭穆　古代禮制中宗廟的排列次序。即始祖居中，以下子孫分別排列左、右，左昭右穆。始祖之子為昭，始祖之孫為穆，始祖孫之子又為昭，始祖孫之孫又為穆。這樣，在昭穆排列中，父子始終異列，而祖孫則始終同列。墓地葬位也同樣分左右次序。祭祀時，子孫也按此規定排列次序，用來分別宗族內部的輩分。(57)夭昏　夭折；早死。杜預注：「短折曰夭，未名曰昏。」(58)王子猛　周景王之子。未即位死去，故《春秋》稱卒而不稱崩。(59)魯子野　魯襄王之子。未即位卒，故《春秋》不書葬。(60)太常　官名。西漢景帝中元六年（西元前一四四年）改奉常置。掌禮樂、祭祀宗廟、社稷，負責朝會和喪葬禮儀，管理皇帝陵墓、寢廟所在縣邑，每月巡視諸陵，兼掌教育，主持博士及博士弟子的考核與薦舉。秩中二千石，位居九卿之首，多由列侯充任。西漢中期後職權漸分。東漢沿置。(61)桓焉　字叔元，東漢沛郡龍亢（今安徽懷遠）人。少傳家學，明經篤行，曾入宮為安、順二帝講授經書。歷任太子太傅、光祿大夫、太尉等職。有弟子數百人。事見本書卷三十七。[62]南郡　戰國時置。初治今湖北荊州北紀南城，後移治今湖北荊州。漢武帝時割東部數縣置江夏郡，宣帝後轄有相當今湖北襄樊以南，荊門、洪湖以西，長江、清江河流域以北的地區，西至重慶市巫山。[63]蜀郡　戰國秦置。治今四川成都。[64]從事中郎　官名。東漢置，為大將軍、車騎將軍之屬官，參與謀議。大將軍府定員二人，秩六百石。[65]韰露　也作「薤露」。樂府〈相和曲〉名，是古代的挽歌。[66]太僕　官名。西周始置，秦、漢為九卿之一，掌御用車馬和畜牧業，秩中二千石。新莽改稱太御。東漢復原名，除御用車馬外，兼掌兵器製作。[67]諫議大夫　官名。西漢置諫大夫，東漢改稱諫議大夫，屬光祿勳，無定員，掌議論。[68]變眚　預示將發生災禍的變異現象。眚，災難；疾苦。[69]書　書名。也稱《尚書》、《書經》，中國最早的歷史文獻彙編。原意「上古的史書」。是商、周兩代統治者的講話記錄及春秋、戰國時期根據遠古材料加工編成的虞、夏史事記載。西漢以後成為儒家經典之一。[70]僭恆暘若　國君行為不當，太陽就會久久烤曬。《尚書・洪範》之文。孔安國注：「君行僭差，則常暘順之也。」[71]侍中　官名。秦始置，兩漢沿置，為自列侯以下至郎中的加官，無定員。侍從皇帝左右，出入宮廷。初伺應雜事，由於接近皇帝，地位漸形貴重。[72]杜喬　字叔榮，東漢河內林慮（今河南林州）人。順帝漢安元年（西元一四二年）為光祿大夫，奉使按察兗州，表奏泰山太守李固為政第一，舉劾大將軍梁冀季父及黨羽為官者贓罪千萬以上。後歷任太子太傅、大司農、大鴻臚等職。質帝為梁冀鴆殺後，與李固力主立年長的清河王劉蒜為帝，以此忤於冀。桓帝建和元年，代胡廣為太尉。旋以清河劉文等人謀立劉蒜為天子事，為梁冀誣陷，下獄死。事見本書卷六十三。[73]守光祿大夫　試用光祿大夫。守，官制用語。官員試職稱守。漢有試守之制，限期一年，歲滿轉正，得食全祿，即為真。光祿大夫，官名。戰國時置中大夫，漢武帝時始改稱光祿大夫，掌顧問應對，屬光祿勳。[74]欒巴　字叔元，東漢魏郡內黃（今河南內黃）人，一說蜀郡（今四川成都）人。順帝時給事掖庭，補黃門令，不與諸常侍交接。後歷任桂陽、豫章太守，在郡為百姓制定婚喪嫁娶之禮，興立學校。徵拜尚書，因諫止營建憲陵侵毀百姓冢墓忤旨，免官禁錮。靈帝即位，被大將軍竇武徵為議郎。及武被害，貶為永昌太守，又上書為武等鳴冤，下獄自殺。事見本書卷五十七。[75]侍御史　官名。漢沿秦置，在御史大夫下，或給事殿中，或舉劾非法，或督察郡縣，或奉使出外執行指定任務。[76]張綱　字文紀，東漢犍為武陽（今四川彭山縣）人。順帝時為侍御史，上書抨擊宦官專權。漢安元年（西元一四二年），與杜喬、周舉等人為使者巡察州郡。行前埋車輪於洛陽都亭，以為「豺狼當路，安問狐貍」。旋參奏當權外戚大將軍梁冀、冀弟河南尹梁不疑，京師為之震動。後任廣陵太守，誘降張嬰農民起事軍。卒於任。事見本書卷五十六。[77]兗州　西漢武帝所置「十三刺史部」

之一。東漢治今山東金鄉西北。78太尉長史　官名。太尉府屬官。為府署諸掾屬之長，秩皆千石。掌府中諸務，並佐太尉參與國政。79河內　郡名。秦置。治懷縣（今河南武陟）。80大鴻臚　官名。西漢武帝時改典客為大鴻臚，東漢沿置。原掌接待少數民族等事，為九卿之一。後漸變為贊襄禮儀之官。81梁太后　即梁妠（西元一〇六—一五〇年），安定烏氏（今甘肅平涼）人。東漢順帝皇后。順帝時，其父梁商任大將軍，掌握朝政。梁商死後，又由其兄梁冀繼任。順帝死，她與梁冀迎立沖、質、桓三帝，都臨朝執政。梁氏一門前後有七侯，三皇后，六貴人，兩大將軍。執政期間，兼用外戚、宦官，重用擁護她的官僚集團，又表揚儒學，招太學生達三萬餘人，藉以取得世族地主的支援。82殤帝　即劉隆（西元一〇五—一〇六年），東漢和帝少子。元興元年十二月即位，生甫百餘日，鄧太后臨朝稱制。延平元年卒，在位八個月。83魯閔公　（西元前六六九—前六六〇年），名啟方。春秋時魯國國君。魯莊公之子。莊公死，子般即位。莊公弟慶父殺子般，立他為君。後二年，又為慶父謀殺。84文公　即魯文公（?—西元前六〇九年），名興。春秋時魯國國君。魯僖公之子。由公子遂任卿執政，魯國從此出現大夫專政局面。對外附晉抗齊，曾於二年、三年、十三年三次至晉朝見晉君。85太廟　帝王的祖廟。86傳　即《左傳》。書名，又稱《左氏春秋》、《春秋左氏傳》、《春秋左傳》等。《春秋》三傳之一。傳為春秋末魯太史左丘明所作，近人多認為完成於戰國前期。按《春秋》編年體記述春秋史事，始自魯隱公元年（西元前七二二年），迄於魯哀公二十七年（西元前四六八年），並敘及魯悼公四年（西元前四六四年）之事。以記事為主，同時集錄許多春秋以前的史事和傳說，為中國第一部完整的編年史。87定公　即魯定公（?—西元前四九五年），名宋。春秋時魯國國君。魯襄公之子。由季孫意如和季孫斯先後任卿，其間有三年由季氏家臣陽虎專國政。六年（西元前五〇四年），率兵伐鄭。十年，以孔丘為司寇，與丘會齊景公於夾谷（今山東萊蕪東），齊許歸魯汶陽之田，魯以戰車三百乘隨齊軍出境作戰。十二年，仲由為季氏宰，欲削季氏、叔氏和孟氏三家勢力。孟氏反抗，他發兵攻之，不克而罷。88光祿勳　官名。秦稱郎中令，漢武帝時改稱光祿勳。東漢末年復稱郎中令。掌領宿衛侍從之官。89建和　東漢桓帝劉志年號，西元一四七—一四九年。90清公亮直　清廉公正、誠實正直。91宰相　我國古代以對君主負責總攬政務的人為宰相。宰是主持，相是輔佐之意。但歷代所用官名與職權廣狹程度，各有不同。秦和西漢以相國或丞相為宰相，而御史大夫為丞相之副。東漢則司徒等於丞相，與司徒、太尉共掌政務。然按之實際，則實權悉歸尚書，尚書令主贊奏事，總領紀綱，無所不統。92封墓軾閭　增修墳墓，旌表里門，表示對賢者的禮遇和尊崇。《尚書》記載：武王入殷，「封比干墓，軾商容閭。」軾，憑軾致敬。93公叔　即公叔子文。春秋時衛國大夫。衛國鬧饑荒，向飢者施粥。衛國有難，以身護衛國君。死後諡「貞惠文子。」94翁歸　即尹翁歸。字子兄，西漢河東平陽（今山西臨汾）人。家徙杜陵（今陝西西安東南）。初為獄小吏，曉習文法。河東太守田延年署為督郵。後歷任緱氏尉、都內令、弘農都尉。遷東海太守，治郡輒令各縣收取黠吏豪民，案致其罪。以高第入守扶風，滿歲為真。豪強有罪，輸掌畜官罰作，京師大治。為政任刑，然於公卿間語不及私，不以行能驕人，故甚得名譽於朝廷。卒後家無餘財。宣帝下詔褒揚，賜金百斤。[95]魚　史魚。春秋時衛國大夫，數言蘧伯玉賢，彌子瑕不肖，而衛君不聽。死前要求不要正堂理喪。衛君聽後，立刻召用蘧伯玉，貶退彌子瑕。[96]隨　即隨會。春秋時晉國人，晉侯命他統率中軍，並且為太傅，晉國的盜賊聽說後都出逃到秦國。[97]管　即管仲。名夷吾，字仲，潁上人。春秋初期政治家，由鮑叔牙推薦，被齊桓公任命為卿，尊稱「仲父」。他在齊進行改革，確立選拔人才制度，按土地好壞分等徵稅，適當徵發力役，用官府力量發展鹽鐵業，鑄造和管理貨幣，調劑物價。從此國力大振。幫助齊桓公以「尊王攘夷」相號召，使之成為春秋時第一個霸主。[98]欽哉之績　聲名赫赫的政績。欽哉，語出《尚書・堯典》：「咨十有二牧，欽哉！」[99]禁闈　宮廷門戶。指宮內或朝廷。[100]密靜　穩重安詳。[101]九列　九卿的職位。[102]式序　按次第；順序。[103]三事　指三公。[104]肇敏戎功二句　快快建下你的大功，賜給你福祿享用。語出《詩・江漢》。肇，謀劃。敏，迅速；快。戎功，大功；大事。[105]委蛇素絲之節　清廉高尚的氣節。素絲，「素絲羔羊」之省。用作對清廉者的譽辭。委蛇，雍容自得的樣子。[106]郡將　郡守別稱。漢代因郡守（太守）兼領武事，故名。[107]賢良方正　漢代選舉科目，始於漢文帝前二年（西元前一七八年），全稱舉賢良方正能直言極諫科，常與賢良文學並稱。非歲舉。漢代舉賢良方正，對策者百人，有高下之分，卻未有黜落，對者皆預選。[108]玄纁　兩種染料，古代用以染製祭服。引申為用作儀物的幣帛的代詞。[109]老聃　即老子。姓李，名耳，字聃，春秋楚國苦縣（今河南鹿邑）人。道家創始人。傳說曾為東周王室管理典籍的史官。現存《老子》一書，基本反映其思想。主張「無為而治」，認為「道」是天地萬物的本原，認識到事物之間的依存和轉化關係。老子的思想對中國思想史的發展產生了深遠影響。[110]延熹　東漢桓帝年號，西元一五八－一六七年。[111]蔡邕　字伯喈，東漢陳留圉（今河南杞縣）人。好辭章、數術、天文，善音律，工琴藝。靈帝時辟司徒橋玄府。後任郎中，校書東觀。熹平四年（西元一七五年），奉命與五官中郎將堂谿典、光祿大夫楊賜等勘正《六經》文字。自書丹於碑，使工鐫刻，立於太學門外，世稱「熹平石經」。後遭宦官陷害，亡命江海十餘年。董卓擅政時，召為祭酒，遷尚書，拜中郎將，封高陽鄉侯。及董卓被誅，為司徒王允收付廷尉治罪。自請黥首刖足，續成漢史。不久，死於獄中。事見本書卷六十下。

【語　譯】周舉，字宣光，汝南郡汝陽縣人，陳留太守周防的兒子。周防事跡記載在〈儒林傳〉。周舉身材矮小而相貌醜陋，但博學多聞，被儒生們所尊崇，所以京城裡的人為他編了句話說：「《五經》縱橫周宣光。」

2 延光四年，徵召周舉任職於司徒李郃府中。當時宦官孫程等人已經立了漢順帝，誅滅了諸閻，議郎陳禪認為閻太后與順帝並無母子關係，應該遷居別宮，並斷絕與順帝往來。群臣參加議論的人都認為此說恰當。周舉對李郃說：「過去鄭太后武姜圖謀殺害鄭莊公，鄭莊公發誓不到黃泉不相見；秦始皇怨恨母親沒有品行，長久地與她隔絕往來，後來被潁考叔、茅焦的話感動，重新恢復為子之道。史書《左傳》讚美了這兩件事情。今天諸閻剛剛被誅殺，閻太后被囚禁在離宮，如果因悲愁生出疾病，一旦發生不測之事，皇帝將用什麼號令天下？如果聽從陳禪的意見，後世之人就會歸罪於您。應該祕密上表朝廷，讓皇帝尊奉閻太后，率領勉勵群臣，像過去一樣朝見太后，用這樣的行為來上滿天心，下答人望。」李郃隨即上疏陳述這件事情。第二年正月，順帝就往東宮朝見太后，太后因此得以平安。

3 後來長樂宮少府朱倀接替李郃擔任司徒，周舉還是擔任司徒府吏。當時孫程等人因為懷揣表章上殿爭功，引起順帝發怒，將他們都封到邊遠縣份，勒令洛陽縣令催促他們按期趕快出發。周舉就去勸告朱倀說：「皇帝過去在西鍾下時，若不是孫程等人豈能被立為帝？即使是韓信、彭越、吳漢、賈復的功勞，又怎麼能與這個功勞相比呢？如今忘掉他們的大德，收錄他們的小過，如果他們在半路上死了，皇帝就會受到妄殺功臣的議論。趁現在他們還沒有離開時，應該趕快上表陳說此事。」朱倀說：「現在皇上正在發怒，二個尚書已經奏明了這件事情，我單獨這樣上表，一定會獲罪或被責備。」周舉說：「明公年齡過了八十，地位處於台輔，不在這個時候盡忠報國，卻愛惜自身的安樂和皇帝的寵幸，還想再去求得什麼呢？俸祿權位雖然得到保全，但一定會陷於被指為奸佞的議論；因勸諫而獲罪，還有忠貞之名。如果周舉的建議不足以採用，請讓我從此辭去官職。」朱倀於是上表勸諫，順帝果然聽從了他的意見。

4 周舉後來被舉薦為茂才，擔任平丘縣令。他上書陳說當世朝政得失，言詞非常直率懇切。尚書郭虔、應賀等人見了都感歎不已，因而一同上疏稱讚周舉忠誠正直，希望順帝將周舉的表章放置在御座上，來作為規勸和警誡。

5 周舉不久又升任并州刺史。所屬太原郡，舊俗因介子推焚燒了自己的身體，有禁火的忌諱。到介子推被燒死的那個月，都說神靈不喜歡用火，因此士人百姓每個冬天就有一個月吃冷食，不敢生火煮食，老人小孩忍受不了冷食，每年都有很多因此而死亡的人。周舉到并州後，就寫了弔書置於介子推廟，說嚴冬時節不生火，殘害和損傷了百姓性命，不是賢明者的意思，因而宣告愚昧的百姓，使他們回復到吃熱食的習慣。從此，百姓對此事的疑惑慢慢解除，風俗習慣得到較大的改正。

6 周舉後來又轉任冀州刺史。陽嘉三年，司隸校尉左雄舉薦周舉，徵召赴京任命為尚書。周舉與尚書僕射黃瓊同心協力輔佐朝政，在朝中名重一時，同僚都畏懼他。當年，河南郡和三輔地區發生大旱災，五穀受災減產，天子親自露天坐在德陽殿東廂求雨，又下詔命司隸校尉、河南郡祈禱祭祀河神、名山、大湖。詔書中提到周舉才能優異學問深厚，特地下策問道：「朕憑藉微薄的德行，仰承帝王大統，每天早起晚睡，希望保持中正之道。近年以來，旱災屢屢出現，莊稼乾枯，民眾糧食短缺。五常之教沒有普及，皇帝的恩澤沒有流布，各衙官員白吃飯不幹事，占據了不該占的位子。命你審察所貶謫和廢黜的官員，再考慮災變一再出現的徵兆，這究竟是什麼原因？分別詳細回答，不要有所忌諱。」周舉回答說：「臣見到《易》上說『天高地低，乾坤的位置是以此而定的』。陰陽交相配合，才生育出萬物，萬物之中，以人類為尊貴。所以聖人用君子之道來培養他們，用五倫教化來成就他們，順從四季變化的規律，適應陰陽二氣的交合，使男女婚姻的嫁娶不錯過時機。用仁義恩惠來包容他們，用德行禮教來引導他們，以災異之變作為對他們的警示，以嘉祥之象作為對他們的教育。這是古代聖人承受天命養育萬物的開始。如果陰陽相互閉隔，那麼陰陽二氣的流通就被堵塞；二氣被堵塞，那麼人與萬物就不昌盛；人與萬物不昌盛，那麼風雨就不按時而生；風雨不按時，那麼水旱就成災害了。陛下身處唐堯、虞舜的地位，而不能夠施行堯、舜的政治，近來又廢棄了文帝、光武帝之法，而依循滅亡的秦朝那種奢侈的欲望，宮內聚集了不能婚嫁的怨女，宮外有不能娶親的曠夫。如今皇帝的後嗣不興旺，東宮太子未確立，這是損傷了陰陽調和、背離了事物常理、斷絕了人倫關係所造成的。不僅僅是陛下做了這事而已，宮中的宦官，也是假借皇帝威勢，威嚇侮辱善良百姓，娶來女子幽禁起來，甚至有白頭到死也沒有配偶的，這種作法違背了天意。從前周武王打進殷都，將滿宮的女子放出；成湯遭受災害，列舉六件事約束自己；魯僖公遇到旱災，也是以自責來祈禱下雨：他們都是憑藉精誠所至使禍轉化為福。自從大旱以來，已歷滿一年，但沒有聽說陛下有改過自責的效果，白白地讓至尊之體暴露在風塵之中，確實是沒有益處的。又下令州郡祈求神靈降雨。過去齊國遇到大旱，齊景公想祭祀河伯，晏子進諫說：『不能祭。河伯是以水域作為國家，魚鱉作為百姓。水沒有了魚兒就會乾死，難道他不想下雨？自然是辦不到啊。』陛下所做的事情，只追求表面的東西，而不講究實際，這就好比爬到樹上希望捉到魚，退著行走卻希圖得到前進。確實應該推出誠心，革除弊政，崇尚道義，消除疑惑，遣出後宮中沒有臨幸過的女子，審理天下的冤屈之獄，消減太官膳食的巨大耗費。五常之教得不到推行，責任在於司徒，有不能稱任職位的人，應該迅速加以貶斥、廢黜。臣從外任擢升為納言之官，學問淺薄，才智有限，不足以應答陛下。《易傳》說：『陽氣感動上天，不過一日就應驗。』希望陛下留意考察裁定。」於是，皇帝就召見周舉以及尚書令成翊世、僕射黃瓊，詢問為政得失。周舉等人都認為應該慎重選官用人，貶斥貪汙之徒，疏遠奸佞小人，依循漢文帝的儉約，尊崇孝明皇帝的教化，那麼及時之雨必然回應。順帝說：「百官之中，貪汙、奸詐的人是誰呢？」周舉單獨對答說：「臣從下面州郡而來，提拔擔任機密之職，不足以辨別群臣忠奸。然而公卿大臣中經常以耿直之言進諫的，是忠貞之臣；阿諛奉承，苟合取容於陛下的，是奸佞邪惡之徒。司徒任職已經六年，未聽說過有什麼忠貞之言、特出之謀，愚臣心裡所指的，就是這個人。」此後，因事免去劉崎的司徒之職，升遷周舉擔任司隸校尉。

7 永和元年，災異之象幾次出現，皇帝對此心中不安，下詔召三公、九卿、中二千石、尚書到顯親殿，問道：「上書言事的人大多說，過去周公代行天子之事，等他死的時候，周成王想用公的葬禮規格來安葬他，上天為之發生大風大雨的變化。等到改換用天子的葬禮進行安葬，隨即有風收雨息的應驗。北鄉侯曾當過天子卻用王禮安葬，所以幾度出現災異，應該追加尊號，把他排列在祖宗昭穆之位。」群臣中議論的人大多認為應該遵照皇帝詔書的想法辦，唯獨周舉回答說：「過去周公有向蒼天為成王請命的舉動，有隆興太平盛世的功勞，所以上天發威，來彰明聖德。北鄉侯本來不是正統，是奸臣所擁立的，即位後又不滿一年，年號也沒有改變，皇天不保佑他，在幼年就夭折了。《春秋》記載王子猛死時不稱『崩』，魯公子野死時不稱『葬』。現在北鄉侯並沒有其他功德，用王禮來安葬他，對於此事來說已是夠尊崇了，不應該再另加謚號。災害的發生，並不是由此而來。」於是，司徒黃尚、太常桓焉等七十人贊同周舉的說法，皇帝聽從了他們的意見。黃尚字伯河，南郡人，年輕時就擔任過顯要的職位，也因有政績著稱。

8 周舉出任為蜀郡太守，因事免職。大將軍梁商上表請求讓周舉擔任從事中郎，對周舉非常敬重。永和六年三月上巳日，梁商大會賓客，在洛水之旁設宴，周舉當時聲稱有病沒有赴宴。梁商與親近之人盡情飲酒極盡歡樂，到酒宴將散、歌妓演唱結束之時，梁商又繼續唱起《薤露》之歌，座中聽歌的人，都為之掩面哭泣。太僕張种當時也在場，宴會回來，將事情告訴周舉。周舉感歎說：「這就是所說的悲哀、歡樂發生得不是時候，也不是該發生的場所。災禍可能將要到來了！」梁商到秋天時果然死去。梁商病重時，順帝親自前往探視，問他有何遺言。梁商對答說：「人在要死的時候，他說的話也是善良的。臣的從事中郎周舉，清廉、高尚、忠誠、正直，可以付以重任。」於是，下詔任用周舉為諫議大夫。

9 當時接連出現災異，順帝想到梁商臨終之言，就召周舉到顯親殿，以災異的事情詢問周舉。周舉對答說：「陛下剛剛即位時，遵循和修明古制舊典，隆興教化，提出善政，遠近地方都安寧平靜。但近年以來，逐漸與以前的作法相違背，朝中有許多奸佞寵臣，他們的俸祿與功德不相稱。觀察天象，考察人事，衡量今日，對照古事，確實令人感到恐懼害怕。《尚書》中說：『國君行為不當，太陽就會久久烤曬。』如果君王言行差錯沒有限度，那麼就會因不聽從諫言而導致臣下不走正道；陽氣得不到控制，那麼上面就會感到困擾，下面就會窮竭而生變。應該祕密地嚴令各州郡，審查高門豪強中的大奸大惡，適時予以討伐擒拿。」之後，江淮一帶的狡詐之賊周生、徐鳳等人四處起事，正應驗了周舉所說的話。

10 當時順帝下詔派遣八個使臣巡視各地風俗民情，所選的使臣都是素來有威名的人，於是任周舉為侍中，與侍中杜喬、試用光祿大夫周栩、前青州刺史馮羨、尚書欒巴、侍御史張綱、兗州刺史郭遵、太尉長史劉班都任試用為光祿大夫，分別巡行天下。那些刺史、郡守中犯貪汙受賄罪罪行確鑿的人，通過驛站上書朝廷；

縣令以下官員，便馬上收捕舉報。對那些清廉、忠直，能惠利百姓，並使百姓安寧的官員，應該表彰其中優異的人員，都上報朝廷。於是，八位使者同時受任，天下人稱他們為「八俊」。周舉於是彈劾貪婪狡猾之徒，表彰舉薦公正清明之吏，頗受朝廷稱道。後遷任河內郡太守，又徵召擔任大鴻臚。

11 到梁太后臨朝聽政時，下詔說殤帝年幼夭折，宗廟順序應該在順帝之下。太常馬訪上奏說應該按詔書指示的辦，諫議大夫呂勃認為應該依照昭穆順序，先列殤帝，後列順帝。詔書讓公卿們議論。周舉評議道：「《春秋》記載魯閔公沒有兒子，庶兄魯僖公代立為國君，後來他的兒子魯文公就把僖公安排在閔公之上。孔子批評這件事，寫道：『在太廟行祭祀禮，見僖公逾位。』《左傳》說：『這是顛倒次序的祭祀。』等到魯定公將順序擺正後，《春秋經》才說『按順序祭祀先王』，這可以作為萬世仿效的原則。如今殤帝在先，按次序來說是父親，順帝在後，論親緣來說應為兒子，先後的道義不可改變，因而昭穆的次序也不能打亂。呂勃的議論是正確的。」梁太后下詔聽從了這個意見。遷任周舉為光祿勳，正逢遭到母喪而離職，後再任為光祿大夫。

12 建和三年，周舉死去。朝廷認為周舉清廉、公道、正直，正想任命他擔任宰相，因而對周舉之死深深痛惜。於是下詔通知光祿勳、汝南郡太守說：「過去在前代時，求賢如渴，封賢人之墓，向賢人閭里致敬，為的是光大賢哲之士。所以公叔文死後，衛君為他作誄文，尹翁歸死後，宣帝下詔褒揚，這是用來昭明忠臣節義以勉勵民俗，為後代作出榜樣。原光祿大夫周舉，秉性可比伯夷、史魚，忠誠超過隨會、管仲，從前擔任過刺史、郡守，奉調回京後擔任諫議大夫，不管是出京入京，都有聲名赫赫的政績，在宮中任職時，有慎密肅靜的風範。我表彰他的功績，任用他登上九卿之位。正想要他統理百官，協助三公辦事，不想一命終天，因而背離我長遠的打算。朝廷對他憐憫哀悼，深為悲痛。《詩》裡面不是這樣說嗎：『快快建下你的大功，賜給你福祿享用。』詔令大夫以下官員到發喪之日時再次會合弔喪。另外賜錢十萬，用來表彰和獎賞他的義節。」周舉的兒子為周勰。

13 周勰字巨勝，年輕時崇尚玄虛之術，因父親的地位任職為郎官，後來自己辭職歸家。父親過去的屬吏河南郡召夔擔任郡將，屈身禮遇，向周勰致以敬意。周勰以父親知交來回報為恥辱，因而關起門來不與他往來。

後來太守舉薦他為孝廉，他又因病離去。當時梁冀正受寵勢盛，被梁冀徵召任命的人，沒有敢不應召的，只有周勰前後被徵召了三次，最終也沒有接受。後來舉薦為賢良方正，沒有應命。朝廷公車又來徵召，禮節齊備，周勰以殘疾為理由堅持辭去。常常在隱蔽的地方藏身，追慕老子清靜無為之術，斷絕與人往來，所居的巷子裡長出荊棘，這樣過了十餘年。到延熹二年，才開門接待賓客，與人一起宴樂遊談，到秋天時梁冀被殺，年終時周勰死去，時年五十歲。蔡邕認為他知道天命。從周勰的曾祖父周揚到周勰的孫子周恂，六代單傳，都知名於當世。

1

黃瓊，字世英，江夏❶安陸❷人，魏郡❸太守香❹之子也。香在文苑傳。瓊初以父任為太子舍人❺，辭病不就。遭父憂，服闋❻，五府❼俱辟，連年不應。

2

永建中，公卿多薦瓊者，於是與會稽❽賀純、廣漢❾楊厚俱公車徵。瓊至綸氏❿，稱疾不進。有司劾不敬，詔下縣以禮慰遣，遂不得已。先是徵聘處士⓫多不稱望，李固⓬素慕於瓊，乃以書逆遺之曰：「聞已度伊、洛，近在萬歲亭，豈即事有漸，將順王命乎？蓋君子謂伯夷隘，柳下惠⓭不恭，故傳曰『不夷不惠，可否之間⓮』。蓋聖賢居身之所珍也。誠遂欲枕山棲谷，擬跡巢⓯、由⓰，斯則可矣；若當輔政濟民，今其時也。自生民以來，善政少而亂俗多，必待堯舜之君，此為志士終無時矣。常聞語曰：『嶢嶢⓱者易缺，皦皦⓲者易汙。』陽春之曲，和者必寡，盛名之下，其實難副。近魯陽⑲樊君被徵初至，朝廷設壇席，猶待神明。雖無大異，而言行所守無缺。而毀謗布流，應時折減者，豈非觀聽望深，聲名太盛乎？自頃徵聘之士，胡元安、薛孟嘗、朱仲昭、顧季鴻等，其功業皆無所採，是故俗論皆言處士純盜虛聲。願先生弘此遠謨⑳，令眾人歎服，一雪此言耳。」瓊至，即拜議郎，稍遷尚書僕射。

3 初，瓊隨父在臺閣，習見故事。及後居職，達練官曹，爭議朝堂，莫能抗奪。時連有災異，瓊上疏順帝曰：「間者以來，卦位錯謬，寒燠相干，蒙氣數興，日闇月散。原之天意，殆不虛然。陛下宜開石室㉑，案河洛㉒，外命史官，悉條上永建以前至漢初災異，與永建以後訖于今日，孰為多少。又使近臣儒者參考政事，數見公卿，察問得失。諸無功德者，宜皆斥黜。臣前頗陳災眚，并薦光祿大夫樊英、太中大夫㉓薛包及會稽賀純、廣漢楊厚，未蒙御省。伏見處士巴郡㉔黃錯、漢陽任棠，年皆耆耋㉕，有作者七人㉖之志。宜更見引致，助崇大化。」於是有詔公車徵錯等。

4 三年，大旱，瓊復上疏曰：「昔魯僖遇旱，以六事自讓，躬節儉，閉女謁，放讒佞者十三人，誅稅民受貨者九人，退舍南郊，天立大雨。今亦宜顧省政事，有所損闕，務存質儉，以易民聽。尚方[27]御府[28]，息除煩費。明敕近臣，使遵法度，如有不移，示以好惡。數見公卿，引納儒士，訪以政化，使陳得失。又因徙尚積，多致死亡，亦足以感傷和氣，招降灾旱。若改敝從善，擇用嘉謀，則灾消福至矣。」書奏，引見德陽殿，使中常侍以瓊奏書屬主者施行。

自帝即位以後，不行籍田之禮[29]。瓊以國之大典不宜久廢，上疏奏曰：「自古聖帝哲王，莫不敬恭明祀，增致福祥，故必躬郊廟之禮[30]，親籍田之勤，以先群萌[31]，率勸農功。昔周宣王[32]不籍千畝[33]，虢文公[34]以為大譏，卒有姜戎之難[35]，終損中興之名。竊見陛下遵稽古之鴻業，體虔肅以應天，順時奉元，懷柔百神，朝夕觸塵埃於道路，晝暮聆庶政以卹人。雖詩詠成湯之不怠遑，書美文王[36]之不暇食，誠不能加。今廟祀適闋，而祈穀絜齋之事，近在明日。臣恐左右之心，不欲屢動聖躬，以為親耕之禮，可得而廢。臣聞先王制典，籍田有日，司徒咸戒，司空[37]除壇。先時五日，有協風之應，王即齋宮，饗醴載耒，誠重之也。自癸巳以來，仍西北風，甘澤不集，寒涼尚結。迎春東郊，既不躬親，先農之禮，所宜自勉，以逆和氣，以致時風。易曰：『君子自強不息[38]。』斯其道也。」書奏，帝從之。

6 頃之，遷尚書令。瓊以前左雄所上孝廉之選，專用儒學文吏，於取士之義，猶有所遺，乃奏增孝悌及能從政者為四科，事竟施行。又雄前議舉吏先試之於公府，又覆之於端門，後尚書張盛奏除此科。瓊復上言：「覆試之作，將以澄洗清濁，覆實虛濫，不宜改革。」帝乃止。出為魏郡太守，稍遷太常。和平㊴中，以選入侍講㊵禁中。

7 元嘉㊶元年，遷司空。桓帝㊷欲褒崇大將軍梁冀，使中朝二千石以上會議其禮。特進㊸胡廣、太常羊溥、司隸校尉祝恬、太中大夫邊韶等，咸稱冀之勳德，其制度賚賞，以宜比周公，錫之山川、土田、附庸。瓊獨建議曰：「冀前以親迎之勞，增邑三千，又其子胤亦加封賞。昔周公輔相成王，制禮作樂，化致太平，是以大啟土宇，開地七百。今諸侯以戶邑為制，不以里數為限。蕭何㊹識高祖於泗水，霍光㊺定傾危以興國，皆益戶增封，以顯其功。冀可比鄧禹㊻，合食四縣，賞賜之差，同於霍光，使天下知賞必當功，爵不越德。」朝廷從之。冀意以為恨。會以地動策免。復為太僕。

8 永興㊼元年，遷司徒，轉太尉㊽。梁冀前後所託辟召，一無所用。雖有善人而為冀所飾舉者，亦不加命。延熹元年，以日食免。復為大司農。明年，梁冀被誅，太尉胡廣、司徒韓縯[49]、司空孫朗皆坐阿附免廢，復拜瓊為太尉。以師傅之恩，而不阿梁氏，乃封為邟鄉侯，邑千戶。瓊辭疾讓封六七上，言旨懇惻，乃許之。梁冀既誅，瓊首居公位，舉奏州郡素行貪汙至死徙者十餘人，海內由是翕然望之。尋而五侯[50]擅權，傾動內外，自度力不能匡，乃稱疾不起。四年，以寇賊免。其年復為司空。秋，以地震免。

9　七年，疾篤，上疏諫曰：「臣聞天者務剛其氣，君者務彊其政。是以王者處高自持，不可不安；履危任力，不可不據。夫自持不安則顛，任力不據則危。故聖人升高據上，則以德義為首；涉危蹈傾，則以賢者為力。唐堯以德化為冠冕，以稷[51]、契[52]為筋力。高而益崇，動而愈據，此先聖所以長守萬國，保其社稷者也。昔高皇帝應天順民，奮劍而王，埽除秦、項[53]，革命創制，降德流祚。至於哀[54]、平[55]，而帝道不綱，秕政[56]日亂，遂使姦佞擅朝，外戚[57]專恣。所冠不以仁義為冕，所蹈不以賢佐為力，終至顛蹶，滅絕漢祚。天維陵弛，民鬼慘愴，賴皇乾眷命，炎德復輝。光武以聖武天挺，繼統興業，創基冰泮[58]之上，立足枳棘之林。擢賢於眾愚之中，畫功於無形之世。崇禮義於交爭，循道化於亂離。是自歷高而不傾，任力危而不跌，興復洪祚，開建中興，光被八極，垂名無窮。至於中葉，盛業漸衰。陛下初從藩國，爰升帝位，天下拭目，謂見太平。而即位以來，未有勝政。諸梁秉權，豎宦充朝，重封累職，傾動朝廷，卿校牧守之選，皆出其門，羽毛齒革[59]、明珠南金之寶，殷滿其室，富擬王府，埶回天地。言之者必族，附之者必榮。忠臣懼死而杜口，萬夫怖禍而木舌，塞陛下耳目之明，更為聾瞽之主。故太尉李固、杜喬，忠以直言，德以輔政，念國亡身，隕歿為報，而坐陳國議，遂見殘滅。賢愚切痛，海內傷懼。又前白馬[60]令李雲，指言宦官罪穢宜誅，皆因眾人之心，以救積薪[61]之敝。弘農[62]杜眾，知雲所言宜行，懼雲以忠獲罪，故上書陳理之，乞同日而死，所以感悟國家，庶雲獲免。而雲既不辜，眾又并坐，天下尤痛，益以怨結，故朝野之人，以忠為諱。昔趙殺鳴犢，孔子臨河而反[63]。夫覆巢破卵，則鳳皇不翔[64]；刳牲夭胎，則麒麟不臻[65]。誠物類相感，理使其然。尚書周永，昔為沛[66]令，素事梁冀，幸其威埶，坐事當罪，越拜令職。見冀將衰，乃陽毀示忠，遂因姦計，亦取封侯。又黃門協邪，群輩相黨，自冀興盛，腹背相親，朝夕圖謀，共構姦軌。臨冀當誅，無可設巧，復記其惡，以要爵賞。陛下不加清澂，審別真偽，復與忠臣並時顯封，使朱紫共色，粉墨雜蹂，所謂抵金玉於沙礫，碎珪璧於泥塗。四方聞之，莫不憤歎。昔曾子大孝，慈母投杼[67]；伯奇至賢，終於流放[68]。夫讒諛所舉，無高而不可升；阿黨相抑，無深而不可淪。可不察歟？臣至頑駑，世荷國恩，身輕位重，勤不補過，然懼於永歿，負釁益深。敢以垂絕之日，陳不諱之言，庶有萬分，無恨三泉[69]。」其年卒，時年七十九。贈車騎將軍[70]，謚曰忠侯。孫琬。

10 琬字子琰。少失父。早而辯慧。祖父瓊，初為魏郡太守，建和元年正月日食，京師不見而瓊以狀聞。太后詔問所食多少，瓊思其對而未知所況。琬年七歲，在傍，曰：「何不言日食之餘，如月之初？」瓊大驚，即以其言應詔，而深奇愛之。後瓊為司徒，琬以公孫拜童子郎，辭病不就，知名京師。時司空盛允有疾，瓊遣琬候問，會江夏上蠻賊事副府[71]，允發書視畢，微戲琬曰：「江夏大邦，而蠻多士少。」琬奉手對曰：「蠻夷[72]猾夏，責在司空。」因拂衣辭去。允甚奇之。

11 稍遷五官中郎將[73]。時陳蕃為光祿勳，深相敬待，數與議事。舊制，光祿舉三署[74]郎，以高功久次[75]才德尤異者為茂才四行。時權富子弟多以人事得舉，而貧約守志者以窮退見遺，京師為之謠曰：「欲得不能，光祿茂才。」於是琬、蕃同心，顯用志士，平原[76]劉醇、河東[77]朱山、蜀郡殷參等並以才行蒙舉。蕃、琬遂為權富郎所見中傷，事下御史中丞[78]王暢、侍御史刁韙。韙、暢素重蕃、琬，不舉其事，而左右復陷以朋黨。暢坐左轉議郎而免蕃官，琬、䃅俱禁錮。

12 䃅字子榮，彭城[79]人。後陳蕃被徵，而言事者多訟䃅，復拜議郎，遷尚書。在朝有鯁直節，出為魯[80]、東海[81]二郡相。性抗厲，有明略，所在稱神。常以法度自整，家人莫見墯容焉。

13 琬被廢棄幾二十年。至光和[82]末，太尉楊賜[83]上書薦琬有撥亂之才，由是徵拜議郎，擢為青州刺史，遷侍中。中平[84]初，出為右扶風[85]，徵拜將作大匠[86]、少府[87]、太僕。又為豫州牧[88]。時寇賊陸梁[89]，州境彫殘，琬討擊平之，威聲大震。政績為天下表，封關內侯。

14 及董卓[90]秉政，以琬名臣，徵為司徒，遷太尉，更封陽泉鄉侯。卓議遷都長安[91]，琬與司徒楊彪[92]同諫不從。琬退而駮議之曰：「昔周公營洛邑以寧姬，光武卜東都以隆漢，天之所啟，神之所安。大業既定，豈宜妄有遷動，以虧四海之望？」時人懼卓暴怒，琬必及害，固諫之。琬對曰：「昔白公作亂於楚，屈盧冒刃而前[93]；崔杼弒君於齊，晏嬰不懼其盟[94]。吾雖不德，誠慕古人之節。」琬竟坐免。卓猶敬其名德舊族，不敢害。後與楊彪同拜光祿大夫，及徙西都，轉司隸校尉，與司徒王允[95]同謀誅卓。及卓將李傕[96]、郭汜[97]攻破長安，遂收琬下獄死，時年五十二。

【章　旨】以上為〈黃瓊傳〉，附其孫黃琬事跡。在接連出現災異之際，黃瓊頻頻上疏，主張順應天意，整肅朝政。大將軍梁冀勢盛，黃瓊拒不阿附，及梁冀被誅後，黃瓊被封為邟鄉侯。黃琬有乃祖之風，政績卓著，不畏權勢，敢言敢行。

【注　釋】❶江夏　郡名。西漢置。以夏水為名。治今湖北新洲，東漢屬荊州。❷安陸　縣名。秦置。治今湖北雲夢。屬南郡。西漢元狩二年（西元前一二一年）改屬江夏郡。東漢沿置。❸魏郡　西漢置。治今河北臨漳鄴鎮。東漢末曾為冀州治。❹香　黃香。字文彊，東漢江夏安陸（今湖北安陸）人。初除郎中，後拜尚書郎。和帝時任尚書令，執管樞機，寵遇甚盛。郡國每有疑案，多從輕審處。殤帝時遷魏郡太守，以郡內舊有園田悉賦予民，課令耕種，又分俸祿以賑飢民。後坐事免，卒於家。事見本書卷八十上。❺太子舍人　官名。秦置，掌行書令、表啟等。兩漢沿置，秩二百石，無員限，輪流宿衛，職如三署郎中。西漢時隸太子太傅、少傅，東漢隸於少傅。❻服闋　古喪禮規定，因父母死亡，服喪三年，期滿除服，稱服闋。歷代沿其制，服喪三年，實為二十七個月。❼五府　官署合稱。指太傅、太尉、司徒、司空、大將軍府。❽會稽　郡名。秦置。治今江蘇蘇州，東漢永建四年移郡治今浙江紹興。❾廣漢　郡名。西漢置。治今四川金堂東。東漢元初二年移治今四川綿陽東北，後又移治今四川廣漢北。❿綸氏　縣名。春秋時設綸氏邑。西漢置縣。治今河南登封西南。屬潁川郡。東漢沿置。⓫處士　閒居未仕或不仕之人。⓬李固　（西元九四—一四七年），字子堅，東漢漢中南鄭（今陝西漢中）人。順帝永和年間，任荊州刺史、泰山太守，招撫境內起事農民。沖帝即位，任太尉，與大將軍梁冀共參錄尚書事。沖帝死，他議立清河王，冀不從，另立質帝。不久，冀鴆殺質帝，欲立蠡吾侯。他再次固請立清河王，為冀所忌，因被免職。後為冀所誣，被殺。事見本書卷六十三。⓭柳下惠　展氏，名獲，字禽，春秋時魯國人。食邑柳下，私諡為惠，故又稱柳下惠。於臧文仲執政時任士師。以講究禮節著稱。臧文仲祭祀海鳥，他認為不合祀典。魯僖公二十六年（西元前六三四年），齊攻魯，他使人至齊，以尊先王「世世子孫無相害也」之命為詞，勸齊退兵。⓮不夷不惠二句　不做伯夷，也不做柳下惠，而在他們的可否之間就行了。《論語》載子曰：「伯夷、叔齊不降其志，不辱其身。謂柳下惠、少連降志辱身。我則異於是，無可無不可。」鄭玄注：「不為夷、齊之清，不為惠、連之屈，故曰異於是。」⓯巢　即巢父。相傳為堯時隱士，築巢而居。堯聞其賢，欲以天下讓之，不受而隱去。堯又以天下讓與許由，他復勸許由隱居。或說即許由，因由夏常居巢，故號巢父。⑯由　即許由。一作「許繇」。相傳堯要把君位讓給他，他逃至箕山下，農耕而食。堯又請他做九州長官，他到潁水邊洗耳，表示不願聽到。⑰嶢嶢　形容性格剛直。⑱皦皦　清白；光明磊落。⑲魯陽　縣名。本戰國魏魯陽邑。西漢置縣。因在魯山之陽得名。治今河南魯山縣。屬南陽郡。⑳遠謨　深遠的謀略。謨，計謀；策略。㉑石室　古代藏圖書檔案之處。㉒河洛　即《河圖》《洛書》，古代儒家關於《周易》卦形來源及《尚書·洪範》「九疇」創作過程的傳說。《易·繫辭上》：「河出圖，洛出書，聖人則之。」河，黃河。洛，洛水。據漢儒孔安國、劉歆等解說：伏羲時有龍馬出於黃河，馬背有旋毛如星點，稱作龍圖。伏羲取法以畫八卦生蓍法。夏禹治水時有神龜出於洛水，背上有裂紋，紋如文字，禹取法而作《尚書·洪範》「九疇」。㉓太中大夫　官名。亦作大中大夫，秦朝置，西漢沿置，位居諸大夫之首。侍從皇帝左右，掌顧問應對，參謀議政，奉詔出使等，多以寵臣貴戚充任。東漢後期權任漸輕。㉔巴郡　郡名。戰國時秦國置。治今重慶北嘉陵江北岸。㉕耆耋　老年。㉖作者七人　語出《論語》，指伯夷、叔齊、虞仲、夷逸、朱張、柳下惠、少連。㉗尚方　官署名。亦作「上方」。秦漢皆置，隸少府。設令、丞，掌使役工徒，製造新奇貴重手工藝品及精美的宮廷器用、刀劍等兵器，專供御用。東漢末分中、左、右三署，各設令、丞。㉘御府　官署名。兩漢隸少府，設令、丞。西漢掌宮廷金錢、衣服、玉器珍玩及刀劍之庫藏及出納，亦稱中御府。東漢掌使役宮婢製作、補浣宮廷所用衣服等事。㉙籍田之禮　古代帝王於春耕前親往農田示耕並祀先農，有勸農祈豐收之意。籍田，古代天子、諸侯徵用民力耕種的田。相傳天子籍田千畝，諸侯百畝。每逢春耕前，由天子、諸侯執耒耜在籍田上三推或一撥，稱為「籍禮」，以示對農業的重視。亦指天子象徵性的耕作。㉚郊廟之禮　古代天子祭天地與祖先的禮儀。㉛群萌　眾民；百姓。萌，通「氓」。㉜周宣王　（？—西元前七八二年），姬姓，名靖（一作靜）。西周厲王子，在位期間，廢除籍田制度。曾不斷對淮夷、徐戎、玁狁用兵，互有勝負，損失很多人力物力。㉝千畝　周王行籍田禮的土地。㉞虢文公　西周宣王時卿士，虢國國君，輔佐宣王處理政事。㉟姜戎之難　西周晚期，西元前七八九年，王師與姜戎戰於宗周近郊之千畝，王師戰敗。姜戎，又稱姜氏之戎，周代族名。姜姓，四岳之後，為西戎之一支。㊱文王　姬姓，名昌。商末周族領袖，商紂王時為西伯，亦稱伯昌。曾被商紂囚禁於羑里（今河南湯陰北）。統治期間，國勢強盛。他解決虞、芮兩國爭端，使兩國歸附；還攻滅黎（今山西長治西南）、邘（今河南沁陽西北）、崇（今河南嵩縣北）等國。並建立豐邑（今陝西長安灃水以西），作為國都。在位五十年。㊲司空　官名。三公之一，西漢成帝時改御史大夫為大司空，東漢時稱司空，主要職務為監察、執法，兼掌重要文書圖籍。㊳君子自強不息　語出《易·乾卦·象》：「天行健，君子以自強不息。」㊴和平　東漢桓帝劉志年號，西元一五〇年。㊵侍

講　官名。侍從皇帝、皇太子講授經義。㊶元嘉　東漢桓帝劉志年號，西元一五一－一五三年。㊷桓帝　即劉志（西元一三二－一六七年），東漢章帝曾孫。本初元年被梁太后與兄大將軍梁冀迎立為帝。在位期間，梁太后臨朝，梁冀專權，朝政昏亂，民不聊生。各族人民反抗鬥爭蜂起。延熹二年與宦官單超等合謀誅滅梁氏，封單超等為縣侯，自後權歸宦官，政治更趨黑暗。大臣陳蕃、李膺等聯合太學生，反對宦官干政，被宦官誣指共為部黨。下詔逮捕黨人，禁錮終身，史稱「黨錮」。㊸特進　官名。始置於西漢末期。初為賜列侯中有特殊地位者。東漢沿置，賜功勳卓著者，位在三公下。亦或賜諸侯王。㊹蕭何　（？－西元前一九三年），沛縣（今屬江蘇）人。西漢初大臣，秦末佐劉邦起事。起事軍入咸陽，他收取秦政府的律令圖書，掌握了全國的山川險要、郡縣戶口和當時的社會情況。楚漢戰爭中，薦韓信為大將，以丞相身分留守關中，輸送士卒糧餉，支援作戰。對劉邦戰勝項羽、建立漢朝起了重要作用。後封酇侯。定律令制度，協助高祖消滅韓王信、陳豨、英布等異姓諸侯王。㊺霍光　（？－西元前六八年），字子孟，西漢河東平陽（今山西臨汾）人。霍去病異母弟。武帝臨終，任為大司馬大將軍，與金日磾、上官桀、桑弘羊同受遺詔，輔佐少主。昭帝即位後，以交結燕王旦謀反罪名殺上官桀等，遂專朝政。及昭帝死，迎立昌邑王劉賀為帝，旋廢之，另立宣帝。前後秉政二十年，遵循武帝法度。注意輕傜薄賦，與民休息，百姓生活較為安定。宣帝即位後歸政，仍掌大權。地節二年（西元前六八年）病卒。後其妻顯毒殺許皇后事發，子霍禹等謀反，族誅。㊻鄧禹（西元二－五八年），字仲華，東漢南陽新野（今河南新野）人。初從劉秀平定河北的銅馬等部農民起事軍。後為前將軍，奉劉秀命，率精兵二萬西行入關。建武元年，大破綠林軍王匡、成丹等部，平定河東，任大司徒，封酇侯。又渡河入關，所部號稱百萬，不久為赤眉軍所敗。劉秀統一全國後，改封高密侯。㊼永興　東漢桓帝劉志年號，西元一五三－一五四年。㊽太尉　官名。秦、西漢時為全國軍政長官，與丞相、御史大夫並列，合稱三公。東漢時太尉與司徒、司空並稱三公，秩萬石，但因權歸尚書臺，太尉已無實權。㊾韓縯　字伯南，東漢潁川舞陽（今河南舞陽）人。順帝時為丹陽太守，政有能名。桓帝時由司空轉司徒。因黨附梁冀抵罪，遣歸本郡。復徵為司隸校尉。延熹八年（西元一六五年），劾奏中常侍左悺及其兄太僕左稱不法，悺、稱畏罪自殺；又奏中常侍具瑗兄沛相恭貪贓，恭下獄，瑗坐貶。㊿五侯　漢桓帝時封侯專權之五宦官。延熹二年，宦官單超、徐璜、具瑗、左悺、唐衡受桓帝命收誅專擅朝政的大將軍梁冀及其親黨，以功同日封侯，時人謂之五侯。自此朝廷權歸宦官，政局更加黑暗。左悺等人驕奢極侈，欺壓百姓，時有「左回天、具獨坐、徐臥虎、唐雨墮」之諺。(51)稷　即后稷，相傳為周始祖。母姜嫄於其生後曾棄之於野，故名棄。長而好農耕，堯舉為農官。舜封之於邰（今陝西武功），號后稷，姬姓。曾助夏禹治水，播種百穀，勤勞農事而死於山野。後世因以為官號。(52)契　商族始祖，子姓。相傳其母為有娀氏之女簡狄，食玄鳥蛋受孕而生。長大佐夏禹治水有功，被舜任命為掌管教化的司徒，封於商（今河南商丘）。一說居於蕃（今山東滕州）。53項　項羽（西元前二三二—前二〇二年），名籍，字羽，下相（今江蘇宿遷）人。楚國貴族出身。秦末農民軍領袖。秦二世元年（西元前二〇九年），從叔父項梁在吳（今江蘇蘇州）起義。項梁戰死後，秦將章邯圍趙，楚懷王任宋義為上將軍，任他為次將，率軍往救。宋義到安陽（今河南安陽西南）逗留不進，他殺死宋義，親率兵渡漳水救趙，在鉅鹿之戰中摧毀秦軍主力。秦亡後，自立為西楚霸王，並大封諸侯王。在楚漢戰爭中，為劉邦擊敗。最後從垓下（今安徽靈璧南）突圍到烏江（今安徽和縣東北），自殺。54哀　即漢哀帝劉欣（西元前二五—前一年），西漢元帝庶孫，定陶共王子。即位後為削弱外戚王氏權勢，遣王莽及曲陽侯王根就國。又欲限制宗室、諸王侯、吏民名田和奴婢，然外戚丁、傅用事阻撓，均田之議遂罷。因社會危機嚴重，採納方士夏賀良之議，以為漢家王朝曆運中衰，當再受命，以建平二年為太初元將元年，自號陳聖劉太平皇帝，旋即廢除。身患痿痹之症，末年加劇，朝政日亂。55平　即西漢平帝劉衎（西元前九—西元五年）。元壽二年九歲被迎立為帝，由太皇太后王政君臨朝，大司馬王莽秉政。莽以大司馬領尚書事，進位安漢公、宰衡，政由己出，西漢王朝名存實亡。元始五年病死，或謂為王莽鴆死。56秕政　不良的政治措施。57外戚　指帝室的母族、妻族。58冰泮　比喻險境。59齒革　上古特指象牙和犀牛皮。60白馬　縣名。治今河南滑縣舊滑縣城東。秦漢屬東郡，東漢末為東郡治。61積薪喻隱伏危機。62弘農　郡名。西漢元鼎三年置，取宏大農桑為名。治今河南靈寶北舊靈寶西南。63昔趙殺鳴犢二句　從前趙簡子殺竇鳴犢，孔子原準備見趙簡子，到了黃河邊又返回去了。據《史記》記載，趙簡子想要分割晉國，所以先殺了鳴犢，又邀請孔子探問。孔子聽到鳴犢已死，走到黃河邊又回去了。趙，指趙鞅，即趙簡子（？—西元前四七五年），又名志父，又稱趙孟。春秋末晉國大夫，趙武孫。在晉卿內訌中打敗范氏、中行氏，擴大封地，奠定此後建立趙國的基礎。鳴犢，即竇鳴犢，春秋時晉國大夫，有賢名。為趙簡子所殺。64夫覆巢破卵二句　巢被打翻，卵被摔碎，鳳凰就不會飛來了。鳳皇，即鳳凰。古代傳說中的百鳥之王，羽毛美麗，雄的叫鳳，雌的叫凰。常用來象徵祥瑞。65刳牲夭胎二句　牲口之腹被剖開，幼胎被殺死，麒麟就不會再來了。刳，剖挖。臻，至；達到。66沛　縣名。治今江蘇沛縣。東漢屬沛國。67昔曾子二句　從前曾子很有孝行，曾母聽到有關曾子的謊言竟投杼而逃。據《史記》記載，魯國有個與曾參同姓名的人殺了人，有人告訴曾母：「曾參殺了人。」曾母若無其事地織布。第二個人告訴曾母，曾母仍若無其事地織布。第三個人告訴曾母，曾母扔下梭子，從織機上下來，跳牆而走。曾子，即曾參（西元前五〇五—前四三六年），名參，字子輿，春秋戰國間魯國南武城（今山東費縣）人。孔子弟子，以孝名世，能融會貫通孔子的學說，提出「吾日三省吾身」的修養方法。卒於魯。將孔子學說傳於子思，經弟子再傳於孟子。因其學頗得孔子學說精髓，後世儒家譽其為「宗聖」。68伯奇至賢二句　伯奇極為賢惠，也因為讒言被父親流放。據《說苑》記載，伯奇為藩王之子。其後母想立自己的兒子為太子，就用計誣陷伯奇，致使伯奇被逐。69三泉　三重泉。即地下深處。多指人死後的葬處。70車騎將軍　官名。西漢初設將車騎士，故名。後遂為高級武官稱號，位次大將軍，且文官輔政者亦加此銜。東漢權勢尤重，但地位仍低於大將軍、驃騎將軍，高於衛將軍。71會江夏上蠻賊事副府　正好江夏送來關於蠻賊作亂一事的文書副本。副，副本，按規定上交公府。72蠻夷　古代對四方邊遠地區少數民族的泛稱。亦專指南方少數民族。73五官中郎將　官名。秦置，西漢隸光祿勳，主中郎，秩比二千石。東漢時，部分侍郎、郎中亦歸其統率。執掌宿衛殿門，出充車騎。東漢初年或參與戰事。又協助光祿勳典領郎官選舉，有大臣喪事，則奉命持節策贈印綬或東園祕器。74三署　官署合稱。東漢光祿勳所屬分領郎官之左、右、五官，合稱三署。75久次　久居官次。76平原　郡名。西漢高帝置。治今山東平原縣西南。77河東　郡名。戰國魏置。以在黃河之東得名。後屬秦。治今山西曲沃北，又移治今山西夏縣西北。兩漢沿置。78御史中丞　官名。西漢時為御史大夫之佐，也稱中執法。在殿中蘭臺，掌圖籍祕書；外督部刺史，監察郡國行政；內領侍御史，考察四方文書計簿，劾按公卿章奏。西漢末期，御史大夫改名為大司空，御史中丞遂為御史臺長官。東漢時御史中丞的威權更重。79彭城　封國名。治今江蘇徐州。80魯　郡名。西漢高后元年（西元前一八七年）改辥郡置。治今山東曲阜。81東海　郡名。秦置。治今山東郯城。82光和　東漢靈帝劉宏年號，西元一七八—一八四年。83楊賜　（？—西元一八五年），字伯獻，東漢弘農華陰（今陝西華陰）人。楊震之孫。少傳家學，博聞廣識，隱居教授生涯。後以通《尚書》為靈帝師。歷任司空、司徒、太尉等顯職，封臨晉侯。屢上書薦舉名士，請用賢去佞、罷修苑囿。遂為擅權宦官所嫉，以帝師得免禍。事見本書卷五十四。84中平　東漢靈帝劉宏年號，西元一八四—一八九年。85右扶風　政區名。西漢太初元年（西元前一〇四年）改主爵都尉置，分右內史西半部為其轄區，職掌相當於郡太守。因地屬畿輔，故不稱郡，為三輔之一。治今西安西北郊。東漢移治今興平東南，屬司隸校尉部。86將作大匠　官名。西漢時由將作少府改名，亦簡稱「將作」、「大匠」。掌領徒隸修建宮室、宗廟、陵寢及其他土木工程，植樹於道旁。東漢初不設置專官，常以謁者兼領其事，至章帝始真受。87少府　官名。秦置，西漢沿置，為九卿之一，掌皇帝財政，供宮廷日常開支，管理宮廷侍從及宮廷手工業。新莽改稱共工。東漢復置，但權任大減，唯掌宮廷日常生活品的供應等及宮廷手工業，領太醫、太官、守宮、尚方、上林苑令等。88豫州牧　豫州行政長官。豫州，西漢武帝置「十三刺史部」之一。察郡國四。東漢州治今安徽亳州。州牧，官名。省稱「牧」，漢成帝改州刺史置，秩二千石，位次九卿，監察州郡。後廢置不常。東漢靈帝時復置，掌一州軍政大權，位高於郡守。89陸梁　囂張；跋扈。⑳董卓（？—西元一九二年），字仲穎，東漢隴西臨洮（今甘肅岷縣）人。本為涼州豪強。靈帝中平六年，任并州牧。少帝即位，大將軍何進謀誅宦官，召他率兵入洛陽。旋廢少帝，立獻帝，專斷朝政。曹操與袁紹等起兵反抗，他挾獻帝西遷長安，自為太師。殘暴專橫，縱火焚洛陽周圍數百里，使生產受到嚴重破壞。後為王允、呂布所殺。事見本書卷七十二。㉑長安　城名。在今陝西西安西北六公里。㉒楊彪（西元一四二—二二五年），字文先，東漢弘農華陰（今陝西華陰）人。楊震曾孫。初舉孝廉，靈帝熹平年間累遷至京兆尹。光和中，揭發黃門令王甫使門生辜榷官財物，甫以此伏誅。後歷任司空、司徒、太尉、尚書令等顯職。反對董卓遷都長安。及李傕、郭汜之亂，竭誠護衛獻帝。建安初，不為曹操所容，幾為所殺。曹丕代漢後，任為光祿大夫，待以賓客之禮。㉓昔白公作亂於楚二句　從前白公勝在楚國謀亂，屈廬迎著刀刃向前。白公，即白公勝（？—西元前四七九年），名勝。亦稱王孫勝。春秋時楚國公子。楚平王孫，太子建子。因其父在鄭國被殺，他隨伍子胥奔吳。後被令尹子西召回楚，使為巢（今安徽壽縣南）大夫，號白公，以防吳。楚惠王十年（西元前四七九年），吳攻慎（今安徽潁上北江口集），他敗吳師，請至郢都獻捷，乘機作亂，殺令尹子西、司馬子期於朝，劫持楚惠王，控制楚都。後為葉公子高率方城以外之兵擊敗，逃入山中自縊而死。屈廬，春秋時楚國人。白公勝叛亂，面對威脅，不屈，慷慨陳辭。㉔崔杼弒君於齊二句　崔杼在齊國殺害國君，晏嬰毫不畏懼不與他結盟。崔杼，春秋時人，齊國大夫丁公後裔，食邑於崔（今山東章丘西北），得寵於齊惠公。齊靈公時參與諸侯會盟，從晉伐鄭、伐秦。靈公病危，迎立前所廢太子光即位，為莊公，殺政敵高厚。執政期間，率師伐莒、侵魯。齊莊公六年（西元前五四八年）殺莊公，立景公，自為右相。後兩年，子輩內訌，左相慶封乘機滅其族，他自縊而死。㉕王允（西元一三七—一九二年），字子師，東漢太原祁縣（今屬山西）人。靈帝時，以司徒高第為侍御史。中平元年特選為豫州刺史，平定黃巾之亂。因得罪宦官，被誣下獄，後得釋。獻帝即位，為太僕，守尚書令。初平元年為司徒。及董卓遷都長安，收藏蘭臺、石室圖籍，經籍賴以得存。後與司隸校尉黃琬等密謀誅殺卓，不久被卓部將李傕、郭汜所殺。事見本書卷六十六。㉖李傕（？—西元一九八年），字稚然，東漢北地（今寧夏吳忠）人。為董卓所部校尉。初平三年卓被殺後，與郭汜等率部叛亂，攻陷長安，縱兵殺掠，死者萬人，殺司隸校尉黃琬、司徒王允，與汜共專朝政。又與汜相攻，大肆燒殺，致使長安城空。建安三年，被段煨等討殺，夷三族。㉗郭汜（？—西元一九七年），東漢末人。為董卓所部校尉。初平三年卓被殺後，與李傕攻陷長安，縱兵殺掠，死者萬餘人，殺司隸校尉黃琬、司徒王允。與傕共專朝政，為後將軍，封列侯。興平二年與傕相攻，劫質公卿。後獻帝東歸，又與傕相阻截，追殺朝官。建安二年為其將伍習所殺。

【語　譯】黃瓊，字世英，江夏郡安陸縣人，魏郡太守黃香的兒子。黃香的事跡寫在〈文苑傳〉。黃瓊起初因父親的地位被任為太子舍人，他託辭有病沒有赴任。後遭遇父親去世，服喪期滿後，五府都徵召他任職，但他一連數年沒有應召。

2 永建年間，公卿大臣中多有推薦黃瓊的人，於是，他與會稽郡賀純，廣漢郡的楊厚一起接受朝廷公車徵召。黃瓊行至綸氏，就推說有病不再前進，有司官員彈劾黃瓊有不敬之罪，朝廷下詔到縣，命以禮節勸慰遣送，黃瓊不得已，於是上路。在先前徵召聘任的隱士，後來大多與名望不相稱，李固對黃瓊素來敬慕，就寫了信迎送給他，信中說：「聽說你已經渡過伊水、洛水，接近萬歲亭，如果循此而進，你豈不就將要順從王命了嗎？君子都說伯夷狹隘，柳下惠不恭，所以史傳中說『不能完全做伯夷，也不能完全做柳下惠，而在他們的可與不可之間就行了』。這是聖賢立身所珍重的方法。確實想隱居山谷，那就追隨巢父、許由的作法，這樣就可以了；如果想輔佐朝政，濟助萬民，如今也是時候了。自有人類以來，善政少而亂世多，一定要等待堯舜之君才出仕的話，這作為有志從政的士人來說就會永遠沒有時機。常常聽到俗語說：『剛直的東西容易折斷，潔白的東西容易玷汙。』《陽春》這樣高雅的曲子，能附和演唱的人一定很少，在很盛的名聲下，很難做到名實相副。近來魯陽郡樊君被徵召初至京城，朝廷設壇布席，像對待神明一樣款待他。雖然樊君並無很特別的才能，言行操守並無缺陷。但譭謗之言四處流傳，隨著時間發展，他的聲名也隨之而降，這中間的原因，難道不是人們對他的期望過深和他的聲名太盛了麼？最近以來所徵召聘任的人士有胡元安、薛孟嘗、朱仲昭、顧季鴻等人，他們功業都沒有可取之處，因此，世俗之論都說隱士純粹是欺世盜名。希望先生弘揚自己深遠的謀略，讓眾人對你歎服，洗雪這些議論吧。」黃瓊進京後，即任為議郎，逐步升遷至尚書僕射。

3 當初，黃瓊隨從父親在臺閣，經常見到典章舊例。等到後來自任職位，就通達官衙事務，在朝堂爭議時，沒有人能跟他抗衡爭勝。當時接連出現災異，黃瓊上書順帝說：「最近以來，卦位錯雜謬誤，寒氣和熱氣互相侵犯，蒙暗之氣數度興起，太陽和月亮都失去往日光輝。推究上天之意，大概不是無為而發。陛下應該打開石室藏書，查閱《河圖》《洛書》等典籍，此外再命令史官，全部條列從漢初到永建年間所發生的災異之變，與永建初到現在為止的災異數進行比較，看誰多誰少。再派近臣和儒者參照考察朝廷政事，多次召見公卿大夫，察問為政得失。那些既無功又無德的人，應該都予以廢黜。臣過去曾多次陳述災異之事，並推薦光祿大夫樊英、太中大夫薛包以及會稽郡的賀純，廣漢郡的楊厚，未獲得皇上審察。臣又發現隱士巴郡黃錯、漢陽郡任棠，都已年高，有伯夷、叔齊等七人的志向，應該再度徵召引見，幫助推廣教化。」於是，下詔令公車徵召黃錯等人。

4 永建三年，發生大旱災，黃瓊又上疏說：「從前魯僖公遇旱災，以六件事自責，自身過起節儉生活，杜絕寵幸女人的請託，流放讒佞者十三人，誅殺重稅盤剝百姓和接受賄賂的官員九人，並退而居住南郊，天上立即下了大雨。如今皇上也應該顧念和省察政事，有所減省，務必要存有質樸節儉之心，來改變百姓的看法。尚方御府，也要減除繁多的花費。應明白敕令近臣，讓他們遵守國家法度，如有不願改正的，要把好壞的結果給以警示。多多接見公卿，引用接納儒士，詢問他們政治教化的問題，讓他們陳述朝政得失。另外，囚徒越積越多，大多導致死亡，這也足以損傷和諧之氣，招致上天降下旱災。如果改正弊端順從善道，選擇使用正確的謀略，那麼旱災自然消除，福氣自會到來了。」上書奏畢，又在德陽殿召見黃瓊，順帝命中常侍將黃瓊的奏疏交付主管官吏予以施行。

5 自從順帝即位以後，不施行天子籍田的禮儀。黃瓊認為國家大典不應該長時間荒廢，因而上疏說：「自古以來的賢明帝王，無不恭敬地執行祭祀禮儀，以增加國家的幸福吉利。所以必須親自完成郊廟之禮，親身體驗耕田的勤苦，以此來為百姓示範，以勸勉百姓務農。從前周宣王不在千畝施行籍田之禮，虢文公認為這種行為是重大失誤，後來招致了與姜戎作戰失敗的災難，終究損害了宣王中興的名聲。臣私下見到陛下遵循和稽考古代的宏偉事業，保持自身虔誠嚴肅來順應上天，順從時勢，事奉祖宗，心懷眾神，早晚在道路上接觸塵埃，晝夜聆聽政務來憐憫百姓。即使《詩》中所歌詠的成湯從不懈怠，《尚書》中所讚美的周文王沒有閒暇吃飯，也確實不能與陛下相比。今天廟祀剛剛結束，而潔身齋戒祈禱五穀的事，已近在明日。臣擔心近臣心裡，不想屢屢勞動聖體，認為親自耕種的籍田之禮，可以廢除。臣聽說先王制定典章時，籍田禮儀有明確日期，司徒普告天下，司空掃除祭壇。在籍田的前五日，有和協之風回應，君王即趕到齋宮，奉上祭品，扶起耕田的犁耒，神態虔誠莊重。自癸巳日以來，仍然是西北風，雨水不至，寒涼之氣聚而不散。在東郊迎春的儀式，不能親自去施行，先農籍田的禮儀，就應該勉勵自己去進行，以此迎來和順之氣，以此招致應時之春風。《易》說：『君子自強不息。』應該是這個道理。」奏書呈上後，順帝聽從了他的建議。

6 不久，黃瓊升任尚書令。在黃瓊之前，左雄所奏上的孝廉人選，專門重用儒學和文吏，這對於取士的宗旨來說，還是會有所遺漏，於是黃瓊奏請增加孝悌和能從政的人，共計為四科，事情最後得到施行。另外，左雄從前所議定的選用官吏先在公府進行考試，又在端門進行複試，後來尚書張盛奏請廢除這一程序。黃瓊又上書說：「複試這個辦法，可以用來澄清人才是清是濁，重新核實是虛是濫，不應該將複試手續革除。」順帝就停止了廢除的打算。黃瓊後來出任魏郡太守，又升任太常。和平年間，又選入禁中擔任侍講。

7 元嘉元年，黃瓊遷任司空。桓帝想褒獎尊崇大將軍梁冀，讓朝中二千石以上的官員集合起來議論對梁冀的禮封。特進胡廣、太常羊溥、司隸校尉祝恬、太中大夫邊韶等人，都稱讚梁冀的功績和德行，對他封賞的制度規格，認為應該比照周公，賜給他山川、田土、附屬之國。唯獨黃瓊建議說：「梁冀從前憑藉親自迎立皇帝的功勞，增加食邑三千戶，此外他的兒子梁胤也追加了封賞。從前周公輔佐成王，制禮作樂，通過教化致使天下太平，因此大力開拓疆土，封地七百里。而如今諸侯以分封戶邑為制度，不以里數為限度。蕭何在泗水結識高祖，霍光扶定傾危之勢而振興了國家，他們都是以增加封戶數量來加賞，來顯示他們的功勞。梁冀可以比照鄧禹，應當食邑四個縣，賞賜的等級，與霍光相同，使天下人知道賞賜一定要與功勞相對應，爵位也不能超越一個人的德行。」朝廷聽從了黃瓊的提議。梁冀內心對此非常懷恨。恰逢地震，朝廷策令免去黃瓊司空職位。後又擔任太僕。

8 永興元年，任司徒，又轉任太尉。梁冀前後託請徵召的人，他一個也沒有任用。即使有好人而被梁冀所稱讚舉薦的，也不予任用。延熹元年，因出現日蝕被免職。又擔任大司農。第二年，梁冀被殺，太尉胡廣、司徒韓縯、司空孫朗都因為阿諛和依附梁冀而免職廢黜，又任命黃瓊為太尉。憑藉皇帝師傅的恩情，而且又不阿附梁冀，於是被封為邟鄉侯，食邑一千戶。黃瓊推辭封爵接連上書六七次，言語懇切悽惻，桓帝於是答應了他的請求。梁冀被誅殺後，黃瓊居於三公首位，上奏舉報州郡中素來貪汙的官員，判罪至死刑及流放的有十餘人，天下人因此都一致期待著他。不久五侯專權，勢力傾動朝廷內外，黃瓊覺得自己無力匡扶危局，於是聲稱有病，不再理事。永興四年，因寇賊作亂而被免職。當年又擔任司空。秋天，又因地震免職。

9 永興七年，黃瓊病重，上疏進諫說：「臣聽說對皇天來說，務必使其陽氣剛健，對君王來說，務必使其政權強大。因此，帝王處在高處要注意把持自己，不能使自己不安穩；在經歷危險局面和運用權力的時候，不可以沒有依靠。如果自我把持不穩，那麼國家就會顛覆，運用權力而沒有依靠，那麼政權就會危險。因此，聖人登上高位把握最高權力，就應該以仁德信義作為第一要務；遇到危險的局面，就應該以賢能的人作為依靠力量。唐堯認為仁德教化是最重要的事情，把稷、契作為自己依靠的力量。因此，他地位越高就更加權威，局面越動盪就越有依靠，這就是古代聖人之所以能長久地統治萬國、保全江山社稷的方法。從前高祖皇帝上承天心，下順民意，提起寶劍奮而稱王，消滅秦朝、項羽，革除舊政而創立新制，建下功德留福於後世。但到漢哀帝、漢平帝時，帝王之道的綱紀不存，政治局面日益混亂，因而使奸佞專擅朝政，外戚專權肆意橫行。他們所尊崇的不是仁德信義，所依靠的不是賢能輔佐之臣，最終導致了政權顛覆，漢家社稷遭到滅亡。天道國法鬆弛了，人鬼都悽慘不安，後來依賴皇天同情和眷戀，漢朝的火德才重新生出光輝。光武帝憑藉聖明的武德和非凡的天資，繼承漢家道統，隆興高祖事業，在危險局面中又創建了劉漢基業，在荊棘林立的混亂土地上又站穩了腳跟。他在眾多的愚民中選拔賢能之才，在混亂無法的世界裡籌劃武功。他在兵家紛爭中尊崇禮節，亂離之世依循大道。因此，光武帝身登最高位而不傾覆，運用權力在遭到危困時也不會跌倒，終於恢復了漢室洪福，開創了中興大業。他的光輝普照四面八方，他的英名永遠流傳於後世。後來發展到中期，後漢的盛業漸漸衰落。陛下開始出身於藩國，後來榮登帝王之位，天下人拭目以待，認為又可以看到太平之世。但自從陛下即位以來，還沒有施行過美政。梁氏家族執掌國家政權，宦官充滿朝廷，濫封官爵，重複授職，將朝廷掌握在他們的股掌之上，九卿、校尉、刺史、太守的人選，都出自於他們的門下，珍禽羽毛、象牙、犀牛皮、明珠南金等寶物，塞滿他們的家室，他們的富裕可以與王府相比，他們的權勢可以轉動天地。有敢批評他們的人，必然遭到族滅；而依附他們的人，必然得到榮升。忠臣懼怕死罪而閉住自己的口，萬民百姓恐懼災禍而麻木自己的舌頭，堵塞了陛下的眼睛和耳朵，使陛下變成一個又聾又瞎的君主。原太尉李固、杜喬，忠誠為國，敢於直言，用德行來輔佐朝政，顧念國家而忘記自身，以性命來報效朝廷，但他們卻因為議論國事，而慘遭毀滅。無論賢者愚者都痛徹心肺，天下人都悲傷恐懼。另外，前白馬縣令李雲，指陳宦官罪行汙穢應該誅殺，都是表達了眾人的想法，來挽救危機重重的弊政。弘農人杜眾，知道李雲所說的理應施行，又擔心李雲因為忠言而獲罪，所以上書陳述為李雲辯理，並乞求同日處死，他是用這種行為來使朝廷受到感動而覺悟，希望李雲得到赦免。但李雲先無辜獲罪，杜眾又一同被牽連，天下人尤其痛心，埋怨情緒愈積愈深，所以朝野之人，都以忠誠作為忌諱。從前趙簡子殺竇鳴犢，孔子原準備見趙簡子，到了黃河邊又返回去了。看到巢翻卵破的場面，鳳凰就不會飛來了；看到剖牲口之腹，殺死幼胎的慘象，麒麟就不會再來了。確實是物傷其類，互相感傷，是常情使他們這樣的。尚書周永，過去擔任沛縣縣令，一向追隨梁冀，依仗梁冀的威勢，因事犯法本當問罪，但卻越級擔任更好的職務。後來他見梁冀行將衰落，就故意公開詆毀梁冀而顯示自己忠誠，於是憑藉這奸計，又得到封侯的獎賞。此外，黃門協助奸邪，這些人互相結黨，在梁冀興盛的時候，他們與梁冀像腹與背一樣親近，早晚圖謀策劃，共同構想奸邪不軌的主意。到梁冀要遭到誅殺的時候，不能再設謀取巧，就揭發梁冀的惡行，用來獲取爵位和賞賜。陛下不弄明白，不審查辨別真偽，就把他們與忠臣一起同時重重封賞，使朱紫混色，黑白雜糅，也就是人們所說的，把金玉投進沙礫之中，敲碎珪璧扔到爛泥裡。四方之人聽說這件事，無不憤怒和歎息。從前曾子很有孝行，慈母聽到有關曾子的謊言竟投杼而逃；伯奇極為賢惠，也因為讒言被父親流放。諂諛之徒要抬舉什麼人，沒有什麼高位不可以升上去；結黨拉派的人要壓抑什麼人，沒有什麼深淵不可以把人壓沉下去。這些，難道可以不明察嗎？臣是最固執而無能的人，世世代代承受國恩，自身輕微而地位貴重，雖然勤奮但不能彌補過失，然而擔心在辭世後，負有的罪過會更深重。因此膽敢在垂死之日，陳說不顧忌諱的話，希望對國家有萬分之一的補益，臣身在泉下也無所遺憾了。」

黃瓊在當年死去，時年七十九歲。朝廷贈車騎將軍銜，謚號為「忠侯」。他的孫子叫黃琬。

10 黃琬字子琰。少年時喪父。年幼時就聰慧善辯。祖父黃瓊，當初擔任魏郡太守時，建和元年正月發生日蝕，京城看不見日蝕，黃瓊就將日蝕情狀上報朝廷。太后下詔問所蝕有多少，黃瓊考慮對答但又不知怎麼描繪那具體的情況。黃琬當時七歲，正在旁邊，說：「為何不說太陽在日蝕之後剩下的部分，就像月初時的新月？」黃瓊非常驚訝，就用他的話應答，而對黃琬非常驚奇和喜愛。後來黃瓊擔任司徒，黃琬以三公之孫的身分授童子郎，但他以病為由推辭不受，在京城頗為知名。當時，司空盛允有病，黃瓊派遣黃琬去問候，正好江夏送來關於蠻賊作亂一事的文書副本，盛允打開文書審閱完畢，對黃琬開玩笑說：「江夏是個大地方，但蠻夷多而士民少。」黃琬拱手對答說：「蠻夷為害江夏，責任在司空。」說完拂衣起，告辭離去。盛允對他的才辯感到很驚奇。

11 後來黃琬升遷為五官中郎將。當時陳蕃擔任光祿勳，對黃琬非常敬重，多次與他商議事情。按舊制，光祿勳舉薦三署郎官，由功勞大和久居官位而才德特別突出的人選出四科茂才。當時權貴富家子弟大多因為人事關係得以受到舉薦，貧窮儉約而堅守志節的人因進見無路而被遺棄，京城裡的人為此編出歌謠說：「要想得到無能的人，到光祿勳選出的茂才中去找。」於是，黃琬、陳蕃同心協力，大力選用有志之士，平原郡的劉醇、河東郡的朱山、蜀郡的殷參等人都因為才幹品行蒙受舉用。陳蕃、黃琬於是被權貴富家子弟所中傷，事情交付御史中丞王暢、侍御史刁韙審理。刁韙、王暢素來敬重陳蕃、黃琬，不向朝廷舉報此事，皇帝左右近臣又誣陷他們結為朋黨。於是，王暢被降職為議郎，陳蕃免官，黃琬、刁韙則一起被禁錮，不予錄用。

12 刁韙字子榮，彭城郡人。後來陳蕃被徵召，而上書言事的人大多稱頌刁韙，因而又任為議郎，遷任尚書。他在朝中有剛強正直的氣節，先後出任魯國和東海郡的國相、郡守。他生性孤高嚴厲，有高明的智謀，所任之處被人稱為神明。常常用法度自我約束，家人從來沒有見過他有懶怠的神態。

13 黃琬被廢棄幾乎二十年。到光和末年，太尉楊賜上書，推薦黃琬有撥正亂世的才能，因此被徵召任為議郎，又擢升為青州刺史，再遷任侍中。中平初年，出任右扶風，朝廷又徵還先後任為將作大匠、少府、太僕。

又擔任豫州牧。當時盜寇囂張，豫州境內凋零殘破，黃琬奉命討伐攻打，平定了亂局，一時威名大振。政績為天下表率，朝廷賜封黃琬為關內侯。

14 到董卓執掌朝政時，因黃琬是名臣，徵召擔任司徒，又遷任太尉，改封陽泉鄉侯。董卓提議遷都長安，黃琬與司徒楊彪共同進諫，董卓沒有接受。黃琬退朝後上書反駁遷都之議說：「從前周公營造洛陽而安定姬姓天下，光武帝定都洛陽而興隆漢室，洛陽是上天所啟示，神靈所安排。已經定都洛陽，豈能隨意遷動，而使天下百姓失望呢？」當時人們擔心董卓暴怒，黃琬一定會遭到迫害，就勸阻黃琬。黃琬回答說：「從前白公勝在楚國謀亂，屈廬迎著刀刃向前；崔杼在齊國殺害國君，晏嬰毫不畏懼不與他結盟。我雖然沒有德行，但真誠地仰慕古人的氣節。」黃琬最終因此免職。董卓當時還敬畏他的名聲、功德和世族身分，不敢加害。後來黃琬又與楊彪一同被任命為光祿大夫，等遷到西都長安，又轉任司隸校尉，與司徒王允共同謀劃誅殺了董卓。等到董卓部將李傕、郭汜攻破長安時，黃琬被捕下獄而死。時年五十二歲。

論曰：古者諸侯歲貢士，進賢受上賞，非賢貶爵土。升之司馬❶，辯論其才，論定然後官之，任官然後祿之。故王者得其人，進仕勸其行，經邦弘務，所由久矣。漢初詔舉賢良、方正，州郡察孝廉、秀才，斯亦貢士之方也。中興以後，復增敦朴、有道、賢能、直言、獨行、高節、質直、清白、敦厚之屬。榮路既廣，觖望難裁，自是竊名偽服，浸以流競。權門貴仕，請謁繁興。自左雄任事，限年試才，雖頗有不密，固亦因識時宜。而黃瓊、胡廣、張衡❷、崔瑗❸之徒，泥滯舊方，互相詭駁❹，循名者屈其短，筭實者挺其效。故雄在尚書，天下不敢妄選，十餘年間，稱為得人，斯亦效實之徵乎？順帝始以童弱反政，而號令自出，知能任使，故士得用情，天下喁喁仰其風采。遂乃備玄纁玉帛，以聘南陽樊英，天子降寢殿，設壇席，尚書奉引，延問失得。急登賢之舉，虛降己之禮，於是處士鄙生[5]，忘其拘儒[6]，拂巾衽褐，以企旌車[7]之招矣。至乃英能承風，俊乂咸事，若李固、周舉之淵謨弘深，左雄、黃瓊之政事貞固，桓焉、楊厚以儒學進，崔瑗、馬融[8]以文章顯，吳祐[9]、蘇章[10]、种暠[11]、欒巴牧民之良幹，龐參[12]、虞詡將帥之宏規，王龔[13]、張皓[14]虛心以推士，張綱、杜喬直道以糾違，郎顗[15]陰陽詳密，張衡機術特妙：東京[16]之士，於茲盛焉。向使廟堂納其高謀，彊埸宣其智力，帷幄容其謇辭，舉厝稟其成式，則武[17]、宣之軌，豈其遠而？詩云：「靡不有初，鮮克有終[18]。」可為恨哉！及孝桓之時，碩德繼興，陳蕃、楊秉[19]處稱賢宰，皇甫[20]、張[21]、段[22]出號名將，王暢、李膺彌縫[23]衰闕[24]，朱穆[25]、劉陶[26]獻替匡時，郭有道[27]獎鑒人倫，陳仲弓[28]弘道下邑。其餘宏儒遠智，高心絜行，激揚風流者，不可勝言。而斯道莫振，文武陵隊，在朝者以正議嬰戮，謝事者以黨錮致灾。往車雖折，而來軫方遒[29]。所以傾而未顛，決而未潰，豈非仁人君子心力之為乎？嗚呼！

贊曰：雄作納言，古之八元㉚。舉升以彙㉛，越自下蕃。登朝理政，並紓災昏。瓊名夙知，累章國疵。琬亦早秀，位及志差。

【章旨】以上是作者在對左雄、周舉、黃瓊進行評價的同時，對順帝、桓帝時由人才的興盛到政治的腐敗加以評議。

【注釋】❶司馬　高級幕僚，兩漢將軍府置，位僅次於長史，掌參贊軍務，管理本府武職。❷張衡　字平子，東漢南陽西鄂（今河南南陽）人。曾兩度任太史令，執管天文、曆法。晚年任河間相、尚書。一生潛心發明著述。創製了世界上最早利用水力轉動測定天體星象的渾天儀、測定風候的候風儀和測定地震的地動儀，還發明和複製出指南車和記里鼓車等多種機械，並第一次正確解釋了月蝕之成因。其天文著作《靈憲》總結了當時的天文知識，明確提出「宇之表無極，宙之端無窮」的宇宙無限性看法。事見本書卷五十九。❸崔瑗　字子玉，東漢涿郡安平（今屬河北）人。崔駰之子。盡傳其父之業，並從賈逵問學。精於天官、曆數，為儒者所宗。與馬融、張衡等相友，以文章著稱於世。順帝時任汲令、濟北相等職，從政有績，年六十六而卒。❹詭駮　責難駁斥。❺鄙生　鄉野儒生。❻拘儒　褊狹。❼旃車　即「旃蒲」。古時徵聘賢士所用的旃帛和蒲車。❽馬融　（西元七九—一六六年），字季長，東漢右扶風茂陵（今陝西興平）人。安帝永初四年拜校書郎中，因上〈廣成頌〉忤鄧太后旨，十年不得升調，復遭禁錮。大將軍梁冀掌權時，又因觸犯梁冀被免官髡徙朔方。但晚年為梁冀歌功頌德，頗為正人所羞。著述極豐，世稱通儒。生徒受教者常有千餘人，當世名儒鄭玄、盧植等皆出其門下。事見本書卷六十上。❾吳祐　字季英，東漢陳留長垣（今河南長垣）人。初舉孝廉，遷膠東侯相、齊相。施政重教化，所在有治績。大將軍梁冀表為長史。因斥責馬融為梁冀起草奏文誣陷太尉李固，與梁冀相忤，出為河間相。自請免歸，以教授為生。年九十八卒。事見本書卷六十四。❿蘇章　字孺文，東漢扶風平陵（今陝西咸陽）人。少博學。安帝時舉賢良方正，對策高第，為議郎，以直言見稱。出為武原令，輒開倉賑飢。順帝時，遷冀州刺史，舉案故人清河太守奸贓，州境肅然。轉并州刺史，以摧折權豪忤旨，免官。後徵河南尹，不就。卒於家。⓫种暠　字景伯，東漢河南洛陽（今河南洛陽）人。順帝末為侍御史，劾奏大將軍梁冀及宦官宗親黨羽為二千石貪殘不勝任者。出為益州刺史，招撫白狼、邛、僰各族。以平定巴郡服直起義不力，免官。桓帝時，歷任漢陽、遼東、南郡太守，度遼將軍等職，所在安撫百姓，禁止侵掠羌胡，由是羌胡、龜茲、莎車、烏孫等皆來修好，邊境晏然。入為大司農，延熹四年（西元一六一年）遷司徒，卒於官。事見本書卷五十六。⑫龐參　（？—西元一三六年），字仲達，東漢河南緱氏（今河南偃師）人。初仕郡，舉為孝廉，任左校令。後坐法輸作若盧。安帝永初二年車騎將軍鄧騭征先零羌，乃於獄中使其子上書，請暫罷兵戎，休徭役，使男得耕種，女得織紝，以蓄精銳，乘羌不備而攻之。鄧太后納其言，遂擢為謁者，督三輔諸軍屯。後任護羌校尉，招撫燒當羌，旋為先零羌所敗。順帝時，官至太尉，錄尚書事。後病免，卒於家。事見本書卷五十一。⑬王龔　字伯宗，東漢山陽高平（今山東鄒城）人。初舉孝廉，後任青州刺史，劾奏貪濁二千石數人，徵拜尚書。歷任司隸校尉、汝南太守等。好才愛士。後任太僕、太常、司空、太尉等。曾上疏抨擊宦官專權。卒於家。事見本書卷五十六。⑭張皓　字叔明，東漢犍為武陽（今四川彭山縣）人。漢和帝永元年間辟大將軍鄧騭府，後歷任尚書僕射、廷尉、司空等職。安帝廢太子為濟陰王，他與太常桓焉、太僕來歷廷爭，不得。順帝時疏救上言獲罪的趙騰等人。陽嘉元年（西元一三二年）卒於官，年八十三。事見本書卷五十六。⑮郎顗　字雅光，東漢北海安丘（今山東安丘）人。父宗，學《京氏易》，善占卜星算。少傳父業，兼明經典。隱居海畔，不應州郡辟舉，學徒常數百人。順帝陽嘉二年，公車徵至京師，歷陳便宜十一事，建議輕徭役，薄賦斂，簡政治，蠲律令。又薦黃瓊、李固參政。特詔拜郎中，辭病歸家。後為人所殺。事見本書卷三十下。⑯東京　東漢都城洛陽，在今河南洛陽東北白馬寺東。因西漢以長安為都，故稱洛陽為東都。這裡代指東漢。⑰武　即漢武帝劉徹（西元前一五一—前八七年），西漢景帝之子。統治期間接受董仲舒建議，「獨尊儒術」，作為鞏固政權的工具。頒行「推恩令」，使諸侯王多分封子弟為侯，以削弱割據勢力。設置「十三刺史部」，以加強對地方的控制。徵收商人資產稅，打擊富商大賈，又採納桑弘羊建議，把冶鐵、煮鹽、鑄錢收歸官營。曾派張騫兩次至西域，加強對西域的聯繫。派唐蒙至夜郎，在西南先後建立七個郡。用衛青、霍去病為將，進擊匈奴貴族，解除匈奴威脅。由於舉行封禪，祀神求仙，揮霍無度，加以徭役繁重，致使農民大量破產流亡。晚期爆發農民起事。⑱靡不有初二句　事情都有開始，但很少能堅持到最後。語出《詩・蕩》。靡，無。克，能。⑲楊秉　字叔節，東漢弘農華陰（今陝西華陰）人。楊震之子。少傳父業，博學多識。常隱居教授。年四十餘出任侍御史，歷豫、荊、徐、兗四州刺史及侍中、尚書等顯職。以廉潔稱，屢為權臣所譖。桓帝延熹五年（西元一六二年）為太尉。奏請郡國計吏不宜留拜為郎，以省帑藏，自此終桓帝世，計吏無復留拜者。後揭發中常侍侯覽弟參暴虐貪贓，參自殺，覽免官。事見本書卷五十四。⑳皇甫　即皇甫規。字威名，東漢安定朝那（今寧夏固原）人。沖帝、質帝時舉賢良方正，拜郎中。因反對外戚梁冀專權，幾被陷害。後任泰山太守，平定叔孫無忌起事。延熹四年舉為中郎將，持節監關西兵，擊敗羌人，招降二十餘萬人。後遭宦官誣陷下獄，太學生三百多人為其請願，遂被赦歸家。黨錮事起，自以西州豪傑，而恥不能與黨人同列，乃上書自言附黨。朝廷知而不問。後歷任尚書、弘農太守，轉護羌校尉。以疾召還，未至而卒。事見本書卷六十五。㉑張　即張奐（西元一〇四—一八一年），字然明，東漢敦煌淵泉（今甘肅玉門）人。初為大將軍梁冀屬吏，以疾去官，復舉賢良，以對策第一，擢拜議郎。桓帝時，歷任安定屬國都尉、使匈奴中郎將、武威太守、度遼將軍、大司農、護匈奴中郎將等職。對南匈奴、羌人用兵時不專以殺伐為能。靈帝初，受中常侍曹節矯令，率軍攻殺大將軍竇武與陳蕃。後深悔為宦官利用，遂上疏為武、蕃申辯。遭宦官嫉恨，誣為黨人，免官歸家禁錮終身。閉門教授生徒。事見本書卷六十五。㉒段　即段熲（？—西元一七九年），字紀明，東漢武威姑臧（今甘肅武威）人。桓帝永壽二年任中郎將，平定泰山、瑯邪東郭竇、公孫舉起事，屠殺萬餘人，以此封列侯。延熹年間，歷任護羌校尉、并州刺史、破羌將軍，平定羌人起事，大小數百戰，殺人數萬。更封新豐縣侯。因曲意阿附當權宦官王甫等人，故得保全富貴。後因司隸校尉陽球奏誅王甫，受牽連下獄，飲鴆自殺。事見本書卷六十五。㉓彌縫　彌補；補救。㉔袞闕　指帝王職事的缺失。語出《詩．烝民》：「袞職有闕，維仲山甫補之。」㉕朱穆　（西元一〇〇—一六三年），字公叔，東漢南陽宛縣（今河南南陽）人。初舉孝廉。順帝末，辟大將軍梁冀府，使典兵事，甚見親任。桓帝即位，舉高第為侍御史。屢諫梁冀求賢能，斥佞惡，戒侈暴，而冀不聽。永興元年，擢冀州刺史，不與宦官結交，整肅法令，舉劾權貴。後徵拜尚書，志除宦官，故數為中官稱詔詆毀。終以憤懣發疽而卒。㉖劉陶　一名偉，字子奇，東漢潁川潁陰（今河南許昌）人。少受業洛陽太學。曾與太學生數千人守闕為冀州刺史朱穆辯誣。後舉孝廉，歷任侍御史、尚書令、京兆尹、諫議大夫等職。桓帝初，屢上書切陳時弊，抨擊大將軍梁冀專權。黃巾暴動前後，又指陳天下大亂罪在宦官，遂為宦官誣害，被捕下獄死。事見本書卷五十七。㉗郭有道　即郭泰（西元一二八—一六九年），字林宗，東漢太原介休（今山西介休）人。家世貧賤。遊於洛陽，與李膺等友善。太學生推為領袖，名震京師。曾歸鄉里，送行者車數千輛。桓帝時，黨錮事起，士人共相標榜，譽為「八顧」之一，言能以德行導人。官府屢次召辟，皆辭謝不就。雖好褒貶人物，然不為危言駭論，故得免於黨錮之禍。後閉門教授，生徒千人。卒後，送葬者達千餘人。事見本書卷六十八。㉘陳仲弓　即陳寔（西元一〇四—一八七年），字仲弓，東漢潁川許縣（今河南許昌）人。出身貧賤，曾為縣吏。縣令以其好學，聽受業於太學。後任聞喜長、太丘長。桓帝時黨錮事起，受株連者多逃匿，他獨自請囚禁，遇赦得出。及黨禁弛解，乃閉門懸車，謝絕徵召。後卒於家，各地往弔者達三萬餘人。事見本書卷六十二。㉙往車雖折二句　離去的車子雖然折斷，但趕來的車子正在迫近。軫，古代指車箱底部四周的橫木，這裡借指車。遒，迫近。㉚八元　相傳為高辛氏時八個有才德的人，即伯奮、仲堪、叔獻、季仲、伯虎、仲熊、叔豹、季狸。元，善。㉛彙 類。

【語 譯】史家評論說：古時候諸侯每年向天子貢獻人才，進獻賢能人才的受到上賞，所進獻人才不賢能的要被貶減爵位和封地。所貢人才要推送到司馬府，然後對人才進行辯說議論，論定之後才授予官職，封官任職之後才給予俸祿。所以天子能得到人才，進仕為官能勸勉士人的品行，經營國家，振興事業，這種選人制度由來已久了。漢初時詔令推舉賢良、方正，州郡則察舉孝廉、秀才，這也是沿用古代貢士的方法。光武帝中興以後，又增設敦朴、有道、賢能、直言、獨行、高節、質直、清白、敦厚等人才選拔名目。入仕的道路雖然擴大了，但欲望則難以限制，從此人們竊名逐祿，慢慢成為社會流行風氣。權貴顯官，託請、干謁之風興盛起來。自從左雄任事以後，考試人才限制年齡，雖然也有不縝密的地方，但確實也是因時制宜的作法。而黃瓊、胡廣、張衡、崔瑗等人，拘泥於舊法，互相辯論駁斥，對於那些靠名聲上來的人，則考察他名不副實的短處；對那些籌算實務的人，則注意檢驗他們的效果。所以，左雄在尚書省，天下不敢妄自選人，十餘年間，稱得上能選得真人才，這不是務求實效的證明嗎？漢順帝開始時以幼弱之身執掌政權，而號令由自己發出，知人善任，所以士人能夠盡力，天下人齊聲讚美，仰望他的風采。於是備好玄纁玉帛，來聘請南陽郡的樊英，天子屈尊親臨寢殿，設壇布席，尚書奉引樊英進殿，天子詢問朝廷為政得失。順帝急於讓賢人都得到舉用，虛心施以降尊之禮，於是隱士和鄉野儒生，都忘記自己的鄙陋，整理衣冠，企盼徵用自己的旌車到來。以至於那些賢能之士都來接受任命，德義高尚之士都來事奉皇上，像李固、周舉的宏圖大略，左雄、黃瓊為政的堅貞正直，桓焉、楊厚因儒學進用，崔瑗、馬融以文章顯名，吳祐、蘇章、种暠、欒巴是管理百姓的良才，龐參、虞詡是有弘韜偉略的將帥，王龔、張皓能虛懷若谷地推薦人才，張綱、杜喬能堅持正道來糾察不法，郎顗陰陽之術詳細縝密，張衡製造機械之術傑出玄妙：東漢的賢士在這個時候是最興盛的。假如朝廷採納他們高明的謀略，邊防中充分發揮他們的智慧體力，朝堂上容納他們的正直之言，各項措施遵循舊有法規，那麼漢武帝、漢宣帝成功之路，難道會離得很遠嗎？《詩》上說：「事情都有開始，但很少能堅持到最後。」

可說是遺憾啊！到孝桓帝的時候，德高望眾的人依然眾多，陳蕃、楊秉被稱為賢相，皇甫規、張奐、段熲號稱名將，王暢、李膺在朝中拾遺補缺，朱穆、劉陶進獻良策匡正時弊，郭泰能鑑別、鼓勵人才，陳寔能在地方上弘揚正道。其餘飽學的大儒、目光長遠的智慧之士，有高尚心靈、純潔行為的志士，以及文采風流的人，不能完全說出。然而朝政並沒有振作，文治武力都衰頹下去，在朝的官員因為正直的言論遭到誅戮，辭職的官員因為黨錮之禍而遭難。離去的車子雖然折斷，但趕來的車子正在迫近。所以國家形勢雖然危險但未垮掉，大堤已經決口還未崩潰，難道不正是這些仁人君子用盡心力在挽救的嗎？可歎啊！

史官評議說：左雄擔任納言，像古代的八元一樣。周舉因同類而升遷，由下級官吏得到越級提拔。登上朝堂料理政事，一起來消除災禍和混亂。黃瓊早就名聲流布，多次上奏章指陳國家弊端。黃琬少年聰慧，雖然地位趕上了祖父，但未能實現自己的志向。

【研　析】東漢政治的特點是外戚、宦官交替掌權，除了前期政治尚算清明外，大部分時間裡都極為黑暗、腐敗。值得注意的是，就在這黑暗、腐敗的政治環境裡，卻湧現了大量才能出眾、剛正廉潔的士大夫，如本卷所記述的左雄、周舉、黃瓊等。他們不計個人得失，不懼權貴的威勢，或者上書直言，抨擊弊政，或者與邪惡勢力相鬥爭，尋求正義，維護統治秩序。正是由於他們的努力，東漢政權才在風雨飄搖中又延續百餘年。也正是他們，在外戚和宦官的暴虐無道裡，支撐起東漢王朝陰鬱灰暗的天空。然而，士大夫的作為又是有限的。從和帝時期開始，到東漢滅亡，一百多年的時間裡，政權基本上被外戚與宦官交替把持。士大夫雖然幾番抗爭，力圖打破宦官專權的局面，改變權力格局，但都以慘敗而告終。因此作為政治精英的士大夫們所能做的就是在權力的縫隙裡尋求一定的平衡。這是士大夫的悲哀，也是專制政體的悲哀。

左雄是一名諫臣，在他的政治生涯中，上疏勸諫幾乎貫穿始終。漢順帝即位之初，大臣們懶散懈怠，朝廷政事有很多缺失，左雄幾番上疏，言詞深刻懇切，得到尚書僕射虞詡的賞識，並向順帝大力舉薦，左雄因此得以升遷。隨後左雄屢屢上疏，所言內容包括：嚴格實施考核制度，提拔賢能官員；對叛亂者應採取靈活政策，告發同黨者免罪，以分化其勢力；應尊崇經術，修繕太學；嚴格舉薦制度，從年齡等方面加以限制；對寵臣不要輕易封賞；對大臣不要輕易用刑等。正是因為左雄勇於進諫，所以在他執掌納言時建樹頗多，受到時人及史家的好評。

周舉在其仕宦生涯中一直享有美譽，關鍵在於常有過人的見識。在他還是司徒府的小吏時，就先後向兩任司徒李郃、朱倀建言，由他們出面上疏，先後阻止了順帝疏遠閻太后以及徙封擁立功臣孫程等的打算。在他擔任尚書一職後，更是頻頻進諫，而且其建議也多被採納。如在河南、三輔大旱時，順帝曾親自向周舉問策，周舉則藉機對順帝近期的失政進行批評，要其重用賢臣，遠離奸佞。周舉不僅屢屢向順帝進諫，提出自己的主張，在擔任地方官時更是有很多惠及百姓的舉措。在他為八使之一巡行郡縣時，周舉劾奏貪滑，表薦公清，受到朝廷的讚揚。

黃瓊年輕時因對朝廷現狀不滿，曾多次拒不應徵，後在李固勸說下出仕。黃瓊的仕宦生涯是比較顯赫的，曾經多次位列三公，在朝廷中享有很高的聲譽。他曾向順帝建議，勤政節儉，約束近臣，任用儒士；行籍田之禮，重視農耕。桓帝時黃瓊又上疏批評時政，認為朝政因外戚梁冀及宦官單超等五侯的先後掌權而致混亂不堪，並對賢臣李固、杜喬等的被害死深表惋惜。

可以看出，左雄、周舉、黃瓊等都是以善諫聞名。所謂善諫，不僅要有面對權勢威脅的膽略，更要有洞察世事、高人一籌的非凡見識。這也是左、周、黃等人獲得成功的關鍵因素。(韋占彬注譯)

卷六十二

荀韓鍾陳列傳第五十二

【題解】本卷是四個家族幾代人的列傳。記述荀淑及其子荀靖、荀爽、侄荀昱、荀爽子荀悅；韓韶及其子韓融、姪韓瑾；鍾皓及其孫鍾繇；陳寔及其子陳紀、陳諶，陳紀子陳群的言行事跡。本卷宗旨意在褒彰東漢士人的氣節，所以，尤其詳述荀淑、荀爽、韓韶、鍾皓、陳寔、陳紀等在與權貴、宦官對抗中的表現，褒揚他們的高風亮節。本卷全引了荀爽和荀悅的兩篇奏章，推崇他們在挽救世風中的作為。四個家族的興盛或早或晚，都是東漢後期的閥閱之家，其家族史由東漢延及曹魏政權，影響頗為深遠。荀悅、陳寔長於著述，他們的文章著述流傳甚廣。

1 荀淑，字季和，潁川❶潁陰❷人，荀卿❸十一世孫也。少有高行❹，博學而不好章句❺，多為俗儒所非❻，而州里稱其知人❼。

2 安帝❽時，徵❾拜❿郎中⓫，後再遷⓬當塗⓭長⓮。去職還鄉里。當世名賢李固⓯、李膺⓰等皆師宗⓱之。及梁太后⓲臨朝⓳，有日食地震之變，詔公卿⓴舉㉑賢良方正㉒，光祿勳㉓杜喬㉔、少府㉕房植㉖舉淑對策㉗，譏刺貴倖㉘，為大將軍㉙梁冀㉚所忌㉛，出㉜補㉝朗陵㉞侯相㉟。莅㊱事明理㊲，稱為神君。頃㊳之，棄官歸，閑居養志。產業每增，輒以贍㊴宗族㊵知友，年六十七，建和㊶三年卒㊷。李膺時為尚書㊸，自表㊹師喪㊺。二縣皆為立祠㊻。有子八人：儉，緄，靖，燾，汪，爽，肅，專，並有名稱㊼，時人謂之「八龍」。

3　初，荀氏舊里㊽名西豪㊾，潁陰令勃海㊿苑康(51)以為昔高陽氏有才子八人(52)，今荀氏亦有八子，故改其里曰高陽里。

【章　旨】以上記載荀淑事跡。荀淑自幼品學兼優，不同凡流。在對策中不畏權貴，直言敢諫；任職時，舉措適宜，口碑甚佳；去職閒居後，又善於治家，可謂「修身、齊家、治國、平天下」的宗師楷模。

【注　釋】❶潁川　郡名。秦置。治今河南禹州。❷潁陰　縣名。秦置。治今河南許昌。漢屬潁川郡。❸荀卿　名況，戰國時趙國人。曾為楚國蘭陵令。著書二十二篇，號荀卿子。漢人避宣帝諱，稱為「孫卿」。❹高行　高尚的品行。❺章句　剖章析句。經學家解說經義的一種方式。亦泛指書籍注釋。❻非　責怪；非難。❼知人　即智人。❽安帝　即劉祜（西元九四—一二五年），東漢皇帝，漢章帝孫，清河孝王劉慶子。即位時年十三，鄧太后臨朝，后兄鄧騭執政。在位期間，政治黑暗，社會動蕩不安。張伯路等起兵海上，攻擊沿海諸郡，襲殺守令；杜季貢等聯合羌人連年暴動，屢敗漢兵。建光元年鄧太后死後親政，與宦官李閏等合謀誅滅鄧騭宗族，自此寵信宦官。廟號恭宗。❾徵　即徵辟。指朝廷或三公以下召舉布衣之士授以官職。❿拜　授與官職；任命。⓫郎中　官名。始於戰國，漢代沿置，屬郎中令（後改光祿勳），管理車、騎、門戶，並內充侍衛，外從作戰。初分為車郎、戶郎、騎郎三類，長官設有車戶騎三將，其後類別逐漸泯除。⓬遷　晉升或調動。⓭當塗　縣名。西漢置。治今安徽懷遠東南。⓮長　縣行政長官名。秦漢規定，縣人口萬戶以上者，長官稱令，萬戶以下的稱長。⓯李固（西元九四—一四七年），字子堅，東漢漢中南鄭（今陝西漢中）人。順帝永和年間，任荊州刺史、泰山太守，招撫境內暴動農民。沖帝即位，任太尉，與大將軍梁冀共參錄尚書事。沖帝死，他提議立清河王劉蒜為帝，冀不從，另立質帝。不久，冀鴆殺質帝，欲立蠡吾侯。他再次固請立清河王，為冀所忌，因被免職。後為冀所誣，被殺。事見本書卷六十三。⑯李膺（西元一一〇—一六九年），字元禮，東漢潁川襄城（今河南襄城）人。桓帝時為司隸校尉，與太學生首領郭泰等結交，反對宦官專權，太學生稱為「天下楷模李元禮」。延熹九年，宦官誣之為結黨誹謗朝廷，被逮捕入獄。釋放後禁錮終身。靈帝立，外戚竇武執政，他又被起用為長樂少府，與陳蕃等謀誅宦官失敗，死獄中。事見本書卷六十七。⑰宗　尊奉。⑱梁太后　即梁妠（西元一〇六—一五〇年），安定烏氏（今甘肅平涼）人。東漢順帝皇后。順帝時，其父梁商任大將軍，掌握朝政。梁商死後，又由其兄梁冀繼任。順帝死，她與梁冀迎立沖、質、桓三帝，都臨朝執政。梁氏一門前後有七侯，三皇后，六貴人，兩大將軍。執政期間，兼用外戚、宦官，重用擁護她的官僚集團，又表揚儒學，招太學生達三萬餘人，藉以取得世族地主的支持。⑲臨朝　臨御朝廷處理政事。特指太后攝政稱制。⑳公卿　三公九卿的合稱。後泛指中央政府高級行政官員。㉑舉　即察舉。漢代選拔官吏的制度。由丞相、列侯、刺史、守相等推舉，經過考核，任以官職。始於武帝時，其主要科目有孝廉、賢良文學、秀才等。為漢代重要出仕途徑之一。㉒賢良方正　選舉科目，始於漢文帝前二年（西元前一七八年），全稱「舉賢良方正能直言極諫科」，常與賢良文學並稱，非歲舉。漢代舉賢良方正，對策者百人，有高下之分，未有黜落，對者皆預選。㉓光祿勳　官名。秦稱郎中令，漢武帝時改稱光祿勳。東漢末年復稱郎中令。掌領宿衛侍從之官。㉔杜喬　（？—西元一四七年），字叔榮，東漢河內林慮（今河南林州）人。順帝漢安元年為光祿大夫，奉使按察兗州，表奏泰山太守李固為政第一，舉劾大將軍梁冀季父及黨羽為官貪贓罪千萬以上者。後歷任太子太傅、大司農、大鴻臚等職。質帝為梁冀鴆殺後，與李固力主立年長的清河王劉蒜為帝，以此忤於冀。桓帝建和元年，代胡廣為太尉。旋以清河劉文等人謀立劉蒜為天子事，為梁冀誣陷，下獄死。事見本書卷六十三。㉕少府　官名。秦置，西漢沿置，為九卿之一，掌皇帝財政，供宮廷日常開支，管理宮廷侍從及宮廷手工業。新莽改稱共工。東漢復置，但權任大減，唯掌宮廷日常生活品的供應等及宮廷手工業，領太醫、太官、守宮、尚方、上林苑令等。㉖房植　字伯武，東漢甘陵人，桓帝時為河南尹，有名當朝，與同郡周福有隙，二家賓客，互相譏揣，由是甘陵有南北部。黨人之議由此始。官終司空。㉗對策　漢代應薦舉、科舉的人對答皇帝有關政治、經濟的策問叫「對策」。後代也有用這種方法取士的。《文心雕龍・議對》：「對策者，應詔而陳政也！射策者，探事而獻說也。」㉘貴倖　皇帝寵信的權貴之臣。此指梁冀。㉙大將軍　官名。始於戰國，漢代沿置，為將軍的最高稱號，執掌統兵征戰。事實上多由貴戚擔任，掌握政權，職位甚高。㉚梁冀　（？—西元一五九年），字伯卓，東漢安定烏氏（今甘肅平涼）人。兩妹為順帝、桓帝皇后。其父梁商死後，繼為大將軍。順帝死，他與妹梁太后先後立沖、質、桓三帝，專斷朝政近二十年。執政期間，驕奢橫暴，多建苑囿，並強迫平民數千人為奴婢，稱「自賣人」。梁太后、梁皇后先後死，桓帝與宦官單超等五人定議，誅滅梁氏，他被迫自殺。東漢政府沒其財產，賣錢三十萬萬之巨。事見本書卷三十四。㉛忌　嫉妒；憎恨。㉜出　指官員自京師外調。㉝補　補充。㉞朗陵　縣名。漢置。東漢封臧宮為侯邑。南朝宋廢縣。故城在今河南確山縣西南三十五里。㉟侯相　侯國丞相。㊱莅　來；到。㊲明理　明察事理。㊳頃　短時間；不久。㊴贍　供給人財物。㊵宗族　謂同宗同族之人。㊶建和　東漢桓帝劉志年號，西元一四七—一四九年。㊷卒　死亡。㊸尚書　官名。戰國時秦、齊等國始置，最初僅為管理文書的小吏。漢武帝時以尚書掌管機要，職權漸重，為中朝重要宮官。東漢時尚書臺分六曹，各置尚書，秩六百石，位在令、僕射下，丞、郎之上。㊹自表　自己上表呈請。㊺師喪　《禮記》：「事師無犯無隱，左右就養無方，服勤至心，心喪三年。」㊻祠　古代供奉祖宗、鬼神或有功德的人的房屋。㊼名稱　名聲。㊽里　居住的街巷或村邑。㊾西豪　地名。唐李賢注：「今許州城內西南有荀淑故宅，相傳云即舊西豪里也。」㊿勃海　郡名。西漢置。初治今河北滄州東南，東漢移治今河北南皮東北。屬冀州。(51)苑康　字仲真，東漢重合（今山東樂陵）人。少受業太學，與郭泰親善，舉孝廉。歷潁陰令，有能聲。遷太山太守，豪強莫敢犯法。為侯覽所誣，徙日南。後潁陰人及太山羊陟等為訟冤，乃還本郡。卒於家。(52)昔高陽氏有才子八人　高陽氏，即顓頊。傳說中古代部族首領。相傳生於若水，居於帝丘（今河南濮陽東南），曾命重擔任南正之官，掌管祭祀天神；命黎擔任火正（一作北正）之官，掌管民事。《左傳·文公十八年》：「昔高陽氏有才子八人：蒼舒，隤敳，檮戭，大臨，尨降，庭堅，仲容，叔達。」

【語　譯】荀淑，字季和，潁川郡潁陰縣人，是荀卿的十一世孫。少年時就有高尚的品行，學問雖然淵博但不喜歡尋章摘句，因而經常遭到庸俗儒生的非議，但州里人都稱他是明智之士。

2　漢安帝在位的時候，被徵召封為郎中的官職，以後兩次升遷為當塗縣長。後辭職回歸鄉里。當時有名的賢人李固、李膺等人都尊崇他為老師。到梁太后臨朝執政時，發生了日蝕和地震的災異變故，下詔讓公卿推舉賢良方正，光祿勳杜喬、少府房植舉薦荀淑進京應對策問，由於他諷刺了權貴奸佞大臣，被大將軍梁冀所忌恨，讓他外補朗陵侯相的空缺。他處理事務明察事理，被當時人稱為「神君」。不久，他又棄官歸鄉，閒居在家修養志節。家中產業每有增加，他都用來贍養同宗同族之人和好友，活了六十七歲，於建和三年去世。李膺當時擔任尚書，自己上表呈請要為老師服喪。兩個縣都為他建立了祠堂。他有八個兒子：荀儉、荀緄、荀靖、荀燾、荀汪、荀爽、荀肅、荀專，都以名聲著稱於世，當時人稱他們為「八龍」。

3 當初，荀氏舊居所在地叫西豪，潁陰縣令渤海人苑康認為，古代高陽氏有八個有才的兒子，如今荀氏也有八個兒子，所以將他的舊居所在地西豪改名為「高陽里」。

1 靖有至❶行，不仕❷，年五十而終❸，號❹曰玄行先生❺。

2 淑兄子昱，字伯條，曇字元智。昱為沛相❻，曇為廣陵❼太守。兄弟皆正身疾惡❽，志除閹宦❾。其支黨❿賓客⓫有在二郡者，纖⓬罪必誅⓭。昱後共大將軍竇武⓮謀誅中官⓯，與李膺俱死。曇亦禁錮⓰終身。

3 爽字慈明，一名諝。幼而好學，年十二，能通春秋、論語。太尉杜喬見而稱⓱之，曰：「可為人師⓲。」爽遂耽⓳思經書⓴，慶㉑弔㉒不行，徵命㉓不應。潁川為之語曰：「荀氏八龍，慈明無雙。」

4 延熹㉔九年，太常㉕趙典㉖舉爽至孝㉗，拜郎中。對策陳便宜㉘曰：

5 「臣聞之於師曰：『漢為火德㉙，火生於木，木盛於火，故其德為孝㉚，其象㉛在周易㉜之離㉝。』夫在地為火，在天為日㉞。在天者用其精，在地者用其形。

夏則火王，其精在天，溫暖之氣，養生百木，是其孝也。冬時則廢，其形在地，酷烈之氣，焚燒山林，是其不孝也。故漢制使天下誦孝經㉟，選吏舉孝廉㊱。夫喪親自盡㊲，孝之終也。今之公卿及二千石㊳，三年之喪，不得即去，殆㊴非所以增崇孝道而克稱火德者也。往者孝文勞謙，行過乎儉㊵，故有遺詔以日易月㊶。此當時之宜，不可貫之萬世。古今之制雖有損益，而諒闇㊷之禮未嘗改移，以示天下莫遺其親。今公卿群寮皆政教所瞻㊸，而父母之喪不得奔赴。夫仁義之行，自上而始；敦厚之俗，以應乎下。傳㊹曰：『喪祭之禮闕㊺，則人臣之恩薄，背死忘生者眾矣。』曾子㊻曰：『人未有自致者，必也親喪乎㊼！』春秋傳㊽曰：『上之所為，民之歸也㊾。』夫上所不為而民或為之，故加刑罰；若上之所為，民亦為之，又何誅焉？昔丞相㊿翟方進(51)，以自備宰相，而不敢踰制。至遭母憂(52)，三十六日而除(53)。夫失禮之源，自上而始。古者大喪三年不呼其門(54)，所以崇國厚俗篤化之道也。事失宜正，過勿憚(55)改。天下通喪，可如舊禮(56)。

6 「臣聞有夫婦然後有父子，有父子然後有君臣，有君臣然後有上下，有上下然後有禮義。禮義備，則人知所厝矣(57)。夫婦人倫之始，王化之端，故文王(58)作易，上經首乾、坤，下經首咸、恆(59)。孔子曰：『天尊地卑，乾坤定矣(60)。』夫婦之道，所謂順也。堯典[61]曰：『釐降二女於媯汭，嬪于虞[62]。』降者下也，嬪者婦也。言雖帝堯之女，下嫁[63]於虞，猶屈體降下，勤修婦道。易曰：『帝乙歸妹，以祉元吉[64]。』婦人謂嫁曰歸，言湯[65]以娶禮歸其妹於諸侯也。春秋之義，王姬嫁齊[66]，使魯[67]主之，不以天子之尊加於諸侯也。今漢承秦法，設尚主之儀，以妻制夫，以卑臨尊，違乾坤之道，失陽唱之義[68]。孔子曰：『昔聖人之作易也，仰則觀象於天，俯則察法於地，覩鳥獸之文，與地之宜。近取諸身，遠取諸物，以通神明之德，以類萬物之情[69]。』今觀法於天，則北極[70]至尊，四星妃后。察法於地，則崐山象夫，卑澤象妻[71]。覩鳥獸之文，鳥則雄者鳴鴝，雌能順服；獸則牡為唱導，牝乃相從。近取諸身，則乾為人首，坤為人腹[72]。遠取諸物，則木實屬天，根荄屬地。陽尊陰卑，蓋乃天性。且詩初篇實首關雎；禮[73]始冠、婚[74]，先正夫婦。天地六經[75]，其旨一揆[76]。宜改尚主之制，以稱乾坤之性。遵法堯、湯，式是周[77]、孔。合之天地而不謬，質之鬼神而不疑。人事如此，則嘉瑞[78]降天，吉符[79]出地，五韙咸備[80]，各以其敘[81]矣。

7 「昔者聖人[82]建天地之中而謂之禮，禮者，所以興福祥之本，而止禍亂之源也。人能枉欲[83]從禮者，則福歸之；順情[84]廢禮者，則禍歸之。推禍福之所應，知興廢之所由來也。眾禮之中，婚禮為首。故天子娶十二，天之數也[85]。諸侯以下各有等差[86]，事之降也。陽性純而能施，陰體順而能化，以禮濟樂，節宣[87]其氣。故能豐子孫之祥，致老壽之福。及三代[88]之季，淫而無節。瑤臺[89]、傾宮[90]，陳妾數百。陽竭於上，陰隔於下。故周公之戒曰：『不知稼穡之艱難，不聞小人之勞，惟耽樂之從，時亦罔或克壽[91]。』是其明戒。後世之人，好福不務其本，惡禍不易其軌。傳[92]曰：『截趾適屨[93]，孰云其愚？何與斯人，追欲喪軀？』誠可痛也。臣竊聞後宮采女[94]五六千人，從官侍使復在其外。冬夏衣服，朝夕稟[95]糧，耗費縑帛[96]，空竭府藏，徵調增倍，十而稅一，空賦不辜之民，以供無用之女，百姓窮困於外，陰陽隔塞于內。故感動和氣，災異屢臻[97]。臣愚以為諸非禮聘未曾幸御[98]者，一皆遣出，使成妃合[99]。一曰通怨曠[100]，和陰陽。二曰省財用，實府藏。三曰脩禮制，綏[101]眉壽[102]。四曰配陽施[103]，祈螽斯[104]。五曰寬役賦，安黎民。此誠國家之弘利，天人之大福也。

8 「夫寒熱晦明，所以為歲；尊卑奢儉，所以為禮。故以晦明寒暑之氣，尊卑侈約之禮為其節也。易曰：『天地節而四時成[105]。』春秋傳曰：『唯器與名不可以假人[106]。』孝經曰：『安上治民，莫善於禮。』禮者，尊卑之差，上下之制也。

昔季氏八佾[107]舞於庭，非有傷害困於人物，而孔子猶曰：『是可忍也，孰不可忍？』洪範[108]曰：『惟辟作威，惟辟作福，惟辟玉食[109]。』凡此三者，君所獨行而臣不得同也。今臣僭[110]君服，下食上珍，所謂害于而家，凶於而國者也。宜略依古禮尊卑之差，及董仲舒[111]制度之別[112]，嚴督有司，必行其命。此則禁亂善俗足用之要。」

9　奏聞，即棄官去。

10　後遭黨錮，隱於海上，又南遁漢濱[113]，積十餘年，以著述為事，遂稱為碩儒[114]。黨禁解，五府[115]並辟，司空[116]袁逢[117]舉有道[118]，不應。及逢卒，爽制服[119]三年，當世往往化以為俗。時人多不行妻服[120]，雖在親憂猶有弔問喪疾者，又私謚[121]其君父及諸名士，爽皆引據大義[122]，正之經典[123]，雖不悉變，亦頗有改。

11　後公車[124]徵為大將軍何進[125]從事中郎[126]。進恐其不至，迎薦為侍中[127]，及進敗而詔命中絕。獻帝[128]即位，董卓[129]輔政，復徵之。爽欲遁命，吏持[130]之急，不得去，因復就拜平原[131]相。行至宛陵[132]，復追為光祿勳[133]。視事三日，進拜司空。爽自被徵命及登台司[134]，九十五日。因[135]從遷都長安[136]。

12　爽見董卓忍暴[137]滋[138]甚，必危社稷[139]，其所辟舉皆取才略之士，將共圖[140]之，亦與司徒[141]王允[142]及卓長史[143]何顒[144]等為內謀[145]。會病薨[146]，年六十三。

13 著禮、易傳、詩傳、尚書正經、春秋條例，又集漢事成敗可為鑒戒者，謂之漢語。又作公羊問及辯讖，并它所論敘，題為新書。凡百餘篇，今多所亡缺。

14 兄子悅、彧並知名。彧自有傳。

15 論曰：荀爽、鄭玄[147]、申屠蟠[148]俱以儒行為處士，累徵並謝病[149]不詣。及董卓當朝，復備禮召之。蟠、玄竟不屈以全其高。爽已黃髮[150]矣，獨至焉，未十旬而取卿相[151]。意者疑其乖[152]趣舍[153]，余竊商[154]其情，以為出處君子之大致[155]也，平運則弘道以求志，陵夷[156]則濡跡[157]以匡時[158]。荀公之急急自勵，其濡跡乎？不然，何為違貞吉[159]而履虎尾[160]焉？觀其遜言[161]遷都之議[162]，以救楊[163]、黃[164]之禍。及後潛圖董氏，幾振國命，所謂「大直若屈[165]」，道固逶迤[166]也。

【章　旨】以上敘述荀淑子姪中荀爽事跡。荀爽為官後，鑒於當時的災異之變和皇權旁落的現實，在對策中亟論孝道為治國良策；批評女主干政、後宮嬪妃成群的時弊和官場的奢侈之風。荀爽因仕途艱險，退而以著述為事，凡事循禮而為，言傳身行，俗受其化。荀爽大半生儒行昭然，晚年為權勢所屈，似貪圖名利富貴，史家在「論」中把其中委屈剖析得淋漓盡致，給荀爽一個公允的評價，可謂眼光如炬。

【注　釋】❶至　極；最；達到頂點。❷仕　出任官職。❸終　死亡。❹號　指人除有名、字之外，另起的別稱。❺玄行先生　皇甫謐《高士傳》：「靖字叔慈，少有俊才，動止以禮。靖弟爽亦以才顯於當時。或問汝南許章曰：『爽與靖孰賢？』」

章曰：『皆玉也。慈明外朗，叔慈內潤。』及卒，學士惜之，誄靖者二十六人。潁陰令丘禎追號靖曰『玄行先生』。」❻沛相　沛侯國丞相。沛，東漢設沛國。治今江蘇沛縣。❼廣陵　郡名。西漢置。治今江蘇揚州西北蜀岡上。❽疾惡　憎恨壞人壞事。❾閹宦　宦官。❿支黨　黨羽。⓫賓客　貴族官僚所養食客的稱謂。他們要為主人充當勇士、謀士、侍衛，管理家私雜事，或委派為使者、說客、間諜。與主人無穩定隸屬關係，可自由來去。⓬纖　細小。⓭誅　殺戮。⓮竇武　字游平，東漢扶風平陵（今陝西咸陽）人。生年不詳。桓帝時以長女選入宮中為貴人，得拜郎中。女旋立為皇后，遂遷越騎校尉，封隗里侯。遷城門校尉。永康元年（西元一六七年）上疏奏請解除黨禁。桓帝死，迎立靈帝，任大將軍，封聞喜侯。執掌朝政，起用李膺、杜密等黨人。建寧元年（西元一六八年），與太傅陳蕃謀誅宦官曹節、王甫等，事敗自殺。事見本書卷六十九。⓯中官　即當時在宮中受寵幸的宦官，時號為「十常侍」。⓰禁錮　亦稱「黨錮」。東漢桓帝、靈帝時部分官僚、士大夫和太學生聯合反對宦官專權，以此被禁止仕宦或參預政治活動，時稱「黨錮」。東漢桓帝時，司隸校尉李膺等人和太學生郭泰、賈彪等聯合，抨擊宦官集團。延熹九年（西元一六六年），有人勾結宦官誣告他們「誹訕朝廷」，李膺等二百多名「黨人」被逮捕，後雖釋放，但終身不許做官，稱為第一次「黨錮之禍」。靈帝即位後，外戚竇武專權，起用黨人，並與太傅陳蕃合謀誅滅宦官，事洩被殺。建寧二年（西元一六九年），靈帝在宦官侯覽、曹節挾持下，收捕李膺、杜密等百餘人下獄處死，並陸續殺死、流徙、囚禁六七百人。熹平五年（西元一七六年），靈帝在宦官挾制下又命令凡「黨人」的門生故吏、父子兄弟，都免官禁錮，並連及五族，稱為第二次「黨錮之禍」。⓱稱　讚揚；稱讚。⓲人師　指德行學問等各方面可以為人表率的人。⓳耽　沉溺；入迷。⓴經書　指儒家經典。西漢武帝時設立太學，把《詩》、《書》、《禮》、《易》、《春秋》五部儒家經典列於學官，置《五經》博士，經學遂成為封建社會的官學。㉑慶　可祝賀的事。㉒弔　祭奠死者或對遭到喪事人家的慰問。㉓徵命　指徵召的命令。㉔延熹　東漢桓帝劉志年號，西元一五八—一六七年。㉕太常　官名。西漢中元六年改奉常置。掌禮樂、祭祀宗廟、社稷，負責朝會和喪葬禮儀，管理皇帝陵墓、寢廟所在縣邑，每月巡視諸陵，兼掌教育，主持博士及博士弟子的考核與薦舉。秩二千石，位居九卿之首，多由列侯充任。西漢中期後職權漸分。東漢沿置。㉖趙典　字仲經，東漢趙戒子。桓帝時為大鴻臚，遷太常。以諫爭違旨免官，再遷衛尉。公卿表典篤學博聞，宜備國師。會病卒。典篤行博學，與李膺齊名，列於八俊。事見本書卷二十七。㉗至孝　謂極盡孝道。㉘便宜　謂合乎時勢要求的事宜或根據情況應採取的措施。㉙漢為火德　火德，五德之一。以五行中的火來附會漢朝歷運之德。㉚火生於木三句　《易．說卦》：「火，木之子；夏，火之位。木至夏而盛，故為孝。」㉛象　即《周易》中的象辭。㉜周易　書名。亦稱《易》、《易經》。周代的占卜書，後成為儒家經典之一。易的原義是簡易，因周人以蓍草占卜較以前用甲骨占卜容易，故名。內容包括《經》和《傳》兩部分。《經》亦名《易經》，主要是六十四卦和三百八十四爻，卦有卦名與卦辭，爻有爻題和爻辭。《傳》亦名《易傳》，是對《經》的解釋，共七種十篇。㉝離　八卦之一，象徵火。㉞日　《易・說卦》：「離為火，為日。」㉟孝經　儒家經典之一。十八章。作者各說不一，以孔門後學所作一說較為合理。論述封建孝道、宣傳宗法思想，漢代列為《七經》之一。㊱孝廉　漢代選拔官吏的科目之一。始於董仲舒的奏請，與賢良同時由各郡國在所屬吏民中薦舉。舉孝廉者往往被任為「郎」，在東漢尤為求仕進者必由之路。㊲盡　謂盡其哀戚。㊳二千石　官秩等級，因所得俸祿以穀為準，故以「石」稱之。因郡守、王國傅相均秩二千石，所以二千石成為漢代對郡守、國相等一級官吏的通稱。㊴殆　大概；幾乎。㊵孝文勞謙二句　《易・謙卦》九三爻：「勞謙君子，有終吉。」意為孝文皇帝勤勞謙虛，行為過於節儉。㊶以日易月　謂把服孝期改為一天當一個月。㊷諒闇　居喪時所住的房子。借指居喪。多用於皇帝。㊸瞻　往上或往前看。㊹傳　《周易》包括本文和解說兩部分。本文部分稱「經」，解說部分稱「傳」。㊺闕　因失誤而把事情弄壞。㊻曾子　即曾參。字子輿，春秋時魯國人。曾點之子，孔子弟子。事親至孝，嘗耘瓜而誤斷其根。點怒，援杖擊之，幾死，有頃而蘇，鼓琴而歌，孔子聞之，告門人曰：「參來勿內也，小杖則受，大杖則走，今參陷父不義，安得為孝乎？」參聞之，遂造孔子謝過焉。參性質魯，日三省其身，悟一貫之旨。述《大學》，作《孝經》，以其學傳子思，子思以傳孟子。後世稱為宗聖。㊼人未有自致者二句　意為人們平時不能把感情宣洩到極至，如果有，一定是在父母喪亡時。見《論語・子張》。致，通「至」。極；盡。㊽春秋傳　即《春秋》三傳，簡稱「三傳」或「春秋傳」，是解釋《春秋》的《左傳》、《公羊傳》、《穀梁傳》的合稱。㊾上之所為二句　意為上面的所作所為，就是百姓的榜樣和皈依。語出《左傳・襄公二十一年》。歸，歸向。㊿丞相　官名。始於戰國時，為百官之長，亦稱相邦。秦代以後為封建官僚組織中的最高官職，輔佐皇帝，綜理全國政務。西漢初，稱為相國，後改丞相，與太尉、御史大夫合稱三公。西漢末改為大司徒，東漢末復稱丞相。(51)翟方進　（？—西元前七年），字子威，汝南上蔡（今河南上蔡）人。西漢成帝時，歷任朔方刺史、御史大夫，後為丞相，封高陵侯。任相十年，因統治集團內部鬥爭，成帝以「災害並臻，民被飢餓」罪，迫令自殺。(52)母憂　母親的喪事。(53)除　去掉。(54)大喪三年不呼其門　大喪，指父母的喪事。三年不呼其門，謂擔心孝子因應付瑣事而分盡孝之情。(55)憚　害怕；恐懼。(56)舊禮　《禮記》：「三年之喪，天下通喪也。」(57)有夫婦六句　見《易・序卦》。(58)文王　即周文王。姬姓，名昌。商末周族領袖，商紂王時為西伯，亦稱伯昌。曾被商紂囚禁於羑里（今河南湯陰北）。統治期間，國勢強盛。他解決虞、芮兩國爭端，使兩國歸附；還攻滅黎（今山西長治西南）、邘（今河南沁陽西北）、崇（今河南嵩縣北）等國。並建立豐邑（今陝西長安），作為國都。在位五十年。(59)上經首乾坤二句 《易經》分為上經、下經。〈乾〉、〈坤〉至〈離〉為上經，〈咸〉、〈恆〉至〈未濟〉為下經。(60)天尊地卑二句 見《易經‧雜說》。(61)堯典 《尚書》篇名，亦稱〈帝典〉。記載堯、舜禪讓的事跡，反映了中國原始社會末期的一些歷史情況。(62)釐降二女於媯汭二句 意為堯把兩個女兒送到媯汭，下嫁給虞舜做嬪妃。釐，賜；給予。虞，即舜，姚姓，一作媯姓，號有虞氏，名重華，史稱虞舜。傳說中父系氏族社會後期部落聯盟領袖。相傳因四岳推舉，堯命他攝政。他巡行四方，除去共工、驩兜、三苗、鯀等四人。堯去世後繼位，又諮詢四岳，挑選賢人，治理民事，並選拔治水有功的禹為繼承人。(63)下嫁 謂帝王之女出嫁。(64)帝乙歸妹二句 《易‧泰卦》六五爻辭。王輔嗣注：「婦人謂嫁曰歸。泰者，陰陽交通之時，女處尊位，履中居順，降身應二，帝乙歸妹，誠合斯義也。」《史記》紂父名帝乙，此文以帝乙為湯，湯名天乙也。(65)湯 又稱成湯、武湯。商朝第一位君王。商自始祖契至湯八次遷徙，湯始居亳（今地有河南商丘、山東曹縣、河南偃師三說）。用伊尹、仲虺為輔佐，自葛（今河南寧陵北）開始，接連攻滅韋（今河南滑縣東）、顧（今山東鄄城東北）、昆吾（今河南濮陽，一說在新鄭境內）等夏之屬國，進而伐夏桀，放桀於南巢（今安徽巢湖市西南），遂滅夏，建立商朝。(66)齊 即齊國。西元前十一世紀周分封的諸侯國。姜姓。在今山東北部，開國君主姜尚，建都營丘（今山東淄博東舊臨淄北）。春秋初期齊桓公任用管仲改革內政，國力強盛，成為霸主。西元前五六七年，齊靈公滅萊，領土擴展到山東東部。後田氏代齊，成為戰國七雄之一。西元前二二一年為秦所滅。(67)魯 即魯國。姬姓。西周初，周武王封周公旦於此，都曲阜（今山東曲阜）。春秋時國勢漸弱，戰國時成為小國。西元前二五六年為楚所滅。(68)陽唱之義 《易緯》曰「陽唱而陰和」也。(69)仰則觀象於天八句 皆《易‧繫辭》之文。(70)北極 北辰也。軒轅四星，女主之象也。(71)崐山象夫二句 《易‧繫辭》之文也。象山，高也。《易》艮下兌上為咸。艮為山，夫象也。兌為澤，妻象也。咸，感也。山澤通氣，夫婦之相感也。(72)覩鳥獸之文八句 《易‧說卦》之文也。(73)禮 即《周禮》、《儀禮》、《禮記》。(74)冠婚 《儀禮‧士冠禮》為始，〈士昏禮〉次之。(75)六經 指《詩》、《書》、《禮》、《易》、《春秋》、《樂》六部儒家經典。《莊子‧天運》：「孔子謂老聃曰：『丘治《詩》、《書》、《禮》、《樂》、《易》、《春秋》六經。』」(76)揆 道理；準則。(77)周 周公。姬姓，名旦，西周初人。周武王弟，與呂尚同為西周開國元勳。以魯公封於曲阜，留朝執政，長子伯禽就封。武王卒，成王幼，攝政。管叔、蔡叔、霍叔等不服，聯合殷貴族武庚和東夷反叛。他率師東征，平定叛亂，滅奄（今山東曲阜東）後大舉分封諸侯，營建成周洛邑（今河南洛陽）。又制禮作樂，為西周典章制度的主要創制者，奠定了「成康之治」的基礎。(78)嘉瑞 祥瑞的天文現象。(79)吉符 吉祥的符瑞現象。(80)五韙咸備 意為風調雨順。韙，是也。《史記》：「休徵：曰肅，時雨若；曰乂，時暘若；曰哲，時燠若；曰謀，時寒若；曰聖，時風若。」五是來備，各以其敘也。[81]敘　同「序」。秩序；規律。[82]聖人　指品德最高尚、智慧最高超的人。[83]枉欲　謂抑制欲念。[84]順情　順從人情；縱欲。[85]故天子娶十二句　《白虎通義》：「天子娶十二，法天，則有十二月，百物畢生也。」[86]等差　等級差別。[87]宣　疏導；宣洩。[88]三代　指夏、商、周三個朝代。[89]瑤臺　《淮南子・本經》：「帝有桀紂，為旋室、瑤臺。」[90]傾宮　《列女傳》：「夏桀為旋室、瑤臺，以臨雲雨，紂為傾宮。」[91]不知稼穡之艱難四句　語出《尚書・無逸》。是周公勸誡周成王不要貪圖安逸和淫佚的話。其詞與此微有不同。稼穡，種植和收割。泛指農業勞動。耽樂，沉迷於玩樂。罔，無；沒有。[92]傳　指《左傳》。[93]截趾適屨　切斷腳趾去適合鞋子的大小。比喻不合理的遷就。[94]采女　原為漢代六宮的一種稱號，因其選自民家，故曰「采女」。後用作宮女的通稱。[95]稟　供給。[96]縑帛　古代一種質地細薄的絲織品。[97]臻　奔趨；彙集。[98]幸御　指曾與帝王同房。[99]妃合　婚配。[100]怨曠　指女無夫，男無妻。[101]綏　安定。[102]眉壽　高壽。因年長的人眉毛增長，故把高壽稱眉壽。[103]陽施　謂煥發男子的亢陽之氣。[104]螽斯　一種名為蚣蝑的昆蟲，體長寸許，綠褐色。雄蟲的前翅能發聲，雌蟲尾端有劍狀的產卵管。其性不妒，故能子孫繁多。《詩經・螽斯》：「螽斯羽，詵詵兮。宜爾子孫，振振兮。」喻子孫眾多。[105]天地節而四時成　見《周易・節卦第六十》。[106]唯器與名不可以假人　杜預注《左傳・成公二年》：「器謂車服，名謂爵號。」假，授予；給予。[107]八佾　古代天子用的一種樂舞，排列成八行，縱橫都是八人，共六十四人。《論語・八佾》：「孔子謂季氏八佾舞於庭，是可忍，孰不可忍也！」諸侯六行，行六人，大夫四行，行四人。季氏是大夫，不應該用八佾，所以孔子這樣說。佾，行列。[108]洪範　《尚書》篇名。洪，大。範，法；規則。舊傳為商末箕子向周武王陳述的「天地之大法」，近人或疑為戰國時期的作品。分為九疇（九類），認為龜筮可以預卜人事吉凶禍福，國家的治亂興衰能影響氣候的變化，後成為漢代「天人感應」等神學迷信的理論根據。其中以金、木、水、火、土「五行」來解釋自然現象，含有樸素的唯物主義因素。[109]惟辟作威三句　意為只有君王可以獨享其福，只有君王可以給人以幸福，只有君王可以錦衣玉食。見《尚書・洪範》。[110]僭　過分；超越本分。[111]董仲舒　（西元前一七九—前一〇四年），廣川（今河北棗強）人。西漢哲學家，今文經學大師。專治《春秋公羊傳》。曾任博士、江都相和膠西王相。漢武帝舉賢良文學之士，他對策「天人三策」的建議，為武帝所採納，開此後兩千餘年封建社會以儒學為正統的先聲。他還提出「三綱五常」的封建倫理和把人性分為上、中、下三等的論點。在教育上，主張以教化為「堤防」，立太學，設庠序，著有《春秋繁露》及《董子文集》。[112]制度之別　董仲舒曰：「王者正法度之宜，別上下之序，以防欲也。」[113]漢濱　漢水之濱。[114]碩儒　大儒。[115]五府　東漢稱太傅、太尉、司徒、司空、大將軍為五府。[116]司空　官名。三公之一。西漢成帝時改御史大夫為大司空，東漢時稱司空，主要職務為監察、執法，兼掌重要文書圖籍。(117)袁逢　字周揚，東漢汝陽（今河南商水縣）人。以累世三公之子，寬厚篤信著稱於世。靈帝時為司空，終執金吾，謚宣文。(118)有道　漢代選舉科目之一。被舉薦者須有才藝或道德。(119)制服　古時依社會地位的高低規定喪服樣式。(120)妻服　《周禮・喪服》：「夫為妻齊縗杖期。」《禮記》：「曾子問曰：『三年之喪，弔乎？』孔子曰：『三年之喪，練，不群立，不旅行。君子禮以飾情。三年之喪而弔哭，不亦虛乎！』」(121)謚　古代王公大臣死後，按其生前事跡評定褒貶給予的稱號。《周禮・春官・大史》：「小喪賜謚。」(122)大義　正道；大道理。(123)經典　指傳統的具有權威性的著作。(124)公車　官車。《周禮・春官・巾車》：「掌公車之政令。」鄭玄注：「公，猶官也。」漢以公家車馬遞送應舉的人，後因以「公車」為舉人入京應試的代稱。(125)何進　字遂高，東漢南陽宛（今河南南陽）人。出身屠戶。靈帝時以異母妹選入宮為貴人、皇后，先後任郎中、虎賁中郎將、潁川太守、侍中等職。中平元年（西元一八四年）黃巾之亂後，任大將軍。以破壞太平道首領張角等人的起事計畫，封慎侯。靈帝死，擁立何皇后子劉辯為少帝，與太傅袁隗輔政。誅上軍校尉小黃門蹇碩，又與袁紹謀誅宦官，並詔董卓等將領引兵向京師以為聲援。終因狐疑不決，為中常侍張讓等人矯詔所殺。事見本書卷六十九。(126)從事中郎　官名。東漢置，為大將軍、車騎將軍之屬官，參與謀議。大將軍府定員二人，秩六百石。(127)侍中　官名。秦始置，兩漢沿置，為自列侯以下至郎中的加官，無定員，侍從皇帝左右，出入宮廷。初以伺應雜事，由於接近皇帝，地位漸行重要，然猶為近親之職。(128)獻帝　即劉協（西元一八一－二三四年），東漢皇帝。即位時東漢政權已名存實亡，成為軍閥董卓的傀儡。西元一九六年，他被曹操迎都於許（今河南許昌），此後又成為曹操的傀儡。西元二二〇年，曹丕代漢稱帝，他被廢為山陽公。(129)董卓　（？－西元一九二年），字仲穎，東漢隴西臨洮（今甘肅岷縣）人。本為涼州豪強。靈帝中平六年，任并州牧。少帝即位，大將軍何進謀誅宦官，召他率兵入洛陽。旋廢少帝，立獻帝，專斷朝政。曹操與袁紹等起兵反抗，他挾獻帝西遷長安，自為太師。殘暴專橫，縱火焚洛陽周圍數百里，使生產受到嚴重破壞。後為王允、呂布所殺。事見本書卷七十二。(130)持　掌握；控制。(131)平原　郡名。西漢高帝置。治平原縣。(132)宛陵　縣名。漢初置。為丹陽郡治。(133)光祿勳　官名。秦稱郎中令，漢武帝時改稱光祿勳。東漢末年復稱郎中令。掌領宿衛侍從之官。(134)台司　對三公九卿官位的統稱。(135)因　依；順從。(136)長安　中國古都之一。漢高祖七年定都於此。西漢末，遭赤眉軍破壞，東漢建立後，捨長安而定都洛陽。董卓專權時，又強迫漢獻帝和公卿大臣遷都於此。(137)忍暴　殘忍暴虐。(138)滋　更加。(139)社稷　古代帝王、諸侯所祭的土神和穀神。借指國家。(140)圖　圖謀；謀取。(141)司徒　官名。三公之一，西漢哀帝時罷丞相，置大司徒，東漢時稱司徒，名義上與司空、太尉共掌政務，實際上權力已在尚書臺。(142)王允　（西元一三七－一九二年），字子師，東漢太原祁縣（今山西祁縣）人。靈帝時，以司徒高第為侍御史。中平元年特選為豫州刺史，平定黃巾之亂。因得罪宦官，被誣下獄，後得釋。獻帝即位，為太僕，守尚書令。初平元年為司徒。及董卓遷都長安，收藏蘭臺、石室圖籍，經籍賴以得存。後與司隸校尉黃琬等密謀誅殺董卓，不久被卓部將李傕、郭汜所殺。事見本書卷六十六。143長史　官名。戰國時秦國始置，掌顧問參謀。秦漢沿置。西漢時丞相、太尉、御史大夫府及大將軍、車騎將軍等主要將軍幕府皆置，為所在府署諸掾屬之長，秩皆千石。掌府中諸務，並佐府主參與國政，其中丞相長史職權尤重。東漢三公府、諸主要將軍府皆沿置，秩千石。144何顒　字伯求，東漢襄陽人。與陳蕃、李膺善，遂為宦官所陷，亡匿汝南間。黨事解，辟司空。與荀爽、王允等共謀董卓，以他事為卓所繫，憂憤卒。145內謀　暗中謀劃。146薨　周代諸侯死之稱。《禮記・曲禮下》：「天子死曰崩，諸侯曰薨。」147鄭玄　字康成，東漢北海高密（今屬山東）人。經學家稱後鄭，以與「先鄭（鄭眾）」相別。先後師從第五元先、張恭祖、馬融等經學家，兼通經今古文，見經今古文兩家各立門戶，意欲破其壁壘，自成一家之言。後遊學歸里，徒眾相隨已數百千人。因黨禍事被禁錮，乃閉門不出，遍注群經。其內容均兼採今古文。遂集漢代經學之大成，世稱「鄭學」。148申屠蟠　字子龍，東漢陳留人。九歲喪父，哀毀過禮，服除不進酒肉十餘年。家貧，傭為漆工。郭泰、蔡邕甚重之。郡召為主簿，不行。遂隱居精學。博貫《五經》，兼明圖緯。見漢室陵夷，乃絕跡梁碭間，因樹為屋，杜門養高。後董卓廢立皇帝，荀爽、陳紀輩皆為所脅，獨蟠得全，人服其先見。149謝病　託稱有病請求辭職退隱或謝絕賓客訪問。150黃髮　指老人。因年老毛髮色黃。151卿相　執政的大臣。152乖　違背。153趣舍　保存或捨棄。趣，通「取」。154商　度量。155大致　表示事情的主要方面。156陵夷　道路崎嶇。喻仕途險惡。157濡跡　喻以柔順為韜晦保身之計。濡，軟弱。158匡時　挽救時局。匡，輔助。159貞吉　謂人能守正道而不自亂則吉。160履虎尾　《易・履卦》：「履道坦坦，幽人貞吉。」又：「履虎尾，不咥人亨。」王輔嗣注：「履虎尾者，言其危也。」161遜言　假託之言。162遷都之議　獻帝時董卓專權，欲遷都以避諸侯之兵。楊彪力爭不可，觸怒董卓，遂免楊彪官。163楊　即楊彪。字文憲，東漢人。博習舊聞，熹平中徵授議郎，獻帝時拜為太尉。時董卓專權，欲遷都以避諸侯之兵。彪力爭，卓遂奏免彪官，卓死，起為太尉。李傕、郭汜之亂，彪盡節衛主，曹操忌之，誣以大逆，孔融力救乃免。魏文帝立，欲拜為太尉，固辭。乃賜之几杖，黃初中卒。事見本書卷六十一。164黃　即黃琬（西元一四一—一九二年），字子琰，東漢江夏安陸（今湖北安陸）人。桓帝時，曾任五官中郎將。黨錮起，被禁錮幾二十年。黨禁弛解，復徵拜議郎。董卓柄政，以其名臣，徵為司徒，遷太尉。後與司徒王允謀誅董卓。及董卓部將李傕、郭汜襲破長安，被捕下獄死。事見本書卷六十一。165大直若屈　《老子》：「大直若屈，大巧若拙。」意為正直的最高境界與彎曲無異。166逶迤　曲折綿延。

【語　譯】荀靖的品行極為優秀，不肯出任為官，活了五十歲，當地人稱他為「玄行先生」。

2 荀淑兄長的兒子荀昱，字伯條，荀曇，字元智。荀昱擔任過沛國國相，荀曇擔任廣陵郡太守。兄弟二人都一身正氣，疾惡如仇，志在剷除宦官。凡是宦官的黨徒和賓客有在他們任職兩郡的，即使是微小罪過也一定要誅殺。荀昱以後和大將軍竇武設謀誅殺受寵幸的宦官，與李膺等一起被殺。荀曇也遭到終身禁錮，永不錄用。

3 荀爽，字慈明，還有一個名字叫諝。年幼時就很好學，十二歲時，就能通曉《春秋》、《論語》。太尉杜喬見了後稱讚他說：「以後可以為人師表。」荀爽於是更加沉迷於思索經書中的道理，有慶賀和弔唁的事都不去參加，朝廷的徵召命令也不應從。潁川人為他編下了兩句謠諺說：「荀氏八龍，慈明無雙。」

4 延熹九年，太常趙典舉薦荀爽為至孝之人，朝廷任他為郎中的官職。他對策陳述可行的政事說：

5 「臣聽老師說過：『漢朝為火德，火是從木裡面生出來的，木由於火而盛旺，所以火德為孝，它的卦象在《周易》的〈離卦〉中。』火德在地上為火，在天上為日。在天上用它的精氣，在地上用它的形體。夏天時火最盛旺，它的精氣在天上，溫暖之氣，養育各種林木，這就是它的孝。在冬天時，火的精氣廢弛，它的形體存在於地，酷烈的火氣，焚燒山林，這就是它的不孝。所以漢朝制度，讓天下人誦讀《孝經》，選任官吏要舉薦孝廉。死了父母一定要極盡哀戚，這是孝的終極。如今的公卿大夫及二千石官員，對三年服喪的制度，不能做到馬上辭官奔喪，這大概不是崇尚孝道而與火德相稱的吧。過去孝文皇帝勤勞謙虛，行為過於節儉，所以下詔說服喪一日可以算作一月。這在當時是適宜的，但不可貫通為萬世之法。古今的制度，雖然可以有所增減改變，但天子百官的居喪之禮是不曾改變的，用來昭示天下人不能忘記父母。如今公卿群僚都是在政治教化上為萬民所瞻仰，但是父母之喪卻不能奔赴。仁義的行為，要從上面開始；敦厚的風俗，才能取得下面的應和。古書上說：『喪祭的禮制如果有缺失，那麼，人臣對君王的恩義就會淡薄，背棄死者，忘記養育之恩的人就會很多。』曾子說：『人們平時不能把感情宣洩到極致，如果有，一定是在父母喪亡時吧！』《春秋傳》說：『上面的所作所為，就是百姓的榜樣和依歸。』上面沒有人做壞事，而百姓中有人做了，所以加以刑罰；如果上面做了壞事，百姓也跟著做了，那又為什麼要刑罰他們呢？過去丞相翟方進，認為自己擔任宰相，因而不敢踰越規矩制度。到他遇到母喪時，三十六日而除孝服。不講禮制的源頭，是從上面開始的。古代臣子遇到父母的大喪，君主三年不去呼叫他的門，怕影響他的盡孝之情，這是用來崇敬國家、純厚風俗，篤行教化的法則。做事有失誤就應該糾正，有過失就不要害怕改正。服孝三年的制度是天下通用的喪禮，可以照舊有的禮制規定去施行。

6 「臣聽說有了夫婦之道然後才有父子之道，有父子之道然後才有君臣之道，有了君臣之道然後才有上下尊卑，有上下尊卑然後才有禮義。禮義完備了，那麼人們就知道有所遵循了。夫婦之道是人倫的開始，王道教化的開端，所以文王作《易》時，經的上部首先是〈乾〉、〈坤〉兩卦，經的下部首先是〈咸〉、〈恆〉兩卦。孔子說：『天尊地卑，乾坤兩卦已經確定了。』夫婦之道，就是順從。〈堯典〉說：『堯把兩個女兒送到嬀汭，下嫁給虞舜做嬪妃。』降，就是下；嬪，就是婦。這裡說雖然是堯帝女兒，下嫁給虞舜，還要居尊處卑，勤修婦道。《易》說：『帝乙嫁女，有福大吉。』婦人把嫁說成是歸。就是說殷王帝乙用嫁娶的禮儀將他的女兒嫁給諸侯。《春秋》上記載周王的女兒嫁給齊侯，派同姓的魯國君主持嫁女，不自為主，以免把天子之尊凌駕於諸侯之上。如今漢朝承襲秦法，設尊尚公主的禮儀，以妻子控制丈夫，以卑下凌駕於尊高之上，違背了乾坤天尊地卑之道，失去了陽唱而陰和之義。孔子說：『從前聖人作《周易》的時候，仰頭觀察天象，低頭察看地理，觀看鳥獸身上的紋理，看是否與地的紋理合宜。近則取之於身，遠則取之於物。來通達神明的美德，來模擬萬物之情。』現在要觀察天象，那麼北極星處於至尊地位，軒轅四星是女主之象，是妃后。再觀察地上的法理，那麼高山為夫象，下面水澤為妻象。又察看鳥獸的紋理，鳥類中雄性的聲聲鳴叫，雌性的順服和鳴；獸類中雄性的鳴叫引導，雌性的低聲相從。再就近觀察人類自身，那麼乾是人的頭部，坤是人的腹部。再就遠觀察事物，那麼樹木上面的枝幹果實屬天，下面的根莖屬地。陽尊陰卑，這是天性。況且《詩》的首篇以〈關雎〉為第一，《儀禮》一書，以〈冠〉、〈婚〉兩篇在先，這都是先正夫婦關係的意思。天地與《六經》，它們的主旨都是一樣的。應該改變崇尚公主的制度，用來符合於乾坤天尊地卑的本性。遵照唐堯、商湯的指示去辦，效法周公、孔子的作法。符合天地的道理就不會錯誤，問清了鬼神的意圖就不會疑惑。人事如能照此而辦，那麼祥瑞就會從天而降，吉兆就會由此而出，雨、晴、熱、寒、風都會應時而來，各自遵循它應有的規律和順序了。

7 「從前聖人建立天地間的正道而稱之為禮，禮是招致福氣和祥瑞的根本，又能制止禍害和動亂的根源。人能控制自己的欲望而服從於禮，那麼福氣就會歸附於他；傾情縱欲而廢棄禮的人，禍害也會降臨於他。推演禍福的應驗，就會知道興廢的由來。在眾禮之中，婚姻之禮為首。所以天子娶十二個女子。十二，這就是天數。諸侯以下的人各有不同等級，娶女的數量遞相減少。陽性純正就能施放出來，陰體和順就能隨陽而化，以禮節來調劑快樂，節制宣洩其陽氣。這樣就能有多子多孫的吉祥，招來增加壽命的幸福。到夏、商、周三代的末代之君，淫亂女色而沒有節制。夏桀的瑤臺，商紂王的傾宮，排列的妻妾有數百人。陽氣在上面已經枯竭了，陰體在下面受到阻隔。所以周公警戒說：『不懂得耕種莊稼的艱難，不了解百姓的勤苦，只知道沉溺於淫樂，這樣的人是不會有壽命的。』這是英明的勸誡。後代的人們，希望得到幸福卻又不務其根本，厭惡禍害降臨卻又不改變錯誤的作法。《左傳》上說：『截斷腳趾來適應短小的鞋子，誰不說這是愚蠢的呢？又怎麼去和這個人相比，為追求縱欲而喪失了身軀？』這確實是令人悲痛的。臣私下聽說後宮的采女有五六千人，隨從的內官、侍臣、宮使的數量還在其外。冬天夏天的衣服，早上晚上提供的食物，耗費錢幣布帛，使內府庫存空竭，對地方的徵發調遣成倍增加，十份中徵稅一份，無理地向無辜的人民徵賦收稅，用來供應不起作用的女人，在外面百姓們窮愁困苦，在宮內的宮女遭受陰陽阻隔。所以感應觸動了和順之氣，災異之變屢屢到來。臣愚以為，那些不是禮聘進宮和未曾臨幸過的宮女，一律遣送出宮，讓她們自尋配偶。這樣做，一是溝通了怨女和曠夫，使陰陽得到交合；二是節省了財物用度，充實了宮內府庫；三是修明了禮制，添福添壽；四是調劑了陽氣的施放，像螽斯一樣多子多孫；五是寬赦了勞役稅賦，安定了黎民百姓。這確實是國家最大的利益，天下人的最大福氣啊。

8 「寒熱晦明有循環變化，因而才形成年歲；尊卑奢儉有差等，因而才制定了禮法。所以用晦明寒暑的季節氣候，用尊卑奢儉的禮法制度，來控制人類和事物的節度。《易》中說：『天地間的變化有了節度，一年四時才成了季節。』《春秋左傳》說：『只有表示等級的車服和名號不能借給別人。』《孝經》裡面說：『安定上面治理百姓，沒有比禮更好的了。』禮，是用來規範尊貴和卑賤的等級、上下關係的制度。從前季氏在殿堂上讓六十四名歌妓列成八隊舞蹈，這對於人和事物並沒有造成任何傷害和困難，但孔子猶然說：『這樣做都可以容忍的話，還有什麼不可以容忍呢？』〈洪範〉說：『只有君王可以獨享其福，只有君王可以對人施加幸福，只有君王可以錦衣玉食。』凡是這三件事，君王所獨自擁有，臣子不能與君王相同。如今臣子僭越而敢穿君王之服，下面的人吃著君王才能享用的珍奇食品，這就是人們常說的對於自家有禍害，對於國家是凶兆。應該大致依循古禮中關於尊卑差等的制度，以及董仲舒制定的上下次序的區別，嚴格督促主管部門，必須執行這個命令。這是禁止奸亂、純正風俗、保證國家富足的要訣。」

9 奏書呈報上去後，荀爽就棄官離去了。

10 荀爽後來又遭受黨錮之禍的牽連，因而隱居於海邊，以後又南逃到漢水之濱，累計有十餘年時間，以著書立說為事業，於是被人稱為大儒。黨錮的禁令解除後，五府一起徵辟他做官，司空袁逢也以荀爽有才藝道德為由向朝廷舉薦他，荀爽都沒有應召。到袁逢死去時，荀爽為他服喪三年，當時的人把這種作法演化成一種風俗。那時，人們大多不為妻子服喪，即使就在為父母服喪的時間內，也有外出弔喪問病的人，又有私自給自己的父親和一些名士冠以謚號的人，荀爽都引用大道理，又在經典中尋找根據，加以改正，雖然一些錯誤的作法沒有全部改變，但也頗有改觀。

11 後來朝廷用公車徵召荀爽擔任大將軍何進府中的從事中郎。何進唯恐荀爽不應召，又舉薦為侍中，到何進失敗時，詔命在半途中作廢。漢獻帝即位，董卓輔佐朝政，又下詔徵用他。荀爽本想逃避詔命，但官吏控制得很緊，不能脫身，因而接受徵召擔任了平原相。行走到宛陵時，朝廷又追封為光祿勳。主管事務僅三天，提升為司空。荀爽從被徵召到登上三公之職，中間僅隔九十五天。於是，荀爽隨同朝廷遷都到長安。

12 荀爽看到董卓太過殘忍暴虐，以後必然危害到國家，所以他舉薦的人都選取有才略的，以備將來共同劃除董卓，而且聯繫司徒王允以及董卓長史何顒等人作為內應。不巧染病而死，活了六十三歲。

13 他著有《禮》、《易傳》、《詩傳》、《尚書正經》、《春秋條例》，又搜集漢朝可以作為成敗鑑戒的事例集為一書，稱作《漢語》。又著《公羊問》和《辯讖》兩書，並把有關的議論和敘述集在一起，題名為《新書》。共有一百多篇，現在這些書大部分散失和缺損了。

14 荀爽兄長的兒子荀悅、荀彧在當世同樣都有名聲。荀彧另外有傳。

15 史家評論說：荀爽、鄭玄、申屠蟠都憑藉儒學修養作為隱士，累受徵召都推託有病不應。到董卓執政時，又以禮徵召他們。申屠蟠、鄭玄始終沒有屈從，因而成全了他們的高義。荀爽年紀已老，獨自應徵就職，時間未過百日而獲得卿相地位。或許有人懷疑他違背了取捨之道，我私下推測他的隱情，認為出仕和退隱都是君子的出路，時運順利就弘揚道行來伸展自己的志向，世道險惡就韜晦保身來匡扶時局。荀公之所以急急勉勵自己以求進，這是不是韜晦保身，以急於匡扶時局呢？不然的話，為什麼不走吉祥平安的坦道，而不顧危險去踩老虎的尾巴呢？觀察他虛言順從遷都的提議，是為了解救楊彪、黃琬的災禍。到他後來暗地圖謀除掉董卓，幾乎又振興了國家的命運，這就是所說「正直的最高境界與彎曲無異」，道路本來就是彎曲不直的啊。

1 悅字仲豫，儉之子也。儉早卒。悅年十二，能說春秋。家貧無書，每之人間，所見篇牘，一覽多能誦記。性沈靜，美姿容，尤好著述。靈帝❶時閹官用權，士多退身窮處❷，悅乃託疾隱居，時人莫之識，唯從弟彧特稱敬焉。初辟鎮東將軍曹操❸府，遷黃門侍郎❹。獻帝頗好文學，悅與彧及少府❺孔融❻侍講❼禁❽中，旦夕談論。累遷祕書監❾、侍中。

2 時政移曹氏，天子恭己而已。悅志在獻替⑩，而謀無所用，乃作申鑒五篇。其所論辯，通見政體，既成而奏之。其大略曰：

3 「夫道之本，仁義而已矣。五典以經之，群籍以緯之⑪，詠之歌之，弦之舞之，前監既明，後復申之。故古之聖王，其於仁義也，申重⑫而已。

4 「致政之術，先屏⑬四患，乃崇⑭五政。

5 「一曰偽，二曰私，三曰放，四曰奢。偽亂俗，私壞法，放越軌，奢敗制。四者不除，則政末由行矣。夫俗亂則道荒，雖天地不得保其性矣；法壞則世傾⑮，雖人主⑯不得守其度矣；軌越則禮亡，雖聖人不得全其道矣；制敗則欲肆，雖四表⑰不得充⑱其求矣。是謂四患。

6 「興農桑以養其生，審好惡以正其俗，宣文教以章⑲其化，立武備以秉其威，明賞罰以統其法。是謂五政。

7 「人不畏死，不可懼以罪。人不樂生，不可勸以善。雖使契⑳布五教㉑，皋陶作士㉒，政不行焉。故在上者先豐人財以定其志，帝㉓耕籍田㉔，后桑蠶宮㉕，國無遊人，野無荒業，財不賈用，力不妄加，以周㉖人事㉗。是謂養生。

8 「君子㉘之所以動天地，應神明，正萬物而成王化㉙者，必乎真定而已。故在上者審定好醜焉。善惡要乎功罪，毀譽效於準驗。聽言責事，舉名察實，無惑詐偽，以蕩㉚眾心。故事無不覈，物無不切㉛，善無不顯，惡無不章，俗無姦怪，民無淫風。百姓上下覩利害之存乎己也，故肅恭㉜其心，慎修其行，內不回惑，外無異望，則民志平矣。是謂正俗。

9

「君子以情用，小人㉝以刑用。榮辱者，賞罰之精華也。故禮教榮辱，以加君子，化其情也；桎梏㉞鞭撲，以加小人，化其刑也。君子不犯辱，況於刑乎！小人不忌刑，況於辱乎！若教化㉟之廢，推中人㊱而墜於小人之域；教化之行，引中人而納於君子之塗㊲。是謂章化。小人之情，緩則驕，驕則恣㊳，恣則怨，怨則叛，危則謀亂，安則思欲，非威強無以懲之。故在上者，必有武備，以戒不虞㊴，以遏寇虐。安居則寄之內政，有事則用之軍旅。是謂秉威。

10

「賞罰，政之柄也。明賞必罰，審信慎令，賞以勸善，罰以懲惡。人主不妄賞，非徒㊵愛其財也，賞妄行則善不勸矣。不妄罰，非矜㊶其人也，罰妄行則惡不懲矣。賞不勸㊷謂之止善，罰不懲謂之縱惡。在上者能不止下為善，不縱下為惡，則國法立矣。是謂統法。

11

「四患既蠲㊸，五政又立，行之以誠，守之以固，簡而不怠，疏而不失，無為為之㊹，使自施之，無事事之，使自交之。不肅而成，不嚴而化，垂拱㊺揖讓㊻，而海內平矣。是謂為政之方。」

12 又言：

13 「尚主之制非古。釐降二女，陶唐之典。歸妹元吉，帝乙之訓。王姬歸齊，宗周之禮。以陰乘陽違天，以婦陵夫違人。違天不祥，違人不義。又古者天子諸侯㊼有事，必告于廟㊽。朝有二史，左史記言，右史書事㊾。事為春秋，言為尚書。君舉必記，善惡成敗，無不存焉。下及士庶㊿，苟(51)有茂異(52)，咸在載籍。或欲顯而不得，或欲隱而名章。得失一朝，而榮辱千載。善人勸焉，淫人懼焉。宜於今者備置史官，掌其典文(53)，紀其行事。每於歲盡，舉之尚書。以助賞罰，以弘法教。」

14 帝覽而善之。

15 帝好典籍，常以班固(54)漢書(55)文繁難省，乃令悅依左氏傳(56)體以為漢紀(57)三十篇，詔尚書給筆札(58)。辭約事詳，論辨多美。其序之曰：「昔在上聖(59)，惟建皇極(60)，經緯(61)天地，觀象立法，乃作書契(62)，以通宇宙(63)，揚于王庭(64)，厥(65)用大焉。先王光演(66)大業，肆于時夏(67)。亦惟(68)厥後，永世作典(69)。夫立典有五志焉：一曰達道義，二曰章法式，三曰通古今，四曰著功勳，五曰表賢能。於是天人之際，事物之宜，粲然顯著，罔不備矣。世濟其軌，不隕其業。損益盈虛，與時消息(70)。臧否(71)不同，其揆一也。漢四百有六載，撥亂反正(72)，統武興文，永惟祖宗之洪業，思光啟乎萬嗣。聖上穆然(73)，惟文之恤，瞻前顧後，是紹(74)是繼，闡(75)崇大猷(76)，命立國典(77)。於是綴(78)敘舊書，以述漢紀。中興(79)以前，明主賢臣得失之軌，亦足以觀矣。」

16 又著崇德、正論及諸論數十篇。年六十二，建安十四年卒。

【章　旨】以上記載荀淑孫子荀悅事跡。荀悅自幼酷好經典，侍講禁中時，在奏章中申述「養生」、「正俗」、「章化」、「秉威」、「明賞罰」五政而致治天下太平的道理。又指出崇尚公主、違背禮儀的害處，以及朝廷設二史記錄當朝善惡成敗的好處。又言明自己所著《漢紀》的宗旨是為了「達道義」、「章法式」、「通古今」、「著功勳」、「表賢能」，以達到借鑑「明主賢臣得失之軌」的目的。

【注　釋】❶靈帝　即劉宏（西元一五六—一八九年），東漢皇帝，章帝玄孫。初襲父爵為解瀆亭侯。永康元年桓帝死，被竇太后及其父竇武迎立為帝，時年十二。在位期間，竇武與陳蕃謀誅宦官事敗，宦官繼續掌政。黨禁再起，捕殺李膺、杜密等百餘人。曾公開標價賣官鬻爵，並增天下田畝稅百錢，大修宮室。政治黑暗，民不聊生。中平元年爆發全國規模的黃巾之亂，東漢王朝趨於崩潰。❷窮處　謂鄉居不仕；隱居。❸曹操　即魏武帝（西元一五五—二二〇年），字孟德，沛國譙縣（今安徽亳州）人。初任洛陽北部尉，遷頓丘令。後在平定黃巾之亂和討伐董卓的戰爭中逐步擴充軍事力量。建安元年迎漢獻帝都許（今河南許昌東），從此用其名義發號施令，先後削平呂布等割據勢力。官渡之戰大敗袁紹，逐漸統一了北方。建安十三年，在赤壁之戰中敗於孫權和劉備的聯軍。封魏王，子曹丕稱帝後追尊為武帝。他在北方屯田，興修水利，對農業生產的恢復有一定積極作用。用人唯才，抑止豪強。精兵法，善詩歌。❹黃門侍郎　官名。秦、西漢為郎官加「給事黃門」省稱，亦稱黃門郎，無員數。為中朝官員，給事於宮門之內，侍從皇帝，顧問應對，出則陪乘。與皇帝關係密切，多以重臣、外戚子弟、公主婿為之。東漢與給事黃門合為一官，遂成為「給事黃門侍郎」省稱。❺少府　官名。秦置，西漢沿置，為九卿之一，掌皇帝財政，供宮廷日常開支，管理宮廷侍從及宮廷手工業。新莽改稱共工。東漢復置，但權任大減，唯掌宮廷日常生活品的供應等及宮廷手工業，領太醫、太官、守宮、尚方、上林苑令等。❻孔融　（西元一五三—二〇八年），字文舉，東漢魯國（今山東曲阜）人。孔子二十世孫。初辟司徒楊賜府，大將軍何進舉高第，為侍御史。後任中軍候、虎賁中郎將。以迕董卓，轉議郎，舉北海相。獻帝都許，徵為將作大匠。後曹操秉權，因積怨被構陷成罪，下獄棄市，妻子皆被誅。文辭有名於世，被列為「建安七子」之一。事見本書卷七十。❼侍講　官名。侍從皇帝、皇太子講授經義。❽禁　皇帝居住之地。❾祕書監　官名。掌圖書著作事。❿獻替　指改變這種局面。⓫五典以經之二句　五典，傳說中我國最古老的書籍。孔安國〈尚書序〉：「伏羲、神農、黃帝之書謂之《三墳》，言大道也。少昊、顓頊、高辛、唐、虞之書謂之《五典》，言常道也。」經，指織物的縱線；緯，指織物的橫線。經緯引申為禮制和道義。《左傳·昭公二十五年》：「禮，上下之紀，天地之經緯也。」⓬申重　再三；反覆強調。⓭屏　除去；排除。⓮崇　尊崇；推崇。⓯傾　傾塌；倒下。⓰人主　君主；皇帝。⓱四表　古代讖緯家謂地與星辰升降運行的終極之處。指四方極遠之地，亦泛指天下。⓲充　裝滿；塞滿。⓳章　通「彰」。彰明；顯著。⓴契　商族始祖，子姓。相傳其母為有娀氏之女簡狄，食玄鳥蛋受孕而生。長大佐夏禹治水有功，被舜任命為掌管教化的司徒，封於商（今河南商丘）。一說居於蕃（今山東滕州）。㉑五教　即五常之教。《尚書·堯典》：「汝作司徒，敬敷五教，在寬。」《左傳·文公十八年》：「舉八元，使布五教於四方，父義、母慈、兄友、弟共（恭）、子孝。」㉒士　古時掌刑獄之官。《尚書·堯典》：「帝曰『皋陶……汝作士，五刑有服。』」㉓帝　皇帝。㉔籍田　相傳中國古代天子有籍田千畝，每逢春耕前，由天子、諸侯、大臣執耒耜在籍田上三推或一撥，稱為「籍田禮」，以示對農業的重視。㉕后桑蠶宮　《禮記》：季春之月，后妃齋戒，親東向桑，以勸蠶事。古者天子諸侯必有公桑蠶室，近川而為之，宮仞有三尺也。后，皇后。㉖周　保全；供給。㉗人事　指百姓的生存之計。㉘君子　古代指地位高的人，後來指人格高尚的人。㉙王化　天子的教化。㉚蕩　搖動。㉛切　深入考察研究。㉜肅恭　端嚴恭敬。㉝小人　古時對地位低下的人的鄙稱，今泛指品格卑下的人。㉞桎梏　腳鐐和手銬。㉟教化　教育感化。㊱中人　中等的人；常人。㊲塗　同「途」。㊳恣　放縱；沒有顧忌。㊴不虞　意料不到的事。㊵徒　只；

僅僅。㊶矜　憐憫；同情。㊷勸　勉勵。㊸蠲　免除；廢除。㊹無為為之　即無為而無不為，道家的哲學思想。即順應自然的變化之意。老子說：「道常無為而無不為，侯王若能守之，萬物將自化。」後來黃老之說與刑名法術之學結合，成為封建君主統治人民的方法之一。㊺垂拱　垂衣拱手。㊻揖讓　古代客人與主人相見時禮節，互相作揖禮讓。㊼諸侯　西周、春秋時分封的各國國君。必須服從王命，交納貢賦和捍衛王室。在其封土內世襲占有封地及居民，世代掌握統治權。㊽廟　舊時奉祀祖宗、神靈或前代賢哲的地方，如宗廟、神廟。㊾朝有二史三句　《禮記》：「(天子)朝日於東門之外，聽朔於南門之外，閏月則闔門左扉，立於其中。」「動則左史書之，言則右史書之。」㊿士庶　士人和普通百姓。(51)苟　如果；假使。(52)茂異　指才德出眾的人。(53)典文　指記載典章制度的文獻。(54)班固　字孟堅，東漢扶風安陵（今陝西咸陽）人。班彪子。明帝時任蘭臺令史，撰《漢書》。建初四年（西元七九年），章帝召集諸儒在白虎觀講論《五經》同異，命其記述其事，撰成《白虎通德論》(《白虎通義》)。和帝永元元年（西元八九年），隨竇憲出擊匈奴，為中護軍，參與謀議。永元四年，竇憲失勢自殺，他受牽連免官、被捕，死於獄中。所撰《漢書》，資料豐富，組織精密，敘事得當，並開創斷代修史之法，後世奉為規範。事見本書卷四十。(55)漢書　書名。東漢班固著。凡一百卷。中國第一部紀傳體斷代史。本書體例大略與《史記》相同，惟改書為志，廢世家入列傳，並創〈刑法〉、〈五行〉、〈地理〉、〈藝文〉四志，成為後世紀傳體史書的準繩。(56)左氏傳　亦稱《左傳》、《春秋左氏傳》、《左傳春秋》。儒家經典之一。多用事實解釋《春秋》，文字優美，記事詳明。同《公羊傳》、《穀梁傳》合稱為「《春秋》三傳」。(57)漢紀　書名。東漢荀悅撰。三十卷。成書於建安五年（西元二〇〇年）。編年體西漢史。仿《左傳》體例，簡化《漢書》，按年敘事。(58)筆札　指紙筆。札，古代寫字用的木片。(59)上聖　猶前聖。此指前代的帝王與聖賢。(60)皇極　帝王統治天下的準則。即所謂大中至正之道。(61)經緯　本指以天地為法度。後謂經營天下，治理國政。(62)書契　指文字。(63)宇宙　天地萬物的總稱。語出戰國時《莊子・齊物論》：「旁日月，挾宇宙。」在空間上無邊無垠，在時間上無始無終。(64)王庭　朝廷。(65)厥　此處作代詞用。指他的、那個。(66)光演　光大延續。(67)肆于時夏　出自《詩・時邁》：「我求懿德，肆于時夏。」鄭玄注：「懿，美也。肆，陳也。我，武王也。求美德之士而任用之，故陳於時夏而歌之也。」(68)惟　為；是。(69)典　標準；法則。(70)消息　生息與衰滅。泛指盛衰、生滅。(71)臧否　善惡。臧，善；好。否，惡；壞。(72)撥亂反正　消除混亂局面，恢復正常秩序。撥，治理。亂，指亂世。反，通「返」。回復。(73)穆然　和敬貌。(74)紹　繼承。(75)闡　闡發。(76)猷　道術。(77)國典　國家的典章制度。(78)綴　穿連；連接。(79)中興　由衰落而重新興盛起來。這裡指光武帝劉秀推翻王莽政權，重新建立劉氏王朝。

【語譯】荀悅，字仲豫，荀儉的兒子。荀儉死得早。荀悅十二歲時，就能解說《春秋》。家裡貧窮，沒有藏書，每次到人家那兒停留一會，所見到的書籍、文章，只要看一遍多數就能夠背誦。性格沉穩文靜，儀容優美，尤其喜歡著述。漢靈帝時期宦官執掌大權，士人大多退身隱居，荀悅也託詞有病隱居鄉間，當時沒有人知道他，只有他的堂弟荀彧對他特別稱讚和敬愛。開初，荀悅被徵用到鎮東將軍曹操府中，後來遷升為黃門侍郎。漢獻帝很喜歡文學，荀悅與荀彧以及少府孔融在宮中擔任侍講，早晚高談闊論。多次升遷，任職祕書監、侍中等官。

2 當時政權已轉移到曹操手裡，天子只是恭敬從命而已。荀悅決心改變這種局面，但是他設的謀略沒有被採用，於是寫了《申鑒》五篇。他所論辯的問題，涉及施政的整體情況，寫成之後就上奏朝廷。其大致內容說：

3 「推行政道的根本，用仁義二字就可以概括了。《五典》闡述了它的綱要，以後的眾多書籍也議論了它的細目，對仁義進行了頌揚和歌詠，並以音樂來演繹，用舞蹈來表現它，前人已經把道理講得很明白了，後人又一再重申。所以古代的聖王，對於仁義，不過是重申以示重視罷了。

4 「為政的方法，先摒除四種禍患，再崇尚五項善政。

5 「第一種叫偽，第二種叫私，第三種叫放，第四種叫奢。偽會擾亂風俗，私會破壞法律，放會超越常軌，奢會破壞制度。這四種禍患不除掉，那麼，政事就沒有辦法施行了。風俗壞了正道就會衰敗，即使是天和地也不能保全它的本性；法律破壞了國家就會傾覆，即便是君王也不能保住國家的制度；超越常軌禮制就會衰亡，即使是聖人也不能保全他的正道，制度敗壞了個人就會肆意而行，即使天下四海之大也不能滿足無窮的欲求。這就是所說的四種禍患。

6 「發展農桑來養育人民，明辨善惡來端正風俗，宣傳文教來彰明教化，建立武備來掌握權威，明確賞罰來統一法度。這就是所說的五政。

7 「人如果不畏懼死亡，就不可以用懲罰來恫嚇他。人如果不熱愛生命，就不可以用行善來勸勉他。對這些人即使讓契來傳布五教，皋陶來擔任司刑，善政也得不到施行。所以，在上面的人應該先使人們財產豐足來安定他們的心志，皇帝親自耕種籍田，后妃帶頭植桑養蠶，國家沒有閒遊的人，田野沒有荒棄的土地，財產不去做經商用，力氣不用在無功的地方，這樣來保證百姓的生計。這就叫做養生。

8　「君子之所以能感動天地，回應神明，端正萬物來成就君王的德化，一定在於能真正判定是非而已。所以在上面的人主要是審定人事的好壞。是善是惡，關鍵是看有功還是有罪；是毀是譽，要看是否有準確的憑證。聽了他的話就要問一問他做的事，聞聽他的名聲就要考察他的實際，不要迷惑於虛偽的欺騙，而動搖了眾人的心。所以，對事都要反覆核查，對物無不尋根究底，對善一定要讓它彰揚顯明，對惡一定要讓它充分暴露；使世俗沒有怪誕的事情，在民間沒有奸惡淫逸的風氣。百姓上上下下都看到利害決定於自己，這樣才能使他們內心嚴肅恭敬，謹慎地修明自己的行為，心裡面不會疑惑反覆，對外界沒有非分的想法，這樣，民眾的心態就平正了。這就叫做正俗。

9　「憑藉情理來管理君子，依靠刑罰和懲戒來治理小人。榮與辱，是賞與罰的精華。所以禮教和榮辱，是用在君子身上的，以此來昇華他們的情操；桎梏手足，鞭打身體，是用在小人身上的，改造他們就要靠刑罰。君子不犯法，是害怕招致侮辱，何況刑罰呢！小人連刑罰都不忌諱，何況侮辱呢！如果把禮義教化廢除掉，就把中等的人推到小人行列中去了，施行禮義教化是為了把中等的人引導到君子的行列中。這就是所說的昌明教化。小人的常情，用刑寬緩就會驕狂，驕狂就會恣意而行，恣意而行就會有怨怒，有怨怒就會叛逆，時局危急時就會謀反作亂，時局安定就想為所欲為，不是非常威嚴和強制不足以懲辦他們。所以在上位的人，必須要有武備，以戒備無法預料的動亂，以遏制賊寇的肆虐。安居之時，把這權威用在內政上，天下有事時，把這權威用在軍旅上。這就叫做秉持威力。

10　「賞罰，是為政的權柄。要使獎賞昭明就必須兼用懲罰，重視信用，慎用法令。獎賞，用來勸勉激勵善人善行；懲罰，用來懲治惡人惡行，君主不隨意賞賜，並不是吝惜財物，獎賞隨意施行，那麼對於真正的善行就起不到勸勉的作用了。也不隨意處罰，並不是憐憫那些惡人，懲罰隨意施行，對於真正的惡人就起不到懲誡的作用了。該賞的人而不賞賜勸勉，那就叫做阻止為善；該罰的人而不懲罰，那就叫做縱容作惡。在上位的人不阻礙下面的人為善，不縱容下面的人作惡，國法就確立了。這就叫把持法度。

11 「四種禍患已經消除了，五項善政又確立了，用誠心誠意的態度來施行，又堅定不移地遵守，為政簡約而又不懈怠，通達而又沒有失漏，用無為的態度來宣導五政，讓人們自覺地遵守，看來無所事事，實際上讓人們以五政為依歸。不用嚴厲政事就成功了，不用嚴刑苛法天下就受到教化了，君臣在垂衣拱手相互揖讓之間，天下就太平了。這就叫做為政之方。」

12 又說：

13 「尊崇公主的制度不是古制。唐堯下嫁兩個女兒給虞舜，這是陶唐定下的制度。嫁女得到吉祥，這是帝乙時留下的古訓。周王室的公主嫁到齊國，這也是按照周代的禮儀。把陰放在陽之上則違背了天意，以婦淩駕於夫之上就違背了人情。違背天意就不吉祥，違背人情就是不講禮義。此外，古代天子諸侯如果有事時，一定要向祖廟祭告。朝廷裡有兩個史官，左史記載言語，右史記錄事件。記事件的書是《春秋》，記言語的書叫《尚書》。君王的一舉一動一定記載，善惡成敗，都得到留存。向下一直到士人庶民，有何優異的言行，也都會記載在史籍中。有的人想揚名而不可得，有的人想要隱遁卻聲名彰著。得與失可能在一朝之間，而榮與辱卻流傳於千載。善人因此得到勸勉，惡人因此而感到恐懼。如今也應該設置史官，掌握典冊文書，記載人們的行為事跡。每年歲末時，呈報到尚書手中。用來幫助施行賞罰制度，弘揚法令教化。」

14 皇帝看了以後連連稱善。

15 漢獻帝喜好經典古籍，又常常認為班固的《漢書》文字繁複艱深，難以理解，就令荀悅按照《左傳》的體裁寫成《漢紀》三十篇，詔令尚書供給紙筆。《漢紀》寫得文字簡約而事件周詳，議論精闢而文辭優美。這本書的序文寫道：「從前上古聖王，為了建立皇權準則，規劃管理天下，由觀察天象而確立法度，於是創造出書契文字用以通曉天地萬物，播揚於朝廷，它的作用是很大的。先帝發揚和擴大了基業，使美德傳布於整個華夏。讓它永遠作為後世的典範。創立國典要貫徹五種意圖：一是宣傳道義，二是彰明法度，三是貫通古今，四是著錄功勳，五是表揚賢能。這樣，天道人事的相互關係，事理萬物的協調適宜，就非常鮮明和顯著，無不詳備了。後世遵循這一規範，不要埋沒先輩的功業。即便有所損益或者增減，也是為了與時代發展相符合。評論人物的標準不同，其用意是一致的。漢朝立國四百零六年，撥轉亂世，返回正道，發揚武功，隆興文德，永遠牢記祖宗的宏偉事業，希望弘揚和啟發於子孫萬代。聖上威儀肅穆，想以文德安撫百姓，瞻望前代顧念後人，希望繼承大統，推崇闡揚祖先的功德道術，因而下詔重修國典。於是搜集和摘錄舊書來著述《漢紀》。光武帝中興以前，明主賢臣成敗得失的事跡，也足以觀覽明白了。」

16　此外他還著有〈崇德〉、〈正論〉和其他議論幾十篇。活了六十二歲，於建安十四年去世。

韓韶，字仲黃，潁川舞陽❶人也。少仕郡，辟司徒❷府。時太山賊公孫舉偽號歷年❸，守令不能破散，多為坐法❹。尚書選三府掾❺能理劇❻者，乃以韶為嬴❼長。賊聞其賢，相戒不入嬴境。餘縣多被寇盜，廢耕桑，其流入縣界求索衣糧者甚眾。韶愍❽其飢困，乃開倉賑❾之，所稟❿贍萬餘戶。主者⓫爭謂不可。韶曰：「長活溝壑之人，而以此伏罪，含笑入地矣。」太守⓬素知韶名德，竟無所坐⓭。以病卒官。同郡李膺、陳寔、杜密⓮、荀淑等為立碑頌焉。

子融，字元長。少能辯理而不為章句學。聲名甚盛，五府並辟。獻帝初，至太僕⓯。年七十卒。

【章旨】以上記載韓韶冒著被治罪的風險開倉救濟難民，並言明「長活溝壑之人，而以此伏罪，含笑入地矣」，足見其愛民之心，亦贏得了上司的理解和敬佩。

【注釋】❶舞陽　縣名。戰國時魏邑。漢置縣。故城在今河南舞陽城西。❷司徒　官名。三公之一，西漢哀帝時罷丞相，置大司徒，東漢時稱司徒，名義上與司空、太尉共掌政務，實際上權力已在尚書臺。❸歷年　經過一年多。❹坐法　犯法獲罪。❺掾　屬官統稱。漢代三公府及其他重要官府皆置掾、史、屬，分曹治事。掾為曹長，史、屬副貳。故掾史多冠以曹名，如戶曹掾、戶曹史等。❻理劇　意為善於治理繁難事務。理，治理。劇，繁難。❼嬴　縣名。西漢置。故城在今山東萊蕪西北。❽愍　同「憫」。憐憫。❾賑　救濟。❿稟　同「廩」。給與穀物。⓫主者　主管官吏。⓬太守　官名。西漢景帝時改郡守置，為郡的最高行政長官，掌民政、司法、軍事、財賦等，可以自辟僚屬，秩二千石。東漢沿置。⓭坐　定罪。⓮杜密（？—西元一六九年），字周甫，東漢潁川陽城（今河南登封）人。任太山太守、北海相，對宦官子弟為官奸惡的，皆加收捕。桓帝任為尚書令，遷河南尹，轉太僕，以黨錮之禍免。與李膺齊名，時稱李杜，被列為「八俊」之一，太學生稱為「天下良輔杜周甫」。靈帝時，陳蕃輔政，他復為太僕，黨錮事再起，自殺。⓯太僕　官名。西周始置，秦、漢為九卿之一，掌御用車馬和畜牧業，秩中二千石。新莽改稱太御。東漢復原名，除御用車馬外，兼掌兵器製作。

【語譯】韓韶字仲黃，潁川郡舞陽縣人。年輕時在郡府做官，後被徵召到司徒府任職。當時，太山郡盜賊公孫舉自立帝號已經年餘了，郡守縣令都不能打散他們，大多因失職而獲罪。尚書在三府掾吏員中挑選能夠治理繁雜事物的人，於是選擇韓韶擔任嬴縣長。賊人聽說他的賢能，相互告誡不入嬴縣縣境。而其餘的縣大多被寇盜侵擾，荒廢了農耕桑蠶生產，這樣流亡進入嬴縣境內乞討衣食的人很多。韓韶憐憫他們為飢寒所困，就打開倉庫救濟他們，所贍養的流民達萬餘戶。主管吏員爭執說不能這樣做。韓韶說：「能夠使將要死於溝壑的人活下去，如果因此犯罪伏法，我也會含笑於九泉的。」太守素來了解韓韶的聲名和功德，最終沒有追究他。他後來病死於任上。同郡人李膺、陳寔、杜密、荀淑等，為他立碑寫了頌辭。

韓韶的兒子韓融，字元長。年輕時能辯明道理，不做尋章摘句的學問。聲名很盛，五府一起徵召他任職。漢獻帝初年，官至太僕。年七十歲去世。

1 鍾皓，字季明，潁川長社[1]人也。為郡著姓，世善刑律[2]。皓少以篤行[3]稱，公府[4]連辟，為二兄未仕，避隱密山[5]，以詩律[6]教授門徒千餘人。同郡陳寔，年不及皓，皓引與為友。皓為郡功曹[7]，會辟司徒府，臨辭，太守問：「誰可代卿[8]者？」皓曰：「明府[9]欲必得其人，西門亭長[10]陳寔可。」寔聞之，曰：「鍾君似不察人，不知何獨識我？」皓頃之自劾[11]去。前後九辟公府，徵為廷尉[12]正、博士[13]、林慮長，皆不就。時皓及荀淑並為士大夫[14]所歸慕[15]。李膺常歎曰：「荀君清識難尚，鍾君至德[16]可師。」

2 皓兄子瑾母，膺之姑也。瑾好學慕古，有退讓風，與膺同年，俱有聲名。膺祖太尉脩[17]，常言：「瑾似我家性，邦[18]有道不廢，邦無道免於刑戮。」復以膺妹妻之。瑾辟州府，未嘗屈志。膺謂之曰：「孟子以為『人無是非之心，非人也[19]』。弟何期不與孟軻[20]同邪？」瑾常以膺言白皓。皓曰：「昔國武子[21]好昭[22]人過，以致怨本。卒保身全家，爾道為貴。」其體訓所安，多此類也。

3 年六十九，終[23]於家。諸儒頌之曰：「林慮懿德[24]，非禮不處。悅此詩書，弦琴樂古。五就州招，九應台輔[25]。逡巡[26]王命，卒歲容與[27]。」

4 皓孫繇，建安中為司隸校尉[28]。

【章旨】以上記載鍾皓的辭讓之風，不求名利仕祿和酷愛詩書古樂的美德。推薦比自己年輕的西門亭長陳寔出任功曹職務，亦見其有知人之明。

【注釋】❶長社　縣名。治今河南長葛東。❷刑律　刑法律令。❸篤行　行為淳厚，純正踏實。❹公府　三公之府。❺密山　在河南密山縣境內。❻詩律　詩歌與刑律。❼郡功曹　即功曹史。官名。漢代郡守的屬官，相當於郡守的總務長，除掌人事外，並得與聞一郡的政務。❽卿　古代上級稱下級、長輩稱晚輩。❾明府　漢對郡守牧尹的尊稱。又稱明府君。❿亭長　官名。戰國時始在國與國之間的鄰接地方設亭，置亭長，以防禦敵人。西漢時在鄉村每十里設一亭，亭設亭長，掌治安警衛，兼管停留旅客，治理民事。多以服兵役期滿的人充任。此外設於城內和城廂的稱「都亭」，設於城門的稱「門亭」，亦設亭長，其職掌與鄉村亭長同。東漢後漸廢。⓫自劾　檢舉自己的過失。⓬廷尉　官名。秦始置，為九卿之一。廷尉的職掌是管刑獄，為最高法官。廷尉的主要職責是負責審理皇帝交辦的詔獄，同時審理地方上報的疑難案件。⓭博士　官名。春秋戰國時已有此稱，初泛指學者，戰國末年齊、魏、秦等國置為職官。秦、西漢初充當皇帝顧問，參與議政、制禮，典守書籍。武帝時改置《五經》博士，兼具學官職能，掌教授經學、考核人才、奉命出使等事。東漢以後，議政職能逐漸削弱。⓮士大夫　古代官僚階層。也指有名望有學問的讀書人。⓯歸慕　傾心仰慕。⓰至德　最高的道德。⓱脩　即李脩。李膺祖父。⓲邦　國家。⓳人無是非之心二句　語出《孟子‧公孫丑上》：「人無惻隱之心，非人也。無羞惡之心，非人也。無辭讓之心，非人也。無是非之心，非人也。」⓴孟軻　（約西元前三七二—前二八九年），字子輿，鄒（今山東鄒縣）人。戰國時期思想家，教育家。受業於孔子之孫子思的門人，是繼孔子之後儒家學派最有影響力的大師，被尊為「亞聖」。曾遊歷齊、宋、滕、魏等國。孟子宣揚「仁義」，主張實行「仁政」、「王道」，與弟子著書七篇二六一章，即《孟子》。主張「省刑罰，薄賦斂」，使民有「恆產」，能安居樂業，並主張「民為貴，社稷次之，君為輕」，勸告統治者要「與民同樂」，反對虐政害民。《孟子》是儒家的經典著作之一，也是先秦傑出的散文著作。㉑國武子　齊大夫。齊慶克通於齊君之母，國武子知之而責慶克，夫人遂譖武子而逐之。事見《左傳》。㉒昭　宣揚。㉓終　逝世。㉔懿德　美德。㉕台輔　古代稱宰相為台輔，或稱台衡。台，三台；衡，玉衡，都是星名，位於紫微宮帝座之前，故用此來比喻宰相。㉖逡巡　很快；迅速。㉗容與　閒暇自然的樣子。㉘司隸校尉　官名。西漢武帝時始置，秩二千石。初掌管理役使在中央諸官府服役的徒隸，領一千二百人，持節，亦捕治罪犯。後罷其兵，掌糾察京都百官及京師附近的三輔、三河、弘農七郡的犯法者，職權漸重。東漢司隸校尉威權更重，凡宮廷內外，皇親貴戚，京都百官，無所不糾，兼領兵，有檢敕、捕殺罪犯之權。並為司隸州行政長官，轄前述七郡。治所在今河南洛陽。

【語　譯】 鍾皓字季明，潁川郡長社縣人。為郡裡有名望的大姓，世代善於刑律。鍾皓少年時以行為敦厚著稱，公府連續徵召，他因為兩個兄長未出仕，就隱居在密山躲避徵召，用詩歌樂律教授門徒達千餘人。同郡人陳寔，年齡小於鍾皓，鍾皓主動與他結為朋友。鍾皓在擔任郡功曹時，正好遇到司徒府徵召，臨走辭行時，太守問道：「誰可以替代你任職？」鍾皓說：「太守一定要得到這樣的人的話，西門亭長陳寔足可勝任。」陳寔聽到這句話後說：「鍾君好像不太會觀察人，不知為何獨獨看中我？」鍾皓不久自我彈劾而辭職。前後九次應召於公府，後來徵用為廷尉正、博士、林慮縣長，他都沒有赴任。當時鍾皓和荀淑都是士大夫歸心和仰慕的榜樣。李膺常常感歎說：「荀君的高明見識難以超過，鍾君的至高品德可以為人師表。」

2　鍾皓兄長兒子鍾瑾的母親，是李膺的姑母。鍾瑾好學，仰慕古人，有謙讓的風度，他與李膺同歲，都有聲名。李膺的祖父太尉李脩，常常說道：「鍾瑾好像有我家的品性，國家有道就不會廢棄他，國家無道也能免遭刑戮。」又把李膺的妹妹嫁給他。鍾瑾應徵在州府任職，也沒有改變自己的志向。李膺對他說：「孟子認為『人如果沒有是非之心，就不能稱其為人』。兄弟為什麼不希望與孟軻相同呢？」鍾瑾曾把李膺的話告訴鍾皓，鍾皓說：「過去國武子喜歡揭露人家的過失，以致招人怨恨的根本原因。最終要保全身家性命的話，你的處世之道是可貴的。」鍾皓用行為引導別人的安身之道，多像是這種情況。

3　鍾皓六十九歲時，死於家中。眾儒士歌頌他說：「林慮縣長的美德，不符合禮法的事不做。喜歡的是詩書，彈絃奏琴，樂於古風。五次就任州郡徵召，九次任職於宰輔之位。為王命而奔走，終年怡然自得。」

4　鍾皓的孫子鍾繇，在建安年間曾擔任過司隸校尉的職務。

1　陳寔，字仲弓，潁川許❶人也。出於單微❷。自為兒童，雖在戲弄，為等類❸

所歸[4]。少作縣吏，常給事[5]廝役[6]，後為都亭[7]佐。而有志好學，坐立誦讀。縣令鄧邵試與語，奇之，聽[8]受業[9]太學[10]。後令復召為吏，乃避隱陽城[11]山中。時有殺人者，同縣楊吏以疑寔，縣遂逮繫，考掠無實，而後得出。及為督郵[12]，乃密託許令，禮召楊吏。遠近聞者，咸歎服之。

2 家貧，復為郡西門亭長，尋[13]轉功曹[14]。時中常侍侯覽[15]託太守高倫用吏，倫教署[16]為文學掾[17]。寔知非其人，懷檄[18]請見。言曰：「此人不宜用，而侯常侍不可違。寔乞[19]從外署，不足以塵明德[20]。」倫從之。於是鄉論[21]怪其非舉，寔終無所言。倫後被徵為尚書，郡中士大夫送至輪氏[22]傳舍[23]。倫謂眾人言曰：「吾前為侯常侍用吏，陳君密持教還，而於外白署。比聞議者以此少[24]之，此咎由故人畏憚強禦，陳君可謂善則稱君，過則稱己者也。」寔固自引愆[25]，聞者方歎息，由是天下服其德。

3 司空黃瓊[26]辟選理劇，補聞喜[27]長，旬月，以朞喪[28]去官。復再遷除[29]太丘[30]長。修德清靜，百姓以安。鄰縣人戶歸附者，寔輒訓導譬解，發遣各令還本司官[31]行部[32]。吏慮有訟者，白[33]欲禁之。寔曰：「訟以求直，禁之理將何申？其勿有所拘。」司官聞而歎息曰：「陳君所言若是，豈有怨於人乎？」亦竟無訟者。以沛㉞相賦斂違法，乃解印綬㉟去，吏人追思之。

4　及後逮捕黨人，事亦連寔。餘人多逃避求免，寔曰：「吾不就獄，眾無所恃。」乃請囚焉。遇赦得出。靈帝初，大將軍竇武辟以為掾屬㊱。時中常侍張讓㊲權傾天下㊳。讓父死，歸葬潁川，雖一郡畢至，而名士無往者，讓甚恥之，寔乃獨弔焉。及後復誅黨人，讓感寔，故多所全宥㊴。

5　寔在鄉閭㊵，平心率物㊶。其有爭訟，輒求判正，曉譬曲直，退無怨者。至乃歎曰：「寧為刑罰所加，不為陳君所短。」時歲荒民儉，有盜夜入其室，止於梁上。寔陰見，乃起自整拂㊷，呼命子孫，正色訓之曰：「夫人不可不自勉。不善之人未必本惡，習以性成，遂至於此。梁上君子㊸者是矣！」盜大驚，自投於地，稽顙㊹歸罪。寔徐譬之曰：「視君狀貌，不似惡人，宜深剋己㊺反善。然此當由㊻貧困。」令遺絹二匹。自是一縣無復盜竊。

6　太尉楊賜㊼、司徒陳耽㊽，每拜公卿㊾，群僚畢賀，賜等常歎寔大位㊿未登，愧於先之。及黨禁始解，大將軍何進、司徒袁隗(51)遣人敦寔，欲特表(52)以不次(53)之位。寔乃謝使者曰：「寔久絕人事(54)，飾巾(55)待終(56)而已。」時三公每缺，議者歸(57)之，累見徵命，遂不起，閉門懸車(58)，棲遲養老。中平(59)四年，年八十四，卒于家。何進遣使弔祭，海內⑩赴者三萬餘人，制衰麻⑪者以百數。共刊石立碑，謚為文範先生⑫。

【章　旨】以上敘述陳寔做下屬時為上司承擔責任和罵名，有「善則稱君，過則稱己」的美德；在太丘任上，用疏導和調解辦法安撫百姓，使治內人平事寧；黨錮禍起，不懼不避，自請入獄；又獨弔政敵父喪，禮贈入室盜賊；不羨高官厚祿，自甘寂寞，顯示出非凡的高尚人品。

【注　釋】❶許　縣名。治今河南許昌東，東漢建安元年（西元一九六年），曹操迎獻帝都此。三國魏黃初二年（西元二二一年）改名許昌。❷單微　指孤單寒微。❸等類　同輩；同類。❹歸　歸依。❺給事　供職。❻廝役　舊稱幹雜事勞役的奴隸。後泛指受人驅使的奴僕。❼都亭　注見前文。❽聽　聽憑；任憑。❾受業　跟從老師學習。弟子對老師也常自稱「受業」。❿太學　中國古代的大學。西周已有太學之名。《大戴記・保傅》：「帝入太學，承師問道。」漢武帝元朔五年設《五經》博士，弟子五十人，為西漢太學建立之始。東漢太學大為發展。順帝時有二百四十房，一千八百五十室，質帝時，太學生達三萬人。⓫陽城　縣名。秦置，因陽城山得名。治今河南登封東南。⓬督郵　官名。漢代置，郡府屬吏，本名督郵書掾（或督郵曹掾），省稱督郵掾、督郵。主要職掌除督送郵書外，又代表郡守督察諸縣、宣達教令，兼及案繫盜賊，點錄囚徒，催繳租賦等。又郡守、國相自辟，秩六百石。⓭尋　頃刻；不久。⓮功曹　即功曹史。官名。漢代郡守的屬官，相當於郡守的總務長，除掌人事外，並得與聞一郡的政務。⓯侯覽　（？—西元一七二年），山陽防東（今山東單縣）人。東漢宦官，桓帝初為中常侍，後封高鄉侯。受賄巨萬，前後奪人田地一百八十一頃、房屋三百八十一所。放縱僕人、賓客侵陵百姓。後被劾奏，自殺。⓰署　代理；暫任或試充官職。⓱文學掾　官名。漢代於州郡及王國置文學掾，掌學校教育。⓲懷檄　謂以高倫之教書之於檄而懷之者，懼洩事也。檄，板書。⓳乞　向人求討。引申為請求、希望。⓴明德　光明之德；美德。㉑鄉論　鄉里的評論。古代由鄉大夫考核評論，推舉人才。㉒輪氏　縣名。屬潁川郡。治今河南臨汝西北。㉓傳舍　驛舍；客舍。㉔少　輕視；看不起。㉕愆　過錯。㉖黃瓊　（西元八六—一六四年），字世英，東漢江夏安陸（今湖北安陸）人。歷任尚書令、太常、司徒等職。桓帝詔議襃崇大將軍梁冀之禮，特進胡廣等多阿旨稱頌，以為宜比周公，瓊獨堅持異議，以此忤冀。冀伏誅後，封部鄉侯。舉奏州郡貪官至死徙者十餘人。後以宦官專權，遂稱病不起。卒贈車騎將軍。事見本書卷六十一。㉗聞喜　縣名。秦為左邑縣，漢置聞喜縣。即今山西聞喜。㉘朞喪　猶期服。為期一年的喪服。朞，通「期」。㉙除　任命；授予。㉚太丘　縣名。治今河南永城西北。㉛司官　謂主管之官。㉜行部　上級官員下基層視察。㉝白　稟告；報告。㉞沛　縣名。東漢屬沛國。治今江蘇沛縣。㉟印綬　印信和繫印信的絲帶。古人印信上繫有絲帶，佩帶在身。㊱掾屬　屬官統稱。漢代泛指公府及郡縣官府屬吏，正曰掾，副曰屬，如各曹掾史及其下屬吏。㊲張讓　河南潁川人。東漢宦官。任中常侍，封列侯，為「十常侍」之一。深受靈帝寵信，常謂「張常侍是我父」。他霸占田地，並勸靈帝每畝田增稅十錢，以大修宮室。中平六年（西元一八九年）何進謀誅宦官，事洩，何進被張讓和宦官趙忠等殺死，不久在袁紹捕殺宦官時投河自盡。㊳權傾天下　權力可以傾動於天下。形容權力極大。㊴宥　寬容；饒恕。㊵鄉閭　古以二十五家為閭，一萬二千五百家為鄉，因以「鄉閭」泛指民眾聚居之處。㊶率物　做眾人的榜樣。㊷整拂　謂整理拂拭。㊸梁上君子　躲在梁上的君子，竊賊的代稱。㊹稽顙　古代一種跪拜禮節。屈膝下跪，以額觸地。㊺剋己　克制自己的私心；對自己要求嚴格。㊻由　原因；原由。㊼楊賜　（？—西元一八五年），字伯獻，東漢弘農華陰（今陝西華陰）人。楊震之孫。少傳家學，博聞廣識，隱居教授度日。後以通《尚書》為靈帝師。歷任司空、司徒、太尉等顯職，封臨晉侯。屢上書薦舉名士，請用賢去佞、罷修苑囿。遂為擅權宦官所嫉，以帝師得免禍。事見本書卷五十四。㊽陳耽　字漢公，東漢東海（今山東郯城）人。以忠正稱。歷位三司。光和年間，詔公卿以謠言舉刺史二千石為民蠹害者。時宦官子弟賓客，雖貪汙不問，而虛糾小郡清修有惠化者，耽上言謂「放鴟梟而囚鸞鳳。」宦官怨之，誣陷耽，死獄中。㊾公卿　三公和九卿的簡稱。㊿大位　顯貴的官位。(51)袁隗　（？—西元一九〇年），字次陽，東漢汝南汝陽（今河南商水縣）人。袁紹叔父。出身世家大族。靈帝時，任大鴻臚、司徒等職。少帝即位，為太傅，與袁紹共同輔佐大將軍何進執政。後進為宦官所殺，董卓挾持獻帝西遷。袁紹起兵討卓，他與袁氏宗族在京師者男女五十餘人，盡為董卓所殺。事見本書卷四十五。(52)特表　謂奏請不依常規特殊擢用。(53)不次　不依尋常次序。猶言破格。(54)人事　人事變遷。(55)飾巾　以幅巾裹頭。謂不加冠冕。婉辭，指死亡。上古人死時不冠而裹巾。見《儀禮·士喪禮》。(56)待終　等待壽終。(57)歸　意見集中。(58)懸車　謂致仕。古人一般至七十歲辭官家居，廢車不用，故云。(59)中平　東漢靈帝劉宏年號，西元一八四—一八九年。(60)海內　古人認為中國疆土四面環海，因此稱國境以內為海內。(61)衰麻　古代喪服，用麻布製成，披在胸前。(62)謚為文範先生　《先賢行狀》：「將軍何進遣官屬弔祠為謚。」

【語譯】陳寔，字仲弓，潁川郡許縣人。出身卑微。在童年，即使在遊戲玩耍時，也被同輩孩子所歸依。年輕時擔任縣吏，常常做一些為人役使的雜事，後來擔任都亭副手。但他有志好學，無論是坐著還是站著都在讀書。縣令鄧邵試探著與他對話，對他的聰明感到很驚奇，允許他去太學接受學業。後來縣令再度召他為吏，他躲避隱居在陽城山中。當時有個人殺了人，同縣姓楊的縣吏懷疑是陳寔所為，縣官於是把陳寔逮捕入獄，經拷問沒有實據，而後放出來。等到陳寔當了督郵，就暗地委託許縣縣令，以禮節召用姓楊的縣吏。遠近聽說此事的人，都歎服陳寔的器量。

2 因為家中貧窮，陳寔又擔任了郡裡西門亭長，不久又轉任功曹。當時中常侍侯覽託請潁川太守高倫用他推薦的一個吏員，高倫下文書命陳寔將這個人安排擔任文學掾吏。陳寔知道這人不能勝任，就懷揣高倫的命令請見高倫，說道：「這個人不能用，但又不能違背侯常侍。我請求讓我出面任用這個人，這樣就不會使你蒙受用人不明的汙點了。」高倫聽從了這個意見。當時郡中人都責備陳寔舉薦的人不恰當，陳寔對此事始終閉口不言。後來高倫被朝廷徵用為尚書，郡中士大夫將高倫送到輪氏縣的驛館。高倫對眾人說：「我過去曾為侯常侍任用了一個吏員，陳寔暗自將我的命令文書還給我，而由他自己從外面推薦。近來聽到議論的人因為這件事批評他，這個過錯實際上是因為我畏懼中常侍的強權引起的，陳寔是個好事情就歸給上級，有過錯就自己承擔的人。」陳寔還堅持說是自己的過錯，聽到的人都感歎不已，從此天下人都佩服他的品德。

3 司空黃瓊徵選官員治理政事繁難的郡縣，將陳寔補任聞喜縣長，一個月後，因奔喪而辭去官職。之後再次調任太丘縣長。到任後，修明仁德，清靜無為，百姓因而得以安定。鄰縣有來歸附的人戶，陳寔都訓導勸解，然後分別遣送他們各回到原來司官管轄的郡縣。吏員擔心會有來申訴的人，請求設法禁止他們。陳寔說：「訴訟是用來尋求公平的，禁止他們，他們的委曲到哪裡去伸張呢？請不要拘禁他們。」主管官員聽後感歎道：「像陳君這樣說話，哪裡還會有人怨恨呢？」以後果然沒有來訴訟的人。後來，在沛相任上因徵斂賦稅中有違法行為，陳寔於是解下印綬辭官而去，吏民都追念他的好處。

4 到後來逮捕黨人，事情也牽連到陳寔。其他的人大多奔逃躲避，以求免遭禍害，陳寔說：「我不進牢獄的話，大家就都無依靠了。」於是請求囚禁於監獄。後來遇到大赦才被釋放出來。靈帝初年，大將軍竇武徵召陳寔擔任掾吏。當時中常侍張讓權傾天下。張讓的父親死後，歸葬潁川郡，雖然一郡的人都去了，但卻沒有一個名士去弔喪，張讓感到蒙受了恥辱，於是陳寔獨自一人去弔喪。到後來又一次誅殺黨人，張讓感念陳寔的舉動，所以對陳寔多有所保全和寬宥。

5　陳寔在家鄉時，對待人和事都用心公平。鄉人遇到有爭執訴訟的事，都請求他來判明是非，他講明事情的是非曲直，使雙方均無怨言。甚至有人感歎道：「寧願讓刑罰加身，也不願意讓陳寔指出短處。」當時，正是荒年，百姓貧困，有小偷夜間進到他的屋內，躲藏在屋梁上。陳寔暗中發現了，於是起床假裝整理衣帽拂拭家具，呼喚兒孫過來，臉色嚴肅地訓導他們說：「人不能不自我勉勵。不善之輩也不是本質上就是惡人，而是長期習慣養成這種惡習，以至於到這種地步。藏在梁上的君子正是這樣的人！」小偷大吃一驚，自己從梁上跳到地上，磕著頭請求治罪。陳寔慢慢勸告他說：「看你的相貌形狀，不像壞人，應該克制自己的私心，對自己嚴格要求，從而返歸善道。你這樣做，應當也是由貧困引起的。」命子孫送他二匹絹。這件事傳揚開後整個縣再沒有盜竊現象。

6　太尉楊賜、司徒陳耽，每次受封公卿高位時，群僚都來祝賀，楊賜等人常常感歎陳寔沒有登上高位，自愧先於陳寔得到高官。到黨禁剛剛解除時，大將軍何進、司徒袁隗派遣使者催促陳寔入仕，並準備特別上表請求越級任命陳寔以高位。陳寔辭謝使者說：「陳寔與仕途人事隔絕太久了，今後只是整理衣巾等死而已。」當時三公官位每有缺額，議論的人都會提到陳寔，屢次接到朝廷徵用詔令，陳寔都不應召，自己關起門戶，把車子懸置起來以示致仕了，孤獨地在家中養老。中平四年，八十四歲時，在家中去世。何進派來使者弔祭，全國前來弔喪的達三萬多人，披麻戴孝的數以百計。大家共同刻石立碑，何進派來的使者特為他加諡號「文範先生」。

1 有六子，紀、諶最賢。

2 紀字元方，亦以至德稱。兄弟孝養❶，閨門❷廱和❸，後進之士皆推慕其風。及遭黨錮，發憤著書數萬言，號曰陳子。黨禁解，四府❹並命，無所屈就。遭父憂，每哀至，輒歐血絕氣，雖衰服❺已除，而積毀消瘠❻，殆將滅性❼。豫州❽刺史嘉其至行❾，表上尚書，圖象百城，以厲風俗。董卓入洛陽❿，乃使就家拜五官中郎將⓫，不得已，到京師，遷侍中。出為平原⓬相，往謁卓，時欲徙都長安，乃謂紀曰：「三輔⓭平敞，四面險固，土地肥美，號為陸海⓮。今關東⓯兵起，恐洛陽不可久居。長安猶有宮室，今欲西遷何如？」紀曰：「天下有道，守在四夷⓰。宜脩德政，以懷不附。遷移至尊⓱，誠計之末者。愚以公宜事委公卿，專精外任。其有違命，則威之以武。今關東兵起，民不堪命。若謙遠朝政，率師討伐，則塗炭⓲之民，庶幾⓳可全。若欲徙萬乘⓴以自安，將有累卵㉑之危，崢嶸之險也。」卓意甚忤㉒，而敬紀名行，無所復言。時議㉓欲以為司徒，紀見禍亂方作，不復辨嚴㉔，即時之郡。璽書㉕追拜太僕，又徵為尚書令㉖。建安㉗初，袁紹㉘為太尉，讓於紀；紀不受，拜大鴻臚㉙。年七十一，卒於官。

3 子群，為魏㉚司空。天下以為公㉛慙卿㉜，卿慙長㉝。

4

弟諶，字季方。與紀齊德同行，父子並著㉞高名，時號三君。每宰府㉟辟召，常同時旌命㊱，羔鴈成群㊲，當世者靡不榮之㊳。諶早終。

【章旨】以上著重記述陳寔的兒子陳紀有乃祖之風，秉「修身、齊家、治國、平天下」的儒者風範，在家盡孝，入仕盡忠，面對權貴，敢於慷慨陳詞，言明利害。以品行卓方得以全始全終。

【注釋】❶孝養　竭盡孝忱奉養父母。❷閨門　指內眷。❸廱和　和諧。❹四府　西漢以丞相、御史大夫、車騎將軍、前將軍府為四府。東漢稱太傅、太尉、司徒、司空府為四府。❺衰服　同「縗服」。古時喪服，用粗麻布製成，披於胸前，以示為死者服孝。根據去世者與服喪者關係親疏不同，衰服分為五等，最重的是為父母喪服，稱為斬衰，服三年始除。❻瘠　瘦弱疲憊。❼滅性　謂因喪親過哀而大傷元氣。❽豫州　西漢武帝置「十三刺史部」之一。察郡國四。東漢州治所在譙縣（今安徽亳州）。❾至行　卓絕的品行。❿洛陽　東漢都城。在今河南洛陽東北白馬寺東。⓫五官中郎將　官名。秦置，西漢隸光祿勳，主中郎，秩比二千石。東漢時，部分侍郎、郎中亦歸其統率。執掌宿衛殿門，出充車騎。東漢初年或參與戰事。又協助光祿勳典領郎官選舉，有大臣喪事，則奉命持節策贈印綬或東園祕器（指棺材）。⓬平原　郡名。西漢高帝置。治平原縣。⓭三輔　西漢京畿地區三個地方長官，亦用以指其所管理的京畿地區。西漢景帝二年分內史為左、右內史，與主爵中尉（中元六年改為主爵都尉）同治長安城中，所轄皆京畿之地，故合稱「三輔」。漢武帝太初元年改左、右內史與主爵都尉為左馮翊、京兆尹、右扶風，轄境相當今陝西中部地區。⓮陸海　指三輔之地。東方朔曰：「三輔之地，南有江、淮，北有河、渭，汧、隴以東，商、洛以西，厥壤肥饒，此所謂天府陸海之地。」⓯關東　地區名。秦漢時稱函谷關以東地區為關東，又稱關外。⓰四夷　古代指國家四周邊緣地區。⓱至尊　至高無上的地位，用為皇帝的代稱。⓲塗炭　陷入泥沼，墜入炭火。比喻極其艱難困苦。⓳庶幾　連詞。前面先說明某種情況或條件，以「庶幾」連下句，說出後果，含「才能、以便」的意思。⓴萬乘　指萬輛車。乘，四馬一車為乘。「萬乘之尊」，又指皇帝。㉑累卵　一層層堆起來的蛋，比喻局勢極其危險，隨時可能垮臺。㉒忤　違反；抵觸。㉓時議　當時的輿論。㉔辨嚴　治辦行裝。辨，通「辦」。嚴，即裝。為了避明帝諱，改為嚴。㉕璽書　專指皇帝詔書。㉖尚書令　官名。始於秦，西漢沿置，本為少府的屬官，掌章奏文書。漢武帝以後職權漸重。東漢政務皆歸尚書，尚書令成為直接對君主負責總攬一切政令的首腦。㉗建安　東漢獻帝劉協年號，西元一九六－二二〇年。㉘袁紹　（？－西元二〇二年），字本初，東漢汝南汝陽（今河南商水縣）人。出身於四世三公的世家大族。初為司隸校尉。何進召董卓誅宦官，卓未至而事洩，進被殺，他盡殺宦官。卓至京師專朝政，他投奔冀州（今河北中南部），號召起兵討卓，並據有其地，稱冀州牧。後破公孫瓚，逐漸占有冀、青、幽、并四州，成為當時地廣兵多的割據勢力。建安五年在官渡（今河南中牟東北）為曹操大敗，不久病死。其子袁譚、袁尚互相攻擊，先後為曹操所滅。事見本書卷七十四。㉙大鴻臚　官名。西漢武帝時改典客為大鴻臚，東漢沿置。原掌接待少數民族等事，為九卿之一。後漸變為贊襄禮儀之官。㉚魏　國名。三國之一。西元二二〇年曹丕代漢稱帝，國號魏。都洛陽，歷史上又稱曹魏。西元二六五年司馬炎代魏稱晉，魏亡。共歷五帝，四十六年。㉛公　周代指「太師」、「太傅」、「太保」。兩漢指「大司徒」、「大司馬」、「大司空」。封建制度最高爵位。㉜卿　古時低於三公長官的稱謂。漢以前有六卿：天官冢宰、地官司徒、春官宗伯、夏官司馬、秋官司寇、冬官司空。秦漢以奉常（太常）、郎中令（光祿勳）、衛尉、太僕、廷尉、典客（大鴻臚）、宗正、治粟內史（大司農）、少府為九卿。㉝長　此指縣長。㉞著　顯明；顯露。㉟宰府　謂中央要害部門。㊱旌命　招聘賢士的命令；表彰的命令。㊲羔鴈成群　言一門出公卿之多。古者諸侯朝天子，卿執羔，大夫執鴈，士執雉。㊳靡不榮之　《先賢行狀》：「豫州百城，皆圖畫寔、紀、諶形像焉。」

【語　譯】陳寔有六個兒子，以陳紀、陳諶最為賢德。

2　陳紀，字元方，也是以品德崇高而著稱於一時。兄弟們孝敬長輩，內眷也都祥和融洽，晚生後輩都推崇敬仰他們的家風。遭受黨錮後，陳紀發憤著書數萬字，為書取名《陳子》。黨禁解除後，四府都來徵召他，他沒有屈從應召。後來遭到父喪，每當悲哀時，就嘔吐鮮血，悲痛得幾乎氣絕，後來雖然服喪期滿，脫下孝服，但由於長期悲哀過度，面容憔悴，身體消瘦，幾乎喪命。豫州刺史讚賞他至為孝道，上表到尚書臺，又令百座城市為陳紀畫像，用來激勵地方風俗。董卓進入洛陽，派使節到他家中，任命陳紀為五官中郎將，陳紀迫不得已到京任職，後升遷侍中。又命他出京擔任平原相，他去拜見董卓，當時董卓正準備遷都長安，董卓對陳紀說：「三輔之地平坦寬敞，四面險要堅固，而且土地肥美，號稱天府陸海之地。如今關東兵禍又起，我擔心洛陽不能久住。長安還有宮室，現在準備往西遷都，你看怎樣呢？」陳紀說：「天下有道，防守的對象就是四夷。應該修明德政，來感懷那些不願歸附的人。遷移至尊皇帝，實在是解決問題辦法中的下策。我認為董公應該把朝內事務都委託給公卿去辦，自己集中精力管好地方官員。那些敢於違抗命令的人，就用武力去威懾他們。如今關東起了兵禍，百姓已不能忍受沉重的兵役勞役。董公如果謙讓一下，暫時放手朝中內政，自己率領軍隊前去討伐，那麼，已經垂死的人民，大概還得以保全。如果想要遷移皇帝和眾多官民來求得自身的安寧，那就將有像疊起的蛋那樣的危險。」董卓雖然認為這些話與他的意見很不相合，但素來敬佩陳紀的名聲和品行，也就無話可說了。當時擬議要讓陳紀擔任司徒，陳紀見禍亂正在興起，來不及準備行裝，立即趕赴平原郡。使者拿著詔書印信追到半路上，任命他為太僕，接著又封任為尚書令。建安初年，袁紹擔任太尉，想把職位讓給陳紀，陳紀沒有接受，被任命為大鴻臚。七十一歲時，死於任上。

3 陳紀的兒子陳群，擔任魏國司空。天下人認為擔任三公的陳群，應有愧於只擔任九卿的陳紀；擔任九卿的陳紀，應有愧於只擔任縣長的陳寔。

4 陳紀的弟弟陳諶，字季方。與陳紀品德不相上下，父子一起享有很高的名聲，當時號稱「三君」。每次宰府徵召，常常父子三人同時領受表彰和徵用，真是一門公卿成群呀，當時沒有不羨慕他們的。陳湛去世得很早。

論曰：漢自中世❶以下，閹豎❷擅恣❸，故俗遂以遁身❹矯絜❺放言❻為高。士❼有不談此者，則芸夫❽牧豎❾已叫呼❿之矣。故時政彌惛⓫，而其風愈往。唯陳先生進退之節，必可度⓬也。據於德故物不犯，安於仁故不離群，行成乎身而道訓天下，故凶邪⓭不能以權奪，王公⓮不能以貴驕。所以聲教廢於上，而風俗清乎下也。

【章　旨】史家認為陳寔在宦官專政的時代，把握進退之節，以自身的道德品行立於世，既不清高自傲，又不為權貴所屈，雖然不能補救衰亡的朝廷，但對淨化風俗還是有影響的。

【注　釋】❶中世　猶中期、中葉。❷閹豎　對宦官的蔑稱。❸擅恣　專權放肆。❹遁身　猶隱居。❺矯絜　亦作「矯潔」。故作高潔。❻放言　《論語·微子》：「隱居放言。」即放肆其言，不拘節制。❼士　士大夫。指官吏或較有聲望、地位的知識分子。❽芸夫　農夫。❾牧豎　放牧的小兒。❿叫呼　譏笑。⓫惛　混亂不明。⓬度　掌握限度。⓭凶邪　邪惡。亦指邪惡的人。⓮王公　被封為王爵和公爵者。亦泛指達官貴人。

【語　譯】史家評論說：漢朝從中葉以後，宦官執掌大權，恣意而行，所以時俗就以隱居不仕、矯情潔行和放言清談為高尚。士人中有不談論這些的人，就連農夫牧童也會譏笑他們。所以當時政事愈昏暗，風氣就愈趨向這些方面。只有文範先生陳紀進退有節，凡事必能掌握限度。他以德行為依據，因而任何人不能侵犯他，他以仁義為安身立命之本，因而就不會離群而孤立，品行成就了自身而道德教化了天下人，所以，兇狂邪惡不能憑藉權力來奪他的志向，王公貴族不能憑藉富貴來傲視他。所以，雖然聲威和教化被上層廢棄了，但是民風民俗在下層依然純樸清朗。

贊曰：二李❶師淑，陳君友皓。韓韶就吏，贏寇懷道。太丘奧廣❷，模我彝倫❸。曾是淵軌❹，薄夫以淳。慶基既啟，有蔚潁濱，二方❺承則，八慈❻繼塵。

【章　旨】史家稱讚荀淑以禮義倫常開潁水之濱的淳樸仁厚之風，以後的贏縣長韓韶用道義感懷賊寇，太丘縣長陳寔以禮義倫常為人楷模。他們為當塗、朗陵兩地奠定了福根，使後代永遠繼承。

【注　釋】❶二李　指李固與李膺。❷奧廣　深奧廣博。❸彝倫　禮義倫常。彝，常道；法度。❹淵軌　淵源和規矩。❺二方　指當塗、朗陵兩縣。❻八慈　指荀淑的八個兒子。

【語　譯】史官評議說：二李以荀淑為老師，陳君以鍾皓為朋友。韓韶就任贏縣縣長，贏縣的賊寇也感懷他的道義。太丘縣長陳寔學問深奧廣博，禮義倫常可作為人們的楷模。荀淑的做人準則就是淵源和規矩，能使輕薄小人變得淳厚。福慶的基業由他開啟，興盛於潁水之濱，當塗、朗陵兩方蒙受了他立下的準則，八個兒子能步他的後塵。

【研　析】東漢一代，光武帝劉秀繼承西漢儒家政治，「以柔道治天下」，以後明、章兩朝，政治尚屬清明。安帝以後，皇統屢絕，權歸女主。外戚而立者四帝（安、質、桓、靈），臨朝者六后（章帝竇太后、和帝鄧太后、安帝閻太后、順帝梁太后、桓帝竇太后、靈帝何太后），太后臨朝，莫不定策幃簾，委事父兄，貪孩童以久其政，抑明賢以專其威。皇帝成年後，又任用宦官以奪外戚之權。宦官手握王爵，口含天憲，敗國蠹政，使忠良之士屢遭孥戮。而志士仁人不改其度，奮力與宦官勢力相搏擊，死傷而不墜其志。而清議之風，又長忠良之威，遂與宦官成水火之勢。

本卷所述荀淑及其子荀爽、韓韶、鍾皓、陳寔四個家族的言行事跡，意在褒彰東漢士人的氣節，所以，尤其詳述荀淑、荀爽、韓韶、鍾皓、陳寔、陳紀等在與權貴、宦官鬥爭中的表現，褒揚他們的高風亮節，推崇他們在挽救世風中的作為。荀、韓、鍾、陳之所以能如此，原因有三：其一，東漢一代人才，大抵出於選舉和徵聘。除繼承西漢詔舉賢良、方正，州郡察孝廉、秀才之外，東漢又增補了敦樸、有道、賢能、直言、獨行、高節、質直、清白、敦厚等名目，其選拔人才，雖有言行偽飾不符實者，而荀、韓、鍾、陳之屬，蓋其中之佼佼者也。其二，中國古代清流官員多出於有根基之讀書士人，荀淑、荀爽父子出於荀況之後，讀儒家之書，明仁義禮智之教，使其心明大義，進退有度，正像卷中評述陳寔時所說：「據於德故物不犯，安於仁故不離群，行成乎身而道訓天下，故凶邪不能以權奪，王公不能以貴驕。」其三，地方教化風氣的影響。

一代聖賢對後世的影響頗大，像荀況這樣的大師，其後人荀淑又品行卓方，範為人師，自然對當地士人有重大影響。正如本卷的贊語所說，荀淑以禮義倫常開潁水之濱的淳樸仁厚之風，該地的出仕者與名流都以他為楷模，荀淑品行節操世代相傳，為當塗、朗陵兩地奠定了福根。本卷列傳以潁川為宗，其作者用意蓋出於此。

（聶樹鋒注譯）

卷六十三

李杜列傳第五十三

【題解】本卷著重記述李固、李燮父子及杜喬事跡，並帶出義女文姬、義士郭亮、董班、王成、楊匡等人恤忠輔幼的俠義表現，是一篇令人蕩氣迴腸的雄文。東漢順帝到桓帝時，正值外戚梁冀和宦官當政時期。李、杜於此時出仕朝廷，不可避免地與外戚和宦官兩大勢力展開一場殊死的較量。李固初仕，就在對策中指名道姓地指斥宦官和外戚梁冀，在朝廷堂堂正言「權去外戚，政歸國家」。以後在兩任地方官中，平息盜寇，安撫黎民，懲治貪吏，治績斐然。進入中樞後，又舉薦良吏、裁汰貪官、省減冗費、輔佐幼主，諸多善舉，觸犯了外戚和宦官的既得利益，因而樹敵日多，結怨漸深。終於在擁立新君問題上與梁冀展開了殊死鬥爭，最後在太后、弱君、宦官、外戚和屈從權貴的同僚夾擊之下，獨木難支，死於非命。李固出獄，京師市里高呼萬歲，李固慘死，義士奮不顧身，足見其民心所向。杜喬與李固同心合力，力挽狂瀾，與權奸抗爭，最後也未能倖免於難。

1　李固，字子堅，漢中❶南鄭❷人，司徒❸郃❹之子也。郃在方術傳❺。固貌狀有奇表，鼎角匿犀❻，足履龜文❼。少好學，常步行尋師，不遠千里。遂究覽墳籍[8]，結交英賢。四方有志之士，多慕其風而來學。京師咸歎曰：「是復為李公矣。」司隸[9]、益州[10]並命郡[11]舉[12]孝廉，辟[13]司空[14]掾[15]，皆不就。

2　陽嘉[16]二年，有地動[17]、山崩、火灾之異，公卿[18]舉固對策[19]，詔又特問當世之敝，為政所宜。固對曰：

3　「臣聞王者[20]父天母地[21]，寶有山川[22]。王道[23]得則陰陽[24]和穆[25]，政化乖[26]則崩震為灾。斯[27]皆關之天心[28]，效於成事者也。夫化以職成，官由能理。古之進者，有德有命；今之進者，唯財與力。伏聞[29]詔書務求寬博，疾惡嚴暴。而今長吏[30]多殺伐致聲名者，必加遷賞；其存寬和無黨援[31]者，輒見斥逐。是以淳厚之風不宣，彫薄之俗未革。雖繁刑重禁，何能有益？前孝安皇帝[32]變亂舊典，封爵[33]阿母[34]，因造妖孽[35]，使樊豐[36]之徒乘權放恣[37]，侵奪主威，改亂嫡嗣[38]，至令聖躬[39]狼狽，親遇其艱。既拔自困殆[40]，龍興[41]即位[42]，天下喁喁[43]，屬望[44]風政。積敝之後，易致中興[45]，誠當沛然思惟善道；而論者猶云，方今之事，復同於前。臣伏從山草[46]，痛心傷臆[47]。實以漢興以來，三百餘年，賢聖[48]相繼，十有八主。豈無阿乳之恩？豈忘貴爵之寵？然上畏天威[49]，俯案[50]經典[51]，知義不可，故不封也。今宋阿母雖有大功勤謹之德，但加賞賜，足以酬其勞苦；至於裂土[52]開國，實乖舊典。聞阿母體性謙虛，必有遜讓，陛下(53)宜許其辭國之高，使成萬安之福。

4　「夫妃(54)后之家所以少完全者，豈天性當然？但以爵位尊顯，專總權柄(55)，天道惡盈(56)，不知自損，故至顛仆(57)。先帝(58)寵遇閻氏(59)，位號太疾(60)，故其受禍，曾不旋時(61)。老子(62)曰：『其進銳，其退速也(63)。』今梁氏(64)戚為椒房(65)，禮所不臣(66)，尊以高爵，尚可然也。而子弟群從，榮顯兼加，永平(67)、建初(68)故事(69)，殆(70)不如此。宜今步兵校尉(71)冀(72)及諸侍中(73)還居黃門(74)之官，使權去外戚(75)，政歸國家，豈不休乎？

5　「又詔書所以禁侍中尚書中臣(76)子弟不得為吏察孝廉者，以其秉(77)威權，容請託故也。而中常侍(78)在日月(79)之側，聲埶振天下，子弟祿仕(80)，曾無限極。雖外託謙默，不干州郡(81)，而諂偽(82)之徒，望風進舉。今可為設常禁，同之中臣。

6　「昔館陶公主(83)為子求郎(84)，明帝(85)不許，賜錢千萬。所以輕厚賜，重薄位者，為官人失才，害及百姓也。竊(86)聞長水司馬(87)武宣、開陽(88)城門候(89)羊迪等，無它功德，初拜便真。此雖小失，而漸壞舊章(90)。先聖(91)法度，所宜堅守，政教一跌，百年不復。詩云：『上帝板板，下民卒癉(92)。』刺周王(93)變祖法度，故使下民將盡病也。

7

「今陛下之有尚書，猶天之有北斗[94]也。斗為天喉舌，尚書亦為陛下喉舌[95]。斗斟酌元氣[96]，運平四時。尚書出納王命[97]，賦政四海，權尊埶重，責之所歸。若不平心，災眚[98]必至。誠宜審擇其人，以毗[99]聖政。今與陛下共理天下者，外則公卿尚書，內則常侍[100]黃門，譬猶一門之內，一家之事，安則共其福慶[101]，危則通其禍敗。刺史[102]、二千石，外統職事[103]，內受法則。夫表曲者景[104]必邪，源清者流必絜；猶叩[105]樹本[106]，百枝皆動也。周頌曰：『薄言振之，莫不震疊[107]。』此言動之於內，而應於外者也。由此言之，本朝號令，豈可蹉跌[108]？間隙[109]一開，則邪人動心；利競暫啟，則仁義道塞。刑罰不能復禁，化導以之寖壞[110]。此天下之紀綱[111]，當今之急務。陛下宜開石室[112]，陳圖書，招會群儒，引問失得，指擿[113]變象，以求天意。其言有中理，即時施行，顯拔其人，以表能者。則聖聽日有所聞，忠臣盡其所知。又宜罷退宦官，去其權重，裁置常侍二人，方直有德者，省事[114]左右；小黃門[115]五人，才智閑雅者，給事[116]殿中。如此，則論者厭塞[117]，升平可致也。臣所以敢陳愚瞽[118]，冒昧[119]自聞者，儻[120]或皇天[121]欲令微臣[122]覺悟[123]陛下。陛下宜熟察臣言，憐赦臣死。」

8

順帝[124]覽其對，多所納用，即時出阿母還弟舍[125]，諸常侍悉叩頭謝罪，朝廷肅然。以固為議郎[126]。而阿母宦者疾[127]固言直，因詐飛章[128]以陷[129]其罪，事從中[130]下。大司農[131]黃尚等請之於大將軍[132]梁商[133]，又僕射[134]黃瓊救明[135]固事，久乃得拜議郎。

9 出[136]為廣漢[137]雒[138]令，至白水關[139]，解印綬[140]，還漢中，杜門[141]不交人事[142]。歲中[143]，梁商請[144]為從事中郎[145]。商以后父輔政，而柔和自守[146]，不能有所整裁[147]，灾異數見，下權日重。固欲令商先正風化，退辭高滿[148]，乃奏記[149]曰：「春秋褒儀父[150]以開義路，貶無駭[151]以閉利門。夫義路閉則利門開，利門開則義路閉也。前孝安皇帝內任伯榮[152]、樊豐之屬，外委周廣[153]、謝惲[154]之徒，開門受賂，署[155]用非次[156]，天下紛然，怨聲滿道。朝廷初立，頗存清靜，未能數年，稍復墮損。左右黨進[157]者，日有遷拜[158]，守死善道者，滯涸[159]窮路，而未有改敝立德之方。又即位以來，十有餘年，聖嗣[160]未立，群下繼望[161]。可令中宮[162]博簡[163]嬪媵[164]，兼採微賤[165]宜子[166]之人，進御[167]至尊[168]，順助天意。若有皇子，母自乳養，無委保妾醫巫[169]，以致飛燕[170]之禍。明將軍望尊[171]位顯，當以天下為憂，崇尚謙省，垂則萬方[172]。而新營祠堂[173]，費功億計，非以昭明[174]令德，崇示清儉。自數年以來，灾怪屢見。比[175]無雨潤，而沈陰鬱泱[176]。宮省[177]之內，容有陰謀。孔子曰：『智者見變思刑，愚者覩怪諱名[178]。』天道無親，可為祇畏[179]。加近者月食既[180]於端門[181]之側。月者，大臣之體也。夫窮高則危，大滿則溢，月盈則缺，日中則移[182]。凡此四者，自然之數也。天地之心，福謙忌盛[183]，是以賢達功遂身退[184]，全名養壽，無有怵迫[185]之憂。誠令王綱[186]一整，道行忠立，明公踵[187]伯成[188]之高，全不朽之譽，豈與此外戚凡輩耽[189]榮好位者同日而論哉？固狂夫下愚[190]，不達大體[191]，竊感古人一飯之報[192]，況受顧遇[193]而容不盡乎！」商不能用。

10 永和[194]中，荊州[195]盜賊起，彌年[196]不定。乃以固為荊州刺史。固到，遣吏勞問[197]境內，赦寇盜前釁[198]，與之更始[199]。於是賊帥夏密等斂[200]其魁黨[201]六百餘人，自縛歸首[202]。固皆原之[203]，遣還，使自相招集，開示威法[204]。半歲間，餘類悉降，州內清平。

11 上奏南陽[205]太守高賜等臧穢[206]。賜等懼罪，遂共重賂大將軍梁冀，冀為千里移檄[207]，而固持[208]之愈急。冀遂令徙固為太山[209]太守。時太山盜賊屯聚歷年，郡兵常千人，追討不能制。固到，悉罷遣歸農，但選留任戰[210]者百餘人，以恩信招誘之。未滿歲，賊皆弭散[211]。

12 遷將作大匠[212]。上疏[213]陳事[214]曰：「臣聞氣之清者為神[215]，人之清者為賢[216]。

養身者以練神為寶，安國者以積賢為道(217)。昔秦(218)欲謀楚(219)，王孫圉(220)設壇(221)西門，陳列名臣，秦使懼(222)然，遂為寢兵(223)。魏文侯(224)師卜子夏(225)，友(226)田子方(227)，軾(228)段干木(229)，故群俊(230)競至，名過齊桓(231)，秦人不敢闚兵(232)於西河(233)，斯蓋積賢人之符(234)也。陛下撥亂(235)龍飛，初登大位，聘南陽樊英(236)、江夏(237)黃瓊、廣漢楊厚(238)、會稽(239)賀純(240)，策書(241)嗟歎(242)，待以大夫(243)之位，是以巖穴(244)幽人(245)，智術之士，彈冠振衣(246)，樂欲為用，四海欣然，歸服聖德(247)。厚等在職，雖無奇卓(248)，然夕惕(249)孳孳(250)，志在憂國。臣前在荊州，聞厚、純等以病免歸，誠以悵然(251)，為時惜之。一日朝會，見諸侍中並皆年少，無一宿儒(252)大人(253)可顧問者，誠可歎息。宜徵還厚等，以副群望。瓊久處議郎，已且(254)十年，眾人皆怪始隆崇(255)，今更滯(256)也。光祿大夫(257)周舉(258)，才謨(259)高正，宜在常伯(260)，訪以言議。侍中杜喬，學深行直，當世良臣，久託疾病，可敕令(261)起(262)。」又薦陳留(263)楊倫(264)、河南(265)尹存、東平(266)王惲、陳國(267)何臨(268)、清河(269)房植(270)等。是日有詔徵用倫、厚等，而遷瓊、舉，以固為大司農。

13

先是周舉等八使(271)案察(272)天下，多所劾奏(273)，其中並是宦者親屬，輒為請乞(274)，詔遂令勿考(275)。又舊任三府(276)選令史，光祿試尚書郎(277)，時皆特拜(278)，不復選試。固乃與廷尉(279)吳雄(280)上疏，以為八使所糾，宜急誅罰；選舉署置，可歸有司。帝感其言，乃更下免八使所舉刺史、二千石，自是稀復特拜，切責[281]三公[282]，明加考察，朝廷稱善。乃復與光祿勳劉宣上言：「自頃[283]選舉牧守[284]，多非其人，至行無道，侵害百姓。又宜止槃遊[285]，專心庶政[286]。」帝納其言，於是下詔諸州劾奏守令以下，政有乖枉[287]，遇人無惠者，免所居官；其姦穢重罪，收付詔獄[288]。

14 及沖帝[289]即位，以固為太尉，與梁冀參錄尚書事[290]。明年帝崩[291]，梁太后以楊[292]、徐[293]盜賊盛強，恐驚擾致亂，使中常侍詔固等，欲須所徵諸王侯到乃發喪[294]。固對曰：「帝雖幼少，猶天下之父。今日崩亡，人神感動，豈有臣子反共掩匿[295]乎？昔秦皇[296]亡於沙丘[297]，胡亥[298]、趙高[299]隱而不發，卒害扶蘇[300]，以至亡國。近北鄉侯[301]薨[302]，閻后兄弟及江京[303]等亦共掩祕，遂有孫程[304]手刃之事。此天下大忌，不可之甚者也。」太后從之，即暮[305]發喪。

15 固以清河王蒜[306]年長有德，欲立之，謂梁冀曰：「今當立帝，宜擇長年高明有德，任親政事者。願將軍審詳[307]大計[308]，察周[309]、霍[310]之立文[311]、宣[312]，戒鄧、閻之利幼弱[313]。」冀不從，乃立樂安王[314]子纘[315]。年八歲，是為質帝。時沖帝將北卜[316]山陵[317]，固乃議曰：「今處處寇賊[318]，軍興[319]用費加倍，新創憲陵[320]，賦發非一。帝尚幼小，可起陵於憲陵塋[321]內，依康陵[322]制度[323]，其於役費三分減一。」乃從固議。時太后以比遭不造[324]，委任宰輔[325]，固所匡正，每輒從用，其黃門宦者一皆斥遣。天下咸[326]望遂平，而梁冀猜專[327]，每相忌疾[328]。

16 初，順帝時諸所除官[329]，多不以次[330]。及固在事[331]，奏免百餘人。此等既怨，又希望冀旨[332]，遂共作飛章虛誣固罪曰：「臣聞君不稽古，無以承天[333]；臣不述舊[334]，無以奉君。昔堯殂[335]之後，舜仰慕三年，坐則見堯於牆，食則覩堯於羹[336]。斯所謂聿追來孝[337]，不失臣子之節者。太尉李固，因公假私，依正行邪，離間近戚，自隆[338]支黨。至於表舉薦達，例皆門徒[339]；及所辟召，靡非先舊。或富室財賂，或子壻婚屬，其列在官牒[340]者凡四十九人。又廣選賈豎[341]，以補令史，募求好馬，臨窻呈[342]試。出入踰侈[343]，輜軿[344]曜日。大行[345]在殯[346]，路人掩涕，固獨胡粉[347]飾貌，搔頭弄姿[348]，槃旋偃仰[349]，從容冶步[350]，曾無[351]慘怛[352]傷悴[353]之心。山陵未成，違矯舊政，善則稱己，過則歸君，斥逐近臣，不得侍送。作威作福，莫固之甚。臣聞台輔[354]之位，實和陰陽，琁機[355]不平，寇賊姦軌，則責在太尉[356]。固受任之後，東南跋扈[357]，兩州[358]數郡，千里蕭條[359]，兆人[360]傷損，大化[361]陵遲。而詆疵[362]先主，苟肆狂狷[363]。存無廷爭[364]之忠，沒有誹謗之說。夫子罪莫大於累父，臣惡莫深於毀君。固之過釁，事合[365]誅辟[366]。」書奏，冀以白太后，使下其事。太后不聽，得免。

17 冀忌帝聰慧，恐為後患，遂令左右[367]進鴆[368]。帝苦煩甚，使促召固。固入，前問：「陛下得患所由？」帝尚能言，曰：「食煮餅，今腹中悶，得水尚可活。」時冀亦在側，曰：「恐吐，不可飲水。」語未絕而崩。固伏尸號哭[369]，推舉侍醫[370]。冀慮其事泄，大惡之。

18 因議立嗣[371]。固引司徒[372]胡廣、司空趙戒[373]，先與冀書曰：「天下不幸[374]，仍遭大憂。皇太后聖德當朝[375]，攝統萬機[376]，明將軍體履忠孝，憂存社稷[377]，而頻年之間，國祚[378]三絕。今當立帝，天下重器[379]，誠知太后垂心[380]，將軍勞慮，詳擇其人，務存聖明。然愚情眷眷[381]，竊獨有懷[382]。遠尋先世廢立舊儀，近見國家踐祚[383]前事，未嘗不詢訪公卿，廣求群議，令上應天心，下合眾望。且永初[384]以來，政事多謬，地震宮廟[385]，彗星竟天[386]，誠是將軍用情[387]之日。傳曰：『以天下與人易，為天下得人難。』昔昌邑[388]之立，昏亂日滋，霍光憂愧發憤，悔之折骨。自非博陸[389]忠勇，延年[390]奮發[391]，大漢之祀，幾將傾矣。至憂至重，可不熟慮？悠悠[392]萬事，唯此為大。國之興衰，在此一舉。」冀得書，乃召三公、中二千石、列侯[393]大議所立。固、廣、戒及大鴻臚[394]杜喬皆以為清河王蒜明德著聞，又屬最尊親，宜立為嗣。先是蠡吾[395]侯志[396]當取冀妹，時在京師，冀欲立之。眾論既異，憤憤不得意，而未有以[397]相奪。中常侍曹騰[398]等聞而夜往說冀曰：「將軍累世[399]有椒房之親，秉攝萬機，賓客縱橫，多有過差[400]。清河王嚴明，若果立，則將軍受禍不久矣。不如立蠡吾侯，富貴可長保也。」冀然其言。明日重會公卿，冀意氣凶凶，而言辭激切。自胡廣、趙戒以下，莫不懾憚[401]之。皆曰：「惟大將軍令。」而固獨與杜喬堅守本議。冀厲聲曰：「罷會！」固意既不從，猶望眾心可立，復以書勸冀。冀愈激怒，乃說太后先策免[402]固，竟立蠡吾侯，是為桓帝。

後歲餘，甘陵[403]劉文[404]、魏郡[405]劉鮪[406]各謀立蒜為天子[407]，梁冀因此誣固與文、鮪共為妖言[408]，下獄。門生[409]勃海[410]王調[411]貫械[412]上書，證固之枉。河內[413]趙承[414]等數十人亦要鈇鑕[415]詣闕[416]通訴[417]。太后明之，乃赦焉。及出獄，京師市里[418]皆稱萬歲。冀聞之大驚，畏固名德終為己害，乃更據[419]奏前事，遂誅之。時年五十四。

臨命[420]，與胡廣、趙戒書曰：「固受國厚恩，是以竭其股肱[421]，不顧死亡，志欲扶持王室，比隆文、宣。何圖一朝梁氏迷謬[422]，公等曲從[423]，以吉為凶，成事為敗乎？漢家衰微[424]，從此始矣。公等受主厚祿，顛而不扶，傾覆[425]大事，後之良史[426]，豈有所私？固身已矣[427]，於義得矣，夫復何言！」廣、戒得書悲慚，皆長歎流涕。

【章　旨】以上為〈李固傳〉。李固少有大志，不就小職。初仕時，在對策中極言順帝寵梁氏、對外戚宦官子弟濫封官職的弊端，提出「權去外戚，政歸國家」的主張，表達了招賢才、納忠諫、求天意、罷宦官的政見。以後在兩任地方官中，治績斐然。進入中樞後，繼續與宦官外戚抗爭，因勢單力薄，死於非命。

【注　釋】❶漢中　郡名。戰國後期秦國置。東漢時治今陝西漢中。❷南鄭　縣名。秦置。治今陝西漢中西南。❸司徒　官名。三公之一，西漢哀帝時罷丞相，置大司徒，東漢時稱司徒，名義上與司空、太尉共掌政務，實際上權力已在尚書臺。❹郃　李郃，字孟節，東漢南鄭（今陝西漢中）人。通《五經》，善河洛風星。後累官至司空，數次上奏，議論朝廷得失，有忠臣節。以司徒致仕卒。事見本書卷八十二。❺方術傳　即〈方術列傳〉。《後漢書》首創〈方術列傳〉，列有華佗、左慈、費長房等三十五人傳。❻鼎角匿犀　鼎角，謂頭頂有骨如鼎足形狀。匿犀，謂額頭入鬢髮處有頭骨隱隱隆起。❼足履龜文　謂腳底如龜背狀。《相書》：「足履龜文者二千石。」❽墳籍　指《三墳》、《五典》，傳說中國最古的書籍。《左傳・昭公十二年》：「是能讀《三墳》、《五典》、《八索》、《九丘》。」杜預注：「皆古書名。」孔穎達疏：「孔安國〈尚書序〉云：『伏羲、神農、黃帝之書謂之《三墳》，言大道也；少昊、顓頊、高辛、唐、虞之書謂之《五典》，言常道也。』」❾司隸　官名。司隸校尉部的簡稱。西漢元延四年廢司隸校尉，綏和二年復置，僅名司隸，職位較低，屬大司空。東漢初又復為司隸校尉。❿益州　西漢武帝所置「十三刺史部」之一。察郡八。東漢初治今四川廣漢北，興平中移治今四川成都。⓫郡　古代的行政區劃。秦以後在縣之上設郡。⓬舉　即察舉。漢代選官制度。始於武帝時，由丞相、列侯、刺史、守相等推舉，經過考核合格即任以官職，主要科目有孝廉、賢良文學、秀才等。是士大夫仕進的主要途徑。⓭辟　即徵辟。舊指朝廷或三公以下召舉布衣之士授以官職。東漢時也指對官員的內調。⓮司空　官名。三公之一，西漢成帝時改御史大夫為大司空，東漢時稱司空，主要職務為監察、執法，兼掌重要文書圖籍。⓯掾　屬官統稱。漢代三公府及其他重要官府皆置掾、史、屬，分曹治事。掾為曹長，史、屬副貳。故掾史多冠以曹名，如戶曹掾、戶曹史等。⓰陽嘉　東漢順帝劉保年號，西元一三二—一三五年。⓱地動　即地震。

⑱公卿　三公九卿的合稱，後泛指中央政府高級行政官員。⑲對策　漢代應薦舉、科舉的人對答皇帝有關政治、經濟的策問叫「對策」。後代也有用這種方法取士的。《文心雕龍．議對》：「對策者，應詔而陳政也；射策者，探事而獻說也。」⑳王者　帝王；天子。㉑父天母地　《春秋緯感精符》：「人主日月同明，四時合信，故父天母地，兄日姊月。」宋均注：「父天於圜丘之祀也，母地於方澤之祭也，兄日於東郊，姊月於西郊。」㉒實有山川　《史記》：「魏武侯浮西河而下，中河顧而謂吳起曰：『美哉乎河山之固，此魏之寶也。』吳起對曰：『在德不在險。』」㉓王道　君主以仁義治天下，以德政安撫臣民的統治方法。常與「霸道」相對稱。㉔陰陽　最初指日光的向背。古代思想家看到一切現象都有正反兩方面，就用陰陽這個概念來解釋自然界兩種既對立又互相消長的矛盾。如動的、熱的、向上的、明亮的、強壯的為陽，靜的、冷的、向下的、晦暗的、虛弱的為陰。把陰陽交替看作宇宙的根本規律。也用來說明上下、君臣、君民、夫妻等關係。㉕和穆　調和；和暢。㉖乖　違背。㉗斯　這；這些。㉘天心　君主的心意。㉙伏聞　以上對上的謙辭。謂跪在地上聽。伏，趴；臉向下，體前屈。㉚長吏　舊指地位較高的官員或州縣長官的輔佐。這裡指待升遷的官員。㉛黨援　結援相助的黨羽。㉜孝安皇帝　即東漢安帝劉祜（西元九四—一二五年），章帝孫，清河孝王劉慶子。即位時年十三，鄧太后臨朝，后兄鄧騭執政。在位期間，政治黑暗。張伯路等起兵海上，攻擊沿海諸郡，襲殺守令；杜季貢等聯合羌人連年暴動，屢敗漢兵。建光元年鄧太后死後親政，與宦官李閏等合謀誅滅鄧騭宗族，自此寵信宦官。廟號恭宗。㉝爵　舊指國家貴族封號。中國古代分為「公」、「侯」、「伯」、「子」、「男」五等。㉞阿母　即東漢安帝乳母王聖。建光元年（西元一二一年）安帝親政，參與誅滅外戚鄧氏，封野王君。後與宦官江京、樊豐等干亂朝政，合謀廢黜皇太子劉保為濟陰王。安帝死，外戚閻顯秉政，被徙於雁門。㉟妖孽　反常怪異的事物，常認為不祥之兆。也比喻邪惡為害之人。孽，「孽」的俗字。㊱樊豐　（？—西元一二五年），東漢宦官。安帝時為中常侍。建光元年安帝親政後，與宦官江京、帝乳母王聖等用事，貪侈枉法，干亂朝政，合謀廢太子劉保為濟陰王。又乘安帝出巡，詐作詔書，調發錢穀、木材，大起第宅苑囿。太尉楊震上疏告發，反遭誣陷，被逼令自殺。延光四年安帝死後，為外戚閻顯所殺。㊲放恣　驕傲放縱，任意胡為。㊳改亂嫡嗣　指宦官樊豐、江京與王聖等廢太子劉保為濟陰王事。㊴聖躬　猶聖體。臣子稱皇帝的身體。亦代指皇帝。㊵困殆　困苦危急。㊶龍興　喻王者興起。㊷即位　就位。特指帝王或諸侯就位。㊸喁喁　仰望期待的樣子。㊹屬望　期望；注視。㊺中興　由衰落而重新興盛起來。㊻山草　猶言山野草莽。借指在野未仕。㊼痛心傷臆　形容悲痛到極點。㊽賢聖　道德才智極高的人。㊾天威　帝王的威嚴；朝廷的聲威。㊿俯案　謂依據。(51)經典　指傳統的具有權威性的著作。(52)裂土　分封土地。(53)陛下　對君主的尊稱。(54)妃　泛指皇帝的妾。(55)權柄　猶權力。(56)惡盈　形

容罪惡累累。57顛仆　跌落；滅亡。58先帝　即安帝劉祜。59閻氏　名姬，河南滎陽（今河南滎陽）人。東漢安帝皇后，永初元年（西元一一四年）入選掖庭為貴人。次年，立為皇后。其兄閻顯等把持朝政，與宦官江京、樊豐譖廢皇太子劉保為濟陰王。延光四年（西元一二五年）安帝死，欲久柄國政，貪立幼主，與顯定策禁中，迎立北鄉侯劉懿為少帝，以皇太后臨朝，誅除大將軍耿寶及其黨羽。閻氏皆居權要。少帝旋死，中黃門孫程等擁立濟陰王為順帝，閻顯等皆伏誅。遂被遷於離宮。次年卒。60太疾　快；迅速。61旋時　很短的時間；頃刻間。62老子　作者李耳，春秋楚國苦縣（今河南鹿邑）人。道家創始人。傳說曾做過為東周王室管理典籍的史官。現存《老子》一書，基本反映其思想。主張「無為而治」，認為「道」是天地萬物的本原，認識到事物之間的依存和轉化關係。老子的思想對中國思想史的發展產生了深遠影響。63其進銳二句　《孟子·盡心上》：「其進銳者其退速。」謝承《書》亦云《孟子》所言。而本書復云《老子》，當誤。64梁氏　即梁妠（西元一〇六—一五〇年），安定烏氏（今甘肅平涼）人。東漢順帝皇后，順帝時，其父梁商任大將軍，掌握朝政。梁商死後，又由其兄梁冀繼任。順帝死，她與梁冀迎立沖、質、桓三帝，都臨朝執政。梁氏一門前後有七侯，三皇后，六貴人，兩大將軍。執政期間，兼用外戚、宦官，重用擁護她的官僚集團，又表揚儒學，招太學生達三萬餘人，藉以取得世族地主的支持。65椒房　漢代后妃所居住的宮殿，用椒和泥粉刷牆壁，取其溫暖有香氣，兼有多子之意，故名。66不臣　不守臣節；不合臣道。67永平　東漢明帝劉莊年號，西元五八—七五年。68建初　東漢章帝劉炟年號，西元七六—八四年。69故事　舊日的行事制度；例行的事。70殆　大概；幾乎。71步兵校尉　官名。西漢武帝始置，為北軍八校尉之一，領上林苑門屯兵，防戍京師，兼任征伐。東漢時為北軍五校尉之一，秩比二千石，隸北軍中候，有司馬一員。當時五校尉所掌北軍為京師主要的常備禁軍，故地位親要，官顯職閒。多以京師外戚近臣率任。72冀　梁冀（？—西元一五九年），字伯卓，東漢安定烏氏（今甘肅平涼）人。兩妹為順帝、桓帝皇后。其父梁商死後，繼為大將軍。順帝死，他與妹梁太后先後立沖、質、桓三帝，專斷朝政近二十年。執政期間，驕奢橫暴，多建苑囿，並強迫人民數千為奴婢，稱「自賣人」。梁太后、皇后先後死，桓帝與宦官單超等五人定議，誅滅梁氏，他被迫自殺。東漢政府沒其財產，賣錢三十萬萬之巨。事見本書卷三十四。73侍中　官名。秦始置，兩漢沿置，為自列侯以下至郎中的加官，無定員。侍從皇帝左右，出入宮廷。初伺應雜事，由於接近皇帝，地位漸形貴重。74黃門　漢代給事內廷有黃門令、中黃門諸官，皆以宦者充任，故有此稱。75外戚　指帝室的母族、妻族。76中臣　內臣；宦官。77秉　掌握；主持。78中常侍　官名。秦始置，西漢沿置，出入宮廷，侍從皇帝，常為列侯至郎中的加官。東漢時則專用宦官為中常侍，以傳達詔令和掌理文書，權力極大。79日月　大臣對皇帝皇后的一種尊稱。80祿仕　謂做官食俸祿。81州郡　州和郡的合稱。亦泛指地方。(82)諂偽　諂媚詐偽。(83)館陶公主　名紅夫。光武帝劉秀第三女，封館陶公主，適駙馬都尉韓光。光坐與淮陽王延謀反誅。(84)郎　郎官泛稱。戰國至秦有郎中，為君王侍從近官，宿衛宮廷，參與謀議，備顧問差遣。西漢依職責不同，有郎中、中郎、侍郎、議郎等，無定員，多至千餘人。執掌守衛皇宮殿廊門戶，出充車騎扈從，備顧問應對，守衛陵園寢廟等。東漢於光祿勳下設五官、左右中郎將署，主管諸中郎、侍郎、郎中，實為儲備官吏人才的機構，其郎官多達二千餘人。(85)明帝　劉莊（西元二八—七五年），字子麗。漢光武帝劉秀第四子。在位期間，遵奉光武制度，整頓吏治，嚴明法令，禁止外戚封侯預政。提倡儒術，省減租傜，修治汴河，民生比較安定。數發兵進擊北匈奴，遣班超經營西域，西域諸國皆遣子入侍。後世史家將其與明帝統治時期並稱為「明章之治」。廟號顯宗。(86)竊　私下；私自。多用作謙辭。(87)長水司馬　官名。東漢設長水司馬一人，千石，掌宿衛等事務。(88)開陽　東漢首都洛陽的城門名。(89)城門候　官名。東漢在首都洛陽每個城門設門候一人，秩六百石。(90)初拜便真三句　按：本書曰：「中都官，千石，六百石，故事先守一歲，然後補真。」以此謂「漸壞舊章」。(91)先聖　先世聖人。(92)上帝板板二句　出自《詩·大雅》。意為上面的帝王違反過去的典章制度，下面的百姓就都會受害。板，反也。卒，盡也。癉，病也。諷刺周厲王反先王之道，下人盡病也。(93)周王　這裡指周厲王。周厲王（？—西元前八二八年），姬姓，名胡。西周王。周夷王之子。曾命虢仲征伐淮夷，又伐戎，均不克。好利，聽信榮夷公之言，任之為卿士，對民實行專利（壟斷山澤物產），以聚斂人民之財；又用衛巫監視國人，殺有怨言者。西元前八四一年，被國人逐奔於彘（今山西霍州東北），居汾水之旁，稱「汾王」，朝中共和行政。十四年後，死於彘。(94)北斗　也叫北斗七星。在北天排列成斗（或杓）形的七顆亮星。七星的名字分別為：天樞、天璇、天璣、天權、玉衡、開陽、搖光。這七顆星就是大熊星座。順北斗星天璇、天樞星一線延長五倍距離即是北極星。北極星被稱為「帝星」，古時，星占學家把北斗七星視為皇帝身邊的三公九卿等重臣。(95)尚書亦為陛下喉舌　《春秋合誠圖》：「天理在斗中，司三公，如人喉在咽，以理舌語。」宋均注：「斗為天之舌口，主出政教。三公主導宣君命，喻於人，則宜如人喉在咽，以理舌口，使言有條理。」(96)元氣　指宇宙自然之氣。(97)出納王命　指接受皇帝命令，並發布到四方。(98)灾眚　災禍。(99)毗　輔助。(100)常侍　中常侍、內常侍等宦官之簡稱。(101)福慶　幸福。(102)刺史　官名。西漢武帝始置，分全國為十三部（州），各置刺史一人，秩六百石。無治所，奉詔巡行諸郡，以六條問事，省察治政，黜陟能否，斷理冤獄。東漢時沿置，有固定治所，實際上成為比郡守高一級的地方行政長官。靈帝時，改刺史為州牧，掌握一州的軍政大權。(103)職事　職務；職業。(104)景　同「影」。影子。(105)叩　敲打；打擊。(106)樹本　樹的根部。(107)薄言振之二句　讚美成王能奮舒文武之道而行之，則天下無不震動而應其政教。薄，辭也。振，奮也。莫，無也。震，動也。疊，應也。108蹉跌　失誤。109間隙　空隙。110寖壞　破壞。111紀綱　法度。112石室　古代宗廟中藏神主的處所。又為藏圖書檔案的處所。《漢書・高帝紀下》：「丹書鐵券，金匱石室。」顏師古注：「以石為室，重緘封之，保慎之義。」113擿　指使意。114省事　視事；處理政務。115小黃門　官名。東漢始置，由宦官充任。名義上隸屬少府，秩六百石。位次中常侍，高於中黃門。侍從皇帝左右，收受尚書奏事，傳宣帝命，掌宮廷內外、皇帝與后宮之間的聯絡。明帝、章帝之世，員額十人，和帝後增至二十人。以後權勢漸重，用事於內廷，甚至總典禁軍。諸中常侍多由此遷任。116給事　處事；辦理事務。117厭塞　壓倒；鎮住。118瞽　瞎眼，喻為見識短淺。119冒昧　輕率莽撞。多作謙辭。120儻　表示假設，相當「倘若」、「如果」。121皇天　指天；蒼天。122微臣　卑賤之臣。常用作謙辭。123覺悟　由迷惑而明白；由模糊而清楚。124順帝　即劉保（西元一一五—一四四年），漢安帝之子。永寧元年被立為太子。延光三年被廢為濟陰王。安帝死，宦官江京等立北鄉侯劉懿為帝（即少帝），旋卒。宦官孫程等殺江京迎立其為帝，孫程等十九名宦官封侯。外戚梁商、梁冀相繼為大將軍，朝政操於宦官、外戚之手，政治日益腐敗。125弟舍　宅第。126議郎　官名。西漢置，隸光祿勳。為高級郎官，不入值宿衛，執掌顧問應對，參與議政，指陳得失，為皇帝近臣。東漢更為顯要，常選任耆儒名士、高級官吏，除議政外，亦或給事宮中近署。127疾　恨。128詐飛章　偽造大臣緊急奏章。129陷　設計害人。130中　指宮禁之內。131大司農　官名。西漢武帝改大農令設，秩中二千石，列位九卿。掌管全國租賦收入和國家財政開支，凡百官俸祿、軍費、各級政府機構經費等皆由其支付，兼理各地倉儲、水利、官府農業、手工業、商業的經營，調運貨物，管制物價等。132大將軍　官名。始於戰國，漢代沿置，為將軍的最高稱號，執掌統兵征戰。事實上多由貴戚擔任，掌握政權，職位甚高。133梁商　（？—西元一四一年），字伯夏，東漢安定烏氏（今寧夏固原）人。少以外戚拜郎中，遷黃門侍郎。順帝永建元年嗣爵為乘氏侯。陽嘉元年，其兩女被立為皇后、貴人，遂加位特進，任執金吾。四年，拜大將軍，備受寵信。曾辟名儒周舉等為從事中郎，以籠絡人心。又遣子梁冀等與掌權宦官曹節等結交。後幾為宦官所害。病卒。事見本書卷三十四。134僕射　即尚書僕射。官名。尚書令的副手，因東漢權歸尚書臺，尚書僕射的職權也漸重。135明　公開。136出　指京官調外任。137廣漢　郡名。西漢置。治今四川金堂東。東漢元初二年（西元一一五年）移治今四川綿陽東北，後又移治今四川廣漢北。138雒　即雒縣。漢置縣。即今四川廣漢治。139白水關　地名。《通典》：「金牛縣南有白水關。」《梁州記》：「關城西南百八十里有白水關，昔李固解印綬處也。」故關城在今陝西金牛西。140印綬　印信和繫印信的絲帶。古人印信上繫有絲帶，佩帶在身。141杜門　閉門。142人事　人情世事；人事變遷。143歲中　年內。144請　延聘。145從事中郎　官名。東漢置，為大將軍、車騎將軍之屬官，參與謀議。大將軍府定員二人，秩六百石。146自守　自保；自為守衛。

[147]整裁　治理決斷。[148]高滿　指年邁昏庸，位高祿重官員。[149]奏記　漢時向公府等長官陳述意見的文書。[150]儀父　即邾儀父。春秋邾婁國君，因與魯隱公結盟於昧，所以《春秋》記儀父事稱字不稱名，以示褒意。[151]無駭　即展無駭。曾帥師入侵魯國，所以《春秋》記其事稱字不稱姓氏，寓以貶意。[152]伯榮　王聖之女。[153]周廣　東漢時宦官。[154]謝惲　東漢時宦官。[155]署　謂任用官吏。[156]非次　泛指不按常規、慣例。[157]黨進　謂由同黨援引而進。[158]遷拜　授與遞升之新官職。[159]滯涸　困於。[160]聖嗣　指皇帝的繼承人，即太子。[161]繼望　天天盼望。[162]中宮　皇后居住之處，亦用為皇后的代稱。[163]博簡　廣泛選拔。[164]嬪媵　統指宮中女官、侍女。[165]微賤　卑微；低賤。亦指卑微低賤之人。[166]宜子　謂女子有生育能力。[167]進御　猶進呈。[168]至尊　用為皇帝的代稱。[169]巫　以祈禱求神騙取財物的人。[170]飛燕　即趙飛燕。漢成陽侯趙臨之女。初學歌舞，以體輕，號曰飛燕。成帝悅之，召入宮，為婕妤。許后廢，立為皇后。與其妹昭儀，日事蠱惑，至帝無嗣暴崩。及哀帝崩，廢為庶人，自殺。[171]望尊　人所敬仰的。[172]垂則萬方　意為所作所為為天下的楷模。[173]祠堂　祭祀祖宗或生前有功德的人的廟堂。[174]昭明　推崇提倡。[175]比　連續；頻頻。[176]鬱泱　喻雲氣盛茂狀。[177]宮省　設在皇宮內的官署。[178]智者見變思刑二句　意謂聰明的人看見有天變之類的現象，就想到用刑罰來處治心懷不軌的人。愚蠢的人看見類似現象，就害怕說起它、盡量避開它。見《論語》。[179]天道無親二句　意謂上天的親疏是公正的，不偏不倚，只施福於那些行善之人，因此是可敬畏的。親，親近。祇，敬。見《老子》：「天道無親，常與善人。」[180]既　蝕盡。指日全蝕或月全蝕。[181]端門　宮殿的正門。[182]月盈則缺二句　意謂月亮滿盈之後就會殘缺，太陽過了正午就會西移。見《史記・范睢蔡澤列傳》：「日中則移，月滿則虧」。[183]福謙忌盛　福佑謙卑者，忌諱太盛者。見《易・謙卦》。[184]功遂身退　指功成名就之後就退隱不再做官。同「功成身退」。[185]怵迫　怵，恐懼；害怕。意為擔驚受怕。[186]王綱　天子的綱紀。[187]踵　追隨；繼承。[188]伯成　見《莊子・天地》：「伯成子高，唐虞時為諸侯，至禹，去而耕。禹往見之，則耕在野。禹問曰：『昔堯化天下，吾子立為諸侯，堯授舜，舜授予，子去而耕，其故何也？』子高曰：『昔堯化天下，至公無私，不賞而人自勸，不罰而人自畏，今子賞而不勸，罰而不威，德自此衰，刑自此作。夫子盍行，無留我事。』俋俋然，耕不顧。」伯成，複姓。[189]耽　耽溺；貪戀。[190]下愚　極愚蠢的人。謙辭，用作自稱。[191]大體　重要的義理。[192]竊感古人一飯之報　見靈輒事。春秋趙宣子田於首山，舍於翳桑，見靈輒餓，食之。靈輒舍其半。宣子問之由。對曰：「請以遺母。」宣子感，因與之簞食與肉。後靈公帶甲兵攻宣子。靈輒為靈公甲士，倒戟以攻靈公，宣子得免於禍。問其故，對曰：「翳桑之餓人也。」問其名與居地，不告而退，遂自亡也。[193]顧遇　謂被賞識而受到優遇。[194]永和　東漢順帝劉保年號，西元一三六－一四一年。[195]荊州　漢武帝所置「十三刺史部」之一。東漢荊州治今湖南常德東北。[196]彌年

經年；終年。197勞問 慰問。198釁 罪過。199更始 除去舊的，建立新的。200斂 收攏；聚集。201魁黨 頭目與黨羽。202歸首 歸降；自首。203原之 諒解；寬容。204威法 威嚴的法令。205南陽 郡名。戰國時置。治今河南南陽。206臧穢 指貪汙等穢行。207千里移檄 移，傳送。檄，指一種公文。208持 掌握；控制。209太山 即泰山。郡名。西漢高帝置，因境內泰山得名。治今山東泰安東南，元封以後移治今泰安東。210任戰 善於作戰。211弭散 順服散去。212將作大匠 官名。西漢時由將作少府改名，亦簡稱將作、大匠。掌領徒隸修建宮室、宗廟、陵寢及其他土木工程，植樹於道旁。東漢初不設置專官，常以謁者兼領其事，至章帝始真受。213上疏 向皇帝進呈奏章。214陳事 敘事。215神 精神。216賢 有德行；多才能。217道道德；正義。218秦 指秦國。開國君主為秦襄公，因護送周平王東遷有功，被周分封為諸侯。春秋時建都於雍（今陝西鳳翔東南），占有今陝西中部和甘肅東南端。秦穆公曾攻滅十二國，稱霸西戎。戰國時秦孝公任用商鞅變法，國力富強，並遷都咸陽（今陝西咸陽東北），成為戰國七雄之一。之後，疆域不斷擴大。西元前二二一年秦始皇統一中國，建立秦朝。219楚 古國名。始祖鬻熊。西周時立國於荊山一帶，建都丹陽（今湖北秭歸東南）。常與周發生戰爭，周人稱為荊蠻。熊渠做國君時，疆土擴大到長江中游。楚文王時建都於郢（今湖北江陵西北紀南城）。春秋時兼併周圍小國，不斷與晉爭霸。疆域西北到武關（今陝西丹鳳東南），東南到昭關（今安徽境內），北到今河南南陽，南到洞庭湖以南。戰國時疆域又有所擴大，東北到今山東南部，西南到今廣西東北角，東南至今江蘇和浙江。西元前二二三年為秦所滅。220王孫圉 春秋楚國大夫，嘗聘於晉。此處疑王孫圉與昭奚恤的事混淆了。茲列於下：秦欲伐楚，使使者往觀楚之寶器。昭奚恤乃為壇，使客東面，自居西面之壇，稱曰：「理百姓，實倉廩，子西在此；奉圭璋，使諸侯，子方在此；守封疆，謹境界，葉公子高在此；理師旅，正兵戎，司馬子反在此；懷霸王之餘義，獵治亂之遺風，昭奚恤在此：惟大國所觀。」使反，言於秦君曰：「楚多賢臣，未可謀也。」事見《新序》。《國語》載：楚王孫圉聘於晉，趙簡子鳴玉以相，問圉曰：「楚之白珩猶在乎，其為寶也幾何？」對曰：「未嘗為寶也。楚人有觀射父，能作訓辭以行諸侯，有左史倚相，道訓典以序百物，此楚國之寶也。若夫古玉、白珩，先王之所玩也，何寶焉！」與此所引王孫圉事不同。221壇 古代舉行祭祀、誓師等大典用的土和石築的高臺。222懼 驚恐的樣子。223寢兵 罷兵。224魏文侯 戰國時魏國國君，西元前四四五－前三九六年在位。招賢納士，先後重用翟璜、吳起、西門豹、樂羊等人，用李悝為相，致力於社會改革。打敗秦國，攻取中山，使魏國成為戰國首強。225卜子夏 即子夏（西元前五〇七年？－），卜氏，名商，字子夏，春秋末晉國溫（今河南溫縣）人，一說衛國人。孔子弟子，為莒父宰。孔子死後，到魏國西河（濟水、黃河間）講學。主張國君要學習《春秋》，吸取歷史教訓，防止臣下篡奪。宣揚「死生由命，富貴在天」，提出「學而優則仕，仕而優則學」和「大德不踰閑，小德出入可也」等觀點。李克、吳起都是他的學生，魏文侯也尊以為師。相傳《詩》、《春秋》是由他傳下來的。(226)友　結交為友。(227)田子方　戰國時人，學於子貢。魏文侯以為師，稱其「子方者，仁人也。仁人，國之寶也」。(228)軾　車前橫木。這兒作動詞用，意為憑軾致敬。(229)段干木　戰國魏人，少貧且賤，遊西河，事師卜子夏，與田子方、李克、翟璜、吳起等居於魏，諸人皆為將，唯段干木守道不仕，魏文侯就造其門，段干木踰牆避之。文侯出過其廬而軾，請以為相，不受，乃待以客禮。文侯每見之，立倦而不敢息。(230)俊　才智出眾的人。(231)齊桓　即齊桓公（？—西元前六四三年），姜姓，名小白。春秋時齊國國君。在位期間，任用管仲為相進行改革，國力富強。以「尊王攘夷」相號召，幫助燕國打敗北戎，營救邢衛兩國，制止戎狄對中原的進攻；聯合中原諸侯進攻蔡楚，和楚國會盟於召陵（今河南郾城東北），還安定東周王室的內亂，多次大會諸侯，訂立盟約，成為春秋第一個霸主。(232)閱兵　觀兵；炫耀武力。(233)西河　郡名。西漢元朔四年（西元前一二五年）置，治今內蒙古準噶爾旗西南、陝西府谷西北。東漢永和五年移治今山西離石縣。屬并州。(234)符　古代稱祥瑞的徵兆。(235)撥亂　平定禍亂；治理亂政。(236)樊英　字季齊，東漢魯陽人。習《京氏易》，兼明《五經》，善風角，隱於壺山之陽，著《易章句》，世名樊氏學。以圖緯教授，受業者自四方至。州郡禮請，公卿薦舉，皆不就。順帝備禮徵之，不得已至京，稱病不起。強輿入殿，猶不以禮屈。帝乃為設壇席，待以師傅之禮，延問得失，英不敢辭。拜五官中郎將，尋稱疾篤，詔以為光祿大夫，賜告歸卒。(237)江夏　郡名。西漢置，以夏水為名。治今湖北新洲西。東漢屬荊州。(238)楊厚　字仲桓，東漢楊統之子。少學父業，順帝時遣使特徵至長安，累官侍中。每有災異，厚輒上消救之法。而閹官專政，言不得信。梁冀欲與相見，厚不答。後謝病歸，教授門徒至三千餘人，卒年八十二歲，私謚文父。(239)會稽　郡名。秦置。治今江蘇蘇州，以境內會稽山為名。東漢順帝永建四年（西元一二九年）分浙江以西置吳郡，會稽郡移治今浙江紹興。(240)賀純　字仲真，東漢會稽山陰人。本慶普後，避安帝父諱，改為賀氏。少為諸生，博極群藝，十辟公府，三舉賢良方正，五徵博士，四公車徵，皆不就。後徵拜議郎，數陳災異，上便宜數十事，多見省訥。遷侍中，江夏太守。(241)策書　指古代書寫帝王任免官員等命令的簡策。(242)嗟歎　歎息。(243)大夫　古代官職名。位居卿之下，士之上。(244)巖穴　指隱居在巖穴中深山野林裡的高人。(245)幽人　幽隱之人；隱士。指幽居之士。(246)彈冠振衣　整潔衣冠。後多以比喻將欲出仕。(247)聖德　亦作「聖悳」。猶言至高無上的道德。一般用於古之稱聖人者。也用以稱帝德。(248)奇卓　卓越突出。(249)夕惕　謂至夜晚仍心懷憂懼。(250)孳孳　兢兢業業；辛苦狀。(251)悵然　失意不樂貌。(252)宿儒　博學的年長之士。(253)大人　指德行高尚、志趣高遠的人。(254)且　表示將要；將近。(255)隆崇　推崇；器重。(256)滯　凝積；停止。(257)光祿大夫　官名。戰國時置中大夫，漢武帝時始改稱光祿大夫，掌顧問應對，屬光祿勳。(258)周舉字宣光，東漢周防之子。姿貌短陋，而博學洽聞，為儒者宗。順帝時為并州刺史。後為諫議大夫，時運有災異，詔對於顯親殿，遣八使巡行風俗，皆選素有威名者，拜舉侍中。於是劾奏貪猾，表薦公清，朝廷稱之。遷河內太守，徵為大鴻臚，卒。259 謨　計謀；策略。260 常伯　喻有職有權的職位。伯，古代領導一方的長官。261 勑令　皇帝的詔令。262 起　起用。263 陳留　郡名。治今河南開封東南陳留城。264 楊倫　字仲理，東漢東昏人。少事師丁鴻，習《古文尚書》，為郡文學掾。更歷數將，志乖於時，遂去職，講授於大澤中，弟子至千餘人。順帝即位，徵拜侍中，免歸。陽嘉中徵拜大中大夫，又以直諫不合去職。即歸，閉門講授，自絕人事，卒於家。265 河南　郡名。本秦三川郡，西漢高帝二年（西元前二〇五年）改名。治雒陽縣。266 東平　郡名。原西漢東平國，後改為郡。治今山東東平東。267 陳國　封國名。東漢章和二年置。治陳縣。268 何臨　字子陵，東漢何熙子。為平原太守，詳見《百家譜》。269 清河　西漢分鉅鹿郡置。以後或為封國，或為郡，多次變更。西漢治清陽縣，東漢移治今臨清東北。270 房植　字伯武，東漢甘陵人。桓帝時為河南尹，有名當朝，與同郡周福有隙，二家賓客，互相譏揣，由是甘陵有南北部，黨人之議由此始。271 八使　漢順帝派遣侍中周舉、杜喬、守光祿大夫周栩、前青州刺史馮羨、尚書欒巴、侍御史張綱、兗州刺史郭遵、太尉長史劉班等八位有威望的官員並命為守光祿大夫，巡行各地，糾察地方官員，刺史、二千石有貪贓枉法者舉劾，縣令以下可立即收押。八使同時任命，天下人稱之為「八俊」。272 案察　猶查處。273 劾奏　向皇帝檢舉官吏的過失或罪行。274 請乞　請求。275 考　追查；追究。276 三府　指太尉、司徒、司空三公府。277 尚書郎　官名。西漢武帝時常以郎官供尚書署差遣，掌收發文書章奏庶務，後成為常設官職，員四人。東漢置三十六員，分隸尚書臺六曹尚書。負責啟封百官章奏，面奏皇帝，並解答皇帝的質疑。皇帝成命亦經其代擬詔令下達。秩四百石，秩輕而職顯權重，陞遷頗速。278 特拜　指不按常規授與官職。279 廷尉　官名。秦始置，為九卿之一。廷尉的職掌是管刑獄，為最高法官。廷尉的主要職責是負責審理皇帝交辦的詔獄，同時審理地方上報的疑難案件。280 吳雄　字季高，東漢河南人。順帝時為廷尉，斷訟平，後拜司徒，三世為廷尉，為法律名家。281 切責　責成；責罰。282 三公　官名合稱，周代已有此稱，為最高輔政大臣，一說為司馬、司徒、司空，一說為太師、太傅、太保。西漢時以丞相、太尉、御史大夫合稱三公。東漢時以太尉、司徒、司空合稱三公。為共同負責軍政的最高長官。283 自頃　近來。284 牧守　州郡長官的泛稱。285 槃遊　遊樂。286 庶政　各種政務。287 乖枉　枉曲背理。288 詔獄　關押欽犯的牢獄。289 沖帝　即劉炳（西元一四三—一四五年），東漢皇帝，順帝子。建康元年被立為皇太子，同年八月即帝位。年二歲。在位期間，梁太后臨朝，以太尉趙峻為太傅，大司農李固為太尉，參錄尚書事。當時各地民眾暴動蜂起，九江徐鳳、馬勉攻打城邑，徐鳳稱無上將軍，馬勉稱皇帝，建年號，置百官，在當塗山建立根據地，掘了順帝的墳墓。次年正月沖帝夭亡。葬懷陵。[290]參錄尚書事　初為職銜名，始於東漢。當時政令、政務總於尚書臺，太傅、太尉、大將軍等加此名義始得總知國事，綜理政務，成為真宰相。[291]崩　古代帝王去世稱崩。[292]楊　即揚。州名。漢武帝所置「十三刺史部」之一。東漢治今安徽和縣，末年移治今安徽壽縣。[293]徐　即徐州。西漢武帝所置「十三刺史部」之一。東漢治今山東郯城。[294]發喪　喪家向親友宣告某人死去；辦理喪事。[295]掩匿　遮掩；隱瞞。[296]秦皇　即秦始皇嬴政（西元前二五九—前二一〇年），戰國時秦國國君、秦王朝的建立者。即位時年僅十三歲，呂不韋和太后寵信的宦官嫪毐專權用事。親政後，鎮壓嫪毐叛亂。次年，免呂不韋相職。旋即任用李斯，並派王翦等大將繼續進行統一戰爭。從西元前二三〇到前二二一年，先後消滅割據稱雄的六國，建立中國歷史上第一個統一的中央集權的封建國家。分全國為三十六郡，確定最高統治者的稱號為皇帝，國家一切重大事務由皇帝決定，統一法律、度量衡、貨幣和文字。又派兵北擊匈奴，築長城，南定百越。為加強統治，焚書坑儒，嚴刑酷法，租役繁重，廣大人民痛苦不堪，他去世後不久即爆發大規模的農民暴動。[297]沙丘　地名。在今河北平鄉東北。[298]胡亥　秦始皇次子，始皇崩，趙高、李斯矯詔殺長子扶蘇而立為帝。趙高用事，農民暴動爆發，二世責怪趙高，趙高弒之，在位三年。[299]趙高　（？—西元前二〇七年），秦宦官。始皇死後與李斯偽造遺詔，逼使始皇長子扶蘇自殺，立胡亥為二世皇帝。任郎中令，居中用事，控制朝政，掌握大權。後殺李斯，任中丞相；不久殺死二世，立子嬰為秦王。旋為子嬰所殺。[300]扶蘇　秦始皇長子，始皇坑儒生，扶蘇諫之，始皇怒，使扶蘇監蒙恬軍。後始皇崩，趙高、李斯矯詔殺扶蘇而立胡亥為帝。[301]北鄉侯　指東漢開國功臣任光五世孫任世，封北鄉侯。北鄉，縣名。屬齊郡。[302]薨　周代諸侯死之稱。《禮記．曲禮下》：「天子死曰崩，諸侯曰薨。」[303]江京　東漢宦官，初為小黃門，善讒諂，以迎立安帝封都鄉侯，遷中常侍，兼大長秋。後任長樂太僕。與安帝乳母王聖、外戚耿寶、閻顯等結為私黨，干亂朝政，合謀廢皇太子劉保為濟陰王，枉殺太尉楊震。安帝死，又與閻顯等定策立北鄉侯劉懿為帝（即少帝）。少帝病死，宦官孫程等十九人擁立劉保為順帝，遂被殺。[304]孫程　（？—西元一三二年），字稚卿，東漢涿郡新城（今河北徐水縣）人。安帝時為中黃門。後與中黃門王康等十八人擁立順帝，誅外戚閻氏、宦官江京等。以此封浮陽侯，任騎都尉，康等亦同日封侯，時稱「十九侯」。後以過免官，徙封宜城侯。後養子壽襲封，開宦官以養子襲爵之始。[305]即暮　當天傍晚。[306]清河王蒜　即劉蒜（？—西元一四七年），東漢宗室。清河恭王劉延平之子，嗣父爵。沖帝夭亡後，被徵至京師，議立為帝。及梁太后與弟梁冀定立質帝，遂被遣歸。質帝被鴆殺，大臣李固等復議立其為嗣。宦官則與梁冀合謀擁立桓帝。建和元年，甘陵人劉文與南郡劉鮪稱清河王為太子，事發，遂被貶為尉氏侯，徙桂陽，旋自殺。[307]審詳　仔細審察。[308]大計　重大的謀略或計劃。[309]周　即絳侯周勃（？—西元前一六九年），沛縣人。漢初大臣。秦末從劉邦發難，以軍功為將軍，封絳侯。漢初又從劉邦平定韓王信、陳豨和盧綰的叛亂。劉邦認為他「厚重少文，然安劉氏者必勃也」。呂后時，任太尉，但軍權仍為呂后親屬所控制。呂后死，他與陳平定計，入北軍號召將士擁護劉氏，誅殺企圖奪取政權的呂產、呂祿等人，迎立文帝，任右丞相。[310]霍　即霍光（？—西元前六八年），字子孟，西漢河東平陽（今山西臨汾）人。霍去病異母弟。武帝臨終，任為大司馬大將軍，與金日磾、上官桀、桑弘羊同受遺詔，輔佐少主。昭帝即位後，以交結燕王旦謀反罪名殺上官桀等，遂專朝政。及昭帝死，迎立昌邑王劉賀為帝，旋廢之，另立宣帝。前後秉政二十年，遵循武帝法度。注意輕傜薄賦，與民休息。宣帝即位後歸政，仍掌大權。地節二年病卒。[311]文　即漢文帝劉恆（西元前二〇二—前一五七年），漢高祖劉邦之子。呂后死後，周勃等平定諸呂之亂，他以代王入為皇帝。執行「與民休息」的政策，減輕田租、賦役和刑獄，使農業生產有所恢復發展。又削弱諸侯王勢力，以鞏固中央集權。史家把他同景帝統治時期並舉，稱為「文景之治」。[312]宣　即漢宣帝劉詢（西元前九一—前四九年），戾太子孫。幼遭巫蠱之禍，生長民間。元平元年，霍光與大臣廢昌邑王劉賀後，被迎立為帝。初委政霍光。霍光死後親政，致力整頓吏治，強化皇權。招撫流亡，假民公田，設置常平倉，蠲免和減輕租賦，以此安定民生，恢復生產。匈奴呼韓邪單于降漢，消除匈奴對漢的威脅。又設置西域都護，政令從此頒於西域。統治期間號稱「中興」，然重用宦官和外戚許、史與王氏。廟號中宗。[313]戒鄧閻之利幼弱　鄧太后立殤帝，時帝誕生只百日，二歲而崩；又立安帝，時年十餘歲。閻太后立北鄉侯，當年薨。又徵諸王子，擬擇立之。[314]樂安王　即樂安夷王劉寵，肅宗章帝孫，父千乘貞王劉伉，子渤海孝王劉鴻，劉纘是其孫。文中說劉纘是「樂安王子」似有誤。[315]纘　即質帝（西元一三八—一四六年），東漢皇帝，渤海孝王劉鴻之子。永熹元年被梁太后與其兄梁冀迎立為帝，時年八歲。在位期間梁太后臨朝，梁冀專權，排斥太尉李固等，徐、揚地區農民暴動，反抗政府行為日趨高漲。本初元年，因不滿梁冀專橫，朝會時指其為「跋扈將軍」，遂為冀鴆殺。[316]卜　選擇。[317]山陵　舊指皇帝的墳墓為「山陵」。《水經注・渭水》：「秦名天子塚曰山，漢曰陵，故通曰山陵矣。」[318]寇賊　指農民暴動隊伍。沖帝即位前後，農民暴動到處發生，九江徐鳳、馬勉攻打城邑，馬勉稱皇帝，徐鳳稱無上將軍，建年號，置百官，在當塗建立了根據地，掘了順帝的陵墓。[319]軍興　謂徵集財物以供軍用。[320]憲陵　順帝劉保的陵墓。因沖帝即位一年即死，距順帝劉保去世不久，所以質帝即位時李固有「新創憲陵」的說法。沖帝死時只有三歲，所以李固又提出了「起陵於憲陵塋內」的建議。[321]塋　墳墓；墳地。[322]康陵　殤帝陵墓。[323]制度　規模；樣式。[324]不造　不幸。[325]宰輔　輔政的大臣。一般指宰相。[326]咸　全；都。[327]猜專　猜忌專橫。[328]忌疾　妒忌；猜忌。[329]除官　授予官職。[330]以次　正常順序。[331]在事　居官任事。[332]旨　意圖；宗旨。[333]君不稽古二句　謂君主的行為如果不與帝堯相同，就無法順從天意。見《尚書》：

「粵若稽古帝堯。」鄭玄：「稽，同也。古，天也。言能同天而行者帝堯。」(334)述舊　遵行舊規。(335)殂　死亡。(336)羹　湯。(337)聿追來孝　《詩・文王有聲》：「遹追來孝。」遹，通「聿」。言文王能述追王季勤孝的品行。聿，述。本助詞，後人往往以聿為述，因以「聿追」謂追述先人德業。(338)隆　使成長壯大。(339)門徒　即學生。(340)官牒　授官的文書。(341)賈豎　對商人的蔑稱。(342)呈　恭敬地送上去。(343)踰侈　過度奢華。(344)輜軿　輜車和軿車的並稱。後泛指有遮罩的車子。(345)大行　古代以稱初死而尚未定諡號的皇帝。(346)殯　謂尚未下葬。(347)胡粉　鉛粉。用於搽臉或繪畫。(348)搔頭弄姿　原指梳妝打扮。後形容女子賣弄姿色（含貶義）。此指舉止不穩重。(349)槃旋偃仰　指行為舉止隨便。(350)冶步　謂步態妖冶嫵媚。(351)曾無　竟然沒有。(352)慘怛　悲痛；憂傷。(353)傷悴　悲傷；憂傷。(354)台輔　指宰相，言其位在三公之列，職居宰輔。(355)琁機　亦作「璿璣」。《尚書・舜典》：「在璿璣玉衡，以齊七政。」孔安國注：「琁，美玉也。璣，衡也。王者正天文之器，可運轉者也。」孔穎達疏：「璣衡者，璣為轉運，衡為橫簫，運璣使動於下，以衡望之。是王者正天文之器。」在此引申為周旋權衡。(356)太尉　官名。秦、西漢時為全國軍政長官，與丞相、御史大夫並列，合稱三公。東漢時太尉與司徒、司空並稱三公，秩萬石，但因權歸尚書臺，太尉已無實權。(357)跋扈　專橫暴戾。(358)兩州　指荊州、揚州。因九江、廣陵兩郡有農民暴動，攻城掠地。兩郡屬荊、揚之地，故云兩州。(359)蕭條　凋零；冷落。(360)兆人　古稱天子之民。後泛指眾民，百姓。(361)大化　廣遠深入的教化。(362)詆疵　譭謗非議。(363)狂狷　指放縱而不遵禮法的人。(364)廷爭　在朝廷上向皇帝極力諫諍。(365)合　應該。(366)誅辟　殺戮。(367)左右　侍從；手下人。(368)鴆　傳說中的一種毒鳥。雄的叫運日，雌的叫陰諧，喜食蛇，放在酒中，能毒殺人。(369)號哭　連喊帶叫地大聲哭。(370)侍醫　為帝王及皇室成員治病的宮廷醫師。(371)立嗣　沒有兒子的人以別人的兒子承繼；立繼承人。(372)司徒　官名。三公之一，西漢哀帝時罷丞相，置大司徒，東漢時稱司徒，名義上與司空、太尉共掌政務，實際上權力已在尚書臺。(373)趙戒　東漢蜀郡成都人。少博學明經，舉孝廉，累遷荊州刺史。時梁商弟梁讓為南陽太守，持椒房之寵，行不奉法。趙戒到州，劾奏之。尋遷河閒相，以冀部難理，整厲威嚴，遷南陽太守，糾率豪傑，恤吏人，奏免中官子弟為令長貪汙者。徵拜為尚書令，出為河南尹，轉拜太常，永和六年特拜司空，官至太尉。桓帝立，以定策功封廚亭侯。(374)不幸　悲傷痛苦的事。(375)當朝　臨御朝廷處理政事。特指太后攝政稱制。(376)攝統萬機　指處理紛繁的政務。攝統，總攬；總理。(377)社稷　古代帝王、諸侯所祭的土神和穀神。借指國家。(378)國祚　皇位；國統。(379)重器　指國家的寶器。比喻天下；政權。(380)垂心　掛心；關心。敬語，多用於尊長對幼輩。(381)眷眷　念念不忘；依戀不捨。(382)懷　猶有慼。(383)踐祚　即位；登基。(384)永初　東漢安帝劉祜年號，西元一〇七—一一三年。(385)宮廟　宮殿和宗廟的並稱。(386)竟天　直至天邊；滿天。(387)用情　指根據情理辦事。(388)昌邑　即昌邑王劉賀。漢武帝孫，昌邑哀王劉髆子。昭帝崩，霍光迎王。劉賀在路上不素食，使從官略女子載衣車內。及即位，發樂府樂器，擊鼓歌吹作俳倡，與昭帝宮人蒙等淫亂。立二十七日，霍光奉太后之命廢之。詔歸昌邑。宣帝立，封賀為海昏侯。[389]博陸 即霍光。霍光封博陸侯。博，大。陸，平。取其嘉名，無此縣。食邑北海、河東。[390]延年 即田延年。字子賓，西漢陽陵人。為河東太守，遷大司農。昌邑王淫亂，大將軍霍光猶豫不決，問於延年。延年離席厲聲說曰：「今日之議，不得旋踵，髃臣後應者，臣請立斬之！」於是廢立遂定。宣帝立後。封延年為陽成侯。尋為怨家所告，召詣廷尉，自刎死。[391]奮發 極力作為。[392]悠悠 憂愁思慮的樣子。[393]列侯 泛指諸侯。[394]大鴻臚 官名。西漢武帝時改典客為大鴻臚，東漢沿置。原掌接待少數民族等事，為九卿之一。後漸變為贊襄禮儀之官。[395]蠡吾 縣名。西漢置。治今河北博野西南。屬涿郡。東漢曾為侯國，桓帝父劉翼封於此，屬中山國。[396]志 即東漢桓帝劉志（西元一三二—一六七年），章帝曾孫。本初元年被梁太后與兄大將軍梁冀迎立為帝。在位期間，梁太后臨朝，梁冀專權，朝政昏亂，民不聊生。各族民眾暴動蜂起。延熹二年與宦官單超等合謀誅滅梁氏，封單超等為縣侯，自後權歸宦官，政治更趨黑暗。大臣陳蕃、李膺等聯合太學生，反對宦官干政，被宦官誣指共為部黨。下詔逮捕黨人，禁錮終身，史稱「黨錮」。[397]以 原因；理由。[398]曹騰 字季興，東漢沛國譙縣（今安徽亳州）人。宦官。安帝時為黃門從官，曾侍皇太子書。及太子立為順帝，遷小黃門、中常侍，倍受寵信。桓帝即位，以定策功封費亭侯，遷大長秋，加位特進，用事宮中三十年。三國時，魏明帝曹叡追尊為高皇帝。[399]累世 數世；接連幾個世代。[400]過差 過分；失度。[401]懾憚 畏懼。[402]策免 帝王以策書免官。[403]甘陵 縣名。西漢置厝縣。東漢改甘陵縣。治今山東臨清東北。[404]劉文 甘陵人。建和元年（西元一四七年），劉文與南郡劉鮪謀立清河王為帝，事發，遂被殺。[405]魏郡 西漢置。治今河北臨漳西南鄴鎮。東漢末曾為冀州治。[406]劉鮪 南郡人。建和元年，劉鮪與甘陵劉文謀立清河王為帝，事發，遂被殺。[407]天子 古以君權為神所授，故稱帝王為天子。[408]妖言 怪誕不經的邪說。猶妄言，胡說。秦漢時罪名之一。[409]門生 即學生。[410]勃海 郡名。西漢置。初治今河北滄州東南。東漢移治今河北南皮東北，屬冀州。[411]王調 李固門生。固為梁冀誣陷下獄，調貫械上書，證固之枉，固因得救。[412]貫械 戴上刑具。[413]河內 郡名。秦置。治懷縣。[414]趙承 東漢河內人，李固門生。桓帝時固為梁冀誣陷下獄，承與弟子數十人腰負斧鑕詣闕通訴，證固之枉，及固冤死，趙承悲歎不已，集李固言跡，合為《德行》一篇。[415]鈇鑕 鈇，殺人的刑具。鑕，殺人時墊在下面的砧板。[416]詣闕 謂赴朝堂。[417]通訴 申訴。[418]市里 街市里巷。[419]更據 更改理由、證據。[420]臨命 人將死之時。[421]股肱 比喻輔助君主得力的大臣。股，胳膊。肱，大腿。[422]迷謬 迷惑謬誤。[423]曲從 委曲順從。[424]衰微 由強盛到沒落；不興旺。[425]傾覆 顛覆；覆滅。[426]良史 優秀的史官。指能秉筆直書、記事信而有徵者。[427]已矣　止；罷了。

【語　譯】李固，字子堅，漢中南鄭人，是司徒李郃的兒子。李郃的事跡在〈方術傳〉內有記載。李固外表奇異，前額頭骨就像犀角一樣隱隱凸起，伸入到髮際，如同鼎足，腳底的紋理就像烏龜背的紋路一樣。李固小時候就非常好學，常常不遠千里步行去尋求老師。就這樣，他遍讀了古今典籍，結識了當時許多英傑賢才。那些胸懷大志的人都仰慕他的風采，從四面八方來向他求學。京師裡的人都讚歎說：「他真是能繼承父業的又一個李公呀。」司隸、益州都發文下令所屬郡薦舉李固為孝廉，徵辟他為司空掾，李固都推辭了。

2　漢順帝陽嘉二年，發生地震、山崩、火災等災異，大臣推薦李固向朝廷上對策，漢順帝又特別下詔，詢問當世的政事之弊以及為政所該做的事。李固回答說：

3　「我聽說治理天下的人都以天為父以地為母，以山川為寶物。如果施行王道就一定會陰陽調合，政事背離王道就一定會出現山崩地震的災異。這些都是與天地之心息息相關的，只不過其效果體現在為政行事方面罷了。天下大治在於在職之官，官任由有能力的人充任。古時候加官進爵，必定是那些有德行的人；現在加官進爵，都只是看他的財富和權力。我聽說皇上下詔，要求為官行政一定要寬厚仁愛，深惡痛絕那些貪濫殘暴的人和事。可是現在那些地方官吏，依靠殺人和打仗提高自己聲名的，都會得到升官進爵和獎賞；那些心存寬厚、沒有幫派黨羽提攜的人，則每每被貶斥放逐。這樣一來，純樸寬厚的風氣得不到弘揚，而刁鑽刻薄的惡俗也就不能革除。雖然朝廷刑律細密，嚴加禁止，又豈能收到有益的效果？以前安帝變亂了典章制度，給自己的乳母封爵，因而造成了妖孽之人干政，使得樊豐這一類人乘機弄權，放縱恣肆，侵奪君王的威權，變亂了太子繼承皇位的次序，一直到現在，聖上還親自體驗著那種艱難的狼狽之狀。陛下既然擺脫了困境，即位為天子，天下人呼聲熱切，把希望寄託在風化政局方面。多年的政治積弊之後，更容易達到中興局面，現在確實應當深思導致善政的措施；可是一些議論者還在說，現在的政局應該回復到以前的樣子。我雖然長期身處野草之間，但也為天下大事而痛心。實際上，自以漢朝興起以來，三百多年間，聖賢的君王一個接一個地出現，十個君主中就有八個是賢明的。難道他們沒有乳母的撫養之恩？難道他們忘記了用高貴的爵位去寵愛她們？然而這些君王上怕天威的懲罰，下無典章制度可以遵循，他們知道這樣做是違背大義的，所以不採取封賞的辦法。現在宋乳母雖然有勤勞謹慎的美德，對於國家立了大功，只要多給錢財賞賜就可以慰勞她過去的勞苦了；至於分裂國家的土地，讓她去建立一個封國，實在是違背國家制度的。聽說宋阿母有謙讓的本性，對於封國的事，她一定會謙讓的，陛下應該成全她辭去封國的高尚風格，使她得到沒有後顧之憂的長久幸福。

4 「那些后妃的家庭之所以很少有保全始終的，難道是他們的本性如此嗎？只是由於爵祿太尊貴，官位太顯要，總攬權柄，專橫恣肆，而老天爺對於那些過分的事情總是厭惡的，可是這些人又不知道自己收斂一點，結果自然導致自家的敗亡。先帝寵愛閻氏，她的爵位和尊號升得太快，因此眨眼的時間就受到禍害。《老子》說：『進得快，退得也快。』現在梁氏家族貴為皇后的本家，按照禮儀他們不應是朝廷大臣，封給高的爵位，使他們尊榮，這還說得過去。可是現在他們的子弟大批的跟從上來，既有高爵的尊榮，又有顯要的職位，二者兼封，即使永平、建初年間的情形，恐怕也沒有像現在這個樣子。應該下令讓步兵校尉梁冀以及各個侍中仍然身居黃門之官，使朝廷大權脫離外戚控制，把朝政歸由國家來掌握，難道這不是兩全其美的事情嗎？

5 「還有，天子下詔書禁止侍中、尚書、宦官子弟作為官吏去考察薦舉孝廉，究其原因，是由於這些人掌握朝廷威權，容易接受請託的緣故。可是中常侍常在天子和皇后身旁，聲名權勢震動天下，他們的子弟所獲爵祿官位竟然沒有一個極限。雖然對外他們表面上保持沉默，不干涉州郡的事，可是那些諂媚奸佞之人仍然大批地被他們提拔舉薦。現在可以為他們設置常規禁令，就像對宦官的封禁一樣。

6 「以前，館陶公主為兒子請求一個郎官的職位，明帝不同意，只是賜給他兒子一千萬錢。明帝之所以輕視豐厚的賞賜，而把一個微不足道的官職看得很重要的原因，就在於身在官位的人如果不稱職，就會禍害百姓。我聽說長水司馬武宣、開陽城門候羊迪等人，並沒有什麼功德，僅僅憑藉親戚的身分，初次任職就成為正式的職事官。這雖然只是一個小過失，可是卻漸漸地破壞了已有的典章制度。前朝聖賢所制訂的制度應該堅持，如果教化一旦失效，造成的損失是一百年也難以恢復的。《詩》說：『上面的帝王違反祖先的典章制度，下面的百姓就都會受害。』這是諷刺周厲王變更祖先的法度，所以使得天下之民都受其害呀。

7 「現在陛下有尚書，就好比是老天爺有北斗星一樣。北斗星是老天爺的喉舌，尚書也是陛下的喉舌。北斗星斟酌天地的元氣，通過運動而使春夏秋冬四時平衡。尚書掌握王命的出納，向四海宣布王政，權力崇高，地位顯赫，一切責任都歸到那裡。如果尚書沒有一種權衡公平的心，那麼災禍一定就會到來。確實應該審慎地選擇尚書職位的人選，以此輔助聖明的王政。現在與陛下共同治理天下的，在外面是朝廷的公卿尚書，在內的都是常侍宦官，這就好比一個家庭一樣，安然無事，大家都有福分，一旦危險，大家都遭受禍害。刺史、俸祿為二千石這樣的封疆大吏，對外要求他們做好自己職責所應擔負的事務，可是在內部卻要受到宦官常侍的牽制。標杆是曲的，那麼它的影子一定是斜的，水的源頭是清澈的，那麼支流的水也必定是潔淨的；就像撼動樹木一樣，敲打樹幹，樹的枝葉就一起搖動起來。〈周頌〉說：『上面有什麼振奮的言詞，天下都會震動呼應。』這是說內裡一動，外面就一定有影響。由此看來，朝廷的號令，怎麼能夠出現差錯呢？間隙一旦敞開，那麼不正派的人就會動心；利益競爭雖然只是開個頭，那麼仁義的道路就堵塞了。如此下去，刑罰也就不能禁止了，教化也因此而被破壞。這是治理天下的總則，是目前的緊急大事。陛下應該敞開石室，陳列圖書，彙集儒生，詢問政治得失，分析天象的變異，以尋求天意之所在。他們說的符合道理的話，就及時地施行，大力提拔那些稱職的人，表彰那些有才能的人。這樣一來，陛下每天都會聽到正義的呼聲，忠心耿耿的臣子也會把他們知道的一切都講出來。應該罷免和斥退宦官，削去他們所執掌的重權，裁減常侍，只留二名，選拔那些正直有品德的人擔任，讓他們在陛下左右處理一些瑣事；小黃門只能設置五人，選拔那些有才智、舉止閒雅的人擔任，讓他們在殿中任事。這樣，評論朝政的人的意願得到滿足，天下太平也就實現了。我之所以敢於陳述我的愚昧見解，冒昧地向皇上提出建議，或許是皇天讓我這樣一個微不足道的臣下來使陛下有所覺悟吧。陛下應當仔細地斟酌我說的話，如有不當也請赦免我的死罪。」

8 順帝看了李固的對策後，很多地方都採納了。立即遣放阿母出宮歸還她的宅第，所有常侍全都磕頭謝罪，朝廷風氣肅然一新。朝廷任命李固為議郎。可是阿母和宦官痛恨李固言語太直切，因此偽造大臣所上的緊急奏章誣陷李固，此事從宮中發下交辦。大司農黃尚等人向大將軍梁商請示，還有僕射黃瓊為了救李固，也把李固的事情說明瞭，過了很久，李固才被拜為議郎。

9 後來外放為廣漢雒令。當李固赴任途中經過白水關時，解下印綬，回漢中，從此關上門，不再過問社會上的事情。這一年中，梁商聘請李固為從事中郎。梁商以皇后父親的身分輔政，可是性格卻柔和自守，對於朝廷政事不能有所整飭和裁量，因此災異事件多次發生，大臣的權力一天比一天增大。李固想要使梁商首先清正風俗教化，辭退一些年邁昏庸位高祿重的官員，於是上奏說：「《春秋》褒揚邾儀父，藉此以敞開義路，貶斥展無駭，以關閉利益之門。義路閉塞就會利門大開，利門大開就會義路閉塞。以前漢安帝信任宦官伯榮、樊豐之類，在外委任周廣、謝惲之流，開門受賄，選拔任用官吏時不遵照一定的次序。天下議論紛紛，怨聲載道。朝廷剛剛確立的時候保持著清靜，未過幾年就開始墮落損壞。與陛下親信左右結成黨羽關係的人，每天都有人被升遷或拜職，那些堅持善道的人則陷入困境，而沒有改革弊政建立仁德的政策。還有，陛下即位有十多年了，還沒有子嗣，朝廷百官天天急切地盼望著。可以下令中宮廣泛地挑選妃嬪，選擇那些雖然出身微賤但是卻適宜於生孩子的宮女服侍皇上，以順從天意。如果有了皇子，讓他的母親自己哺養，不要委託給乳母、醫巫之類的人，以避免出現像趙飛燕殘殺皇子那樣的禍害。將軍名望尊貴，職位顯要，應當以天下大事為憂，崇尚謙虛和節省的美德，為天下人作出表率。可是現在卻新建祠堂，耗費錢財達上億之數，這不是向天下昭示您的美德、崇尚節儉清廉的好事。多年以來，災異和奇怪的事情屢有出現。近來老天爺不下雨，可是天氣卻陰沉沉的，雲霧彌漫。這可能預示著宮內有不利於朝廷的陰謀。孔子說：『聰明的人看見有天變之類的現象，就想到執行刑罰是否出了差錯。愚蠢的人看見類似現象，就害怕說起它、盡量避開它。』天道沒有親疏，只施福於那些行善之人，因此是可敬畏的。再加上最近月蝕出現在端門的側面。月亮，是體現朝廷大臣的天象。過於攀高就有危險，水太滿了就會溢出來，月亮全盈之後就會殘缺，太陽過了正午就會西移。這四種現象都是自然的規律。天和地的本心，福佑謙卑者，而忌諱太盛者，因此賢達之人大功告成之後便急流勇退，保重名聲延年益壽，因而沒有擔心禍事臨頭的憂愁。如果真想使王朝綱紀一統，王道實行，忠貞確立，那麼您應該效法伯成的高風，保全永垂不朽的名譽，又怎麼可以同這些耽溺享樂、喜好權勢地位的平庸外戚同日而語呢？我李固是一個狂妄而又愚蠢的人，不識大體，私下裡為古人一飯之恩必報的行為所感動，何況我還受到您的特別寵遇而容許言無不盡呢！」可是梁商沒有採納李固的意見。

10 漢順帝永和年間，荊州盜賊興起，多年來沒有平定。於是朝廷任命李固為荊州刺史。李固到荊州後，派遣屬吏在境內訪問慰勞百姓，赦免盜賊以前的罪行，給予他們重新做人的機會。於是盜賊首領夏密等人集合大小頭目共六百多人，自己綁縛著到刺史衙門去自首。李固統統原諒了他們，把他們遣送回家，讓他們相互招集會合，向他們公開顯示朝廷的威權法制。半年之內，其餘的盜賊全部歸降，州內平定清靜了。

11 李固向朝廷上奏南陽太守高賜等人犯有貪汙罪行。高賜等人害怕判罪，於是共同大肆賄賂大將軍梁冀，梁冀為此發出了日行千里的緊急文書，可是李固卻對他們加緊追查。於是梁冀下命令將李固改調為太山太守。當時太山盜賊聚眾鬧事已經多年了，郡守常常派出一千人的部隊去追討，都不能制服他們。李固到任後，將部隊全部解散，讓士兵回家務農，只選擇而留下善於作戰的一百多人，用恩義和信用誘降那些盜賊。不到一年，盜賊們都順服散去了。

12 又被朝廷升遷為將作大匠。李固向朝廷上奏章說：「我聽說天地之氣中那些清高的部分就成為人的精神，人群中那些清高的部分就是賢人。保養身體的人把凝鍊精神作為最寶貴的，安邦定國的人把積聚賢才作為正道。以前秦國打算攻打楚國，王孫圉在城西門設壇，把楚國的名臣陳列在上面，秦國的使者非常驚恐，於是就收兵罷戰了。魏文侯以卜子夏為師，以田子方為友，恭敬地扶著車軾經過段干木的家門，因此那些賢德之才都爭先恐後地跑來了，他的名聲超過了齊桓公，秦國人也不敢率領軍隊到西河來窺視，這是積聚賢才的效果。陛下在消除禍亂後剛剛登上皇位，就聘用南陽人樊英、江夏人黃瓊、廣漢人楊厚、會稽人賀純，策書中對他們的才能大加稱讚，把大夫的高位留給他們，因此那些隱匿在山林之中的才智之士都整理衣冠，樂於被任用，天下百姓歡欣，歸順朝廷。楊厚等人在職位上雖沒有什麼奇異卓著的事跡，但是他們日夜心懷憂懼，兢兢業業地埋頭治理國事。我在荊州的時候，聽說楊厚、賀純等人由於身體有病而被免職回家，確實心中悵然，為現在的時勢而惋惜。有一天朝會時，看見在朝當政的都是年少之人，沒有一個年長飽學的大臣可以顧問，確實心中感到悲哀。應該下詔徵還楊厚等人，以滿足天下人的願望。黃瓊在議郎的職位上已經十年了，大家都奇怪他當初那樣名聲響亮受到尊崇，現在卻停滯不前。光祿大夫周舉，才能高超，計謀純正，應該處在有職有權的位置上，經常徵詢他對國事的看法。侍中杜喬，學問淵深，品行正直，是當世良臣，長久以來假託有病，可以下令讓他任職視事。」還推薦了陳留人楊倫、河南人尹存、東平人王惲、陳國人何臨、清河人房植等人。就在這一天，朝廷下詔書徵用楊倫、楊厚等人，升遷了黃瓊、周舉的官職，任命李固為大司農。

13 在此以前，周舉等八個朝廷使者曾經視察各地郡縣，多有一些彈劾的事情上奏朝廷，被彈劾的人員全是宦官眷屬，宦官為這些人求情，於是天子下令周舉等人不必再追究了。還有按照慣例由三府選拔令史之類的官員，由光祿司考察尚書郎一類的官員，現在都是由天子詔拜特進，不再通過選拔考試。於是李固和廷尉吳雄上書朝廷，認為八個使者所彈劾的人員，應該立即誅殺和處罰；那些選拔舉薦和任免職位的事，可以歸有關部門。順帝被李固的言論所感動，於是撤銷以前的詔令，下令罷免八個使者所舉報的刺史及二千石的官員，從此以後很少再有天子特拜而任命官職的事，而是嚴厲地責成三公，對於所任用的官員要公開進行考察，朝廷一致叫好。於是李固又與光祿勛劉宣上奏說：「近來所選拔的刺史、郡守，大都不稱職，甚至行為不法，侵害百姓。又應該禁止戲遊，專心政事。」皇帝採納了這一建議，於是命令各州舉奏郡守縣令以下的官員，政事有枉曲背理的，對百姓無恩惠的，免去其官職；犯有奸贓重罪的，逮捕入獄。

14 等到沖帝即位，朝廷任命李固為太尉，與梁冀二人都參錄尚書事。第二年，沖帝死，梁太后考慮到揚州、徐州盜賊勢力強盛。擔心沖帝死訊一旦公布出去可能會導致百姓驚擾，天下混亂，就派中常侍帶著詔書召見李固等人，打算等到所有王侯到齊後再發喪。李固對梁太后說：「沖帝雖然年幼，但仍是天下之父。現在他已經逝世，無論是人是神都很悲慟，哪裡有作為臣子而共同掩蓋藏匿的呢？以前秦始皇死在沙丘，胡亥和趙高隱瞞事實祕不發喪，最後害死扶蘇，以至於亡國。最近北鄉侯逝世，閻皇后的兄弟以及江京等人也共同隱藏祕密，於是就發生了孫程親手殺死知情人的事。這是天下的大忌，千萬不可以這樣做。」梁太后採納了李固的意見，當天傍晚就發喪。

15 李固認為清河王劉蒜年長有德行，打算擁立他為天子，於是對梁冀說：「現在擁立新帝，應該選擇年齡稍長、高明有德行而且能夠親自處理政事的人。希望將軍能夠詳加審察這種事關大局的計劃，借鑑周勃擁立文帝、霍光擁立宣帝的經驗，吸取鄧太后立殤帝和安帝，閻太后立北鄉侯這種利用幼弱為己所用的教訓。」梁冀沒有聽從李固的意見，竟擁立樂安王的兒子劉纘為皇帝。劉纘年剛八歲，就是質帝。當時準備為沖帝在北面選擇陵墓，李固發表意見說：「現在處處都有盜賊作亂，軍隊的費用成倍地增加，剛剛營建的憲陵，所徵發的賦稅就不止一次。沖帝年紀很小，可以在安帝的陵墓內建一個小陵，依照康陵的規模和樣式，可使費用三分減其一。」朝廷採納了李固的建議。當時由於接連遭受不幸，太后便把一切政事都委託給宰相去辦理，李固所提出的匡正得失的建議，每次都被聽從和採用，對於黃門宦官，一概排斥驅遣。於是，天下人都希望走向太平，可是梁冀性情猜忌又想專權，總是對李固非常忌妒和痛恨。

16 當初順帝在位時所任命的官員，大多沒有經過正常程序。待到李固掌權的時候，他上奏朝廷罷免了一百多人。這些人既然怨恨李固，就寄希望於梁冀，於是在梁冀的意旨下共同偽造匿名文書，虛構事實誣衊李固說：「我聽說君主的行為如果不與帝堯相同，就無法承從天意；臣子如果不遵行舊規，也就無法侍奉新的君主。以前堯逝世後，舜仰慕三年，坐下就在牆上看見堯，吃飯時就在湯裡看見堯。這是所謂能追述先人德業，不失臣節的表現。太尉李固，憑藉公事假濟私利，表面忠正而實際邪惡，在天子的近親和外戚之間挑撥離間，擴充自己的黨羽。那些被他提拔薦舉的人都是他的學生，所徵辟召見的人都不是先帝的舊臣。或者是富裕人家用錢財行賄，或者是兒子女婿的婚姻親屬，這些人列在任命官吏文書上的共有四十九人。還有，他廣選商賈奴僕補充縣令、長史之類的官職，到處招募尋求好馬，坐在窗子下觀看進呈的人試騎。他進出的規模超越等級規定，車輛豪華得光彩奪目。沖帝的靈柩還停放著，過路的人都流淚，只有李固一個人塗脂抹粉，搔首弄姿，舉手投足，從從容容，竟然沒有淒惻傷心的表情。沖帝的陵墓還未建成，他就改變舊制，事情辦好了，把功勞歸於自己，出了過失把責任推給皇上，他還斥退和驅逐天子親近之臣，使這些人不能送喪。作威作福的行為，沒有誰比李固更厲害的了。我們聽說台輔的位置是和順陰陽、協調君臣關係的，權衡失措，社會上出現盜賊和作奸犯科之事，其責任都在於太尉。李固接受朝廷任命到荊州後，在東南一帶專橫跋扈，結果兩個州幾個郡千里蕭條，眾多百姓受到傷害，教化難以推行。並且他還講先主的壞話，苟且放蕩，氣焰狂妄而又心胸狹窄。他在朝堂上沒有為國家利益與人當面爭論的忠心，不在朝廷時又對朝政進行誹謗。兒子的罪行沒有比牽累父母更大的，臣下的罪惡沒有比譭謗君主更深的。李固的過失和罪行，按事實量刑應該誅殺。」書奏朝廷後，梁冀把內容稟告太后，要太后交下面辦理。太后沒有聽從，李固得以免禍。

17 梁冀對質帝的聰慧很忌諱，擔心今後於己不利，於是令親信向質帝送上帶鴆毒的餅。質帝吃了毒餅後，心中非常痛苦煩躁，命人緊急召見李固。李固進來後，走到質帝跟前問：「陛下是怎麼患病的？」質帝當時還能夠說話，說：「吃了煮熟的餅，現在腹中很悶痛，如果喝點水還可以活命。」當時梁冀也在旁邊，就說：「恐怕嘔吐，不能喝水。」梁冀的話還未說完，質帝就死了。李固伏在屍體上大哭大叫，推罪舉發侍奉質帝的太醫涉有重嫌。梁冀擔心事情敗露，更加痛惡李固。

18 因此又討論為質帝過繼兒子的事。李固聯絡司徒胡廣、司空趙戒，事先給梁冀寫信說：「國家不幸，頻頻地遭受憂患。皇太后賢聖有德，垂簾聽政，統攝天下大事，將軍您躬行忠孝，以社稷為憂患，可是幾年之間，國家的命運一連遇到三個皇帝逝世。現在又要擁立新帝，皇帝是天下最重要的人選，我們知道太后很關心這件事，將軍更是為此而辛勞，正在周詳地考慮人選，務必要選擇一個聖明的君主。雖然我們很愚昧，也對這件事情很掛心，而且也有一些想法。從遠的方面看，要查找先世君主廢立的典章制度，從近的方面看，這幾年皇帝更替的事實，沒有不徵詢朝廷公卿意見的，廣泛地徵求大家的看法，使擁立新君做得對上符合天意，對下順應民心。自從安帝永初以來，朝廷政事出現很多不如人意的地方，皇宮祖廟發生地震，彗星掃過整個天空，這正是將軍用心朝政的時候。《易傳》說：『把天下送給別人容易，為了治理天下得到賢才就很難了。』以前昌邑王被擁立之後，昏庸淫亂日甚一日，霍光為此又擔憂又慚愧，悔恨得痛入骨髓。如果不是霍光大忠大勇，田延年在朝廷上發威，大漢的江山幾乎就要崩潰了。這種人人擔憂的重大事體，能不深思熟慮嗎？悠悠萬事，只有這一件事最重大。國家的興盛衰敗，在此一舉。」梁冀收到信後，就召集三公、中二千石以及列侯開大會討論擁立新君的問題。李固、胡廣、趙戒以及大鴻臚杜喬都認為清河王劉蒜德高望重，又是最直系的親屬，應該擁立他作為嗣位新君。在此以前蠡吾侯劉志正準備娶梁冀的妹妹做妻子，這時劉志正在京師，梁冀打算立劉志為帝。由於眾人的意見與梁冀不同，梁冀心中很生氣，但又找不出理由相反駁。中常侍曹騰等人聽到風聲後，晚上到梁冀那裡去勸他說：「將軍家族世代多有皇后、皇妃的親屬關係，秉政朝廷，統攝萬機，賓客橫行無忌，所犯的過失很多。清河王很嚴明，如果他真的被擁立為君，那麼將軍不久就要大禍臨頭了。不如擁立蠡吾侯，可以永久地保持富貴。」梁冀認為曹騰的話有道理。第二天重新召集眾人開會，梁冀氣勢洶洶，措辭嚴厲激動。胡廣、趙戒以下的朝廷百官，沒有誰不感到畏懼。大家都說：「願意聽從大將軍的命令。」唯獨李固與杜喬堅持原來的意見。梁冀大聲地說：「散朝！」李固的意見沒有被採納，還希望大家在心裡是擁立清河王的，於是又寫了一封信勸梁冀。梁冀更加憤怒，便說服太后先下一道命令罷免了李固的官職，最後擁立了蠡吾侯為帝，這就是漢桓帝。

19 過了一年多，甘陵的劉文、魏郡的劉鮪都打算擁立劉蒜為天子，梁冀以此為藉口誣衊李固與劉文、劉鮪一起妖言惑眾，將李固下獄。李固的門生、渤海人王調自己戴著刑具向朝廷上書，證明李固是被冤枉的。河內的趙承等數十人也攜帶刑具到朝堂來共同申訴。太后明白了內情後，赦免了李固。李固出獄時，京師的大街小巷都高呼萬歲。梁冀聽說這種情形後大驚失色，害怕李固的名聲和德行最終會成為自己的禍害，於是變換理由在劉文事件上大作文章，結果把李固殺害了。當時，李固只有五十四歲。

20 臨死前，李固給胡廣、趙戒寫信說：「李固享受了國家的厚恩，因此我盡作為朝廷大臣的全力，不顧自己性命，立志想要扶持王室，使王室比漢文帝、漢宣帝時還要興隆。哪裡想到梁冀執迷不悟，你們這些人卑躬屈膝地跟從他，結果把一件好事變成了壞事，成功的事搞成了失敗的事呢？漢室朝廷的衰微從現在起就開始了。你們接受了君主的厚祿，看到王朝要傾覆而不去匡扶國家的危亡，後代的良史難道也有私心歪曲史實嗎？我李固的生命是結束了，但是卻維護了大義，我還能說什麼呢！」胡廣、趙戒得到書信後又悲傷又慚愧，都不斷地長吁短歎，痛哭流涕。

州郡收固二子基、茲❶於郾城❷，皆死獄中。小子燮得脫亡命。冀乃封廣、戒而露固尸於四衢❸，令有敢臨❹者加其罪。固弟子汝南❺郭亮❻，年始成童❼，遊學❽洛陽，乃左提章鉞❾，右秉鈇鑕，詣闕上書，乞收固屍。不許，因往臨哭，陳辭於前，遂守喪不去。夏門亭長❿呵之曰：「李、杜二公為大臣，不能安上納忠，而興造無端⓫。卿曹⓬何等腐生⓭，公犯詔書，干⓮試有司乎？」亮曰：「亮含陰陽以生，戴乾履坤⓯。義之所動，豈知性命！何為以死相懼？」亭長歎曰：「居非命⓰之世，天高不敢不跼，地厚不敢不蹐⓱。耳目適宜視聽，口不可以妄言也！」太后聞而不誅。南陽人董班⓲亦往哭固，而殉尸不肯去。太后憐之，乃聽得襚斂⓳歸葬。二人由此顯名，三公並辟。班遂隱身，莫知所歸。

固所著章⓴、表㉑、奏㉒、議㉓、教令㉔、對策㉕、記㉖、銘㉗凡十一篇。弟子趙承等悲歎不已，乃共論固言迹㉘，以為德行一篇。

【章　旨】以上記李固死後，義士郭亮、董班為李固收屍的事跡。他們冒著生命危險，為義而來，避利而隱，表現了俠骨義膽的正義精神。

【注　釋】❶州郡收固二子基茲　袁宏《後漢紀》：「基字憲公，茲字季公，並為長吏，聞固策免，並棄官亡歸巴漢，南鄭趙子賤為郡功曹，詔下郡殺固二子。太守知其枉，遇之甚寬，二子托服藥夭，具棺器，欲因出逃。子賤畏法，勑吏驗實，就殺之。」❷郾城　縣名。治今河南郾城南。❸四衢　指通達四方之路。❹臨　哭弔。❺汝南　郡名。西漢置。治今河南上蔡西南。❻郭亮　字恆直，東漢汝南陽陵人。桓帝時太尉李固因忤梁冀被誅，梁冀告誡有敢收李固屍者加其罪。郭亮年始成童，遊學洛陽，乃自持鈇鑕，詣闕上書，乞收固屍。不許，遂守喪不去。太后聞而憐之，乃許收殮歸葬。郭亮由此顯名。❼成童　古代男子年滿十五稱為成童。❽遊學　指離開本鄉到外地求學。❾章鉞　章，奏章。鉞，形狀像板斧而較大。❿亭長　戰國時，國與國之間為防禦敵人，在邊境上設亭，置亭長。秦漢時在鄉村每十里設一亭，置亭長，掌治安，捕盜賊，理民事，兼管停留旅客。多以服兵役期滿的人充任。此外設於城內和城廂的稱「都亭」，設於城門的稱「門亭」，亦設亭長，職責同上。東漢後漸廢。⓫無端　沒有理由，無緣無故地搗亂鬧事。⓬卿曹　猶言君等；你們。⓭腐生　猶言腐儒。⓮干　觸犯；冒犯。⓯戴乾履坤　猶言頂天立地。⓰非命　遭受意外的災禍而死亡。⓱天高不敢不跼二句　意謂天雖然高，但不敢不拘著身子行動，地雖然寬厚，但不敢不曲著腿小心走路。跼蹐，拘束不敢放縱。跼，彎曲。蹐，前腳接後腳地小步走。⓲董班　字季，東漢宛人。少遊太學，宗事李固，才高行美，不交匪類，嘗耦耕澤畔，惡衣素食，聞太尉李固為梁冀所害，露屍當衢。星夜奔赴洛陽往哭李固，守屍十日不肯去。太后憐之，桓帝嘉其義烈，聽許收殮歸葬。由此顯名。三公並辟，然竟隱身，莫知所歸。⓳襚斂　給死者穿衣入棺。⓴章　記述法規、規章的一種文體。㉑表　分類分項記錄事物的檔案。㉒奏　臣子上帝王的文書。㉓議　議論。特指議論政事的一種文體。㉔教令　有關教化、命令的文書。㉕對策　古代大臣回答皇帝所問關於治國的策略。㉖記　古時的一種公文。㉗銘　中國古代用於銘刻的文字逐步形成的一種文體。㉘言迹　言論與行跡。

【語　譯】州郡在郾城逮捕了李固的兩個兒子李基和李茲，二人都死在獄中。小兒子李燮脫身逃命，四處流亡。梁冀於是加封胡廣、趙戒的官爵，而把李固的屍體暴露在十字街口，下令有敢來哭弔李固屍體的人即要治罪。李固的弟子汝南人郭亮，年齡剛剛十五歲，當時正在洛陽遊學，於是他左手拿著向朝廷上奏的奏章和一把斧頭，右手拿著受死的砧板，到朝堂來上書，請求收殮李固的屍體。沒有得到批准於是就到李固的屍體前去痛哭，在屍體前面訴說冤情，守著屍體不走。夏門亭長呵斥他說：「李固、杜喬二人身為朝廷大臣，不能夠安定聖上盡納忠心，反而興風作浪無事生非。你們是多麼迂腐的讀書人啊，公然違背詔書，想以身試法嗎？」郭亮說：「我郭亮是秉含陰陽二氣而生，頂天立地的大丈夫。只要符合大義的行為我就在所不辭，哪裡還顧及自己的性命！你為什麼還用死來威脅我呢？」亭長歎了一口氣說：「活在這種不得其死的世上，天雖然高但是卻有雷霆的禍害，我不能不彎著腰做人，地雖然厚，也有塌陷的危險，我不能不小心地挪步。有耳朵只能聽，有眼睛只能看，有口卻不可以隨便亂說呀！」太后聽說這件事情後沒有誅殺郭亮。南陽人董班也到李固的屍體前去痛哭，而且巡迴守衛李固的屍體，不肯離去。太后可憐他，就聽任他們將李固的屍體收殮埋葬了。由於這件事，郭亮和董班出了大名，三公府都來聘用他們。董班於是隱姓埋名，不知道他到哪裡去了。

李固所著的章、表、奏、議、教令、對策、記、銘共十一篇。弟子趙承等人非常悲傷，不停地歎息，於是一起論述李固的言行，寫了一篇記述文章，題目叫做「德行」。

1

燮字德公。初，固既策罷，知不免禍，乃遣三子歸鄉里。時燮年十三。姊文姬為同郡趙伯英妻，賢而有智，見二兄歸，具知事本❶，默然獨悲曰：「李氏滅矣！自太公❷已來，積德累仁，何以遇此？」密與二兄謀豫❸藏匿燮，託言還京師，人咸❹信之。有頃難作❺，下郡收固三子。二兄受害，文姬乃告父門生王成曰：「君執義❻先公❼，有古人之節。今委君以六尺之孤❽，李氏存滅，其在君矣。」成感其義，乃將燮乘江東下，入徐州界內，令變名姓為酒家傭，而成賣卜於市。各為異人，陰❾相往來。

2

燮從受學⑩，酒家異之，意非恆⑪人，以女妻⑫燮。燮專精經學⑬。十餘年間，梁冀既誅而災眚屢見。明年，史官⑭上言宜有赦令⑮，又當存錄大臣冤死者子孫，於是大赦天下，并求固後嗣⑯。燮乃以本末⑰告酒家，酒家具⑱車重厚遣之，皆不受。遂還鄉里，追服⑲。姊弟相見，悲感傍人。既而戒⑳燮曰：「先公正直，為漢忠臣，而遇朝廷傾亂，梁冀肆虐，令吾宗祀㉑血食㉒將絕。今弟幸而得濟㉓，豈非天邪？宜杜絕眾人㉔，勿妄㉕往來，慎無一言加於梁氏。加梁氏則連主上㉖，禍重至矣。唯引咎而已。」燮謹從其誨。後王成卒，燮以禮葬之。感傷舊恩，每四節為設上賓㉗之位而祠焉。

3

州郡禮命㉘，四府㉙並辟，皆無所就，後徵拜議郎。及其在位，廉方自守，所交皆舍短取長，好成人之美。時潁川㉚荀爽㉛、賈彪㉜，雖俱知名而不相能㉝，燮並交二子，情無適莫㉞，世稱其平正。

4

靈帝時拜安平㉟相。先是安平王續㊱為張角㊲賊所略㊳，國家贖王得還，朝廷議復其國。燮上奏曰：「續在國無政㊴，為妖賊㊵所虜，守藩不稱㊶，損辱聖朝㊷，不宜復國。」時議者不同㊸，而續竟歸藩。燮以謗毀宗室㊹，輸作左校㊺。未滿歲，王果坐不道㊻被誅，乃拜燮為議郎。京師語曰：「父不肯立帝，子不肯立王。」

5

擢遷河南尹[47]。時既以貨賂為官，詔書復横發[48]錢三億，以實[49]西園[50]。夔上書陳諫，辭義深切，帝乃止。先是潁川甄邵[51]諂附梁冀，為鄴[52]令。有同歲[53]生得罪於冀，亡奔邵，邵偽納而陰以告冀，冀即捕殺之。邵當遷為郡守，會母亡，邵且埋屍於馬屋，先受封，然後發喪。邵還至洛陽，夔行塗[54]遇之，使卒投車於溝中，笞[55]捶亂下，大署[56]帛[57]於其背曰「諂貴賣友，貪官埋母」。乃具表其狀，邵遂廢錮終身。夔在職二年卒，時人感其世忠正，咸傷惜焉。

【章旨】以上記李固的女兒文姬、弟子王成藏匿扶養李固幼子李燮，及其生平事跡。文姬賢而有智，託孤於義士王成，終於使李燮免於滅門之災。李燮有乃父之風，正義立朝，博得「父不肯立帝，子不肯立王」的美譽。又疾惡如仇，嚴懲「諂貴賣友，貪官埋母」的敗類，其忠正品行為世人所稱道。

【注釋】❶事本　事情的根由。❷太公　謂李固父、文姬祖父李郃。❸豫　通「預」。預先；事先。❹咸　全；都。❺難作　災難發生。❻執義　主持正義。❼先公　亡父。❽六尺之孤　六尺，古代尺短，「六尺」形容個子未長高。孤，死去父親的小孩，指沒有成年的孤兒。❾陰　暗中。❿受學　謂從師學習。⓫恆　尋常；普通。⓬妻　作動詞。以女嫁人。⓭經學　訓解、闡述儒家經典之學。起源常被追溯到孔子弟子子夏。自漢武帝獨尊儒術，立《五經》博士，經學成為中國封建文化的正統。兩漢時經學極盛，分為今文經學和古文經學兩派。⓮史官　主管文書、典籍，並負責修撰前代史書和搜集記錄當代史料的官員。⓯赦令　舊時君主發布的減免罪刑或賦役的命令。⓰後嗣　指子孫。⓱本末　指樹木的根部和枝梢，比喻事情從頭到尾的經過。⓲具　準備；備辦。⓳追服　喪期過後補服行喪。⓴戒　通「誡」。告誡。㉑宗祀　謂對祖宗的祭祀。㉒血食　謂祭品。古代殺牲以祭，故稱。㉓濟　拯救；救濟。㉔眾人　指一定範圍內所有的人。㉕妄　亂。㉖主上　臣下對君主的稱呼。㉗上賓　上等的賓客；尊貴的客人。㉘禮命　指禮聘與任命。㉙四府　西漢以丞相、御史大夫、車騎將軍、前將軍府為四府。東漢稱太傅、太尉、司徒、司空府為四府。㉚潁川　郡名。秦置。治今河南禹州。東漢以後治所屢有變化。㉛荀爽　（西元一二八—一九〇年），又名諝，字慈明，東漢潁川潁陰（今河南許昌）人。延熹九年以至孝拜郎中。後遭黨錮，隱居十數年，以著述為事。黨禁解，拒召不仕。獻帝即位，任平原相，後任司空。曾參與司徒王允誅董卓之謀，事未發而卒。主治費氏《易》，博通群經，為古文經學大師。㉜賈彪　字偉節，東漢潁川定陵（今河南舞陽）人。兄弟三人，並有高名，彪最優。時語曰：「賈氏三虎，偉節最怒。」初與郭泰同為太學生首領，結合李膺、陳蕃等，評論朝政，褒貶人物。桓帝時為新息長，民困窮多不養子，彪嚴為之制，數年，人養子者以千數，皆曰：此賈父所生，生女名曰賈女。黨事起，彪曰：「我不西行，大禍不解。」乃入洛陽說竇武等上訟於帝。桓帝悟，遂赦黨人。彪後以黨事禁錮卒於家。㉝不相能　互不服氣。㉞適莫　指用情的親疏厚薄。㉟安平　即安平國。漢郡國名。故信都，漢高祖時置。東漢明帝改名樂成，延光元年又改為安平。㊱續　即劉續，襲封安平王。西元一八四年，黃巾軍起，劉續被國人所脅，降於黃巾軍。朝廷將其贖回復國。就國後不久以坐不道罪被殺。㊲張角　（？—西元一八四年），鉅鹿（今河北平鄉）人。東漢末黃巾軍首領。創太平道，自稱「大賢良師」。靈帝時，藉治病傳教，祕密進行組織工作。十餘年間，徒眾達數十萬人，遍及青、徐、幽、冀、荊、揚、兗、豫八州。中平元年起事，稱「天公將軍」。以頭纏黃巾為標誌，稱「黃巾軍」。與弟樑會集幽、冀兩州黃巾軍，在廣宗（今河北威縣東）擊退北中郎將盧植的進攻。此後又打敗東中郎將董卓。不久病死。㊳略　掠奪。這兒指被俘獲。㊴無政　治政無方；沒有政績。㊵妖賊　舊指以妖言惑眾倡亂的人。㊶稱　適合。㊷聖朝　封建時代尊稱本朝。亦作為皇帝的代稱。㊸不同　不同意。㊹宗室　帝王的宗族。㊺輸作左校　在左校署服苦役。輸作，因犯罪罰作勞役。輸，罰役。左校，官署名。漢置，隸將作大匠（將作少府），組織工役修造宮室、宗廟、陵園、道路等，官吏犯法，常輸左校為工徒。㊻不道　叛逆。㊼河南尹　官名。東漢建武十五年（西元三九年）置，為京都雒陽所在河南郡長官，秩二千石。主掌京都事務。㊽橫發　無理的徵發。㊾實　充實；擴充。㊿西園　園林名。漢上林苑的別名。(51)甄邵　東漢潁川人。趨附梁冀，為鄴令。有同歲生得罪於冀，奔邵，邵偽納而陰以告冀，冀即捕殺之。邵遷郡守時，會其母亡，邵埋母屍於馬屋，先受封，然後發喪。還洛陽時，被李燮捶打，於其背書「諂貴賣友，貪官埋母」字，並具表其狀。邵遂廢錮終身。(52)鄴　春秋齊邑。齊桓公築鄴城以衛諸侯，鄴由此始。漢置鄴縣，東漢袁紹為冀州牧，鎮鄴。故城在今河北臨漳西四十里。(53)同歲　漢時稱同一年被薦舉為孝廉者。猶科舉時代的同年。(54)塗　同「途」。(55)笞　用鞭杖或竹板打。(56)署　書寫。(57)帛　絲織品。

【語譯】李燮，字德公。當初，李固被罷免職務後，知道不能免除禍害，於是把三個兒子都送回鄉里去了。當時李燮十三歲。他的姐姐李文姬，是同郡人趙伯英的妻子，賢良而且聰明，見兩個兄長回來了，且知道了事情的前因後果，一個人獨自悲傷地說：「李家一門要滅亡了！自從祖父以來，我家積累仁德，為什麼會遇到這樣的禍事呢？」於是與二位兄長祕密商量，想預先把李燮藏起來，對外聲稱說李燮到京都去了，大家都相信這是真的。不久禍事就來了，朝廷下令郡守逮捕李固的三個兒子。二個哥哥被害，於是文姬告訴父親的學生王成說：「你為先父的事情執仗大義，有古人的節操。現在我把一個孤兒託付給你，李氏後代的存亡就都掌握在你的手裡了。」王成聽後很感動，於是帶著李燮坐船順著長江向東而去，進入徐州界內，讓李燮改名換姓到酒家做傭工，王成在市中賣卜為生。兩人都裝作互不相干的人，但暗中私相往來。

2 李燮跟著王成學習，酒家很驚異，知道他不是普通人，於是把女兒嫁給他。李燮專門精通經學。十來年中，梁冀已經被誅殺了，可是災害卻多次發生。第二年，史官上奏朝廷說應該宣布大赦的命令，存問和錄用被冤死的大臣的子孫，於是桓帝大赦天下，尋訪搜求李固的後代。李燮就把事情的前因後果告訴了酒家，酒家於是準備了車馬和豐厚的物品送給李燮，李燮都沒有接受。李燮回到老家，替父親補行喪禮。姐弟相見，悲傷的情景感動了旁邊的人。不久，文姬又告誡李燮說：「父親是一個正直的人，是漢室的忠臣，可是卻遇到朝廷混亂，梁冀恣肆暴虐，使得我們李家的血脈差一點斷絕。現在弟弟有幸能夠接續李家血脈，難道這不是天意嗎？現在應該與有關的人斷絕往來，出言要謹慎，對於梁氏不要說一個不字。因為說到梁冀，則一定會連及皇上，那麼禍事又來了。你只有承認過錯而已。」李燮認真地聽從姐姐的教誨。後來王成去世，李燮以禮節為他送葬。感激王成的舊恩，每年的四個節日都以上賓的位置祭祀他。

3 州郡爭相禮聘與任用李燮，朝廷四府也一起聘用他，李燮都沒去應聘。後來他被朝廷徵召拜為議郎。李燮在議郎的位置上，清廉公正，保持自己的節操，與人交往都取其長而避其短，喜歡成人之美。當時，潁川人荀爽、賈彪兩人都有很大的名聲，可是相互之間卻互不服氣，李燮同時與二人交往，情感沒有一點偏私，當世都稱讚李燮公平正直。

4　漢靈帝時，拜李燮為安平相。在此以前，安平王劉續曾被張角的黃巾軍捉住，朝廷將劉續贖回，這時朝廷打算恢復劉續的封國。李燮上奏說：「劉續在封國沒有政績，被黃巾軍所俘虜，治理藩地也不稱職，使朝廷受到損害和侮辱，不應該再恢復他的封國。」當時朝廷有不同意見，最後劉續還是回到了封國。李燮被冠以謗毀皇室的罪名，罰送左校署服苦役。不到一年，劉續果然因叛逆而被誅殺，於是朝廷又徵召李燮為議郎官職。京師人都說：「父親不同意立皇帝，兒子不同意立諸侯王。」

5　後來李燮又被升遷為河南尹。當時以錢買官之風盛行，朝廷下詔再賣三億錢以充實西園。李燮上書諫諍，詞義深刻，切中要害，桓帝這才打消了這個念頭。在此以前潁川人甄邵因為諂媚依附梁冀，被任命為鄴令。有一個與甄邵同年的人得罪了梁冀，逃避到甄邵處躲避，甄邵假裝收容他，卻在暗地裡通知梁冀，梁冀馬上派人將那人抓去殺了。正當甄邵因功而遷升為郡守時，他母親去世。他先將母親的屍體埋藏在馬廄裡，等到受封後才發喪。甄邵回到洛陽的時候，在路上與李燮相遇，李燮便命令軍士將甄邵的車丟進溝裡，用鞭杖猛抽亂打甄邵，在他的背上用布帛寫著「諂媚權貴，出賣朋友，貪求官爵，埋母屍於馬廄」。於是把甄邵的醜事寫表上奏，甄邵由此被廢棄並遭到終身禁錮。李燮任河南尹兩年後逝世。當時人感歎李家世代忠良正直，都替他感到悲傷惋惜。

1　杜喬，字叔榮，河內林慮❶人也。少為諸生❷，舉孝廉，辟司徒楊震❸府。稍❹遷為南郡❺太守，轉東海❻相，入拜侍中。

2　漢安❼元年，以喬守❽光祿大夫，使徇察❾兗州❿。表奏太山太守李固政為天下第一；陳留太守梁讓⓫、濟陰⓬太守汜宮、濟北⓭相崔瑗⓮等臧⓯罪千萬以上。

讓即大將軍梁冀季父⑯，宮、瑗皆冀所善。還，拜太子太傅⑰，遷大司農。

3 時梁冀子弟五人及中常侍等以無功並封，喬上書諫曰：「陛下越從藩臣⑱，龍飛⑲即位，天人屬心，萬邦⑳攸賴。不急忠賢之禮，而先左右之封，傷善害德，興長佞諛㉑。臣聞古之明君，褒罰必以功過；末世㉒闇主㉓，誅賞各緣其私。今梁氏一門，宦者微孽㉔，並帶無功之紱㉕，裂勞臣之土，其為乖濫㉖，胡㉗可勝㉘言！夫有功不賞，為善失其望；姦回不詰㉙，為惡肆其凶。故陳資斧㉚而人靡畏㉛，班爵位㉜而物無勸。苟遂斯道，豈伊傷政，為亂而已，喪身亡國，可不慎哉？」書奏不省。

4 益州刺史种暠㉝舉劾永昌㉞太守劉君世㉟以金蛇㊱遺梁冀，事發覺，以蛇輸㊲司農。冀從喬借觀之，喬不肯與，冀始為恨。累遷大鴻臚㊳。時冀小女死，令公卿會喪㊴，喬獨不往，冀又銜㊵之。

5 遷光祿勳。建和㊶元年，代胡廣為太尉。桓帝將納㊷梁冀妹，冀欲令以厚禮迎之。喬據執舊典㊸，不聽。又冀屬㊹喬舉汜宮為尚書，喬以宮臧罪明著，遂不肯用，因此日忤於冀。先是李固見廢㊺，內外㊻喪氣㊼，群臣側足而立㊽，唯喬正色㊾無所回橈。由是海內歎息，朝野瞻望焉。在位數月，以地震免。宦者唐衡㊿、左悺(51)等因共譖於帝曰：「陛下前當即位，喬與李固抗議言上不堪奉漢宗祀。」帝亦怨之。及清河王蒜事起，梁冀遂諷有司(52)劾喬及李固與劉鮪等交通(53)，請逮案罪(54)。而梁太后素知喬忠，但策免而已。冀愈怒，使人脅喬曰：「早從宜(55)，妻子可得全。」喬不肯。明日冀遣騎至其門，不聞哭者，遂白(56)執繫之，死獄中。妻子歸故郡。與李固俱暴尸(57)於城北，家屬故人莫敢視者。

喬故掾(58)陳留楊匡(59)聞之，號泣(60)星行(61)到洛陽，乃著(62)故赤幘(63)，託為夏門亭吏，守衛尸喪，驅護蠅蟲，積十二日，都官從事(64)執(65)之以聞(66)。梁太后義(67)而不罪。匡於是帶鈇鑕詣闕上書，并乞李、杜二公骸骨。太后許之。成禮(68)殯殮，送喬喪還家，葬送行服(69)，隱匿不仕。匡初好學，常在外黃大澤教授門徒。補蘄(70)長，政有異績，遷平原(71)令。時國相(72)徐曾(73)，中常侍璜之兄也，匡恥與接事(74)，託疾牧豕云。

【章旨】以上為〈杜喬傳〉，附記楊匡事跡。杜喬徇察州郡，表奏李固政績天下第一，糾察大將軍梁冀親友的不端行為，因而與梁冀結怨。在朝廷內外喪氣、群臣側足而立的情況下，杜喬砥柱中流，成為朝野瞻望的國家柱石，慘死在梁冀的屠刀之下，使人扼腕。楊匡的行止，顯示一個正義之士的高風亮節。

【注釋】❶林慮　縣名。西漢設隆慮縣，東漢更名為林慮縣。即今河南林州。❷諸生　稱已入學的生員。❸楊震　（？—

西元一二四年)，字伯起，東漢弘農華陰(今屬陝西)人。少好學，博覽群經，當時稱為「關西孔子」。歷任荊州刺史、涿郡太守、司徒、太尉等職。安帝乳母王聖及中常侍樊豐等貪侈驕橫，他多次上書切諫，被樊豐所誣罷官，自殺。其子孫世代為高官。「弘農楊氏」成為東漢有名的世家大族。事見本書卷五十四。❹稍　不久。❺南郡　戰國時置。初治今湖北荊州北紀南城，後移治今湖北荊州。❻東海　郡名。秦置。治今山東郯城北。❼漢安　東漢順帝劉保年號，西元一四二—一四四年。❽守　兼守。❾徇察　巡行察訪。❿兗州　西漢武帝所置「十三刺史部」之一。東漢治今山東金鄉西北。⓫梁讓　梁冀叔父。⓬濟陰　郡名。治今山東定陶西北。⓭濟北　封國名。東漢和帝永元二年(西元九〇年)分泰山郡西部地置，封皇弟劉壽為濟北王，都盧(今山東長清南)。⓮崔瑗　字子玉，東漢涿郡安平(今屬河北)人，崔駰子。早孤，銳志好學，從賈逵學，遂明天官曆數、京房《易傳》。兄崔章為州人所殺，瑗手刃報仇，因亡命，會赦歸家。後舉茂才，遷汲令。漢安帝時，胡廣、竇章共薦瑗為宿德大儒，從政有績。遷濟北相，以事徵詣廷尉卒。瑗高於文辭，尤善章草，所著賦、碑銘、箴、〈草書勢〉凡五十七篇。⓯臧　古同「贓」。贓物。⓰季父　最小的叔父。⓱太子太傅　官名。西漢置，輔導太子，並與其同領東宮官屬，管理眾務，秩二千石。東漢時除輔導太子外，總領東宮官屬，管領眾務，秩中二千石。⓲藩臣　漢對封國之君的稱謂。⓳龍飛　《易·乾》：「飛龍在天，利見大人。」孔穎達疏：「若聖人有龍德，飛騰而居天位。」遂以「龍飛」為帝王的興起或即位的代稱。⓴萬邦　所有諸侯封國。後引申為天下；全國。㉑佞諛　巧言獻媚。㉒末世　指一個朝代終結的時代。㉓闇主　昏庸的君主。㉔微孽　庶孽賤子。㉕紱　繫印章的絲帶。喻為官員印綬。㉖乖濫　違理失當。㉗胡　為什麼；何故。㉘勝　盡；完。㉙詰　查究；究辦。㉚資斧　利斧。引申為殺戮、征伐。㉛靡畏　沒有人畏懼。靡，無；沒有。㉜爵位　君主國家貴族封號的等級。㉝种暠　字景伯，東漢洛陽(今河南洛陽)人。父遺財三千萬，种暠悉以賑恤宗族邑里之貧者。順帝時舉孝廉，為侍御史。糾奏稱職，出為益州刺史。遠夷雜落，因种暠而歸化。匈奴寇邊，擢為度遼將軍，後遷司徒，卒於職。㉞永昌　郡名。東漢永平十二年(西元六九年)置。治今雲南保山市東北。㉟劉君世　東漢人。曾任永昌太守。以金蛇賄大將軍梁冀，事發覺。為益州刺史种暠所舉劾。㊱金蛇　金製的蛇。㊲輸　交出；獻納。㊳大鴻臚　官名。西漢武帝時改典客為大鴻臚，東漢沿置。原掌接待少數民族等事，為九卿之一。後漸變為贊襄禮儀之官。㊴會喪　共同參加喪葬儀式。㊵銜　含在心裡的冤恨。㊶建和　東漢桓帝劉志年號，西元一四七—一四九年。㊷納　取；娶。㊸舊典　當時有司奏曰：「春秋迎王后於紀，在途則稱后。今大將軍冀女弟宜備禮章，時進徵幣。」奏可。於是悉依孝惠帝納后故事，聘黃金二萬斤，納采雁璧乘馬，一依舊典。㊹屬　古同「囑」。囑咐；託付。㊺見廢　被廢黜；罷官。㊻內外　指朝廷和地方。㊼喪氣　意氣頹喪；因事情不順利而情緒低落。(48)側足而立　形容因敬重或畏懼而不敢正立。(49)正色　莊重；嚴肅。(50)唐衡　東漢郾人。桓帝初年為小黃門史。以與單超等五宦官共誅專擅朝政的外戚梁冀，遷中常侍，封汝陽侯，與單超等並稱「五侯」。恃權驕縱，虐害百姓，有「唐兩墮」之稱。(51)左悺　河南平陰（今河南孟津）人。東漢宦官，桓帝時，為小黃門史，因與單超、具瑗、徐璜、唐衡合謀誅滅外戚梁冀，任中常侍，封上蔡侯，為「五侯」之一。他和具瑗等驕橫貪暴，兄弟親戚都為州郡刺史、太守，侵奪人民。後被司隸校尉韓縯劾奏，自殺。(52)有司　官吏。古代設官分職，各有專司，故稱。(53)交通　結交；勾結。(54)案罪　猶治罪。(55)從宜　自盡。(56)白　稟告皇上。(57)暴尸　死在外面屍體沒有收殮埋葬。(58)故掾　原來的下屬。(59)楊匡　一名章，字叔康，東漢陳留人。好學，教授門徒。補蘄長，政有異績，遷平原令。時中常侍徐璜兄曾為國相，匡恥與接事，託詞歸家牧豕。桓帝時太尉杜喬辟為掾。後杜喬與李固坐黨錮死，露屍城北，家屬故人，莫敢視者。匡星夜行至洛陽，守護屍體，上書乞李固、杜喬骸骨還葬。後隱匿不仕。(60)號泣　嚎啕大哭。(61)星行　猶言早夜急行。或謂連夜急行。(62)著　戴著；穿著。(63)赤幘　赤色頭巾。(64)從事　官名。西漢元帝時置，為各州屬官，秩百石。東漢沿置，稱從事史，由各州長官辟署。(65)執　捕捉；逮捕。(66)聞　報告上級。(67)義　合乎正義。(68)成禮　使禮節完備。(69)行服　謂穿孝服居喪。(70)蘄　縣名。後改稱徐州縣。(71)平原　縣名。古平原邑。漢置縣，並設立平原郡於此。故城在今山東平原南二十五里。(72)國相　諸侯國丞相。(73)徐曾　中常侍徐璜之兄。(74)接事　為公務而接觸。

【語　譯】杜喬，字叔榮，河內郡林慮人。小時候是學校生員，被薦舉為孝廉後，為司徒楊震府上徵辟聘用。不久升遷為南郡太守，轉為東海國丞相，後又進入朝廷拜為侍中。

2 漢順帝漢安元年，任命杜喬兼守光祿大夫，作為使者去巡視考察兗州。事後向朝廷上表說，太山太守李固政績為天下第一；陳留太守梁讓、濟陰太守汜宮、濟北相崔瑗等人貪汙千萬以上。梁讓是大將軍梁冀的叔父，汜宮、崔瑗都是梁冀的好朋友。考察完畢返回京師後，被拜為太子太傅，升遷為大司農。

3 當時梁冀的子弟五人及中常侍等人無功受封，杜喬上書爭諫說：「陛下從藩王的位置上超越上來，即位為君主，天和人都仰慕於您，各個邦國都依仗著您。陛下不急於禮聘忠良賢才，卻先封賞親近左右，損傷善良，危害德政，助長了巧言獻媚之臣的氣焰。我聽說古時候的明君，褒獎要根據他的功勞大小，處罰要依據他的過失；末代的亡國昏君，誅殺或是封賞都憑藉私人感情。如今梁氏一門只不過是宦官的餘孽罷了，沒有功勞卻得到了大臣的印綬，劃分有功之臣的土地封給他們，這種違理失當的情況，哪裡是言語所能說盡的！有功勞卻沒有封賞，那些為善的人就覺得失望；作奸的人不追究，行兇作惡就更加肆無忌憚。這樣一來，雖然朝廷陳列著鋒利的斧頭，可是卻沒有人畏懼，頒賜爵位，但人們卻受不到激勵。假如讓這種風氣發展下去，豈止是傷害朝政，而是亂國之道，足可以喪身亡國，難道可以不謹慎地對待嗎？」書奏上後，順帝沒有理會。

4 益州刺史种暠檢舉彈劾永昌太守劉君世用金做的蛇賄賂梁冀，事發後，朝廷命令把金蛇交到司農那裡。梁冀到杜喬這裡來請求看一看，杜喬不給看，梁冀對杜喬開始懷恨。杜喬多次升遷，做到大鴻臚的官位。這時，梁冀的小女兒死了，朝廷命令公卿都必須去送喪，只有杜喬一個人不去，梁冀對他更加怨恨。

5 後來又升遷為光祿勳。漢桓帝建和元年，替代胡廣為太尉。當時桓帝準備娶梁冀的妹妹，梁冀打算讓桓帝用厚禮迎親。杜喬根據朝廷原有的典章制度，沒有聽從梁冀的命令。還有，梁冀囑咐杜喬薦舉汜宮為尚書，杜喬認為汜宮的貪汙罪明顯而且影響很大，不同意任用他。杜喬天天違背梁冀的意旨。在此以前李固被罷免，朝廷內外都灰心喪氣，群臣都因恐懼而不敢正身而立，只有杜喬一身正氣，沒有任何卑躬屈節。因此，天下人都為杜喬而讚歎，朝野把希望寄託在他身上。杜喬在太尉位置上幾個月，後來由於出現地震被免職。宦官唐衡、左悺等人一起向桓帝詆毀說：「陛下以前即皇帝位的時候，杜喬與李固違抗眾議，說陛下不能勝任繼承漢室的重任。」桓帝心中也怨恨杜喬。等到清河王劉蒜的事件發生，梁冀就暗示有關官員彈劾杜喬和李固與劉鮪等人相聯繫，請求逮捕杜喬治罪。但梁太后一向了解杜喬的忠正無私，只是下令將杜喬免職罷了。梁冀更加生氣，派人威脅杜喬說：「早早自盡，妻子兒女就可以得到保全。」杜喬不肯答應。第二天，梁冀派人到杜喬家門前，沒有聽見屋子裡傳出哭泣的聲音，於是向桓帝稟告後把杜喬捆起來關進監獄中去了，杜喬因此死在獄中。他的妻子兒女都回到了故鄉。杜喬與李固都暴屍於城北大街上，家屬和熟人朋友沒有誰敢去看看他的屍體。

6 杜喬原來的部屬陳留人楊匡聽說後，連夜哭泣著趕到洛陽，戴著以前的紅頭巾，假裝成夏門亭吏，守衛著屍體，驅散蠅蟲，守衛了十二天。都官從事把他抓起來上報朝廷。梁太后覺得楊匡行事合於大義，沒有定他的罪。楊匡於是帶著刑具到朝堂上書，乞求李固和杜喬二人的屍骨。太后答應了。楊匡按照禮儀將杜喬收殮，把靈柩護送回杜喬的老家，身穿孝服行喪禮，從此隱藏起來不做官。楊匡當初很好學，常常在外黃的大澤中教授學生。後來替補擔任蘄縣長，政績卓異，以後又升遷為平原令。當時的國相徐曾是中常侍徐璜的哥哥，楊匡以和這樣的人打交道為可恥，於是託詞有病而回家放豬。

論曰：夫稱仁人者，其道弘❶矣。立言❷踐行❸，豈徒徇❹名安己而已哉？將以定去就❺之槩❻，正天下之風，使生以理全，死與義合也。夫專為義則傷生，專為生則騫❼義，專為物則害智，專為己則損仁。若義重於生，舍生可也；生重於義，全生可也。上以殘闇失君道❽，下以篤固盡臣節❾。臣節盡而死之，則為殺身以成仁❿，去之不為求生以害仁也。順桓之間，國統⓫三絕，太后稱制⓬，賊臣虎視⓭。李固據位持重⓮，以爭大義，確乎而不可奪。豈不知守節⓯之觸禍⓰？恥夫覆折之傷任也。觀其發正辭，及所遺梁冀書，雖機失謀乖，猶戀戀而不能已。至矣哉，社稷之心乎！其顧視⓱胡廣、趙戒，猶糞土⓲也。

贊曰：李、杜司職，朋心合力。致主文、宣，抗情伊、稷⓳。道亡時晦，終離⓴罔極㉑。燮同趙孤㉒，世載弦直㉓。

【章　旨】史家稱讚李固等為道義立言踐行，定去就之概，正天下之風，據位持重，以爭大義，雖為守節而觸禍，但足以表現了志士仁人的高尚節操。

【注　釋】❶弘　廣；廣大。❷立言　指創立學說。❸踐行　躬身實行。❹徇　追求；誇示。為名譽而死。❺去就　取捨。❻槩　氣度；節操。❼騫　虧損；損害。❽君道　為君之道。❾臣節　人臣的節操。❿殺身以成仁　指為正義而犧牲生命。儒家道德的最高標準。後泛指為了維護正義事業而捨棄自己的生命。成，成全。仁，仁愛。⓫國統　君主一脈相傳的統緒。猶正統。⓬稱制　指太后代行皇帝職權。⓭虎視　貪婪而兇狠地注視。⓮持重　謹慎；穩重。⓯守節　堅守節操，不做非禮的事情。⓰觸禍　遭受禍殃。⓱顧視　轉視；回視。⓲糞土　糞便和泥土。比喻不值錢的東西。⓳稷　即后稷。相傳為周始祖。母姜嫄於其生後曾棄之於野，故名棄。長而好農耕，堯舉為農官。舜封之於邰（今陝西武功西），號后稷，姬姓。曾助夏禹治水，播種百穀，勤勞農事而死於山野。後世因以為官號。⓴離　被；遭受。㉑罔極　不守中正之道。《詩・青蠅》：「讒人罔極，構我二人。」謂讒人之言不止，則二人不和。㉒趙孤　指趙武。晉國大夫趙朔遺腹子。晉景公三年，左夫屠岸賈殺趙朔，趙朔門客程嬰、公孫杵臼匿趙朔遺腹子趙武於中山。居十五年，晉景公與韓厥立趙武，攻滅屠岸賈。㉓弦直　謂正直。本書〈五行志一〉：「順帝之末，京都童謠曰：『直如弦，死道邊；曲如鉤，反封侯。』」因以「弦直」謂正直。弦，弓弦。

【語　譯】史家評論說：被稱為仁人的人，他們的道義是弘大的。他們立了言論就親身去實行，難道僅僅是為了追求虛名，使自己平安就算了嗎？他們是用自己的言論來證明取捨去留時應保持的節操，端正天下的風氣，自己活著是為了使真理得以保全，死也必須與大義相符合。為了道義就會傷害生命，為生存就會損害大義，為物欲就會損害智慧，為自己就損害了仁義。如果道義比生命重要，捨棄生命就是應該的；如果生命比道義重要，保全生命也是適當的。在上的天子因為兇殘暗昧喪失了為君之道，在下的人臣則因為誠實堅定而盡到了臣節。臣子節操已盡而死，叫做殺身以成仁，捨生忘死是不想對仁有所損害。順帝和桓帝在位年間，國家的繼承人斷絕了三次，太后臨朝稱制，奸賊為此而虎視眈眈。李固占據高位謹慎穩重，以大義相爭，堅強的意志不可剝奪。難道他不知道堅守忠臣節操容易闖禍嗎？他完全是恥於看到自己在其位時朝廷傾覆而這麼去做罷了。看他所說的正義的言論，以及給梁冀的書信，雖然說時機已失計謀不合時宜，他仍然一心眷念朝廷而不止。高尚啊，一片為社稷的忠心！從他的行為對比胡廣、趙戒二人，只不過是糞土罷了。

史官評議說：李固和杜喬各司其職，同心合力。把一片忠心交給朝廷，力圖輔佐主上成為漢文帝和漢宣帝那樣的君主，他們真是伊尹、后稷那樣的賢臣呀。可是這時大道已亡，時勢已經晦暗，所以他們終於被小人的讒言所害，遭到了殺身之禍。李燮的命運就像趙氏孤兒一樣，但是他繼承了祖德，使得世世代代讚頌他們家族像弓弦一樣的正直。

【研析】本卷為李固、杜喬二人合傳，〈李固傳〉尤詳。二人家族背景不同，李固父李郃官至司徒，杜喬父、祖無聞，但二人仕履相似。李固不遠千里，訪師求學，遂博覽典籍，後應三公舉對策，因而入仕；杜喬則少為諸生，舉孝廉入仕。二人均遭極刑，為當時權貴的敵人，後世景仰的烈士。

李、杜所處時代，外戚、宦官在政治上此起彼伏，沒有哪一方占據絕對的優勢，李、杜二人以當時士人正常的入仕途徑，讀書求仕，通過察舉步入仕途，均位至三公。這表明東漢中期政權，雖外戚、宦官輪流干政，士人讀書求進之路尚未完全受阻，政治雖日漸混亂，但尚可救治，即李固對策中所說：「積敝之後，易致中興。」在李固看來，「夫表曲者景必邪，源清者流必絜」，抑制外戚、宦官勢力的膨脹，強化皇權，是政治清明的保障。在陽嘉二年對策中，他希望順帝能從制度上遏制宦官、外戚，禁止他們干預政治，「罷退宦官，去其權重」；「權去外戚，政歸國家」。「國家」即是皇帝。在李固看來，皇帝擁有對政府的掌控能力，才是政治清明的保障。這也是他後來在質帝死後，不顧殺身之禍，聯絡朝臣，力圖推舉「年長有德」的清河王劉蒜為皇帝的原因。

而皇帝幼弱正是外戚得以干政的前提，當時控制朝政的外戚梁冀，在沖帝劉炳死後，立年僅八歲的劉纘為皇帝，只因這位後來稱為質帝的皇帝小兒表現得聰明伶俐，梁冀擔心引來「後患」，竟加以毒殺。李固雖要求審問侍醫，對質帝死亡事件進行調查，但除了進一步得罪梁氏外，不可能有任何結果。在這種情形下，李固堅持立年長且「明德著聞」的劉蒜為皇帝，使自己完全成為梁冀的政敵。而所聯絡的朝臣除杜喬以外，司徒胡廣、司空趙戒等均迫於梁氏淫威，唯梁氏是從。在個人利益面前，士大夫官僚們並沒有體現出「眾心可立」的群體意識，李固個人的政治生命也因此結束。不過，梁冀兄弟通過立柔弱易與的皇帝長期掌握政權的設想，並沒有實現，皇帝身邊的宦官勢力業已膨脹，通過桓帝劉志，誅除梁氏，操縱了政權，東漢政治進入最為黑暗的時期。李固臨死「漢家衰微，從此始矣」的判斷，最終成為事實。

李固為政經歷還說明，在專制制度下，不僅國家政治清明與否，與最高統治者個人素質關係甚大，一個地方穩定與否，也與地方長官個人關係甚大。如荊州出現民眾暴動，「彌年不定」。李固就任荊州刺史後，並沒有強力鎮壓，而是「勞問境內」，採取安撫的辦法，暴動自行消解，半年之後「州內清平」。太山郡「盜賊屯聚歷年，郡兵常千人，追討不能制」。李固任太守後，遣散軍隊，「以恩信招誘之。未滿歲，賊皆弭散」。一個地方的穩定，不是通過嚴刑峻法、通過軍隊鎮壓可以實現的。貪官汙吏搞得民不聊生，迫使百姓起而反抗，暴力鎮壓只能適得其反，「民不畏死，奈何以死懼之！」

政治混亂源於制度破壞，而制度破壞中對政治最具影響的則是用人制度的紊亂。正直之人立身於朝廷，行政於地方，則政治有望清明，反之亦然。外戚、宦官干政，不只體現在對於皇帝權力的操縱，更體現在他們為擴張勢力，不次提拔，任用親信，甚至賣官鬻爵。一般來說，通過正常途徑升遷者，不一定就是有能力、正直的好官，但通過歪門邪道晉升的人一定是壞官，他們無能力反倒是好事，因為壞官只能用自己的能力做更多的壞事。如傳中所說，當順帝起用南陽樊英、江夏黃瓊、廣漢楊厚、會稽賀純等名士，「是以巖穴幽人，智術之士，彈冠振衣，樂欲為用，四海欣然，歸服聖德」。順帝後期，中央部門三公府選任令史，考試選拔尚書郎的制度不復遵行，「時皆特拜」，地方長官「多非其人，至行無道，侵害百姓」。這些都是李固所反對的。所以當他任太尉時，「順帝時諸所除官，多不以次，及固在事，奏免百餘人」。正是這批人，用「飛章」即匿名告狀，反誣李固，為梁冀處置他提供口實。

在古代專制制度下，最高層的政治鬥爭，政治上的失敗，不只是個人榮辱，往往牽涉到家人安危。我們看到，當李固被免去太尉後，立即讓三子逃離京城。其女李文姬見諸兄從京城返鄉，亦立即感受到家破人亡的威脅，遂安排幼弟李燮隱姓埋名逃亡遠方。當李固平反後，文姬又告誡李燮小心謹慎，盡管梁氏已遭族誅，仍不要說梁氏的壞話，因桓帝乃梁氏所立，李固曾堅決反對，「加梁氏則連主上，禍重至矣」。李文姬雖一女子，處事果斷，頗有政治敏感，與《列女傳》中所述諸女性相比，毫不遜色。（聶樹鋒注譯）

卷六十四

吳延史盧趙列傳第五十四

【題解】本卷為吳祐、延篤、史弼、盧植、趙岐五人的合傳。東漢後期，朝政腐敗，外戚與宦官把持政權，使學識不凡、胸有大志、正氣凜然的忠義之臣在仕途上坎坷多難，報國壯志難酬。本卷五位傳主都屬博學多才、輔國愛民的忠貞之臣，任職無論高低，都有傑出表現。或親政愛民，教化為本；或抑制豪強，對抗權貴；或著書立說，議論綱常；或籌謀善政，為國分憂。都有可圈可點之處，誠亂世之忠臣，故合為一傳。

1

吳祐，字季英，陳留❶長垣❷人也。父恢，為南海❸太守❹。祐年十二，隨從到官。恢欲殺青簡❺以寫經書❻，祐諫曰：「今大人踰❼越五領❽，遠在海濱，其俗誠❾陋，然舊多珍怪，上為國家所疑，下為權戚所望❿。此書若成，則載之兼兩⓫。昔馬援⓬以薏苡⓭興謗⓮，王陽⓯以衣囊徼名⓰。嫌疑之間，誠先賢所慎也！」恢乃止，撫其首曰：「吳氏世不乏季子⓱矣。」及年二十，喪父，居無檐石⓲，而不受贍遺[19]。常牧豕[20]於長垣澤中，行吟經書。遇父故人，謂曰：「卿二千石子而自業賤事[21]，縱子無恥，柰先君何？」祐辭謝而已，守志如初。

2 後舉孝廉。將行，郡[22]中為祖道[23]，祐越壇[24]共小史[25]雍丘[26]黃真[27]歡語移時[28]，與結友而別。功曹[29]以祐倨[30]，請黜[31]之。太守曰：「吳季英有知人之明，卿[32]且勿言。」真後亦舉孝廉，除[33]新蔡[34]長[35]，世稱其清節[36]。時公沙穆[37]來遊太學[38]，無資糧，乃變服客傭[39]，為祐賃舂[40]。祐與語大驚，遂共定交於杵臼[41]之間。

3 祐以光祿四行[42]遷[43]膠東[44]侯相。時濟北[45]戴宏[46]父為縣丞[47]，宏年十六，從在丞舍。祐每行園，常聞諷誦[48]之音，奇而厚[49]之，亦與為友，卒成儒宗[50]，知名東夏[51]，官至酒泉[52]太守。祐政唯仁簡，以身率[53]物。民有爭訴者，輒[54]閉閤[55]自責，然後斷其訟，以道[56]譬[57]之。或身到閭里[58]，重相和解。自是之後，爭隙[59]省息，吏人懷[60]而不欺。嗇夫[61]孫性私賦[62]民錢，市衣以進其父，父得而怒曰：「有君如是，何忍欺之？」促歸伏罪。性慙懼，詣[63]閤持衣自首。祐屏[64]左右問其故，性具談父言。祐曰：「掾[65]以親故，受汙穢[66]之名，所謂『觀過斯知人矣』！」使歸謝其父，還以衣遺[67]之。又安丘[68]男子毋丘[69]長與母俱行市，道遇醉客辱其母，長殺之而亡，安丘追蹤於膠東得之。祐呼長謂曰：「子母見辱，人情所恥。然孝子忿[70]必慮難，動不累親。今若背親逞怒，白日殺人，赦[71]若非義，刑若不忍，將如之何？」長以械自繫，曰：「國家制法，因身犯之。明府雖加哀矜[72]，恩無所施。」祐問長有妻子乎？對曰：「有妻未有子也。」即移安丘逮長妻。妻到，解其桎梏[73]，使同宿獄中，妻遂懷孕。至冬盡行刑[74]，長泣謂母曰：「負母應死，當何以報吳君乎？」乃囓[75]指而吞之，含血言曰：「妻若生子，名之『吳生』，言我臨死吞指為誓，屬兒以報吳君。」因投繯[76]而死。

4 祐在膠東九年，遷齊[77]相。大將軍[78]梁冀[79]表[80]為長史[81]。及冀誣奏太尉[82]李固[83]，祐聞而請見，與冀爭之，不聽。時扶風[84]馬融[85]在坐，為冀章草[86]。祐因謂融曰：「李公之罪，成於卿手。李公即誅，卿何面目見天下之人乎？」冀怒而起入室，祐亦徑去。冀遂出[87]祐為河間相，因自免歸家，不復仕，躬[88]灌園蔬，以經書教授。年九十八卒。

5 長子鳳，官至樂浪[89]太守；少子愷，新息[90]令；鳳子馮，鮦陽[91]侯相：皆有名於世。

【章旨】以上為〈吳祐傳〉。吳祐十二歲時即能看透官場利害得失，二十歲時自甘貧窮，清節守志，屈尊結交下層人士，有知人之明。行政時以懷柔為宗，教化為本，情理兼顧，對伏法者做到仁至義盡。吳祐敢於對抗權貴，處事以理爭，不卑不亢，又能上能下，為人處事，獨得中庸之道，故能長壽善終。

【注釋】❶陳留　郡名。治今河南開封東南陳留城。❷長垣　縣名。治今河南長垣東北。❸南海　郡名。秦置。治今廣州。東漢屬荊州。❹太守　官名。西漢景帝時改郡守置，為郡的最高行政長官，掌民政、司法、軍事、財賦等，可以自辟僚屬。東漢沿置。❺殺青簡　秦漢以竹簡寫書，竹簡成形後，「以火炙簡令汗，取其青易書，復不蠹，謂之殺青。亦稱汗簡。」見劉向《別錄》。❻經書　通常指儒家五部經典：《詩》、《書》、《禮》、《易》、《春秋》五部儒家經典。漢文帝時，以《詩》列於學官，置《詩經》博士。景帝時，繼以《春秋》列於學官，增《春秋》博士。武帝建元五年（西元前一三二年）置《五經》博士，則《五經》均列於學官。經學遂成為官學。❼踰　越過；超過。❽五領　指越城嶺、都龐嶺、萌渚嶺、騎田嶺、大庾嶺。分別在湘、贛和粵、桂等省區邊境。《史記・張耳陳餘列傳》：「秦有五嶺之戍。」另一說有揭陽嶺而無都龐嶺。❾誠　實在；的確。❿望　期望；希圖有所饋贈。⓫兼兩　不止一輛車。兩，車輛。⓬馬援　字文淵，東漢茂陵人。少有大志，為郡督郵。以縱囚亡命北地牧畜，賓客多歸附者。王莽時任以新城大尹。莽敗，依隗囂。後歸光武帝。隗囂叛據隴西，馬援於光武帝前堆米為山谷，指劃形勢，因以破囂。建武中拜伏波將軍。征交趾，平之，立銅柱以表功，封新息侯。武陵五溪蠻反，馬援復將兵討之，時年已八十餘歲。嘗謂賓客曰「丈夫立志，窮當益堅，老當益壯。」又言「男兒要當死於邊野，以馬革裹屍還葬。」後果卒於軍。建初中諡「忠成」。⓭薏苡　禾本科植物。俗稱「藥玉米」、「回回米」。種仁稱「米仁」，含澱粉，可供食用和釀酒。中醫上用根和種仁入藥，主治水腫腳氣，多用治關節炎。⓮興謗　被別人說壞話。卷二十四〈馬援傳〉：「南方薏苡實大，援欲以為種，軍還，載之一車……。及卒後，有上書譖之者，以為前所載還，皆明珠文犀。」⓯王陽　即王崇。漢朝王駿子。以父任為郎。平帝時官至大司空，封扶平侯，謝病避王莽就國，歲餘，為傅婢所毒卒，國除。自祖上王吉至崇，世名清廉。而車馬衣服，自奉極鮮明，故俗傳王陽能作黃金。⓰徼名　謀求名聲。⓱季子　即季札。春秋時吳國人，又稱公子札，吳王壽夢少子。先封於延陵（今江蘇常州），稱延陵季子，後封於州來（今安徽鳳臺），稱延州來季子。以其賢，其兄諸樊、餘祭、夷昧數次推讓君位於他，俱不受。先後出使魯、齊、鄭、衛、晉等國，對晏嬰、蘧伯玉、子產、叔向等人都有勸勉。⓲檐石　檐，同「擔」。擔石，指存糧。⓳贍遺　周濟；贈送。亦指周濟贈送的財物。⓴豕　豬。㉑賤事　輕賤的事。㉒郡　古代行政區域，秦代以前比縣小，從秦代起比縣大。㉓祖道　古代有「祖道之禮」，《五經要義》：「祖道者，行祭為道路祈也。」㉔壇　古代舉行祭祀用的土和石築的平臺。㉕小史　古小官名。《周禮》春官宗伯之屬，掌邦國之志、貴族世系以及禮儀等事。漢以後為尚書令史或地方官一般屬吏之稱。㉖雍丘　縣名。秦置。治今河南杞縣。漢屬陳留郡。㉗黃真　字夏甫，東漢雍丘人。曾為郡小吏。吳祐舉孝廉，將行，郡中為祖道，吳祐越壇共黃真歡語多時，與結友而別。真後亦舉孝廉，除新蔡長，世稱其清節。㉘移時　經歷一段時間。㉙功曹　即功曹史。官名。漢代郡守的屬官，相當於郡守的總務長，除掌人事外，並得與聞一郡的政務。㉚倨　傲慢。㉛黜　《說文》：「黜，貶下也。」降職或罷免。㉜卿　古代上級稱下級、長輩稱晚輩。㉝除　任命；受職。㉞新蔡　縣名。秦置。治今河南新蔡。漢屬新蔡郡。㉟長　即縣長。官名。秦置，為萬戶以下縣之行政長官。漢朝沿置。㊱清節　清操；高潔的節操。㊲公沙穆　字文乂，東漢膠東人。習《韓詩》、《公羊春秋》，尤銳思河洛推步之術。居建成山中，依林阻為室，後舉孝廉，以高第為主事。累遷遼東屬國都尉。善得吏人歡心，六子皆知名。㊳太學　中國古代的大學。西周已有太學之名。《大戴禮記・保傅》：「帝入太學，承師問道。」漢武帝元朔五年設《五經》博士，弟子五十人，為西漢太學建立之始。東漢太學大為發展。順帝時有二百四十房，一千八百五十室，質帝時，太學生達三萬人。㊴客傭　在外鄉為傭。㊵賃舂　賃，為人做傭工。舂，搗穀成米。㊶杵臼　古代稱交友不嫌貧賤為「杵臼交」。其典即出於此。㊷四行　《漢官儀》：「四行，敦厚、質樸、遜讓、節儉也。」㊸遷　古代稱調動官職，一般指升職。㊹膠東　郡、國名。楚漢之際置國，漢初為郡。文帝時復為國，景帝時為參加七國叛亂的侯國之一。治今山東平度東南。㊺濟北　封國名。東漢和帝永元二年（西元九〇年）分泰山郡西部地置，封皇弟劉壽為濟北王，都盧（今山東長清南）。㊻戴宏　字元襄，東漢濟北剛縣人。年二十二，為郡督郵。《濟北先賢傳》載：戴宏曾以職事見詰府君，欲撻之。宏曰：「今鄙郡遭明府，咸以為仲尼之君，國小人少，以宏為顏回，豈聞仲尼有撻顏回之義？」府君異其對，即日教署主簿。後至酒泉太守。㊼縣丞　官名。始於戰國，秦漢沿置。為縣令的佐官，掌一縣的文書及倉獄。㊽諷誦　抑揚頓挫地誦讀。㊾厚　重視；推崇。㊿儒宗　儒者的宗師。漢以後亦泛指為讀書人所宗仰的學者。(51)東夏　古代指東方。《尚書》：「尹茲東夏。」(52)酒泉　西漢元狩二年（西元前一二一年）匈奴渾邪王降後置。因郡治城下有泉，泉味如酒得名。治祿福縣。轄境相當今甘肅河西走廊西部。其後分武威、酒泉地置張掖、敦煌郡，其轄境僅及今甘肅疏勒河以東、高臺以西地區。(53)率　模範；楷模。(54)輒　總是；就。(55)閤　旁門；小門。(56)道　指法則；規律；道理。(57)譬　比喻。(58)閭里　鄉里；平民聚居處。借指百姓。(59)隙　感情上的裂痕。(60)懷　心存。(61)嗇夫　秦漢時的鄉官，掌管訴訟和賦稅。本書〈百官志五〉：「其鄉小者，設嗇夫一人，皆主知民善惡，為役先後，知民貧富，為賦多少，平其差品。」(62)賦　舊指田地稅。(63)詣　到。舊時特指到尊長那裡去。(64)屏　除去；排除。(65)掾　官署屬員的通稱。(66)汙穢　本指物品骯髒、不乾淨。也指行為不潔。(67)遺　把東西無代價地送給別人。(68)安丘　縣名。漢置。

治今山東濰坊東南。69毋丘　複姓。70忿　生氣；憤怒。71赦　免除和減輕刑罰。72哀矜　哀憫；憐憫。矜，為「矝」的異體。73桎梏　腳鐐和手銬。74行刑　執行刑罰。多指執行死刑。75齧　用嘴咬。76投繯　自縊。77齊　封國名。東漢建武十一年（西元三五年），以齊郡為齊國，治臨淄縣。78大將軍　官名。始於戰國，漢代沿置，為將軍的最高稱號，執掌統兵征戰。事實上多由貴戚擔任，掌握政權，職位甚高。79梁冀　（？—西元一五九年），字伯卓，東漢安定烏氏（今甘肅平涼）人。兩妹為順帝、桓帝皇后。其父梁商死後，繼為大將軍。順帝死，他與妹梁太后先後立沖、質、桓三帝，專斷朝政近二十年。執政期間，驕奢橫暴，多建苑囿，並強迫人民數千為奴婢，稱「自賣人」。梁太后、皇后先後死，桓帝與宦官單超等五人定議，誅滅梁氏，他被迫自殺。東漢政府沒其財產，賣錢三十萬萬之巨。事見本書卷三十四。80表　給皇帝上的奏章。81長史　官名。戰國時秦國始置，掌顧問參謀。秦漢沿置。西漢時丞相、太尉、御史大夫府及大將軍、車騎將軍等主要將軍幕府皆置，為所在府署諸掾屬之長，秩皆千石。掌府中諸務，並佐府主參與國政，其中丞相長史職權尤重。東漢三公府、諸主要將軍府皆沿置，秩千石。82太尉　官名。秦、西漢時為全國軍政長官，與丞相、御史大夫並列，合稱三公。東漢時太尉與司徒、司空並稱三公，秩萬石，但因權歸尚書臺，太尉已無實權。83李固　（西元九四—一四七年），字子堅，東漢漢中南鄭（今陝西漢中）人。順帝永和年間，任荊州刺史、泰山太守，招撫境內造反農民。沖帝即位，任太尉，與大將軍梁冀共參錄尚書事。沖帝死，他議立清河王，冀不從，另立質帝。不久，冀鴆殺質帝，欲立蠡吾侯。他再次固請立清河王，為冀所忌，因被免職。後為冀所誣，被殺。事見本書卷六十三。84扶風　右扶風簡稱。政區名。西漢太初元年（西元前一〇四年）改主爵都尉置，分右內史西半部為其轄區，職掌相當於郡太守。因地屬畿輔，故不稱郡，為三輔之一。治今西安西北郊。東漢移治槐里（今陝西興平東南），屬司隸校尉部。85馬融　（西元七九—一六六年），字季長，東漢右扶風茂陵（今陝西興平）人。安帝永初四年拜校書郎中，因上〈廣成頌〉忤鄧太后旨，十年不得升調，復遭禁錮。大將軍梁冀掌權時，又因觸犯梁冀被免官髡徙朔方。但晚年為梁冀歌功頌德，頗為正人所羞。著述極豐，世稱通儒。生徒受教者常有千餘人，當世名儒鄭玄、盧植等皆出其門下。事見本書卷六十上。86草　草擬。87出　驅逐。此指貶於外任。88躬　自身；親自。89樂浪　郡名。西漢元封三年（西元前一〇八年）置。治今朝鮮平壤南。90新息　古息國。漢置新息縣。東漢封馬援為新息侯。治今河南息縣。91鮦陽　西漢置縣。在鮦水之陽，故名。故城在今安徽臨泉西北。

【語　譯】吳祐，字季英，陳留郡長垣縣人。父親吳恢，曾做過南海太守。吳祐十二歲的時候，跟隨父親住在任所。吳恢想伐竹以抄寫經書，吳祐勸阻父親說：「現在您越過五嶺，來到這偏遠的海濱為官，這裡的風俗實在鄙陋，但是歷來卻盛產珍奇怪異的東西，上面朝廷會對您的操守有所疑慮，下面權豪貴戚希望您有所饋贈。這些經書如果抄寫成功了，一定要用很多車子才能裝載。以前馬援勞苦功高，卻因為薏苡的小事而遭到別人的譭謗，王陽因為衣囊鮮明而有會製黃金之名。由此看來，澄清嫌疑，確實是先賢們所慎重的啊！」吳恢聽後，馬上取消了抄寫經書的念頭，用手撫摸著吳祐的頭說：「我們吳家確實世世代代都不缺乏季札這樣的賢人呀。」等到吳祐二十歲的時候，父親吳恢去世了，家無擔石之糧，但是吳祐卻不肯接受別人的饋贈。他常到長垣澤的地方去放豬，一邊走路一邊吟誦經書。有時碰見父親的老朋友，勸他說：「你貴為食祿二千石太守的公子，卻自願地做這種下賤的工作，即使你自己不覺得恥辱，你死去的父親的臉面怎麼辦呢？」吳祐聽後，也只是感謝他們的教導罷了，仍然不改變當初的志向。

2　後來，吳祐被舉薦為孝廉。即將動身的時候，郡太守和官紳為他餞行，正在祈禱時，吳祐卻越過祭壇去和雍丘的一個小史黃真暢談了很久，最後還互相結為朋友才分手。站在一旁的功曹認為吳祐傲慢，請求太守罷黜他。太守說：「吳季英有知人之明，你不要再說了。」黃真後來果然也被舉薦為孝廉，任命為新蔡長，當世人都稱頌他高潔的節操。當時有一個名叫公沙穆的人到太學來讀書，因為沒有錢糧，就變換衣著來到吳祐家做雇工，替吳祐家舂米。有一次，吳祐與公沙穆閒談時大吃一驚，知道公沙穆不是等閒之輩，於是就在舂米的地方與他結為朋友。

3　吳祐因為敦厚、質樸、遜讓、節儉的好品行而被升做膠東侯相。當時濟北有個名叫戴宏的人，父親是縣丞，戴宏剛剛十六歲，就隨父親住在縣丞的官舍裡。吳祐每次散步的時候，常常聽到縣丞的宿舍裡有戴宏的讀書聲，他感到驚奇而推崇，也與戴宏結為好朋友，後來戴宏終於成為一代儒學宗師，在東部一帶很知名，官職做到了酒泉太守。吳祐為政，務求仁愛和簡便，以身作則，為人表率。老百姓中如有爭論訴訟之事，他總是首先關起門來進行自我檢查，然後才審斷這些爭論，並且用高尚的道理來比喻、引導。有時他親自到老百姓家裡去，做好調解工作，使爭論雙方和好如初。自此以後，膠東地方無論是大的爭論或是小的隔閡越來越少，最後甚至沒有了，那些官差們也都心存仁愛而不再做欺詐奸偽的事了。有一個名叫孫性的嗇夫私自徵收了老百姓的錢，買了一些衣服送給自己的父親，父親知道衣服的來歷後生氣地說：「我們已經有了一個如此仁愛的長官，怎麼還忍心去做欺詐的事情呢？」於是連連催促兒子去衙門請罪。孫性既慚愧又害怕，拿著衣服到衙門來自首。吳祐把左右的差役都支使開後問孫性究竟是怎麼一回事，孫性便把事情的經過尤其是父親的話一一地說了一遍。吳祐說：「你由於父親的緣故而甘受汙穢的名聲，這正所謂『觀看他的過失就可以知道他的為人』呀！」於是把衣服送給孫性，讓他回家後謝謝他父親。還有一件事，安丘有一個青年男子名叫毋丘長，與母親一起到集市上去，在路上遇見一個喝醉了酒的人調戲他母親，毋丘長於是將那人殺死而逃亡，安丘的巡捕一直跟蹤追擊，終於在膠東將他抓獲了。吳祐知道案情後對毋丘長說：「你的母親受到侮辱，從人的情理上說是一種恥辱。但是作為一個孝子，當你忿怒的時候必須要考慮行事的後果，你的行為一定不能連累你的親人。現在你背著你的母親而發洩你的憤怒，大白天裡殺人，如果寬赦你便違背了國家法律，如果懲辦你又覺得於心不忍，我將把你怎麼辦呢？」毋丘長自己戴上枷鎖，說：「國家制定了法律，我現在是犯了法。雖然大人心中哀憐我，但是您的恩德沒有法子施加到我的身上。」吳祐便問毋丘長有妻兒了嗎？毋丘長回答說：「已經娶妻但還沒有兒子。」吳祐聽後，便將自己的斷案想法告知安丘的地方官，要他們逮捕毋丘長的妻子。當毋丘長的妻子被押到膠東時，吳祐命人解除她的刑具，讓她與毋丘長同住在一間牢房裡，不久，毋丘長的妻子便懷孕了。等到冬末行刑時，毋丘長哭著對他的母親說：「我辜負了母親的教養，有罪應死，可是我拿什麼來報答吳大人呢？」於是咬斷自己的手指並把它吞下去，口裡含著血對母親說：「我妻若是生了一個兒子，就起名叫『吳生』，告訴他我臨死時吞指為誓，囑咐他一定要報答吳大人的恩德。」於是，毋丘長就上吊自盡了。

4 吳祐在膠東做官九年，後來又升遷當了齊相。大將軍梁冀又向朝廷上表提拔他做了長史。後來梁冀誣告太尉李固，吳祐聽說後請求梁冀接見，見面後，與梁冀發生爭執，梁冀根本就不聽吳祐的意見。當時扶風人馬融也在座，他是專門為梁冀起草奏章的。於是，吳祐就對馬融說：「李固大人的罪行，完全是由於你的筆羅織成的。一旦李大人被殺，你有何面目去見天下之人呢？」梁冀非常生氣地走進內室去了，吳祐也揚長而去。於是梁冀就把吳祐貶為河間相，吳祐見事已如此，便自請免官，回到家中，從此再沒有出來為官，每天親自灌園種菜，或者教授經書。一直活到九十八歲時才去世。

5 吳祐的大兒子叫吳鳳，官做到了樂浪太守；小兒子吳愷，官做到新息令；吳鳳的兒子吳馮，做到了鮦陽侯相：都在世間留有好聲譽。

1 延篤，字叔堅，南陽犨❶人也。少從潁川❷唐溪典❸受❹左氏傳，旬日能諷❺之，典深敬焉。又從馬融受業❻，博通經傳❼及百家之言❽。能著文章，有名京師。

2 舉孝廉，為平陽❾侯相。到官，表❿龔遂⓫之墓，立銘⓬祭祠⓭，擢⓮用其後於畎畝⓯之間。以師喪⓰棄官奔赴，五府⓱並辟⓲不就。

3 桓帝⓳以博士⓴徵㉑，拜㉒議郎㉓，與朱穆㉔、邊韶㉕共著作東觀㉖。稍㉗遷侍中㉘。帝數問政事，篤詭辭密對㉙，動依典義㉚。遷左馮翊㉛，又徙㉜京兆尹㉝。其政用寬仁，憂恤民黎，擢用長者，與參政事，郡中歡愛，三輔㉞咨嗟㉟焉。先是陳留邊鳳㊱為京兆尹，亦有能名，郡人為之語曰：「前有趙㊲張㊳三王㊴，後有邊延二君。」

4 時皇子有疾，下㊵郡縣出珍藥。而大將軍梁冀遣客齎㊶書詣㊷京兆，并貨㊸牛黃[44]。篤發書收[45]客，曰：「大將軍椒房[46]外家[47]，而皇子有疾，必應陳進醫方，豈當使客千里求利乎？」遂殺之。冀慙而不得言，有司[48]承旨欲求其事。篤以病免歸，教授家巷[49]。

時人或疑仁孝前後之證，篤乃論之曰：「觀夫仁孝之辯，紛然異端，互引典文，代取事據，可謂篤論[50]矣。夫人二致同源，總率百行，非復銖兩[51]輕重，必定前後之數也。而如欲分其大較，體而名之，則孝在事親，仁施品物。施物則功濟於時，事親則德歸於己。於己則事寡，濟時則功多。推此以言，仁則遠矣。然物有出微而著[52]，事有由隱而章[53]。近取諸身，則耳有聽受之用，目有察見之明，足有致遠之勞，手有飾衛之功，功雖顯外，本之者心也。遠取諸物，則草木之生，始於萌牙，終於彌蔓[54]。枝葉扶疏，榮華紛縟[55]，末雖繁蔚[56]，致之者根也。夫仁人之有孝，猶四體之有心腹，枝葉之有本根也。聖人知之，故曰：『夫孝，天之經也，地之義也，人之行也。』『君子務本，本立而道生。孝悌[57]也者，其為仁之本與！』然體大難備，物性好偏，故所施不同，事少兩兼者也。如必對其優劣，則仁以枝葉扶疏為大，孝以心體本根為先，可無訟也。或謂先孝後仁，非仲尼序回[58]、參[59]之意。蓋以為仁孝同質而生，純體之者，則互以為稱[60]，虞舜[61]、顏回是也。若偏而體之，則各有其目，公劉[62]、曾參是也。夫曾、閔[63]以孝悌為至德，管仲[64]以九合[65]為仁功，未有論德不先回、參，考功不大夷吾。以此而言，各從其稱者也。」

6 前越巂[66]太守李文德[67]素善於篤，時在京師，謂公卿[68]曰：「延叔堅[69]有王佐[70]之才，柰何屈千里之足乎？」欲令引進之。篤聞，乃為書止文德曰：「夫道之將廢，所謂命也[71]。流聞[72]乃欲相為求還東觀，來命雖篤，所未敢當。吾嘗昧爽[73]櫛梳[74]，坐於客堂。朝則誦羲[75]、文[76]之易，虞、夏[77]之書，歷[78]公旦[79]之典禮[80]，覽仲尼之春秋。夕則消搖內階，詠詩南軒。百家眾氏，投閒[81]而作。洋洋[82]乎其盈耳也，渙爛[83]兮其溢[84]目也，紛紛欣欣兮其獨樂也。當此之時，不知天之為蓋，地之為輿[85]；不知世之有人，己之有軀也。雖漸離[86]擊筑[87]，傍若無人，高鳳[88]讀書，不知暴雨，方之於吾，未足況也。且吾自束脩[89]已來，為人臣不陷於不忠，為人子不陷於不孝，上交不諂，下交不黷[90]，從此而歿[91]，下見先君遠祖，可不慚赧[92]。如此而不以善止者，恐如教羿射者[93]也。慎勿迷其本，棄其生也。」

7 後遭黨事禁錮[94]。永康[95]元年，卒于家。鄉里圖[96]其形于屈原[97]之廟。

8 篤論解經傳，多所駁正[98]，後儒服虔[99]等以為折中[100]。所著詩、論[101]、銘[102]、書[103]、應訊[104]、表[105]、教令[106]，凡二十篇云。

【章　旨】以上為〈延篤傳〉。延篤青少年時善寫文章，崇尚古人之德。入仕後循法行事，持政寬和，體恤百姓，拔擢有德。他論證仁孝的關係，深入淺出，從而使爭論者為之折服。延篤看透了東漢政權已不可救藥，隱居不仕，過著欣然獨樂的悠閒生活。其人生宗旨即是「以善而止，勿迷其本」。

【注　釋】❶犨　縣名。故城在河南魯山縣東南。❷潁川　郡名。秦置。治今河南禹州。東漢以後治所屢有變化。❸唐溪典　即堂溪典。字季度，東漢潁川人，官至五官中郎將。❹受　接受；承受。❺諷　背誦。❻受業　跟從老師學習。❼經傳　舊稱儒家的重要代表作品和儒家祖述的古代典籍為「經」，解釋經文的書為「傳」。合稱「經傳」，如《春秋》是經，《左傳》、《公羊傳》、《穀梁傳》是傳。後世以尊經之故，把古代傳注之作也稱為經。清章學誠《文史通義．解經》：「今之所謂經，其強半皆古人所謂傳也。」❽百家之言　即諸子百家的著述。❾平陽　春秋魯邑。戰國為齊南陽邑。漢置南平陽縣。治今山東鄒縣。❿表　立石碑以表彰。⓫龔遂　字少卿，西漢南平陽人。以明經仕為昌邑王郎中令。剛毅有大節，引經義諫諍至涕泣。昌邑廢，坐輸城旦。宣帝初，渤海盜賊並起，郡守不能制。帝以遂為渤海太守，召聞息盜之術。遂對曰：「治亂民，猶治亂繩，唯緩之然後可治，願無拘文法。」帝從之。至則悉罷。逐捕盜賊吏，持田器者皆為良民，持兵器者乃為盜賊。因勸民務農桑，有刀劍者，使賣劍買牛，賣刀買犢。郡遂大治。徵為水衡都尉，卒於官。⓬銘　鑄、刻或寫在器物上記述生平事跡或警誡自己的文字。⓭祠　供奉祖宗、鬼神或有功德的人的廟宇。⓮擢　提拔。⓯畎畝　田地。引申指民間。⓰師喪　《禮記》：「事師無犯無隱，左右就養無方，服勤至心，心喪三年。」⓱五府　東漢以太傅、太尉、司徒、司空、大將軍為五府。⓲辟　即徵辟。舊指朝廷或三公以下召舉布衣之士授以官職。東漢時也指對官員的內調。⓳桓帝　即劉志（西元一三二—一六七年），東漢皇帝。章帝曾孫。本初元年被梁太后與兄大將軍梁冀迎立為帝。在位期間，梁太后臨朝，梁冀專權，朝政昏亂，民不聊生。各族民眾暴動蜂起。延熹二年與宦官單超等合謀誅滅梁氏，封單超等為縣侯，自後權歸宦官，政治更趨黑暗。大臣陳蕃、李膺等聯合太學生，反對宦官干政，被宦官誣指共為部黨。下詔逮捕黨人，禁錮終身，史稱「黨錮」。⓴博士　官名。春秋戰國時已有此稱，初泛指學者，戰國末年齊、魏、秦等國置為職官。秦、西漢初充當皇帝顧問，參與議政、制禮，典守書籍。武帝時改置《五經》博士，兼具學官職能，掌教授經學、考核人才、奉命出使等事。東漢以後，議政職能逐漸削弱。㉑徵徵召。㉒拜　任命；授與官職。㉓議郎　官名。西漢置，隸光祿勳。為高級郎官，不入值宿衛，執掌顧問應對，參與議政，指陳得失，為皇帝近臣。東漢更為顯要，常選任耆儒名士、高級官吏，除議政外，亦或給事宮中近署。㉔朱穆　字公叔，東漢朱暉子。幼以孝稱。及壯耽於學，舉孝廉，授侍御史。因感世事涼薄，作〈崇厚論〉，又著〈絕交論〉。永興初，出為冀州刺史。所部令長聞朱穆濟河，解印綬去者四十餘人。後拜尚書，祿仕數十年，家無餘資，及卒，貧不能殮，蔡邕及門人諡為「文忠先生」。㉕邊韶　字孝先，東漢陵儀人。以文學知名。教授數百人。桓帝時為尚書令，後為陳相，卒官。著詩頌碑銘書策凡十五篇。㉖東觀　宮觀名。為漢代皇家藏書之所。㉗稍　隨即；不久。㉘侍中　官名。秦始置，兩漢沿置，為自列侯以下至郎中的加官，無定員。侍從皇帝左右，出入宮廷。初伺應雜事，由於接近皇帝，地位漸形貴重。㉙詭辭密對　指所回答的話都保密不對外泄露。《穀梁傳》：「故士造辟而言，詭辭而出。」范甯注：「辟，君也。詭辭而出，不以實告人也。」㉚典義　猶引經據典，言而有據。㉛左馮翊　官名、政區名。西漢時改左內史置。職掌相當於郡太守，轄區相當於一郡，因地屬畿輔，故不稱郡，為三輔之一。東漢時治今陝西高陵西南。㉜徙　遷移。謂平級調動。㉝京兆尹　官名。在漢代亦為政區名。西漢太初元年（西元前一〇四年）改右內史置，分原右內史東半部為其轄區，職掌相當於郡太守。因地屬畿輔，故不稱郡。為三輔之一，治今陝西西安西北。㉞三輔　西漢京畿地區三個地方長官，亦用以指其所管理的京畿地區。西漢景帝二年（西元前一五五年）分內史為左、右內史，與主爵中尉（中元六年改為主爵都尉）同治長安城中，所轄皆京畿之地，故合稱「三輔」。漢武帝太初元年改左、右內史與主爵都尉為左馮翊、京兆尹、右扶風，轄境相當今陝西中部地區。㉟咨嗟　讚歎。㊱邊鳳　字子章，東漢陳留人。為京兆尹，有能聲。與延篤並為時所稱。㊲趙　即趙廣漢。字子都，西漢涿郡蠡吾（今河北博野）人。少為郡吏、州從事。宣帝時，任潁川太守，曾誅殺豪強原氏、褚氏等。遷京兆尹，執法不避權貴。後被殺。㊳張　即張敞。字子高，西漢平陽人。宣帝時為京兆尹，市無偷盜。然無威儀，曾為妻畫眉。帝問之，對曰：「臣聞閨門之內，夫婦之私，有過於畫眉者。」帝不責。後坐與楊惲厚，免歸。數月，冀州盜賊起，帝思敞功，召拜冀州刺史。到任後，盜賊屏息。元帝欲以為左馮翊，會病卒。㊴三王　即王遵、王章、王駿。王遵，字子春，東漢霸陵人。少豪俠有才辯。與隗囂一起舉兵，為大將軍。常有歸漢意。數諫囂，不聽，遂歸光武，拜太中大夫，封向義侯。王章，字仲卿，西漢鉅平人。成帝時為京兆尹，剛直敢言，遂為王鳳所舉，不親附之，因日蝕奏彈王鳳，竟致下獄死。王駿，西漢王吉子。為趙內史，吉坐昌邑王被刑，戒子孫勿為王國吏。故駿稱病免。復起為幽州刺史，遷京兆尹。先是京兆尹有趙廣漢、張敞、王遵、王章至駿，皆有能聲，京師稱頌道：「前有趙張，後有三王。」官至御史大夫。㊵下　頒布命令。㊶齎　懷抱著；帶著。㊷詣　到。舊時特指到尊長那裡去。㊸貨　買進。㊹牛黃　中藥名。黃牛和水牛的膽囊結石，性甘涼，入藥可清熱解毒。㊺收　逮捕；拘押。㊻椒房　漢代后妃所居住的宮殿，用椒和泥粉刷牆壁，取其溫暖有香氣，兼有多子之意，故名。㊼外家　指外戚。㊽有司　官吏。古代設官分職，各有專司，故稱。㊾家巷　即閭巷。家門口。㊿篤論　猶確論。確切的評論。51銖兩　謂分出輕重。喻品評。52著　顯明；顯露。53章　同「彰」。彰明。54彌蔓　蔓延。55紛縟　繁盛華麗。56繁蔚　繁多茂盛貌。57孝悌　也作「孝弟」。孝順父母，敬愛兄弟，中之以孝悌之義。58回　即顏回。字子淵，春秋魯國人。孔子學生。家境貧寒，簞食瓢飲，居住陋巷，而不改其樂。為人好學，以德行著稱。59參　即曾參。字子輿，春秋魯國人。曾點子，孔子弟子。事親至孝，嘗耘瓜而誤斷其根，點怒，援杖擊之，幾死。有頃而蘇，鼓琴而歌。孔子聞之，告門人曰：「參來勿內也，小杖則受，大杖則走，今參陷父不義，安得為孝乎？」參聞之，遂造孔子謝過焉。參性質魯，日三省其身，悟一貫之旨。述《大學》，作《孝經》，以其學傳子思，子思以傳孟子。後世稱為宗聖。60稱　述說；聲稱。61虞舜　即舜。姚姓，一作媯姓，號有虞氏，名重華，史稱虞舜。傳說中父系氏族社會後期部落聯盟領袖。相傳因四岳推舉，堯命他攝政。他巡行四方，除去共工、驩兜、三苗、鯀等四人。堯去世後繼位，又諮詢四岳，挑選賢人，治理民事，並選拔治水有功的禹為繼承人。62公劉　古代周族領袖。傳為后稷曾孫。夏代末年率領周族遷到豳（今陝西彬縣東北），觀察地形水利，相傳是后稷的後代。數傳至公劉，遷於邠，周室的興盛自此開始。63閔　即閔損。字子騫，春秋魯國人。孔子弟子，居德行科。少為後母所苦，冬月，後母為損製衣，內絮蘆花。為親生二子絮棉。損寒甚，為父所知，欲出其後母。損告父曰：「母在一子寒，母去三子單。」父遂止。母感悟，待三子如一。64管仲　即管夷吾。字仲，潁上人，春秋初期政治家。由鮑叔牙推薦，被齊桓公任命為卿，尊稱「仲父」。他在齊進行改革，確立選拔人才制度，按土地好壞分等徵稅，適當徵發力役，用官府力量發展鹽鐵業，鑄造和管理貨幣，調劑物價，從此國力大振。幫助齊桓公以「尊王攘夷」相號召，使之成為春秋時第一個霸主。65九合　《論語》：「桓公九合諸侯，不以兵車，管仲之力，如其仁，如其仁。」九合者，謂再會於鄄，兩會於幽，又會檉、首止、戴寧、母洮、葵丘。66越巂　郡名。西漢元鼎六年（西元前一一一年）置。治今四川西昌東南。67李文德　東漢人，曾任越巂太守，與延篤友善，稱其有王佐之才，欲引進之，延篤以書止文德。68公卿　三公九卿的合稱，後泛指中央政府高級行政官員。69叔堅　延篤字。70王佐　王者的輔佐；佐君成王業的人。71夫道之將廢二句　語出《論語・憲問》：「道之將行也與？命也。道之將廢也與？命也。」72流聞　指傳聞之事。73昧爽　拂曉；破曉。74櫛梳　梳理修飾鬚髮。75羲　即伏羲氏。也稱宓羲、包犧、犧皇等。神話中人類的始祖。傳說人類由他和女媧氏兄妹相婚而產生。又傳他教民結網，從事漁獵畜牧，反映中國原始時代開始漁獵畜牧的情況。傳說八卦也屬於他的制作。(76)文　即周文王。姬姓，名昌。商末周族領袖，商紂王時為西伯，亦稱伯昌。曾被商紂囚禁於羑里（今河南湯陰北）。統治期間，國勢強盛。他解決虞、芮兩國爭端，使兩國歸附；還攻滅黎（今山西長治西南）、邘（今河南沁陽西北）、崇（今河南嵩縣北）等國。並建立豐邑（今陝西長安灃水以西），作為國都。在位五十年。(77)夏　朝代名。中國歷史上第一個王朝。相傳為夏后氏部落領袖禹子啟建立的國家。建都陽城（今河南登封東），傳到桀，為商湯所滅。共傳十三代，十六王。約當西元前二十一到前十六世紀左右。(78)歷　遍；完全。(79)公旦　即周公。姬姓，名旦，西周初人。周武王弟，與呂尚同為西周開國元勳。以魯公封於曲阜，留朝執政，長子伯禽就封。武王卒，成王幼，攝政。管叔、蔡叔、霍叔等不服，聯合殷貴族武庚和東夷反叛。他率師東征，平定叛亂，滅奄（今山東曲阜東）後大舉分封諸侯，營建成周洛邑（今河南洛陽）。又制禮作樂，為西周典章制度的主要創制者，奠定了「成康之治」的基礎。(80)典禮　有關禮的典籍，即《周禮》，書名，儒家經典之一。亦名《周官》、《周官經》。古文經學家認為周公所作，今文經學家認為出於戰國或指為西漢末年劉歆所偽造。近人從周秦銅器銘文所載官制，參證該書的政治經濟制度和學術思想，認為是戰國時代儒者根據當時各國官制，添附儒家政治思想，增減編排而成。其中經濟思想雜有法家的一些觀點。(81)投閒　抽空閒。(82)洋洋　盛大或眾多的樣子。(83)渙爛　猶燦爛。(84)溢　充滿而流出來。(85)輿　指大地。宋玉〈大言賦〉：「方地為輿，圓天為蓋。」(86)漸離　即高漸離。戰國燕人，善擊筑，偕荊軻入秦刺秦王。軻死，漸離變姓名，為人傭保，久之聞於始皇，始皇惜其善擊筑，乃廢其目，使擊筑，未嘗不稱善，稍益近之。漸離乃置鉛筑中，撲秦王，不中，被殺。(87)筑　古樂器名。《說文》：「筑，五弦之樂也。」《史記．刺客列傳》：「荊軻至燕，日與屠狗及高漸離擊筑，荊軻和而歌於市中，相樂，已而相泣，傍若無人。」今筑形似箏，有項有柱。(88)高鳳　字文通，東漢葉人。少耽於學，以農為業，妻嘗外出理田，曬麥於庭，囑鳳防雞鴨來食。時天雨，鳳持竿誦經，麥為潦水所漂。妻還，怪而問之，鳳方悟。晝夜讀書不息，遂成名儒。元和中，教授西唐山中，不應徵辟，隱身漁釣，卒於家。(89)束脩　古代男子十五歲束髮成髻，稱為「成童」，可以入學。束脩，謂束帶修飾。鄭玄注《論語》：「謂年十五已上」。(90)黷　隨隨便便；濫用。(91)歿　亦作「沒」。死。(92)赧　因羞慚而流汗。(93)羿射者　按《史記》，指春秋時楚國大夫養由基，時稱善射者。能百步之外射柳葉，百發百中。左右觀之者數千人，皆曰「善射」。有一人立其旁，曰：「善，可教射矣。」養由基怒，釋弓搤劍曰：「客安能教我射乎？」客曰：「非我能教枝左詘右也，夫去柳葉百步而射之，百發百中之，不以善息，少焉氣衰力倦，弓撥矢鉤，一發不中者百發盡息。」此言羿者，蓋以俱善射而稱之焉。(94)禁錮　即黨錮之禍。東漢桓帝、靈帝時部分官僚士大夫和太學生聯合反對宦官專權，以此被禁止仕宦或參與政治活動，時稱「黨錮」。東漢桓帝時，司隸校尉李膺等人和太學生郭泰、賈彪等聯合，抨擊宦官。延熹九年（西元一六六年），有人勾結宦官誣告他們「誹訕朝廷」，李膺等二百多名「黨人」被逮捕，後雖釋放，但終身不許做官，稱為第一次「黨錮之禍」。靈帝即位後，外戚竇武專權，起用黨人，並與太傅陳蕃合謀誅滅宦官，事洩被殺。建寧二年（西元一六九年）靈帝在宦官侯覽、曹節挾持下，收捕李膺、杜密等百餘人下獄處死，並陸續殺死、流徙、囚禁六七百人。熹平五年（西元一七六年），靈帝在宦官挾制下又命令凡「黨人」的門生故吏、父子兄弟，都免官禁錮，並連及五族，稱為第二次「黨錮之禍」。❾❺永康　東漢桓帝年號，西元一六七年。❾❻圖　用作動詞。即畫像。❾❼屈原　（約西元前三四〇－前二七八年），名平，字原，又自云名正則，字靈均。戰國時楚國政治家、詩人。出身楚國貴族。初輔佐懷王，做過左徒、三閭大夫。主張明法度，任賢能，聯齊抗秦。因遭令尹子蘭、楚懷王寵姬鄭袖等人讒害去職。頃襄王時被放逐。後因國政腐敗，國都郢被秦兵攻破，遂投汨羅江而死。所作〈離騷〉、〈九章〉等篇在文學史上占有突出的地位。❾❽駮正　批駁糾正。❾❾服虔　初名重，又名祇，字子慎，東漢滎陽人。少入太學受業，善著文。作《春秋左氏傳解》，又以《左傳》批駁何休所駁漢事六十餘條。靈帝時官至九江太守，遭亂，客病卒。初，鄭玄欲注《春秋》未成，偶與虔遇宿客舍，虔在外車上與人說己注《春秋》意，玄聽之，多與己同，因就車與語，盡以所注與之，遂為服氏注。❶⓿⓿折中　也作「折衷」。調和各方面的意見使之適中。❶⓿❶論　分析闡明事物道理的文章、理論和言論。❶⓿❷銘　中國古代用於銘刻的文字逐步形成的一種文體。❶⓿❸書　成本的著作。❶⓿❹應訊　猶答問。以問答形式述志的文體。❶⓿❺表　分類分項記錄事物的檔案。❶⓿❻教令　亦謂教戒、命令。即由官府頒發的有關各種條令的文件。

【語譯】延篤，字叔堅，南陽犨縣人。小時候跟從潁川唐溪典學習《左氏傳》，十天就能背誦出來，唐溪典非常敬佩他。後來他又跟從馬融學習，廣博地精通了經、傳以及諸子百家的學說。他善於寫文章，在京師很有文名。

2　後來，延篤被推舉為孝廉，又被任命為平陽侯相。到任之後，他為當地名士龔遂的墳墓立了石碑，並且為他撰刻銘文，立祠祭祀，還把他的後代從農夫中破格提拔予以重用。後來，由於老師逝世，延篤棄官奔喪，服喪以後，五府同時聘他為官，他都推辭不去。

3　漢桓帝時，延篤以博士的名義，被朝廷徵召拜為議郎，與朱穆、邊韶等人一起在東觀著書作文。後逐步升遷做了侍中。漢桓帝曾多次向他詢問為政事宜，延篤回答皇帝動輒引經據典，且都對外保密。後來又升做左馮翊，再後來又改任京兆尹。延篤為政寬厚仁和，對普通老百姓心存憂慮體恤之心，善於拔擢任用那些有德之人，讓他們參與政事，因此博得了郡府衙門下屬的歡欣和喜愛，京郊內外齊聲稱賞讚歎。在延篤之前，陳留人邊鳳也做過京兆尹，也有能幹的名聲，因此，京城人誇獎他們說：「以前的京兆尹有趙廣漢、張敞、王遵、王章、王駿，以後的京兆尹有邊鳳、延篤兩位君子。」

4 延篤做京兆尹的時候，恰逢皇子有病，皇帝下令各郡縣貢獻珍奇藥物。而大將軍梁冀卻派人帶著自己的書信到京兆尹府上，要求在獻藥時為自己買進一些牛黃。延篤看了信後命令將來人拘捕起來，說：「大將軍貴為外戚，當皇子有病的時候，應該向朝廷貢獻治病的藥方，怎麼能派人千里迢迢地到外地去謀求私利呢？」於是就把來人殺掉了。梁冀感到慚愧但又不得聲張，有關部門奉承他的旨意要追究這件事。恰巧這時延篤生了病，就以此為藉口棄官回家，在家設館教授經書。

5 當時有人對仁孝孰先孰後爭議不休，於是延篤論述說：「我看現在關於仁和孝兩者關係的爭論，五花八門，標新立異，相互之間都引用經典文獻，更有人羅列事實為依據，可以說是已有確切的評論了。對於人來說，仁和孝二者應是出於同一個根源，從總的方面看，都是統率各種具體品行的，因此不是像稱量物體一樣用斤兩來計較二者孰輕孰重，一定要規定出一個先後次序。對二者的關係區分出一個大略、從功用上說明二者關係的話，可以說，孝的作用在於侍奉親長，仁的作用在於施恩於萬事萬物。施恩於萬事萬物會對時勢的發展有幫助，侍奉親長，品行就會歸於個人。德歸於己，事情就做得少，救濟時勢就一定功勞很多。由此而推論，仁的功用就表現得比較遠大了。然而事物有出自微細而漸至昭著的，事情也有由隱晦而發展到彰明的。從近的方面說，譬如人的身體，耳朵有聞聽接受的作用，眼睛有察看視物的作用，腳有到達遠地的功用，手有裝飾保衛的功用，這些功用雖然顯露在外面，但都是以人心為根本。從遠的方面說，譬如各種物體，那些草木的生長，在萌芽的時候開始，在繁茂的時候終結。有時枝葉扶疏，有時繁花競放，導致草木如此繁茂地生長的原因還是在於它的根呀。仁人之有孝，就好像人的手足四肢之依靠心一樣，就好像枝葉發端於根一樣。聖人是知道這個道理的，所以聖人說：『孝，是天經地義的，是人的本性和行為。』『君子立身行事致力於根本，根本確立了，那麼為人之道也就產生了。孝與友愛應該是仁的根本吧！』然而事體龐大就難以完備，物之本性就是喜好偏向某一面，因此所施與的東西就會出現差異，任何事物都不是十全十美的。如果一定要對它們進行孰優孰劣的評論，那麼仁是以枝繁葉茂為大，孝是以心之統率手足四肢、為體現根本而占先，這樣說就可以不必爭論了。有人說先有孝然後才有仁，這不符合孔子對於顏回和曾參評價的原意。大體說來仁和孝應該是具有相同的本質的，如果是品性純潔的人，那麼或仁或孝，二者可相得益彰，虞舜、顏回就是這樣的人。假如品性有偏向的人，那麼或仁或孝，則可以各得其一，例如公劉主要是以仁而留名，曾參以孝而被稱頌。曾參、閔損都達到了孝悌的最高境界，管仲憑藉九合諸侯的政績而為仁立下了卓著勳勞，從來沒有人在討論道德問題時不首先提到顏回、曾參的，也從來沒有人在討論仁的功績時不認為管仲的功勞為最大。由此看來，仁和孝各有其所被人稱頌的地方罷了。」

6 曾做過越巂太守的李文德與延篤的關係素來很好，當時他在京城，對朝廷大臣們說：「延叔堅有輔佐帝王的大才，怎麼能夠讓這樣的千里馬四隻腳受到拘束呢？」他的意思是希望這些大臣們引薦延篤。延篤聽說後，就寫了一封信制止李文德說：「我所奉行的道將要被廢棄，這就是所謂的命呀。我聽說您想借助朝廷大臣召我繼續到東觀去做官，您的好意雖然誠懇，但對於我來說卻不敢接受。我曾經每天早晚沐浴得乾乾淨淨，坐在客堂裡。早晨誦讀伏羲氏、周文王的《易經》，虞舜、夏朝的《尚書》，履行周公所制定的典章禮儀，閱覽孔子所著的《春秋》。黃昏時我在內院裡散步，或在南窗下讀《詩》。抽空也讀一些諸子百家的作品。充盈我耳朵的是那些洋洋灑灑的聖賢的聲音，充溢我眼睛的是那些漂亮的文采，紛至遝來的是那些欣喜愉悅的事情，我真是獨得其樂呀！每逢這個時候，我就忘記了人還在天之下、地之上了；也不知道世上還有他人的存在，自己還有一個實實在在的軀殼。即使是高漸離擊筑作樂時，好像旁邊沒有人存在似的，高鳳讀書的時候，不知道暴雨已經傾盆而降，也根本比不上我的自得其樂呀。況且我自從十五歲以來，身為人臣，沒有使自己陷入不忠的地步，身為人子沒有使自己陷入不孝的地步，結交上官不諂媚取悅，結交下民也不失體統，就這樣地度過一生而死，在九泉之下見到祖先，我也可以面無愧色。我已經做到這種地步，如果不見好就收，在仕途上立即止步的話，那就會像教羿射箭的人所說的那樣，一發不中而前功盡棄呀。我讓自己慎重些，不至於迷失自己的本性，丟棄自己的生存之道。」

7 後來，延篤遭到黨錮的牽累，受到禁錮。漢桓帝永康元年，死在自己的家鄉。家鄉的人們為他在屈原廟裡畫了圖像來紀念他。

8 延篤論述、解釋經傳，在很多地方進行了駁論、考證和甄別，後來儒生服虔等認為他的解釋最為合適。所著述的詩、論、銘、書、應訊、表、教令，一共二十篇。

1 史弼，字公謙，陳留考城❶人也。父敞❷，順帝❸時以佞辯❹至尚書、郡守。弼少篤學，聚徒數百。仕州郡，辟公府，遷北軍中候❺。

2 是時桓帝弟勃海王悝❻素行險辟❼，僭❽傲多不法。弼懼其驕悖❾為亂，乃上封事❿曰：「臣聞帝王之於親戚，愛雖隆，必示之以威；體雖貴，必禁之以度。如是，和睦之道興，骨肉之恩遂。昔周襄王⓫恣⓬甘昭公⓭，孝景皇帝⓮驕梁孝王⓯，而二弟階寵⓰，終用教慢⓱，卒周⓲有播蕩⓳之禍，漢⓴有爰盎㉑之變。竊聞勃海王悝，憑至親之屬，恃偏私之愛，失奉上之節，有僭慢㉒之心。外聚剽輕㉓不逞之徒，內荒酒樂，出入無常，所與群居，皆有口無行，或家之棄子，或朝之斥臣，必有羊勝㉔、伍被㉕之變。州司㉖不敢彈糾㉗，傅相㉘不能匡輔㉙。陛下隆㉚於友于㉛，不忍遏絕[32]。恐遂滋蔓[33]，為害彌[34]大。乞露[35]臣奏，宣示百僚，使臣得於清朝明言其失，然後詔公卿平處其法。法決罪定，乃下不忍之詔[36]。臣下固執[37]，然後少有所許。如是，則聖朝無傷親之譏，勃海有享國之慶。不然，懼大獄將興，使者[38]相望於路[39]矣。臣職典[40]禁兵[41]，備禦非常[42]，而妄知藩國[43]，干犯至戚，罪不容誅。不勝憤懣[44]，謹冒死以聞。」帝以至親，不忍下[45]其事。後悝竟坐逆謀[46]，貶為廮陶王[47]。

3

弼遷尚書，出[48]為平原[49]相。時詔書下舉鉤黨[50]，郡國所奏相連及者多至數百，唯弼獨無所上。詔書前後切卻[51]州郡，髡笞[52]掾史[53]。從事[54]坐傳責曰：「詔書疾惡黨人，旨意懇惻[55]。青州[56]六郡，其五有黨，近國甘陵[57]，亦考[58]南北部[59]，平原何理而得獨無？」弼曰：「先王疆理[60]天下，畫界分境，水土異齊，風俗不同。它郡自有，平原自無，胡可相比？若承望[61]上司，誣陷良善，淫刑濫罰，以逞非理，則平原之人，戶可為黨。相有死而已，所不能也。」從事大怒，即收郡僚職送獄，遂舉奏弼。會[62]黨禁中解，弼以俸贖[63]罪得免，濟活者千餘人。

4

弼為政特挫抑[64]彊豪，其小民有罪，多所容貸[65]。遷河東[66]太守，被[67]一切詔書當舉孝廉。弼知多權貴請託，乃豫勑[68]斷絕書屬[69]。中常侍[70]侯覽[71]果遣諸生[72]

齎書請之，并求假[73]鹽稅。積日不得通。生乃說以它事謁弼，而因達覽書。弼大怒曰：「太守忝[74]荷重任，當選士報國。爾何人而偽詐無狀[75]！」命左右引出，楚捶[76]數百，府丞[77]、掾史[78]十餘人皆諫於廷，弼不對。遂付安邑[79]獄，即日考殺[80]之。侯覽大怨，遂詐作飛章[81]下司隸[82]，誣弼誹謗，檻車[83]徵。吏人莫敢近者，唯前孝廉裴瑜[84]送到崤[85]澠[86]之間，大言於道傍曰：「明府[87]摧折虐臣，選德報國，如其獲罪，足以垂名竹帛[88]，願不憂不懼。」弼曰：『誰謂荼苦，其甘如薺。』昔人刎頸[89]，九死不恨。」及下廷尉[90]詔獄，平原吏人奔走詣闕訟之。又前孝廉魏劭[91]毀變形服，詐為家僮[92]，瞻護[93]於弼。弼遂受誣，事當棄市[94]。劭與同郡人賣郡邸[95]，行賂於侯覽，得減死罪一等，論輸左校[96]。時人或譏曰：「平原行貨[97]以免君，無乃蚩[98]乎？」陶丘洪[99]曰：「昔文王牖里[100]，閎[101]、散[102]懷金[103]。史弼遭患，義夫[104]獻寶，亦何疑焉！」於是議者乃息。刑竟歸田里，稱病閉門不出。數為公卿所薦，議郎何休[105]又訟弼有幹國之器[106]，宜登台相[107]，徵拜議郎。侯覽等惡之。光和[108]中，出為彭城[109]相，會病卒。裴瑜位至尚書。

【章旨】以上為〈史弼傳〉。史弼為政時，舉劾皇帝的兄弟，抑制豪強，寬恕百姓，抵制宦官的無理要求和對黨人的迫害。冒著違抗詔書的大罪，救活平原郡一千多人。顯示了浩然正氣。

【注釋】❶考城　古縣名。現已和蘭封縣合併為蘭考縣。❷敞　史敞。東漢陳留考城（今河南蘭考）人。順帝時歷任尚書、郡守、京兆尹等職。有能名，尤善條教，見稱於三輔。❸順帝　即劉保（西元一一五—一四四年）。漢安帝之子。永寧元年被立為太子。延光三年被廢為濟陰王。安帝死，宦官江京等立北鄉侯劉懿為帝（即少帝），旋卒。宦官孫程等殺江京迎立其為帝。孫程等十九名宦官封侯。外戚梁商、梁冀相繼為大將軍，朝政操於宦官、外戚之手，政治日益腐敗。❹佞辯　諂媚善辯。❺北軍中候　官名。東漢始置，掌監屯騎校尉、越騎校尉、步兵校尉、長水校尉、射聲校尉所領北軍五營，秩六百石。秩雖輕而職重，實為京師常備禁衛軍長官，得自辟僚屬。❻勃海王悝　（？—西元一七二年），東漢宗室，蠡吾侯劉翼之子，桓帝之弟。初襲父爵，後封勃海王。耽於淫樂，行多不法。以謀逆貶為癭陶王。曾請託中常侍王甫圖謀復國，許謝錢五千萬。後桓帝遺詔復為勃海王，遂拒付之。靈帝熹平元年被甫誣為謀逆，旋自殺。❼險辟　陰險邪僻。❽僭　過分；超越本分。❾驕悖　傲慢悖逆。❿封事　密封的奏章。古時臣下上書奏事，防有洩漏，用皂囊封緘，故稱。⓫周襄王　姬姓，名鄭，西周惠王子，後母子弟叔帶，與戎翟謀伐王，王欲誅叔帶，叔帶奔齊。齊桓公使管仲平戎於王，王以翟女為后，已而黜翟后。翟人入周，王奔鄭，居於氾。叔遂立為王。取王所黜翟后與居溫。晉文公納王。遂誅叔帶。在位三十二年崩，諡曰襄。⓬恣　放縱；無拘束。⓭甘昭公　即王子帶。周襄王弟，食邑於甘，諡曰「昭」。《左傳》：「初，甘昭公有寵於惠后，惠后將立之，未及而卒。昭公奔齊。王復之，遂以狄師攻王，王出適鄭也。」⓮孝景皇帝　即漢景帝劉啟（西元前一八八—前一四一年）。繼續執行「與民休息」的政策，減輕田租，由十五稅一改為三十稅一，使農業生產進一步發展。進行「削藩」，平定吳楚七國之亂，大大削弱了諸侯王勢力，鞏固了中央集權。史家把他同文帝統治時期並舉，稱為「文景之治」。⓯梁孝王　即劉武。西漢文帝二子。始立為代王，徙淮陽，又徙梁。築東苑方三百餘里，廣睢陽城七十里。招延四方豪傑，欲謀帝位。景帝廢立太子，太后欲以梁王為嗣，大臣及爰盎等關說於帝，太后議被擱置。梁王使人刺殺爰盎，後入朝，欲留京師伺帝位，勿許，歸國卒，諡曰「孝王」。⓰階寵　猶怙寵。⓱教慢　教，同「悖」。違背事理，惑亂糊塗。慢，態度冷淡；不禮貌。⓲周　朝代名。西元前十一世紀周武王滅商後建立，建都於鎬（今陝西長安灃河以東）。西元前七七一年申侯聯合犬戎攻殺周幽王。次年周平王東遷到洛邑（今河南洛陽）。歷史上稱平王東遷以前為西周，以後為東周。⓳播蕩　流離動盪。⓴漢　朝代名。西元前二〇二年劉邦稱帝，國號漢，共歷二十四帝，統治四〇六年。㉑爰盎　或作袁盎（？—西元前一四八年），字絲，楚人，後徙安陵（今陝西咸陽東北）。西漢大臣，歷任齊相、吳相。素與鼂錯交惡。景帝時，錯為御史大夫，使吏案其受吳王財物事，遂被廢為庶人。吳楚七國反，密勸景帝斬錯以謝吳。後因諫止立梁孝王為帝嗣，被梁刺客所殺。㉒僭慢　越分而傲慢。㉓剽輕　強悍輕捷；輕疾。㉔羊勝　西漢齊人，梁孝王招延四方豪傑，羊勝往歸之。孝王怨爰盎，與羊勝詭謀，使人刺殺爰盎。後事急，梁王迫令羊勝自殺。㉕伍被　西漢楚人，或言伍子胥後。以才能稱，為淮南中郎。淮南王招延四方豪傑數百人，伍被為冠首。久之，淮南王陰有邪謀，伍被數次勸諫。王怒，繫被父母，囚之三月，被乃為策劃，事發伏誅。㉖州司　州郡官員。㉗彈糾　猶彈劾。㉘傅相　古稱輔導國君、諸侯王之官。漢諸侯國有太傅，景帝五年，令諸侯王不得治國，改丞相曰相，通稱傅相。㉙匡輔　匡正輔助。㉚隆　尊崇。㉛友于　語出《尚書・君陳》：「友于兄弟。」指兄弟之間親近友愛。後以「友于」代指兄弟之情。㉜遏絕　遏止。㉝滋蔓　滋生蔓延。㉞彌　更加；越發。㉟露　顯露；公開。㊱不忍之詔　即言明當事者過失，但又鑑於某種原因，不忍心加罪處置的詔書。不忍，不忍心。㊲固執　堅持己見，不肯改變。㊳使者　奉使命辦事的人。㊴相望於路　絡繹不絕地奔走於路。謂局勢緊張造成的使者往來頻繁。㊵職典　主管。㊶禁兵　古代稱保衛京城或宮廷的軍隊。㊷備禦非常　應付異乎尋常的事件。㊸藩國　亦稱「蕃國」。古代稱分封及臣服的各國為藩國。㊹憤懣　氣憤；抑鬱不平。㊺下交有關部門處理。㊻逆謀　叛逆的陰謀。㊼廮陶王　即劉悝。以謀逆貶為廮陶王。廮陶，治今河北寧晉西南。㊽出　指京官放外任。㊾平原　郡名。西漢高帝置。治今山東平原西南。㊿鉤黨　相互牽連的同黨。(51)切卻　由於事情急迫而反覆催促。切，緊急；急切。卻，反覆。(52)髡笞　古代刑罰。髡，拔掉犯人鬚髮。笞，用竹杖抽打犯人。(53)掾史　屬官統稱。漢代泛指公府及郡縣官府屬吏，正曰掾，副曰屬，如各曹掾史及其下屬吏。(54)從事　上司屬吏。(55)懇惻　誠懇痛切。(56)青州　西漢武帝時所置「十三刺史部」之一。東漢治今山東淄博臨淄鎮北。(57)甘陵　縣名。漢置厝縣，後漢安帝以孝德皇后葬於厝，故曰甘陵。故治在今山東臨清東北。(58)考　審察；察考。(59)南北部　本書〈黨錮傳序〉：「初，桓帝為蠡吾侯，受學於甘陵周福，及即帝位，擢福為尚書。時同郡河南尹房植有名當朝，鄉人為之謠曰：『天下規矩房伯武，因師獲印周仲進。』二家賓客，互相譏揣，遂各樹朋徒，漸成尤隙。由是甘陵有南北部，黨人之議，自此始矣。」(60)疆理　劃分，治理。(61)承望　迎合；逢迎。(62)會　恰巧碰上。(63)俸贖　即以罰沒俸祿以贖其罪。(64)挫抑　摧挫；抑制。(65)容貸　寬恕；饒恕。(66)河東　郡名。秦漢置。黃河流經山西境，故郡轄區呈南北一線，山西境內在黃河以東者統稱河東。(67)被　及；到達。(68)豫勑　預先命令、告誡。(69)書屬　即書信來往。(70)中常侍　官名。秦始置，西漢沿置，出入宮廷，侍奉皇帝，常為列侯至郎中的加官。東漢時則專用宦官為中常侍，以傳達詔令和掌理文書，權力極大。(71)侯覽　（？—西元一七二年），山陽防東（今山東單縣）人。東漢宦官，桓帝初為中常侍，後封高鄉侯。受賄巨萬，前後奪人田地一百八十頃、房屋三百八十一所。放縱僕人、賓客侵陵百姓。後被劾奏，自殺。(72)諸生　即弟子。(73)假　通「叚」。指借用。(74)忝　有愧於。常用作謙辭。(75)無狀　謂所行醜惡無善狀。(76)楚

捶　杖笞；拷打。⑰府丞　即郡丞。官名。郡守（太守）副貳，佐郡守掌眾事，秩六百石，由朝廷任命。⑱掾史　官名。漢以後中央及各州縣皆置掾史，分曹治事。多由長官自行辟舉。⑲安邑　縣名。秦置。治所在今山西夏縣西北，為河東郡治。⑳考殺　拷問擊殺。㉑飛章　此指匿名誣告文書。㉒司隸　官名。司隸校尉部的簡稱。西漢元延四年（西元前九年）廢司隸校尉，綏和二年（西元前七年）復置，僅名司隸，職位較低，屬大司空，比司直。東漢初又復為司隸校尉。㉓檻車　用柵欄封閉的車。用於囚禁犯人。㉔裴瑜　字稚璜，東漢河東（今屬山西）人。聰明敏達，觀物無滯。史弼為河東太守，以舉孝廉忤中常侍侯覽，被檻車徵。裴瑜以前孝廉送至崤澠之間，大言於路旁曰：「明府摧折虐臣，選德報國，如其獲罪，足以垂名竹帛，願不憂不懼。」弼曰：「昔人刎頸，九死不恨。」瑜以後位至尚書。㉕崤　地名。故址在今河南洛寧北。㉖澠　地名。即澠池縣。故址在今河南洛寧西。㉗明府　漢朝對郡守牧尹的尊稱。又稱明府君。㉘垂名竹帛　竹帛，古代供書寫用的竹簡和白絹，借指典籍。比喻好名聲永遠流傳。㉙刎頸　割脖子；自殺。㉚廷尉　官名。秦始置，為九卿之一。廷尉的職掌是管刑獄，為最高法官。廷尉的主要職責是負責審理皇帝交辦的詔獄，同時審理地方上報的疑難案件。㉛魏劭　東漢河東人。舉孝廉。太守史弼受誣下詔獄，魏劭毀形變服，詐為家僮，瞻護於弼。弼罪當棄市。劭與同郡人賣郡邸店，行賂於侯覽，得減死罪一等。㉜家僮　亦作「家童」。舊時對私家奴僕的統稱。㉝瞻護　照顧保護。㉞棄市　古代指在鬧市執行死刑並陳屍街頭。㉟邸　旅舍；客店。㊱論輸左校　論輸，定罪而罰作勞役。左校，隸將作大匠（將作少府），領本署工徒修造宮室、宗廟、陵園、道路等，官吏犯法，常輸左校為工徒。㊲行貨　即行賄。㊳蚩　同「恥」。可恥；恥辱。㊴陶丘洪　字子休，東漢平原人。清達博辯，文冠當代。史弼受誣下詔獄，當棄市。平原人魏劭等行賄於侯覽得免。時人譏之。陶曰：「昔文王牖里，閎、散懷金。史弼遭患，義夫獻寶。亦何疑焉！」於是議者乃息。舉孝廉，不行，辟太尉府。年三十卒。㊵牖里　即羑里。在今河南境內。商紂王曾囚周文王於此。㊶閎　即閎夭。周人，事文王。紂王囚文王於羑里，閎夭患之，乃求有莘氏之美女，驪戎之文馬，有熊九駟及他奇珍物獻之紂王。紂乃赦文王。後隨武王滅紂。㊷散　即散宜生。周人，事文王。紂王囚文王於羑里，散宜生與閎夭等求有莘氏之美女，驪戎之文馬，有熊九駟及他奇珍物獻之紂王。紂王乃赦文王。後隨武王滅紂。㊸懷金　懷帶金寶。㊹義夫　堅守大義的人。㊺何休　字邵公，東漢樊人。質樸訥口而雅有心思。精研《六經》，善曆算，尤好《公羊春秋》。為太傅陳蕃所辟。蕃敗，坐廢錮。乃作《春秋公羊解詁》，覃思不出門者十七年。世傳為「何氏學」。又有《公羊墨守》、《左氏膏肓》、《穀梁廢疾》等書。黨禁解，拜議郎，屢陳忠言，再遷諫議大夫，光和中卒。㊻幹國之器　治理國家的才幹和器量。幹，治。幹國，治理國家。器，度量；器量。㊼台相　宰相之位。㊽光和　東漢靈帝劉宏年號，西元一七八—一八四年。⑲彭城　封國名。治今江蘇徐州。

【語　譯】史弼，字公謙，陳留郡考城縣人。父親史敞，漢順帝時憑藉諂媚善辯官至尚書、郡守。史弼小時候很好學，聚集在他周圍的朋友多達數百名。後來他在州郡做過官，為公府徵辟，升遷為北軍中候。

2　當時，漢桓帝的弟弟渤海王劉悝平素行為陰險怪僻，越分行事，傲慢無禮，且多行不法。史弼害怕他驕縱不法鬧出大禍，於是給漢桓帝上了一封密書說：「我聽說帝王對於自己的親戚，恩愛雖然深切，但同時一定要示以威嚴；身分雖然高貴，但必須禁限有度。這樣一來，和睦之道就會興盛，骨肉之間的恩愛也就如願以償了。以前周襄王放縱甘昭公，前朝的孝景皇帝驕慣梁孝王，二人的弟弟都受到寵愛，終於導致他們的簡慢不法，結果周朝發生了王室動盪的大禍亂，漢朝出現了爰盎的大變故。我私下裡聽說渤海王劉悝，憑藉著與聖上至親的關係，依仗聖上對他的偏愛之心，喪失了侍奉長上的節操，滋長了僭越簡慢的心態。在外他聚集了一些剽悍輕法對朝廷心懷不滿的人，在內沉醉於飲酒作樂之中，出入不守規矩，跟他生活在一起的都是一些巧言利舌、沒有品行的人，有的是被家庭所拋棄的浪蕩子，有的是被朝廷所斥退的奸佞臣，長此以往，一定會再次發生羊勝、伍被那樣的大變亂。州司的長官對於他的所作所為不敢彈劾糾察，他的僚屬對於他的言行也不能有所匡正輔導。陛下對於兄弟之情看得過於珍重，不忍心對他的行為進行遏止。我擔心這樣一來，禍亂之源就會滋長蔓延，所造成的禍害就更大了。我請求公開我的奏章，向百官們宣示，使我能夠在正大光明的朝堂上說明渤海王的過失，然後由聖上下詔，讓公卿百官議論出公平處理的法度。當法律已決、罪行確定之後，再由陛下頒發一個『不忍』的詔書。那樣由臣下堅決地執其一理，然後陛下再稍稍有所寬許。這樣一來，聖朝就不會受到傷害至親的譏笑，渤海王也就有了長享封國的喜慶。否則，我擔心大獄就會出現，朝廷派出的使者就會不絕於路了。我的職責是掌管禁兵，防備應付緊急的情況，但是我卻越職了解了一些藩國的情況，冒犯陛下的至親兄弟，確屬罪不容誅。我對渤海王的作為非常氣憤，所以甘冒死罪寫了這封奏章。」漢桓帝因為渤海王是至親兄弟的關係，不忍心下令處理這件事。後來劉悝果然有謀反的陰謀而被貶為廮陶王。

3 史弼升遷為尚書，後來又外放做了平原相。當時朝廷下詔書命令各地舉報與「黨人」有牽連的人，各郡國所舉報的多至數百人，只有史弼一個人沒有舉報。朝廷下詔書對於州郡嚴加逼迫，甚至動用剃頭髮或用竹杖鞭打懲罰所屬的僚屬。上級派來催逼此事的從事等在客舍裡，命人傳召史弼前來，責備說：「詔書十分痛恨黨人，旨意非常嚴厲。青州共有六個郡，其中五個郡有黨人，臨近的甘陵郡，也有南北兩部的黨人嫌疑，平原郡有什麼理由偏偏沒有黨人呢？」史弼說：「先王用劃分疆界的辦法治理天下，劃界線區分州郡，由於水土和特點不同，風俗各異。現在，別的州郡有黨人，平原郡沒有黨人，怎麼可以隨便類比？如果想奉迎上司的要求，誣衊陷害善良的人，濫施刑罰，以此來滿足不合理的想法，那麼平原郡的人，每一戶人都可以稱為黨人。我即便被處死，也無法滿足你的要求。」從事非常生氣，立即下令把郡中的僚屬都抓進監獄，並上奏章彈劾史弼。恰逢這時黨禁之事停止了，史弼以俸祿贖了違抗詔書的大罪，但是被他救活的人卻有一千多名。

4 史弼為政，特別注意抑制豪強，百姓有罪，反而多有寬恕。升遷為河東太守後，接到詔書要求推舉孝廉。史弼預料到會有許多權豪貴族來請求，於是事先就下令斷絕書信來往。中常侍侯覽果然派人拿著書信求見史弼，並且還請求借用鹽稅。來人等待多日總是見不到史弼。於是就假稱有其他事請求面見史弼，藉此機會轉達了侯覽的書信。史弼非常生氣，說：「太守擔負著朝廷重任，應該選拔優秀人才報效國家。你是什麼人，竟敢巧偽奸詐而做出這樣的事！」命令左右差役將那人帶出去，痛打了數百杖。府丞、掾史十多人都在庭上替那人求情，史弼根本不理他們。隨即把那人送到安邑獄裡，當天就把他拷打致死了。侯覽知道後，非常怨恨，於是偽造了一份匿名誣告文書送給司法部門，誣衊史弼毀謗朝廷，用囚車押送史弼到京城。史弼的僚屬沒有誰敢靠近囚車，只有以前的孝廉裴瑜，將史弼一直送到崤關與澠池之間，臨別時，裴瑜在路旁大聲地說：「太守摧折那些酷虐的臣僚，選拔那些有德之人報效國家，為這樣的事犯了罪，足可以名垂青史，希望太守不要憂慮，不必畏懼。」史弼回答說：「古人說：『誰說荼味苦，它像薺菜一樣甘甜。』以前的人為了報效國家，即使割斷脖子死九次也不悔恨。」待到案子送到廷尉那裡去審判的時候，史弼原先做平原相時的郡縣僚屬都跑到朝廷來為史弼申辯。有個以前舉過孝廉、名叫魏劭的人，甚至毀壞自己的形體，變換服裝，謊稱是個家僮，前來照看保護史弼。史弼最後還是受到誣陷，被判為棄市。魏劭又與同郡人商量，賣掉了本郡的店舖向侯覽行賄，最後史弼得到了減死罪一等的處罰，判為到左校去服苦役。當時有人譏笑說：「平原郡的人行賄賂而使史弼減罪，這不是太可恥了嗎？」平原名士陶丘洪說：「以前周文王被商紂王囚禁在羑里，閎夭、散宜生等賢人懷揣著金子去行賄，終於把周文王拯救出來。現在史弼遭到禍患，主持正義的人獻出財寶，又有什麼值得大驚小怪的呢！」於是那些譏諷的人再也不作聲了。刑滿以後，史弼回到自己的故鄉，自稱有病，閉門不出。後來朝廷大臣又多次推薦，議郎何休更是稱頌史弼有治國大才，適合擔任宰輔職位，結果又被朝廷徵召，拜為議郎。侯覽等人非常討厭他。漢靈帝光和年間，史弼被外放為彭城相，恰恰這時他病逝了。曾經護送過史弼的裴瑜後來做到尚書的職位。

論曰：夫剛烈表性，鮮能優寬；仁柔用情，多乏貞直。吳季英視人畏傷，發言烝烝❶，似夫儒者；而懷憤激揚，折讓權枉❷，又何壯也！仁以矝❸物，義以退身，君子哉！語曰：「活千人者子孫必封。」史弼頡頏❹嚴吏，終全平原之黨，而其後不大，斯亦未可論也。

【章　旨】史家稱讚吳祐胸懷憂憤，情感激揚，摧折邪惡的當權者的氣焰，史弼冒著死罪對抗嚴酷的官吏，保全平原郡黨人的高風亮節。

【注　釋】❶烝烝　純一寬厚貌。❷權枉　邪惡的當權者。❸矝　「矜」的異體。憐憫；憐惜。❹頡頏　相抗衡。

【語　譯】史家評論說：剛烈之人表現在性情上，很少能夠優柔寬和的；仁柔之人行事多用感情，大多缺乏忠貞耿直。吳季英唯恐傷害對方，說話柔和斯文，酷似一個讀書人；然而他胸懷憂憤情感激揚，摧折邪惡的當權者的氣焰，表現得又是何等壯烈！用仁可以施恩於萬物，用義可以保全己身，這才是君子呀！古話說：「能夠救活千人的人，他的子孫一定興旺。」史弼敢於對抗嚴酷的官吏，終於保全了平原郡的黨人，可是他的後代並未興旺發達，由此看來也不能夠用這句古語來評論一切！

1 盧植，字子幹，涿郡❶涿❷人也。身長八尺二寸，音聲如鍾。少與鄭玄❸俱事馬融，能通古今學，好研精而不守章句。融外戚❹豪家，多列女倡❺歌舞於前。植侍講積年，未嘗轉眄❻，融以是敬之。學終辭歸，闔門教授。性剛毅有大節❼，常懷濟世志，不好辭賦❽，能飲酒一石❾。

2 時皇后❿父大將軍竇武⓫援立⓬靈帝⓭，初秉機政⓮，朝議⓯欲加封爵⓰。植雖布衣⓱，以武素有名譽，乃獻書以規⓲之曰：「植聞嫠有不恤緯之事⓳，漆室有倚楹之戚⓴，憂深思遠，君子之情。夫士立爭友㉑，義貴切磋㉒。書陳『謀及庶人㉓』，詩詠『詢于芻蕘㉔』。植誦先王㉕之書久矣，敢愛其瞽言㉖哉？今足下㉗之於漢朝，猶旦、奭㉘之在周室，建立聖主，四海㉙有繫。論者以為吾子之功，於斯為重。天下聚目而視，攢㉚耳而聽，謂準之前事㉛，將有景㉜風之祚㉝。尋㉞春秋之義，王后無嗣，擇立親長，年均以德，德均則決之卜筮㉟。今同宗㊱相後，披圖㊲案牒㊳，以次建之，何勳之有！豈橫叨[39]天功以為己力乎？宜辭大賞，以全身名。又比世祚[40]不競[41]，仍外求嗣，可謂危矣。而四方未寧，盜賊伺隙，恆岳[42]、勃碣[43]，特多姦盜，將有楚[44]人脅比[45]，尹氏立朝[46]之變。宜依古禮，置諸子之官，徵王侯愛子，宗室賢才，外崇訓道之義，內息貪利之心，簡其良能，隨用爵之，彊幹弱枝[47]之道也。」武並不能用。州郡數命，植皆不就。建寧[48]中，徵為博士，乃始起焉。熹平[49]四年，九江蠻[50]反，四府[51]選植才兼文武，拜九江太守，蠻寇賓服。以疾[52]去官。

3 作尚書章句、三禮解詁。時始立太學石經[53]，以正五經文字，植乃上書曰：「臣少從通儒[54]故南郡[55]太守馬融受古學[56]，頗知今之禮記特多回冗[57]。臣前以周禮諸經，發起粃謬[58]，敢率[59]愚淺，為之解詁[60]，而家乏，無力供繕[61]寫上。願得將能書生二人，共詣東觀，就官財糧，專心研精，合尚書章句，考禮記失得，庶[62]裁定聖典，刊正碑文。古文科斗[63]，近於為實，而厭抑流俗，降在小學[64]。中興[65]以來，通儒達士[66]班固、賈逵[67]、鄭興[68]父子，並敦[69]悅之。今毛詩[70]、左氏、周禮各有傳記，其與春秋共相表裡[71]，宜置博士，為立學官[72]，以助後來，以廣聖意。」

4 會[73]南夷[74]反叛，以植嘗在九江有恩信[75]，拜為廬江[76]太守。植深達[77]政宜[78]，務存清靜，弘[79]大體[80]而已。

5 歲餘[81]，復徵拜議郎，與諫議大夫[82]馬日磾[83]、議郎蔡邕[84]、楊彪[85]、韓說[86]等並在東觀，校中書五經記傳，補續漢記[87]。帝以非急務，轉為侍中，遷尚書。光和元年，有日食之異，植上封事諫曰：「臣聞五行傳[88]『日晦而月見謂之朓，王侯其舒[89]』。此謂君政舒緩[90]，故日食晦[91]也。春秋傳曰『天子避位移時[92]』，言其相掩不過移時。而間者日食自巳[93]過午[94]，既食之後，雲霧晻暧[95]。比年[96]地震，彗孛[97]互見。臣聞漢以火德[98]，化[99]當寬明。近色信讒，忌之甚者，如火畏水故也。案[100]今年之變，皆陽失陰侵，消禦災凶，宜有其道。謹略陳八事：一曰用良，二曰原禁，三曰禦癘[101]，四曰備寇，五曰修禮，六曰遵堯[102]，七曰御下[103]，八曰散利。用良者，宜使州郡覈舉賢良，隨方委用，責求選舉。原禁者，凡諸黨錮，多非其罪，可加赦恕，申宥[104]回枉。禦癘者，宋后[105]家屬，並以無辜委[106]骸橫尸，不得收葬，疫癘之來，皆由於此。宜勑收拾，以安遊魂。備寇者，侯王之家，賦稅減削，愁窮思亂，必致非常[107]，宜使給足，以防未然。脩禮者，應徵有道之人，若鄭玄之徒，陳明洪範[108]，攘[109]服災咎。遵堯者，今郡守刺史一月數遷，宜依黜陟[110]，以章能否，縱不九載，可滿三歲。御下者，請謁[111]希爵，一宜禁塞，遷舉之事，責成主者。散利者，天子之體，理無私積，宜弘大務，蠲略細微。」帝不省。

6 中平[112]元年，黃巾賊[113]起，四府舉植，拜北中郎將[114]，持節[115]，以護烏桓中郎將宗員副，將北軍五校士[116]，發天下諸郡兵征之。連戰破賊帥張角[117]，斬獲萬餘人。角等走保廣宗[118]。植築圍鑿壍，造作雲梯[119]，垂[120]當拔[121]之。帝遣小黃門[122]左豐[123]詣軍觀賊形埶[124]，或勸植以賂送豐，植不肯。豐還言於帝曰：「廣宗賊易破耳。盧中郎固壘[125]息軍，以待天誅[126]。」帝怒，遂檻車徵植，減死罪一等。及車騎將軍[127]皇甫嵩[128]討平黃巾，盛稱植行師方略[129]，嵩皆資用規謀[130]，濟[131]成其功。以其年復為尚書。

7 帝崩，大將軍何進謀誅中官，乃召并州[132]牧[133]董卓[134]，以懼太后。植知卓凶悍難制，必生後患，固止之。進不從。及卓至，果陵虐[135]朝廷，乃大會百官於朝堂，議欲廢立。群僚無敢言，植獨抗議不同。卓怒罷會，將誅植，語在卓傳。植素善蔡邕，邕前徙朔方[136]，植獨上書請之。邕時見親於卓，故往請植事。又議郎[137]彭伯諫卓曰：「盧尚書海內大儒，人之望也。今先害之，天下震怖。」卓乃止，但免植官而已。

8 植以老病求歸，懼不免禍，乃詭道[138]從轘轅[139]出。卓果使人追之，到懷[140]，不及。遂隱於上谷[141]，不交人事。冀州[142]牧袁紹[143]請為軍師[144]。初平[145]三年卒。臨困[146]，勑其子儉葬於土穴，不用棺槨[147]，附體單帛[148]而已。所著碑[149]、誄[150]、表、記[151]凡六篇。

9 建安[152]中，曹操北討柳城[153]，過涿郡，告守令曰：「故北中郎將盧植，名著海內，學為儒宗，士之楷模，國之楨幹[154]也。昔武王[155]入殷[156]，封商容[157]之閭[158]；鄭[159]喪子產[160]，仲尼隕涕[161]。孤[162]到此州，嘉[163]其餘風。春秋之義，賢者之後，宜有殊[164]禮。亟[165]遣丞[166]掾[167]除[168]其墳墓，存其子孫，并致薄醊[169]，以彰厥[170]德。」子毓[171]，知名。

10 論曰：風霜以別草木之性，危亂而見貞良之節，則盧公之心可知矣。夫蠭蠆[172]起懷，雷霆[173]駭耳，雖賁[174]、育[175]、荊[176]、諸[177]之倫，未有不冘豫[178]奪常[179]者也。當植抽白刃[180]嚴閣[181]之下，追帝河津[182]之間，排戈刃，赴戕折[183]，豈先計哉？君子之於忠義，造次[184]必於是，顛沛[185]必於是也。

【章旨】以上為〈盧植傳〉。盧植求學時，三年不窺園，見其心專；剛毅有大節，懷濟世宏願，見其心志；向大將軍竇武上書言事，論君臣之道，見其心智；兩度任太守之職，終使蠻夷心服，見其心慈；任職中樞時，向朝廷陳述八事，言經國方略，見其文韜；與黃巾軍作戰時，規劃謀略周全，見其武略；討論皇帝的廢立，隻身抗拒董卓，見其臣節；囑兒子喪事從儉，見其身儉。此外又正文字、校《五經》、續漢記、著書文。博學厚德，名不虛傳。

【注釋】❶涿郡　西漢置。治今河北涿州。❷涿　漢置縣。為涿郡治。素以繁榮著稱。故城在今河北涿州。❸鄭玄　字康成，東漢北海高密（今屬山東）人。經學家稱後鄭，以與「先鄭（鄭眾）」相別。先後師從第五元先、張恭祖、馬融等經學家，兼通經今古文，見經今古文兩家各立門戶，意欲破其壁壘，自成一家之言。後遊學歸里，徒眾相隨已數百千人。因黨禍事被禁錮，乃杜門不出，遍注群經。其內容均兼採今古文。遂集漢代經學之大成，世稱「鄭學」。❹外戚　指帝室的母族、妻族。❺女倡　古時謂歌姬。❻轉眄　轉動目光。❼大節　高遠宏大的志節、節概。❽辭賦　文體名。漢代常把辭和賦統稱為辭賦。形式上繼承《楚辭》的一些特點，但較多運用散文手法。❾石　古代的容量單位，十斗為一石。見《說苑・辨物》。❿皇后　即桓帝竇皇后。名妙章，竇武之女。時桓帝崩，故稱皇太后。竇妙章被立為皇后後，御見甚稀，帝所寵唯采女田聖等。帝崩無嗣，后臨朝，定策立靈帝。后素忌妒殘忍，桓帝梓宮尚在前殿，遂殺田聖，又欲盡誅諸貴人，中常侍管霸等苦勸乃止。熹平元年（西元一七二年）病卒，諡思。⓫竇武　字游平，東漢扶風平陵（今陝西咸陽）人。生年不詳。桓帝時以長女選入宮中為貴人，得拜郎中。女旋立為皇后，遂遷越騎校尉，封隗里侯，遷城門校尉。永康元年（西元一六七年）上疏奏請解除黨禁。桓帝死，迎立靈帝，任大將軍，封聞喜侯。執掌朝政，起用李膺、杜密等黨人。建寧元年（西元一六八年），與太傅陳蕃謀誅宦官曹節、王甫等，事敗自殺。事見本書卷六十九。⓬援立　猶扶立。指扶立帝后及太子。⓭靈帝　即劉宏（西元一五六－一八九年），章帝玄孫。初襲父爵為解瀆亭侯。永康元年桓帝死，被竇太后及其父竇武迎立為帝，時年十二。在位期間，竇武與陳蕃謀誅宦官事敗，宦官繼續掌政。黨禁再起，捕殺李膺、杜密等百餘人。曾公開標價賣官鬻爵，並增天下田畝稅百錢，大修宮室。政治黑暗，民不聊生。中平元年爆發全國規模的黃巾之亂，東漢王朝趨於崩潰。⓮機政　國家樞機政務。⓯朝議　指朝廷的評議、決議。⓰封爵　封土授爵。⓱布衣　粗布衣服。舊常稱平民。⓲規　相勸；規勸。⓳嫠有不恤緯之事　杜預注曰：「嫠，寡婦也。織者常苦緯少，寡婦所宜憂也。」⓴漆室有倚楹之戚　《琴操》曰：「魯漆室女倚柱悲吟而嘯，隣人見其心之不樂也，進而問之曰：『有淫心欲嫁之念耶，何吟之悲？』漆室女曰：『嗟乎！嗟乎！子無志，不知人之甚也。昔者楚人得罪於其君，走逃吾東家，馬逸，蹈吾園葵，使吾終年不厭菜；吾西隣人失羊不還，請吾兄追之，霧濁水出，使吾兄溺死，終身無兄。政之所致也。吾憂國傷人，心悲而嘯，豈欲嫁哉！』自傷懷結而為人所疑，於是褰裳入山林之中，見女貞之木，喟然歎息，援琴而弦歌以女貞之辭，自經而死。」㉑爭友　能直言規勸的朋友。爭，通「諍」。㉒切磋　原意為將骨、角、玉、石加工製成器物。比喻學習或研究問題時彼此商討，互相吸取長處，改正缺點。㉓謀及庶人　《尚書・洪範》：「謀及卿士，謀及庶人。」㉔詢于芻蕘　《詩・大雅》：「先人有言，詢於芻蕘。」毛萇注：「芻蕘，采薪者也。」㉕先王　指上古賢明君王。㉖瞽言　沒有根據或不合情理的話。瞽，瞎眼。㉗足下　代詞。對對方的敬稱。㉘奭　即召公。召或作邵。姬姓，名奭，西周初人。周文王庶子。因采邑在召（今陝西岐山縣西南），故稱召公或召伯。佐武王滅商後封於燕，後由其子就封，自己留於王都。成王時任太保，為三公之一。曾掌理東都的修建，又與周公分陝（今河南陝縣西南）治國。成王卒，受遺命輔佐康王，享高壽。㉙四海　猶言天下、全國各處。㉚攢　本意為聚、湊集。引申為集中聽力。㉛準之前事　以前代事為標準。㉜景　即漢景帝劉啟（西元前一八一—前一四一年）。繼續執行「與民休息」的政策，減輕田租，由十五稅一改為三十稅一，使農業生產進一步發展。進行「削藩」，平定吳楚七國之亂，大大削弱了諸侯王勢力，鞏固了中央集權。史家把他同文帝統治時期並舉，稱為「文景之治」。㉝祚　帝位。㉞尋　找；搜求。㉟王后無嗣四句　出自《左傳・襄公二十五年》：「先王之命，王后無嗣，擇立親長，年均以德，德均以卜，古之制也。」㊱同宗　宗法社會指同一大宗。㊲披圖　展閱圖籍。㊳案牒　查閱宗室譜牒。㊴橫叨　無理貪求；無理貪占。《左傳》：「貪天之功，以為己力也。」㊵世祚　同「世胙」。國運。㊶不競　謂不能接續。㊷恆岳　即恆山。為五嶽之一，故稱。此指恆山一帶地區。㊸勃碣　指今河北東北部唐山、秦皇島等地區。勃，渤海。碣，碣石山（在河北秦皇島）。㊹楚　古國名。始祖鬻熊。西周時立國於荊山一帶，建都丹陽（今湖北秭歸東南）。常與周發生戰爭，周人稱為荊蠻。熊渠做國君時，疆土擴大到長江中游。楚文王時建都於郢（今湖北江陵西北紀南城）。春秋時兼併周圍小國，不斷與晉爭霸。疆域西北到武關（今陝西丹鳳東南），東南到昭關（今安徽含山縣北），北到今河南南陽，南到洞庭湖以南。戰國時疆域又有所擴大，東北到今山東南部，西南到今廣西東北角，東南至今江蘇和浙江。西元前二二三年為秦所滅。㊺比　人名。《左傳》：楚公子比，恭王之子也。靈王立，子比奔晉。靈王卒，子比自晉歸楚，立為君。比弟公子棄疾欲篡其位，夜乃使人周走呼曰：「王至矣。」國人大驚，子比乃自殺。㊻尹氏立朝　尹氏，周卿士。周景王卒，子猛立為王。尹氏又立周景王之庶子王子朝，奪猛位。㊼彊幹弱枝　謂加強中央集權，削弱地方封國勢力。見《史記・漢興以來諸侯王年表序》：「而漢郡八九十，形錯諸侯間，犬牙相臨，秉其厄塞地利，強本幹弱枝葉之勢，尊卑明而萬事各得其所矣。」㊽建寧　東漢靈帝劉宏年號，西元一六八—一七二年。㊾熹平　東漢靈帝劉宏年號，西元一七二—一七八年。㊿九

江蠻　九江。郡名。秦置。初治今安徽壽縣，東漢移治今安徽定遠西北。蠻，古代對南方各族的泛稱。舊時也用以泛指四方的少數民族。[51]四府　東漢以太尉、司徒、司空、大將軍（或太傅）府為四府。[52]疾　病；身體不舒適。[53]石經　即熹平石經，亦稱「漢石經」。由蔡邕用隸書寫成，後用古文、篆文、隸書參校，故又稱「三體石經」。東漢靈帝熹平四年，蔡邕等建議正定經本文字，共刻四十六碑，立於洛陽太學之前。有《魯詩》、《尚書》、《周易》、《春秋》、《公羊傳》、《儀禮》、《論語》等七經，為中國歷史上最早的官定儒家經本。[54]通儒　通曉儒家經典、學識淵博的大儒。[55]南郡　戰國時置。初治郢縣，後移治江陵縣（今湖北荊州）。漢武帝時割東部數縣置江夏郡。[56]古學　研究古文經、古文字之學。[57]宂　閒散；多餘無用。[58]紕謬　錯誤。[59]率　輕易；不慎重。[60]解詁　亦作「解故」。即訓解注釋。[61]繕　工整地抄寫。[62]庶　但願；希冀。[63]古文科斗　因古文經出自孔子壁中，以古文寫成，形似蝌蚪，因以為名。[64]小學　漢代稱文字學為小學。因兒童入小學先學文字，故名。[65]中興　指東漢立國。因西漢末年王莽篡政，光武帝劉秀建立了東漢，又恢復了劉氏皇統，故史稱「光武中興」。[66]達士　見識高超、不同於流俗的人。[67]賈逵　字景伯，東漢賈徽之子。少傳父業，弱冠能誦《左氏傳》及《五經》本文。以《大夏侯尚書》教授。兼通五家《穀梁》之說。諸儒為之語曰「問事不休賈長頭」。性愷悌，多智思，倜儻有大節。永平中獻《左氏傳解詁》三十篇、《國語解詁》二十一篇。明帝看重其書，寫藏祕閣。章帝時，令賈逵自選《公羊》嚴顏諸生高才者二十名，教以《左傳》。尋遷逵衛士令。和帝時累官侍中，以老病乞歸。所著經傳義詁及論難百餘萬言。又作詩頌、誄書、連諸酒令凡九篇，為學者宗之。[68]鄭興　字少贛，東漢開封人。少學《春秋公羊傳》，晚年善《左傳》能達其旨。兼通《周官》，長於曆數。建武中拜太中大夫。數言政事，依經守義，文章溫雅。後使監征南積弩營，坐私買奴婢，左轉蓮勺令，遂不復仕，客授閿鄉，卒於家。[69]敦　誠心誠意。[70]毛詩　《詩》古文學派。相傳為西漢初毛亨和毛萇所傳。據稱其學出於孔子弟子子夏。《漢書・藝文志》注錄《毛詩》二十九卷、《毛詩故訓傳》三十卷。《毛詩》在西漢時未立於學官。東漢時鄭眾、賈逵、馬融、鄭玄等都治《毛詩》。[71]表裡　表面和內部。[72]學官　指學校。[73]會　恰巧碰上。[74]南夷　即西南夷。漢朝時對居住在今雲南、貴州、四川西部和陝甘川連接地帶的少數民族的總稱。包括眾多部落和不同的民族，社會經濟、文化發展不平衡。其中由主體民族和附屬種落形成的較大集團有：夜郎、靡莫、滇、邛都、昆明、徙、筰都、白馬等。[75]恩信　恩德信義。[76]廬江郡名。楚漢之際分九江郡置。治今安徽廬江縣西南，東漢沿置。[77]深達　深入了解。[78]政宜　施政措施。[79]弘　光大；發揚。[80]大體　重要的義理；綱要。[81]歲餘　過了一年多。[82]諫議大夫　官名。西漢置諫大夫，東漢改稱諫議大夫，屬光祿勳，無定員，掌議論。[83]馬日磾　字翁叔，東漢馬融族子。少傳融業，以才學進與楊彪、盧植、蔡邕等典校中書。歷位九卿，獻帝初時為太傅。(84)蔡邕　字伯喈，東漢陳留圉（今河南杞縣）人。好辭章、數術、天文，善音律，工琴藝。靈帝時辟司徒橋玄府。後任郎中，校書東觀。熹平四年（西元一七五年），奉命與五官中郎將堂溪典、光祿大夫楊賜等勘正《六經》文字。自書丹於碑，使工鐫刻，立於太學門外，世稱「熹平石經」。後遭宦官陷害，亡命江海十餘年。董卓擅政時，召為祭酒，遷尚書，拜中郎將，封高陽鄉侯。及董卓被誅，為司徒王允收付廷尉治罪。自請黥首刖足，續成漢史。不久，死於獄中。事見本書卷六十下。(85)楊彪　字文憲，東漢人。博習舊聞，熹平中徵授議郎，獻帝時拜為太尉。時董卓專權，欲遷都以避諸侯之兵。彪力爭，卓遂奏免彪官，卓死，起為太尉。李傕、郭汜之亂，彪盡節衛主，曹操忌之，誣以大逆，孔融力救乃免。魏文帝立，欲拜為太尉，固辭。乃賜之几杖，黃初中卒。(86)韓說　字叔儒，東漢山陰人。博通《五經》，尤長於圖讖之學。舉孝廉。議郎蔡邕友善。稍遷侍中，光和中數先期言災異，皆中。遷江夏太守，以公事免。(87)漢記　書名。東漢荀悅著。三十卷。成書於建安五年（西元二〇〇年）。編年體西漢斷代史。仿《左傳》體例，簡化《漢書》，按年敘事，內容大致不出《漢書》範圍，而亦有所增補。(88)五行傳　西漢劉向著。(89)日晦而月見謂之朓二句　出自劉向《五行傳》。朓者，月行速在日前，故早見。劉向以為君舒緩則臣驕慢，故日行弨而月行速也。(90)舒緩　懈怠；廢弛。指行動遲慢。(91)晦　農曆每月的末一天，朔日的前一天。(92)天子避位移時　《左傳》：「日過分未至三辰有醫，於是乎君不舉，避移時。」杜預注：「避正寢，過日蝕時也。」(93)巳　地支的第六位，屬蛇。用於計時：巳時為上午九點至十一點。(94)午　地支的第七位，屬馬。用於計時：午時為上午十一點到下午一點。(95)晻曖　晻，昏暗不明。曖，日光昏暗。(96)比年　每年；連年。也說比歲。(97)孛　古書上指光芒強盛的彗星。(98)火德　五德之一。以五行中的火來附會王朝命運的稱火德。(99)化　教化。(100)案　考查；研求。(101)癘　瘟疫。(102)堯　即唐堯。號陶唐氏，名放勳。傳說中父系氏族社會後期部落聯盟領袖。傳曾命羲和掌管時令，制定曆法。諮詢四岳，選舜為其繼任人。對舜進行三年考核後，命舜攝位行政。他死後，即由舜繼位，史稱禪讓。(103)御下　對臣下的統御。(104)申宥　謂施恩寬宥。(105)宋后　即宋皇后。宋皇后由於宦官王甫、程阿所羅織的罪名，憂憤而死，父及兄弟並被誅。靈帝後夢見桓帝怒曰：「宋皇后何罪而絕其命？已訴於天，上帝震怒，罪在難救。」(106)委　拋棄；捨棄。(107)非常　異乎尋常。(108)洪範　《尚書》篇名。洪，大。範，法；規則。舊傳為商末箕子向周武王陳述的「天地之大法」，近人或疑為戰國時期的作品。分為九疇（九類），認為龜筮可以預卜人事吉凶禍福，國家的治亂興衰能影響氣候的變化，後成為漢代「天人感應」等神學迷信的理論根據。其中以金、木、水、火、土「五行」來解釋自然現象，含有樸素的唯物主義因素。(109)攘　推；排除。(110)黜陟　指人才的進退，官吏的升降。(111)謁　請求。(112)中平　東漢靈帝劉宏年號，西元一八四—一八九年。(113)黃巾賊　指東漢末年黃巾之亂。西元一八四年，太平道首領張角經過十餘年的祕密組織宣傳以後起事，部眾以黃巾裹頭，因被稱為「黃巾軍」。他們焚燒官府，捕殺官吏，攻打塢堡，聲勢浩大。由於缺乏作戰經驗，最後被平定。黃巾之亂動搖了東漢王朝的統治，東漢王朝很快就陷入分崩離析的局面。114 中郎將　官名。秦代置，為中郎長官，隸郎中令。兩漢沿置，掌宮禁宿衛，隨行護駕，佐郎中令（光祿勳）考核選拔郎官，亦常奉詔出使。東漢還增設使匈奴中郎將等。115 節　符節。古代使者所持，以作憑證。116 北軍五校士　漢代守衛京師的屯衛兵。未央宮在京城西南，其衛兵稱南軍；長樂宮在京城東面偏北，其衛兵稱北軍。文帝時合南北軍，其後宮室日增，南軍名沒，而北軍名存。東漢沿之，置北軍中候，掌監五營，稱為北軍五校。117 張角　（？—西元一八四年），鉅鹿（今河北平鄉）人。東漢末黃巾軍首領。創太平道，自稱「大賢良師」。靈帝時，藉治病傳教，祕密進行組織工作。十餘年間，徒眾達數十萬人，遍及青、徐、幽、冀、荊、揚、兗、豫八州。中平元年起事，稱「天公將軍」。以頭纏黃巾為標誌，稱「黃巾軍」。與弟梁會集幽、冀兩州黃巾軍，在廣宗（今河北威縣東）擊退北中郎將盧植的進攻。此後又打敗東中郎將董卓。不久病死。118 廣宗　縣名。治今河北威縣東。119 雲梯　古代戰具。用來攻城時攀登城牆的長梯。120 垂　接近；快要。121 拔　奪取軍事上的據點。122 小黃門　官名。東漢始置，由宦官充任。名義上隸屬少府，秩六百石。位次中常侍，高於中黃門。侍從皇帝左右，收受尚書奏事，傳宣帝命，掌宮廷內外、皇帝與後宮之間的聯絡。明帝、章帝之世，員額十人，和帝後增至二十人。以後權勢漸重，用事於內廷，甚至總典禁軍。諸中常侍多由此遷任。123 左豐　東漢宦官。桓帝時任小黃門。124 形埶　局勢；情況。埶，同「勢」。125 固壘　加固營壘。指堅守。126 天誅　上天誅罰。127 車騎將軍　官名。西漢初設將車騎士，故名。後遂為高級武官稱號，位次大將軍，且文官輔政者亦加此銜。東漢權勢尤重，但地位仍低於大將軍、驃騎將軍，高於衛將軍。128 皇甫嵩　字義真，東漢皇甫規兄子。少好詩書，習弓馬，靈帝時為北地太守，以破黃巾功，領冀州牧，拜太尉。封槐里侯，威名震天下，折節禮士，豪傑爭附，時號名將。129 方略　全盤的計劃和策略。130 規謀　規劃；計謀。131 濟　成就。132 并州　西漢武帝所置「十三刺史部」之一。領太原、上黨、雲中、定襄、雁門、代等六郡。東漢治今山西太原西南。133 牧　即州牧。官名。省稱「牧」，漢成帝改州刺史置，秩二千石，位次九卿，監察州郡。後廢置不常。東漢靈帝時復置，掌一州軍政大權，位高於郡守。134 董卓　（？—西元一九二年），字仲穎，東漢隴西臨洮（今甘肅岷縣）人。本為涼州豪強。靈帝中平六年，任并州牧。少帝即位，大將軍何進謀誅宦官，召他率兵入洛陽。旋廢少帝，立獻帝，專斷朝政。曹操與袁紹等起兵反抗，他挾獻帝西遷長安，自為太師。殘暴專橫，縱火焚洛陽周圍數百里，使生產受到嚴重破壞。後為王允、呂布所殺。事見本書卷七十二。135 陵虐　欺壓凌辱。136 朔方　西漢置。治今內蒙古杭錦旗北，轄境相當今內蒙古河套西北部及後套地區。東漢移治今內蒙古磴口北。東漢末年廢。137議郎　官名。西漢置，隸光祿勳。為高級郎官，不入值宿衛，執掌顧問應對，參與議政，指陳得失，為皇帝近臣。東漢更為顯要，常選任者儒名士、高級官吏，除議政外，亦或給事宮中近署。138詭道　詐稱。139轘轅　即轘轅道。治今河南偃師南。140懷　縣名。春秋鄭邑，戰國屬魏。漢置懷縣。故城在今河南武陟西南。141上谷　郡名。戰國時燕國置。秦治今河北懷來東南。屬幽州。142冀州　漢武帝所置「十三刺史部」之一。東漢治今河北柏鄉北，末期移置今河北臨漳西南。143袁紹（？—西元二〇二年），字本初，東漢汝南汝陽（今河南商水縣）人。出身於四世三公的世家大族。初為司隸校尉。何進召董卓誅宦官，卓未至而事洩，進被殺，他盡殺宦官。卓至京師專朝政，他投奔冀州（今河北中南部），號召起兵討卓，並據有其地，稱冀州牧。後破公孫瓚，逐漸占有冀、青、幽、并四州，成為當時地廣兵多的割據勢力。建安五年在官渡（今河南中牟東北）為曹操大敗，不久病死。其子袁譚、袁尚互相攻擊，先後為曹操所滅。事見本書卷七十四。144軍師　古代官名。掌管監察軍務。145初平　東漢獻帝劉協年號，西元一九〇—一九三年。146困　困難；苦難。此指病重垂危。147棺椁　古時棺木為雙層，外為槨，內為棺。此泛指棺材。椁，「槨」的異體。148帛　絲織品的總稱。149碑　刻在碑上的文字。150誄　敘述死者生平，哀悼死者的文章。151記　古時的一種文體。152建安　東漢獻帝劉協年號，西元一九六—二二〇年。153柳城　縣名。漢置。治今遼寧興城西南。154楨幹　喻能勝重任的人。楨，古代打土牆時所立的木柱，泛指支柱。155武王　即周武王。姬姓，名發，周朝建立者，周文王之子。用太公望、周公旦等人輔政，伐紂。與商軍會戰於牧野（今河南淇縣西南）。商軍倒戈，紂登鹿臺自焚而死，遂滅商。周朝建立，都鎬京（今陝西長安灃河東）。二年後病卒。156殷　朝代名。即商朝。西元前十六世紀商湯滅夏後建立的國家。建都亳（今山東曹縣南），曾多次遷移。後盤庚遷都殷（今河南安陽小屯村），因而商也被稱為殷。傳至紂，被周武王攻滅。共傳十七代，三十一王。約當西元前十六到前十一世紀。157商容　商紂王時為大夫，以直諫被貶。後武王伐紂，表其閭。158閭　原指里巷的大門，後指人聚居處。159鄭　古國名，姬姓。開國君主是周宣王弟鄭桓公（名友）。西元前八〇六年分封於鄭（今陝西華縣東）。周幽王時，桓公見西周將亡，把財產、部族、家屬連同商人遷移到東虢和鄶之間。鄭武公即位，先後攻滅鄶和東虢，建立鄭國，都新鄭（今屬河南）。鄭武公、莊公相繼為周平王卿士，在春秋初年為強國。後漸衰弱，西元前三七五年為韓所滅。160子產　即公孫僑。字子產，春秋鄭國大夫，柄國四十餘年，使晉楚不能加兵於鄭。將卒，語其子太叔曰：「吾死，汝必為政，唯有德者能以寬服民，其次莫若猛，夫火烈，民望而畏之，故鮮死焉，水懦弱，民狎而翫之，則多死焉，故寬難。孔子聞之，出涕曰『古之遺愛也』。」161隕涕　流淚。162孤　古代帝王的自稱。163嘉　誇獎；讚許。164殊　特別。165亟　急切。166丞　即郡丞。官名。郡守（太守）副貳，佐郡守掌眾事，秩六百石，由朝廷任命。[167]掾　屬官統稱。漢代三公府及其他重要官府皆置掾、史、屬，分曹治事。掾為曹長，史、屬副貳。故掾史多冠以曹名，如戶曹掾、戶曹史等。[168]除　修治；修整。[169]酹　祭祀。[170]厥　代詞。他。[171]毓　盧植子。《魏書．盧毓傳》：「毓字子家，十歲而孤，以學行稱，仕魏至侍中、吏部尚書。時舉中書郎，詔曰：『得其人與不，在盧生耳。選舉莫取有名，如畫地為餅，不可啖也。』毓對曰：『名不足以致異人，而可以得常士。常士畏教慕善，然後有名也。』」[172]蠭蠆　亦作「蠭蠆」。蜂和蠆，都是有毒刺的螫蟲。[173]雷霆　雷暴；霹靂。[174]賁　即孟賁。戰國時衛國人，勇士。傳說能生拔牛角。[175]育　即夏育。戰國時衛國人，勇士。傳說能力舉千鈞，為田搏所殺。[176]荊　即荊軻。本戰國齊人，徙於衛，衛人謂之慶卿，後入燕國，燕人謂之荊卿。好讀書擊劍，與燕之狗屠及善擊筑者高漸離友善。日與飲燕市，燕太子丹待之以上客，欲令劫秦王，以贖回諸侯被侵地。軻請樊於期首級及燕國地圖以行之。賓客皆白衣冠送至易水。至秦，以匕首刺秦王不中，被殺。[177]諸　即專諸。春秋吳國堂邑人。吳公子光謀殺王僚，預伏甲於窟室而宴請王僚，使專諸置匕首魚腹中進獻王僚案前，專諸假以匕首擘魚而刺王僚，僚立死，專諸亦為左右所殺。[178]冘豫　即不能自定。謂在突發事前變其常態。冘，人行貌。[179]奪常　謂突變讓人失去常態。[180]白刃　鋒利的刀。[181]嚴閣　高閣。指皇宮或中央官署。[182]河津　河邊的渡口。[183]戕折　謂非常事變。[184]造次　倉促；匆忙。[185]顛沛　跌倒。比喻處境窘迫困頓。

【語　譯】盧植，字子幹，涿郡涿縣人。身高八尺二寸，說話聲音像洪鐘一樣。小時候與鄭玄一起在馬融那裡學習，通曉古文經學和今文經學，喜歡鑽研義理而不拘泥於詞章語句。馬融是明德皇后的從姪，是外戚豪貴之家，家裡常常有多名歌姬舞女唱歌跳舞。盧植在那裡學習多年，從來沒有轉過眼睛去看歌女們一眼，馬融因此而敬重他。學習結束後他辭別馬融回到家鄉，閉門教書。盧植性格剛毅有大節，心懷濟世大志，不喜愛辭賦。酒量很大，一次能飲一石酒。

2　當時皇后的父親大將軍竇武擁立漢靈帝，剛剛開始執掌國柄，朝廷就議論要加封他的爵位。盧植雖然是個無官爵的普通人，因為竇武素來就有名望，於是便寫了一封書信規勸他說：「我聽說寡婦常擔憂緯線不足，漆室女經常倚靠著楹柱，吟彈悲傷的曲子，憂慮很深就會思考得很遠，這就是君子的性情。士人結交敢於規勸自己的朋友，可貴之處在於互相切磋。《尚書》上寫著『考慮問題要求教於普通人』，《詩》也歌詠說『要向砍柴的樵夫請教』。我誦讀先王的書很久了，哪敢吝嗇自己不成熟的言論呢？現在您與漢朝的關係，就好像周公、召公與周朝的關係，擁立了聖主，繫四海於一身。評論者都認為足下的功業，在這方面最為重大。天下之人瞪著眼睛看，攢起耳朵聽，都說按以前行事的標準去做，您一定會被隆重封賞。探求《春秋》的本義，王后如果沒有兒子，就必須選擇庶出的長子立嗣，如果王子之間年齡均等，就選擇有品德的，如果品德都是優良，就通過卜筮的辦法來決定。現在同宗兄弟按照先後次序排列，根據譜牒論資排輩地確立地位，還有什麼功勳可言！這難道不是貪天之功以為己有嗎？應該辭掉重大的封賞，以保全自己的身分名譽。又假設聖上不能長享皇位，仍然要到外面求繼嗣，到那時就危險了。況且現在四方都不安寧，盜賊正窺伺機會，恆岳、渤碣地區奸盜特別多，恐怕將來會像楚國人威脅國君子比、周朝尹氏擁立子朝的變亂。應該依照古代禮制，為各位皇子設立輔助之官，徵召王公諸侯的寵愛之子、朝廷宗室的賢能之才充任，在外面尊崇訓道的義理，對內心去掉那種貪利的想法，選拔確實有才能的人，隨時重用並且給他們以封爵，這才是加強主幹削弱枝葉的道理啊。」竇武並沒有採納他的意見。州郡曾多次任命盧植的官職，盧植都沒去赴任。漢靈帝建寧年間，徵召盧植為博士，從這時起盧植才出仕為官。漢靈帝熹平四年，九江蠻反叛朝廷，四個郡都推薦說盧植文武雙全，結果被任命為九江太守，南蠻從此才誠心臣服了。後來，由於疾病的緣故而離開了職位。

3 盧植著有《尚書章句》、《三禮解詁》。當時剛剛在太學立《石經》，目的是為了糾正《五經》的文字。對此，盧植上書說：「我小時候跟隨學識淵博的大儒、以前的南郡太守馬融學習古文經學，比較了解現行的《禮記》，文義紆曲的地方特別多。在此之前，我依據《周禮》等經書，指出其乖謬之處，我大膽地以自己的愚陋淺薄替這些書作注解，但是由於家裡窮，沒有能力抄寫呈送給朝廷。我希望得到二名識文斷字的年輕人，一起到東觀，依靠國家的財力，專心精研義理，整合《尚書》的章句，考證《禮記》的得失，希望能對聖人經典有所裁定，對於碑文有所刊正。古文經書都是蝌蚪文字，雖然接近於真實，卻因此壓抑了一般的讀書人，迫使他們把興趣專注在文字功夫上。中興以來，那些大學者如班固、賈逵、鄭興、鄭眾父子，都深深地喜愛這門功夫。現在《毛詩》、《左傳》、《周禮》都各有傳記，與《春秋》互為表裡，都應該設置博士，立於學官，以幫助後來的人學習，以光大聖人的思想。」

4 這時恰逢南夷反叛，朝廷考慮到盧植曾經在九江為官，有恩於當地人，所以就任命他做了廬江太守。盧植深知政事之宜，採取清靜的政策，只是掌握大體罷了。

5 一年多以後，盧植再一次被徵拜為議郎，與諫議大夫馬日磾、議郎蔡邕、楊彪、韓說等人一起校正東觀藏書《五經》的記和傳，補正和續寫《漢記》。漢靈帝認為這些工作不是緊急事務，於是就把盧植轉為侍中，升任尚書。光和元年，出現日蝕，盧植為此向朝廷上書說：「我記得《五行傳》上記載『太陽在月末陰晦時而月亮出現，這是大臣們驕慢的結果』。就是說聖上為政過於寬鬆，以致出現日蝕的現象。《春秋傳》也說『當日蝕出現時，天子應該避開正殿一段時間』。這是說日蝕現象不會持續很長的時間。而最近日蝕卻從巳時持續至午時以後，日蝕過後，天空仍然雲霧沉沉，一片昏暗。近幾年地震、彗星等災異連續出現。我聽說漢朝屬於火德，政教應當寬明。天子喜近女色，聽信讒言，是一切忌諱之中最要顧忌的事，就像火之忌水一樣。考察今年的災變，都屬於陽剛之氣散失，陰柔之氣侵漫，消除和防禦這些災變凶害，應該有合適的辦法。我謹慎地大略陳列八件事：一是任用賢才；二是赦免原來的禁錮；三是防禦瘟疫流行；四是防備盜寇侵犯；五是修訂禮制；六是遵從堯的制度；七是改善對臣下的統御方法；八是分散天子的利益。所謂任用賢才，就是讓州郡薦舉賢才良人，根據他們的才能量才取用，責成州郡按照要求選拔和舉薦。所謂赦免原來的禁錮，凡是被禁錮的人，大都是無罪的，應該予以寬恕赦免，任憑他們申訴所遭受的冤枉。所謂防禦瘟疫流行，就是宋皇后家屬的屍體，被無辜地拋擲野外，不能正常安葬，疫癘之氣都是由此而來的。應該敕令准許其族人收屍，以使那些遊蕩的鬼魂得以安息。所謂防備盜寇侵犯，就是指那些諸侯親王之家，朝廷削減他們封地的賦稅，致使他們收益減少，這些人生活窘迫就會謀反，導致變亂的發生，應該使這些家庭生活豐足，防患於未然。所謂修訂禮制，就是徵召那些有道德學問的人，比如鄭玄等人，把〈洪範〉中所載的典章宣示清楚，以此消弭災害。所謂遵從堯的制度，是指郡守刺史一月之內遷動次數太頻繁，應該根據官吏升遷貶謫和調動的制度行事，以彰明他們是否賢能，即使任職不能九年，至少也必須滿三年。所謂改善對臣下的統御方法，是指對請求加官晉爵的事情一律禁止，官吏的升遷，賢才的薦舉等項事宜，一律責成主管官吏去辦。所謂分散利益，是說天子擁有天下，應該沒有個人的積蓄，因此應該掌握朝政大局，免除那些細微的利益。」但是漢靈帝沒有理睬。

6 漢靈帝中平元年，黃巾之亂爆發。四府都推舉盧植，於是朝廷任命盧植為北中郎將，持天子節杖，以護烏桓中郎將宗員為副將，率領北軍五校士，徵發天下各州郡的兵士去征討黃巾軍。一連幾戰都打敗了黃巾軍的統帥張角，斬獲一萬多人。張角等人退守廣宗城。盧植將城包圍，在城外挖壕塹，築土圍，造作雲梯，很快就能破城。靈帝派小黃門左豐到軍中來察看黃巾軍的形勢，有人勸盧植向左豐行賄賂，盧植不同意。左豐回到京城後對靈帝說：「廣宗城很容易攻破。盧植圍住城卻不發動攻擊，想等待老天爺來誅殺黃巾軍。」靈帝非常生氣，就派囚車來召還盧植，結果盧植被判處減死罪一等。等到車騎將軍皇甫嵩討平黃巾軍後，特別稱頌盧植行軍打仗的謀略，並且聲言他就是借助於盧植的規劃謀略才獲得成功的。在這一年，盧植才被再次任命為尚書。

7 漢靈帝死後，大將軍何進密謀誅殺宮中宦官，於是召來并州牧董卓，企圖藉此使太后畏懼。盧植知道董卓性情兇悍難以控制，來到京城後必生後患，堅決制止這件事。何進沒有同意盧植的意見。董卓進京後果然淩虐朝廷，並且在朝堂大會百官，討論皇帝的廢立問題。百官沒有人敢發言，只有盧植一個人抗拒，不贊同董卓的意見。董卓生氣地宣布散會，並打算殺掉盧植，這件事記載在〈董卓傳〉內。盧植一向與蔡邕關係極好，以前蔡邕被遷徙到朔方的時候，只有盧植一個人上書為他求情。這時蔡邕正受到董卓寵信，因此蔡邕就去為盧植求情。再加上議郎彭伯也勸諫董卓說：「盧尚書是海內知名的大學者，人望所屬。現在殺害了他，天下就會感到震動恐怖。」董卓這才打消了殺盧植的念頭，僅僅罷免了他的官職而已。

8 盧植藉口年老多病請求回老家去，得到准許後又擔心在路上遇到禍害，於是詐稱從轘轅大道歸家。董卓果然派人來追殺，一直追到懷縣，沒有追到，這才作罷。以後盧植在上谷郡隱居下來，從此不與社會上的人事打交道。冀州牧袁紹曾經聘請他為軍師。漢獻帝初平三年，盧植逝世。臨死前，囑咐兒子喪事從儉，將他安葬在一個土穴中，不要棺材，只是隨身穿一件單層的絲帛就算了。盧植所著的碑、誄，表、記一共有六篇。

9 漢獻帝建安年間，曹操往北方去征討柳城，經過涿郡，告訴郡守和縣令說：「原北中郎將盧植，海內知名，是治學的一代宗師，學者的楷模，國家的棟梁呀。以前周武王滅紂入殷，表彰商容的故里；鄭國的子產死了，連孔子都流淚。現在我到了涿郡，應該嘉獎盧植的餘風。按照《春秋》書中所說的道理，賢人的後代應該受到特殊的禮遇。馬上派官吏灑掃盧植的墳墓，存問他的子孫，祭祀他的英靈，以表彰他的功德。」盧植的兒子盧毓，也是知名之士。

10 史家評論說：風霜可以辨別草木的本性，危亂可以看出忠貞良善的節操，照此說法，那麼盧植的心跡就可以想見了。當毒蜂繞懷而飛的時候，當雷霆震耳欲聾的時候，即使是孟賁、夏育、荊軻、專諸之輩，也沒有不驚慌而失去常態的。想當年，當盧植在嚴閣下抽出白刃的時候，追隨先帝在河津之間的時候，排除那些兵刃，奔赴殺伐之地，難道事先就預計到了嗎？君子篤於忠義，危急之中是這樣，遇到挫折之時也是這樣呀。

1 趙岐，字邠卿，京兆❶長陵❷人也。初名嘉，生於御史臺❸，因字臺卿，後避難，故自改名字，示不忘本土也。岐少明經❹，有才蓺，娶扶風❺馬融兄女。融外戚豪家，岐常鄙之，不與融相見。仕州郡，以廉直疾惡見憚❻。年三十餘，有重疾，臥蓐❼七年，自慮奄忽❽，乃為遺令勑兄子曰：「大丈夫生世，遯無箕山❾之操，仕無伊❿、呂⓫之勳，天不我與，復何言哉！可立一員⓬石於吾墓前，刻之曰：『漢有逸人⓭，姓趙名嘉。有志無時，命也柰何！』」其後疾瘳⓮。

2 永興⓯二年，辟司空掾⓰。議⓱二千石得去官⓲為親行服⓳，朝廷從之。其後為大將軍梁冀所辟，為陳⑳損益求賢之策，冀不納。舉理劇㉑，為皮氏㉒長。會河東太守劉祐㉓去郡，而中常侍左悺㉔兄勝代之，岐恥疾宦官，即日西歸。京兆尹延篤復以為功曹㉕。

3 先是中常侍唐衡㉖兄玹為京兆虎牙都尉㉗，郡人以玹進不由德，皆輕侮之。岐及從兄襲又數為貶議㉘，玹深毒恨。延熹㉙元年，玹為京兆尹，岐懼禍及，乃與從子戩㉚逃避之。玹果收岐家屬宗親，陷以重法，盡殺之。岐遂逃難四方，江、淮、海、岱，靡㉛所不歷。自匿姓名，賣餅北海㉜市中。時安丘㉝孫嵩㉞年二十餘，遊市見岐，察非常人，停車呼與共載。岐懼失色，嵩乃下帷㉟，令騎屏行人。密問岐曰：「視子非賣餅者，又相問而色動，不有重怨，即亡命乎？我北海孫賓石，闔㊱門百口，埶能相濟。」岐素聞嵩名，即以實告之，遂以俱歸。嵩先入白㊲母曰：「出行，乃得死友㊳。」迎入上堂，饗㊴之極歡。藏岐複壁㊵中數年，岐作戹屯歌二十三章。

4 後諸唐㊶死滅，因赦乃出。三府聞之，同時並辟。九年，乃應司徒㊷胡廣㊸之命。會南匈奴㊹、烏桓㊺、鮮卑㊻反叛，公卿舉岐，擢拜并州刺史。岐欲奏守邊之策，未及上，會坐黨事免，因撰次㊼以為禦寇論。

靈帝初，復遭黨錮十餘歲。中平元年，四方兵起，詔選故刺史、二千石有文武才用者，徵岐拜議郎。車騎將軍張溫[48]西征關中[49]，請補長史，別屯安定[50]。大將軍何進舉為敦煌[51]太守，行至襄武[52]，岐與新除諸郡太守數人俱為賊邊章等所執。賊欲脅以為帥，岐詭辭得免，展轉還長安[53]。

及獻帝西都[54]，復拜議郎，稍遷太僕[55]。及李傕[56]專政，使太傅[57]馬日磾[58]撫慰天下，以岐為副。日磾行至洛陽[59]，表別遣岐宣揚國命，所到郡縣，百姓皆喜曰：「今日乃復見使者車騎。」

是時袁紹、曹操與公孫瓚[60]爭冀州。紹及操聞岐至，皆自將兵數百里奉迎，岐深陳天子恩德，宜罷兵安人之道。又移書公孫瓚，為言利害。紹等各引兵去，皆與岐期會洛陽，奉迎車駕。岐南到陳留，得篤疾，經涉二年，期者遂不至。興平[61]元年，詔書徵岐，會帝當還洛陽，先遣衛將軍[62]董承[63]修理宮室。岐謂承曰：「今海內分崩，唯有荊州[64]境廣地勝，西通巴蜀[65]，南當交阯[66]，年穀獨登，兵人差全。岐雖迫大命，猶志報國家，欲自乘牛車，南說劉表[67]，可使其身自將兵來衛朝廷，與將軍并心同力，共獎王室。此安上救人之策也。」承即表遣岐使荊州，督租糧。岐至，劉表即遣兵詣洛陽助修宮室，軍資委輸，前後不絕。時孫嵩亦寓於表，表不為禮，岐乃稱嵩素行篤烈，因共上為青州(68)刺史。岐以老病，遂留荊州。

9 曹操時為司空(69)，舉以自代。光祿勳(70)桓典(71)、少府(72)孔融上書薦之，於是就拜岐為太常(73)。年九十餘，建安(74)六年卒。先自為壽藏，圖季札、子產、晏嬰(75)、叔向(76)四像居賓位，又自畫其像居主位，皆為讚頌。敕其子曰：「我死之日，墓中聚沙為牀，布簟(77)白衣，散髮其上，覆以單被，即日便下，下訖便掩。」岐多所述作，著孟子章句、三輔決錄(78)傳於時。

【章旨】以上為〈趙岐傳〉。趙岐小時候就懂得經書，有才識，在州郡任上，因為清廉正直疾惡如仇而使人畏懼。趙岐可謂一生多難。一是重病纏身；二是仕途坎坷；先是遭宦官迫害，四處逃難；以後當了并州刺史，又逢黨錮事發生；任敦煌太守時，又被反叛者捉拿。歲月蹉跎，登臺輔之位時已年過九十。

【注釋】❶京兆　漢代京畿行政區劃名，為三輔之一。即今陝西西安以東至華縣之地。後世因稱京都為京兆。❷長陵　縣名。漢置。漢高祖葬此。故城在今陝西咸陽東北四十里。❸御史臺　官署名。專司彈劾之職。西漢時稱御史府，東漢初改稱御史臺，又名蘭臺寺。❹明經　選舉名目之一，即將通曉經學之人推薦於朝廷。始見於漢，自武帝尊崇儒術後，頗盛。無常制。東漢章帝元和二年（西元八五年）始令郡國舉通曉經學者，凡十五萬人以上舉五人，十萬人以下舉三人。此選多補博士、議郎。東漢後漸不為所重。❺扶風　政區名。西漢太初元年（西元前一〇四年）改主爵都尉置，分右內史西半部為其轄區，職掌相當於郡太守。因地屬畿輔，故不稱郡，為三輔之一。治今西安西北郊，東漢移治今陝西興平東南，屬司隸校尉部。❻憚　忌憚；畏懼。❼蓐　草薦。❽奄忽　死亡。❾箕山　相傳為許由隱居之處。在今河南濮陽一帶。❿伊　即伊尹。名摯，商初大臣，相傳曾為有莘氏媵臣，入商輔佐成湯，伐桀滅夏，建立商朝。湯死後，其子太丁未立而卒，他先後輔立太丁弟外丙、仲壬。仲壬死後，復輔立太丁子太甲。太甲即位，不遵湯法，乃放之於桐，攝政。太甲居桐三年，悔過，遂迎歸，還以國政，復為相輔，至沃丁時卒。⑪呂　即呂尚。又稱太公望、呂望，俗稱姜太公、姜子牙。姜姓，呂氏，名尚，字牙。周文王遇之於渭水之陽，云：「吾太公望子久矣。」故號「太公望」。佐武王伐紂，滅商後受封於營丘（今山東淄博），為齊國開國之君。⑫員　圓形。後作「圓」。⑬逸人　猶逸民。⑭瘳　病癒。⑮永興　東漢桓帝劉志年號，西元一五三—一五四年。⑯司空掾　官名。掾，屬官統稱。漢代三公府及其他重要官府皆置掾、史、屬，分曹治事。司空掾為司空屬官。⑰議　提議；建議。⑱去官　免除或辭去官職。⑲行服　穿喪服為至親守孝。⑳陳　敘說。㉑理劇　善於治理繁難事務的人。㉒皮氏　戰國魏邑。秦置皮氏縣。故城在今山西河津西二里。㉓劉祐　字伯祖，東漢安國（今河北安國）人。初舉孝廉，補尚書侍郎，累官大司農。時中常侍蘇康、管霸用事於內，占民田業，祐移書所在，依科品沒入之。桓帝大怒，論輸左校。靈帝初陳蕃輔政，以祐為河南尹。蕃敗，祐被黜歸鄉。㉔左悺　河南平陰（今河南孟津）人，東漢宦官。桓帝時，為小黃門史，因與單超、具瑗、徐璜、唐衡合謀誅滅外戚梁冀，任中常侍，封上蔡侯，為「五侯」之一。他和具瑗等驕橫貪暴，兄弟親戚都為州郡刺史、太守，侵奪人民。後被司隸校尉韓縯劾奏，自殺。㉕功曹　即功曹史。官名。漢代郡守的屬官，相當於郡守的總務長，除掌人事外，並得與聞一郡的政務。㉖唐衡　偃（今湖北襄陽）人，東漢宦官。桓帝初為小黃門史，以與單超、左悺、徐璜、具瑗等合謀誅滅外戚梁冀，遷為中常侍，封汝陽侯，為「五侯」之一。天下謂衡為「唐兩墮」。㉗虎牙都尉　官名。都尉地位稍低於校尉，冠以驍騎、車騎、軍門、彊弩、復土等名號，皆有事時臨時設置，事訖即罷。㉘貶議　不好的評價和議論。㉙延熹　東漢桓帝劉志年號，西元一五八—一六七年。㉚戩　即趙戩。字叔茂。東漢趙岐從子。性正直多謀，初平中為尚書，典選舉。董卓以有所私授，戩拒不聽。卓怒，欲殺之。眾人悚慄，而戩辭貌自若，卓悔謝釋之。後為平陵令。王允被害，人莫敢收允屍，惟趙戩棄官營喪。㉛靡　無；沒有。㉜北海　封國名。西漢景帝置郡。治今山東昌樂東南。東漢改為國，移治今山東昌樂西。㉝安丘　漢置侯國。後為縣。故城在今山東安丘西南。㉞孫嵩　字賓石，東漢安丘（今山東安丘）人。時趙岐避仇家，自匿姓名，賣餅北海市中。孫嵩遊市見到趙岐，察其非常人，停車呼與共載。岐素聞嵩名，即以實告之，遂以俱歸。藏岐複壁中數年。獻帝時嵩寓於劉表，表不為禮。時趙岐使荊州，乃稱嵩素行篤烈，因與劉表一起上表，薦孫嵩為青州刺史。㉟帷　圍在四周的帳幕。㊱闔　全。㊲白　表明；說明。㊳死友　指生死之交。㊴饗　用酒食招待客人。㊵複壁　夾牆。兩重而中空，可藏物或匿人。㊶諸唐　即唐衡兄弟。㊷司徒　官名。三公之一，西漢哀帝時罷丞相，置大司徒，東漢時稱司徒，名義上與司空、太尉共掌政務，實際上權力已在尚書臺。㊸胡廣　字伯始，東漢南郡華容（今湖北潛江市）人。安帝時舉孝廉，奏章為天下第一。曾任尚書僕射，典樞機十年。後歷順、沖、質、桓、靈帝五朝，先後任郡守、九卿以至三公。雖主政者更迭，宦官、外戚交互專權，而為官如故，無忠直之風，時諺譏為：「萬事不理問伯始，天下中庸有胡公。」質帝死，懾於大將軍梁冀權勢，反對太尉李固立清河王劉蒜為帝之議，又與中常侍丁肅聯姻，以此為時人譏毀。事見本書卷四十四。㊹南匈奴　匈奴一支。匈奴是中國古代北方少數民族，亦稱胡。戰國時活動於燕、趙、秦以北地區。秦漢之際，冒頓單于統一各部，勢盛，統轄大漠南北廣大地區。漢初，不斷南下攻擾，漢朝基本上採取防禦政策。武帝對其轉取攻勢，多次進軍漠北，使其受到很大打擊，勢漸衰。宣帝甘露二年（西元前五二年）呼韓邪單于附漢，翌年來朝。其後六七十年間，漢與匈奴之間經濟文化交流頻繁。東漢光武帝建武二十四年（西元四八年）分裂為二部，南下附漢的稱為南匈奴，留居漠北的稱為北匈奴。南匈奴屯居朔方、五原、雲中（今內蒙古自治區境內）等郡，東漢末分為五部。北匈奴在漢和帝時被東漢和南匈奴所擊敗，部分西遷。㊺烏桓　古族名。也作烏丸，東胡族的一支。秦末漢初，東胡遭匈奴擊破後，部分遷烏桓山，因以為名。以游牧射獵為生。漢初附匈奴，武帝以後附漢，遷至上谷、漁陽、右北平、遼西、遼東等五塞外。西漢時置護烏桓校尉，東漢沿置。受漢族影響，後漸營農業。每年在上谷、寧城等處與漢朝互市。㊻鮮卑　中國古代少數民族，東胡族的一支。漢初各部均受匈奴統治。漢武帝派兵破匈奴東部地區，部分鮮卑南下至西拉木倫河流域烏桓故地。東漢永元元年（西元八九年），北匈奴西遷，鮮卑各部漸入據匈奴故地，吸收北匈奴餘眾十餘萬落。桓帝時，首領檀石槐在漠南北建立部落大聯盟，分為東中西三部。以游牧狩獵為業，居無常處。㊼撰次　編集；編纂。㊽張溫　（？—西元一九一年），字伯慎，東漢末南陽穰（今河南鄧州）人。少有名譽。靈帝時以大司農轉司空。次年，邊章、韓遂兵起，拜張溫為車騎將軍，屯美陽。時董卓為蕩寇將軍，屬溫。溫令卓與邊章等戰，無功。溫召卓，又不時應名，孫堅勸溫殺卓，溫以卓有威名，不從。後溫為太尉，卓為太師，與司徒王允共謀誅卓。事未及發，卓使人誣其交通袁術，笞殺於市。㊾關中　即今陝西。徐廣曰：「東函谷，南武關，西散關，北蕭關，居四關之中，故曰關中，亦曰四塞。」㊿安定　郡名。西漢置。治今寧夏固原。東漢移治今甘肅鎮原東南。屬涼州。(51)敦煌　郡名。西漢武帝時分酒泉郡置。治今敦煌西南。東漢屬涼州。(52)襄武　縣名。漢置。故城在今甘肅隴西西南。(53)長安　中國古都之一。漢高祖七年定都於此。西漢末，遭赤眉軍破壞，東漢建立後，定都洛陽。董卓專權時，又強迫漢獻帝及朝廷遷都於此。(54)西都　即長安。(55)太僕　官名。西周始置，秦、漢為九卿之一，掌御用車馬和畜牧業，秩中二千石。新莽改稱太御。東漢復原名，除御用車馬外，兼掌兵器製作。(56)李傕　（？—西元一九八年），字稚然，東漢北地（今寧夏吳忠）人。為董卓所部校尉。初平三年卓被殺後，與郭汜等率部叛亂，攻陷長安，縱兵殺掠，死者萬人，殺司隸校尉黃琬、司徒王允，與汜共專朝政。又與汜相攻，大肆燒殺，致使長安城空。建安三年，被段煨等討殺，夷三族。57太傅　官名。西周置，為三公之一，位次太師，在太保上。其後歷代沿置。東漢以授元老重臣，居百官之首，秩萬石。明帝以後，諸帝即位時皆置，兼錄尚書事，行使宰相職權，有缺不補。58馬日磾　字翁叔，東漢馬融族子。少傳融業，以才學進。與楊彪、盧植、蔡邕等校典中書。位歷九卿，獻帝初為太傅。59洛陽　東漢都城。在今河南洛陽東北白馬寺東。60公孫瓚　字伯珪，東漢末遼西令支（今河北遷安）人。初為遼東屬國長史，曾反擊烏桓貴族的侵擾有功，拜降虜校尉。常乘白馬，烏桓憚之，更相告語，避白馬長史。後鎮壓青徐黃巾軍。割據幽州（今河北北部），與袁紹連年作戰。建安四年（西元一九九年）為袁紹所敗，自焚死。事見本書卷七十三。61興平　東漢獻帝劉協年號，西元一九四—一九五年。62衛將軍　官名。西漢初為將軍名號之一，統兵征戰，事訖即罷。文帝即位，拜宋昌為之，總領南、北軍，始成為重要武職，其後屢典京師、皇宮禁衛軍隊。東漢位次於大將軍、驃騎將軍、車騎將軍，秩萬石，位亞三公。開府置官署。63董承　東漢獻帝舅，為車騎將軍。受帝密詔，令劉備等誅曹操。事覺，承為曹所殺。64荊州　漢武帝所置「十三刺史部」之一。東漢荊州治今湖南常德東北。65巴蜀　巴、蜀二郡合稱。巴郡，郡名。戰國時秦國置。治今重慶市北嘉陵江北岸。蜀郡，秦置郡。治成都縣。西漢高帝六年（西元前二〇一年）分巴、蜀二郡置廣漢郡，轄境縮小。東漢時分西南部置蜀郡屬國，轄境更小。66交阯　西漢武帝所置「十三刺史部」之一。轄境約當今廣東、廣西的大部，和越南的中部、北部。67劉表　字景升，東漢高平（今山東魚台）人。魯共王餘之後。姿貌溫偉。與同郡人張儉共號為八顧。初平中為荊州刺史，愛民養士，從容自保。及曹操與袁紹相持於官渡，紹求助於表，表許之而未往援。曹既破紹，自將征表，未至，表疽發背而亡。68青州　西漢武帝時所置「十三刺史部」之一。東漢治今山東淄博臨淄鎮北。69司空　官名。三公之一，西漢成帝時改御史大夫為大司空，東漢時稱司空，主要職務為監察、執法，兼掌重要文書圖籍。70光祿勳　官名。秦稱郎中令，漢武帝時改稱光祿勳。東漢末年復稱郎中令。掌領宿衛侍從之官。71桓典　字公雅，東漢人。能傳家業，舉孝廉為郎。靈帝時官拜侍御史。時宦官秉政，典執正不避，常乘驄馬，京師為之語曰：「行行且止，避驄馬御史。」建安中拜御史中丞，賜爵關內侯，遷光祿勳卒。72少府　官名。秦置，西漢沿置，為九卿之一，掌皇帝財政，供宮廷日常開支，管理宮廷侍從及宮廷手工業。新莽改稱共工。東漢復置，但權任大減，唯掌宮廷日常生活品的供應等及宮廷手工業，領太醫、太官、守宮、尚方、上林苑令等。73太常　官名。西漢中元六年（西元前一四四年）改奉常置。掌禮樂、祭祀宗廟、社稷，負責朝會和喪葬禮儀，管理皇帝陵墓、寢廟所在縣邑，每月巡視諸陵，兼掌教育，主持博士及博士弟子的考核與薦舉。秩中二千石，位居九卿之首，多由列侯充任。西漢中期後職權漸分。東漢沿置。㊹建安　東漢獻帝劉協年號，西元一九六—二二〇年。㊺晏嬰　即晏子（？—西元前五〇〇年），字平仲，春秋時夷濰（今山東高密）人。齊國大夫，歷事齊靈公、莊公、景公三朝。節儉力行，能諍諫，主張計能定祿，誅不避貴，賞不遺賤。重視發展農業生產，提倡蠶桑。多次出使楚、晉、魯等國，名顯諸侯。㊻叔向　即羊舌肸。一名叔肸，字叔向，春秋時晉國人。博議多聞，能以禮讓為國。被他人介紹聘於楚，楚欲傲以所不知而不能。鄭人鑄刑書，叔向詒書於子產並規勸之。孔子稱為遺直。㊼簟　竹席。㊽三輔決錄　書名。東漢趙岐著。生前即已流傳。《隋書·經籍志》注錄為七卷。趙岐在自序中託言，夢中與姓元名明字子真的人，褒貶自光武以來三輔地區的著名人物，醒後追記，命人抄錄成書，以「其人既亡，行乃可書，玉石朱紫，由此定矣」，故名《三輔決錄》。書久佚，有清張澍、茆泮林兩種輯本，篇幅無多，不分卷。各條皆僅記事跡而無評語，唯於敘事中可見褒貶之意。少數條目專記宮殿、城門、池沼、橋梁等。

【語　譯】趙岐，字邠卿，京兆長陵人。當初名叫嘉，因為是在御史臺出生的，所以字臺卿。後來由於避難，自己改動名和字，以表示自己不忘記本土的意思。趙岐小時候就通曉經書，有才識，娶扶風馬融兄長的女兒。馬融是外戚豪富之家，趙岐非常鄙視他們，不與馬融相見。在州郡做官吏的時候，因為清廉正直疾惡如仇而使人畏懼。三十多歲的時候得了重病，在床上躺了七年，自己考慮可能活不長了，於是囑咐他兄長的兒子說：「大丈夫活在世上，做隱士沒有許由在箕山那樣的節操，做官又沒有伊尹、呂尚那樣的功勳，老天爺不給我機會，我還有什麼可說的呢！可以在我的墳墓前立一塊圓形石碑，上面刻下這樣的話：『漢朝有一個隱士，姓趙名嘉。他有宏大的志向，但沒有遇到好的時運，這是命啊，他又有什麼辦法呢！』」後來他的病痊癒了。

2　漢桓帝永興二年，被任命為司空掾。向朝廷建議凡二千石以上的官員可以離開職位而為自己的親屬服喪期，朝廷採納了他的建議。後來又被大將軍梁冀所徵用為官，曾經向梁冀提出損益求賢的計策，梁冀沒有採納。朝廷徵召能處理繁難事務的人才，做了皮氏縣長。恰逢河東太守劉祐離職去郡，由中常侍左悺的兄長左勝代替他，趙岐特別痛恨宦官，於是就在左勝到任的那天棄官歸家。後來，京兆尹延篤又任命他做了功曹。

3　在此以前，中常侍唐衡的哥哥唐玹為京兆虎牙都尉，全郡的人都以為唐玹的提拔不是由於他的德才，所以都輕視侮慢他。趙岐及堂兄趙襲又多次地講貶低唐玹的話，唐玹心中對趙岐等人格外怨毒忿恨。漢桓帝延熹元年，唐玹為京兆尹，趙岐害怕禍及自身，就和堂兄趙襲的兒子趙戩逃奔他鄉躲避。唐玹果然收捕趙岐的家屬宗親，捏造重罪，最後將他們全部殺死。趙岐只好四處逃難，江、淮、海、岱等地，沒有什麼地方沒去過。自己隱名埋姓，在北海的市場賣餅為生。當時安丘一個名叫孫嵩的年輕人，二十來歲，在市場遊玩時看見了趙岐，覺察到趙岐不是一般的賣餅人，於是停車喊趙岐一同坐車。趙岐坐在車上，害怕得變了臉色，孫嵩於是把車帷放下來，並且命令車夫避開一切行人。孫嵩悄悄地問趙岐說：「我看先生不是一個平常的賣餅人，剛才跟您談話時又看見您面露畏懼之色，莫不是有重怨在身而逃亡在吧？我是北海孫賓石，全家百餘口人，我有能力幫助您。」趙岐平時就聽說過孫嵩的大名，當即把真實情況告訴了他，並且與孫嵩一起到了他的家裡。孫嵩先對母親說：「今天出去，交了一位生死與共的朋友。」然後迎接趙岐進入上堂，設酒招待，兩人都極其歡悅。孫嵩把趙岐藏在夾牆中，一直藏了幾年，趙岐寫了《戹屯歌》二十三章。

4 後來唐衡兄弟都滅絕死光了，由於大赦天下，趙岐才出來。三府聽說後，同時都徵召趙岐。漢桓帝延熹九年，趙岐接受了司徒胡廣的任命。恰逢南匈奴、烏桓、鮮卑反叛，朝廷大臣都推舉趙岐，於是提拔趙岐當了并州刺史。趙岐正準備向朝廷上奏防守邊疆的策略，還未及將奏章交上去，恰巧又逢黨錮事發生，即被免官，因此將奏章改寫成一篇名為「禦寇論」的文章。

5 漢靈帝繼位之初，再一次遭到黨錮之禍，受害十多年。一直到漢靈帝中平元年，四方發生戰禍，朝廷下詔徵還以前擔任過刺史、二千石之類的官員中有文才武略的賢良之士，趙岐又被徵召為議郎。車騎將軍張溫西征關中的時候，聘請趙岐為長史，讓趙岐帶兵另外駐紮在安定。後來大將軍何進又舉薦趙岐為敦煌太守。當趙岐走到襄武時，與同行的各郡新任太守一行人都被反叛者邊章等人所捉拿。邊章想脅迫趙岐一行人為己所用，趙岐編了一套假話得以逃脫。經過許多艱辛，趙岐終於又回到了長安。

6 待到漢獻帝遷都長安的時候，再次任命趙岐為議郎，逐漸升為太僕。李傕專政的時候，派太傅馬日磾撫慰天下，趙岐擔任副使。馬日磾走到洛陽的時候，上表朝廷請求委派趙岐去他處宣揚國家撫慰天下的使命。

趙岐所到之處，老百姓都歡喜地說：「今天又見到朝廷使者的車騎了。」

7 這時袁紹、曹操正與公孫瓚爭奪冀州。袁紹和曹操聽說趙岐來了，都親自率領數百名士兵到幾百里以外的地方迎接，趙岐深刻地向他們闡述了天子的恩德，以及應該罷兵以安撫百姓的道理。又寫信給公孫瓚，講清利害關係。袁紹、曹操引兵回去的時候，都與趙岐約好在洛陽相會，到時再帶兵來迎接皇帝。趙岐南下到陳留時，得了重病，一病二年，結果到了與袁紹、曹操約會的期限而沒有去洛陽。

8 漢獻帝興平元年，朝廷下詔徵召趙岐，正逢漢獻帝準備回洛陽的時候，朝廷先派衛將軍董承修理洛陽宮室。趙岐對董承說：「現在海內分崩離析，只有荊州地域廣闊而且地理位置好，往西與巴蜀相通，往南與交阯相接，每年五穀豐登，可以說是兵強馬壯。我雖然迫於重病之身，但仍然心裡想著報效國家，想自己乘一輛牛車，前去南方說服劉表，讓他親自帶兵前來保衛朝廷，與將軍同心協力，共同扶助王室。這是安定朝廷救護人民的策略啊。」董承當即上表朝廷，朝廷便派遣趙岐出使荊州，督促收取租稅和糧食。趙岐到荊州後，劉表便派兵到洛陽來幫助修理宮室，軍用物資也源源不斷地輸送到洛陽來。當時孫嵩正好寄寓在劉表那裡，不被劉表禮遇，趙岐亟力在劉表面前稱頌孫嵩歷來行事忠誠慷慨，終於說服劉表，兩人合寫了一份奏章，請求朝廷任命孫嵩做了青州刺史。趙岐因為年老多病，便留在荊州。

9 當時曹操為司空，推舉趙岐來代替自己。光祿勳桓典、少府孔融也向朝廷上書推薦趙岐，於是朝廷拜趙岐為太常。趙岐活到九十多歲，漢獻帝建安六年逝世。死前自己準備好了墳墓，在墳墓前畫了五個人的像：季札、子產、晏嬰、叔向四個人的畫像擺在客人的位置上，把自己的畫像放在主人的位置上，都寫了讚頌的文字。並且告誡兒子說：「我死的那天，在墓中用沙子作為床，上面鋪一塊布權當竹席，我身穿白衣，把頭髮披散開，然後躺在席子上面，身上蓋一條單被就可以了，死的當天就放進墳墓，馬上掩埋。」趙岐的著作很多，所著的《孟子章句》、《三輔決錄》在世上流傳。

贊曰：吳翁❶溫愛❷，義干剛烈❸。延、史字人❹，風和恩結。梁使顯❺刑，誣黨潛絕。子幹兼姿❻，逢掖❼臨師。邠卿出疆，專命❽朝威❾。

【章　旨】史家稱讚吳祐剛強有氣節，延篤、史弼愛撫百姓，盧植氣質高雅，有儒將風度，趙岐不顧年高體弱，四處去發布命令，弘揚朝廷的威嚴。

【注　釋】❶翁　泛稱男性老人。有尊老意，周晉秦隴謂之公，或謂之翁。❷溫愛　溫和慈愛。❸剛烈　剛強有氣節。❹字人　愛育百姓。❺顯　顯露；公開。❻兼姿　姿容美麗，氣質高雅。❼逢掖　寬大的衣袖。《禮記・儒行》：「丘少居魯，衣逢掖之衣；長居宋，冠章甫之冠。」因指儒生所穿之衣。❽專命　猶言特使。❾朝威　朝廷的威嚴。

【語　譯】史官評議說：吳祐性情溫和慈愛，但在大是大非面前剛強有氣節。延篤、史弼愛撫百姓，使得治地風氣和睦，相互之間以恩信結交。雖然梁冀的使者公開動用刑罰，但由於忠臣的功勞，誣陷黨人的事終究銷聲匿跡了。盧植姿容美麗，氣質高雅，身穿儒服去統領軍隊。趙岐出使到邊疆去發布命令，弘揚朝廷的威嚴。

【研　析】本卷人物生命歷程中的共通之處，我們可以用「堅守」與「放棄」加以概括。

東漢後期，宦官當政，政治黑暗，士大夫在追求理想政治時處處碰壁，常遭受滅頂之災。但仍有一批正直之士，堅守道德底線，恪盡職守，不驕不諂，正身而行。本卷所記五人，無疑是他們的代表。

〈吳祐傳〉以幾個小故事說明他的人品，也反映了東漢後期清流士大夫群體的追求。吳祐父親曾任南海郡守，當時其地社會經濟雖然落後，但多珍寶，為北方貴族權貴所希圖，但當父親去世後，「居無檐石」，吳祐只得「自業賤事」，放豬為生，說明其父為官正直清廉。及其被推薦任職，在送行宴會上，吳祐竟不顧與會賢達，離坐與一個小辦事員黃真長時間交談，「結友而別」。黃真後來任縣長，以「清節」著稱。「清節」包含崇尚儒家經典、正直行事、甘於貧寒，慎於交友、不屈從權威、留名千載等多種內涵，成為東漢後期士大夫抗衡宦官的群體意識，並以此自稱為「清流」。吳祐後來與公沙穆、戴宏交友，都秉持「清節」的標準。

本卷所述延篤、史弼、盧植、趙岐，均無不以「清節」作為自己人生的價值尺度。延篤為政「憂恤民黎，擢用長者」；他怒殺權臣梁冀派來托自己購買「珍藥」的使者，表明自己絕不屈從的態度。史弼任官「特挫抑彊豪，其小民有罪，多所容貸」，針對權貴可能的報復，他以《詩·谷風》中「誰謂荼苦，其甘如薺」自我激勵，並以屈原「雖九死其猶未悔」的詩句表達自己的決心。盧植隨馬融讀書時，「女倡歌舞」在前而「未嘗轉眄」，為政「務存清靜，弘大體」，有「恩信」於百姓。趙岐的人生態度是要麼作伯夷、叔齊那樣的隱士，完善個人操守，要麼作伊尹、呂望那樣的名臣，報效國家；雖身為馬融姪女婿，卻因鄙夷馬融奉事權貴、不守士大夫清節而不與相見，寧可「有志無時」而抱憾終身，也拒絕求向自己瞧不起的人提攜。

在東漢後期清流士大夫與宦官群體抗爭並遭致血腥屠殺的大背景下，本卷人物雖不屈從宦官權貴，但均能躲過政治迫害而得善終。其共同的原因就是「放棄」。當理想在現實政治中被擊得粉碎時，遠離現實政治，成為他們一種帶有普遍性的選擇。李固被梁冀陷害致死後，吳祐便「自免歸家，不復仕，躬灌園蔬，以經書教授」。延篤得罪執政的梁冀之後，不待梁冀找到危害自己的藉口，便「以病免歸，教授家巷」。史弼受到迫害後，「歸田里，稱病閉門不出」。盧植「隱於上谷，不交人事」。趙岐也曾隱姓埋名，「逃難四方，江、淮、海、岱，靡所不歷」。史弼在平原相任上，正逢黨錮之禍正烈，他拒絕搜捕「黨人」，「濟活者千餘人」。他本人似乎並未名列「黨人」之中，這反映出他與本卷所述其他人物一樣，雖與「黨人」同屬「清流」，但並不像「黨人」那樣，自高身價，呼朋結友，過度追求群體影響，而是以正身而行作為個人的人生操守，這使他們執意退避時，不至於被政敵窮追猛打，消滅之而後快。延篤在給李文德的信中，說自己「上交不諂，下交不黷」，正好表明了他們這批人與「黨人」的明顯區別。

此外，本卷提到了東漢後期學術文化轉型的一些跡象，值得引起注意。

〈延篤傳〉提到當時的「仁孝之辯」，也就是說「仁」、「孝」何者優先的問題。我們不必糾纏於延篤議論本身的對錯，或揣摩其他觀點的是非，但這種學術討論的提出，表明東漢後期儒家經學開始從文本釋讀開始轉向問題討論，從死守經典、師說轉而為直抒己見，這種以問題為中心的討論，正是後來魏晉玄學的典型特徵。

盧植是歷史上一位重要的經學家，在後來的儒學歷史中，常與孔門顏淵等一併受到朝廷祭祀。作為歷史名人劉備、公孫瓚的老師，無論這二人究竟有無真學到了什麼，盧植代表了當時冀州，亦即今日河北東北隅以及北京市一帶學術文化的進步，這在很大程度上改變了燕趙只有「慷慨悲歌」之士的歷史面貌。以「辭賦」為代稱的文學，在東漢後期逐漸成為士大夫用以表達個體人生關切的新的文化形式，盧植本人「不好辭賦」，受其影響，在某種程度上也使後來河北一地，儒學逐步興起，並一遵漢代經學傳統，而文學上卻長期落伍於河南、江東。（聶樹鋒注譯）

卷六十五

皇甫張段列傳第五十五

【題解】本卷敘述「涼州三明」皇甫規、張奐與段熲事跡。

三人皆擔任安邊重職，同時顯名。皇甫規有軍事才能，也有政治家的頭腦，他認為導致羌人反叛，是由於地方官吏對少數民族不加親撫造成的，他提出了自己的見解：與其樹立強敵，不如和平共處；與其派猛將去平定羌人，不如讓他們遵守國家法度。所以在監護關西兵時，採取剿撫並用的方略，使二十多萬羌人投降朝廷。對東漢後期朝政腐敗也有深刻認識，建議朝廷遣散無善行的宦官，掃除其凶黨；指責大將軍梁冀、河南尹梁不疑重用非人，造成官員尸位素餐，使皇帝閉目塞聽。為人有心計，自造罪名以求退，博得了賢德的聲譽，終能以才幹勝職，以封侯善終，以著述留世。張奐自幼博學，以對策第一提拔為議郎，有將帥才，開始任職邊事，便能以少勝多，使得南匈奴部眾投降。在武威太守任上，平均徭賦，懲治腐敗，移風易俗，教導百姓，使邊郡清靜無事。以撫慰和收容政策，分化瓦解鮮卑、南匈奴、烏桓，使邊界安定。但他為曹節等人的密謀所誤，誅殺竇武、陳蕃，留下了終生痛苦。他通曉大義，不與世俗同流合汙，有屈申應變的處世之道。段熲少習弓馬，有為政的能力，長於血戰，與將士同甘共苦。用兵一生，威猛有餘，惻隱不足，認為羌人都是狼子野心，難以用恩情來收服，只能降之以武力。段熲為人不修德，缺少儒將和政治家的風度，諂媚宦官，想長得富貴。一旦朝局變動，宦官失勢，最終落得被下獄中，飲鴆自殺。

1 皇甫規，字威明，安定[1]朝那[2]人也。祖父棱[3]，度遼將軍[4]。父旗[5]，扶風都尉。

2 永和[6]六年，西羌[7]大寇[8]三輔，圍安定，征西將軍[9]馬賢[10]將諸郡兵擊之，不能克。規雖在布衣[11]，見賢不卹[12]軍事，審其必敗，乃上書言狀[13]。尋[14]而賢果為羌所沒[15]。郡將知規有兵略[16]，乃命[17]為功曹[18]，使率甲士[19]八百，與羌交戰，斬首數級[20]，賊[21]遂退卻。舉規上計掾[22]。其後羌眾大合，攻燒隴西[23]，朝廷[24]患[25]之。規乃上疏[26]求乞[27]自效[28]，曰：「臣比年[29]以來，數陳[30]便宜[31]。羌戎[32]未動，策其將反；馬賢始出，頗知必敗。誤中之言，在可考校[33]。臣每惟賢等擁眾[34]四年，未有成功，懸師[35]之費且百億計，出於平人[36]，回入姦吏。故江湖[37]之人，群為盜賊，青[38]、徐[39]荒饑，襁[40]負流散。夫羌戎潰叛[41]，不由承平[42]，皆由邊將失於綏御[43]。乘[44]常守安，則加侵暴[45]，苟[46]競小利，則致大害。微勝則虛張首級，軍敗則隱匿不言。軍士勞怨，困於猾吏[47]，進不得快戰以徼功[48]，退不得溫飽以全命，餓死溝渠，暴骨[49]中原。徒[50]見王師[51]之出，不聞振旅[52]之聲。酋豪[53]泣血，驚懼生變[54]。是以安不能久，敗則經年[55]。臣所以搏手[56]叩心[57]而增歎者也。願假[58]臣兩營二郡[59]，屯[60]列坐食[61]之兵五千，出其不意，與護羌校尉趙沖[62]共相首尾[63]。

土地山谷，臣所曉習，兵埶[64]巧便，臣已更[65]之。可不煩方寸[66]之印，尺帛[67]之賜，高可以滌[68]患，下可以納降[69]。若謂臣年少官輕，不足用者，凡諸敗將，非官爵[70]之不高，年齒[71]之不邁[72]。臣不勝[73]至誠，沒[74]死自陳[75]。」時帝[76]不能用。

3　沖[77]質[78]之間，梁太后臨朝[79]，規舉賢良方正[80]。對策[81]曰：

4　「伏惟[82]孝順皇帝[83]，初勤[84]王政[85]，紀綱[86]四方[87]，幾以獲安。後遭姦偽，威分近習[88]，畜貨聚馬，戲謔[89]是聞；又因緣嬖倖[90]，受賂賣爵，輕使賓客[91]，交錯其間，天下擾擾，從亂如歸。故每有征戰，鮮[92]不挫傷，官民並竭，上下窮虛。臣在關西[93]，竊[94]聽風聲[95]，未聞國家有所先後，而威福之來，咸歸權倖[96]。陛下[97]體兼乾坤[98]，聰哲純茂。攝政[99]之初，拔用忠貞，其餘維綱[100]，多所改正。遠近翕然[101]，望見太平。而地震之後，霧氣白濁[102]，日月不光，旱魃[103]為虐，大賊從橫[104]，流血丹野，庶品[105]不安。譴誡[106]累至，殆以姦臣權重之所致也。其常侍[107]尤無狀[108]者，亟[109]便黜遣[110]，披埽[111]凶黨[112]，收入財賄，以塞痛怨，以荅天誡[113]。

5　「今大將軍梁冀[114]、河南尹[115]不疑[116]，處周、邵之任，為社稷[117]之鎮[118]，加與王室世為姻族[119]，今日立號雖尊可也，實宜增脩謙節，輔以儒術[120]，省去遊娛[121]不急之務，割減廬第[122]無益之飾。夫君者舟也，人者水也[123]；群臣乘舟者也，將軍兄弟操檝者也。若能平志畢力，以度元元[124]，所謂福也。如其怠弛[125]，將淪波濤，可不慎乎？夫德不稱祿，猶鑿墉[126]之趾[127]，以益其高，豈量力審功安固之道哉？凡諸宿猾[128]、酒徒[129]、戲客[130]，皆耳納邪聲，口出諂言，甘心逸遊[131]，唱造[132]不義。亦宜貶斥，以懲不軌[133]。今冀等深思得賢之福，失人之累。又在位素餐[134]，尚書[135]怠職，有司[136]依違[137]，莫肯糾察，故使陛下專受諂諛之言，不聞戶牖[138]之外。臣誠知阿諛有福，深言近禍，豈敢隱心以避誅責乎！臣生長邊遠，希涉紫庭[139]，怖慴[140]失守[141]，言不盡心。」

6 梁冀忿其刺己，以規為下第[142]，拜郎中[143]。託疾免歸。州郡承冀旨，幾陷死者再三。遂以詩、易教授，門徒三百餘人，積十四年。後梁冀被誅，旬月之間，禮命[144]五至，皆不就[145]。

7 時太山[146]賊叔孫無忌侵亂郡縣，中郎將[147]宗資[148]討之未服。公車[149]特徵[150]規，拜太山太守[151]。規到官[152]，廣設方略[153]，寇賊悉平。延熹[154]四年秋，叛羌零吾[155]等與先零[156]別種寇鈔[157]關中[158]，護羌校尉[159]段熲坐徵[160]。後先零諸種[161]陸梁[162]，覆沒營塢[163]。規素悉羌事，志自奮效，乃上疏曰：「自臣受任，志竭愚鈍[164]，實賴兗州[165]刺史牽顥之清猛，中郎將宗資之信義，得承節度[166]，幸無咎譽[167]。今猾賊就滅，太山略平，復聞群羌並皆反逆。臣生長邠岐[168]，年五十有九，昔為郡吏[169]，再更叛羌，豫籌[170]其事，有誤中之言。臣素有固疾[171]，恐犬馬[172]齒窮[173]，不報大恩，願乞冗官[174]，備單車一介[175]之使，勞來三輔，宣國威澤[176]，以所習地形兵埶，佐助諸軍。臣窮居孤危[177]之中，坐觀郡將，已數十年矣。自鳥鼠[178]至于東岱[179]，其病一也。力求猛敵，不如清平；勤明吳、孫，未若奉法[180]。前變[181]未遠，臣誠戚[182]之。是以越職[183]，盡其區區[184]。」

8 至冬，羌遂大合，朝廷為憂。三公[185]舉規為中郎將，持節[186]監關西兵，討零吾等，破之，斬首八百級。先零諸種羌慕規威信，相勸降者十餘萬。明年，規因發其騎共討隴右[187]，而道路隔絕，軍中大疫，死者十三四。規親入菴廬[188]，巡視將士，三軍感悅。東羌遂遣使乞降，涼州[189]復通。

9 先是安定太守孫儁受取狼籍[190]，屬國都尉李翕[191]、督軍御史[192]張稟多殺降羌，涼州刺史郭閎、漢陽[193]太守趙熹並老弱不堪任職，而皆倚恃權貴，不遵法度。規到州界，悉條奏[194]其罪，或免或誅。羌人聞之，翕然反善。沈氏大豪滇昌、飢恬等十餘萬口，復詣[195]規降。

10 規出身數年，持節為將，擁眾立功，還督鄉里，既無它私惠，而多所舉奏，又惡絕宦官，不與交通[196]，於是中外[197]並怨，遂共誣規貨賂群羌，令其文降[198]。天子[199]璽書[200]誚讓[201]相屬[202]。規懼不免，上疏自訟[203]曰：「四年之秋，戎醜[204]蠢戾[205]，爰[206]自西州[207]，侵及涇陽[208]，舊都[209]懼駭，朝廷西顧。明詔[210]不以臣愚駑[211]，急使軍就道。幸蒙威靈[212]，遂振國命[213]，羌戎諸種，大小稽首[214]。輒移書營郡，以訪誅納[215]，所省之費，一億以上。以為忠臣之義，不敢告勞，故恥以片言自及微效。然比方[216]先事，庶免罪悔。前踐[217]州界，先奏郡守孫儁，次及屬國都尉李翕、督軍御史張稟；旋師南征，又上涼州刺史郭閎、漢陽太守趙熹，陳其過惡[218]，執據大辟[219]。凡此五臣，支黨[220]半國，其餘墨綬[221]，下至小吏，所連及者，復有百餘。吏託報將之怨，子思復父之恥，載贄[222]馳車，懷糧步走，交搆[223]豪門，競流謗讟[224]，云臣私報諸羌，謝其錢貨。若臣以私財，則家無擔石[225]；如物出於官，則文簿[226]易考。就臣愚惑，信如言者，前世[227]尚遺匈奴以宮姬[228]，鎮烏孫以公主[229]；今臣但費千萬，以懷[230]叛羌。則良臣之才略，兵家之所貴，將有何罪，負義違理乎？自永初[231]以來，將出不少，覆軍有五，動資巨億。有旋車完封，寫之權門[232]，而名成功立，厚加爵封。今臣還督本土[233]，糾舉[234]諸郡，絕交離親，戮辱舊故[235]，眾謗陰害[236]，固其宜也。臣雖汙穢[237]，廉絜無聞，今見覆沒，恥痛實深。傳稱『鹿死不擇音[238]』，謹冒昧[239]略上。」

11 其年冬，徵還拜議郎[240]。論功當封。而中常侍[241]徐璜[242]、左悺[243]欲從求貨[244]，數遣賓客就問功狀[245]，規終不荅。璜等忿怒，陷以前事，下之於吏[246]。官屬[247]欲賦斂[248]請謝[249]，規誓而不聽，遂以餘寇不絕，坐繫廷尉[250]，論輸左校[251]。諸公[252]及太學生[253]張鳳等三百餘人詣闕訟之。會赦，歸家。

12 徵拜度遼將軍，至營數月，上書薦中郎將張奐[254]以自代[255]。曰：「臣聞人無常俗，而政有治亂[256]；兵無強弱，而將有能否。伏[257]見中郎將張奐，才略兼優，宜正元帥[258]，以從眾望[259]。若猶謂愚臣宜充軍事者，願乞冗官，以為奐副[260]。」朝庭從之，以奐代為度遼將軍，規為使匈奴中郎將[261]。及奐遷大司農[262]，規復代為度遼將軍。

13 規為人多意筭[263]，自以連在大位，欲退身避第[264]，數上病，不見聽。會友人上郡[265]太守王旻[266]喪還。規縞素[267]越界，到下亭迎之，因令客密告并州[268]刺史胡芳[269]，言規擅遠軍營，公違禁憲[270]，當急舉奏。芳曰：「威明欲避第仕塗，故激發我耳。吾當為朝廷愛才，何能申[271]此子計邪？」遂無所問。及黨事[272]大起，天下名賢多見染逮[273]，規雖為名將，素譽不高，自以西州豪桀[274]，恥不得豫，乃先自上言：「臣前薦故大司農張奐，是附黨[275]也。又臣昔論輸左校時，太學生張鳳等上書訟臣，是為黨人所附也。臣宜坐之。」朝廷知而不問，時人以為規賢。

14 在事[276]數歲，北邊威服。永康[277]元年，徵為尚書。其夏日食，詔公卿舉賢良方正，下問[278]得失。規對曰：「天之於王者，如君之於臣，父之於子也。誡以災妖[279]，使從福祥。陛下八年之中，三斷大獄，一除內嬖[280]，再誅外臣[281]。而災異猶見，人情未安者，殆賢愚進退，威刑所加，有非其理也。前太尉陳蕃[282]、劉矩[283]，忠謀高世[284]，廢在里巷[285]；劉祐[286]、馮緄[287]、趙典[288]、尹勳[289]，正直多怨，流放家門；李膺[290]、王暢[291]、孔翊，絜身守禮，終無宰相[292]之階。至於鉤黨[293]之釁，事起無端[294]，虐賢傷善，哀及無辜。今興改善政，易於覆手[295]，而群臣杜口[296]，鑒畏前害，互相瞻顧[297]，莫肯正言。伏願陛下暫留聖明，容受謇[298]直，則前責可弭，後福必降。」對奏，不省。

15 遷規弘農[299]太守，封壽成亭侯[300]，邑[301]二百戶，讓封不受。再轉為護羌校尉。熹平[302]三年，以疾召還，未至，卒于穀城[303]，年七十一。所著賦[304]、銘、碑[305]、讚[306]、禱文[307]、弔、章表[308]、教令[309]、書、檄[310]、牋記[311]，凡二十七篇。

16 論曰：孔子稱「其言之不怍，則其為之也難[312]」。察皇甫規之言，其心不怍哉！夫其審己313則干祿314，見賢則委315位，故干祿不為貪，而委位不求讓316；稱己不疑伐317，而讓人無懼情。故能功成於戎狄，身全於邦家318也。

【章　旨】以上為〈皇甫規傳〉。皇甫規兼有軍事和政治才幹，採取剿撫並用方略平息農民暴動和羌人問題，對安定地方和改善民族關係產生了良好效果。他對朝政腐敗也有深刻認識，勇於提出建言。史官評論皇甫規，認為他才幹勝職、見賢讓位，所以能在征伐中獲得成功，在政治鬥爭中保全自己。

【注　釋】❶安定　郡名。西漢置。治今寧夏固原。東漢移治今甘肅鎮原東南。屬涼州。❷朝那　縣名。漢置。故城在今甘肅平涼西北。❸棱　即皇甫棱。東漢安定朝那人，皇甫規祖父。曾任定襄太守，遷度遼將軍。❹度遼將軍　漢代將軍名號。初設於漢昭帝元鳳三年，因遼東烏桓反，以中郎將范明友為度遼將軍，率騎兵擊之。因須渡過遼水，所以以「度遼」為號。東漢明帝時復置，與使匈奴中郎將、護羌校尉、護烏桓校尉同掌西北邊防及匈奴、鮮卑、烏桓、西羌諸部事。❺旗　即皇甫旗。東漢安定朝那人，皇甫規父。曾任扶風郡都尉。❻永和　東漢順帝劉保年號，西元一三六－一四一年。❼西羌　古族名。最早見於甲骨卜辭，殷周時稱羌方，分布於黃河中上游地區，秦逐諸戎，被迫西遷。西漢武帝置護羌校尉，統轄羌族各部。東漢時內徙諸部於隴西、漢陽（今甘肅甘谷）、安定（今甘肅鎮原）、三輔（今陝西渭水流域）等地，與漢族雜居。❽大寇　侵略者大規模來侵犯。❾征西將軍　官名。東漢永元間置，同雜、偏、裨等號將軍。❿馬賢　東漢人。曾任弘農太守，其「天性虐刻」，到任之後，對羌人「多所擾發」，引起了羌人的反抗。後又任護羌校尉、謁者，遷征西將軍。在與且凍羌部戰於射姑山時，賢軍大敗，與二子皆死於該戰。⓫布衣　粗布衣服。舊常稱平民。⓬卹　體恤將士，關心軍事。⓭言狀　說明情況。⓮尋　頃刻；不久。⓯沒　覆滅；敗亡。⓰兵略　用兵的謀略。⓱命　指派；使用。⓲功曹　即功曹史。官名。漢代郡守的屬官，相當於郡守的總務長，除掌人事外，並得與聞一郡的政務。⓳甲士　披甲的戰士。泛指士兵。⓴斬首數級　秦制，戰爭中斬敵首一，賜爵一級，稱為首級。後以「級」為所斬之首的量詞。㉑賊　先秦兩漢時期，指作亂叛國危害人民的人。㉒上計掾　官名。亦稱上計史，為縣、郡國派赴上級機關或京師呈遞計簿的屬吏。㉓隴西　郡名。秦置，兩漢因之。治今甘肅臨洮南。㉔朝廷　帝王接見大臣和處理政務的地方。借指帝王、國家。㉕患　憂慮。㉖上疏　臣下向皇帝進呈奏章。㉗乞　向人討、要。㉘自效　願為別人貢獻自己的力量或生命。㉙比年　近年。㉚陳　述說。㉛便宜　謂合乎時勢要求的事宜或根據情況應採取的措施。㉜羌戎　古代對羌族的泛稱。㉝考校　意為有據可查。㉞擁眾　聚眾；擁有眾多兵員。㉟懸師　遠征的孤軍。㊱平人　平民百姓。㊲江湖　舊時泛指四方各地。㊳青　即青州。西漢武帝時所置「十三刺史部」之一。東漢治今山東淄博臨淄鎮北。㊴徐　即徐州。西漢武帝所置「十三刺史部」之一。東漢治今山東郯城。㊵襁　包嬰兒的被、毯等。㊶潰叛　亦作「潰畔」。叛亂離散。㊷承平　社會安定；太平。㊸綏御　安撫籠絡。㊹乘　趁著；利用。㊺侵暴　侵犯暴掠；侵凌。㊻苟　貪求。㊼猾吏　奸猾的官吏。㊽徼功　猶求功。㊾暴骨　暴露屍骨。指死於郊野。㊿徒　白白地。51王師　天子的軍隊；國家的軍隊。52振旅　謂調動軍隊。53酋豪　部落的首領。54生變　發生變化或變故。55經年　指經過很久的時間；長時間。56搏手　兩手相拍。表示憤怒或無計可施。57叩心　捶胸。悔恨、悲痛的樣子。58假　授予；給予。59兩營二郡　兩營，謂馬賢及趙沖等所帥部隊。二郡，安定、隴西。60屯　布防；屯駐。61坐食　謂不勞而食。62趙沖　東漢人。曾任武威太守、護羌校尉。在追擊叛羌於鸇陰河時，戰歿。63首尾　比喻相呼應。64兵埶　指用兵布陣。65更　改變；改換。66方寸　一寸見方。67尺帛　長一尺的帛，言其少。68滌　除；清除。69納降　接受投降。70官爵　官職爵位。71年齒　年紀；歲數。72邁　老。73不勝　非常。74沒　通「歿」。死。75自陳　自己陳述。76帝　即順帝劉保（西元一一五—一四四年），東漢皇帝。漢安帝之子。永寧元年被立為太子。延光三年被廢為濟陰王。安帝死，宦官江京等立北鄉侯劉懿為帝（即少帝），旋卒。宦官孫程等殺江京迎立其為帝，孫程等十九名宦官封侯。外戚梁商、梁冀相繼為大將軍，朝政操於宦官、外戚之手，政治日益腐敗。77沖　即沖帝劉炳（西元一四三—一四五年），東漢皇帝。順帝子。建康元年被立為皇太子，同年八月即帝位。年二歲。在位期間，梁太后臨朝，以太尉趙峻為太傅，大司農李固為太尉，參錄尚書事。當時各地人民反抗蜂起，九江徐鳳、馬勉攻打城邑，徐鳳稱無上將軍，馬勉稱皇帝，建年號，置百官，在當塗山建立根據地，掘了順帝的墳墓。次年正月沖帝夭亡。葬懷陵。78質　即質帝劉纘（西元一三八—一四六年），東漢皇帝。渤海孝王劉鴻之子。永憙元年被梁太后與其兄梁冀迎立為帝，時年八歲。在位期間梁太后臨朝，梁冀專權，排斥太尉李固等，徐、揚地區農民反抗日趨高漲。本初元年，因不滿梁冀專橫，朝會時指其為「跋扈將軍」，遂為冀鴆殺。79臨朝　特指太后攝政稱制。80賢良方正　選舉科目，始於漢文帝前二年（西元前一七八年），全稱舉賢良方正能直言極諫科，非歲舉。漢代舉賢良方正，對策者百人，有高下之分，卻未有黜落，對者皆預選。81對策　漢代應薦舉、科舉的人對答皇帝有關政治、經濟的策問。82伏惟　謂念及、想到。亦作「伏維」。下對上的敬辭。多用於奏疏或信函。83孝順皇帝　即順帝。84勤　忙於；致力於。85王政　國君的政令。猶王道、仁政。86紀綱綱法；制度；人倫。人與人之間的關係及行為準則。政治生活中應遵守的法度綱常、行為準則。87四方　天下；各處。88近習　諸佞幸親近小人。《禮記》：「雖有貴戚近習。」89戲謔　開玩笑。90嬖倖　被寵愛的人。指姬妾、倡優、侍臣等。91賓客　指貴族的門客、策士等。東漢以後對依附世家豪族人口的一種稱謂。92鮮　非常少。93關西　地區名。漢唐等時代泛指函谷關或潼關以西地區。94竊　自謙之詞。95風聲　指社會傳聞。96權倖　謂因受皇帝寵幸而握有權柄的人，多指外戚和宦官。97陛下　對君主的尊稱。98乾坤　〈乾〉〈坤〉皆為卦名。二者連用指天地。99攝政　代國君處理國政。100維綱　綱紀；法度。維，維繫；保持。綱，用以繫物和提綱的繩。101翕然　一致。102白濁　白茫茫而且渾濁的樣子。103旱魃　旱神。《詩·雲漢》：「旱魃為虐，如惔如焚。」104從橫　恣意胡為。105庶品　指所有官民。106譴誡　譴責告誡。107常侍　中常侍、內常侍等宦官之簡稱。108無狀　謂所行無善狀。亦多作自謙之辭。109亟　急切。110黜遣　斥逐；打發回原處。111披埽　猶清除。112凶黨　叛黨；逆黨。113天誡　上天的告誡。114梁冀　（？—西元一五九年），字伯卓，東漢安定烏氏（今甘肅平涼）人。兩妹為順帝、桓帝皇后。其父梁商死後，繼為大將軍。順帝死，他與妹梁太后先後立沖、質、桓三帝，專斷朝政近二十年。執政期間，驕奢橫暴，多建苑囿，並強迫人民數千為奴婢，稱「自賣人」。梁太后、皇后先後死，桓帝與宦官單超等五人定議，誅滅梁氏，他被迫自殺。東漢政府沒其財產，賣錢三十萬萬之巨。事見本書卷三十四。115河南尹　官名。東漢建武十五年置，為京都雒陽所在河南郡長官，秩二千石。主掌京都事務。116不疑　即梁不疑。梁冀之弟。初為侍中，順帝永和六年，為河南尹。桓帝建和元年封潁陽侯。好經書，喜結交士人。為冀所嫉，轉為光祿勳。後辭官居家自守。梁冀暗中派人監視，禁止他與賓客來往。先冀而死。事見本書卷三十四。117社稷　古代帝王所祭的土神和穀神。借指國家。118鎮　壓東西的重物。這兒謂國家柱石。119世為姻族　梁商女嫁與順帝為皇后，以後另一女又嫁與桓帝為皇后。梁冀即梁商之子，故稱世為姻族。120儒術　孔子創始的重要學派。因與春秋時代從巫、史、祝、卜分化出來的「師儒」有淵源關係，故稱。主張「仁政」和「德治」，提倡「忠恕」和「中庸」之道，重視論理道德教育，對鬼神持存疑態度。戰國時期分裂為八派，以孟子、荀子兩派影響最大。西漢武帝罷黜百家，獨尊儒術，從此其學說成為中國古代王朝的統治思想。121遊娛　遊戲娛樂。122廬第　宅第。123夫君者舟也二句　出自《孔子家語》：「夫君者舟也，人者水也。水可載舟，亦以覆舟。君以此思危，則可知也。」124元元　百姓；庶民。125怠弛　怠惰；鬆懈。126墉　高牆。127趾　同「址」。128宿猾　一貫奸猾不逞之人；巨惡。129酒徒　好酒貪杯的人。130戲客　指專門陪主人尋歡作樂的人。131逸遊　放縱遊樂。132唱造　宣導；帶頭。133不軌　越出正軌；不合法度。134素餐　亦作「素飡」。無功受祿；不勞而食。135尚書　官名。戰國時秦、齊等國始置，最初僅為管理文書的小吏。漢武帝時以尚書掌管機要，職權漸重，為中朝重要宮官。東漢時尚書臺分六曹，各置尚書，秩六百石，位在令、僕射下，丞、郎之上。136有司　官吏。古代設官分職，各有專司，故稱。137依違　依從。138戶牖　門窗；門戶。139紫庭　帝王宮庭。140怖慴　恐懼。141失守　謂失去常態。142下第　在官員的考核中被評為下等。143郎中　官名。始於戰國，漢代沿置，屬郎中令（後改光祿勳），管理車、騎、門戶，並內充侍衛，外從作戰。初分為車郎、戶郎、騎郎三類，長官設有車戶騎三將，其後類別逐漸泯除。144禮命　指禮聘與任命。145就　擔任。146太山　即泰山，郡名。西漢高帝置，因境內泰山得名。治今山東泰安東南，元封以後移治今泰安東。147中郎將　官名。秦代置，為中郎長官，隸郎中令。兩漢沿置，掌宮禁宿衛，隨行護駕，佐郎中令（光祿勳）考核選拔郎官，亦常奉詔出使。東漢還增設使匈奴中郎將。148宗資　字叔都，東漢安眾人。舉孝廉，延熹中為汝南太守。辟范滂為功曹，政事悉委任之。時人歌曰：「汝南太守范孟博，南陽宗資主畫諾。」其任善之事如此。149公車　官車。《周禮・春官・巾車》：「掌公車之政令。」鄭玄注：「公，猶官也。」漢以公家車馬遞送應舉的人，後因以「公車」為舉人入京應試的代稱。150特徵　指特別徵召，以區別於鄉舉。151太守　官名。西漢景帝時改郡守置，為郡的最高行政長官，掌民政、司法、軍事、財賦等，可以自辟僚屬，秩二千石。東漢沿置。152到官　猶到任。153方略　全盤的計劃和策略。154延熹　東漢桓帝劉志年號，西元一五八—一六七年。155零吾　西羌一支。156先零　漢朝時西羌的一支。西漢初分布於湟水及浩門水流域，後多次被漢軍擊敗，向西遷徙，東漢時徙於隴西（今甘肅臨洮）、天水（今陝西通渭西北）、右扶風（今陝西興平東南）等地。157寇鈔　劫掠。158關中　地區名。指今陝西關中平原。159護羌校尉　官名。掌羌族事務。漢武帝時始置，東漢沿置。秩比二千石，除監護內附羌人各部落外，亦常將羌兵與度遼將軍、使匈奴中郎將、護烏桓校尉等協同作戰，戍衛邊塞。160坐徵　因獲罪而被召回。161諸種　各個種族。162陸梁　囂張；跋扈。163塢　防守用的小堡。164愚鈍　愚笨遲鈍。這裡用作自謙辭。165兗州　西漢武帝所置「十三刺史部」之一。東漢治今山東金鄉西北。166節度　調度；指揮。167咎釁　過失；過錯。168邠岐　地區名。指陝西關中一帶。169郡吏　郡守的屬官。170豫籌　預為籌劃。豫，通「預」。171固疾　痼疾；長久不癒之病。172犬馬　古代臣子在君主前的自卑之稱或卑幼者在尊長前的自謙之稱。173齒窮　謂年老將死。174冗官　無專職而備執行臨時使命的官吏。175介　通「個」。量詞。176威澤　威勢與恩澤。177孤危　孤立危急。178鳥鼠　山名。在渭州西。179東岱　泰山的別稱。180力求猛敵四句　意謂求猛將率軍作戰，不如撫以清平之政；明習兵書，不如郡守守法，使之無反。吳，即吳起，戰國衛人。初仕魯，聞魏文侯賢，往歸之。文侯以為將，拜西河守。後為魏相公叔所忌，譖之。吳起奔楚，相楚悼王，南平百越，北卻三晉，西伐秦。諸侯皆患楚之強。悼王死，楚之貴族大臣多怨起，攻之，起伏王屍而死。孫，即孫武，字長卿，春秋時齊國樂安（今山東惠民）人。田完之後裔。他自齊入吳，以所著兵法十三篇見吳王闔閭。闔閭試其練兵之法後，任為將。吳攻楚，他率師，五戰五勝，破楚之郢都。所著《孫子兵法》一書為中國最早兵書。181 前變　謂羌族叛亂。182 戚　憂愁；悲哀。183 越職　超出職權範圍。184 區區　微小、狹隘的見識。185 三公　官名合稱，周代已有此稱，為最高輔政大臣，一說為司馬、司徒、司空，一說為太師、太傅、太保。西漢時以丞相、太尉、御史大夫合稱三公。東漢時以太尉、司徒、司空合稱三公。為共同負責軍政的最高長官。186 持節　古代使臣奉命出行，必執符節以為憑證。187 隴右　古地區名。泛指隴山以西地區。古代以西為右，故名。約相當今甘肅六盤山以西，黃河以東一帶。188 菴廬　帳幕；軍營。189 涼州　西漢武帝置「十三刺史部」之一。東漢治隴縣（今甘肅張家川回族自治區），轄境相當今甘肅、寧夏、青海湟水流域，陝西定邊、吳旗、鳳縣、略陽和內蒙古額濟納旗一帶。190 狼籍　形容人的名譽極壞。191 李翕　字伯都，東漢河陽人。建寧間為武都太守，該郡之西狹閣，是南通梁益的咽喉，道路危難險峻。李翕動員人力，改高即平，正曲廣陋，遂成通夷要道。又治理析里橋郙閣，使其平坦。人頌其事，作〈李翕西城頌〉、〈析里橋郙閣頌〉，記其事甚詳。192 督軍御史　即侍御史臨時奉命督軍者。光武帝時始置，事竟則罷。193 漢陽　郡名。東漢改天水郡置。治今甘肅甘谷東南。屬涼州。194 條奏　逐條上奏。195 詣　到。舊時特指到尊長那裡去。196 交通　結交；勾結。197 中外　朝廷內外；中央和地方。198 文降　表面降服，非真心也。199 天子　皇帝。古以君權為神所授，故稱帝王為天子。200 璽書　古代以泥封加印的文書。秦以後專指皇帝的詔書。201 誚讓　責問。202 相屬　相接連；相繼。203 自訟　自我申辯。204 戎醜　舊時對少數民族的蔑稱。205 蠢戾　叛亂；騷動。206 爰　於；從。207 西州　指涼州。208 涇陽　縣名。屬安定郡，其故城在今甘肅平涼西。209 舊都　指長安。210 明詔　英明的詔示。211 愚駑　愚笨駑鈍。212 威靈　朝廷的威力。213 國命　國家的命脈、命運。214 大小稽首　意為無論大小都一律歸降。215 誅納　誅殺和納受之數。216 比方　相比；相對照。217 踐　走過；踏過。218 過惡　錯誤；罪惡。219 大辟　古代殺頭的死刑。220 支黨　黨羽。221 墨綬　結在印鈕上的黑色絲帶。《漢書·百官公卿表上》：「縣令、長，皆秦官，掌治其縣。萬戶以上為令，秩千石至六百石；減萬戶為長，秩五百石至三百石……秩比六百石以上，皆銅印黑綬。」後因以「墨綬」作為縣官及其職權的象徵。222 載贄　帶著晉見的禮物。謂急於出仕。223 交搆　結交；勾結。224 謗讟　怨恨毀謗。225 擔石　一擔一石之糧。比喻微小。226 文簿　文冊簿籍。227 前世　以前的時代。這裡指西漢時期。228 遺匈奴以宮姬　此指西漢元帝時以宮妃王嬙嫁匈奴呼韓邪單于事。229 鎮烏孫以公主　此指西漢武帝時以江都王劉建女細君嫁烏孫王昆莫為夫人事。230 懷　安撫；懷柔。231 永初　東漢安帝劉祜年號，西元一〇七－一一三年。232 旋車完封二句　敗軍之將在旋師之日，多載珍寶，加上封印，送入權門之中。233 本土　原來的轄地。234 糾舉　督察舉發。235 舊故　猶故舊。指舊友，舊交。[236]陰害　暗中陷害。[237]汙穢　行為汙穢。[238]鹿死不擇音　《左傳・文公十七年》：「古人有言曰：『畏首畏尾，身其餘幾？』又曰：『鹿死不擇音。』小國之事大國也，……鋌而走險，急何能擇？」[239]冒昧　輕率莽撞。[240]議郎　官名。西漢置，隸光祿勳。為高級郎官，不入值宿衛，執掌顧問應對，參與議政，指陳得失，為皇帝近臣。東漢更為顯要，常選任耆儒名士、高級官吏，除議政外，亦或給事宮中近署。[241]中常侍　官名。秦始置，西漢沿置，出入宮廷，侍從皇帝，常為列侯至郎中的加官。東漢時則專用宦官為中常侍，以傳達詔令和掌理文書，權力極大。[242]徐璜　下邳（今江蘇睢寧）人，東漢宦官。桓帝時為中常侍，與單超、左悺、唐衡、具瑗等合謀誅滅外戚梁冀，封武原侯，為「五侯」之一。恃寵驕橫，天下謂璜為「徐臥虎」。以恩榮終。[243]左悺　河南平陰（今河南孟津）人，東漢宦官。桓帝時，為小黃門吏，因與單超、具瑗、徐璜、唐衡合謀誅滅外戚梁冀，任中常侍，封上蔡侯，為「五侯」之一。他和具瑗等驕橫貪暴，兄弟親戚都為州郡刺史、太守，侵奪人民。後被司隸校尉韓縯劾奏，自殺。[244]求貨　敲詐財物。[245]功狀　報告立功情況的文書。[246]下之於吏　下交吏員辦理。[247]官屬　以前的舊屬。[248]賦斂　聚斂財物。[249]請謝　有所請求而謝之以禮物。[250]廷尉　官名。秦始置，為九卿之一。廷尉的職掌是管刑獄，為最高法官。主要職責是負責審理皇帝交辦的詔獄，同時審理地方上報的疑難案件。[251]論輸左校　在左校署服苦役。論輸，修造宮室、宗廟、陵園、道路等。左校，官署名。漢置，隸將作大匠（將作少府），組織工役修造宮室、宗廟、陵園、道路等。官吏犯法，常輸左校為工徒。[252]諸公　眾公卿。[253]太學生　在太學裡就讀的學生。[254]張奐　事見本卷。[255]自代　取代自己。[256]治亂　安定與動亂。[257]伏　通「服」。佩服；信服。[258]元帥　主帥；統率全軍的首領。[259]眾望　大家的願望。[260]副　第二位的；輔助的。[261]使匈奴中郎將　官名。西漢時常遣中郎將使匈奴，稱匈奴中郎將。東漢建武二十六年（西元五〇年）遣中郎將段郴等使南匈奴，授南單于璽綬，令入居雲中，始置使匈奴中郎將以監護之，因設官府、從事、掾史。後徙至西河，又令西河長史每年將二千，弛刑五百人，助中郎將衛護單于，冬屯夏罷。自後遂為常制。[262]大司農　官名。西漢武帝改大農令設，秩中二千石，列位九卿。掌管全國租賦收入和國家財政開支，凡百官俸祿、軍費、各級政府機構經費等皆由其支付，兼理各地倉儲、水利、官府農業、手工業、商業的經營，調運貨物，管制物價等。[263]意筭　亦作「意算」。心計。[264]避第　謂避仕宦之途而退居家中。[265]上郡　戰國時魏國置。東漢屬并州。治今陝西榆林東南。[266]王旻　東漢人。曾任上郡太守。[267]縞素　指喪服。[268]并州　西漢武帝所置「十三刺史部」之一。領太原、上黨、雲中、定襄、雁門、代等六郡，轄境相當於今山西大部分及河北、內蒙古一部分。[269]胡芳　東漢桓帝時為并州刺史。時皇甫規為度遼將軍，欲退身避第，會友人喪還，規縞素越界，到下亭迎之。因令客密告胡芳，言規擅遠軍營，公違禁憲，當急舉奏。胡芳曰：「威明欲避第仕塗，故激發我耳。吾當為朝廷愛才，何能申此子計邪！」遂無所問。[270]禁憲　規定禁例。[271]申　舒展；施展。[272]黨事　即黨錮。東漢桓帝、靈帝時部分官僚士大夫和太學生聯合反對宦官專權，以此被禁止仕宦或參預政治活動，時稱「黨錮」。東漢桓帝時，司隸校尉李膺等人和太學生郭泰、賈彪等聯合，抨擊宦官集團。延熹九年（西元一六六年），有人勾結宦官誣告他們「誹訕朝廷」，李膺等二百多名「黨人」被逮捕，後雖釋放，但終身不許做官，稱為第一次「黨錮之禍」。靈帝即位後，外戚竇武專權，起用黨人，並與太傅陳蕃合謀誅滅宦官，事洩被殺。建寧二年（西元一六九年）靈帝在宦官侯覽、曹節挾持下，收捕李膺、杜密等百餘人下獄處死，並陸續殺死、流徙、囚禁六七百人。熹平五年（西元一七六年），靈帝在宦官挾制下又命令凡「黨人」的門生故吏、父子兄弟，都免官禁錮，並連及五族。稱為第二次「黨錮之禍」。[273]染逮　牽連；連累。[274]豪桀　才能出眾的人。[275]附黨　阿附；偏私。[276]在事　居官任事。[277]永康　東漢桓帝劉志年號，西元一六七年。[278]下問　以上問於下。[279]災妖　指自然界的變異。語出《左傳・宣公十五年》：「天反時為災，地反物為妖。」[280]內嬖　指皇帝寵愛的宦官。嬖，寵愛。[281]再誅外臣　這裡指誅殺桂陽太守任胤、南陽太守成瑨、太原太守劉質等地方大臣。[282]陳蕃　字仲舉，東漢汝南平輿（今河南平輿）人。桓帝時任太尉，與李膺等反對宦官專權，為太學生所敬重，被稱為「不畏強禦陳仲舉」。靈帝立，他為太傅，與外戚竇武謀誅宦官，謀洩，率官屬及太學生八十餘人，衝入宮門，事敗入獄被害，年七十餘。事見本書卷六十六。[283]劉矩　字叔方，東漢肅人。少有高節，舉賢良方正。四遷為尚書令。性諒直，不能阿附貴勢，失大將軍梁冀意，出為常山相。延熹中為太尉，與司空黃瓊、司徒种暠同心輔政，號為賢相。靈帝時再為太尉，所辟皆名儒宿德。尋免，卒於家。[284]高世　高超卓絕，超越世俗。[285]里巷　小街小巷。[286]劉祐　（？—西元一六八年），字伯祖，東漢中山安國（今河北博野）人。初舉孝廉。桓帝時，歷位揚州刺史、河東太守、尚書令、河南尹、司隸校尉等職，政尚威嚴，權貴子弟屏氣。拜宗正，三轉大司農。深惡宦官專政，移書所在郡縣，沒收中常侍蘇康、管霸所占良田美業。以此觸怒桓帝，論輸左校。後得赦免。[287]馮緄　字鴻卿，東漢宕渠人。安帝時舉孝廉。累遷御史中丞。鮮卑寇邊，以緄為遼東太守，曉諭降集，虜皆弭散。徵拜京兆尹，轉司隸校尉，所在立威刑。延熹間，長沙蠻寇掠益陽，零陵蠻應之，武陵蠻又寇掠江陵間。緄以車騎將軍討平之。官至廷尉。[288]趙典　字仲經。東漢趙戒子。桓帝時為大鴻臚，遷太常。以諫爭違旨免官。再遷衛尉。公卿表典篤學博聞，宜備國師。會病卒。典篤行博學，與李膺齊名，列於「八俊」。[289]尹勳　字伯元，東漢鞏人。家世衣冠，獨持清操，不以地勢尚人，州郡連辟。舉孝廉。三遷邯鄲令，政有異績。後舉高第，五遷尚書令。桓帝誅梁冀，參建大謀，封都鄉侯。遷汝南太守。上書解釋范滂等黨議禁錮之枉，拜大司農。坐竇武等事下獄自殺。[290]李膺　（西元一一〇—一六九年），字元禮，東漢潁川襄城（今屬河南）人。桓帝時為司隸校尉，與太學生首領郭泰等結交，反對宦官專權，太學生稱為「天下楷模李元禮」。延熹九年（西元一六六年），宦官誣之為結黨誹謗朝廷，被逮捕入獄。釋放後禁錮終身。靈帝立，外戚竇武執政，他又被起用為長樂少府，與陳蕃等謀誅宦官失敗，死獄中。事見本書卷六十七。(291)王暢　字叔茂，東漢王龔子。太尉陳蕃薦王暢清方公正，拜南陽太守。奮勵威猛。接受功曹張敞之諫後，暢更崇寬政，教化遂行。郡中豪族奢靡相尚，暢常以布衣皮褥矯其弊。後徵為長樂衛尉，遷司空。以水災免。暢名在八俊，與李膺並稱為高士。(292)宰相　官名。原稱丞相，始於戰國時，為百官之長，亦稱相邦。秦代以後為封建官僚組織中的最高官職，輔佐皇帝，綜理全國政務。西漢初，稱為相國，後改丞相，與太尉、御史大夫合稱三公。西漢末改為大司徒，東漢末復稱丞相。(293)鉤黨　搜捕黨人。(294)無端　無緣無故。(295)覆手　把手掌向下一翻。比喻事情容易辦成。(296)杜口　閉口。謂不言。(297)瞻顧　「瞻前顧後」之省。形容有所顧慮，猶豫不決。(298)謇　忠誠；正直。(299)弘農　郡名。西漢元鼎三年（西元前一一四年）置，取宏大農桑為名。治弘農縣。(300)壽成亭侯　侯，封建制度爵位的第二等。常在爵名前加地名，以示侯邑所在。壽成亭即侯邑所在。(301)邑　古代王侯的封地。(302)熹平　東漢靈帝劉宏年號，西元一七二—一七八年。(303)穀城　本春秋齊邑，秦稱穀城，後置縣。屬濟北郡。治山東平陰西南東阿鎮。(304)賦　古代文體。盛行於漢魏六朝，是韻文和散文的綜合體，通常用來寫景敘事，也有以較短篇幅抒情說理的。(305)碑　即碑文，文體的一種。刻在石頭上以紀念事業成功、人物事跡功勳。(306)讚　一種文體，用於頌揚人物。(307)禱文　祈禱時所用的文辭。古代文體之一。(308)章表　奏章，奏表一類文體。(309)教令　頒布有關教化、政令的文告。(310)檄　古代官府用以徵召或聲討的文書。(311)牋記　文體名，書箚、奏記一類。(312)其言之不怍二句　意為一個人出言不慚愧，那麼他要做到這一點就比較難。怍，慚愧。見《論語・憲問》。(313)審己　省察自己。(314)干祿　求祿位；求仕進。(315)委　拋棄。(316)讓　把東西給人，索取一定代價。(317)伐　自誇。(318)邦家　國家。

【語　譯】皇甫規，字威明，安定郡朝那縣人。祖父皇甫棱，曾經做過度遼將軍。父親皇甫旗，曾做過扶風都尉。

2　漢順帝永和六年，西羌大舉侵略三輔，包圍了安定，征西將軍馬賢率領各郡的軍隊還擊，沒有解圍。皇甫規雖然是一個身無官職的普通人，看到馬賢不熟悉軍事，知道他一定要失敗，於是向馬賢上書陳說軍事事宜。不久馬賢果然被西羌軍隊消滅。郡將知道皇甫規有軍事才能，於是推舉他為功曹，讓他率領八百名戰士與西羌軍隊作戰，殺死了幾個敵人，敵人便退卻了。於是郡將又薦舉皇甫規為上計掾。後來西羌軍隊大舉進攻，攻燒隴西，朝廷非常憂慮。皇甫規於是向朝廷上疏自薦，要求為國效力，說：「我近幾年來，多次向朝廷貢獻計策。羌戎沒有開始行動的時候，我就料到他們必然反叛；馬賢剛剛出兵的時候，我就料到他必然失敗。我不幸而言中的這些事宜，都是可以考察核實的。我常常考慮馬賢這種人率軍四年，沒有獲得成功，耗損軍費已經有百億之巨了，這些錢是從平民中徵收後，落入了奸吏的腰包。因此江湖之人群起為盜賊，青州、徐州遭受饑荒，人民背負著妻小四處逃亡。羌戎之所以反叛，不是由於政治清平，而是由於邊疆將領在安撫和防禦方面失策。趁著平常邊境安寧，邊將們對羌戎的利益隨便侵犯，由於貪圖一點小利，終於釀成大害。當戰爭不可避免時，取得微不足道的小勝仗就向朝廷謊報戰功，如果打了敗仗又匿而不報。戰士們辛勞怨恨，但是被那些奸猾的官吏所左右，前進不能夠很快投入戰鬥獲得戰功，後退不能夠維持溫飽保全自己的性命，結果餓死在溝渠，白骨暴露在曠野上。只看到朝廷的軍隊徒勞無益地開出去，而沒有聽到軍隊班師的軍樂聲。異族的首領們因為邊境的慘狀而哭泣，致眼中出血，由於驚恐而發生變亂。因此國家即使能夠安撫也不可能長久，而敗績則連年不斷。這就是我之所以扼腕痛心而不斷地悲歎的原因呀！我請求給予我兩營和兩郡的兵力，以及現在屯列在那裡無所事事的兵士五千，與護羌校尉趙沖互相呼應，出乎敵人意料而出擊。邊疆的地理條件，我非常熟悉，軍事上的策略，我已經籌謀部署就緒。可以不動用朝廷的詔命，也不要朝廷一尺絲帛的賞賜，如果做得好可以消除邊疆禍患，最低限度也可以收降一些敵人。如果說我的年紀太輕官職太低，不足以重用，那麼，那些敗將們卻不是由於官職不高，年紀不大呀。我懷抱著對國家的赤誠之心，甘冒死罪而自我推薦。」當時漢順帝並沒有重用他。

3 漢沖帝和漢質帝更替之間，梁太后臨朝執政。皇甫規被舉薦為賢良方正。皇甫規在對策中說：

4 「我認為孝順皇帝剛開始執掌國政的時候，運用國家大法來統御全國，可以說是天下太平。後來遭遇到一些奸偽的人，權威被佞邪親近的小人所瓜分，自己又喜歡積聚財貨，搜集名馬，玩笑戲謔的聲音縈繞身邊；又因為與那些佞邪小人親近，接受賄賂賣官鬻爵，隨隨便便地使用賓客，結果賓客與賣官者交錯於地方，弄得天下紛紛擾擾，百姓把犯上作亂看作是唯一的出路。因此每當有出征打仗的事，很少沒有受挫折受損傷的，官吏和老百姓都精疲力竭，朝廷和民間都是財盡糧空。我在關西的時候聽到一些傳聞，卻沒有聽說國家對這些事有什麼處置的方略，而威權和福祿方面的好處，全都落在掌權的佞邪小人之手。陛下一個人統御乾坤，聰明聖哲達到精純的境界。剛開始執掌國柄的時候，提拔使用忠貞之士，有關國家大體的綱紀，也有很多的改正。無論是京畿附近還是邊陲之地，都是一片和順景象，天下太平可以翹首以望了。但是地震之後，那種邪惡的霧氣還很濃厚，日月無光，旱災日益嚴重，肆虐無已，大盜恣意胡為，殺人之多，流的血把原野都染紅了，無論是老百姓還是朝廷命官都惶恐不安。上天的種種譴責徵候接踵而來，大概都是因為奸臣權力過重所導致的。那些常侍中沒有善行的，必須馬上將其罷免遣散，掃除他們的凶黨，把他們貪占的財貨沒收入庫，以堵塞人們的怨恨之詞，回應上天的告誡。

5 「現在大將軍梁冀、河南尹梁不疑，處在周公、邵公的地位，肩負著安定社稷的重任，再加上與王室是世代的婚姻，現在給他們立一個尊貴的名號是可以的，但實際上更應該督促他們提高品格修養和謙讓的節氣，再以儒術作為輔佐，裁省遊玩娛樂等等不是國家急務的事情，削減屋廬宅第上沒有什麼益處的裝飾。君主就是船，百姓是水；朝廷群臣都是坐船的人，梁冀等人都是划槳的人。假如大家都能同心協力，同舟共濟，平安地度過危難，這就是所說的福啊。如果懈怠鬆弛，船就會沉入波濤之中，難道對此不應該非常慎重嗎？如果他的品德與所受俸祿不相稱，就好像下挖牆基上增牆高一樣，難道這是根據能力審察功勞而安邦固國的辦法嗎？凡是那些奸猾之人、酒徒、戲客，都是一些耳聽邪惡的聲音，口出諂媚的言語，遊手好閒，到處製造事端的人。對於這些人，也應該貶謫斥退，藉以懲戒那些不法之徒。讓梁冀等人深刻思考得到賢才的好處，失掉人才的憂患。還有那些尸位素餐的官員，尚書怠職，有關官員違法，沒有誰願意去糾察不法之人和不法之事，因此使得陛下只能聽到一些諂媚的言論，聽不到宮外的情況。我知道喜歡阿諛的人會得到好處，話講得深切就容易遭禍，但我又哪敢隱瞞自己的內心去避禍呢！我生長在邊遠的地方，很少來到朝堂之上，恐懼得失去了常態，所說的話也未必能完全表明我的心跡。」

6 梁冀恨皇甫規敢於譏刺自己，於是在官員的考核中把他評為下等，任命他做了郎中。皇甫規藉口有病，辭官回到了家鄉。家鄉的州郡長官秉承梁冀的旨意，幾次想把皇甫規陷害致死。皇甫規只得以教授《詩》、《周易》度日，門徒多至三百人，一直教了十四年。梁冀被誅後，一個月之內，就有五次聘任，皇甫規都沒有去就職。

7 當時太山地區有個名叫叔孫無忌的人聚眾作亂，侵擾郡縣，中郎將宗資討伐他們，但並未平息事態。朝廷特派公車來徵召皇甫規，任命他為太山太守。皇甫規到任後，籌劃各種討伐叔孫無忌的方略，終於將賊寇平息。漢桓帝延熹四年的秋天，背叛朝廷的羌人零吾各部，與先零其他部種侵擾關中，護羌校尉段熲因獲罪被召回下獄。後來先零各部囂張作亂，攻陷了一些城池營寨。皇甫規歷來熟悉羌的事情，立志報效國家，於是向朝廷上書說：「自從我受任以來，立志貢獻我的愚鈍之心，實際上依靠兗州刺史牽顥的清廉勇猛，中郎將宗資的重視信義，才承受了節度的任務，幸好沒有犯什麼過失。現在那些狡滑的賊人已經消滅，太山已經基本上平定，現在又聽說羌族各部一起反叛。我生長在邠岐地區，今年五十九歲，過去曾做過郡吏，後來又兩次參加過平定羌族叛亂的事宜，事前籌謀平叛事宜，有些計謀恰巧言中了。我歷來有一種頑固的病，擔心年齡大了，不能夠報答朝廷的大恩，所以願意乞求一個閒散的官職，準備一輛單車和一個低微的使者頭銜，到三輔這個地方去宣示國家的威嚴和恩澤，憑藉我所熟悉的地勢和兵勢，以輔佐和幫助各路軍隊。我困居於孤獨危難之中，靜觀各郡郡守的所作所為，已經有幾十年了。從鳥鼠到東岱，都有一個通病，即對於羌人等少數民族不加親撫，所以導致他們反叛。與其選求勇猛的將領，倒不如和平共處；即使有孫武、吳起這樣勤懇明智的將領來鎮壓他們，也不如他們甘心樂意地遵守國家法度更好。前一次的變亂為時還不久，這一次又發生了變亂，我確實為此而心憂。因此我超越職責範圍，盡我狹隘的見識，上奏朝廷。」

8 到了冬天，羌人大舉進攻，朝廷為此而憂慮。三公一起舉薦皇甫規做了中郎將，讓他拿著天子的節仗去監護關西兵，討伐零吾等人，當即將零吾打敗，斬首八百餘級。先零等部的羌人敬慕皇甫規的威信，互相規勸而投降朝廷的人有十多萬。第二年，皇甫規用羌人降部去討伐隴右的反叛者，當地的道路隔絕，軍中發生大瘟疫，十個人中有三四個人病死。皇甫規親自到兵營中去看望將士，全體將士都非常感動。東部的羌人於是派遣使者請求投降，涼州再一次與中原相通了。

[9] 在此以前，安定太守孫儁收受賄賂而聲名狼藉，屬國都尉李翕、督軍御史張稟殺死了很多投降了的羌人，涼州刺史郭閎、漢陽太守趙熹又都年老體弱不能勝任職務，這些人都倚仗朝中權貴撐腰而不遵守國家法度。皇甫規到各州郡後，全都一條一條地向朝廷奏明他們的罪狀，有的免職，有的處死。羌人聽說後，都與朝廷改善了關係。沈氐地方的大豪強滇昌、飢恬等率領十多萬人，到皇甫規這裡投降了。

[10] 皇甫規自從任官以來，多年來一直拿著天子節仗出外為將，帶領許多人馬建功立業，在故鄉為官，故鄉人也沒有受到過他的個人好處，反而對於那些不法之徒多所舉報上奏。他又特別痛恨宦官，不與他們相往來，於是無論在朝的官僚還是在宮中的宦官，甚或在外地的地方官，都異口同聲地誣衊皇甫規用財貨賄賂各部羌人，讓他們表面降服。漢桓帝連下詔書指責。皇甫規擔心不能免禍，於是向漢桓帝上疏為自己辯解說：「延熹四年的秋天，羌戎諸部蠢蠢欲動，自涼州開始一直侵擾到涇陽，當時西京長安都震動了，朝廷的注意力一時都轉向西方。當時天子下了一道聖明的詔書，沒有嫌棄我的愚鈍而賦予我重任，我緊急督軍上路。幸運地承蒙朝廷的威靈，終於振奮了國家的命運，羌戎各部，無論大小都一律歸順。於是我下書給各軍營和郡縣，查問誅殺以及接受了多少叛羌的數目，這一舉措為朝廷節省的費用達到一億以上。我以為這是一個忠臣所應該盡的本分，不敢向朝廷稱述自己的功勞，因此沒有片言隻字提到自己小小的貢獻。但是與以前的敗軍之將比較，我也只希望免除我的罪過罷了。前次我到各州郡去，先向朝廷上奏了郡守孫儁的罪行，後又上奏了屬國都尉李翕、督軍御史張稟的罪行；後來率領軍隊南征，又上奏了涼州刺史郭閎、漢陽太守趙熹的過失和罪惡，根據朝廷的法典，他們應處予重罰。這五個人的黨羽多達半個國家，至於其他一些門徒甚至一些小吏，受到牽連的又有一百多人。這些小吏都企圖為自己的主帥報仇而心懷怨恨，被殺者的兒子們又想為父親所受到的恥辱報仇，或者攜錢坐車，或者揣糧步行，去結交朝中一些有勢力的大官，競相散布流言蜚語，說我接受了各部羌人的錢財而私下裡報答他們。假使我私人貪圖財貨，那麼我家裡沒有一擔一石的穀米，至於那些從官家領取的東西，都有帳簿可以考核。就算我愚昧無知，像外面的流言所說的那樣，那麼先朝的時候還有

把宮妃賜給匈奴、把公主嫁出去以穩住烏孫的事；現在我僅僅耗費幾千萬錢，使叛亂的羌人歸服。這是忠良之臣的才智和謀略，是軍事家們所最看重的事，又有什麼罪行可言，又違背了什麼道德和國家法理呢？自從漢安帝永初年間一直到現在，大將出征不在少數，遭到覆滅的部隊就有五支，所動用的資金數億。這些敗軍之將回師之日，多載珍珠寶貝，封存完好，送進了權豪之門，他們名成功就，朝廷還給予他們高爵之賞。現在我回師本土，糾察檢舉各州郡，與親戚斷絕交往，對一些故舊依法加以戮殺，因而大家一起來誹謗我，暗暗地加害於我，這確實是必然之事。我雖然一身骯髒，沒有什麼清廉潔靜的名聲，現在被這些流言蜚語所湮滅，實在是深感痛苦和恥辱。古人曾說『鹿將死的時候，為了逃命，就顧不上辨別聲音』，所以冒昧地把我的情況上奏朝廷。」

11　這年冬天，朝廷又下詔召回皇甫規並任命他為議郎。根據皇甫規的功勞應該封爵。可是中常侍徐璜、左悺想要從皇甫規這裡敲詐撈取錢財，多次派人來詢問立功的事跡，皇甫規始終不答理他們。徐璜等人十分生氣，又用以前的流言來陷害他，並把此事交給司法官吏辦理。原先的那些屬官想收聚一些財物向徐璜等人行賄，皇甫規堅決不從，最後就以「沒有把剩餘的敵寇全部消滅」為理由，把他交給廷尉審判，結果被判為送到左校去服苦役。朝廷的一些大臣以及太學生張鳳等三百多人到朝堂上為皇甫規辯解。恰好這時候遇上朝廷大赦天下，皇甫規就回到老家去了。

12　後來又徵拜為度遼將軍，到軍營幾個月後，就向朝廷上奏章推薦中郎將張奐代替自己。奏章中說：「我聽說沒有固定不變的習俗，但是為政卻有治有亂；士兵沒有強大和弱小的分別，將領卻有能幹與不能幹的區別。據我看，中郎將張奐文才武略都非常優秀，適合於擔任元帥之職，應該提拔他以滿足眾人的願望。如果說我還適合擔任軍隊職務的話，願意請求一個閒散職務，作為張奐的副手。」朝廷採納了皇甫規的意見，讓張奐代替皇甫規做了度遼將軍，皇甫規則做了使匈奴中郎將。待到張奐升遷做了大司農的時候，皇甫規又再次成為度遼將軍。

13　皇甫規為人頗有心計，他認為自己一直處在高位，想急流勇退，多次上書稱病，可是朝廷不准許。原上郡太守王旻是皇甫規的老朋友，恰巧這時逝世，靈柩送回故鄉。皇甫規聽說後，穿著白孝服越過自己駐地去迎接，然後命令手下人假作旁人向并州刺史胡芳告密，說皇甫規擅自遠離自己的軍營，公開地違背國家的有關規定，應當馬上向朝廷舉報。胡芳聽說後說：「皇甫規想要離開仕途，故意用這種方式來激我罷了。我應該為朝廷愛惜賢才，怎麼能夠讓他的計謀得逞呢？」於是不管這件事。等到後來黨錮之禍大起的時候，天下名士賢人大都被牽累。皇甫規雖然是一代名將，但歷來聲譽不高，自以為自己是西州豪傑，以沒有受到黨錮之禍的牽累而感到可恥。於是自己先向朝廷上書說：「我以前曾經推薦過原來的大司農張奐，這就是附黨呀。還有，我以前被判罪送到左校時，太學生張鳳等人上書為我辯護，這也是為黨人所庇護呀。我應該連坐。」朝廷知道這些事以後也不追究。當時人都認為皇甫規是一個有賢德的人。

14　皇甫規在度遼將軍任上多年，北邊的敵國都被他的軍威所折服。漢桓帝永康元年，被朝廷徵拜為尚書。這一年夏天出現日蝕，朝廷下詔讓公卿們薦舉賢良方正，詢問為政得失。皇甫規回答說：「上天對於人君，就好像人君對於臣下，父親對於兒子一樣。用妖異災害來警告你，使你得到福祥。陛下八年之中三次審斷大獄，一次除掉內嬖，二次誅殺地方上的大臣，應該可以得到福祥了。可是現在日蝕這樣的災異現象還是出現，人情也還沒有安定，究其原因，恐怕是賢才的升進，愚狂的貶退，威權和刑罰的施用還有不合正理的地方。以前的太尉陳蕃、劉矩，忠心公正、謀略高出世人，卻被廢棄在家閒居而不用；劉祐、馮緄、趙典、尹勳，為人正直因而結怨很多，結果也被罷黜在家；李膺、王暢、孔翊，潔身守禮，一直沒有登上宰相的職位。至於黨錮的緣起，本是無根無據的事，卻殘虐賢才，傷害善良，連累無辜的人。現在要興善革弊，易如反掌，可惜的是臣子們都不願意開口，有以前的禍害為鑑，相互之間都瞻前顧後，沒有誰願意發表正義的言論。希望陛下能夠暫時保留聖明之舉，容納和接受忠誠正直之言，那麼上天以前的斥責就可以彌補，以後的福祥也就會降臨了。」皇甫規的奏議，漢桓帝沒有理睬。

15　後來皇甫規改遷為弘農太守，封壽成亭侯，封給他食邑二百戶，皇甫規堅辭封爵。再次轉為護羌校尉。漢靈帝熹平三年，因為有病而召還朝廷，未到京城，在穀城的路上就逝世了，享年七十一歲。所著賦、銘、碑、讚、禱文、弔、章表、教令、書、檄、牋記，總共二十七篇。

16 史家評論說：孔子稱讚說「一個人出言不慚愧，做到這一點就比較難」。考察皇甫規的言論，他的心確實不慚愧呀！他對自己進行一番審查後，覺得自己有能力，於是就去干求俸祿，謀求職位，看見賢才他就主動讓位，所以他求祿位不能說是貪，而他把職位讓給賢才也不向別人索取代價；他稱讚自己不怕別人猜疑這是自誇，他把職位讓給別人也不怕別人議論是通私情。所以他能在征伐戎狄時獲得成功，在政治鬥爭中能夠保全自己啊。

1 張奐，字然明，敦煌❶淵泉❷人也。父惇❸，為漢陽太守。奐少遊三輔，師事太尉朱寵❹，學歐陽尚書❺。初，牟氏章句❻浮辭繁多，有四十五萬餘言，奐減為九萬言。後辟❼大將軍梁冀府，乃上書桓帝❽，奏其章句，詔下東觀❾。以疾去官，復舉賢良，對策第一，擢拜議郎。

2 永壽❿元年，遷安定⓫屬國都尉⓬。初到職，而南匈奴左薁鞬臺耆⓭、且渠伯德⓮等七千餘人寇美稷⓯，東羌⓰復舉種應之，而奐壁⓱唯有二百許人，聞即勒兵⓲而出。軍吏⓳以為力不敵，叩頭爭止之。奐不聽，遂進屯長城⓴，收集兵士，遣將王衛招誘東羌，因㉑據龜茲㉒，使南匈奴不得交通東羌。諸豪遂相率㉓與奐和親，共擊薁鞬等，連戰破之。伯德惶恐，將其眾降，郡界以寧。

3 羌豪帥感奐恩德，上馬二十匹，先零酋長[24]又遺金鐻[25]八枚。奐並受之，而召主簿[26]於諸羌前，以酒酹[27]地曰：「使馬如羊，不以入廄；使金如粟，不以入懷。」悉以金馬還之。羌性貪而貴吏清，前有八都尉率好財貨，為所患苦，及奐正身絜己，威化大行。

4 遷使匈奴中郎將。時休屠各[28]及朔方[29]烏桓[30]並同反叛，燒度遼將軍門，引屯[31]赤阬，烟火相望。兵眾大恐，各欲亡去。奐安坐帷[32]中，與弟子講誦自若[33]，軍士稍安。乃潛誘烏桓陰與和通，遂使斬屠各渠帥[34]，襲破其眾。諸胡悉降。

5 延熹元年，鮮卑[35]寇邊，奐率南單于[36]擊之，斬首數百級。

6 明年，梁冀被誅，奐以故吏[37]免官禁錮[38]。奐與皇甫規友善，奐既被錮，凡諸交舊[39]莫敢為言，唯規薦舉前後七上。在家四歲[40]，復拜武威[41]太守。平均傜賦[42]，率厲[43]散敗[44]，常為諸郡最，河西[45]由是而全。其俗多妖忌[46]，凡二月、五月產子及與父母同月生者，悉殺之。奐示以義方[47]，嚴加賞罰，風俗遂改，百姓生為立祠[48]。舉尤異，遷度遼將軍。數載閒，幽、并清靜。

7 九年春，徵拜大司農。鮮卑聞奐去，其夏，遂招結南匈奴、烏桓數道入塞[49]，或五六千騎，或三四千騎，寇掠[50]緣邊[51]九郡，殺略[52]百姓。秋，鮮卑復率八九千騎入塞，誘引東羌與共盟詛[53]。於是上郡沈氏[54]、安定先零諸種共寇武威、張掖[55]，緣邊大被其毒[56]。朝廷以為憂，復拜奐為護匈奴中郎將[57]，以九卿[58]秩[59]督幽、并、涼三州及度遼、烏桓二營[60]，兼察刺史、二千石[61]能否，賞賜甚厚。匈奴、烏桓聞奐至，因相率還降，凡二十萬口。奐但誅其首惡，餘皆慰納[62]之。唯鮮卑出塞去。

8 永康元年春，東羌、先零五六千騎寇關中，圍祋祤[63]，掠雲陽[64]。夏，復攻沒兩營，殺千餘人。冬，羌岸尾[65]、摩蟞[66]等脅[67]同種復鈔[68]三輔。奐遣司馬[69]尹端、董卓[70]並擊，大破之，斬其酋豪，首虜[71]萬餘人，三州清定。論功當封，奐不事[72]宦官，故賞遂不行，唯賜錢二十萬，除[73]家一人為郎[74]。並辭不受，而願徙屬[75]弘農華陰[76]。舊制邊人[77]不得內移，唯奐因功特聽[78]，故始為弘農人焉。

9 建寧[79]元年，振旅[80]而還。時竇太后[81]臨朝，大將軍竇武[82]與太傅[83]陳蕃謀誅宦官，事泄，中常侍曹節[84]等於中[85]作亂[86]，以奐新徵[87]，不知本謀[88]，矯制[89]使奐與少府[90]周靖率五營士圍武。武自殺，蕃因見害。奐遷少府，又拜大司農，以功封侯。奐深病[91]為節所賣，上書固讓，封還印綬，卒不肯當。

10 明年夏，青蛇見於御坐軒[92]前，又大風雨雹，霹靂拔樹，詔使百僚各言災應。

奐上疏曰：「臣聞風為號令，動物通氣。木生於火，相須[93]乃明。蛇能屈申，配龍騰蟄。順至為休徵[94]，逆來為殃咎[95]。陰氣專用，則凝精為雹。故大將軍竇武、太傅陳蕃，或志寧社稷，或方直不回，前以讒勝，並伏誅戮，海內默默，人懷震憤。昔周公葬不如禮，天乃動威。今武、蕃忠貞，未被明宥[96]，妖眚[97]之來，皆為此也。宜急為改葬，徙還家屬。其從坐禁錮，一切蠲除[98]。又皇太后[99]雖居南宮[100]，而恩禮不接，朝臣莫言，遠近失望。宜思大義顧復[101]之報。」天子深納奐言，以問諸黃門[102]常侍[103]，左右皆惡之，帝不得自從[104]。

11 轉[105]奐太常[106]，與尚書劉猛[107]、刁韙[108]、衛良同薦王暢、李膺可參三公之選，而曹節等彌[109]疾其言，遂下詔切[110]責之。奐等皆自囚廷尉，數日乃得出，並以三月俸[111]贖罪。司隸校尉[112]王寓，出於宦官，欲借寵公卿，以求薦舉，百僚[113]畏憚[114]，莫不許諾[115]，唯奐獨拒之。寓怒，因此遂陷以黨罪，禁錮歸田里[116]。

12 奐前為度遼將軍，與段熲爭擊羌，不相平。及熲為司隸校尉，欲逐奐歸敦煌，將害之。奐憂懼，奏記[117]謝熲曰：「小人不明，得過州將[118]，千里委命[119]，以情相歸。足下[120]仁篤[121]，照其辛苦，使人未反，復獲郵書[122]。恩詔分明，前以寫白[123]，而州期[124]切促，郡縣惶懼[125]，屏營[126]延企[127]，側待歸命。父母朽骨，孤魂相託，若蒙矜憐[128]，壹惠咳唾[129]，則澤流黃泉[130]，施及冥寞[131]，非奐生死所能報塞[132]。夫無毛髮[133]之勞，而欲求人丘山[134]之用，此淳于髡[135]所以拍髀[136]仰天而笑者也。誠知言必見譏，然猶未能無望。何者？朽骨無益於人，而文王葬之；死馬無所復用，而燕昭[137]寶之。黨[138]同文[139]、昭[140]之德，豈不大哉？凡人之情，冤則呼天，窮則叩心。今呼天不聞，叩心無益，誠自傷痛。俱生聖世[141]，獨為匪人[142]。孤微[143]之人，無所告訴。如不哀憐，便為魚肉[144]。企心東望，無所復言。」潁雖剛猛[145]，省書[146]哀之，卒不忍也。時禁錮者多不能守靜，或死或徙。奐閉門不出，養徒千人，著尚書記難三十餘萬言。

13　奐少立志節，嘗與士友言曰：「大丈夫處世，當為國家立功邊境。」及為將帥，果有勳名。董卓慕之，使其兄遺縑[147]百匹。奐惡卓為人，絕而不受。光和[148]四年卒，年七十八。遺命曰：「吾前後仕進，十要銀艾[149]，不能和光同塵[150]，為讒邪所忌。通塞[151]命也，始終常也。但地底[152]冥冥，長無曉期，而復纏以纊緜[153]，牢以釘密，為不喜耳。幸有前窀[154]，朝殞夕下，措屍靈牀[155]，幅巾[156]而已。奢非晉文[157]，儉非王孫[158]，推情從意，庶無咎吝。」諸子從之。武威多為立祠，世世不絕。所著銘、頌[159]、書、教[160]、誡述[161]、志[162]、對策、章表二十四篇。

14 長子芝，字伯英，最知名。芝及弟昶，字文舒，並善草書[163]，至今稱傳之。

15 初，奐為武威太守，其妻懷孕，夢帶奐印綬登樓而歌。訊之占者[164]，曰：「必將生男，復臨茲邦，命終此樓。」既而生子猛，以建安[165]中為武威太守，殺刺史邯鄲商，州兵圍之急，猛恥見擒，乃登樓自燒而死，卒如占云。

16 論曰：自鄛鄉之封[166]，中官世盛，暴恣[167]數十年間，四海之內，莫不切齒憤盈[168]，願投兵於其族。陳蕃、竇武奮義草謀，徵會[169]天下，名士有識所共聞也，而張奐見欺豎子[170]，揚戈以斷忠烈[171]。雖恨毒在心，辭爵謝咎，詩云：「啜其泣矣，何嗟及矣[172]！」

【章　旨】以上為〈張奐傳〉。張奐少有大志，開始任職邊事，便能以少勝多，使得南匈奴部眾投降，郡界得以安寧。在武威太守任上，平均傜賦，懲治腐敗，得以保全河西。並移風易俗，教導百姓，消除愚昧，使邊郡清靜無事。鮮卑、南匈奴、烏桓騷擾邊郡，張奐以撫慰和收容政策，分化瓦解敵勢，重使邊界安定。張奐被曹節等小人所欺，斬殺忠烈，留下了終生痛苦。張奐通曉大義，不附合宦官，所以屢遭迫害，被遣回老家時能守靜如一，收養門徒，著書立說。反映了張奐屈申應變的處世之道。

【注　釋】❶敦煌　郡名。西漢武帝時分酒泉郡置。治今敦煌西南。❷淵泉　縣名。因其地泉水多出，故名。治今甘肅安西東。❸惇　即張惇，東漢敦煌淵泉人。為漢陽太守。張奐之父。❹朱寵　字仲威，東漢京兆人。初辟鄧騭府，稍遷潁川太守，治理有聲。順帝時為太尉，錄尚書事，封安鄉侯。❺歐陽尚書　因歐陽氏傳授，故名。《今文尚書》學派。東漢初傳授頗盛。光武帝時，歐陽八世傳人歐陽歙及桓榮等，拜為博士。父兄子弟相繼為帝師，受業者多至卿相，貴顯當世。東漢末，《古文尚書》大行於世，《歐陽尚書》學派逐漸衰弱。❻牟氏章句　書名。東漢博士牟卿著。❼辟　即徵辟。舊指朝廷或三公以下召舉布衣之士授以官職。東漢時也指對官員的內調。❽桓帝　即劉志（西元一三二—一六七年），東漢皇帝。章帝曾孫。本初元年被梁太后與兄大將軍梁冀迎立為帝。在位期間，梁太后臨朝，梁冀專權，朝政昏亂，民不聊生。各族民眾反抗蜂起。延熹二年與宦官單超等合謀誅滅梁氏，封單超等為縣侯，自後權歸宦官，政治更趨黑暗。大臣陳蕃、李膺等聯合太學生，反對宦官干政，被宦官誣指共為部黨。下詔逮捕黨人，禁錮終身，史稱「黨錮」。❾東觀　宮觀名。為漢代皇家藏書之所。❿永壽　東漢桓帝劉志年號，西元一五五—一五八年。⓫安定　縣名。治今甘肅涇川縣北。⓬屬國都尉　官名。管理屬國事務行政長官。西漢武帝元狩三年置五屬國於西北邊郡，安置內附匈奴族，沿其舊俗，置匈奴官號。屬官有丞、侯、千人等。初隸典屬國，後典屬國並大鴻臚，遂直隸中央，與郡守略同。宣帝以後，屬國或增置，或廢罷。東漢西北、東北、西南等邊境地區皆置，多從諸郡中分置若干縣以安置降附、內附匈奴、胡、羌等少數民族，屬官或設長吏、主簿等員。⓭左薁鞬臺耆　南匈奴一部。⓮且渠伯德　南匈奴一部。⓯美稷　縣名。西漢置。治今內蒙古準噶爾旗西北。為西河屬國都尉治所。東漢建武中移南匈奴單于居此，為使匈奴中郎將治所。中平年間南移至今山西汾陽西北，東漢末廢。⓰東羌　東漢時內徙羌諸部於隴西、漢陽（今甘肅甘谷）、安定（今甘肅鎮原）、三輔（今陝西渭水流域）等地，稱東遷安定、北地、西河、上郡、三輔一帶者為東羌。⓱壁　軍營。⓲勒兵　指揮軍隊。⓳軍吏　泛指軍中的將帥官佐。⓴長城　始建於春秋、戰國時代。秦始皇統一中國後，以過去的秦、趙、燕三國的北方長城作為基礎，修繕增築，成為西起臨洮，東至遼東的萬里長城。㉑因　順著；沿襲。㉒龜茲　古西域國名。西漢時王治延城（今新疆庫車一帶）。東漢初屬匈奴。永元三年（西元九一年），班超廢其王尤利多，立原在漢朝做侍子的白霸為王，復臣於漢。㉓相率　互相帶引。㉔酋長　部落的首領。㉕鐻　古代一種像鐘的樂器。㉖主簿　官名。漢代中央及郡縣官署均置，典領文書簿籍，經辦事務。㉗酹　把酒灑在地上表示祭奠或起誓。㉘休屠各　匈奴部名。亦作休屠、休屠各胡、獨孤等稱謂。原為西漢匈奴休屠王屬降漢者。東漢末分布於武威、北地、五原、西河、并州等地。㉙朔方　西漢置。治今內蒙古杭錦旗北。東漢末年廢。㉚烏桓　古族名。也作「烏丸」，東胡族的一支。秦末漢初東胡遭匈奴擊破後，部分遷烏桓山，因以為名。以游牧射獵為生，漢初附匈奴，武帝以後附漢，遷至上谷、漁陽、右北平、遼西、遼東等五塞外。西漢時置護烏桓校尉，東漢沿置。受漢族影響，後漸營農業。每年在上谷、寧城等處與漢朝互市。㉛引屯　引兵駐紮。㉜帷　圍在四周的帳幕。㉝自若　鎮靜自如；依然如故。㉞渠帥　首領。舊時統治階級稱武裝反抗者的首領或部落酋長。㉟鮮卑　中國古代少數民族，東胡族的一支。漢初各部均受匈奴統治。漢武帝派兵破匈奴東部地區，部分鮮卑南下至西拉木倫河流域烏桓故地。東漢永元元年（西元八九年），北匈奴西遷，鮮卑各部漸入據匈奴故地，吸收北匈奴餘眾十餘萬。桓帝時，首領檀石槐在大漠南北建立部落大聯盟，分為東中西三部。以游牧狩獵為業，居無常處。㊱南單于　匈奴分裂為南北二部後，南部之王稱為南單于。㊲故吏　原來的屬吏。㊳禁錮　禁止做官或不許參加政治活動。㊴交舊　舊友；老朋友。㊵四歲　即四年。㊶武威　西漢元狩二年（西元前一二一年）以匈奴休屠王地置；一說昭、宣帝時分張掖郡置。治姑臧（今武威）。屬涼州。轄境相當今甘肅黃河以西、武威以東及大東河、大西河流域地區。東漢以後屢有伸縮。㊷傜賦　力役與賦稅。㊸率厲　亦作「率勵」。率領督促。㊹散敗　散漫腐敗。㊺河西　指今甘肅、青海二省黃河以西。即河西走廊和湟水流域。㊻妖忌　怪誕的忌諱。㊼義方　行事應該遵守的規範和道理。㊽祠　供奉祖宗、鬼神或有功德的人的廟宇。㊾塞　邊境地區。指北方長城內外。㊿寇掠　侵犯；劫掠。(51)緣邊　沿邊。指邊境。(52)殺略　亦作「殺掠」。殺戮擄掠。(53)盟詛　結盟，對神立誓詛咒。(54)沈氐　羌族部落名。(55)張掖　郡名。西漢置。治今甘肅張掖西北。(56)毒　傷害；危害。(57)護匈奴中郎將　官名。亦作使護匈奴中郎或匈奴中郎將。東漢置，掌監護南匈奴單于，參與司法事務，並助南匈奴防禦北匈奴侵擾。設一人，持節，秩比二千石。設府，官屬不定，隨事而置，主要有副中郎將、副校尉、司馬、從事、掾史等。東漢末罷。(58)九卿　官名合稱。始見於《尚書大傳》。漢代習慣將奉常（太常）、郎中令（光祿勳）、太僕、廷尉（大理）、典客（大鴻臚）、宗正、治粟內史（大司農）、少府、衛尉、中尉（執金吾）、三輔長官等中二千石一級的中央各高級行政機構長官並列為九卿，並非專指九種官職，故亦稱列卿。西漢九卿名義上僅次於丞相、御史大夫，分掌全國行政，職權甚重。東漢以後，其任漸輕。(59)秩　官吏的品級第次。(60)度遼烏桓二營　明帝永平八年，初置度遼將軍，屯五原郡曼柏縣，烏桓校尉屯上谷郡寧縣，以此稱二營。(61)二千石　官秩等級，因所得俸祿以穀為準，故以「石」稱之。因郡守、王國傅相均秩二千石，所以二千石成為漢代對郡守、國相等一級官吏的通稱。(62)慰納　安撫招納或接納。(63)祋祤　縣名。西漢景帝時置。治今陝西銅川市耀州區。東漢初廢。永元九年復置。永康元年（西元一六七年）先零羌圍祋祤，即此。(64)雲陽　古縣名。故地即秦雲陽邑。漢時改縣，屬左馮翊。(65)岸尾　羌部種之一。(66)摩蟞　羌部種之一。(67)脅　逼迫恐嚇。(68)鈔　同「抄」。掠取；搶掠。(69)司馬　高級幕僚，兩漢將軍府置，位僅次於長史，掌參贊軍務，管理本府武職。(70)董卓　（？—西元一九二年），字仲穎，東漢隴西臨洮（今甘肅岷縣）人。本為涼州豪強。靈帝中平六年，任并州牧。少帝即位，大將軍何進謀誅宦官，召他率兵入洛陽。旋廢少帝，立獻帝，專斷朝政。曹操與袁紹等起兵反抗，他挾獻帝西遷長安，自為太師。殘暴專橫，縱火焚洛陽周圍數百里，使生產受到嚴重破壞。後為王允、呂布所殺。事見本書卷七十二。(71)首虜　首級和俘虜。(72)不事　不侍奉；不服事。(73)除　授予官職。(74)郎　郎官泛稱。戰國至秦有郎中，為君王侍從近官，宿衛宮廷，參與謀議，備顧問差遣。西漢依職責不同，有郎中、中郎、侍郎、議郎等，無定員，多至千餘人。執掌守衛皇宮殿廊門戶，出充車騎扈從，備顧問應對，守衛陵園寢廟等。東漢於光祿勳下設五官、左右中郎將署，主管諸中郎、侍郎、郎中，實為儲備官吏人才的機構，其郎官多達二千餘人。(75)屬　親屬。(76)華陰　縣名。治今陝西華陰東南。

(77)邊人　指設籍邊境的百姓。(78)特聽　特許。(79)建寧　東漢靈帝劉宏年號，西元一六八—一七二年。(80)振旅　謂凱旋班師。

(81)竇太后　名妙章，竇武之女。東漢桓帝皇后。即立，御見甚稀，帝所寵唯采女田聖等。帝崩無嗣，后臨朝，定策立靈帝。后素忌妒殘忍，桓帝梓宮尚在前殿，遂殺田聖，又欲盡誅諸貴人，中常侍管霸等苦勸乃止。熹平元年（西元一七二年）病卒，諡思。(82)竇武　（？—西元一六八年），字游平，東漢扶風平陵（今陝西咸陽）人。桓帝時以長女選入宮中為貴人，得拜郎中。女旋立為皇后，遂遷越騎校尉，封槐里侯。遷城門校尉。永康元年上疏奏請解除黨禁。桓帝死，迎立靈帝，任大將軍，封聞喜侯。執掌朝政，起用李膺、杜密等黨人。建寧元年，與太傅陳蕃謀誅宦官曹節、王甫等，事敗自殺。事見本書卷六十九。

(83)太傅　官名。西周置，為三公之一，位次太師，在太保上。其後歷代沿置。東漢以授元老重臣，居百官之首，秩萬石。明帝以後，諸帝即位時皆置，兼錄尚書事，行使宰相職權，有缺不補。(84)曹節　字漢豐，東漢南陽新野（今屬河南）人。順帝初為小黃門。桓帝時遷中常侍、奉車都尉。靈帝即位，以定策功封長安鄉侯。與宦官王甫等矯詔發兵殺大將軍竇武及太傅陳蕃等人。遂用事朝中，遷長樂衛尉，封育陽侯。熹平元年，藉口有人抨擊宦官，唆使靈帝大捕黨人。又與王甫誣奏桓帝弟渤海王劉悝謀反，因而殺之。(85)中　指宮禁之內。(86)作亂　暴亂；發動叛亂。(87)新徵　剛從前線入朝。(88)本謀　原來的謀劃、打算。(89)矯制　指假託君命行事。(90)少府　官名。秦置，西漢沿置，為九卿之一，掌皇帝財政，供宮廷日常開支，管理宮廷侍從及宮廷手工業。新莽改稱共工。東漢復置，但權任大減，唯掌宮廷日常生活品的供應等及宮廷手工業，領太醫、太官、守宮、尚方、上林苑令等。(91)病　苦惱；困惱。(92)軒　門、窗、樓板或欄杆。(93)相須　亦作「相需」。互相依存；互相配合。

(94)休徵　吉祥的徵兆。(95)殃咎　災禍。(96)宥　饒恕；原諒。(97)妖眚　指災異，妖異之氣或妖異的現象。(98)蠲除　免除。(99)皇太后　指竇太后。(100)南宮　秦、漢宮殿名。(101)顧復　反覆顧視。《詩・蓼莪》：「父兮生我，母兮鞠我，拊我畜我，長我育我，顧我復我，出入腹我。」鄭玄箋：「顧，旋視也；復，反覆也。」後因以「顧復」指父母之養育。(102)黃門　指宦官。漢代宮中宦官有小黃門、中黃門、黃門令等，後遂為對宦官的泛稱。(103)常侍　中常侍、內常侍等宦官之簡稱。(104)自從　按自己的意志行事。(105)轉　遷官轉任。(106)太常　官名。西漢中元六年改奉常置。掌禮樂、祭祀宗廟、社稷，負責朝會和喪葬禮儀，管理皇帝陵墓、寢廟所在縣邑，每月巡視諸陵，兼掌教育，主持博士及博士弟子的考核與薦舉。秩中二千石，位居九卿之首，多由列侯充任。西漢中期後職權漸分。東漢沿置。[107]劉猛　東漢琅邪人。桓帝時為宗正，直道不容，自免歸家。靈帝時陳蕃、竇武輔政，復徵用之，為尚書令。與桓彬善，彬得罪，由於不舉正桓彬事，免官禁錮。[108]刁韙　字子榮，東漢彭城人。桓帝時為侍御史，鞫陳蕃、黃琬獄，坐朋黨禁錮。後陳蕃被徵，復拜為議郎，遷尚書。立朝鯁直，出為魯、東海二郡相。有明略，所在稱神，常以法度自整，家人莫見惰容。[109]彌　更加。[110]切　深切。[111]俸　官員等所得的薪金。[112]司隸校尉　官名。西漢武帝時始置，秩二千石。初掌管理役使在中央諸官府服役的徒隸，領一千二百人，持節，亦捕治罪犯。後罷其兵，掌糾察京都百官及京師附近的三輔（京兆、左馮翊、右扶風）、三河（河東、河內、河南）、弘農七郡的犯法者，職權漸重。東漢司隸校尉威權更重，凡宮廷內外，皇親貴戚，京都百官，無所不糾，兼領兵，有檢敕、捕殺罪犯之權。並為司隸州行政長官，轄前述七郡。治所在河南洛陽。[113]百僚　亦作「百寮」。即百官。[114]畏憚　畏懼；敬畏。[115]許諾　應允；允諾。[116]田里　泛指鄉間、民間。[117]奏記　漢時向公府等長官陳述意見的文書。[118]州將　這裡指段熲任司隸校尉，管轄七個郡，相當於一個州，故尊稱其為「州將」。[119]委命　委派；任命。[120]足下　敬辭。對對方的敬稱。古代下稱上或同輩相稱時使用該詞。按「足下」之稱，始於春秋時晉文公稱介子推。介子推逃祿隱跡，抱樹而死，文公伐木製屐，每懷其割股之功，俯視其屐曰：「悲乎足下！」「足下」之稱蓋起於此。[121]仁篤　仁愛篤厚。[122]郵書　郵寄來的書信。[123]寫白　寫明；洗雪。[124]州期　謂州裡規定的日期。[125]惶懼　恐懼；驚慌。[126]屏營　惶恐；彷徨。[127]延企　即「延頸企踵」的省略。謂伸長頭頸，踮起腳跟。形容仰慕或企望之切。[128]矜憐　憐憫。[129]壹惠咳唾　意為微不足道的恩惠。[130]黃泉　地下的泉水。指人死後埋葬的地方，又指陰間。[131]冥寞　指陰間。[132]報塞　猶報答、報效。[133]毛髮　人體上的毛與頭髮。比喻細小、細微。[134]丘山　山丘；山嶽。比喻重、大或多。[135]淳于髡　戰國齊國學者，出身贅婿。身長不滿七尺，滑稽多辯，以博學著稱。齊威王在稷下招攬學者，被任為大夫。多次諷諫齊威王和鄒忌改革內政。數使諸侯，未嘗屈辱。楚國伐齊，出使趙國求援，趙王給以精兵十萬、革車千乘，楚軍由此撤兵。後到魏國，魏惠王擬任為卿相，辭還齊。[136]髀　大腿。[137]燕昭　即燕昭王（？—西元前二七九年），名職。戰國時燕國君。燕王噲的庶子。西元前三一一—前七九年在位。原來流亡在韓。子之三年（西元前三一五年）齊攻破燕國，噲和子之被殺。他被趙國護送回國，西元前三一一年即位。改革政治，招徠人才。燕昭王二十八年（西元前二八四年），聯合五國攻齊，派將軍樂毅攻破齊國，占領齊國七十多城，是燕國最強盛時期。[138]黨　此處同「儻」。表示假設，相當於「倘若」、「如果」。[139]文　即漢文帝劉恆（西元前二〇二—前一五七年），漢高祖劉邦之子。呂后死後，周勃等平定諸呂之亂，他以代王入為皇帝。執行「與民休息」的政策，減輕田租、賦役和刑獄，使農業生產有所恢復發展。又削弱諸侯王勢力，以鞏固中央集權。史家把他同景帝統治時期並舉，稱為「文景之治」。140昭　即漢昭帝劉弗陵（西元前九四－前七四年），西漢皇帝，武帝少子。即位時年僅八歲，霍光、上官桀、金日磾、桑弘羊受武帝遺詔輔政。即位後委政霍光。因海內虛耗，民生凋敝，故採取輕徭薄賦、與民休息的政策，屢次減免租賦，招撫流民。始元六年召集郡國賢良文學會議鹽鐵，旋罷榷酤。又與匈奴恢復和親。政治較為安定，社會經濟有所恢復。141聖世　猶聖代。142匪人　不是親近的人。引申指孤獨無親的人。143孤微　謂低微貧賤。144魚肉　比喻受欺壓、摧殘。145剛猛　剛強勇猛。146省書　省察書信。147縑　雙絲的細絹。148光和　東漢靈帝劉宏年號，西元一七八－一八四年。149銀艾　銀印和綠綬。漢制，吏秩比二千石以上皆銀印綠綬。泛指高官。150和光同塵　指不露鋒芒，與世無爭的消極處世態度。也比喻同流合汙。和光，混合各種光彩。同塵，與塵俗相同。151通塞　謂境遇之順逆。152地底　地府；陰間。153纊緜　綿絮。154窀　墓穴。155靈牀　入殮以前停放屍體的床。156幅巾　帛布做的蓋屍罩。157奢非晉文　晉文，即晉文公（西元前六九七－前六二八年），名重耳。春秋時晉國國君。城濮之戰後，成為霸主。《左傳》載，晉文公曾向周王請求為王，周王不許。言晉文既臣，請用王禮，是其奢也。158王孫　即楊王孫。西漢武帝時人。臨死，誡其子以布囊盛其屍，入地七尺，脫去其囊，以身親土。159頌　以頌揚為內容的文章。160教　適用於教育的文章。161誡述　古代的文體名。162志　記載某種事物、現象的文字。163草書　字體名。為書寫簡便快速而產生的書體。分章草和今草兩大類。章草是隸書的草寫，字形扁平有波筆，字字分離，相傳因西漢史游作《急就章》而得名。今草由正楷的草化與章草的省改發展而來，上下筆勢常相連，偏旁常互借，相傳始於東漢張芝。164占者　以占卜為職業的人。165建安　東漢獻帝劉協年號，西元一九六－二二〇年。166鄛鄉之封　指宦官鄭眾被封為鄛鄉侯。167暴恣　兇殘橫暴；任意做壞事。168憤盈　憤恨之極。169徵會　猶聚集。170豎子　小子。對人的蔑稱。171忠烈　忠義壯烈。指為正義而壯烈犧牲者。172啜其泣矣二句　盡情地哭吧，但是大錯已成，來不及挽救了。啜其，猶啜然哭泣時抽噎的樣子。其，語助詞。語出《詩．中谷有蓷》。

【語　譯】張奐，字然明，敦煌郡淵泉縣人。父親張惇，做過漢陽太守。張奐小時候在三輔遊歷，拜太尉朱寵做老師，學習《歐陽尚書》。當時，《牟氏章句》這本書中有許多空洞的詞語和句子，總共有四十五萬字，張奐把它刪為九萬字。後來他在大將軍梁冀府上任職，於是向漢桓帝上書，把自己寫的《章句》奏上去，漢桓帝下詔把書存放在東觀。後來因病辭官，以後又被薦舉為賢良，朝堂對策時評為第一名，提拔為議郎。

2　漢桓帝永壽元年，張奐被升遷為安定屬國都尉。剛剛到任，南匈奴左薁鞬臺耆、且渠伯德等七千餘人侵犯美稷，東羌各部又全部起而響應，當時張奐的軍營中只有二百來人，聽說警報後張奐立即帶兵迎戰。軍中的小官們都認為力不能敵，磕著頭要求停止進軍。張奐沒有聽從他們的意見，於是軍隊進駐長城。張奐聚集兵士，派遣將領王衛招降引誘東羌，因此占領了龜茲，使得南匈奴不能夠與東羌勾結。於是羌部首領都互相帶引與張奐講和，並且聯合起來共同襲擊薁鞬等人，接連幾仗都打敗了他們。伯德驚惶恐懼，便帶領部眾投降了，郡界得以安寧。

3 羌人的首領被張奐的恩德所感動，獻給張奐二十匹好馬，先零酋長又送給張奐金鐻八枚，張奐都接受了。他召主簿一起來到羌人首領面前，把酒倒在地上發誓說：「即使馬像羊一樣地便宜，我也不能把牠關進自己的馬廄裡；即使金子像粟米一樣多，我也不能拿一點揣進自己的懷裡。」說完，把全部馬匹和金鐻都送歸了原主。羌人本性貪婪但卻特別尊重那些清廉的官吏，在張奐以前，八任都尉都貪好財貨，羌人為此吃盡了苦頭。待到張奐為都尉時，由於以身作則，廉潔奉公，所以張奐的威化政策在羌人中大為奏效。

4 後來張奐又升遷為使匈奴中郎將。當時休屠各以及居於朔方的烏桓一同反叛朝廷，燒毀了度遼將軍的門，引兵屯紮在赤阬。兩軍將士煮飯巡邏的煙火都互相望得見，士兵們非常恐懼，企圖逃跑。張奐平靜地坐在軍帳中，和弟子們若無其事地講誦詩書，軍心才稍微安定下來。但暗地裡卻派人引誘烏桓主帥，與他講和，並且派他去殺掉了休屠各的主帥，襲擊並且消滅了休屠各的軍隊。於是，各部胡人全部投降了。

5 漢桓帝延熹元年，鮮卑軍隊侵擾邊疆。張奐率領南單于的軍隊襲擊他們，斬首幾百級。

6 第二年，梁冀被誅殺。由於以前在梁冀府上任過職，張奐被免官並且不許再出仕。張奐與皇甫規是好友。張奐被禁錮，他原先的朋友沒有誰敢替他說一句話，只有皇甫規盡力薦舉他，前後七次向朝廷上奏推薦。張奐在家閒居了四年後，又被徵召為武威太守。在任上，他平均徭賦，公開嚴厲地懲治那些散漫腐敗的行為，治績常常成為各個郡中間最為突出的，河西由此而得以保全。武威地方風俗多怪誕的忌諱，凡是二月、五月出生的孩子以及出生月分與父母相同的孩子，全部被殺死。張奐用行事規範和道理教導他們，並嚴格地實行獎勵和處罰手段，風俗由此而慢慢地改變了。張奐還在世的時候，老百姓就為他立祠祭祀他。由於他的政績特別突出，被升遷為度遼將軍。幾年期間，幽州、并州得以清靜無事。

7 漢桓帝延熹九年春天，朝廷徵召張奐為大司農。鮮卑人聽說張奐走了，這年夏天便招集聯合南匈奴、烏桓幾路人馬進入關內，有的五六千騎為一路，有的三四千騎為一路，騷擾搶掠臨邊境的九個郡，殺戮百姓。秋天，鮮卑又率領八九千人進入關內，引誘東羌一起發誓結盟。於是上郡沈氏、安定先零各部落聯合共同進擾武威、張掖，沿邊的幾個郡都深受其害。朝廷為此而憂慮，又任命拜張奐為護匈奴中郎將，用九卿的官銜督率幽州、并州、涼州三州以及度遼、烏桓兩個軍營，同時考察刺史、二千石官吏的才能是否稱職，對那些有才能的官吏賞賜非常豐厚。匈奴、烏桓聽說張奐來了，互相帶引又來歸降，共有二十萬人。張奐只殺掉了那些首惡分子，對其餘的都加以撫慰並收容了。只有鮮卑逃到塞外去了。

8 漢桓帝永康元年春天，東羌、先零五六千騎侵擾關中，包圍了祋祤，搶掠雲陽。夏天，又攻占並消滅了度遼、烏桓兩個營，殺死了一千多人。冬天，羌岸尾、摩蟞等部又脅迫同部落的人再一次劫掠三輔。張奐派遣司馬尹端、董卓共同進擊，把敵人打得大敗，殺掉了他們的首領，斬首和俘虜共達一萬多人，三州才清靜安定了。按照功勞張奐應當封侯，但是由於張奐不服從宦官，因此封侯的賞勵沒有實行，只是賜給他二十萬錢，提拔他家的一人做了郎的官職。張奐都推辭不接受，只提出希望把家屬搬遷到弘農華陰縣去。按照以前的制度規定，邊境百姓不能移住內地，只有張奐因有功勞得到特許。從此張奐一家就成為弘農人了。

9 漢靈帝建寧元年，張奐整頓軍隊凱旋回朝。當時竇太后臨御朝廷處理政事。大將軍竇武與太傅陳蕃密謀誅殺宦官。事情洩露，中常侍曹節等人從宮中發動叛亂。因為張奐是新近入朝的，不知道本來的密謀，所以曹節等人就假託竇太后的命令，派張奐與少府周靖率領五營兵士圍攻竇武。竇武自殺，陳蕃被兵士殺死。張奐被升為少府，後來又任為大司農，因為功勞大而被封侯。張奐深深地為被曹節所利用而痛苦，向朝廷上書，堅決推辭那些封賞，並且把印綬等封好交還給朝廷，最終也不肯受封。

10 第二年夏天，一條青蛇出現在御座的殿檻圍板前面，又刮大風下冰雹，雷暴把大樹都拔起來了。於是，漢靈帝下詔令，命朝中百官各自言陳這些災變的應驗問題。張奐上疏說：「我聽說風作為號令，是運動物體使它們互相通聲氣的。木生於火，二者互相依靠才有光明。蛇能屈能伸，與龍相匹配能騰飛也能蟄伏。這些東西順時而來就是好兆頭，逆時而來就必有災害。陰氣用事，那麼精氣就會凝結成冰雹。已故的大將軍竇武、太傅陳蕃，或者立志使社稷安寧，或者性情忠直百折不回。此前由於進讒言迫害他們的人反而勝利了，因此他們一起被殺。這樣一來，朝野上下一片沉默，人民心中懷著震驚和憤怒。以前周公死後，沒有按照禮制安葬，老天爺就降威示警。現在竇武、陳蕃忠貞為國，不幸遇害，朝廷卻沒有明文寬恕他們。妖異現象的到來，都是為這件事呀！應該馬上改葬他們，把他們的家屬遷到京城來。那些與此相連而受牽累被禁錮的人，都應該解除。再者，皇太后雖然居住在南宮，但是沒有受到應有的恩澤和禮遇，朝臣沒有誰敢提這件事，遠近的人都感到非常失望。應該考慮到恩信大義和父母的養育之恩。」天子深深地理解張奐的話，並拿這些話來詢問身邊的常侍，這些皇帝左右的人都憎惡張奐，皇帝自己也作不了主張。

11 後來調任太常。這時，張奐與尚書劉猛、刁韙、衛良同時推薦王暢、李膺可以參加三公的推選。但是曹節等人更加忌恨他，於是下詔書把他們嚴厲地責備了一通。張奐等人自己戴上刑具，到廷尉那裡去接受審判。幾天以後才被放出來，都被罰俸三個月贖罪。司隸校尉王寓是宦官出身，他想藉機得到朝臣的寵信，以求得對自己的薦舉，百官都懼怕他，沒有誰不答應王寓的要求的，只有張奐一個人拒絕。王寓十分生氣，因此就羅織黨錮之罪來陷害張奐，張奐被禁錮，免官遣回老家。

12 以前張奐為度遼將軍時與段熲爭功，兩個人不和睦。待到段熲升任司隸校尉時，便企圖把張奐放逐到敦煌去，在那裡將他害死。對此張奐感到憂愁恐懼，寫了一封信向段熲謝罪說：「我太糊塗了，得罪了上司您。從現在接受的命令來說我應去千里之外，但從骨肉深情而言我又必須歸家。您是一位仁慈誠實的君子，明白這其中的辛苦。您派來的人尚未返回去，就又得到郵來的信。朝廷詔書寫得很清楚，我前一封書信也寫得很明白。但是去敦煌的期限非常緊迫倉促，郡縣都驚惶畏懼，我靠著營房門踮起腳尖仰望，側著身子企盼允許我回歸的命令。父母的朽骨，只有我一個孤魂可以寄託。倘若承蒙大人憐憫，給我一次對您來說微不足道的恩惠，那麼您的恩澤就會流及黃泉，施於冥冥之中。這不是我張奐的生或者是死所能夠報答得了的。我沒有微功可言，卻想得到巨大的好處，這就是淳于髡之所以拍著大腿而仰天大笑的原因呀。我知道這些話會受到譏笑，但是又不能不寄於希望。為什麼呢？朽爛的骨頭雖然對人沒有什麼益處，但是周文王卻將他們埋葬；死馬已沒什麼作用，但是燕昭王卻用高價買下了牠。倘若您能夠擁有周文王、燕昭王一樣的品德，難道不是非常偉大嗎？大凡人的性情，有了冤屈就詢問蒼天，遇到窮困之事就叩問自己的內心。現在我呼喊蒼天，蒼天不應，叩問自己的內心又沒有什麼用處，確實自己暗暗地悲傷痛苦呀。我們都生活在聖明的時代，只有我一個人遭受非人的待遇。我是一個孤弱微小的人，沒有別的地方可以去訴苦。如果您不哀憐我，我就只能任人宰割了。我踮起腳尖懷著滿心的希望向東方盼望，等候您對我的答覆，再沒有什麼別的話了。」段熲雖然是一個剛猛的人，看了信後也可憐張奐，終於不忍心再害他。當時被禁錮的人大都不甘寂寞，或者獲罪而死，或者遷徙地方。只有張奐一個人能夠守靜如一，每天閉門不出，收養了近千名門徒在家裡著書立說，寫了一本三十多萬字的《尚書記難》。

13　張奐小時候就立下了大志，曾經對他的朋友說：「大丈夫生在世上，應當在邊境上為國家立功。」待到他成了將帥，果然立下重大功勳，很有名望。董卓非常敬慕他，曾派自己的兄弟送給張奐一百匹縑，以表示自己的敬慕之情。張奐厭惡董卓的為人，拒絕了他的禮品，不與他來往。漢靈帝光和四年，張奐去世，享年七十八歲。他留下遺囑說：「我在仕途上前後十次掌握銀印綠綬，由於不能與同流合汙，因此被讒邪所忌恨。在仕途上通達與否是命運所決定的，但我的處世原則卻是一貫的。地府是昏暗的，漫長無期，再加上身上纏著絲帛，棺材上又用密密的釘子釘得牢牢的，這就不為我所喜歡了。幸喜我早就準備好了一個墳墓，早晨去世傍晚就可以下葬，屍體停在靈床上，僅用一塊帛布蓋上就可以了。論豪奢不如晉文公，論儉樸也比不上楊王孫，根據情理順從我的意願，不要過分豪奢也不過分吝嗇。」幾個兒子都聽從了。武威很多地方都為他立祠，世代祭祀一直沒有斷絕。所著的銘、頌、書、教、誡述、志、對策、章表二十四篇。

14　張奐的大兒子叫張芝，字伯英，當時很知名。還有一個弟弟張昶，字文舒。張芝和張昶都寫得一手好草書，至今仍受到人們的稱讚並被流傳。

15 當初張奐任武威太守時，妻子懷了孕，夢中帶著張奐的印綬登樓而歌。去問占卜之人，占卜人告訴她說：「一定會生一個男孩，並且再一次來到這個地方，在這個樓上喪命。」不久果然生了一個兒子，取名猛。張猛在漢獻帝建安年間成為武威太守，殺掉了刺史邯鄲商，州兵圍攻他，情況非常危急，張猛覺得如被州兵捉住非常恥辱，便登樓自燒而死。結果竟與占卜的預言完全符合。

16 史家評論說：自從劉鄉侯鄭眾受封開始，宦官勢力幾代強盛，暴虐恣肆幾十年，四海之內，沒有誰不切齒痛恨這些人，都想出力除掉他們的一些黨徒。陳蕃、竇武被正義之氣所激憤，起草謀劃，徵集天下人的支持贊助，這是當時的名士或有見識的人都知道的。但是張奐卻被小人所欺騙，拿起武器將忠烈的人斬殺了。雖然他事後非常悔恨，推辭官爵不受，為自己的過失而愧疚，但是正如《詩》所說：「盡情地哭吧，但是大錯已成，來不及挽救了！」

1 段熲，字紀明，武威姑臧❶人也。其先❷出鄭❸共叔段❹，西域都護❺會宗之從曾孫也。熲少便習弓馬，尚游俠，輕財賄，長乃折節❻好古學❼。初舉孝廉，為憲陵❽園丞❾、陽陵❿令，所在有能政⓫。

2 遷遼東⓬屬國都尉。時鮮卑犯塞，熲即率所領馳赴之。既而恐賊驚去，乃使驛騎⓭詐齎璽書詔熲，熲於道偽退，潛於還路設伏。虜以為信然，乃入追熲。熲因大縱兵，悉斬獲之。坐詐璽書伏重刑，以有功論司寇⓮。刑竟⓯，徵拜議郎。

3 時太山、琅邪賊東郭竇⓰、公孫舉⓱等聚眾三萬人，破壞郡縣，遣兵討之，連年不克。永壽二年，桓帝詔公卿選將有文武者，司徒[18]尹頌[19]薦熲，乃拜為中郎將。擊竇、舉等，大破斬之，獲首萬餘級，餘黨降散。封熲為列侯[20]，賜錢五十萬，除一子為郎中[21]。

延熹二年，遷護羌校尉。會燒當[22]、燒何[23]、當煎[24]、勒姐[25]等八種羌寇隴西、金城[26]塞，熲將兵及湟中[27]義從[28]羌萬二千騎出湟谷，擊破之。追討南度河[29]，使軍吏田晏、夏育募[30]先登，懸索[31]相引，復戰於羅亭，大破之，斬其酋豪以下二千級，獲生口萬餘人，虜皆奔走。

明年春，餘羌復與燒何大豪寇張掖，攻沒鉅鹿塢[32]，殺屬國吏民，又招同種千餘落，并兵晨奔熲軍。熲下馬大戰，至日中，刀折矢盡，虜亦引退。熲追之，且鬭且行，晝夜相攻，割肉食雪，四十餘日，遂至河首[33]積石山，出塞[34]二千餘里，斬燒何大帥[35]，首虜五千餘人。又分兵擊石城羌，斬首溺死者千六百人。燒當種九十餘口詣熲降。又雜種羌屯聚白石，熲復進擊，首虜三千餘人。冬，勒姐、零吾種圍允街[36]，殺略吏民，熲排營救之，斬獲數百人。

四年冬，上郡沈氏、隴西牢姐、烏吾諸種羌共寇并涼二州，熲將湟中義從討之。涼州刺史郭閎貪共其功，稽[37]固熲軍，使不得進。義從役久，戀鄉舊，皆悉反叛。郭閎歸罪於熲，熲坐徵㊳下獄，輸作左校。羌遂陸梁，覆沒營塢，轉相招結，唐突㊴諸郡，於是吏人守闕㊵訟熲以千數。朝廷知熲為郭閎所誣，詔問其狀。熲但謝罪，不敢言枉，京師稱為長者㊶。起於徒㊷中，復拜議郎，遷并州刺史。

7 時滇那㊸等諸種羌五六千人寇武威、張掖、酒泉㊹，燒人廬舍。六年，寇埶轉盛，涼州幾亡。冬，復以熲為護羌校尉，乘驛之職。明年春，羌封僇㊺、良多㊻、滇那等酋豪三百五十五人率三千落詣熲降。當煎、勒姐種猶自屯結。冬，熲將萬餘人擊破之，斬其酋豪，首虜四千餘人。

8 八年春，熲復擊勒姐種，斬首四百餘級，降者二千餘人。夏，進軍擊當煎種於湟中，熲兵敗，被圍三日，用隱士樊志張策，潛師夜出，鳴鼓還戰，大破之，首虜數千人。熲遂窮追，展轉山谷間，自春及秋，無日不戰，虜遂飢困敗散，北略武威間。

9 熲凡破西羌，斬首二萬三千級，獲生口數萬人，馬牛羊八百萬頭，降者萬餘落。封熲都鄉侯㊼，邑五百戶。

10 永康元年，當煎諸種復反，合四千餘人，欲攻武威，熲復追擊於鸞鳥㊽，大破之，殺其渠帥，斬首三千餘級，西羌於此弭定㊾。

11

而東羌先零等，自覆沒征西將軍馬賢後，朝廷不能討，遂數寇擾三輔。其後度遼將軍皇甫規、中郎將張奐招之連年，既降又叛。桓帝詔問熲曰：「先零東羌造惡反逆[50]，而皇甫規、張奐各擁強眾，不時輯定[51]。欲熲移兵東討，未識其宜，可參思術略[52]。」熲因上言曰：「臣伏見先零東羌雖數叛逆，而降於皇甫規者，已二萬許落，善惡既分，餘寇無幾。今張奐躊躇[53]久不進者，當慮外離內合，兵往必驚。且自冬踐春，屯結不散，人畜疲羸[54]，自亡之埶，徒更招降，坐制強敵耳。臣以為狼子野心[55]，難以恩納[56]，埶窮雖服，兵去復動。唯當長矛挾脅[57]，白刃加頸耳。計東種所餘三萬餘落，居近塞內，路無險折，非有燕[58]、齊[59]、秦[60]、趙[61]從橫[62]之埶，而久亂并、涼，累侵三輔，西河[63]、上郡，已各內徙，安定、北地[64]，復至單危，自雲中、五原[65]，西至漢陽二千餘里，匈奴、種羌，並擅[66]其地，是為癰疽[67]伏疾[68]，留滯脅下[69]，如不加誅，轉就滋大。今若以騎五千，步萬人，車三千兩，三冬二夏，足以破定，無慮用費為錢五十四億。如此，則可令群羌破盡，匈奴長服，內徙郡縣，得反本土。伏計永初中，諸羌反叛，十有四年，用二百四十億；永和之末，復經七年，用八十餘億。費耗若此，猶不誅盡，餘孽復起，于茲作害。今不暫疲人，則永寧無期。臣庶竭駑劣[70]，伏待節度[71]。」帝許之，悉聽如所上。

12 建寧元年春，熲將兵萬餘人，齎十五日糧，從彭陽[72]直指高平[73]，與先零諸種戰於逢義山。虜[74]兵盛，熲眾恐。熲乃令軍中張鏃[75]利刃，長矛三重，挾以強弩，列輕騎[76]為左右翼。激怒兵將曰：「今去家數千里，進則事成，走必盡死，努力共功名！」因大呼，眾皆應聲騰赴，熲馳騎於傍，突而擊之，虜眾大潰，斬首八千餘級，獲牛馬羊二十八萬頭。

13 時竇太后臨朝，下詔曰：「先零東羌歷載為患，熲前陳狀[77]，欲必埽滅。涉履霜雪，兼行晨夜，身當矢石[78]，感厲吏士。曾未浹日[79]，凶醜[80]奔破，連尸積俘，掠獲無筭。洗雪[81]百年之逋負[82]，以慰忠將之亡魂。功用顯著，朕甚嘉之。須東羌盡定，當并錄功勤。今且賜熲錢二十萬，以家一人為郎中。」敕中藏府[83]調金錢綵物[84]，增助軍費。拜熲破羌將軍[85]。

14 夏，熲復追羌出橋門[86]，至走馬水[87]上。尋聞虜在奢延澤[88]，乃將輕兵兼行，一日一夜二百餘里，晨及賊，擊破之。餘虜走向落川，復相屯結。熲乃分遣騎司馬[89]田晏將五千人出其東，假[90]司馬夏育將二千人繞其西。羌分六七千人攻圍晏等，晏等與戰，羌潰走。熲急進，與晏等共追之於令鮮水[91]上。熲士卒飢渴，乃勒眾推方奪其水，虜復散走。熲遂與相連綴，且鬭且引，及於靈武谷(92)。熲乃被甲(93)先登，士卒無敢後者。羌遂大敗，棄兵而走。追之三日三夜，士皆重繭(94)。既到涇陽，餘寇四千落，悉散入漢陽山谷間。

時張奐上言：「東羌雖破，餘種難盡，熲性輕果(95)，慮負敗難常。宜且以恩降，可無後悔。」詔書下熲。熲復上言：「臣本知東羌雖眾，而輭弱易制，所以比陳愚慮，思為永寧之筭。而中郎將張奐，說虜強難破，宜用招降。聖朝明監，信納瞽(96)言，故臣謀得行，奐計不用。事埶相反，遂懷猜恨。信叛羌之訴，飾潤辭意，云臣兵累見折衄(97)，又言羌一氣所生，不可誅盡，山谷廣大，不可空靜，血流汙野，傷和致災。臣伏念周秦之際，戎狄為害，中興(98)以來，羌寇最盛，誅之不盡，雖降復叛。今先零雜種，累以反覆，攻沒縣邑，剽略人物，發冢露尸，禍及生死，上天震怒，假手行誅。昔邢(99)為無道，衛(100)國伐之，師興而雨。臣動兵涉夏，連獲甘澍(101)，歲時豐稔(102)，人無疵疫(103)。上占天心，不為災傷；下察人事，眾和師克。自橋門以西，落川以東，故官縣邑，更相通屬，非為深險絕域之地，車騎安行，無應折衄。案奐為漢吏，身當武職，駐軍二年，不能平寇，虛欲修文戢戈，招降獷(104)敵，誕辭空說，僭而無徵。何以言之？昔先零作寇，趙充國(105)徙今居內，煎當亂邊，馬援[106]遷之三輔，始服終叛，至今為鯁[107]。故遠識之士，以為深憂。今傍郡戶口單少，數為羌所創毒，而欲令降徒與之雜居，是猶種枳棘[108]於良田，養虺蛇[109]於室內也。故臣奉大漢之威，建長久之策，欲絕其本根，不使能殖。本規三歲之費，用五十四億，今適朞年[110]，所耗未半，而餘寇殘燼，將向殄滅[111]。臣每奉詔書，軍不內御[112]，願卒斯言，一以任臣，臨時量宜，不失權便[113]。」

16 二年，詔遣謁者[114]馮禪說降漢陽散羌。潁以春農，百姓布野，羌雖暫降，而縣官無廪，必當復為盜賊，不如乘虛放兵，埶必殄滅。夏，潁自進營，去羌所屯凡亭山四五十里，遣田晏、夏育將五千人據其山上。羌悉眾攻之，厲聲問曰：「田晏、夏育在此不？湟中義從羌悉在何面？今日欲決死生。」軍中恐，晏等勸激兵士，殊死大戰，遂破之。羌眾潰，東奔，復聚射虎谷，分兵守諸谷上下門。潁規一舉滅之，不欲復令散走，乃遣千人於西縣[115]結木為柵，廣二十步，長四十里，遮之。分遣晏、育等將七千人，銜枚夜上西山，結營穿塹，去虜一里許。又遣司馬張愷等將三千人上東山。虜乃覺之，遂攻晏等，分遮汲水道。潁自率步騎進擊水上，羌卻走，因與愷等挾東西山，縱兵擊破之，羌復敗散。潁追至谷上下門窮山深谷之中，處處破之，斬其渠帥以下萬九千級，獲牛馬驢騾氈裘廬帳什物，不可勝數。馮禪等所招降四千人，分置安定、漢陽、隴西三郡，於是東羌悉平。

17 凡百八十戰，斬三萬八千六百餘級，獲牛馬羊騾驢駱駝四十二萬七千五百餘頭，費用四十四億，軍士死者四百餘人。更封新豐縣[116]侯，邑萬戶。熲行軍仁愛，士卒疾病者，親自瞻省[117]，手為裹創[118]。在邊十餘年，未嘗一日蓐寢[119]。與將士同苦，故皆樂為死戰。

18 三年春，徵還京師，將秦胡[120]步騎五萬餘人，及汗血千里馬[121]，生口萬餘人。詔遣大鴻臚[122]持節慰勞於鎬[123]。軍至，拜侍中[124]。轉執金吾、河南尹。有盜發馮貴人[125]冢，坐左轉[126]諫議大夫[127]，再遷司隸校尉。

19 熲曲意[128]宦官，故得保其富貴，遂黨中常侍王甫[129]，枉誅中常侍鄭颯、董騰等，增封四千戶，并前萬四千戶。

20 明年，代李咸為太尉，其冬病罷，復為司隸校尉。數歲，轉潁川[130]太守，徵拜太中大夫[131]。

21 光和二年，復代橋玄為太尉。在位月餘，會日食自劾，有司舉奏，詔收印綬，詣廷尉。時司隸校尉陽球[132]奏誅王甫，并及熲，就獄中詰責[133]之，遂飲鴆[134]死，家屬徙邊。後中常侍呂強上疏，追訟熲功，靈帝詔熲妻子還本郡。

22

初，熲與皇甫威明135、張然明136，並知名顯達，京師稱為「涼州三明」云。

【章旨】以上為〈段熲傳〉。段熲出身名門，少時習弓馬，有為政的能力。打擊西羌，連戰皆勝，但殺戮慘重，使人感到其殘忍有餘，惻隱不足，失儒將風。段熲用兵一生，帶軍有仁愛之心，與將士同甘共苦，在邊境十多年間，睡不安枕，因功封侯。與皇甫規、張奐同時知名顯達，被時人稱為「涼州三明」。

【注釋】❶姑臧　漢置縣。治今甘肅武威。❷先　先世；祖先。❸鄭　古國名。姬姓。開國君主是周宣王弟鄭桓公（名友）。西元前八〇六年分封於鄭（今陝西華縣東）。周幽王時，桓公見西周將亡，把財產、部族、家屬連同商人遷移到東虢和鄶之間。鄭武公即位，先後攻滅鄶和東虢，建立鄭國，都新鄭（今屬河南）。鄭武公、莊公相繼為周平王卿士，在春秋初年為強國。後漸衰弱，西元前三七五年為韓所滅。❹共叔段　指鄭莊公之弟太叔段。被封於京（今河南滎陽），號「京城太叔」。叔段以京城叛，母武姜欲應之，鄭莊公發兵平叛，叔段出奔共（今河南輝縣）。❺西域都護　古代管理西域地區的軍政機構。西漢於西元前六〇年始設，治今新疆輪臺東。監護西域三十六國。王莽時廢置，東漢曾兩次復置。❻折節　改變平時的志趣行為，向好的方面發展。❼古學　研究古文經、古文字之學。❽憲陵　東漢順帝劉保的陵墓。位於今河南洛陽東。❾園丞　官名。西漢置。屬太常，掌守陵園。東漢沿置，員一人，秩三百石。❿陽陵　西漢景帝劉啟的陵墓。位於今陝西咸陽東。⓫能政　善政。⓬遼東　地區名。指遼河以東。⓭驛騎　騎驛馬傳遞公文的人。⓮司寇　古代官名。管理刑事。⓯刑竟　行刑完畢。⓰東郭竇　（?—西元一五六年），東漢人。桓帝永興二年，與公孫舉率眾三萬人於泰山（今山東泰安）東北、琅邪（今山東臨沂北）暴動，破郡縣，自建年號，轉戰青、兗、徐三州，屢敗官兵。永壽二年，為中郎將段熲所敗，陣亡。⓱公孫舉　（?—西元一五六年），東漢人。桓帝永興二年，與東郭竇率眾三萬人於泰山（今山東泰安）東北、琅邪（今山東臨沂北）暴動，破郡縣，自建年號，轉戰青、兗、徐三州，屢敗官兵。永壽二年，為中郎將段熲所敗，陣亡。⓲司徒　官名。三公之一，西漢哀帝時罷丞相，置大司徒，東漢時稱司徒，名義上與司空、太尉共掌政務，實際上權力已在尚書臺。⓳尹頌　《漢官儀》：「頌字公孫，鞏人也。」⓴列侯　爵位名。秦制爵分二十級，徹侯位最高。漢承秦制，為避漢武帝劉徹諱，改徹侯為通侯，或稱「列侯」。㉑郎中　官名。始於戰國，漢代沿置，屬郎中令，管理車、騎、門戶，並內充侍衛，外從作戰。初分為車郎、戶郎、騎郎三類，長官設有車戶騎三將，其後類別逐漸泯除。㉒燒當　漢朝時羌族的一支，因部落首領燒當而得名。西漢武帝時，受先零羌排擠，居黃河北大允谷（今青海貴德北）。東漢初，首領滇良會集附屬的部落，擊敗先零羌，奪取大榆谷（今青海貴德一帶）沃地，發展農牧業，勢力強盛。明帝時，屢攻漢隴西塞，為漢將竇固等擊敗，徙其部於三輔、隴西、漢陽、安定等地。永初時西羌大暴動，燒當羌嫡系部落自安定郡徙居令居塞外。㉓燒何　漢朝時西羌的一支，因部落首領燒何而得名。分布於湟水北山谷間。東漢時，受盧水胡排擠，首領比銅鉗率部內附。後依燒當羌，攻漢隴西塞，永初時，參加西羌大暴動，失敗後部落分散，漸與漢族相融合。㉔當煎　漢朝時西羌的一支。西漢時分布於湟水流域。東漢初為馬援擊敗後，與先零羌一部分內遷。永初元年（西元一〇七年）在金城、隴西首先發動西羌大暴動，曾攻破羌縣（今青海樂都東）。元初至延熹年間，屢擾漢武都、漢中和金城，至永康元年（西元一六七年）為段熲擊敗。㉕勒姐　漢朝時西羌的一支。原居西寧東南平安縣湟水支流（後因名該水為勒姐溪，故稱）。東漢永初元年（西元一〇七年）在金城、隴西與當煎羌首先發動西羌大暴動，勢力強大，永和年間又參加羌民暴動，與漢護羌校尉段熲戰鬥數年，失敗後仍居金城、隴西邊塞。㉖金城　郡名。西漢置。治今甘肅永靖北。㉗湟中　地區名。指今青海湟水兩岸地區。漢代為羌、漢、月氏胡雜居之地。㉘義從　即順正義。㉙河　黃河。㉚募　廣泛徵求。㉛懸索　用於攀登城牆或山壁的繩索。㉜塢　防守用的小堡。㉝河首　黃河上游。㉞塞　邊界上險要地方。㉟大帥　統軍的主帥、主將。㊱允街　縣名。治今甘肅蘭州西湟水北岸。㊲稽　滯留。㊳坐徵　因獲罪而被召回。㊴唐突　橫衝直撞。㊵守闕　守候於宮門。㊶長者　指德高望重的人。㊷徒　服勞役和刑徒。㊸滇那　羌族部落名。㊹酒泉　西漢元狩二年（西元前一二一年）匈奴昆邪王降後置。因郡治城下有泉，泉味如酒得名。治祿福縣。㊺封僇　羌族部落名。㊻良多　羌族部落名。㊼都鄉侯　東漢所封侯國名。在列侯之下，關內侯之上。㊽鸞鳥　縣名。屬武威郡。故城在今甘肅昌松北。㊾弭定　平定。㊿反逆　叛逆；謀反。(51)輯定　安撫；平定。(52)術略　猶韜略、謀略。(53)躊躇　猶豫；遲疑不決。(54)羸　瘦弱。(55)狼子野心　狼崽子雖幼，卻有兇惡的本性。比喻兇暴的人居心狠毒，習性難改。狼子，狼崽子。(56)恩納　以恩寵招附接納。(57)膂　肋骨。(58)燕　周代諸侯國名。本作匽、郾。姬姓，周召公之後，世稱北燕，擁有今河北北部和遼寧西端，建都薊（今北京市區西南）。戰國時成為七雄之一。後滅於秦。(59)齊　即齊國。西元前十一世紀周分封的諸侯國。姜姓。在今山東北部，開國君主姜尚，建都營丘（今山東淄博）。春秋初期齊桓公任用管仲改革內政，國力強盛，成為霸主。西元前五六七年，齊靈公滅萊，領土擴展到山東東部。疆域東至海，西至黃河，南至泰山，北至無棣水（今河北鹽山縣南）。後田氏代齊，成為戰國七雄之一。西元前二二一年為秦所滅。(60)秦　指秦國。開國君主為秦襄公，因護送周平王東遷有功，被周分封為諸侯。春秋時建都於雍（今陝西鳳翔東南），占有今陝西中部和甘肅東南端。秦穆公曾攻滅十二國，稱霸西戎。戰國時秦孝公任用商鞅變法，國力富強，並遷都咸陽（今陝西咸陽），成為戰國七雄之一。之後，疆域不斷擴大。西元前二二一年秦王政（即秦始皇）統一中國，建立秦朝。61趙　國名。戰國七雄之一。開國君主趙烈侯（名籍）是晉國大夫趙衰後代，和魏、韓瓜分晉國。西元前四〇三年被周威烈王承認為諸侯，建都晉陽（今山西太原東南）。西元前三八六年遷都邯鄲（今屬河北）。疆域有今山西中部、陝西東北角、河北西南部。趙武靈王攻滅中山國，打敗林胡、樓煩，占有今河北西部、山西北部和河套地區。西元前二二二年為秦所滅。62從橫　即合縱連橫。合縱連橫是戰國後期各國圖存爭強的一種策略。連橫指隨從強國去進攻其他弱國，即依附秦國。另一說六國東西相連為橫，即六國分別服從秦、齊一方而對付另一方。蘇秦、張儀等是著名縱橫家。63西河　郡名。西漢元朔四年置。治今內蒙古準噶爾旗西南、陝西府谷西北。東漢永和五年移治於離石（今山西）。屬并州。64北地　郡名。戰國時秦國置。治今甘肅寧縣西北，東漢移治今寧夏吳忠西南。65五原　郡名。西漢置。治今內蒙古包頭西北。66擅　獨攬；占有。67癰疽　毒瘡。68伏疾　隱疾。喻隱患。69脅下　從腋下到肋骨盡處的部分。比喻極近的地方，產生於身邊的禍患。70駑劣　劣馬。喻才能低下。71節度　調度；指揮。72彭陽　縣名。故城在今甘肅鎮原東八十里。73高平　縣名。漢置。即今寧夏固原治。74虜　古代對北方外族的貶稱。75鏃　箭頭。76輕騎　輕裝的騎兵。77陳狀　述說情況。78身當矢石　形容親自抵擋敵人進攻。79浹日　整天。80凶醜　對敵人或叛亂者的蔑稱。81洗雪　除掉冤屈、恥辱等。82逋負　欠下的債務。此處指舊日的仇恨。83中藏府　亦作「中臧府」。漢內庫名。有令、丞，主金銀貨物之事。84綵物　絹帛類物品。85破羌將軍　此職以前無，為臨時職務。86橋門　地名。位於橋門谷。在陝西西北。87走馬水　今名懷寧河。源出陝西安定西北高柏山，東流至清澗入無定河。88奢延澤　即奢延水。又名石窯川河。今內蒙古鄂爾多斯右翼前旗至陝西橫山境。89騎司馬　領兵武職，輔佐校尉領營兵，校尉缺則代行其事。90假　代理；非正式。91令鮮水　河水名。今寧夏寧朔西北。92靈武谷　地名。今寧夏寧朔西北。93被甲　身穿護身鎧甲，手握武器。指全副武裝。94重繭　腳上的厚繭，多指跋涉辛苦。95輕果　輕捷果敢。96瞽　本指盲目。此指沒有見識。97折衄　挫折；挫傷。98中興　指東漢建立。因光武帝劉秀推翻王莽新朝，恢復劉氏政權，故名「光武中興」，亦稱「中興」。99邢　古國名。西元前十一世紀周分封的諸侯國，姬姓。開國君主是周公之子。在今河北邢臺。100衛　古國名。姬姓。始封之君為周武王弟康叔。西元前十一世紀，周公平定武庚的反叛後，把原來商都周圍地區和殷民七族分封給他，建都朝歌（今河南淇縣），成為當時大國。西元前六六〇年被翟擊敗，靠齊的幫助，遷到楚丘（今河南滑縣），從此成為小國。西元前六二九年又遷都帝丘（今河南濮陽）。戰國時，國勢更弱。西元前二五四年為魏國所滅，成為魏的附庸，後來秦把它遷到野王（今河南沁陽），作為秦的附庸。西元前二〇九年為秦所滅。101甘澍　及時雨。

[102]豐稔　猶豐收。[103]疵疫　災害疫病。[104]獷　強悍；強壯兇悍。[105]趙充國　（西元前一三七—前五二年），字翁叔，西漢隴西上邽（今甘肅天水市）人。後徙金城令居（今甘肅永登西北）。武帝時為騎士，以六郡良家子善騎射補羽林。勇武有謀略。後以功拜中郎，任車騎將軍長史。昭帝時，以水衡都尉擊匈奴，擢後將軍。因與大將軍霍光迎立宣帝，封營平侯。將兵屯守邊郡，匈奴不敢犯境。神爵六年先零羌反漢，時年七十六歲，仍請領兵往擊。後其子有罪自殺，遂罷官就第。然朝廷每議邊事，仍常與謀劃。[106]馬援　字文淵，東漢茂陵人。少有大志，為郡督郵。以縱囚亡命北地牧畜，賓客多歸附者。王莽時任以新城大尹。莽敗，依隗囂，後歸光武帝。隗囂叛據隴西，援於光武帝前堆米為山谷，指劃形勢，因以破囂。建武中拜伏波將軍。征交阯，平之，立銅柱以表功，封新息侯。武陵五溪蠻反，援復將兵討之，時年已八十餘歲。嘗謂賓客曰「丈夫立志，窮當益堅，老當益壯。」又言「男兒要當死於邊野，以馬革裹屍還葬。」後果卒於軍。建初中謚「忠成」。[107]鯁　病患；禍害。[108]枳棘　枳木與棘木。因其多刺而稱惡木，常用以比喻惡人或小人。[109]虺蛇　毒蛇。[110]朞年　亦作「期年」。一年。[111]殄滅　消滅；滅絕。[112]內御　統治；控制。[113]權便　權宜；變通。[114]謁者　官名。始置於春秋、戰國時，為國君掌管傳達。秦漢沿置。漢制，郎中令屬官有謁者，少府屬官有中書謁者令（後改稱中謁者令）。謁者掌賓贊受事，員額至七十人，其長官稱謁者僕射。[115]西縣　縣名。屬天水郡。故城在今甘肅上邽西南。[116]新豐縣　漢置。《漢書．地理志》：「京兆尹新豐，秦曰驪邑。」應劭曰：太上皇思東歸，於是高祖改築城寺街里以象豐，徙豐民以實之，故號新豐。按：漢故城在今陝西臨潼東，後漢末移新豐治零水側，遺址多湮，今為新豐鎮。[117]瞻省　問候；看望。[118]裹創　包紮傷口。[119]蓐寢　意在蓆子上睡覺。蓐，草蓆。[120]秦胡　謂西北少數民族。[121]汗血千里馬　古代西域駿馬名。奔馳時流汗如血，故稱。[122]大鴻臚　官名。西漢武帝時改典客為大鴻臚，東漢沿置。原掌接待少數民族等事，為九卿之一。後漸變為贊襄禮儀之官。[123]鎬　古都名。西周國都。故址今陝西西安西南灃水東岸。[124]侍中　官名。秦始置，兩漢沿置，為自列侯以下至郎中的加官，無定員。侍從皇帝左右，出入宮廷。初伺應雜事，由於接近皇帝，地位漸形貴重。[125]貴人　古代皇宮中女官名。[126]左轉　降官；貶職。[127]諫議大夫　官名。西漢置諫大夫，東漢改稱諫議大夫，屬光祿勳，無定員，掌議論。[128]曲意　委曲己意而奉承別人。[129]王甫　（？—西元一七九年），東漢宦官。靈帝初為長樂食監，受中常侍曹節等矯詔為黃門令，將兵誅殺大將軍竇武等人，因遷中常侍。後與節誣奏渤海王劉悝謀反，封冠軍侯。由此操縱朝政，父兄子弟皆為公卿列校、牧守令長，布滿天下。光和二年，與養子永樂少府萌、沛相吉並為司隸校尉陽球收捕，磔屍於城門。[130]潁川　郡名。秦置。治今河南禹州。[131]太中大夫　秦漢置。掌諫議、顧問之官。無定員。侍奉皇帝左右，備諮詢應對，諫諍議政，為皇帝的高級顧問。亦奉皇帝之命出使四方。地位尊崇，多由貴戚大臣、

名儒或有軍功者充任。後漸成安排免職或不能任事官員的閒職。132陽球　字方正，東漢漁陽泉州（今天津武清）人。靈帝時任九江太守。光和二年（西元一七九年）遷司隸校尉，奏請收捕干亂朝政的中常侍王甫和阿附宦官的太尉段熲，王甫死杖下，段熲自殺，權貴震慴。後與司徒劉郃謀誅宦官曹節、張讓等，事洩，為宦官陷害下獄，被殺。事見本書卷七十七。133詰責　責問。134鴆　用鴆的羽毛泡成的毒酒。135威明　皇甫規字。136然明　張奐字。

【語　譯】段熲，字紀明，武威郡姑臧縣人。他的祖先出身於春秋時鄭國的共叔段，他本人是西域都護段會宗的從曾孫。段熲小時候就學習弓馬，仰慕那些遊俠的為人，把錢財看得很輕，長大後才改變以往的志趣，發憤讀古書。開始時被薦舉為孝廉，後來又陸續做了憲陵園丞、陽陵令等小官，所任職的地方都表現出為政的能力，留下了較好的名聲。

2　後來升遷做了遼東屬國都尉。當時鮮卑侵犯邊境，段熲立即率領所屬部隊緊急行軍追趕。快到目的地的時候，他擔心敵人會逃跑，於是派人偽裝成騎驛馬傳遞公文的人，詐稱帶著天子的璽書召段熲馬上入朝，段熲就在路上假裝撤退，暗暗在路邊設下埋伏。鮮卑人認為段熲真的撤退了，緊緊地追趕。段熲於是發動攻擊，將敵人全部斬獲。由於偽稱持有天子璽書應該判重刑，但因為有殺敵的大功只給了一點輕微的處罰。刑罰結束後，朝廷又徵拜他為議郎。

3　當時太山、琅邪等地發生騷亂，首領東郭竇、公孫舉等聚集了三萬人，破壞郡縣，朝廷發兵去征討，多年來一直不能平定。永壽二年，桓帝下詔命大臣薦選有文武全才的將領，司徒尹頌推薦段熲，於是朝廷拜段熲為中郎將。段熲領兵襲擊東郭竇、公孫舉等人，斬首、殺死一萬多人，其餘的人或投降或逃散。朝廷封段熲為列侯，賜錢五十萬，任命他一個兒子為郎中。

4　漢桓帝延熹二年，升遷做了護羌校尉。恰逢燒當、燒何、當煎、勒姐等羌人八部侵擾隴西、金城塞。段熲領本部兵馬以及湟中地區志願跟隨的羌兵共一萬二千騎兵從湟谷出兵，將羌人打敗。段熲繼續進軍，引兵從南岸渡過黃河，派遣軍吏田晏、夏育招募勇士為先鋒，然後從空中懸掛繩索將兵士運過河，再次與羌人在羅亭大戰，襲敗羌人，斬殺酋豪以下二千人，俘虜一萬多人，其餘的人都四散逃走了。

5 第二年春天，剩下的羌人又與燒何部大酋豪一起侵犯張掖，攻陷鉅鹿塢，屠殺當地官吏和百姓。燒何還聯合同種一千多部落，在一天早晨一起出兵進攻段熲。段熲下馬與羌人大戰，一直戰到中午，正當刀折斷了，弓箭也用完了時，敵人開始撤退。段熲引兵追趕，一邊打仗一邊行軍，夜以繼日，餓了吃馬肉，渴了吃一把雪。就這樣堅持了四十餘日，終於到達黃河上游的積石山，離開邊境二千多里，斬殺燒何羌大帥，殺死和俘虜五千多人。段熲又分兵襲擊石城的羌人，斬首或淹死共一千六百多名敵人。燒當種九十餘口到段熲處請求投降。還有一些雜種羌人屯聚在白石，段熲又進軍攻擊，斬首俘獲三千餘人。這年冬天，勒姐、零吾的羌人圍攻允街，殺掠官吏和百姓，段熲領兵進攻，斬殺和俘虜了幾百人。

6 漢桓帝延熹四年冬天，上郡沈氐、隴西牢姐、烏吾部的羌人聯合侵擾并州和涼州，段熲率領湟中自願從軍的羌人去討伐。涼州刺史郭閎貪心，想與段熲一起立功，故意使段熲的軍隊滯留不得前進。那些自願追隨段熲的羌人勞苦久了，懷念自己的同種羌人，於是全都反叛了。郭閎把罪責推到段熲身上，段熲因此下獄，被送到左校去服苦役。羌人於是又猖狂起來，攻占營塢，相互之間招引聯合，侵擾各郡。於是邊疆吏民多達一千多人到京城來替段熲申辯。朝廷知道段熲被郭閎所誣陷，下詔詢問段熲當時的情況，段熲只是請罪，不說自己是冤枉的。京師的人由此都稱讚段熲是一個有修養的長者。就這樣，段熲又從刑徒中被起用，再一次拜為議郎，升遷為并州刺史。

7 當時滇那等各部落的羌人共五、六千人侵擾武威、張掖、酒泉，燒毀老百姓的房屋。到了漢桓帝延熹六年，敵人的聲勢更大了，涼州幾乎不保。這年冬天，又任命段熲為護羌校尉，乘著驛馬到任就職。第二年春天，羌封僇、良多、滇那等部落的首領共三百五十五人率領著三千部落向段熲投降。當煎、勒姐的羌人仍然屯結在邊境上。到了冬天，段熲率領一萬餘人將敵人打敗，斬殺了他們的首領，斬首和俘虜了四千多人。

8 漢桓帝延熹八年春天，段熲又襲擊勒姐部，殺死四百餘人，有二千餘人投降。夏天，段熲在湟中襲擊當煎部，段熲失敗，被羌人圍困了三天，後來採用隱士樊志張的計策，夜晚率領軍隊悄悄撤出重圍，然後立即擊鼓向羌人進攻，大破羌人，斬殺和俘虜幾千人。段熲緊追不放，在山谷間輾轉作戰，從春天到秋天，沒有一天不打仗。羌人由此而遭受飢餓，勞困不堪，終於敗散了。從此，羌人轉到武威之間去騷擾了。

9 段熲自從打擊西羌，一共斬首二萬三千級，俘虜數萬人，繳獲馬牛羊八百萬頭，投降的有一萬多部落，於是，朝廷封段熲為都鄉侯，食邑五百戶。

10 漢桓帝永康元年，當煎諸部落的羌人又反叛。他們糾合了四千餘人，企圖進攻武威。段熲再次率兵追擊，在鸞鳥縣打敗敵人，殺掉了他們的大帥，斬首三千餘級，西羌從此基本上平定了。

11 但是東羌先零等部，自從消滅征西將軍馬賢後，朝廷便沒有能力討伐，羌人便乘勢侵擾三輔。從那以後，度遼將軍皇甫規、中郎將張奐招降他們多年，羌人總是投降後又反叛。漢桓帝下詔詢問段熲說：「東羌先零部叛逆謀反，皇甫規、張奐各自率領勁旅，不多久就將禍亂平定了。朝廷希望你率領軍隊去討伐東邊的羌人，但不懂得怎樣做才比較合適，你可以幫助朝廷籌劃戰略戰術。」段熲因此而上奏說：「依我看，先零、東羌雖然多次叛亂，但是向皇甫規投降的部落已多達二萬多個，善惡已經分明，剩下的敵人已經不多了，現在張奐之所以遲疑不進，是因為考慮到羌人外表上離散但實際上內部仍然是合在一塊的。在這種條件下，如果派軍隊去，必然會驚擾羌人。況且自冬入春，東羌屯結在一起沒有分散開，人馬都十分疲憊，這是一種自取滅亡的形勢。所以就不必徒費精力地去招降，而只是坐觀其變，兵不血刃地制伏強敵罷了。我認為羌人都是狼子野心，難以用恩情來收服他們。當他們兵窮勢盡的時候，他們便投降；一旦大軍離開，他們又馬上蠢動起來。對於這些敵人，只能鎮之以武力，用長矛挾持著他的肋骨，或者用刀口架在他的脖子上。算起來，東羌共有三萬多部落，居住的地方挨近塞內，道路沒有什麼險阻曲折，也沒有戰國時期燕、齊、秦、趙等國的連橫合縱的形勢，但是長期以來騷亂并州和涼州，多次侵略三輔。西河、上郡的邊民已經遷移到內地了，但是安定、北地等處於孤單危險之中。從雲中、五原往西直到漢陽二千多里，匈奴和羌人各部都在那裡橫衝直撞，這是朝廷的胕腋之患，正像一個腫瘤長留在肋下一樣，如果不馬上除掉，就會越長越大，導致更大的禍患。現在假如用騎兵五千、步兵一萬、戰車三千輛，經歷三個冬天二個夏天，足可以擊敗敵人，安定地方，費用至少需要五十四億錢財。如果做到這一點，那麼就可以使羌人各部盡破，匈奴人也會長久地心服。內遷郡縣的百姓，可以返回到自己的老家。我私下裡計算安帝永初年間，諸羌反叛，共十四年，耗費錢財二百四十億；順帝永和末年，又經過七年平叛，耗資八十多億。耗費了這麼多的錢財，尚且不能完全消滅敵寇，等到他們的餘孽再次興起，就會引起比這更大的禍害。現在如果不使百姓暫時勞累一下，就很難做到永久的安寧。我願意貢獻我微薄的力量，等待著朝廷的調遣使用。」桓帝同意了他的請求，全部接受了他的建議。

[12] 漢靈帝建寧元年春天，段熲率領一萬多人，帶著十五天的糧食，從彭陽直指高平，在逢義山與先零各部的羌人大戰。敵人兵勢強大，段熲的士兵都很恐懼。段熲便下令軍中張開弓箭擦亮鋼刀，用三重的長矛列陣，中間還挾帶著強弩，把輕騎兵排列在陣左右作為羽翼。然後，段熲用昂揚的言語激怒將士，說：「現在我們離開後方幾千里，前進就會成功，後退一定失敗，被敵人殺死，我們共同努力建立功名吧！」說完他振臂高呼，將士們都齊聲呼喊著往前猛衝。段熲率領騎兵從旁側突襲，羌人大敗，斬首八千多級，繳獲牛馬羊共二十八萬頭。

[13] 當時竇太后臨朝，朝廷下詔書說：「先零東羌多年來一直為害邊境。以前段熲向朝廷陳述敵我形勢，表示一定可以徹底消滅敵人，這一次，他率領將士經歷風霜雨雪，不顧白天黑夜，自己身體力行，冒著箭矢衝鋒陷陣，以此感發和激勵將士。竟然不到一晝夜的戰鬥，兇惡的敵人就被擊潰並消滅了，斬殺和俘獲的敵人以及繳獲的牛羊物資不可勝數。洗雪了百年來國家所遭受的恥辱，告慰忠臣勇將的在天之靈。他的功勞顯著，我特別嘉獎他。待到東羌全部平定，一併記錄他的功勳加以封賞。現在暫且賜給段熲二十萬錢，提拔他家的一個人為郎中。」命令中藏府調撥金錢布帛，增加段熲的軍費開支。升遷段熲為破羌將軍。

[14] 夏天，段熲又追擊羌人，從橋門出兵，來到走馬水。不久又聽說敵人在奢延澤，於是帶領輕兵晝夜兼行二百多里，早晨便與敵人交戰，將敵人打敗。剩下的敵人走向落川，又互相屯結在一起。於是，段熲分別派騎司馬田晏率領五千人包圍敵人東面，假司馬夏育率領兩千人繞到敵人西面。羌人分派六七千人圍攻田晏和夏育，田晏等人與敵人接戰，羌人敗走。段熲立即追擊，與田晏等人一起，在令鮮水上追上了敵人。段熲的兵士又餓又渴，於是段熲便把軍隊排成方陣步步推進，奪取了水源，敵人又敗走了。段熲便與敵人沾連在一

起，一邊戰鬥一邊誘敵進入靈武谷。段熲披著鎧甲首先登上敵人的營壘，士兵們沒有一個人敢落後。羌人大敗，丟掉武器爭相逃命。一直追了三天三夜，士兵的腳上都長滿了厚厚的繭。追到涇陽的時候，餘下的敵人四千多部落，全都分散並躲進漢陽山谷中去了。

15 當時張奐上書朝廷說：「東羌雖然被打敗了，但餘下的部落難以徹底消滅。段熲性格輕率果斷，恐怕他會失敗而難以長久保持安定。朝廷應當用恩招降，以免招致失敗而後悔。」詔書頒給段熲。段熲又上書說：「我本來知道東羌雖然人多，但是軟弱而容易制伏，所以我幾次向朝廷陳述我的愚見，思考著一種永保安寧的計策。但是中郎將張奐說敵人強大難以擊敗，應該採用招降的辦法。朝廷聖明，信任採納了我的淺見，所以我的計謀能夠實行，張奐的計謀未被採納。事實與張奐所預料的恰恰相反，所以張奐就心懷忌恨，相信叛羌誇張的說法，說我的軍隊多次被挫敗，又說羌人也是上天之精氣所生，不能夠誅殺淨盡。山谷非常寬廣，不可能完全掃除乾淨。打仗所流的血流淌在野外，會損傷平和之氣而招致災害。在我看來，周秦的時候，戎狄為害，自從我朝中興以來，羌人侵擾最為猖獗，殺之不盡，有時雖然投降了但不久又反叛。現在先零這些雜種，反反覆覆，攻沒城邑，搶掠人口和財物，挖掘墳墓，拋屍露骨，禍害連累到生者和死者。上天為之發怒，借我們之手來誅殺他們。以前邢國無道，衛國就去討伐，出師的時候，老天爺都感動得降下大雨。我在夏天帶兵打仗，老天爺連降及時雨，五穀豐登，百姓沒病沒災。占卜上天之心，上天不會降下災害；察看下面人事，大家和睦，軍隊打勝仗。從橋門以西，落川以東的地方，以前的縣城和邑鎮都已溝通，不再是深山險谷無人敢走的地方了，車馬可以平平安安地行走，不再受到傷害了。張奐身為漢朝官吏，是朝廷委派的武將，駐軍在邊境二年卻不能平定敵寇，反而企圖偃武修文，招降兇惡的敵人，說的話都是空誕誇張不可信的。為什麼這麼說呢？以前先零侵擾邊境，趙充國命令將他們遷移到內地居住；煎當在邊境作亂，馬援把他們遷移到三輔，開始的時候服服貼貼，最後還是叛亂了，至今還是我們的心病。因此有遠見的人對此深深地憂慮。現在臨近的郡縣人口單少，多次為羌人所侵擾，為害甚烈。如果想要讓那些投降的羌人與漢人雜居，這就好像是在良田裡種荊棘，在室內養毒蛇一樣地荒謬和危險。因此我倚仗著大漢的威風，考慮長治久安的計策，想要斷絕羌人的根本，使他們永遠不能滋生繁殖。本來規定用兵三年的費用是五十四億，現在正好是一週年，所耗費的資金沒有超過一半，但是剩餘的敵人已經殘盡，即將全部消滅。我每次接到詔書，說道軍前的指揮，朝廷不干預控制，我願意最後實踐這些話，請求一切歸我指揮，授以臨時便宜行事的權力，這樣就不會失去權變的機宜。」

16 漢靈帝建寧二年，朝廷派謁者馮禪去說服漢陽零散的羌人歸降朝廷。段熲認為這正是春耕農忙的時候，老百姓散布在野外。羌人雖然暫時投降，可是國庫裡卻沒有糧倉，不能救濟和安頓羌人，因此羌人一定會再次淪為盜賊。倒不如趁現在羌人不戒備的時候出兵，一定可以把他們消滅。夏天，段熲親自走進軍營，在離開羌人駐紮之地凡亭山四五十里的地方，派遣田晏、夏育帶領五千人占據了這座山。羌人全體出動攻擊此山，並且高聲地喊話：「田晏、夏育在這裡嗎？在湟中時自願跟隨你們的那些羌人現在在哪裡？今天一定跟你們拼個你死我活。」士兵們都非常驚恐。田晏等人激勵士兵，結果與羌人展開殊死的大戰，將羌人打敗了。羌人潰敗而逃，向東奔去，又聚集在射虎谷，分兵守衛谷口的上下進口。段熲想把羌人一舉消滅，不讓他們再逃散走脫，於是就派了一千人，在西縣用木頭做了一道柵欄。寬二十步，長四十里，用以遮攔。然後分別派田晏、夏育等率領七千人，口裡銜著小木棍以防出聲音，趁夜晚爬上西山，在距離敵人一里多遠的地方，挖掘戰壕，構築營寨。又派遣司馬張愷等人率領三千人爬上東山。羌人發覺了，開始攻打田晏等部，並且分頭去截斷田晏部隊的汲水道路。段熲親自帶領步兵襲擊水上的羌人，羌人敗退。段熲乘勝與張愷等人會合，挾持東山和西山，發動攻勢將羌人打敗，羌人敗散逃走。段熲領軍追趕到谷口的窮山深谷之中，到一處攻破一處，斬殺了羌人大帥以下共一萬九千人，繳獲的牛馬驢騾氈裘廬帳等東西不計其數。另外，由馮禪所招降的四千羌人則分別安置在安定、漢陽、隴西三個郡。於是東羌全部平定了。

17 段熲一共打了一百八十仗，斬首三萬八千六百餘級，繳獲牛馬羊騾驢駱駝四十二萬七千五百餘頭，耗費錢財四十四億，死去軍士四百多人。由於功勞大，朝廷又改封他為新豐縣侯，以一萬戶的稅賦作為俸祿。段熲帶軍有仁愛之心，士兵中有了疾病，他親自去看望，還親手為傷兵包裹傷口。在邊境十多年，沒有在蓆子上睡過一次覺。由於他與將士同甘共苦，因此將士們都樂意為之拼死而戰。

18 漢靈帝建寧三年春天，被朝廷召還京師。段熲率領著由少數民族組成的步兵騎兵共五萬多人，還帶了汗血千里馬以及俘虜一萬多人進京。朝廷下詔派遣大鴻臚拿著天子節仗到鎬去慰問。全軍到達京師後，段熲被拜為侍中，不久又轉為執金吾、河南尹。任職期間，因所轄之地有人盜掘馮貴人的墳墓而受到牽累，貶官為諫議大夫，後來又升為司隸校尉。

19 段熲奉承諂媚宦官，因此能夠長得富貴。他與中常侍王甫結為一黨，枉殺了中常侍鄭颯、董騰等人，由此而又被朝廷增加四千戶的封邑。加上以前的一萬戶，總共食邑一萬四千戶。

20 第二年，取代李咸做了太尉。到這年冬天，因為生病而罷免。後又復官做了司隸校尉。幾年後，轉任潁川太守，又升遷為太中大夫。

21 漢靈帝光和二年，又替代橋玄做了太尉。在位一個多月，恰逢日蝕出現，段熲自己彈劾自己，認為不稱職，有關官員也向朝廷上奏揭發某些事情，結果朝廷下詔收回他的太尉印綬，並把他交付給廷尉審理。當時司隸校尉陽球向朝廷上奏誅殺王甫，其中也牽涉到段熲，朝廷派人在獄中審問。段熲於是飲鴆酒自殺，他的家屬遣送到邊境。後來中常侍呂強向朝廷上疏稱頌段熲功勞大，漢靈帝便下詔把段熲的妻子和兒女從邊境召還，依舊住在老家武威郡。

22 當初，段熲與皇甫威明、張然明同時知名顯達，京師都稱頌他們是「涼州三明」。

贊曰：山西❶多猛，「三明」儷蹤❷。戎驂❸糾結，塵斥河❹、潼❺。規、奐審策❻，亟❼遏囂凶❽。文會志比❾，更相為容。段追兩狄，束馬縣鋒。紛紜騰突❿，谷靜山空。

【章　旨】以上為史家對三位傳主一生功績的評斷。

【注　釋】❶山西　此指西北。❷儷蹤　成雙成對。❸驂　反覆。❹河　指黃河。❺潼　指潼關。❻審策　審，詳細；周密。策，策略。❼亟　屢次。❽囂凶　兇焰恣肆。❾比　相同；等同。❿騰突　猶唐突。

【語　譯】史官評議說：西北多猛將，「三明」一起出現，西戎的兵力反覆聯結，在黃河潼關間橫衝直撞。皇甫規、張奐審慎地制定策略，盡力地遏制了兇焰恣肆的敵人。他們以文會心有共同的志向，又互相包容。段熲追殺西羌和東羌的敵人，厲兵秣馬堅守在邊塞上，經過多次激烈的戰鬥，終於得到了邊境安寧的結果。

【研　析】本卷是三位武將的傳記。從中我們可以了解東漢一代軍事與邊防上的一些問題。

與西漢「雜霸王道而用之」的國策不同，東漢開國皇帝劉秀定下了「文治」的國策，開創中國歷史上的士大夫政治。東漢時，除西北、北方邊境各郡有常備部隊外，內地各郡不再設置軍隊，武帝創置的羽林軍，在東漢進一步擴大，隸屬於九卿之一的光祿勳，作為國家常備的、職業化的武裝，保衛京城是其主要職責。羽林軍並無常設的將軍，日常統領羽林軍的為中郎將，級別為比二千石，低於郡太守。這保證了文官對於政治的絕對發言權，又使地方難以形成對抗中央的軍事力量。總的來說，還是相當成功的。正因如此，在東漢，我們很難看到西漢時衛青、霍去病、趙充國那樣揮兵萬里，一戰成名的戰將。

也正是因為「文治」的政策，本卷皇甫規、張奐二人，雖以戰功卓著留名青史，但他們基本上表現得像一個文人。皇甫規祖父官至度遼將軍，父親官至扶風都尉，可以說是世代將門。但他本人應「賢良方正」之舉，對策中表達的意見與當時正直的文人官僚並無不同，因受權臣梁冀忌恨，竟能返鄉「以《詩》、《易》教授，門徒三百餘人」，當了十四年的教師，且成就斐然。他力求功成身退，不惜設計自誣。文人官僚因群起反對宦官，被稱做「黨人」，免官禁錮。皇甫規竟要求列名「黨人」之中，反映了在特定時代背景下，這位「名將」的文士心態。至於張奐，習《歐陽尚書》而青出於藍，刪除前輩浮詞，所撰《尚書》新注本被收藏於當時國家圖書館，且以對策第一等入士。後來張奐因不明情況，被宦官當槍使，率軍圍捕圖謀誅殺宦官的竇武。

但他以此自責，堅決拒絕侯爵殊榮，最終被納入「黨人」之列，受免官軟禁的處置，教學著述而終身。「大丈夫處世，當為國家立功邊境」，體現的是一位名將的豪氣，但其內心世界，仍是一書生。

段熲與皇甫規、張奐並稱「涼州三明」，但與皇甫規、張奐二人風格迥異。他「少便習弓馬，尚遊俠，輕財賄」，後雖因時代使然，「折節好古學」，舉孝廉而入仕，但骨子裡卻是一股豪俠之氣。這充分體現在他對羌人的態度上。皇甫規、張奐雖也主要以平羌戰爭立功，但他們秉持儒家理念，主張安撫為主。在皇甫規看來，數十年的羌人暴動，主要是因為官吏貪婪所致，因而主張整頓吏治，誅除貪官汙吏，對羌人採取按撫為主的辦法。皇甫規後來舉薦張奐接替自己為度遼將軍，顯然不只是因張奐善戰，還在於張奐與自己靖邊思想一致。沿邊烏桓、匈奴、鮮卑群起暴動，但當知張奐出任護匈奴中郎將、主持邊疆軍政，竟不戰而降，「奐但誅其首惡，餘皆慰納之」。皇甫規說：「良臣之才略，兵家之所貴。」一個真正的將軍，不僅要會帶兵打仗，還必須有治國安民的政治頭腦。但段熲則不然，採取斬盡殺絕的辦法，對降附者也不手軟，「絕其本根，不使能殖」。前後一百八十戰，最終壓服了暴動的羌人，搞得「谷靜山空」。他身先士卒，帶兵仁愛，在軍中十餘年，未睡一個安穩覺，確實是一個稱職的戰將，但與皇甫規所說的「兵家」，似乎還差那麼一點。至於投靠宦官，以保富貴，則人格上也難與皇甫規、張奐媲美。從張奐鄙董卓為人一事看，張奐與段熲幾成生死仇敵，看來不只因為平羌策略上的爭執，還因他根本瞧不起張奐的為人。

東漢中後期邊疆告急，羌人暴動長期不休，不止是政治軍事問題，也是一個環境問題。西元一百年前後，地球大氣環境急速進入乾寒時期，草原上的匈奴人與秦、西漢相持，甚至時占上風，但終於抵不過自然的巨變，舉族西遷，烏桓、鮮卑以及羌人散漫的內遷，形成嚴重的政治、經濟問題。羌人遷至秦漢時國家中心地區，引發的問題尤其嚴重，無論是剿是撫，都只是一時之策。秦漢時中原文明的擴張，到東漢中後期表現為明顯的內縮，從張奐改變籍貫一事也可以得到印證。

張奐原為武威姑臧人，家在今河西走廊上，而河西走廊是漢武帝擊敗匈奴後才納入漢帝國疆域，張奐祖上必是漢武帝時期或以後從內地遷至那裡的。張奐立功後，不願意接受賞賜與「除家一人為郎」的優待，只希望將自己的戶籍遷到華山旁邊的弘農華陰，並如願以償。其政敵段熲又把遷其戶籍回原籍作為報復的手段之一，迫使張奐不得不俯首求情。華夏農耕者內遷，在當時一定已成為潮流。從《後漢書》與《漢書》所記戶口數比較，我們知道從西漢末到東漢中期一個半世紀，北方、西北各地戶口呈現嚴重的負增長，國家「邊人不得內移」的規定難以執行，應是一個重要原因。(聶樹鋒注譯)

卷六十六

陳王列傳第五十六

【題解】本卷主要敘述陳蕃和王允事跡。兩人都在東漢末年進入權力中樞，歷桓、靈、獻三帝，這是東漢政治最黑暗的時代，王朝即將傾覆，他們又想力挽狂瀾，由此和腐敗勢力展開了驚心動魄的鬥爭。陳蕃自幼就有澄清天下之志，他看清了東漢政治腐敗的根源，所以三次上疏，批評時政。竇太后臨朝後，小人又在她身邊集結。陳蕃與竇武想剷除這個集團，事情敗露，結果被抓，在北寺獄被殺害。王允年輕時好高遠有大節，博學多才。十九歲做郡吏時，即追捕殺掉貪橫放縱的小黃門趙津。堅決反對太守王球任用無品行的路佛。做侍御史時，又上書朝廷，請求消除黨禁，率軍大破黃巾軍。董卓遷都長安後，他委屈自己的意志，牽就於董卓，在危亂中扶持王室。董卓被殺後，便不再考慮權變的策略，開始和他人產生裂痕。在處置董卓部曲時，失於運籌不當，為其所害。

1 陳蕃，字仲舉，汝南平輿❶人也。祖❷河東❸太守。蕃年十五，嘗閑處一室，而庭宇蕪穢。父友同郡薛勤來候之，謂蕃曰：「孺子❹何不洒埽❺以待賓客？」

蕃曰：「大丈夫處世，當埽除天下，安事一室乎？」勤知其有清世志，甚奇之。

2 初仕郡，舉孝廉，除郎中[6]。遭母憂[7]，棄官行喪。服闋[8]，刺史周景[9]辟別駕從事[10]，以諫爭不合，投傳[11]而去。後公府辟舉方正[12]，皆不就。

3 太尉李固[13]表薦[14]，徵拜議郎[15]，再遷為樂安[16]太守。時李膺[17]為青州[18]刺史，名有威政，屬城[19]聞風，皆自引去，蕃獨以清績留。郡人周璆[20]，高絜之士。前後郡守招命[21]莫肯至，唯蕃能致焉。字而不名，特為置一榻[22]，去則縣[23]之。璆字孟玉，臨濟[24]人，有美名。民有趙宣葬親而不閉埏隧[25]，因居其中，行服[26]二十餘年，鄉邑稱孝，州郡數禮請之。郡內以薦蕃，蕃與相見，問其妻子，而宣五子皆服中[27]所生。蕃大怒曰：「聖人制禮，賢者俯就[28]，不肖企及[29]。且祭不欲數，以其易黷[30]故也。況乃寢宿冢藏，而孕育其中，誑時惑眾，誣汙鬼神[31]乎？」遂致其罪。

4 大將軍梁冀[32]威震天下，時遣書詣[33]蕃，有所請託，不得通。使者詐求謁，蕃怒，笞[34]殺之。坐[35]左轉[36]脩武令[37]。稍遷[38]，拜尚書。

5 時零陵[39]、桂陽[40]山賊為害，公卿[41]議遣討之。又詔下州郡，一切皆得舉孝廉、茂才[42]。蕃上疏駁之曰：「昔高祖創業，萬邦息肩[43]，撫養百姓，同之赤子[44]。今二郡之民，亦陛下赤子也。致令赤子為害，豈非所在貪虐，使其然乎？宜嚴勑㊺三府㊻，隱覈㊼牧守令長㊽，其有在政失和，侵暴百姓者，即便舉奏，更選清賢奉公之人，能班宣法令情在愛惠者，可不勞王師，而群賊弭㊾息矣。又三署郎吏㊿二千餘人，三府掾[51]屬過限[52]未除，但當擇善而授之，簡惡而去之。豈煩一切之詔，以長請屬之路乎！」以此忤左右[53]，故出為豫章[54]太守。性方峻[55]，不接賓客，士民亦畏其高。徵為尚書令[56]，送者不出郭門[57]。

6 遷大鴻臚[58]。會白馬[59]令李雲[60]抗疏[61]諫，桓帝[62]怒，當伏[63]重誅。蕃上書救雲，坐免歸田里。

7 復徵拜議郎，數日遷光祿勳。時封賞踰制，內寵猥盛[64]，蕃乃上疏諫曰：

8 「臣聞有事[65]社稷[66]者，社稷是為；有事人君者，容悅[67]是為。今臣蒙恩聖朝，備位九列[68]，見非不諫，則容悅也。夫諸侯[69]上象四七，垂燿在天，下應分土，藩屏上國[70]。高祖之約，非功臣不侯。而聞追錄[71]河南尹[72]鄧萬世父遵之微功，更爵[73]尚書令黃儁先人之絕封[74]。近習[75]以非義授邑[76]，左右以無功傳賞，授位不料[77]其任，裂土[78]莫紀其功，至乃一門之內，侯者數人，故緯象[79]失度，陰陽[80]謬序，稼用[81]不成，民用不康[82]。臣知封事已行，言之無及，誠欲陛下從是而止。又比年收斂[83]，十傷五六，萬人飢寒，不聊生活。而采女[84]數千，食肉衣綺[85]，脂油粉黛，不可貲計。鄙諺言『盜不過五女門』，以女貧家也。今後宮之女，豈不貧國乎？是以傾宮[86]嫁而天下化，楚女悲而西宮災[87]。且聚而不御[88]，必生憂悲之感，以致并隔水旱之困。夫獄以禁止姦違[89]，官以稱才理物。若法虧於平，官失其人，則王道有缺。而今天下之論，皆謂獄由怨起，爵以賄成。夫不有臭穢，則蒼蠅不飛。陛下宜採求失得，擇從忠善。尺一[90]選舉，委尚書三公[91]，使褒責誅賞，各有所歸，豈不幸甚！」帝頗納其言，為出宮女五百餘人，但賜雋爵關內侯，而萬世南鄉侯。

9 延熹[92]六年，車駕幸[93]廣成[94]校獵[95]。蕃上疏諫曰：「臣聞人君有事於苑囿[96]，唯仲秋西郊，順時講武，殺禽助祭，以敦[97]孝敬。如或違此，則為肆縱。故皐陶戒舜『無教逸遊[98]』，周公戒成王『無槃于遊田[99]』。虞舜、成王猶有此戒，況德不及二主者乎！夫安平之時，尚宜有節，況當今之世，有三空之戹哉！田野空，朝廷空，倉庫空，是謂三空。加兵戎未戢[100]，四方離散，是陛下焦心毀顏，坐以待旦之時也。豈宜揚旗曜武，騁心輿馬[101]之觀乎？又秋前多雨，民始種麥。今失其勸種之時，而令給驅禽除路[102]之役，非賢聖恤民之意也。齊景公[103]欲觀於海，放乎琅邪[104]，晏子[105]為陳百姓惡聞旌旗輿馬之音，舉首頻眉[106]之感，景公為之不行。周穆王[107]欲肆車轍馬跡，祭公謀父[108]為誦祈招[109]之詩，以止其心。誠惡逸遊之害人也。」書奏不納。

自蕃為光祿勳，與五官中郎將[110]黃琬[111]共典[112]選舉，不偏權富，而為埶家郎所譖訴[113]，坐免歸。頃之，徵為尚書僕射[114]，轉太中大夫[115]。八年，代楊秉[116]為太尉。蕃讓曰：『不愆不忘，率由舊章[117]』，臣不如太常胡廣[118]。齊七政，訓五典，臣不如議郎王暢[119]。聰明亮達，文武兼姿，臣不如弛刑徒李膺。」帝不許。

中常侍[120]蘇康[121]、管霸[122]等復被任用，遂排陷忠良，共相阿媚[123]。大司農[124]劉祐[125]、廷尉馮緄[126]、河南尹[127]李膺，皆以忤旨，為之抵罪。蕃因朝會[128]，固理[129]膺等，請加原宥[130]，升之爵任。言及反覆，誠辭懇切。帝不聽，因流涕而起。時小黃門趙津[131]、南陽大猾[132]張汜等，奉事中官[133]，乘埶犯法，二郡太守劉瓆[134]、成瑨[135]考案[136]其罪，雖經赦令[137]，而並竟[138]考殺之。宦官怨恚[139]，有司承旨[140]，遂奏瓆、瑨罪當棄市[141]。又山陽[142]太守翟超[143]，沒入中常侍侯覽[144]財產，東海[145]相黃浮[146]，誅殺下邳[147]令徐宣，超、浮並坐髡鉗[148]，輸作左校[149]。蕃與司徒劉矩[150]、司空劉茂[151]共諫請瓆、瑨、超、浮等，帝不悅。有司劾奏之，矩、茂不敢復言。蕃乃獨上疏曰：「臣聞齊桓[152]修霸，務為內政；春秋於魯，小惡必書。宜先自整勑，後以及人。今寇賊在外，四支[153]之疾；內政不理，心腹之患。臣寢不能寐，食不能飽，實憂左右日親，忠言以疏，內患漸積，外難方深。陛下超從列侯[154]，繼承天位[155]。小家畜產百萬之資，子孫尚恥愧失其先業，況乃產兼天下，受之先帝[156]，而欲懈怠以自輕忽乎？誠不愛己，不當念先帝得之勤苦邪？前梁氏五侯[157]，毒徧海內，天啟聖意，收而戮之，天下之議，冀當小平。明鑒未遠，覆車如昨，而近習之權，復相扇結[158]。小黃門趙津、大猾張汜等，肆行貪虐，姦媚左右，前太原太守劉瓆、南陽太守成瑨，糾而戮之。雖言赦後不當誅殺，原其誠心，在乎去惡。至於陛下，有何悁悁[159]？而小人道長，營惑聖聽，遂使天威為之發怒。如加刑謫[160]，已為過甚，況乃重罰，令伏歐刀[161]乎？又前山陽太守翟超、東海相黃浮，奉公不橈[162]，疾惡如讎，超沒侯覽財物，浮誅徐宣之罪，並蒙刑坐，不逢赦恕。覽之從橫[163]，沒財已幸；宣犯釁過，死有餘辜。昔丞相申屠嘉[164]召責鄧通[165]，洛陽[166]令董宣[167]折辱公主，而文帝[168]從而請之，光武加以重賞，未聞二臣有專命之誅。而今左右群豎[169]，惡傷黨類，妄相交構[170]，致此刑譴[171]。聞臣是言，當復嘑訴。陛下深宜割塞近習豫政[172]之源，引納尚書朝省[173]之事，公卿大官，五日壹朝，簡練清高，斥黜佞邪。如是天和於上，地洽於下，休禎符瑞[174]，豈遠乎哉？陛下雖厭毒臣言，凡人主有自勉強，敢以死陳。」帝得奏愈怒，竟無所納。朝廷眾庶莫不怨之。宦官由此疾蕃彌甚，選舉奏議，輒以中詔[175]譴卻，長史[176]已下多至抵罪。猶以蕃名臣，不敢加害。璜字文理，高唐人。瑨字幼平，陝人。並有經術[177]稱[178]，處位敢直言，多所搏擊[179]，知名當時，皆死於獄中。

12

九年[180]，李膺等以黨事下獄考實。蕃因上疏極諫曰：「臣聞賢明之君，委心輔佐；亡國之主，諱聞直辭。故湯武[181]雖聖，而興於伊呂[182]；桀紂[183]迷惑，亡在失人。由此言之，君為元首[184]，臣為股肱[185]，同體相須，共成美惡者也。伏見前司隸校尉李膺、太僕杜密、太尉掾范滂[186]等，正身無玷[187]，死心社稷。以忠忤旨，橫加考案，或禁錮[188]閉隔，或死徙[189]非所。杜塞天下之口，聾盲一世之人，與秦[190]焚書阬儒[191]，何以為異？昔武王克殷[192]，表閭封墓[193]，今陛下臨政，先誅忠賢。遇善何薄！待惡何優！夫讒人似實，巧言如簧[194]，使聽之者惑，視之者昏。夫吉凶之效，存乎識善；成敗之機，在於察言。人君者，攝天地之政，秉四海之維[195]，舉動不可以違聖法，進退不可以離道規。謬言出口，則亂及八方[196]，何況髡無罪於獄，殺無辜於市[197]乎！昔禹巡狩蒼梧[198]，見市殺人，下車而哭之曰：『萬方有罪，在予一人！』故其興也勃焉。又青、徐[199]炎旱，五穀損傷，民物流遷，茹菽[200]不足。而宮女積於房掖[201]，國用盡於羅紈[202]；外戚私門，貪財受賂，所謂『祿去公室[203]，政在大夫[204]』。昔春秋之末，周德衰微，數十年間無復災眚者，天所棄也。天之於漢，悢悢[205]無已，故殷勤示變，以悟陛下。除妖去孽，實在脩德。臣位列台司[206]，憂責深重，不敢尸祿[207]惜生，坐觀成敗。如蒙採錄，使身首分裂，異門而出[208]，所不恨也。」帝諱其言切，託以蕃辟召非其人，遂策免[209]之。

13 永康[210]元年，帝崩。竇后臨朝[211]，詔曰：「夫民生樹君[212]，使司牧[213]之，必須良佐，以固王業。前太尉陳蕃，忠清直亮。其以蕃為太傅，錄尚書事[214]。」時新遭大喪[215]，國嗣[216]未立，諸尚書畏懼權官，託病不朝。蕃以書責之曰：「古人立節[217]，事亡如存[218]。今帝祚[219]未立，政事日蹙[220]，諸君柰何委荼蓼[221]之苦，息偃[222]在牀？於義不足，焉得仁乎？」諸尚書惶怖，皆起視事[223]。

14 靈帝[224]即位，竇太后復優詔[225]蕃曰：「蓋褒功以勸善，表義以厲俗[226]，無德不報，大雅[227]所歎。太傅陳蕃，輔弼先帝，出內[228]累年。忠孝之美，德冠本朝；謇愕[229]之操，華首[230]彌固。今封蕃高陽鄉侯，食邑[231]三百戶。」蕃上疏讓曰：「使者即臣廬[232]，授高陽鄉侯印綬[233]，臣誠悼心[234]，不知所裁[235]。臣聞讓[236]，身之文[237]，德之昭也，然不敢盜以為名。竊惟割地之封[238]，功德是為。臣孰自思省，前後歷職，無它異能，合亦食祿，不合亦食祿。臣雖無素絜之行，竊慕『君子不以其道得之，不居也[239]』。若受爵不讓，掩面[240]就之，使皇天[241]震怒，災流下民，於臣之身，亦何所寄？顧惟陛下哀臣朽老，戒之在得[242]。」竇太后不許，蕃復固讓，章[243]前後十上，竟不受封。

初，桓帝欲立所幸[244]田貴人為皇后。蕃以田氏卑微，竇族良家，爭之甚固。帝不得已，乃立竇后。及后臨朝，故委用於蕃。蕃與后父大將軍竇武[245]，同心盡力，徵用名賢，共參政事，天下之士，莫不延頸想望太平。而帝乳母趙嬈[246]，旦夕在太后側，中常侍曹節[247]、王甫[248]等與共交搆，諂事太后。太后信之，數出詔命，有所封拜，及其支類，多行貪虐。蕃常疾之，志誅中官[249]。會竇武亦有謀。蕃自以既從人望[250]而德於太后，必謂其志可申，乃先上疏曰：「臣聞言不直而行不正，則為欺乎天而負乎人。危言極意，則群凶側目[251]，禍不旋踵。鈞[252]此二者，臣寧得禍，不敢欺天也。今京師囂囂[253]，道路諠譁，言侯覽、曹節、公乘昕、王甫、鄭颯等與趙夫人[254]諸女尚書[255]並亂天下。附從者升進，忤逆者中傷。方今一朝群臣，如河中木耳，泛泛[256]東西，耽祿畏害。陛下前始攝位，順天行誅，蘇康、管霸並伏其辜。是時天地清明，人鬼歡喜，柰何數月復縱左右？元惡[257]大姦，莫此之甚。今不急誅，必生變亂，傾危社稷，其禍難量。願出臣章宣示左右，並令天下諸姦知臣疾之。」太后不納，朝廷聞者莫不震恐。蕃因與竇武謀之，語在武傳。

16 及事泄，曹節等矯詔[258]誅武等。蕃時年七十餘，聞難作[259]，將官屬諸生[260]八十餘人，並拔刃突入承明門，攘臂[261]呼曰：「大將軍忠以衛國，黃門反逆，何云竇氏不道邪？」王甫時出，與蕃相迕，適聞其言，而讓蕃曰：「先帝新棄[262]天下，山陵[263]未成，竇武何功，兄弟父子，一門三侯？又多取掖庭宮人，作樂飲讌，旬月之間，貲財億計。大臣若此，是為道邪？公為棟梁，枉橈[264]阿黨，復焉求賊！」遂令收蕃。蕃拔劍叱甫，甫兵不敢近，乃益人圍之數十重，遂執蕃送黃門北寺獄[265]。黃門從官騶[266]蹋踧[267]蕃曰：「死老魅[268]！復能損我曹員數，奪我曹稟假[269]不？」即日害之。徙其家屬於比景[270]，宗族、門生、故吏皆斥免禁錮。

17 蕃友人陳留朱震[271]，時為銍[272]令，聞而棄官哭之，收葬蕃尸，匿其子逸於甘陵[273]界中。事覺繫獄[274]，合門桎梏[275]。震受考掠[276]，誓死不言，故逸得免。後黃巾賊[277]起，大赦黨人，乃追還逸，官至魯相。

18

震字伯厚，初為州從事㉗㉘，奏濟陰㉗㉙太守單匡㉘⓪臧罪㉘①，并連匡兄中常侍車騎將軍超㉘②。桓帝收匡下廷尉，以譴超，超詣獄謝。三府諺曰：「車如雞栖馬如狗，疾惡如風朱伯厚。」

【章　旨】以上為〈陳蕃傳〉。陳蕃自幼就有澄清天下之志，被舉薦為孝廉。他為官政績清明，主張淘汰劣跡官員，選賢用能。陳蕃三次上疏，批評桓帝親近小人，疏遠忠直，生活腐化，殺害忠良，使內憂外患日益嚴重，造成萬民飢寒，國家貧困。竇太后臨朝後，陳蕃與竇武又想剷除她身邊的惡邪勢力，事情敗露，陳蕃被殺害。朱震棄官為陳蕃收屍，藏匿陳蕃的兒子陳逸，為此而入獄，使陳逸得以逃身。

【注　釋】❶汝南平輿　汝南，郡名。西漢置。治今河南上蔡西南。平輿，故沈國，戰國時為楚邑。西漢置縣。故城在今安徽阜陽南。❷祖　先代。❸河東　郡名。秦漢置郡。黃河流經山西西境，故郡轄區呈南北一線，山西境內在黃河以東者統稱河東。❹孺子　幼兒；兒童。❺埽　同「掃」。打掃。❻除郎中　除，授予官職。郎中，官名。始於戰國，漢代沿置，屬郎中令，管理車、騎、門戶，並內充侍衛，外從作戰。初分為車郎、戶郎、騎郎三類，長官設有車戶騎三將，其後類別逐漸泯除。❼母憂　母親的喪事。❽服闋　古喪禮規定，父母死亡，服喪三年，期滿除服，稱服闋。歷代沿其制，服喪三年，實為二十七個月。❾周景　字仲饗。東漢周興子。辟大將軍梁冀府，遷河內太守。拔才薦善，常恐不及。及官至司空，與太尉楊秉舉奏，免奸猾五十餘人。官終太尉。❿辟別駕從事　辟，即徵辟。舊指朝廷或三公以下召舉布衣之士授以官職。東漢時也指對官員的內調。別駕從事，即州別駕從事史。官名。西漢時置，為刺史的佐吏，刺史巡視轄境時，別駕乘驛車隨行，故名。⓫投傳　投棄符信。借指棄官，辭職。⓬方正　即賢良方正，選舉科目，始於漢文帝前二年（西元前一七八年），全稱舉賢良方正能直言極諫科，常賢良文學並稱。非歲舉。漢代舉賢良方正，對策者百人，有高下之分，卻未有黜落，對者皆預選。⓭李固　（西元九四—一四七年），字子堅，東漢漢中南鄭（今陝西漢中）人。順帝永和年間，任荊州刺史、泰山太守，招撫境內暴動農民。沖帝即位，任太尉，與大將軍梁冀共參錄尚書事。沖帝死，他議立清河王，冀不從，另立質帝。不久，冀鴆殺質帝，欲立蠡吾侯。他再次固請立清河王，為冀所忌，因被免職。後為冀所誣，被殺。事見本書卷六十三。⑭表薦　上表推薦。⑮議郎　官名。西漢置，隸光祿勳。為高級郎官，不入值宿衛，執掌顧問應對，參與議政，指陳得失，為皇帝近臣。東漢更為顯要，常選任者儒名士、高級官吏，除議政外，亦或給事宮中近署。⑯樂安　兩漢郡國名。原為漢千乘郡，後漢改稱樂安國。治今山東高苑西北。⑰李膺　（西元一一〇—一六九年），字元禮，東漢潁川襄城（今屬河南）人。桓帝時為司隸校尉，與太學生首領郭泰等結交，反對宦官專權，太學生稱為「天下楷模李元禮」。延熹九年，宦官誣之為結黨誹謗朝廷，被逮捕入獄。釋放後禁錮終身。靈帝立，外戚竇武執政，他又被起用為長樂少府，與陳蕃等謀誅宦官失敗，死獄中。事見本書卷六十七。⑱青州　西漢武帝時所置「十三刺史部」之一。東漢治今山東淄博臨淄鎮北。⑲屬城　指下屬的地方官員。⑳周璆　字孟玉，東漢臨濟人。以高潔著稱。前後郡守招命都不肯至，唯太守陳蕃能招致前來。陳蕃特為他設置一榻，周璆離開就懸掛起來。㉑招命　招見；傳喚。㉒榻　狹長而較矮的床，亦泛指床。㉓縣　懸掛。㉔臨濟　本春秋齊之狄邑。漢於其地置狄縣，東漢改為臨濟。故城在今山東高苑西北。㉕埏隧　墓道。㉖行服　謂穿孝服居喪。㉗服中　有喪服在身，指在喪期。㉘俯就　低頭湊近。㉙不肖企及　不肖，不成材，行為不端之人。企及，希望達到。㉚黷　隨便；濫用。㉛鬼神　泛指神靈。㉜大將軍梁冀　大將軍，官名。始於戰國，漢代沿置，為將軍的最高稱號，執掌統兵征戰。事實上多由貴戚擔任，掌握政權，職位甚高。梁冀（？—西元一五九年），字伯卓，東漢安定烏氏（今甘肅平涼）人。兩妹為順帝、桓帝皇后。其父梁商死後，繼為大將軍。順帝死，他與妹梁太后先後立沖、質、桓三帝，專斷朝政近二十年。執政期間，驕奢橫暴，多建苑囿，並強迫人民數千為奴婢，稱「自賣人」。梁太后、皇后先後死，桓帝與宦官單超等五人定議，誅滅梁氏，他被迫自殺。東漢政府沒其財產，賣錢三十萬萬之巨。事見本書卷三十四。㉝詣　到。舊時特指到尊長那裡去。㉞笞　用鞭杖或竹板抽打。㉟坐　定罪；由……而獲罪。㊱左轉　降官；貶職。㊲脩武令　脩武，縣名。戰國屬魏，稱南陽。故城在今河南西北，接山西界。令，即縣令。官名。戰國、秦漢縣的行政長官稱令。秦制，萬戶以上縣行政長官稱令，萬戶以下縣稱長。秩五百石至三百石。漢朝沿置。㊳遷　晉升或調動。㊴零陵　兩漢郡名。治今廣西全州西南以北三十里。東漢移治泉陵縣（今湖南永州北）。㊵桂陽　郡名。西漢置。治今湖南郴州。㊶公卿　本是三公和九卿的簡稱，這裡泛指高官。㊷茂才　漢代察舉重要科目之一。西漢稱秀才，東漢避光武帝劉秀名諱，改為「茂才」，或作「茂材」。東漢建武十二年（西元三六年），詔三公舉茂才四行各一人，司隸州牧歲舉茂才一人，於是成為歲舉的常科。㊸息肩　肩頭得到休息。比喻卸除負擔的責任。㊹赤子　初生的嬰兒。比喻百姓。㊺勑　告誡；斥責。㊻三府　指太尉、司徒、司空三公府。㊼隱覈　祕密考核。㊽牧守令長　牧守，州郡長官的泛稱。令長，縣級長官的泛稱。(49)弭　平息；消除。(50)三署郎吏　三署，漢時五官署、左署、右署之合稱。郎吏，郎一級的官員。(51)三府掾　漢代三公府及其他重要官府皆置掾、史、屬，分曹治事。掾為曹長，史、屬副貳。故掾史多冠以曹名，如戶曹掾、戶曹史等。(52)限　任期。(53)忤左右　忤，作動詞。抵觸；觸犯。左右，這裡指皇帝親信的人。(54)豫章　郡名。西漢高帝六年（西元前二〇一年）分九江郡置，治南昌縣（今江西南昌）。(55)方峻　方正嚴峻。(56)尚書令　官名。始於秦，西漢沿置，本為少府的屬官，掌章奏文書。漢武帝以後職權漸重。東漢政務皆歸尚書，尚書令成為直接對君主負責總攬一切政令的首腦。(57)郭門　外城的門。(58)大鴻臚　官名。西漢武帝時改典客為大鴻臚，東漢沿置。原掌接待少數民族等事，為九卿之一。後漸變為贊襄禮儀之官。(59)白馬　縣名。春秋衛曹邑。秦置白馬縣。故城在今河南滑縣東二十里。(60)李雲　字行祖，東漢甘陵人。初舉孝廉，再遷白馬令。桓帝時中常侍單超等皆以誅梁冀封列侯，專權選舉。雲露布上書，言曰：「帝者諦也，今官位錯亂，小人諂進，財貨公行，政化日損，是帝欲不諦乎？」因下獄死。(61)抗疏　謂向皇帝上書抗爭。(62)桓帝　即劉志（西元一三二－一六七年），西元一四六－一六七年在位。章帝曾孫。本初元年被梁太后與兄大將軍梁冀迎立為帝。在位期間，梁太后臨朝，梁冀專權，朝政昏亂，民不聊生。各族人民反抗蜂起。延熹二年與宦官單超等合謀誅滅梁氏，封單超等為縣侯，自後權歸宦官，政治更趨黑暗。大臣陳蕃、李膺等聯合太學生，反對宦官干政，被宦官誣指共為部黨。下詔逮捕黨人，禁錮終身，史稱「黨錮」。(63)伏　通「服」。屈服；順從。(64)猥盛　氾濫眾多。(65)事　從事；任職。(66)社稷　古代帝王所祭的土神和穀神。借指國家。(67)容悅　謂曲意逢迎，以取悅於上。(68)九列　謂九卿的職位。(69)諸侯　西周、春秋分封的各國國君。規定要服從王命，定期朝貢述職。在其封疆內，世代掌統治權。《國語・周語上》：「諸侯春秋受職於王，以臨其民。」(70)上象四七四旬　意為上天有二十八宿，下面對應諸侯的分野領地，諸侯裂土而封，是為了藩屏中央政權。(71)追錄　追論。(72)河南尹　官名。東漢建武十五年置，為京都雒陽所在河南郡長官，秩二千石。主掌京都事務。(73)爵　爵位。中國古代分為「公」、「侯」、「伯」、「子」、「男」五等。(74)絕封　最高的封賞。(75)近習　指君主寵愛親信的人。(76)授邑　指授予封邑。(77)料　勝任。(78)裂土　分封土地。(79)緯象　指星象。(80)陰陽　在中國古代，最初指日光的向背。古代思想家看到一切現象都有正反兩方面，就用陰陽這個概念來解釋自然界兩種既對立又互相消長的矛盾。如動的、熱的、向上的、明亮的、強壯的為陽，靜的、冷的、向下的、晦暗的、虛弱的為陰。把陰陽交替看作宇宙的根本規律。也用來說明上下、君臣、君民、夫妻等關係。(81)稼用　農業生產。(82)康　豐足；富裕。(83)比年收斂　比，連接。斂，歉收。(84)采女　原為漢代六宮的一種稱號，因其選自民家，故曰「采女」。後用作宮女的通稱。(85)綺　有文采的絲織品。(86)傾宮　商紂王所建供美女居住的宮殿。(87)楚女悲而西宮災　楚女因為失寵，被廢在西宮而生悲愁曠怨。《公羊傳》：「西宮災」。何休注：「時僖公為齊桓所脅，以齊媵為嫡，楚女廢居西宮，而不見恤，悲愁怨曠所生。」❽❽御 指帝王與妃嬪同宿。❽❾姦違 猶姦回。奸惡邪僻的人。❾⓿尺一 亦稱「尺一牘」、「尺一板」。漢時用一尺長的木板寫詔書，故稱詔命為「尺一」。後世也用為書信的代稱。❾❶三公 官名合稱。周代已有此稱，為最高輔政大臣，一說為司馬、司徒、司空，一說為太師、太傅、太保。西漢時以丞相、太尉、御史大夫合稱三公。東漢時以太尉、司徒、司空合稱三公。為共同負責軍政的最高長官。❾❷延熹 東漢桓帝劉志年號，西元一五八－一六七年。❾❸幸 指封建帝王到達某地。❾❹廣成 漢代苑名。在汝州梁縣西。❾❺校獵 遮攔禽獸以獵取之。亦泛指打獵。❾❻苑囿 中國古典園林的早期形式。漢代以前在圈定的範圍內畜養禽獸，蕃衍草木，供帝王狩獵遊玩，稱囿。漢代以後這樣的場所與宮室結合起來，以複道相連，稱苑。❾❼敦督 促。❾❽無教逸遊 不要沉溺於聲色狗馬的淫樂中。見《尚書・皋陶謨》。❾❾無槃于遊田 不要沉溺在打獵遊樂之中。槃，沉溺。遊，遊樂。田，打獵。見《尚書・無逸》。❶⓿⓿戢 止；停止。❶⓿❶輿馬 亦作「轝馬」。指坐著車馬馳騁畋獵。❶⓿❷除路 修治、修整道路。❶⓿❸齊景公 （？－西元前四九〇年），名杵臼。齊靈公之子。春秋時齊國國君，西元前五四七－前四九〇年在位。崔杼殺莊公後立為君。初以崔杼為右相、慶封為左相，後以晏嬰為正卿。在位期間，好治宮室，聚狗馬，厚賦重刑，致民人逃離宮室，歸於田氏。景公三十一年（西元前五一七年），伐魯取鄆（今山東鄆城東），以安置流亡到齊的魯昭公。四十八年，與魯舉行夾谷之會。❶⓿❹琅邪 亦作「琅玡」。秦置。漢治東武（今山東諸城治）。東漢為琅邪國，治開陽（今山東臨邑北十五里）。❶⓿❺晏子 即晏嬰（？－西元前五〇〇年），字平仲，春秋時夷維（今山東高密）人。齊國大夫，歷事齊靈公、莊公、景公三朝。節儉力行，能諍諫，主張計能定祿，誅不避貴，賞不遺賤。重視發展農業生產，提倡蠶桑。多次出使楚、晉、魯等國，名顯諸侯。❶⓿❻嚬眉 皺眉頭，表示憂愁或不快。❶⓿❼周穆王 姬姓，名滿。西周王。昭王之子。在位五十五年，曾西征犬戎，南伐徐至九江。好周遊，欲使其足跡遍於天下。西晉時汲冢出土的《穆天子傳》，載有其西遊的傳說。❶⓿❽祭公謀父 周王室卿士、周公之後人。祭公是其封號；謀父是其名。謀父曾以「先王耀德不觀兵」諫止周穆王伐犬戎。見《國語・周語上》及《史記・周本紀》。❶⓿❾祈招 逸詩。祭公謀父為勸周穆王而作。其詩曰：「祈招之愔愔，式昭德音，思我王度，式如玉，式如金。刑人之力，而無醉飽之心。」❶❶⓿五官中郎將 官名。秦置，西漢隸光祿勳，主中郎，秩比二千石。東漢時，部分侍郎、郎中亦歸其統率。執掌宿衛殿門，出充車騎。東漢初年或參與戰事。又協助光祿勳典領郎官選舉，有大臣喪事，則奉命持節策贈印綬或東園祕器。❶❶❶黃琬 （西元一四一－一九二年），字子琰，東漢江夏安陸（今湖北安陸）人。桓帝時，曾任五官中郎將。黨錮起，被禁錮幾近二十年。黨禁弛解，復徵拜議郎。董卓柄政，以其名臣，徵為司徒，遷太尉。後與司徒王允謀誅董卓。及卓部李傕、郭汜襲破長安，被捕下獄死。事見本書卷六十一。[112]典　主持；主管。[113]譖訴　譏毀攻訐。[114]尚書僕射　官名。尚書令的副手，因東漢權歸尚書臺，尚書僕射的職權也漸重。[115]太中大夫　官名。亦作大中大夫，秦朝置，西漢沿置，位居諸大夫之首。侍從皇帝左右，掌顧問應對，參謀議政，奉詔出使等，多以寵臣貴戚充任。東漢後期權任漸輕。[116]楊秉　字叔節，東漢弘農華陰（今陝西華陰）人。楊震之子。少傳父業，博學多識。常隱居教授。年四十餘出任侍御史，歷豫、荊、徐、兗四州刺史及侍中、尚書等顯職。以廉潔稱，屢為權臣所譖。桓帝延熹五年為太尉。奏請郡國計吏不宜留拜為郎，以省帑幣，自此終桓帝世，計吏無復留拜者。後揭發中常侍侯覽弟參暴虐貪贓，參自殺，覽免官。事見本書卷五十四。[117]不愆不忘二句　語出《詩・假樂》。本傳注：「言成王令德，不過誤，不遺失，循用舊典文章，謂周公之禮法也。」愆，過失。率由，遵循；遵守。[118]太常胡廣　太常，官名。西漢中元六年（西元前一四四年）改奉常置。掌禮樂、祭祀宗廟、社稷，負責朝會和喪葬禮儀，管理皇帝陵墓、寢廟所在縣邑，每月巡視諸陵，兼掌教育，主持博士及博士弟子的考核與薦舉。秩中二千石，位居九卿之首，多由列侯充任。西漢中期後職權漸分。東漢沿置。胡廣，字伯始，東漢南郡華容（今湖北潛江市）人。安帝時舉孝廉，奏章為天下第一。曾任尚書僕射，典章樞機十年。後歷經順、沖、質、桓、靈帝五朝，先後任郡守、九卿以至三公。雖主政者更迭，宦官、外戚交互專權，而為官如故，無忠直之風，時諺譏為：「萬事不理問伯始，天下中庸有胡公。」質帝死，攝於大將軍梁冀權勢，反對太尉李固立清河王劉蒜為帝之議，又與中常侍丁肅聯姻，以此為時人譏毀。事見本書卷四十四。[119]王暢　字叔茂，東漢王龔子。太尉陳蕃薦王暢清方公正，拜南陽太守。奮勵威猛。功曹張敞諫，暢深納之。更崇寬政，教化遂行。郡中豪族奢靡相尚，暢常以布衣皮褥矯其弊。後徵為長樂衛尉，遷司空。以水災免。暢名在八俊，與李膺並稱為高士。[120]中常侍　官名。秦始置，西漢沿置，出入宮廷，侍從皇帝，常為列侯至郎中的加官。東漢時則專用宦官為中常侍，以傳達詔令和掌理文書，權力極大。[121]蘇康　（？—西元一六八年），東漢人。桓帝時為中常侍。與管霸等專制省內，排陷忠良。靈帝初立，為大將軍竇武、太尉陳蕃所誅。[122]管霸　（？—西元一六八年），東漢宦官。桓帝時為中常侍，與中常侍蘇康等專制省內，排陷忠良。桓帝死，為外戚竇武與太傅陳蕃所殺。[123]阿媚　阿諛奉承。[124]大司農　官名。西漢武帝改大農令設。秩中二千石，列位九卿。掌管全國租賦收入和國家財政開支，凡百官俸祿、軍費、各級政府機構經費等皆由其支付，兼理各地倉儲、水利、官府農業、手工業、商業的經營，調運貨物，管制物價等。[125]劉祐　字伯祖，東漢安國（今河北安國）人。初舉孝廉，補尚書侍郎，累官大司農。時中常侍蘇康、管霸用事於內，占民田業，祐移書所在，依科品沒入之。桓帝大怒，論輸左校。靈帝初陳蕃輔政，以祐為河南尹。蕃敗，祐被黜歸鄉。[126]廷尉馮緄　廷尉，官名。秦始置，為九卿之一。廷尉的職掌是管刑獄，為最高法官。廷尉的主要職責是負責審理皇帝交辦的詔獄，同時審理地方上報的疑難案件。馮緄，字鴻卿，東漢宕渠人。安帝時舉孝廉。累遷御史中丞。鮮卑寇邊，以緄為遼東太守，曉諭降集，虜皆弭散。徵拜京兆尹，轉司隸校尉，所在立威刑。延熹間，長沙蠻寇益陽，零陵蠻應之，武陵蠻又寇掠江陵間。緄以車騎將軍討平之。官至廷尉。127河南尹　官名。東漢建武十五年置，為京都雒陽所在河南郡長官，秩二千石。主掌京都事務。128朝會　大臣定期到朝廷會聚商議國事。129固理　堅決辯護。固，堅定；堅決。理，申辯；辯護。130宥　饒恕；原諒。131小黃門趙津　小黃門，官名。東漢始置，由宦官充任。名義上隸屬少府，秩六百石。位次中常侍，高於中黃門。侍從皇帝左右，收受尚書奏事，傳宣帝命，掌宮廷內外、皇帝與後宮之間的聯絡。明帝、章帝之世，員額十人，和帝後增至二十人。以後權勢漸重，用事於內廷，甚至總典禁軍。諸中常侍多由此遷任。趙津（？—西元一五六年），太原晉陽（今山西太原）人。桓帝時為小黃門，貪暴犯法，為患鄉里。後被縣吏王允捕殺。132大猾　亦作「大滑」。大奸；大惡人。133中官　即宦官。以給事於禁中，故名。134劉瓆　字文理，東漢高唐（今山東）人。有經術。歷太原太守，以直言坐罪，下獄死，天下冤之。135成瑨　字幼平，東漢弘農（今屬河南）人。少修仁義，以清名見稱。舉孝廉，桓帝時為南陽太守。郡多豪強，瑨下車欲振威嚴，嚴以檢攝之，聘岑晊為功曹，褒善糾違，肅清朝府。以捕殺帝乳母、中官貴人、外親張泛，下獄死。136考案　亦作「考按」。拷問查究。137赦令　舊時君主發布的減免罪刑或賦役的命令。138並竟　一起。139怨恚　怨恨。140有司承旨　有司，官吏。古代設官分職，各有專司，故稱。承旨，亦作「承指」。接受聖旨。141棄市　古代指在鬧市執行死刑並陳屍街頭。142山陽　縣名。漢置。屬河南郡。故城在今河南修武境。143翟超　（？—西元一六九年），東漢人。桓帝時任山陽太守。為當時名士，與張儉等人並稱「八及」。署儉為東部督郵，舉劾中常侍侯覽及其母罪惡。後宦官誣與張儉等共為部黨，靈帝下詔緝捕，黨錮由此再興。與李膺等百餘人被捕下獄，死於獄中。144侯覽　（？—西元一七二年），山陽防東（今山東單縣）人。東漢宦官，桓帝初為中常侍，後封高鄉侯。受賄巨萬，前後奪人田地一百八十一頃、房屋三百八十一所。放縱僕人、賓客侵凌百姓。後被劾奏，自殺。145東海　郡名。秦置。治今山東郯城北。146黃浮　東漢汝南（今屬河南）人，桓帝時為東海相。收治中常侍徐璜兄子徐宣，掾吏以下固諫，浮曰：「徐宣國賊，今日殺之，明日坐死，足以瞑目矣。」坐髡鉗，輸作右校。147下邳　郡名。東漢為侯國。治下邳（今江蘇睢寧西北）。148髡鉗　古代刑罰。謂剃去頭髮，用鐵圈束頸。149輸作左校　在左校署服苦役，修造宮室、宗廟、陵園、道路等。左校，官署名。漢置，隸將作大匠（將作少府），組織工役修造宮室、宗廟、陵園、道路等。官吏犯法，常輸左校為工徒。150司徒劉矩　司徒。官名。三公之一，西漢哀帝時罷丞相，置大司徒，東漢時稱司徒，名義上與司空、太尉共掌政務，實際上權力已在尚書臺。劉矩，字叔方，東漢肅人。少有高節，舉賢良方正。四遷為尚書令。性諒直，不能阿附貴勢，失大將軍梁冀意，出為常山相。延熹中為太尉，與司空黃瓊、司徒种暠同心輔政，號為賢相。靈帝時再為太尉，所辟皆名儒宿德。尋免，卒於家。(151)司空劉茂　司空。官名。三公之一，西漢成帝時改御史大夫為大司空，東漢時稱司空，主要職務為監察、執法，兼掌重要文書圖籍。劉茂，字叔茂，東漢劉愷子，好禮讓。桓帝時為司空。會李膺抵罪，成瑨、劉瓆下獄當死，茂與陳蕃、劉矩共上書訟之，遂坐免。建寧中復為太中大夫卒。(152)齊桓　即齊桓公（？－西元前六四三年），姜姓，名小白。春秋時齊國國君。西元前六八五－前六四三年在位。在位期間，任用管仲為相進行改革，國力富強。以「尊王攘夷」相號召，助其打敗北戎；營救邢衛兩國，制止戎狄對中原的進攻；聯合諸侯進攻蔡楚，和楚國會盟於召陵（今河南郾城東北）；安定東周王室的內亂，多次大會諸侯，訂立盟約，成為春秋第一個霸主。(153)四支　四肢。(154)列侯　爵位名。秦制爵分二十級，徹侯位最高。漢承秦制，為避漢武帝劉徹諱，改徹侯為通侯，或稱「列侯」。(155)天位　天子之位；帝位。(156)先帝　指質帝。(157)梁氏五侯　梁氏，指梁冀家族。五侯，指梁氏家族中被封為侯的梁胤、梁讓、梁淑、梁忠、梁戟五人。事見本書卷三十四。(158)扇結　煽動勾結。(159)悁悁　氣憤，憂愁貌。(160)刑讁　刑罰。(161)歐刀　古歐冶子所作之劍。後泛指刑人之刀或良劍。(162)橈　屈服。(163)從橫　謂橫行天下。(164)申屠嘉　西漢大臣，梁（今河南商丘）人。初從漢高祖擊項羽、英布，為都尉。文帝時，任丞相，封故安侯。曾擬誅寵臣鄧通，至文帝為請方免。景帝時，反對鼂錯變更法令，擬殺鼂錯未成，氣憤嘔血而死。(165)召責鄧通　西漢文帝時，太中大夫鄧通愛幸，居上旁有怠慢禮。丞相申屠嘉入朝，因見之，為檄召通。通至，嘉曰：「通小臣，戲殿上，大不敬，當斬。」通頓首，首盡出血。文帝使使召通，而謝丞相曰「吾弄臣，君釋之」也。鄧通，西漢蜀郡南安（今四川樂山縣）人。漢文帝時，為黃頭郎，後得寵幸，官至上大夫。前後賞賜無數，並賜給蜀郡嚴道銅山，許其鑄錢，鄧氏錢遍於天下。後人常用他的名字比喻富有。景帝即位後，免官。不久，家財盡被沒收，寄食人家，窮困而死。(166)洛陽　東漢都城。在今河南洛陽東北白馬寺東。(167)董宣　字少平，東漢陳留圉縣（今河南杞縣）人。光武帝時曾任北海相、江夏太守。為官剛正廉潔，不畏權勢。後特徵為洛陽令。時光武帝女湖陽公主奴僕白日殺人，匿公主家，吏追不得。董宣伺公主出，攔車叩馬，面責公主之過，就地捕殺其奴。公主言於帝，被光武帝鞭責，迫其向公主叩頭謝罪。宣兩手據地勁項強直，終不俯就，遂有「強項令」之稱。後光武帝賜錢三十萬以褒之。京師讚其斷獄公正，稱為「枹鼓不鳴董少平」。後病卒。家財僅大麥數斛，破車一乘。帝賜董宣錢三十萬。事見本書卷二十六。(168)文帝　即漢文帝劉恒（西元前二〇二－前一五七年），漢高祖劉邦之子，西元前一八〇－前一五七年在位。呂后死後，周勃等平定諸呂之亂，他以代王入為皇帝。執行「與民休息」的政策，減輕田租、賦役和刑獄，使農業生產有所恢復發展。又削弱諸侯王勢力，以鞏固中央集權。史家把他同景帝統治時期並舉，稱為「文景之治」。[169]群豎　一群小人。[170]交搆　暗中互相串通、結合。[171]刑譴　刑罰。[172]豫政　參與政事。豫，通「與」。參加。[173]朝省　猶朝廷。[174]休禎符瑞　休禎、符瑞皆吉祥的徵兆。多指帝王受命的徵兆。[175]中詔　宮中直接發出的帝王親筆詔令。[176]長史　官名。戰國時秦國始置，掌顧問參謀。秦漢沿置。西漢時丞相、太尉、御史大夫府及大將軍、車騎將軍等主要將軍幕府皆置，為所在府署諸掾屬之長，秩皆千石。掌府中諸務，並佐府主參與國政，其中丞相長史職權尤重。東漢三公府、諸主要將軍府皆沿置，秩千石。[177]經術　猶經學。訓解、闡述儒家經典之學。起源常被追溯到孔子弟子子夏。自漢武帝獨尊儒術，立《五經》博士，經學成為中國封建文化的正統。兩漢時經學極盛，分為今文經學和古文經學兩派。[178]稱　聞名；著名。[179]搏擊　泛指搏鬥、鬥爭。[180]九年　即東漢桓帝延熹九年。[181]湯武　湯，又稱成湯、武湯等，商朝第一位王。商自始祖契至湯八次遷徙，湯始居亳（今地有河南商丘、山東曹縣、河南偃師三說）。用伊尹、仲虺為輔佐，自葛（今河南寧陵北）開始，接連攻滅韋（今河南滑縣東）、顧（今山東鄄城東北）、昆吾（今河南濮陽，一說在新鄭境內）等夏之屬國，進而伐夏桀，放桀於南巢（今安徽巢湖西南），遂滅夏，建立商朝。武，即周武王，名發。周朝建立者，周文王之子，用太公望、周公旦等人輔政，伐紂。與商軍會戰於牧野（今河南淇縣西南）。商軍倒戈，紂登鹿臺自焚而死，遂滅商。周朝建立，都鎬京（今陝西長安灃河東）。二年後病卒。[182]伊呂　伊，即伊尹。名摯，商初大臣，相傳曾為有莘氏媵臣，入商輔佐成湯，伐桀滅夏，建立商朝。湯死後，其子太丁未立而卒，他先後輔立太丁弟外丙、仲壬。仲壬死後，復輔立太丁子太甲。太甲即位，不遵湯法，乃放之於桐，攝政。太甲居桐三年，悔過，遂迎歸，還以國政，復為相輔，至沃丁時卒。呂，即呂望、呂尚，又稱太公望、俗稱姜太公、姜子牙。姜姓，呂氏，名尚，字牙。周文王遇之於渭水之陽，云：「吾太公望子久矣。」故號「太公望」。佐武王伐紂，滅商後受封於營丘（今山東淄博），為齊國開國之君。[183]桀紂　桀，名履癸。夏朝末代君王。暴虐荒淫。湯起兵伐桀，敗之於鳴條，流死於南巢。參閱《史記・夏本紀》。紂，商代最後的國君。亦稱帝辛。曾征服東夷，損耗大量人力物力。又殺死九侯、鄂侯、比干、梅伯等，囚禁周文王、箕子。沉迷酒色，重徵賦稅，統治暴虐。後周武王會合西南各族向商進攻，牧野之戰，他因「前徒倒戈」，兵敗自焚。商亡。[184]元首　人頭。亦用以稱國家的最高領導人。《抱朴子・外篇・詰鮑》：「遠取諸物，則天尊地卑，以著人倫之體。近取諸身，則元首股肱，以表君臣之序。」[185]股肱　大腿和胳膊。比喻輔助帝王的重要大臣。[186]太尉掾范滂　太尉掾，即太尉屬官。掾，漢代屬官泛稱。范滂（西元一三七—一六九年），字孟博，東漢汝南征羌（今河南漯河縣）人。曾任清詔使、光祿勳主事等職。按察郡縣不法官吏，舉劾刺史、二千石權豪之黨，為時人所重。見時政腐敗，棄官而去。

士人尊之為「八顧」之一。事見本書卷六十七。(187)玷　白玉上面的斑點，亦喻人的缺點、過失。(188)禁錮　禁止異己的人做官或不許他們參加政治活動。(189)徙　古代稱流放的刑罰。(190)秦　指秦國。開國君主為秦襄公，因護送周平王東遷有功，被周分封為諸侯。春秋時建都於雍（今陝西鳳翔東南），占有今陝西中部和甘肅東南端。秦穆公曾攻滅十二國，稱霸西戎。戰國時秦孝公任用商鞅變法，國力富強，並遷都咸陽（今陝西咸陽東北），成為戰國七雄之一。之後，疆域不斷擴大。西元前二二一年秦王政統一中國，建立秦朝。(191)焚書阬儒　秦始皇三十四年（西元前二一三年），博士淳于越反對中央集權的郡縣制，要求根據古制，分封子弟。丞相李斯加以駁斥，主張禁止儒生以古非今，以私學誹謗朝政。秦始皇採納李斯的建議，下令：焚燒《秦記》以外的列國史記，對不屬於博士官的私藏《詩》、《書》等亦限期繳出燒毀；有敢談論《詩》、《書》的處死，以古非今的滅族；禁止私學，欲學法令的以吏為師。次年，盧生、侯生等方士、儒生攻擊秦始皇。秦始皇派御史查究，將四百六十多名方士和儒生阬死在咸陽。史稱「焚書阬儒」。(192)殷　朝代名。即商朝。西元前十六世紀商湯滅夏以後建立的王朝。建都亳（今山東曹縣南），曾多次遷移。後盤庚遷都殷（今河南安陽小屯村），因而商也被稱為殷。傳至紂王，被周武王攻滅。共傳十七代，三十一王。約當西元前十六到前十一世紀。(193)表閭封墓　指武王克殷後，命令畢公去表彰商容之閭，閎夭封掃比干之墓，以示敬賢之意。(194)巧言如簧　形容花言巧語，能說會道。語出《詩．巧言》：「巧言如簧，顏之厚矣。」(195)維　繫；連結。(196)八方　四方和四隅。泛指各方。(197)市　街市。(198)禹巡狩蒼梧　禹，姒姓，名文命。傳說中古代部落聯盟領袖。鯀之子。原為夏后氏部落領袖，奉舜命去治理洪水。據後人記載，他領導人民疏通江河，興修溝渠，發展農業。後以治水有功，被舜選為繼承人，舜死後擔任部落聯盟領袖。傳曾鑄造九鼎。又傳三苗作亂，他克之，辟土以王，即夏代。巡狩，謂天子出行，視察邦國州郡。蒼梧，地區名。其地當在今湖南九嶷山以南，廣西賀江、桂江、鬱江區域。傳為舜南巡病死之地。(199)徐　即徐州。西漢武帝所置「十三刺史部」之一。東漢治今山東郯城。(200)茹菽　泛指百姓吃的粗茶淡飯。茹，菜蔬。菽，豆類的總稱。(201)房掖　掖庭。(202)羅紈　泛指精美的絲織品。(203)公室　指君主之家、王室。(204)大夫　古代官職名。位居卿之下，士之上。(205)悢悢　猶眷眷。念念不忘；依戀不捨。(206)台司　指三公等宰輔大臣。(207)尸祿　指空享俸祿而無所事事。也用作自謙之辭。(208)異門而出　指身首兩處，被殺之意。(209)策免　帝王以策書免官。(210)永康　東漢桓帝劉志年號，西元一六七年。(211)竇后臨朝　竇后，名妙章，竇武之女。東漢桓帝皇后。即立，御見甚稀，帝所寵唯采女田聖等。帝崩無嗣，后臨朝，定策立靈帝。后素忌妒殘忍，桓帝梓宮尚在前殿，遂殺田聖，又欲盡誅諸貴人，中常侍管霸等苦勸乃止。熹平元年（西元一七二年）病卒，諡思。臨朝，臨御朝廷處理政事。特指太后攝政稱制。(212)樹君　擁立君主。(213)司牧　掌管治理。(214)錄尚書事　初為職銜名，始於東漢。當時政令、政務總於尚書臺，太傅、太尉、大將軍等加此名義始得總知國事，綜理政務，成為真宰相。215大喪　指帝王、皇后、世子之喪。216國嗣　皇位繼承人。217立節　樹立節操。218事亡如存　言人主雖亡，法度尚存，當行之與未亡時同，故曰「如存」。219帝祚　猶帝位、皇位。220蹙　緊迫。221荼蓼　荼味苦，蓼味辛，因比喻艱難困苦。222息偃　安息；休息。223視事　辦公；接任治事。224靈帝　即劉宏（西元一五六—一八九年），章帝玄孫，西元一六八—一八九年在位。初襲父爵為解瀆亭侯。永康元年桓帝死，被竇太后及其父竇武迎立為帝，時年十二。在位期間，竇武與陳蕃謀誅宦官事敗，宦官繼續掌政。黨禁再起，捕殺李膺、杜密等百餘人。曾公開標價賣官鬻爵，並增天下田畝稅百錢，大修宮室。政治黑暗，民不聊生。中平元年爆發全國規模的黃巾之亂，東漢王朝趨於崩潰。225優詔　褒美嘉獎的詔書。226厲俗　激勵世俗。227大雅　《詩經》組成部分之一。共三十一篇，多是西周王室貴族的作品，主要歌頌從后稷至武王、宣王等的功績，保存著較多的周初及「宣王中興」的史料，有些詩篇對周厲王、幽王時期的政治混亂和統治危機也有所反映。228內　即「納」。謂出納王命。229謇愕　亦作「謇諤」。正直敢言。230華首　白首。指老年。231食邑　指古代君主賜予臣下作為世祿的封地。232廬　房舍；家宅。233印綬　印信和繫印信的絲帶。古人印信上繫有絲帶，佩帶在身。234悼心　謂心中惶恐。235裁　安排取捨。236讓　退讓；謙讓。237文　紋理或形象。238割地之封　謂封侯。因侯有食邑，故稱。239君子不以其道得之二句　語出《論語》：「富與貴是人之所欲，不以其道得之，不處也。」240掩面　遮住面孔；羞慚貌。241皇天　指天、蒼天。242戒之在得　《論語・季氏》：「及其老也，血氣既衰，戒之在得。」得，貪也。243章　奏本。244幸　寵愛。245竇武　（？—西元一六八年），字游平，東漢扶風平陵（今陝西咸陽）人。桓帝時以長女選入宮中為貴人，得拜郎中。女旋立為皇后，遂遷越騎校尉，封隗里侯。遷城門校尉。永康元年上疏奏請解除黨禁。桓帝死，迎立靈帝，任大將軍，封聞喜侯。執掌朝政，起用李膺、杜密等黨人。建寧元年，與太傅陳蕃謀誅宦官曹節、王甫等，事敗自殺。事見本書卷六十九。246趙嬈　桓帝乳母。247曹節　字漢豐，東漢南陽新野（今河南新野）人。順帝初為小黃門。桓帝時遷中常侍、奉車都尉。靈帝即位，以定策功封長安鄉侯。與宦官王甫等矯詔發兵殺大將軍竇武及太傅陳蕃等人。遂用事朝中，遷長樂衛尉，封育陽侯。熹平元年（西元一七二年），藉口有人書朱雀闕抨擊宦官，唆使靈帝大捕黨人。又與王甫誣奏桓帝弟渤海王劉悝謀反，因而殺之。248王甫　（？—西元一七九年），東漢宦官。靈帝初為長樂食監，受中常侍曹節等矯詔為黃門令，將兵誅殺大將軍竇武等人，因遷中常侍。後與曹節誣奏渤海王劉悝謀反，封冠軍侯。由此操縱朝政，父兄子弟皆為公卿列校、牧守令長，布滿天下。光和二年，與養子永樂少府萌、沛相吉並為司隸校尉陽球收捕，磔屍於城門。249中官　指宦官。250人望　眾人所屬望。251側目　斜著眼睛看人。形容憤恨。252鈞　通「均」。253嚚嚚喧譁貌。254趙夫人　即趙嬈。255女尚書　後宮女官。256汎汎　意為不由自主，隨波逐流。257元惡　大惡之人；首惡。258矯詔　假託詔令。259難作　謂禍事發生。260官屬諸生　官屬，官員的屬吏。諸生，眾弟子。261攘臂　捋袖伸臂。常形容激憤。262棄捨去；拋棄。意為去世。263山陵　帝王或皇后的墳墓。264枉橈　曲弱；彎曲。喻屈從他人。265北寺獄　東漢黃門署屬下的監獄。主鞫禁將相大臣。因署在宮省北，故名。266騶　古代貴族、官員出行時的騎馬侍從。267蹋踧　踩；踐踏。268魅　迷信傳說中的精怪鬼物，此為罵人語用。269稟假　官員的俸給和借支。稟，也作「廩」。賜穀。270比景　縣名。漢置。故治在今越南廣平宋河下游高牢下村。271朱震　字伯厚，東漢陳留人。始為州從事，有直名。時三府有諺云：「車如雞棲馬如狗，疾惡如風朱伯厚。」為銍令，聞陳蕃被害，棄官收蕃屍，匿其子逸。事覺繫獄，合門桎梏。受考掠，誓死不言，故逸得免。272銍　春秋宋邑，後入於楚。秦置縣。屬泗水郡。故址在今安徽濉溪縣西南。273甘陵　漢置厝縣。後漢安帝以孝德皇后葬於厝，故曰甘陵。移清河國治此。故治在今山東臨清東北。274繫獄　囚禁於牢獄。275桎梏　腳鐐和手銬。276考掠　拷打。277黃巾賊　指東漢末年黃巾之亂的部眾。西元一八四年，太平道首領張角經過十餘年的祕密組織宣傳以後，發動暴亂，部眾以黃巾裹頭，因被稱為「黃巾軍」。他們焚燒官府，捕殺官吏，攻打豪強地主塢堡，聲勢浩大。278從事　官名。西漢元帝時置，為各州屬官，秩百石。東漢沿置，稱從事史，由各州長官辟署。279濟陰　郡名。治今山東定陶西北。280單匡　單超弟。281臧罪　貪汙受賄之罪。282車騎將軍超　車騎將軍，官名。西漢初設將車騎士，故名。後遂為高級武官稱號，位次大將軍，且文官輔政者亦加此銜。東漢權勢尤重，但地位仍低於大將軍、驃騎將軍，高於衛將軍。超，即單超。河南（今河南洛陽）人。東漢宦官，桓帝時，為中常侍，與宦官左悺、具瑗等合謀誅滅外戚梁冀，封新豐侯，為「五侯」之一。後任車騎將軍，不久病死。

【語　譯】陳蕃，字仲舉，汝南郡平輿縣人。祖父曾做過河東太守。陳蕃十五歲的時候，曾經閒住在一間房子裡，房前的院子裡雜草荒蕪骯髒。他父親的朋友、同郡的薛勤來看望他，問他說：「你這個孩子，為什麼不灑掃庭院以接待客人呢？」陳蕃回答說：「大丈夫活在世上，應該立志掃除天下，怎麼能夠偷安於小屋小院呢？」薛勤知道他有澄清天下之志，非常驚奇。

2　開始他在郡裡做一個小官，後來被舉薦為孝廉，朝廷任命他為郎中。恰巧這時母親去世，陳蕃棄官回家服喪。服喪完後，刺史周景聘任他為別駕從事。由於在一些問題上與周景意見不一致，便棄官而去。後來公府又舉薦他為賢良方正，他也沒有就職。

3 太尉李固向朝廷上表推薦他，被朝廷徵拜為議郎，後來又升為樂安太守。當時李膺為青州刺史，為政威嚴，名聲很大，他管理的下屬郡縣官吏聽說後都離職躲避，只有陳蕃一個人，因為政績清明而留下了。同郡人周璆，是一個生性高潔的人。在陳蕃以前或以後的郡守召他出仕，他都不肯應命，只有陳蕃才把他招致前來。陳蕃稱呼他的字而不叫他的名，特地為他安排了一個坐榻，周璆一走，陳蕃馬上把榻懸掛起來。周璆字孟玉，臨濟人，名聲很好。有一個名叫趙宣的人，埋葬父母時不封閉墓道，自己住在墓道中，行孝禮二十多年，當地人都稱他為孝子，州郡的長官也多次以禮聘請。郡內的人把他推薦給陳蕃，陳蕃與他相見，問到他的妻子和兒子，知道他在守孝期間生了五個兒子。陳蕃憤怒地說：「聖人制定禮制，有道德的賢人俯下身子去遵守，那些品德不夠高尚的人也爭取做到。再說祭祀父母不一定要限定多少年，因為規定年限反而容易輕慢不嚴肅。更何況你雖睡住在墓道中，卻在裡面生兒育女，欺世盜名，對鬼神不也是一種褻瀆嗎？」於是定了他的罪。

4 大將軍梁冀威震天下，不時派人送書信給陳蕃，常有所請求囑託，陳蕃拒不相見。使者編造事由請求陳蕃接見，陳蕃十分生氣，用竹杖把他笞殺了。因為這件事而被貶職為脩武縣令。不久又拜為尚書。

5 當時零陵、桂陽兩郡都有山賊聚集為害，朝廷大員討論要派兵征討。朝廷又下詔各州郡，所有地方都要薦舉孝廉、秀才。陳蕃上疏批駁說：「以前高祖開創漢朝基業，四海得以休息，地方官吏撫養百姓就像撫養自己的孩子一樣。現在零陵、桂陽兩郡的民眾也是陛下的孩子呀。導致百姓為害的原因，難道不正是地方官貪殘酷虐，而使他們鋌而走險嗎？應該嚴令有關部門暗暗考察州郡縣邑的長官。那些為政失去平和、侵暴百姓的人，馬上向朝廷奏報，另外選派清明賢能、克己奉公、能夠宣揚國法並且有仁愛之心的人去任職，這樣不必派軍隊去鎮壓，那些盜賊也就消聲匿跡了。另外三署的郎吏共二千多人，三府的掾屬超過了期限而沒有任命，也應該選擇那些良善的而授予職務，把有劣跡的淘汰掉。怎能事無巨細一切都由朝廷下詔，助長請託之風呢！」由於此，陳蕃違逆皇帝身邊的親信，被外貶為豫章太守。陳蕃的性情嚴峻講原則，不結交賓客，普通人也畏懼他過於清高。他被徵為尚書令的時候，送他的人沒有人走出外城的城門。

6 陳蕃升遷為大鴻臚。恰逢白馬縣令李雲向皇帝上書直言，觸怒了桓帝，要殺掉李雲。陳蕃上書救李雲，因此受到牽累免官回了老家。

7 後來再次被徵拜為議郎，幾天後升遷為光祿勳。當時由於對臣子的封賞超越制度規定，致使宦官的勢力很大，陳蕃為此上疏說：

8 「我聽說志在國家大事的，一切以國家為重；一心想在君主身上用心的，就專會用歡顏悅色取悅於君主。現在我在聖朝蒙受恩典，身處九列之位，如果看見不合禮義制度的事情而不諍諫，這就是取悅君主一類的人了。上天有二十八宿，光輝照耀在整個天空，諸侯下應於分野，以自己所轄之地而做王室的藩屏。當年高祖曾經對臣下立下誓言說，不是功臣不封侯。聽說補錄河南尹鄧萬世的父親鄧遵只是因為有一點微功，改封尚書令黃儁的祖先以最高的封爵。身邊的小人以不合大義而授予封邑，左右親近之人以沒有功勞而得到封賞，授給的職位不能勝任，分封到土地不是因為有功勞，以致形成一家之內封侯的有好幾個人，因此天象失去常軌，陰陽秩序錯亂，莊稼歉收，民用不足。我知道封賞之事已成事實，現在諍諫已經為時已晚，但我真誠地希望陛下從此止步。還有連年歉收，十成之中折損五六成，萬人飢寒，不能生活下去。但是宮女幾千人，吃著魚肉，穿著綾羅，化妝的脂油粉黛之費不可計數。俗語說『強盜不過有五女之家的門口』，因為女人使家庭貧困呀。現在後宮的美女，難道不是造成國家貧困的原因嗎？因此周武王把商紂王傾宮之女全部嫁出去，從而使天下風俗淳樸，禧公後宮裡的楚女因為失寵，被廢在西宮而生悲愁曠怨。況且把美女聚集在一起而天子並不臨幸，那麼這些女人們一定會有憂愁悲傷的感歎，最後導致國家的水旱災害。察看執法主要看能否禁止作奸犯科，考察一個官吏主要是看他是否有才能處理政事。假若執法不公，任官失其人才，政事就一定有缺陷。這就會讓天下的議論，都說案件是由於個人恩怨而興起，封爵是由於行賄賂而得到的。如果沒有髒臭之物，蒼蠅就不會飛集在那裡。陛下應該探求為政之失的原因，選擇採納那些忠善的意見。詔命選拔舉用官吏，委託給尚書和三公，使獎勵處罰誅殺賞賜之事，歸屬各有關部門掌握，這對於國家不是大好事嗎！」桓帝採納了陳蕃的這些建議，放出宮女五百多人，只賜給黃儁關內侯的爵位，賜給鄧萬世南鄉侯爵位。

9 漢桓帝延熹六年，天子到廣成去圍獵。陳蕃上疏勸諫說：「我聽說天子到獵苑中去圍獵，只是在仲秋的時候到西郊去進行，這樣能順應季節而講習武功，斬殺飛禽走獸也只是為了助祭，以成就孝敬之事。如果違背這些原則，就是放縱自己。因此皋陶告誡舜『不要閒逸遊樂』，周公告誡成王『不要迷戀於遊玩圍獵』。虞舜、成王尚且有這樣的戒律，何況道德比不上二人的人呢！即使平安無事的時候，尚且應該有所節制，何況現在有三空的災難呢！田野空，朝廷空，倉庫空，這就是『三空』。再加上戰事不斷，四方離散，這正應該是陛下憂愁得面目憔悴、夜不成寐、坐以待旦的時候啊。怎麼能夠揮舞著旗幟帶著人馬，追求馳騁畋獵的壯觀呢？再說秋前下足了雨，老百姓剛開始種麥。現在錯失勸勉老百姓種麥的時機，命令他們供給圍獵和修築道路的勞役，這不是聖賢憐愛人民的意思啊。齊景公想去觀看滄海，在琅邪放浪形跡，晏子向齊景公陳說老百姓不喜歡聽到旗幟飄揚與車馬奔馳的聲音，不斷地抬頭皺眉的感歎，齊景公聽說後就不去了。周穆王本想駕著車馬到外而肆意遊玩，祭公謀父為他朗誦了〈祈招〉這首詩，藉此而勸止了周穆王的玩心。這都是確確實實地討厭逸樂遊玩對人有害的例子呀。」書奏上去後，桓帝沒有採納。

10 陳蕃自從擔任光祿勳，便與五官中郎將黃琬共同掌管選拔薦舉人才的事宜，他們不偏袒有權勢和豪富的人，因而被有勢力人的子弟暗中攻擊，向皇帝上訴，結果被罷官回家。但不久又被徵召為尚書僕射，後又轉為太中大夫。桓帝延熹八年，替代楊秉做了太尉。陳蕃上書謙讓說：「『不過誤不遺忘，一切根據典章制度行事』，這方面我比不上太常胡廣。使七政整齊一致，把《五典》解釋得清清楚楚，我比不上議郎王暢。反應敏捷，胸懷寬適，能文能武，我比不上弛刑徒李膺。」桓帝沒有同意陳蕃的辭讓。

11 中常侍蘇康、管霸等人再次被起用後，排斥陷害忠良，相互諂媚皇上。大司農劉祐、廷尉馮緄、河南尹李膺都因為違背了皇帝的旨意而獲罪。陳蕃藉著早朝的機會，堅決為李膺等人辯解，請求朝廷原諒寬宥他們，升遷他們的爵位和職務。反反覆覆地訴說，語氣十分誠懇。桓帝不聽從，陳蕃因此而痛哭流涕地站起來。當時小黃門趙津、南陽大奸人張汜等人巴結宦官，憑藉宦官勢力而違法亂紀，太原、南陽二個郡的太守劉瓆、成瑨調查核實後判了他們的罪行，雖然經過宦官的活動而使桓帝下了赦免二人罪行的命令，但是劉瓆、成瑨還是將他們處死了。宦官們非常怨恨，有關部門秉承宦官的旨意，上奏朝廷說劉瓆、成瑨犯了罪，應當棄市。山陽太守翟超沒收了中常侍侯覽的財產交給國庫，東海相黃浮誅殺了下邳令徐宣，二人都因此而被判髡鉗刑，送到左校服苦役。陳蕃與司徒劉矩、司空劉茂，共同向朝廷諍諫請求赦免劉瓆、成瑨、翟超和黃浮等人，桓帝不高興。有關部門上奏彈劾他們，劉矩、劉茂不敢再說什麼。只有陳蕃一個人上疏說：「我聽說齊桓公成就霸業，一定要先治理內政；《春秋》一書對於魯國的小過失也一定要記載下來。這是因為必須首先整頓勸勉自己，然後才可以整頓勸勉他人。現在外敵或盜賊在外面作亂，這不過是四肢有些毛病罷了；如果朝廷內政不整頓，就是心腹大患。我睡覺不安穩，吃飯吃不飽，確實是為陛下左右的小人越來越受到親信，忠直的言論越來越被陛下疏遠，內患越積越多，外患越來越嚴重而憂愁。陛下是從列侯的位置上越級而繼承皇位的。一個普通家庭積蓄了一百萬的家財，他的子孫尚且為失去祖先的產業而羞恥和慚愧，何況陛下從先帝那裡繼承的產業是整個天下，怎麼能夠鬆懈倦怠、不把它當作一回事呢？如果確實不愛惜自己，難道不應當想一想祖先得到天下是花費了多少心血受了多少辛苦嗎？以前梁冀家族封了五個侯，為害遍及海內，是老天爺啟發陛下的聖明，把他們抓起來殺掉了，天下人對於朝政的非議，才稍稍平息了些。這種明鑑離去尚不遠，但是現在又重蹈覆轍，像昨天一樣，左右親近之人的權勢越來越大，他們又相互勾結。小黃門趙津、大奸人張汜等人，橫行霸道，貪殘酷虐，諂媚陛下左右之人，原太原太守劉瓆、南陽太守成瑨糾察並將他們處死。雖然說事在大赦令之後不應該再將他們處死，但是考慮到劉瓆、成瑨的原意不過是為國家除去禍害罷了。至於陛下，又有什麼值得氣憤的呢？結果反而使小人的氣焰更加囂張，到處鑽營，蠱惑聖聽，使得陛下為之發怒。對他們判刑已經非常過分了，更何況還要處以重罰把他們處死呢？還有原山陽太守翟超、東海相黃浮，奉公守法不折不撓，疾惡如仇，翟超查抄了侯覽的財產，黃浮依據罪行誅殺了徐宣，他們都被判了刑，沒有得到赦免和寬恕。侯覽橫行霸道，僅僅沒收他的財產，對他來說已是萬幸；徐宣觸犯了刑律，死有餘辜。以前丞相申屠嘉傳檄召見鄧通責罵，文帝還特地請求申屠嘉原諒他。洛陽令董宣當面羞辱湖陽公主，光武帝反而對董宣予以重賞，沒有聽說申屠嘉和董宣因為有獨斷獨行而受到誅殺的事。現在陛下左右的一群小人，肆意為惡，傷害朝臣，相互之間拉攏包庇，結果羅致了對翟超等人的刑罰。聽到我這樣的話，他們肯定會再次向陛下哭訴。陛下應該果斷地割斷和堵塞左右親近小人干預政治的根源，吸收採納早朝時尚書們討論的意見，公卿這樣的大官，五天在朝堂上議一次事，簡選和提拔品行高潔的人，貶斥和罷免那些奸佞邪惡的人，如果這樣做，那麼老天爺就會和氣於天上，陰陽二氣也會融洽於地下，國家就會吉祥，難道這是很遙遠的事嗎？陛下雖然不喜歡聽我的話，但是作為一國之君應該對自己有所約束，所以我冒死而陳述了我的意見。」桓帝得到這道奏章後更加生氣，一點也沒有採納陳蕃的意見。朝廷百官對此頗有怨言。從此，宦官對陳蕃更加痛恨，他選拔和薦舉人才或是上奏章議朝政，每次都由宦官以詔書的名義予以拒絕，因此長史以下的官吏大多都被判了罪。但是因為陳蕃是名臣，不敢加害。劉瓆字文理，高唐人。成瑨字幼平，陝人。他們在經學上都有名聲，任職時敢直言，對於朝政有很多的批評和抨擊，在當時很有名，二人都在獄中被害死了。

12 漢桓帝延熹九年，李膺等人因為黨事，被下在獄中審查。陳蕃因此而上疏，言詞激烈地勸諫說：「臣聽說聖明的君主，完全信任輔佐大臣；亡國之君害怕聽到正直的言論。因此商湯和周武王雖然自己聖明，但還是依靠伊尹和呂尚而使國家興旺起來；夏桀和商紂自己被壞人迷惑，也是敗在失去了人才。由此說來，君主好比是人的首腦，臣子就好比人的四肢，它們同屬於一個有機的整體而互相依賴，成為一個美好或者醜惡的軀體。據我個人所見，前司隸校尉李膺、太僕杜密、太尉掾范滂等人，立身忠正，品行無汙，一心為了國家。他們由於忠正而忤逆了聖旨，結果被橫加迫害，有的遭禁錮隔閉，有的被遷徙而死於非命。這種行為實際上是堵塞天下人的口，讓世上的人都變成聾子和瞎子，與秦始皇焚書坑儒又有什麼不同呢？過去武王滅掉商紂王以後，特命大臣表彰忠臣的鄉閭，封掃他們的墳墓，現在陛下臨政，首先誅殺忠臣賢才。對待善良是何等的苛薄！對待惡人又是何等的優容！那些進讒言的人說的好像是實話，鼓動如簧之舌，迷惑聽他們說話的人，看到他們的人頭昏眼花。是吉是凶在於能不能識別什麼是良善；成功與失敗的關鍵在於能不能洞察人的言論真偽。人君統攝天地、掌握國家中樞，一舉一動都不能夠違背神聖的法規，一進一退不能離開道德的規範。一句錯誤的話說出口，就會在四面八方造成禍亂，更何況對無罪的人實行髡刑而下獄、在街市上斬殺無辜之人！過去禹在蒼梧視察時，看到市上在處死犯人，他下車哭著說：『天下的人犯了罪，責任都在我一個人身上！』因此他的事業迅速興旺。現在青州、徐州發生大旱災，五穀受到嚴重傷害，老百姓到處流亡，野菜都吃不飽。但是陛下的宮女聚集在深宮裡，國庫的積蓄都消耗在為她們製作綾羅綢緞的衣服方面；外戚和私門大戶，貪財受賄，這就是所謂『王室失去任官之權，政權掌握在大夫手中』。以前春秋末年，周朝的政事已經衰微了，幾十年間沒有災害，這是老天爺知道它必然滅亡，用不著再用災害警告它了。老天爺對於漢朝卻眷眷於心，所以連連示災警告，以使陛下醒悟。除去這些妖孽，實實在在修好德政。臣處在公卿的高位，憂慮很深，職責很重大，不敢白享俸祿，也不能只愛惜自己的生命而坐觀成敗。如果承蒙陛下採納我的意見，即使我身首異處，把屍體從不同的門送出去，我也不遺憾。」桓帝不喜歡陳蕃的言詞激切，找了個藉口，說陳蕃有一次薦舉提拔的人不恰當，發了一紙詔書把他免職了。

13 永康元年，漢桓帝去世。竇太后臨朝理政，頒發詔書說：「老百姓擁立君主，君主委派官吏去治理民眾，所以君主必須選擇優良的輔佐之臣，憑藉他們以鞏固帝業。原太尉陳蕃，忠於朝廷而且清廉耿直無私。現任命陳蕃為太傅，主管尚書臺事。」當時國家剛剛遇到大喪，皇位的繼承人還沒有確定，各尚書都畏懼有權勢的官僚，託病不敢上朝議政。陳蕃寫信責備他們說：「古人立身注重氣節，君主雖亡，但國家法度還存在，應該像君主仍活在世上一樣，忠心侍奉。現在皇位繼承人尚未確立，朝廷政事有很多困難，各位怎麼能夠害怕艱難困苦而躺在床上休息呢？這種作法對於個人的道義來說尚且做得不夠，哪裡談得上兼濟天下呢？」各個尚書都感到驚惶恐懼，都到朝廷來處理政事了。

14 靈帝即位後，竇太后又一次下嘉獎的詔書給陳蕃，說：「褒揚有功的人以勸人向善，表彰有義之事以純正風俗，凡有德之事都會有好的報應，這正是〈大雅〉詩中所讚歎的。太傅陳蕃，輔佐先帝，出納王命，任職多年。他的忠貞和仁孝的美德在本朝是首屈一指的，他忠正的操守越到老年越加堅定。現在封他為高陽鄉侯，食邑三百戶。」陳蕃上書推讓說：「使者到我家裡來，授給我高陽鄉侯的印綬，我心中非常惶恐，不知道怎麼辦才好。我聽說謙讓是立身的美德，是德行中最顯著表現，但是我不敢竊取這種美德使自己揚名。我私下想，朝廷把土地分封給大臣，這必須是那些有功德的人才能接受的。我反覆思考追憶，前前後後擔任多種職務，沒有什麼特殊的才能，稱職也是拿朝廷的俸祿，不稱職也是拿朝廷的俸祿。我雖然沒有高潔的品行，但私下裡卻仰慕『君子不是憑藉自己的道義得到的東西便不擁有』的處世原則。假如授給我爵位我不辭讓，厚著臉皮把它接受了，結果使得老天爺大發脾氣，降下災來損害老百姓，對我個人來說，又怎麼能安身之命呢？敬請陛下可憐我這把老骨頭，使我在貪利方面有所警戒。」竇太后不同意。陳蕃又堅決推辭，前後上奏章十餘次，最後也沒接受封爵。

15 當初漢桓帝想立自己所寵愛的田貴人為皇后。陳蕃認為田貴人出身卑下低賤，而竇氏家族門戶優秀，諫諍求立竇氏為皇后的態度非常堅決。桓帝沒辦法，只得立竇氏為皇后。待到竇太后臨朝，便把一切重要事宜都委託給陳蕃。陳蕃與竇太后的父親大將軍竇武同心協力，徵選任用名人賢才，讓他們共同參與政事，天下的士人，沒有誰不期望有一個太平盛世的。漢靈帝的乳母趙嬈從早到晚整天跟太后在一起，中常侍曹節、王甫等人與趙嬈朋比為奸，共同諂媚竇太后。竇太后信任他們，幾次頒發詔命，對這些人封爵拜官，恩及他們的子弟同黨，這些人大多貪財酷虐。陳蕃對此非常痛恨，立志誅殺宦官。恰巧竇武也有這種想法。陳蕃自以為既有威信而有又恩於竇太后，認為自己志向一定可以實現，於是事前上疏說：「我聽說一個人言語不正直行為就一定不端，會幹一些有欺於天和有負於人的事。如果把那些正直的話盡情地說出來，那麼一群兇險的小人就會憤怒地看著你，馬上就會禍及自身。權衡這兩者，我寧願得禍而不敢欺天。現在京城沸沸揚揚，道路上喧喧嚷嚷，都說侯覽、曹節、公乘昕、王甫、鄭颯等人與趙嬈以及一些宮中女官一起禍亂天下。附從他們的人就升官進爵，違背他們意志的人就會受到誅殺傷害。現在滿朝臣子就好像河水中的木頭一樣，隨波逐流，害怕禍亂，而白白享受朝廷俸祿。陛下剛剛攝政的時候，順從天意誅殺奸人，蘇康、管霸一起被誅殺，他們真是死有餘辜。當時天地清明，人鬼歡喜，為何只過了幾個月又放縱左右親近之人？最惡最奸的事，沒有比這更大的了。現在不馬上誅殺他們，一定會發生大的變亂，危害國家，這種禍亂是無法估量的。敬請把我的奏章向左右親近之人宣讀展示，並且讓全天下的奸人都知道我痛恨他們。」太后沒有接受他的意見，朝廷百官聽說此事後沒有誰不感到震驚恐懼的。於是陳蕃與竇武只好商量怎麼行動。事情經過記載在〈竇武傳〉裡。

16 待到事情敗露，曹節等人假傳詔書誅殺竇武等人。陳蕃當時已七十多歲，聽說宦官發難，便率領下屬官吏及門徒學生八十多人，一起拿著刀衝進承明門。陳蕃振臂高呼：「大將軍忠貞衛國，宦官反逆，憑什麼說竇氏無道呢？」當時王甫正好出來，與陳蕃迎面而遇，聽到陳蕃這句話，就責備陳蕃說：「先帝剛剛去世，陵墓尚未修好，竇武有什麼功勞，父子兄弟，一家有三人封侯？又取宮內多名宮人為自己飲宴作樂，不到一個月的時間，積累財貨達到億萬。大臣這個樣子是有道嗎？你是朝廷棟梁，屈身委志阿附竇黨，還在這裡討什麼賊！」於是命令手下人抓捕陳蕃。陳蕃拔劍呵叱王甫，王甫的兵士不敢接近陳蕃身體，於是增加兵力將陳蕃包圍幾十重，結果把陳蕃抓起來送到了黃門的北寺獄。宦官的從官騎士用腳踢著陳蕃說：「死老鬼！現在還想減少我們的人員數額，奪取我們的俸給和借支嗎？」當天就把陳蕃殺害了。把他的家屬發配到比景縣，他的宗族、門生、故吏一概免官禁錮。

17 陳蕃的朋友陳留人朱震，當時為銍縣縣令。聽說這件事後棄官而哭，收葬陳蕃的屍體，把陳蕃的兒子陳逸藏在甘陵一帶。事情被人發覺後，被捕入獄，滿門老小都被抓起來。朱震受到嚴刑拷打，誓死不說出陳逸的藏身之處，所以陳逸得以免禍。後來黃巾之亂爆發，大赦黨人，於是又追還陳逸，後來陳逸官至魯相。

18 朱震字伯厚，開始做州從事，他上奏朝廷告發濟陰太守單匡的貪汙罪，連帶告發單匡的哥哥中常侍車騎將軍單超。桓帝下令把單匡抓起來交給廷尉處理，並且以此譴責單超，使單超到監獄謝罪。當時三府有一句諺語說：「車如雞棲馬如狗，疾惡如風朱伯厚。」

論曰：桓、靈之世，若陳蕃之徒，咸能樹立風聲❶，抗論惛俗❷。而驅馳嶮阸❸之中，與刑人腐夫❹同朝爭衡❺，終取滅亡之禍者，彼非不能絜情志，違埃霧❻

也。愍夫世士❼以離俗為高，而人倫莫相恤也。以遯世❽為非義，故屢退而不去；以仁心為己任，雖道遠而彌厲。及遭際會❾，協策竇武，自謂萬世一遇也。懍懍❿乎伊、望之業矣！功雖不終，然其信義足以攜持⓫民心。漢世亂而不亡，百餘年間，數公之力也。

【章　旨】史家在評論中極力讚譽陳蕃的為人，因為他以仁愛之心為己任，雖然道遠而志氣更加堅定。大功雖然沒有完成，但是他的信義卻足以維繫民心。

【注　釋】❶風聲　猶名聲、聲威。❷惛俗　頹靡的習俗。❸嶮陂　險要之地。❹刑人腐夫　刑人，特指宦官。腐夫，指太監。❺爭衡　較輕重；爭高低。❻違埃霧　違，避開。埃霧，塵霧。喻世俗的汙濁。❼愍夫世士　愍，迂腐。世士，世俗之士。❽遯世　避世；避開現實社會而隱居。❾際會　遭逢到好的際遇；機會。❿懍懍　嚴正貌；剛烈貌。⓫攜持　攜帶；扶持。

【語　譯】史家評論說：桓、靈之世，像陳蕃這一類人都能夠樹立名聲，在輿論上與頹靡的習俗對抗。馳騁在危險的政治漩流中，與那些宦官們同朝抗衡，後來導致滅亡的原因，不是他們不能夠純潔自己的情志，迴避當時的烏煙瘴氣。那些迂腐之人和世俗之士以背離世俗為高，但按人之常理沒有誰去憐恤他們。陳蕃認為遁世不合乎義，因而多次退位卻始終沒離開仕途；以仁愛之心為己任，雖然道遠而志氣更加堅定。等待機遇來臨時，協助竇武出謀劃策，自以為是千載難逢的一次良機。那種懍然正氣的樣子真有點像伊尹、呂望的風采呢！大功雖然沒有完成，但是他的信義卻足以得到民心。漢朝混亂而不至於滅亡，殘喘了一百餘年時間，就是因為有陳蕃這一類人的努力啊。

1 王允，字子師，太原祁[1]人也。世仕州郡為冠蓋[2]。同郡郭林宗[3]嘗見允而奇之，曰：「王生一日千里，王佐[4]才也。」遂與定交[5]。

2 年十九，為郡吏。時小黃門晉陽[6]趙津貪橫放恣，為一縣巨患，允討捕殺之。而津兄弟諂事宦官，因緣譖訴，桓帝震怒，徵太守劉瓆，遂下獄死。允送喪還平原[7]，終畢三年，然後歸家。復還仕，郡人有路佛者，少無名行[8]，而太守王球召以補吏。允犯顏[9]固爭，球怒，收允欲殺之。刺史鄧盛[10]聞而馳傳[11]辟為別駕從事。允由是知名，而路佛以之廢棄。

3 允少好大節[12]，有志於立功，常習誦經傳[13]，朝夕試馳射[14]。三公並辟，以司徒高第[15]為侍御史[16]。中平[17]元年，黃巾賊起，特選[18]拜豫州[19]刺史。辟荀爽[20]、孔融[21]等為從事，上[22]除禁黨。討擊黃巾別帥[23]，大破之，與左中郎將皇甫嵩[24]、右中郎將朱儁[25]等受降數十萬。於賊中得中常侍張讓賓客書疏，與黃巾交通，允具發其姦，以狀聞。靈帝責怒讓，讓叩頭陳謝，竟不能罪之。而讓懷協[26]忿怨，以事中[27]允。明年，遂傳[28]下獄。

4 會赦，還復刺史。旬日間，復以它罪被捕。司徒楊賜[29]以允素高，不欲使更楚辱[30]，乃遣客謝之曰：「君以張讓之事，故一月再徵。凶慝[31]難量，幸為深計[32]。」

又諸從事好氣決[33]者，共流涕奉藥而進之。允厲聲曰：「吾為人臣，獲罪於君，當伏大辟以謝天下，豈有乳藥求死乎！」投杯而起，出就檻車[34]。既至廷尉[35]，左右皆促其事，朝臣莫不歎息。大將軍何進[36]、太尉袁隗[37]、司徒楊賜共上疏請之曰：「夫內視反聽[38]，則忠臣竭誠；寬賢矜能，則義士厲節。是以孝文[39]納馮唐[40]之說，晉悼[41]宥魏絳[42]之罪。允以特選受命，誅逆撫順，曾未期月，州境澄清。方欲列其庸勳[43]，請加爵賞，而以奉事[44]不當，當肆大戮。責輕罰重，有虧眾望。臣等備位宰相，不敢寢默[45]。誠以允宜蒙三槐之聽[46]，以昭忠貞之心。」書奏，得以減死論。是冬大赦，而允獨不在宥，三公咸復為言。至明年，乃得解釋。是時宦者橫暴，睚眦[47]觸死。允懼不免，乃變易名姓，轉側河內[48]、陳留[49]間。

5 及帝崩，乃奔喪京師。時大將軍何進欲誅宦官，召允與謀事，請為從事中郎[50]，轉河南尹。獻帝[51]即位，拜太僕[52]，再遷守尚書令。

6 初平[53]元年，代楊彪[54]為司徒，守尚書令如故。及董卓[55]遷都關中[56]，允悉收斂蘭臺[57]、石室[58]圖書祕緯要者以從。既至長安，皆分別條上。又集漢朝舊事所當施用者，一皆奏之。經籍具存，允有力焉。時董卓尚留洛陽，朝政大小，悉委之於允。允矯情屈意，每相承附，卓亦推心，不生乖疑，故得扶持王室於危亂之中，臣主內外，莫不倚恃焉。

7 允見卓禍毒方深，篡逆已兆，密與司隸校尉黃琬[59]、尚書鄭公業等謀共誅之。乃上護羌校尉[60]楊瓚行左將軍[61]事，執金吾士孫瑞[62]為南陽太守，並將兵出武關[63]道，以討袁術[64]為名，實欲分路征卓，而後拔天子還洛陽。卓疑而留之，允乃引內瑞為僕射，瓚為尚書。

8 二年，卓還長安，錄入關之功，封允為溫侯，食邑五千戶。固讓不受。士孫瑞說允曰：「夫執謙守約，存乎其時。公與董太師並位俱封，而獨崇高節，豈和光[65]之道邪？」允納其言，乃受二千戶。

9 三年春，連雨六十餘日，允與士孫瑞、楊瓚登臺請霽[66]，復結[67]前謀。瑞曰：「自歲末以來，太陽不照，霖雨積時，月犯執法[68]，彗孛[69]仍見，晝陰夜陽，霧氣交侵，此期應促盡，內發者勝。幾不可後，公其圖之。」允然其言，乃潛結卓將呂布[70]，使為內應。會卓入賀[71]，呂布因刺殺之。語在卓傳。

10 允初議赦卓部曲[72]，呂布亦數勸之。既而疑曰：「此輩無罪，從其主耳。今若名為惡逆而特赦之，適足[73]使其自疑，非所以安之之道也。」呂布又欲以卓財物班賜公卿、將校，允又不從。而素輕布，以劍客遇[74]之。布亦負其功勞，多自誇伐[75]，既失意望，漸不相平。

11 允性剛棱[76]疾惡，初懼董卓豺狼，故折節圖之。卓既殲滅，自謂無復患難，及在際會，每乏溫潤之色，杖正[77]持重，不循權宜之計，是以群下不甚附之。

12 董卓將校[78]及在位者多涼州[79]人，允議罷其軍。或說允曰：「涼州人素憚袁氏[80]而畏關東[81]。今若一日解兵，則必人人自危。可以皇甫義真為將軍[82]，就領其眾，因使留陝[83]以安撫之，而徐與關東通謀[84]，以觀其變。」允曰：「不然。關東舉義兵[85]者，皆吾徒耳。今若距險屯陝，雖安涼州，而疑關東之心，甚不可也。」時百姓訛言，當悉誅涼州人，遂轉相恐動[86]。其在關中者，皆擁兵自守，更相謂曰：「丁彥思[87]、蔡伯喈[88]但以董公親厚，並尚從坐。今既不赦我曹，而欲解兵。今日解兵，明日當復為魚肉矣。」卓部曲將李傕[89]、郭汜[90]等先將兵在關東，因不自安，遂合謀為亂，攻圍長安。城陷，呂布奔走。布駐馬青瑣門外，招允曰：「公可以去乎？」允曰：「若蒙社稷之靈，上安國家，吾之願也。如其不獲，則奉身以死之。朝廷幼少，恃我而已，臨難苟免，吾不忍也。努力謝關東諸公，勤以國家為念。」

13 初，允以同郡宋翼[91]為左馮翊[92]，王宏[93]為右扶風[94]。是時三輔民庶熾盛，兵穀富實，李傕等欲即殺允，懼二郡為患，乃先徵翼、宏。宏遣使謂翼曰：「郭汜、李傕以我二人在外，故未危王公。今日就徵，明日俱族。計將安出？」翼曰：「雖禍福難量，然王命所不得避也。」宏曰：「義兵鼎沸，在於董卓，況其黨與乎？若舉兵共討君側惡人，山東95必應之，此轉禍為福之計也。」翼不從。宏不能獨立，遂俱就徵96，下廷尉。傕乃收允及翼、宏，并殺之。

14 允時年五十六。長子侍中蓋、次子景、定及宗族十餘人皆見誅害，唯兄子晨、陵得脫歸鄉里。天子感慟，百姓喪氣，莫敢收允尸者，唯故吏平陵97令趙戩98棄官營喪99。

【章旨】以上為〈王允傳〉。王允年輕時好高遠有大節。博學多才。十九歲做郡吏時，即翦除邪惡。做侍御史時，又上書朝廷，請求消除黨禁，率軍大破黃巾軍。王允不附宦官，屢遭誣陷，接連入獄治罪。王允為司徒兼尚書令時，適逢董卓之亂，他處變不驚，在動亂中把圖書祕籍全部保存下來。遷都長安後，在危亂中扶持王室。暗中聯結董卓手下將領呂布，終於將梟首除掉。

【注釋】❶祁 縣名。為今山西祁縣。❷冠蓋 喻官吏中之佼佼者。❸郭林宗 名泰，字林宗，東漢太原介休（今山西介休）人。家世貧賤。遊於洛陽，與李膺等友善。太學生推為領袖，名震京師。桓帝時，黨錮事起，士人共相標榜，譽為「八顧」之一，言能以德行導人。官府屢次召辟，皆辭謝不就。雖好褒貶人物，然不為危言駭論，故得免於黨錮之禍。後閉門教授，生徒千人。事見本書卷六十八。❹王佐 王者的輔佐；佐君成王業的人。❺定交 結為朋友。❻晉陽 古唐國。相傳帝堯始都此，周初滅唐，成王封其北叔虞於此，後改國曰晉，漢置縣。故城即今山西太原治。❼平原 郡名。西漢高帝置。治所在今山東平原縣南。❽名行　名聲與品行。❾犯顏　冒犯尊長的威嚴。❿鄧盛　字伯直，東漢廣州人，徙居蒼梧。為秭歸令，聞母病，解印綬而去，及歸，母卒，居喪盡禮。太尉馬日磾嘉其孝行，辟主簿。尋為太尉諸曹掾。時彭城相左尚以贓獲罪，三府掾屬考驗，逾年不竟。更選鄧盛復考，盛至獄，因讓左尚解械沐浴賜席。尚感其情，即引筆具對。時人語曰：「一問得竟，皋陶鄧盛。」⓫馳傳　駕馭驛站車馬疾行。⓬大節　高遠宏大的志節。⓭經傳　舊稱儒家的重要代表作品和儒家祖述的古代典籍為「經」，解釋經文的書為「傳」。合稱「經傳」，如《春秋》是經，《左傳》、《公羊傳》、《穀梁傳》是傳。後世以尊經之故，把古代傳注之作也稱為經。清章學誠《文史通義．解經》：「今之所謂經，其強半皆古人所謂傳也。」⓮馳射　騎馬射箭。⓯高第　指官吏的考績優等。⓰侍御史　官名。漢沿秦置，在御史大夫下，或給事殿中，或舉劾非法，或督察郡縣，或奉使出外執行指定任務。⓱中平　東漢靈帝劉宏年號，西元一八四—一八九年。⓲特選　對官吏的特別選拔。⓳豫州　西漢武帝置「十三刺史部」之一。察郡國四。東漢州治今安徽亳州。⓴荀爽　（西元一二八—一九〇年），又名諝，字慈明，東漢潁川潁陰（今河南許昌）人。延熹九年以至孝拜郎中。後遭黨錮，隱居十數年，以著述為事。黨禁解，拒召不仕。獻帝即位，任平原相，後任司空。曾參與司徒王允誅董卓之謀，事未發而卒。主治《費氏易》，博通群經，為古文經學大師。事見本書卷六十二。㉑孔融　（西元一五三—二〇八年），字文舉，魯國（今山東曲阜）人。孔子二十世孫。初辟司徒楊賜府，大將軍何進舉高第，為侍御史。後任中軍候、虎賁中郎將。以迕董卓，轉議郎，舉北海相。獻帝都許，徵為將作大匠。後曹操秉權，因積怨被構陷成罪，下獄棄市，妻子皆被誅。文辭有名於世，被列為「建安七子」之一。事見本書卷七十。㉒上　指皇帝。㉓別帥　偏軍之統帥。㉔左中郎將皇甫嵩　左中郎將，官名。西漢置，隸光祿勳。居宮禁中，與五官、右中郎將分領中郎，更直宿衛，協助光祿勳考核管理郎官、謁者、從官。秩比二千石。多由外戚及親近之臣充任。東漢領左屬中郎、侍郎、郎中，執掌訓練、管理、考核後備官員，出居外朝。皇甫嵩，（？—西元一九五年），字義真，東漢安定朝那（今甘肅平涼）人。靈帝時，任北地太守。黃巾之亂，他任左中郎將，與朱儁率軍鎮壓。先後擊敗波才、卜己、張梁、張寶等各路亂軍，屠殺各路將士達數十萬人。不久任冀州牧，封槐里侯。後任征西將軍，遷車騎將軍，為太尉，病卒。事見本書卷七十一。㉕右中郎將朱儁　右中郎將，官名。西漢置，隸光祿勳。居宮禁中，與五官、左中郎將分領中郎，更直宿衛，協助光祿勳考核管理郎官、謁者、從官。秩比二千石。多由外戚及親近之臣充任。東漢領右屬中郎、侍郎、郎中，執掌訓練、管理、考核後備官員，出居外朝。朱儁，（？—西元一九五年），字公偉，東漢會稽上虞（今屬浙江）人。靈帝光和元年，任交阯刺史，平定梁龍之亂，以功封都亭侯，徵為諫議大夫。黃巾之亂爆發後，遷右中郎將。先後領兵平定潁川、汝南、陳國、宛城等地黃巾軍及張蕃所部黑山軍，封西鄉侯，更封錢塘侯。董卓入關後，留守洛陽，與山東諸將密謀誅卓。後被郭汜扣留為質，旋病死。事見本書卷七十一。㉖懷協　包藏。㉗中　中傷。㉘傳　逮捕。㉙楊賜　（？—西元一八五年），字伯獻，東漢弘農華陰（今陝西華陰）人。楊震之孫。少傳家學，博聞廣識，隱居教授生涯。後以通《尚書》為靈帝師。歷任司空、司徒、太尉等顯職，封臨晉侯。屢上書薦舉名士，請用賢去佞、罷修苑囿。遂為擅權宦官所嫉，以帝師得免禍。事見本書卷五十四。㉚楚辱　苦痛與恥辱。㉛慝　邪惡；惡念。㉜深計　暗示令其自殺。㉝氣決　謂果敢而有魄力。㉞檻車　用柵欄封閉的車。用於押解犯人。㉟廷尉　官名。秦始置，為九卿之一。廷尉的職掌是管刑獄，為最高法官。廷尉的主要職責是負責審理皇帝交辦的詔獄，同時審理地方上報的疑難案件。㊱何進　字遂高，東漢南陽宛（今河南南陽）人。出身屠戶。靈帝時以異母妹選入宮為貴人、皇后，先後任郎中、虎賁中郎將、潁川太守、侍中等職。中平元年（西元一八四年）黃巾之亂爆發後，任大將軍。以破壞太平道首領張角等人起事計劃，封慎侯。靈帝死，擁立何皇后子劉辯為少帝，與太傅袁隗輔政。誅上軍校尉小黃門蹇碩，又與袁紹謀誅宦官，並詔董卓等將領引兵向京師以為聲援。終因狐疑不決，為中常侍張讓等人矯詔所殺。事見本書卷六十九。㊲袁隗　（？—西元一九〇年），字次陽，東漢汝南汝陽（今河南商水縣）人。袁紹叔父。出身世家大族。靈帝時，任大鴻臚、司徒等職。少帝即位，為太傅，與袁紹共同輔佐大將軍何進執政。後進為宦官所殺，董卓挾持獻帝西遷。袁紹起兵討卓，他與袁氏宗族在京師者男女五十餘人，盡為董卓所殺。事見本書卷四十五。㊳內視反聽　內視，內省。反聽，反省。㊴孝文　即漢文帝。見前注。㊵馮唐　西漢安陵（今陝西咸陽）人。文帝時，為郎中署長，年已老。曾在文帝前為雲中守魏尚辯解，指出「賞輕罰重」之失。文帝於是又以魏尚為雲中守，並任他為車騎都尉。景帝時，馮唐任楚相。㊶晉悼　即晉悼公。名周，春秋時晉襄公曾孫。欒書等弒厲公，迎之於周，公立。遂下臣者七人，修舊功，強德惠，楚不敢窺，晉國復霸。又使魏絳和戎，戎大親附。在位十五年卒，謚悼。㊷魏絳　春秋晉魏犨子，仕為卿。悼公弟揚干亂行，絳戮其僕。悼公怒，謂羊舌赤曰：「必殺絳，無失也。」言終絳至，授僕人書，將伏劍。公讀其書，跣而出曰：「寡人之言，親愛也，吾子之討，軍禮也，敢以為請。」與之禮食，使佐新軍。絳說和戎五利。又悼公好田，因諫及之，公說。使絳盟諸戎，修民事，田以時。卒謚昭子（此按《史記・魏世家》說）。㊸庸勳　功勳。酬賞有功的人。㊹奉事　侍候；侍奉。㊺寢默　止而不言；沉默。㊻三槐之聽　《周禮・秋官・朝士》：「朝士掌建邦外朝之法。左九棘，孤卿大夫位焉，群士在其後；右九棘，公侯伯子男位焉，群吏在其後；面三槐，三公位焉，州長眾庶在其後。」鄭玄注：「樹棘以為位者，取其赤心而外刺，象以赤心三刺也。槐之言懷也，懷來人於此，欲與之謀。」後以「三槐九棘」為三公九卿之代稱。「三槐之聽」意為公卿之忠心。㊼睚眥　小的仇恨。

㊽河內　郡名。治所在今河南武陟西南。㊾陳留　郡名。治今河南開封東南陳留城。㊿從事中郎　官名。東漢置，為大將軍、車騎將軍之屬官，參與謀議。大將軍府定員二人，秩六百石。51獻帝　即劉協（西元一八一—二三四年），東漢皇帝，西元一八九—二二〇年在位。即位時東漢政權已名存實亡，成為董卓的傀儡。西元一九六年，他被曹操迎都於許（今河南許昌），此後又成為曹操的傀儡。西元二二〇年，曹丕代漢稱帝，他被廢為山陽公。52太僕　官名。西周始置，秦、漢為九卿之一，掌御用車馬和畜牧業，秩中二千石。新莽改稱太御。東漢復原名，除御用車馬外，兼掌兵器製作。53初平　東漢獻帝劉協年號，西元一九〇—一九三年。54楊彪　字文先，東漢弘農華陰（今陝西華陰）人。楊賜子，博習舊聞，熹平中徵補議郎。獻帝時拜太尉。時董卓專權，欲遷都以避諸侯兵，彪力爭，卓遂奏免楊彪職。卓死，起為太尉。李傕、郭汜之亂，盡節衛主。曹操忌之，誣以大逆。孔融力救乃免。魏文帝立，欲拜為太尉，固辭，乃賜之几杖，待以賓禮。黃初中卒。55董卓　（？—西元一九二年），字仲穎，東漢隴西臨洮（今甘肅岷縣）人。本為涼州豪強。靈帝中平六年，任并州牧。少帝即位，大將軍何進謀誅宦官，召他率兵入洛陽。旋廢少帝，立獻帝，專斷朝政。曹操與袁紹等起兵反抗，他挾獻帝西遷長安，自為太師。殘暴專橫，縱火焚洛陽周圍數百里，使生產受到嚴重破壞。後為王允、呂布所殺。事見本書卷七十二。56關中　地區名。指今陝西關中平原。57蘭臺　漢代宮內收藏典籍之處。58石室　古代藏圖書檔案處。59黃琬　（西元一四一—一九二年），字子琰，東漢江夏安陸（今湖北安陸）人。桓帝時，曾任五官中郎將。黨錮起，被禁錮幾二十年。黨禁馳解，復徵拜議郎。董卓柄政，以其名臣，徵為司徒，遷太尉。後與司徒王允謀誅董卓。及卓部李傕、郭汜襲破長安，被捕下獄死。事見本書卷六十一。60護羌校尉　官名。掌羌族事務。漢武帝時始置，東漢沿置。秩比二千石，除監護內附羌人各部落外，亦常將羌兵與度遼將軍、使匈奴中郎將、護烏桓校尉等協同作戰，戍衛邊塞。61左將軍　官名。漢代置，為重號將軍之一。與前、右、後將軍並位上卿，位次大將軍及驃騎、車騎、衛將軍。有兵事則典掌禁兵，戍衛京師，或任征伐。設長史、司馬等僚屬。平時無具體職務，一般兼任他官，常加諸吏、散騎、給事中等號，成為中朝官，宿衛皇帝左右，參與朝議。如加領尚書事銜則負責實際政務。不常置。62士孫瑞　字君策，東漢扶風人。有才謀。獻帝初為執金吾，王允引為僕射。謀誅董卓。瑞以允自專討董卓之勞，歸功不侯，所以免李傕之難。後為國三老、光祿大夫。興平二年，從駕東歸，為亂兵所殺。63武關　秦之南關。在今陝西丹鳳東南。64袁術　字本初，東漢末人。出身於四世三公的大官僚家庭。初為虎賁中郎將，董卓專權時，他據有南陽。後遭曹操和袁紹攻擊，率餘眾割據揚州。西元一九七年，稱帝於壽春（今安徽壽縣），建號仲家。搜括民財，窮極奢侈，以致人民多飢死，江淮地區殘破不堪。後為曹操所破，病死。事見本書卷七十五。65和光　謂和光同塵，與世浮沉。《老子》：「和其光，

同其塵。」66登臺請霽　臺，古代舉行祭祀、誓師等大典用的土和石築的高臺。霽，雨雪停止，天放晴。67復結　再次籌劃。68執法　星名。《史記》曰「太微南四星曰執法」也。69彗孛　彗星和孛星。孛，古人指光芒四射的一種彗星。舊謂彗孛出現是災禍或戰爭的預兆。70呂布　（？—西元一九八年），字奉先，東漢末五原九原（今內蒙古包頭）人。善騎射，號飛將。靈帝時，為并州刺史丁原主簿。後為董卓所誘，殺原歸卓，遂任騎都尉。與卓誓為父子，護衛卓之起居行止。遷中郎將，封都亭侯。後因失卓歡心，與司徒王允合謀殺卓，任奮威將軍，封溫侯。旋為卓將李傕、郭汜所敗，先後投袁術、張楊、袁紹等人。後自號徐州牧，連年與袁術、劉備、曹操混戰。建安三年在下邳（今江蘇睢寧西北）為曹操擒殺。事見本書卷七十五。71入賀　入宮祝賀。帝時疾瘉，故入賀也。72部曲　指古代豪門大族的私人軍隊，帶有人身依附性質。73適足　謂充足適度而不過分。74遇　對待；款待。75誇伐　炫耀。76剛棱　剛直而有棱角。77杖正　持守公正。78將校　將官和校官。泛指高級軍官。79涼州　西漢武帝置「十三刺史部」之一。東漢治今甘肅張家川回族自治縣。80袁氏　指袁紹、袁術兄弟。81關東　地區名。秦漢時稱函谷關以東地區為關東，又稱關外。82將軍　武官名。漢時多冠以稱號，如大將軍、驃騎將軍、衛將軍等。83陝　古地名。在今河南陝縣。84通謀　共同策劃。85義兵　猶義師。86恐動　驚恐擾動。87丁彥思　《集解》引洪亮吉說，謂丁彥思不知何人，〈董卓傳〉亦不載，裴松之注極詳，亦不及此。88蔡伯喈　即蔡邕。字伯喈，東漢陳留圉（今河南杞縣）人。好詞章、數術、天文，善音律，工琴藝。靈帝時辟司徒橋玄府。後任郎中，校書東觀。熹平四年（西元一七五年），奉命與五官中郎將堂溪典、光祿大夫楊賜等勘正《六經》文字。自書丹於碑，使工鐫刻，立於太學門外，世稱「熹平石經」。後遭宦官陷害，亡命江海十餘年。董卓擅政時，召為祭酒，遷尚書，拜中郎將，封高陽鄉侯。及董卓被誅，為司徒王允收付廷尉治罪。自請黥首刖足，續成漢史。不久，死於獄中。事見本書卷六十下。89李傕　（？—西元一九八年），字稚然，東漢北地（今寧夏吳忠）人。為董卓所部校尉。初平三年卓被殺後，與郭汜等率部叛亂，攻陷長安，縱兵殺掠，死者萬人，殺司隸校尉黃琬、司徒王允，與汜共專朝政。又與汜相攻，大肆燒殺，致使長安城空。建安三年，被段煨等討殺，夷三族。90郭汜　（？—西元一九七年），東漢末人。為董卓所部校尉。初平三年卓被殺後，與李傕攻陷長安，縱兵殺掠，死者萬餘人，殺司隸校尉黃琬、司徒王允。與傕共專朝政，為後將軍，封列侯。興平二年與傕相攻，劫質公卿。後獻帝東歸，又與傕相阻截，迫殺朝官。建安二年為其將伍習所殺。91宋翼　東漢涿郡人，王允以為左馮翊太守，在李傕郭汜之亂中，猶豫不決，為李傕所害。92左馮翊　官名、政區名。西漢時改左內史置。職掌相當於郡太守，轄區相當於一郡，因地屬畿輔，故不稱郡，為三輔之一。東漢時治今高陵縣西南。93王宏　字長文，東漢人。少有氣力，不拘細行。初為弘農太守，考案郡中有事宦官買爵位者，皆掠考收捕，威動鄰界。王允以為右扶風，後為李傕所害。㉔右扶風　政區名。西漢太初元年（西元前一〇四年）改主爵都尉置，分右內史西半部為其轄區，職掌相當於郡太守。因地屬畿輔，故不稱郡，為三輔之一。治今西安西北郊。東漢移治今興平東南，屬司隸校尉部。㉕山東　戰國時稱六國為山東，以其在崤函之東，故名。㉖就徵　接受朝廷、官府徵召。㉗平陵　西漢五個陵縣之一。漢昭帝築陵置縣。治今陝西咸陽西北。屬右扶風。㉘趙戩　字叔茂。後漢岐從子。性正直多謀，初平中為尚書，典選舉。董卓以有所私授，戩拒不聽。卓怒，欲殺之。眾人悚慄。而戩辭貌自若。卓悔謝釋之。後為平陵令。王允被害，人莫敢收允屍，惟趙戩棄官營喪。㉙營喪　辦理喪事。

【語　譯】王允，字子師，太原郡祁縣人。歷代都為州郡長官中之佼佼者。同郡的郭林宗曾經見到王允並且驚奇地說：「王允這個年輕人是一匹千里馬，將來一定是輔佐王業的棟梁之才。」於是與他結交為朋友。

2　十九歲時，王允做了郡吏。當時小黃門晉陽人趙津貪橫放縱，任意胡為，為一縣的大害。王允追捕他抓起來殺掉了。趙津的兄弟都諂媚巴結宦官，藉機暗地裡向桓帝哭訴，桓帝大怒，下詔把太守劉瓆抓進監獄並處死。王允給劉瓆送喪到平原老家，在那裡守喪三年才回到了自己家裡。後再次走上仕途。同郡有個名叫路佛的人，小時候就沒有品行，名聲很壞，但是太守王球召見他並給他補了一個小吏的職務。王允堅決反對，王球很生氣，把王允抓起來想殺掉他。刺史鄧盛聽說後派人乘驛站車馬疾行傳令，將王允任命為別駕從事。因此王允的名聲大了，路佛也因此沒當上小吏，被廢棄了。

3　王允小時候喜好高遠宏大的志節，在建功立業上有大志，常常學習經傳等書籍，早晨和傍晚練習騎馬射箭。三公府同時徵召他，結果以司徒高第而做了侍御史。漢靈帝中平元年，黃巾之亂爆發，朝廷特別選拔他當了豫州刺史。王允任命荀爽、孔融為從事，上書朝廷請求消除禁黨。他率軍討擊黃巾軍的偏師，大破黃巾軍，與左中郎將皇甫嵩、右中郎將朱儁等人受降幾十萬人。在黃巾軍那裡查到中常侍張讓賓客的書信，知道他與黃巾軍相勾結，於是王允便全部告發了他的奸情，並把情況寫成了奏章。靈帝十分生氣地責斥張讓，張讓叩頭請罪並把情況一一說明，最後竟沒有定張讓的罪。張讓懷恨在心，找藉口中傷王允。第二年，王允就被逮捕下獄。

4 正好遇上大赦，又恢復了刺史職務。不出半月，又以其他罪名被捕。司徒楊賜以為王允素來品行高潔，不想讓他受到更多痛苦與侮辱，於是派人告知他說：「你以張讓之事，所以才在一個月內兩次被捕。那些邪惡的人說不定還有什麼壞主意，你最好是自裁才好。」刺史下屬中有些果敢好事的人，一塊流著淚捧著毒藥讓他喝。王允厲聲說：「我為人臣子，獲罪於君主，應當甘認殺頭的罪行以謝天下，怎麼能用喝毒藥去求死呢！」他毅然地把藥碗摔掉，起身走出牢房上了檻車。到了廷尉那裡，左右執事催促他就刑，朝臣們沒有一個不歎息的。大將軍何進、太尉袁隗、司徒楊賜一起向皇帝上疏請求說：「君上能反躬自省，那麼臣子就會竭盡忠誠；君上能寬恕賢者愛惜有才能的人，就會激勵義士的節操。所以以前孝文皇帝採納馮唐的勸諫，晉悼公寬赦魏絳殺其弟之罪。王允以特選受命於朝廷，誅殺兇逆安撫順民，不到一個月，州境就澄清了。正當要陳列他的功勳，請皇上加以爵位賞賜，但由於他做事不當，雖然應處以殺頭之罪。罪責輕處罰重，那就會有負眾望。臣等處在宰相職位，不敢保持沉默。誠摯希望王允能蒙受忠心公卿應有的對待，用以昭示忠貞之心。」書奏上去後，得到了減死的判決。這年冬天大赦，唯有王允不在其列，三公於是又再次向皇上進言。到明年才得以釋放。當時宦官專橫殘暴，一點小小過失也會犯死罪。王允害怕不能免禍，於是變易名姓，流轉到河內、陳留之間去了。

5 到靈帝去世時，趕到京師服喪。當時大將軍何進想除掉宦官，召請王允一起商量，請求任命王允為從事中郎，後又轉任河南尹。獻帝即位以後，又擢升為尚書令。

6 初平元年，替代楊彪為司徒，仍兼尚書令。到董卓遷都到關中時，王允把蘭臺、石室的圖書祕籍，選取最重要的收集起來隨從上路。到了長安，都分門別類一條一條地上奏。還親自收集漢朝舊事可以繼續施用的，一併上奏給董卓。經籍得以全部保存下來，王允是出了力的。當時董卓還留在洛陽，朝政無論大小，全都委託給王允辦理。王允違背自己的性情，委屈自己的意志，每每牽就於董卓，董卓對他也推心置腹，不生猜疑，因此他能夠在危亂中扶持王室，不論是漢獻帝還是一般朝臣，也不管是宮內還是宮外，沒有不倚重王允的。

7 王允看見董卓的毒害越來越深，簒逆帝位的苗頭已經非常明顯，就祕密地與司隸校尉黃琬、尚書鄭公業等人商量一起誅殺兇頑。於是上書朝廷，命令護羌校尉楊瓚兼行左將軍的職務，執金吾士孫瑞為南陽太守，二人帶兵出武關，以討伐袁術為名而行分路征討董卓之實，最後接送獻帝回洛陽。董卓對此產生了懷疑，把兩路人馬留在身邊，王允就引納士孫瑞為僕射，楊瓚為尚書。

8 初平二年，董卓還長安，論列入關的功勞，封王允為溫侯，食封邑五千戶。王允堅決推辭不接受。士孫瑞對王允說：「你保持謙讓，堅守信約，那是在適當的時候。你與董太師官位相當，一起受封，現在你一個人崇尚高貴的節操，難道是榮辱與共的處世之道嗎？」王允採納了他的意見，於是接受了二千戶。

9 初平三年春天，連續降雨六十多天，王允與士孫瑞、楊瓚登臺祈禱請求天晴，乘機又商量討伐董卓的事。士孫瑞說：「自從去年以來，太陽無光，大雨積時，月犯執法星，彗星多次出現，晝夜之間陰陽顛倒，霧和氣互相交錯，這是時期到了，在催促我們趕快行事，從內發兵的人一定取勝。時機不可錯過，請你趕快定奪。」王允覺得他說的很對，於是暗地裡聯結董卓手下將領呂布，讓他作為內應。恰逢董卓入朝祝賀皇帝病癒，呂布趁此機會將董卓殺死了。這事記載在〈董卓傳〉內。

10 開始王允曾考慮赦免董卓的下屬，呂布也多次勸說他這樣做。但不久王允又懷疑說：「這些人沒有罪，只不過是跟從他們的主子罷了。現在如果把他們稱作逆黨而又寬赦他們，又會使他們產生疑慮，這不是安撫他們的好辦法。」呂布又想用董卓的財物賞賜給公卿將校們，王允又不同意。王允平素輕視呂布，只把他當劍客看待。呂布也以自己功勞大而自負，多次自我稱揚，既然未能如願，所以呂布漸漸對王允不滿起來。

11 王允性情剛毅有棱角，嫉惡如仇，當初害怕董卓像豺狼一樣的本性，因此委曲求全以找機會除掉他。待到董卓被殺，自認為再沒有什麼擔心的了，因此在與人交流接洽時，往往缺乏溫和之氣，一切仗理而行，直來直去，不考慮用權宜的策略，所以下屬的官吏都不十分依附他。

12 董卓的將校以及在位任職的人大多是涼州人，王允企圖解散這支軍隊。有人對王允說：「涼州人歷來畏懼袁氏兄弟，害怕關東人。現在如果解散他們的軍隊，就一定會導致人人自危。可以任命皇甫義真為將軍去統領他們的軍隊，並把他們留在陝西以安撫他們，再慢慢地與關東人取得聯繫，以察看他們的變化。」王允說：「不能這樣。關東率領著義兵的人都是同心的。現在把董卓的餘部留在陝西據守險處，雖然安定了涼州，卻使關東的軍隊產生疑心，這樣做很不妥當。」當時百姓誤傳，說要誅殺涼州人，於是互相傳言，軍中恐懼，蠢蠢欲動。那些在關中的人都擁兵自守，而且還相互通氣說：「丁彥思、蔡伯喈二人僅僅因為與董卓的關係密切，就受牽連雙雙被殺。現在既然不寬赦我們，反而想要解散軍隊。今天解散軍隊，明天就會成為魚肉了。」董卓的部將李傕、郭汜等人以前領軍駐紮在關東，因此心中不安，於是二人合謀作亂，派兵攻打長安。城陷之日，呂布逃走了。呂布逃走時，在青瑣門外停住馬，招呼王允說：「你現在可以離開嗎？」王允說：「如果承蒙社稷之靈的庇護，能夠安定國家，這是我的願望。如果達不到這個願望，我願獻身而死。天子年紀幼小，完全仗恃我一個人，遇到危險而一個人逃跑，我不忍心這樣做。請你盡量地向關東各將致意，勸他們以國家為重。」

13 當初，王允任命同郡人宋翼為左馮翊，王宏為右扶風。這時三輔人口眾多，兵富穀多，李傕等人想馬上殺掉王允，又害怕二郡起兵反抗，於是先派人徵召宋翼和王宏。王宏派使者對宋翼說：「郭汜、李傕因為我們二人在京城之外，所以不敢殺害王允。今日應召，明天我們都會滅族。怎麼辦呢？」宋翼回答說：「雖然是禍是福難以估量，但是朝廷命令不能夠違背呀。」王宏說：「義兵洶洶湧湧，目標對準的是董卓，何況是董卓的黨羽呢？如果領兵共同討伐天子身邊的惡人，山東的軍隊一定響應，這就是轉禍為福的計策呀。」宋翼不聽從。王宏不能一個人獨自行事，於是雙雙到京，結果被送到廷尉那裡。李傕命人逮捕王允和宋翼、王宏，三人一起被殺掉了。

14 王允當時五十六歲。大兒子王蓋，官位侍中，另外兩個兒子王景、王定以及宗族十多人都被殺。只有他哥哥的兒子王晨、王陵逃到了民間。天子為此而感到悲痛，百姓為此而感到喪氣，沒有誰敢收拾王允的屍體，只有王允的舊屬平陵令趙戩棄官安葬了王允。

1 王宏字長文，少有氣力，不拘細行❶。初為弘農❷太守，考案郡中有事宦官買爵位者，雖位至二千石❸，皆掠考收捕，遂殺數十人，威動鄰界。素與司隸校尉胡种有隙，及宏下獄，种遂迫促殺之。宏臨命詬❹曰：「宋翼豎儒❺，不足議大計。胡种樂人之禍，禍將及之。」种後眠輒見宏以杖擊之，因發病，數日死。

2 後遷都於許❻，帝思允忠節，使改殯葬之，遣虎賁中郎將❼奉策弔祭，賜東園❽祕器❾，贈以本官印綬，送還本郡。封其孫黑❿為安樂亭侯，食邑三百戶。

3 士孫瑞字君策，扶風人，頗有才謀。瑞以允自專⓫討董卓之勞，故歸功不侯，所以獲免於難。後為國三老⓬、光祿大夫⓭。每三公缺，楊彪、皇甫嵩皆讓位於瑞。興平⓮二年，從駕東歸，為亂兵所殺。

4 趙戩字叔茂，長陵人，性質正多謀。初平中，為尚書，典選舉。董卓數欲有所私授⓯，戩輒堅拒不聽，言色強厲。卓怒，召將殺之，眾人悚慄，而戩辭貌自若。卓悔，謝釋之。長安之亂，客於荊州⓰，劉表⓱厚禮焉。及曹操⓲平荊州，乃辟之，執戩手曰：「恨相見晚。」卒相國鍾繇⓳長史。

【章　旨】以上補述王宏、士孫瑞、趙戩三人事跡。王宏做弘農太守時，斬殺郡中巴結宦官買爵位的幾十個人，震動臨近的郡縣。在應付李傕、郭汜之亂時，為宋翼所誤。由於與司隸校尉胡种有隔閡，為其所害。士孫瑞在討伐董卓中雖然與王允齊心合力，老謀深算，歸功不侯，所以獲免於難。後為國三老。趙戩為人正義，王允死，為之棄官收葬，終有後福。

【注　釋】❶細行　小節；生活小事。❷弘農　郡名。西漢元鼎三年（西元前一一四年）置，取宏大農桑為名。治所在今河南靈寶北舊靈寶西南。❸二千石　官秩等級，因所得俸祿以穀為準，故以「石」稱之。因郡守、王國傅相均秩二千石，所以二千石成為漢代對郡守、國相等一級官吏的通稱。❹詬　辱罵；責罵。❺豎儒　對儒生的鄙稱。❻許　今河南許昌。❼虎賁中郎將　官名。主宿衛。西漢末更名期門為虎賁郎，置虎賁中郎將統領，秩比二千石。隸屬光祿勳。東漢因之，主虎賁禁兵。光武帝、明帝時常以侍中兼領之，其後多以貴戚充任，或領兵出征。❽東園　官署名。秦漢置。掌管陵墓內器物、葬具的製造與供應，屬少府。❾祕器　指皇室、顯宦死後用的棺材。❿黑　《校補》引柳從辰說，謂「黑」作「異」。⓫自專　獨任其事。⓬三老　鄉官名。戰國時秦、齊、魏國閭里及縣均設，掌鄉里教化。西漢時以民年五十以上，有修行，能帥眾為善者為三老，鄉一人；擇鄉三老一人為縣三老。後郡國亦置。三老可免徭役，就地方政事向縣令、丞、尉提出各種建議。東漢明帝時，以年老大臣為之，以示孝悌天下。⓭光祿大夫　官名。戰國時置中大夫，漢武帝時始改稱光祿大夫，掌顧問應對，屬光祿勳。⓮興平　東漢獻帝劉協年號，西元一九四－一九五年。⓯私授　安插親信。⓰荊州　漢武帝所置「十三刺史部」之一。治今湖南常德東北。⓱劉表　字景升，東漢高平（今山東魚台）人。魯共王餘之後。姿貌溫偉。與同郡人張儉共號為「八顧」。初平中為荊州刺史，愛民養士，從容自保。及曹操與袁紹相持於官渡，紹求助於表，表許之而未往援。曹既破紹，自將征表，未至，表疽發背而亡。⓲曹操　即魏武帝（西元一五五－二二〇年），字孟德，沛國譙縣（今安徽亳州）人。初任洛陽北部尉，遷頓丘令。後在平定黃巾之亂和討伐董卓的戰爭中逐步擴充軍事力量。建安元年迎漢獻帝都許，從此用其名義發號施令，先後削平呂布等割據勢力。官渡之戰大敗袁紹，逐漸統一了北方。建安十三年在赤壁之戰中敗於孫權和劉備的聯軍。封魏王，子曹丕稱帝後追尊為武帝。他在北方屯田，興修水利，對農業生產的恢復有一定積極作用。用人唯才，抑止豪強。精兵法，善詩歌。⓳鍾繇　（西元一五一－二三〇年），字元常，潁川長社（今河南長葛）人。東漢興平二年，因助漢獻帝擺脫李傕、郭汜控制，以功遷御史中丞、侍中尚書僕射，封東武亭侯。建安二年，曹操表為侍中，守司隸校尉，持節督關中諸軍事。七年，得馬騰之助，擊殺袁尚部將郭援，並降南單于。曹丕即位，為廷尉，遷太尉，魏明帝時，又遷太傅。善書法，尤精隸、楷，與王羲之並稱「鍾王」。

【語譯】王宏，字長文，小時候有勇力，不拘小節。開始做弘農太守時，收治郡中那些巴結宦官買到爵位的人，即使位置到了二千石的高位，也將他們抓起來，斬殺了幾十人，威嚴震動臨近的郡縣。由於平素與司隸校尉胡种有些隔閡，待到王宏被捕入獄，胡种便督促有關官員將他殺死了。王宏臨刑時罵道：「宋翼這個書呆子，不能夠和他商量大計。胡种以別人得禍為快樂，他自己也馬上要大禍臨頭了。」胡种後來每次睡覺都夢見王宏用棍子打擊自己，因此發病，沒幾天就死了。

2 後來獻帝遷都到許昌，考慮到王允的忠臣氣節，便派人改葬。虎賁中郎將拿著天子的策文去弔祭，賞賜了東園製造的棺材，追贈王允原任官爵的印綬，把王允的靈柩送到他的老家。封王允的孫子王黑為安樂亭侯，食邑三百戶。

3 士孫瑞，字君策，扶風人，很有些才能和智謀。因為不滿王允獨占討伐董卓的功勞，所以在董卓被誅後不接受封侯的賞賜，結果沒有同王允一起遇害。後來成為國家三老、光祿大夫。每當三公有空缺時，楊彪、皇甫嵩都讓位給士孫瑞。漢獻帝興平二年，他跟從天子東歸洛陽，被亂兵所殺。

4 趙戩，字叔茂，長陵人。性格質樸正直而且很有計謀。漢獻帝初平年間為尚書，掌管選拔和薦舉賢才之事。董卓多次想要私自安排一些親信，趙戩都堅決拒絕不肯聽從，而且臉色嚴肅，措辭強硬。董卓很生氣，召他來準備殺掉，其他人都害怕得發抖，趙戩卻面不改色，言笑自若。董卓後悔了，向他謝罪並把他釋放了。長安動亂的時候，他寄寓在荊州，劉表以特別的禮節招待他。等到曹操平定荊州的時候，便聘請他為官。曹操拉著趙戩的手說：「可惜我們相見太晚了。」後來死在相國鍾繇長史任上。

論曰：士❶雖以正立，亦以謀濟。若王允之推董卓而引❷其權，伺其間❸而敝其罪，當此之時，天下懸解❹矣。而終不以猜忤❺為釁❻者，知其本於忠義之誠也。

故推卓不為失正，分權不為苟冒❼，伺間不為狙詐❽。及其謀濟意從，則歸成於正也。

【章　旨】以上是史家對王允的評論。稱讚王允委身董卓是為了分散他的權力，伺機討伐他的罪行。最後解除天下的危亡。雖然用韜略和手段去實現目的，但支撐這一切的卻是正直的本性。

【注　釋】❶士　泛指官員、知識分子階層。❷引　取過來；拿出。❸間　空隙。引申為機會。❹懸解　猶言解倒懸。謂在困境中得救。❺猜忤　疑忌而忤逆。❻釁　縫隙；裂痕。❼苟冒　貪求。❽狙詐　狡猾奸詐。

【語　譯】史家評論說：士雖然應以正直立身，但也要有謀略來輔助。像王允那樣推舉董卓而慢慢地分掌他的權力，伺察機會而討伐他的罪行，最後才解除了天下的危亡。人們始終不猜忌他背叛朝廷，是因為知道他的本性是忠義至誠的啊。因此他推舉董卓不能算是失去正直，他分掌董卓的權力也不能說是玩弄權術，伺察董卓的漏洞而討伐他也不能稱為陰險。待到他計謀達到，目的意圖得以實現，這一切都歸功於本性正直啊。

贊曰：陳蕃蕪室，志清天綱❶。人謀雖緝❷，幽運❸未當。言觀殄瘁❹，曷非云亡？子師❺圖難，晦心傾節❻。功全元醜❼，身殘餘孽❽。時有隆夷❾，事亦工拙❿。

【章　旨】以上是史家對陳蕃和王允的贊語。對陳、王都是有讚有歎，稱讚他們心懷大志，通過人為的努力，去實現匡輔國家的目的；又慨歎他們命運不好，功虧一簣，在國運將盡時，回天無力，為國捐軀。

【注　釋】❶天綱　朝廷的綱紀。❷人謀雖緝　言陳蕃設謀雖合，而冥運未符。人謀，指人為的努力。緝，合。❸幽運　猶冥運。謂命運天定，人不能知。❹殄瘁　枯萎；病態。引申為國運將盡。殄，盡。瘁，病。❺子師　王允字。❻晦心傾節　晦心，隱藏本心。傾節，謂矯情屈意於董卓。❼元醜　首惡。❽餘孽　殘存的壞人或惡勢力。❾隆夷　高低起伏。引申為有順有逆。❿工拙　誅董卓為工，被殺為拙。引申為成敗。

【語　譯】史官評議說：陳蕃的住室荒蕪骯髒，是因為他立志清理天下綱常。人為的努力雖然達到了極限，但冥冥之中他的命運不好。國運將盡，難道不是因為賢人們都死了嗎？王允在國難當頭的時候，隱藏自己的本心而屈身奉事董卓。成就了斬殺元兇之功，但他本人卻被董卓的餘黨殺死了。時運有順有逆，做事有成功也有失敗啊。

【研　析】陳蕃在桓、靈兩朝進入權力中樞，這正是皇帝昏庸、宦官勢力猖獗、外戚梁冀把持政權、東漢政治最黑暗的時代。王朝將傾，他又想力挽狂瀾，由此和腐敗勢力展開了驚心動魄的鬥爭。陳蕃自幼就有澄清天下之志，他看清了東漢政治腐敗的表現和根源，因此多次上疏，批評桓帝親近小人，疏遠忠直；沉湎於酒色，生活腐化；殺害忠良，優容惡劣；對親近之人濫加封賞，對忠良之臣一概排斥。使內患越積越多，外患越來越嚴重，萬民飢寒，國家貧困。但桓帝非但聽不進逆耳忠言，反而對他產生了反感。面對如此宦官為亂朝政的局面，已七十多歲的陳蕃只好拼死一搏。他與竇武想剷除宦官集團，但事情敗露，功虧一簣，反被殺害。陳蕃是一代諍臣，當時就被譽為「不畏強禦陳仲舉」，在危險的政治漩渦中馳騁了幾十年，雖然道遠而志氣更加堅定，與宦官們抗衡，大功雖然沒有完成，但是他的信義卻足以維繫民心，使漢朝幾代混亂而不至於滅亡。

王允處於東漢末世，由於不附宦官，所以屢遭誣陷，接連入獄治罪，甚至被判死刑。王允為司徒兼尚書令時，適逢董卓之亂。他處變不驚，在動亂中把蘭臺、石室的圖書祕籍保存下來。遷都長安後，委屈自己的意志，附從於董卓，在危亂中扶持王室。到發現董卓篡逆王位的苗頭時，便暗中聯結董卓手下將領呂布，終於將梟雄除掉。可惜在處置董卓部曲時，失於運籌不當，為其所害。王允的悲劇，有個人原因也有時代原因。

王允性情剛毅有棱角，嫉惡如仇。當初因為害怕董卓，所以委曲求全。到全盤掌握朝政後，自認為沒有患難了，因此不再考慮權宜的策略，失去了人和，成為眾矢之的，為他人所算。

陳蕃和王允，作為一個末世王朝的忠貞之臣，以身殉道，他們的個人悲劇是不可避免的，但他們的奮鬥精神卻光照世人，正如古人所言：「士之所貴，由乎道存。」（聶樹鋒注譯）

卷六十七

黨錮列傳第五十七

【題解】東漢後期，外戚與宦官交相把持政權，社會矛盾異常尖銳，社會政治極端黑暗。尤其在桓帝、靈帝時期，宦官專權擅政，恣意妄為，蠹國害政之事，不可殫書。為了消滅反對勢力，鉗制社會輿論，他們屢興大獄，打擊和陷害那些「尚氣節」的士大夫。前有張成弟子牢脩上書誣陷李膺等「養太學遊士，交結諸郡生徒，更相驅馳，共為部黨，誹訕朝廷，疑亂風俗」，後有朱並承望中常侍侯覽意旨誣告張儉等人「別相署號，共為部黨，圖危社稷」。其間因黨事而罹難遇禍者多達六七百人，海內塗炭長達二十餘年。可以說，黨錮之事為東漢後期重大的歷史事件。本卷即為范曄記述桓、靈之時遭遇黨錮之禍的一類士人的列傳。其中內容詳實者，若李膺、范滂、張儉等人之傳，繪聲繪色，生動傳神。而所存事跡不多者，則寫得極為簡略，有的甚至不足百字，還有的僅存姓名、籍貫而已。然而，無論如何，都體現出了作者對這些忠臣善士的敬佩之情。

1 孔子曰：「性相近也，習相遠也❶。」言嗜惡之本同，而遷染❷之塗異也。夫刻意❸則行不肆，牽物則其志流❹。是以聖人導人理性，裁抑宕佚❺，慎其所與，節其所偏。雖情品萬區❻，質文異數，至於陶物振俗❼，其道一也。叔末澆訛，王道陵缺❽，而猶假仁以效己，憑義以濟功。舉中於理，則強梁褫氣❾；片言違正，則廝臺解情❿。蓋前哲之遺塵⓫，有足求者。

2 霸德既衰，狙詐萌起。⓬彊者以決勝為雄，弱者以詐劣受屈。至有畫半策而綰萬金，開一說而錫琛瑞⓭。或起徒步而仕執珪，解草衣以升卿相⓮。士之飾巧馳辯，以要能釣利⓯者，不期而景從⓰矣。自是愛尚相奪，與時回變⓱，其風不可留，其敝不能反。

3 及漢祖杖劍，武夫勃興⓲，憲令寬賒，文禮簡闊⓳。緒餘四豪⓴之烈，人懷陵上之心，輕死重氣，怨惠必讎㉑，令行私庭，權移匹庶，任俠之方㉒，成其俗矣。自武帝以後，崇尚儒學，懷經協術，所在霧會，至有石渠分爭之論，黨同伐異之說㉓，守文之徒，盛於時矣。至王莽專偽，終於篡國，忠義之流，恥見纓紼㉔，遂乃榮華丘壑，甘足枯槁㉕。雖中興在運，漢德重開㉖，而保身懷方，彌相慕襲㉗，去就之節，重於時矣。逮桓靈之間㉘，主荒政繆，國命委於閹寺㉙，士子羞與為伍。故匹夫抗憤，處士橫議，遂乃激揚名聲，互相題拂㉚，品覈公卿，裁量執政，婞直㉛之風，於斯行矣。

4

夫上好則下必甚，矯枉故直必過㉜，其理然矣。若范滂㉝、張儉㉞之徒，清心忌惡，終陷黨議，不其然乎？

【章旨】以上為本傳的小引。作者以孔子之言「性相近也，習相遠也」為據，闡述了在歷史發展過程中，受到政治因素、文化環境及民風民俗的影響，不同時期的社會生活中總會出現各有特點的社會風氣。在西漢末年至東漢初期，士人中形成了一種堅持忠義，尚重名節的社會風氣。以此為基礎並不斷演變，到了桓、靈之間，則導致了反對宦官專權的婞直之風盛行於世。而矯枉過正的言行，則使得那些清心忌惡、抗憤橫議的士子們紛紛陷入黨議之中。

【注　釋】❶性相近也二句　人們的天性原本是相近的，而由於不同環境與風俗的影響，後天便養成了互相差異的習性。語出《論語・陽貨》。性，指人的天賦之性。習，指後來因受到生活環境與社會風俗的習染而養成的性情。❷遷染　指人的性情因受到外界的影響而發生變化。唐李賢注：「《尚書》曰：『唯人生厚，因物有遷。』《墨子》：『墨子見染絲者，泣而歎曰：「染於蒼則蒼，染於黃則黃，故染不可不慎也。非獨染絲然也，國亦有染。湯染於伊尹，故王天下；殷紂染於惡來，故國殘身死，為天下僇。」』」「生」同「性」。語見《尚書・君奭》。❸刻意　指克制約束自己的心志和欲念使不得放縱自恣。❹牽物則其志流　指受到外界事物的牽制和影響而使其心意流蕩忘返。❺裁抑宕佚　指裁正限制那些放蕩自恣而淫佚失性的行為。宕佚，放蕩恣肆；不受拘束。❻情品萬區　指人們的性情品格千差萬別，互不相同。品，品類；品種。❼陶物振俗　陶冶和教化民眾的思想行為，以改變振興社會的風氣習俗。❽叔末澆訛二句　指春秋時期社會風氣變得淺薄偽訛，周王朝的統治秩序遭到破壞而日益衰敗。澆，淺薄。陵缺，衰頹；衰微。意同「陵夷」、「陵替」。伯、仲、叔、季原為長幼次序，引申有前後之義。叔末，叔世；末期。這裡指周室衰微、諸侯爭霸的春秋時期。❾舉中於理二句　行為舉動合乎道理，雖是強橫有力的大國也氣虛理虧。褫氣，奪氣；喪氣。據《左傳》載：齊侯伐楚，楚子使與師言曰：「君處北海，寡人處南海，唯是風馬牛不相及也，不虞君之涉吾地也，何故？」管仲對曰：「爾貢苞茅不入，王祭不供，無以縮酒，寡人是徵。」對曰：「貢之不入，寡君之罪也。」遂使屈完與齊盟於召陵。此事即為強梁褫氣。❿片言違正二句　隻言片語說得不對，雖是卑賤的奴僕也會直言答對，解說事實真相。廝臺，古時對奴僕的稱呼。據《左傳》載：晉獻公惑於驪姬之譖，殺太子申生，命寺人披伐蒲，殺重耳。重耳出走奔於狄，披追至，斬其袪而歸。後重耳入主晉為文公。呂甥，郤芮將焚公宮而殺晉侯，寺人披請見，公使責讓之，且辭曰：「汝為惠公來求殺余，命汝三宿，汝中宿而至。雖君有命，何其速也！」對曰：「臣謂君之入也，其知之矣。若猶未也，又將及難。君命無二，古之制也，除君之惡，唯力是視，蒲人狄人，余何有焉？今君即位，其無蒲、狄乎！」此事則為廝臺解情。⑪遺塵　指流傳於後世的言行事跡。塵，蹤跡。⑫霸德既衰二句　五霸的功業衰敗之後進入了戰國時期，狡猾多變詐偽欺瞞的事情逐漸萌生並興盛起來。霸德，指春秋五霸的功業。狙詐，狡猾奸詐。狙，獼猴。以其多詐，故比喻之而稱狙詐。⑬畫半策而綰萬金二句　這是說那些策士們謀劃半個計策，貢獻一個主意，就會得到國君極厚的賞賜。半，極言其少。綰，繫；結。錫，賜給。琛瑞，寶玉。據《史記》和《戰國策》載：蘇秦說趙王，賜白璧百雙、黃金百鎰。虞卿見趙王，賜白璧一雙、黃金百鎰。⑭起徒步而仕執珪二句　策士們往往由平民一下子就升任高官。執珪本楚爵，漢初沿用。功臣賜珪，故稱執珪。據《史記》載：楚惠王說「莊舄，越之鄙細人也，今仕楚執珪，貴富矣」。又載：范雎、蔡澤都以平民而脫去草衣，升為卿相。⑮要能釣利　指取得權勢獲得利益。要，通「邀」。求取。能，勢能。⑯不期而景從　指沒有事先約定，卻像影子伴著物體一樣，隨從而來。期，約定時間；商定日期。語本賈誼〈過秦論〉：「天下雲會相應，贏糧而景從。」⑰與時回變　指隨著時間的推移而發展變化。回，運轉；旋轉。⑱武夫敎興　指武士的社會力量迅速壯大起來，尚武的社會風氣很快興盛起來。⑲憲令寬賒二句　朝廷實行的法律條令和禮儀制度都非常的寬疏簡略。賒，寬緩；稀疏。⑳四豪　指戰國時著名的四公子：魏信陵君魏無忌、趙平原君趙勝、楚春申君黃歇、齊孟嘗君田文。他們都以大量養士而聞名天下。㉑輕死重氣二句　把自己的生死看得很輕，而把自己的名聲氣節看得很重。無論別人對自己是有怨恨還是有恩惠，必定要報答。㉒任俠之方　指相互信任的人結成團夥而以威權橫行於世的作法。李賢注：《前書音義》：「相與信為任，同是非為俠。所謂權行州域，力折公侯者也。」㉓石渠分爭之論二句　漢宣帝時在石渠閣評定《五經》異同的會議上，各家經師因解說分歧而公開爭論。其見解相同者結為同黨，而見解相異者則互相攻擊。石渠閣，未央殿北皇室藏書的地方。自漢武帝罷黜百家，獨尊儒術，設《五經》博士，置博士弟子員以後，說經者日益眾多，而歧解異說也日益嚴重。漢宣帝甘露三年，遂會集諸儒於石渠閣中，講論《五經》同異，由太子太傅蕭望之等評議後，奏上宣帝親自決定取捨。這次會議使得各家經說的紛爭變為公開化。㉔恥見纓紼　許多名士以在朝廷任職為官而感到恥辱。纓，繫冠之帶。紼，繫印之組。纓紼，此代指朝廷官職。㉕榮華丘壑二句　那些名士隱居不仕，以生活在丘壑荒野中為榮耀華貴，雖飲食起居窮困枯槁而甘心滿足。枯槁，枯竭。形容生活極度窮困。㉖中興在運二句　此指漢家功業的振興符合於上天的時運，遂使得光武帝劉秀重新建立了東漢王朝。中興，復興。多指國家由衰微而重新振興。㉗保身懷方二句　那些愛惜自己名譽，懷有經世之術的名士都彼此仰慕且互相效仿。㉘桓靈之間　指桓帝、靈帝時期。桓帝劉志，西元一四七－一六七年在位；靈帝劉宏，西元一六八－一八九年在位，其間外戚與宦官交相把持朝政而使得政治腐敗，民不聊生，最終導致了黃巾之亂，東漢王朝幾近衰亡。㉙國命委於閹寺　把國家的命運，朝廷的政令交付給宦官們掌握。閹，閹人；閹宦。寺，古代官署名。㉚題拂　品評褒揚。題，品評。㉛婞直　剛直倔強，寧折不彎。㉜矯枉故直必過　矯正曲枉之物時，必然要超過原本正直的狀態。這裡指矯正閹宦專權的邪枉局面時，那些士人的言語行為必定會超出正確合理的限度。㉝范滂　字孟博，汝南征羌（今河南漯河市）人。任汝南太守宗資的屬吏時，壓抑豪強，疾惡如仇。並與太學生結交，反對宦官。桓帝延熹九年，與李膺同時被捕。次年，釋放還鄉。靈帝建寧二年，再度被捕。後死獄中。事詳本傳中。㉞張儉　字元節，山陽高平（今山東微山縣）人。任山陽郡東部督郵時，劾奏宦官侯覽，為太學生所敬仰。靈帝建寧二年，宦官大捕反對他們的官員，張儉遂逃亡出塞，沿途人們爭相隱匿而不避危難。獻帝初，任衛尉，不久死去。事詳本傳中。

【語　譯】孔子說：「人的性情原本都是相近的，而後天的習染則使得人們的性情差距很大。」這是說人們的好惡原本是相同的，而為不同的習俗環境所影響，性情才變得各不相同。人們如果能夠克制約束自己的意欲，其行為就不會放縱恣肆；相反如果被物欲所牽累，其心志也會隨之遷流改變。因此古代的聖人總是教導和調理人們的性情，裁抑其放蕩自恣的意念，使其謹慎地對待與外界的交往，調節並限制自己的偏好。雖然人們的秉性千差萬別，有的顯現質樸，有的富於文采，而最終都能實現陶冶造就各種人才，振興和純潔社會風氣，他們所遵從的原則基本上是一樣的。到了王道衰微的末世，社會風氣變得澆漓虛偽，仁愛正義逐漸衰微敗壞，但是人們仍然還要打著仁愛的旗號來謀取自己的利益，借助正義的名義來謀求自己的事功。行為舉動能夠合乎仁義之理，就是那些強橫有力者也會因此而喪氣失力；而如果有半句話違離了正義之理，就是身邊的那些奴僕婢妾也會直言對答而解說實情。這是因為前代聖哲們遺留於後世的言論，還有值得人們追求與滿足人們需要的社會價值。

2 春秋五霸的功業衰敗之後，各種狡猾欺詐之事則愈來愈多。強盛者憑著自己神明決勝的謀略而稱雄於世，弱劣者則由於自己的策謀拙劣而屈居人下。以至於有的人為君王謀劃半個計策就能夠變得腰纏萬金，籌措一個主意就可以獲得珍寶無數。有的人起身於平民百姓立刻就官職顯赫，有的人脫掉草鞋布衣馬上就升任卿相。那些靠賣弄機智、巧言雄辯以謀求權勢與財利的人們，雖無事先的約定，卻如影隨形一般紛紛追隨而來。從此以後，人們的心中所愛與口中所尚就越發變得不相一致，這種風氣隨著時代的推移而不斷有所變化，而欺詐之風無法制止，欺詐之弊無法挽回。

3 等到高祖劉邦拔劍起兵之時，武人的勢力又迅速興盛起來，漢初政府的法令寬緩疏簡，各種禮制也不周密。社會上仍然延續著戰國四公子那種養士任俠的遺風，許多遊士都懷有淩人犯上的思想，他們輕死生而重氣節，無論是恩惠怨仇都必然相報，以至於出現了法令行於私家，政權落入匹庶的現象，結夥任俠而橫行於世，成了當時社會的普遍風氣。自從武帝崇尚儒學以後，那些精通《五經》的儒生們各執經術，各傳己說，常常在各地聚會，一起來講論經術，以至於當宣帝詔令在石渠閣會集諸儒講論《五經》同異時，他們公開發生了爭辯，與己說相同的則視為朋黨，與己說相異的便大加攻伐，持守經典傳承文教的人，在這個時期最為盛行。到了王莽詐偽專權，終於篡國的時候，那些正直忠義的士人，羞恥於在朝中做官，他們以隱居於山野丘壑之中為榮耀，心甘情願地過著清苦窮困的生活。雖然漢朝的事業有中興之運，光武帝再度建立了漢室政權，但是那些身懷經術而愛惜自己聲譽的名士卻不願出仕，他們彼此仰慕，互相效仿，對於做官與否並不看重，對於自己的名節卻看得非常重要。到了桓帝、靈帝時期，君主荒淫，政治腐敗，朝廷大權完全掌握在宦官手中，士人們羞於與他們為伍。整個社會人人情緒激憤，匹夫處士都任意譏評時政，於是他們竭力宣揚名聲，互相品評議論，品核裁定公卿的才幹優劣，衡量評判執政的能力高低，那種倔強率直的風氣，盛行於當時社會之中。

4 一般說來，君王如果有所喜好則臣下必然會更加過分，想要矯正閹宦的邪枉專權就必然要超過正常合理的限度，這是理所當然的事情。像范滂、張儉這些人，一個個清心正意而憎惡邪枉，他們最終被誣為黨人陷入黨議，不就是這個原因嗎？

1 初，桓帝為蠡吾侯❶，受學於甘陵❷周福，及即帝位，擢福為尚書。時同郡河南尹房植❸有名當朝，鄉人為之謠曰：「天下規矩房伯武，因師獲印周仲進。」二家賓客，互相譏揣❹，遂各樹朋徒，漸成尤隙❺，由是甘陵有南北部，黨人之議，自此始矣。後汝南太守宗資任功曹❻范滂，南陽太守成瑨亦委功曹岑晊❼，二郡又為謠曰：「汝南太守范孟博，南陽宗資主畫諾❽。南陽太守岑公孝，弘農成瑨但坐嘯❾。」因此流言轉入太學，諸生三萬餘人，郭林宗❿、賈偉節⓫為其冠，並與李膺⓬、陳蕃⓭、王暢⓮更相褒重。學中語曰：「天下模楷李元禮，不畏強禦陳仲舉，天下俊秀王叔茂。」又渤海公族進階⓯、扶風魏齊卿，並危言深論⓰，不隱豪強。自公卿以下，莫不畏其貶議，屣履到門⓱。

2 時河內張成善說風角⓲，推占當赦，遂教子殺人。李膺為河南尹，督促收捕，既而逢宥獲免，膺愈懷憤疾，竟案殺⓳之。初，成以方伎交通宦官⓴，帝亦頗誶其占㉑。成弟子牢脩因上書誣告膺等養太學遊士，交結諸郡生徒，更相驅馳，共為部黨㉒，誹訕㉓朝廷，疑亂風俗。於是天子震怒，班下郡國，逮捕黨人，布告天下，使同忿疾，遂收執膺等。其辭所連及陳寔㉔之徒二百餘人，或有逃遁不獲，皆懸金購募㉕。使者四出，相望於道。明年，尚書霍諝、城門校尉竇武㉖並表為請，帝意稍解，乃皆赦歸田里，禁錮㉗終身。而黨人之名，猶書王府㉘。

3 自是正直廢放，邪枉熾結。海內希風㉙之流，遂共相標搒㉚，指天下名士，為之稱號。上曰「三君㉛」，次曰「八俊」，次曰「八顧」，次曰「八及」，次曰「八廚」，猶古之「八元」、「八凱」㉜也。竇武、劉淑㉝、陳蕃為「三君」。君者，言一世之所宗也。李膺、荀翌、杜密、王暢、劉祐、魏朗、趙典、朱寓為「八俊」。俊者，言人之英也。郭林宗、宗慈、巴肅、夏馥、范滂、尹勳、蔡衍、羊陟為「八顧」。顧者，言能以德行引人者也。張儉、岑晊、劉表、陳翔、孔昱、苑康、檀敷、翟超為「八及」。及者，言其能導人追宗者也。度尚、張邈、王考、劉儒、胡母班、秦周、蕃嚮、王章為「八廚」。廚者，言能以財救人者也。

4 又張儉鄉人朱並，承望中常侍侯覽意旨㉞，上書告儉與同鄉二十四人別相署號㉟，共為部黨，圖危社稷。以儉及檀彬、褚鳳、張肅、薛蘭、馮禧、魏玄、徐乾為「八俊」，田林、張隱、劉表、薛郁、王訪、劉祗、宣靖、公緒恭為「八顧」，朱楷、田槃、疏耽、薛敦、宋布、唐龍、嬴咨、宣褒為「八及」，刻石立墠㊱，共為部黨，而儉為之魁。靈帝詔刊章[37]捕儉等。大長秋曹節[38]因此諷有司奏捕前黨故司空虞放、太僕杜密、長樂少府李膺、司隸校尉朱寓、潁川太守巴肅、沛相荀昱、河內太守魏朗、山陽太守翟超、任城相劉儒、太尉掾范滂等百餘人，皆死獄中。餘或先歿不及，或亡命獲免。自此諸為怨隙者，因相陷害，睚眦之忿[39]，濫入黨中。又州郡承旨，或有未嘗交關[40]，亦離[41]禍毒。其死徙廢禁者，六七百人。

5　熹平[42]五年，永昌[43]太守曹鸞上書大訟黨人[44]，言甚方切。帝省奏大怒，即詔司隸、益州檻車收鸞，送槐里獄掠殺之[45]。於是又詔州郡更考黨人門生故吏[46]父子兄弟，其在位者，免官禁錮，爰及五屬[47]。

6　光和[48]二年，上祿[49]長和海上言：「禮，從祖兄弟[50]別居異財，恩義已輕，服屬疏末。而今黨人錮及五族，既乖典訓之文，有謬經常之法[51]。」帝覽而悟之，黨錮自從祖以下，皆得解釋。

7　中平[52]元年，黃巾賊起，中常侍呂彊言於帝曰：「黨錮久積，人情多怨。若久不赦宥，輕與張角[53]合謀，為變滋大，悔之無救。」帝懼其言，乃大赦黨人，誅徙之家皆歸故郡。其後黃巾遂盛，朝野崩離，綱紀文章[54]蕩然矣。

8

凡黨事始自甘陵、汝南，成於李膺、張儉，海內塗炭，二十餘年，諸所蔓衍，皆天下善士。三君、八俊等三十五人，其名迹存者，並載乎篇。陳蕃、竇武、王暢、劉表、度尚、郭林宗別有傳。荀翌附祖淑傳。張邈附呂布傳。胡母班附袁紹傳。王考字文祖，東平壽張㊺人，冀州刺史；秦周字平王，陳留平丘㊻人，北海相；蕃嚮字嘉景，魯國人，郎中；王璋字伯儀，東萊曲城㊼人，少府卿：位行並不顯。翟超，山陽太守，事在陳蕃傳，字及郡縣未詳。朱寓，沛人，與杜密等俱死獄中。唯趙典名見而已。

【章　旨】以上簡述了東漢桓、靈時期先後兩次黨錮之禍發生的起因、形成與演進的過程，以及事件的結局。指出黨錮之禍蔓延天下，使得大批善士遭罹毒害，造成了海內塗炭、朝野崩離的嚴重局面，使漢之綱紀文章蕩然無存。為紀念這些名流善士，特收載其名跡存世者列於此篇。

【注　釋】❶桓帝為蠡吾侯　指桓帝劉志即位前襲父爵封為蠡吾侯。蠡吾，縣名。屬中山國。治今河北博野西南。❷甘陵　清河國甘陵縣。為清河國治，故城在今山東臨清東北。❸河南尹房植　房植，清河人，曾任少府、河南尹、光祿勳、司空等職。為官清正，有名當朝。河南尹，即河南郡的太守。東漢時遷都洛陽，河南郡守因改稱河南尹。❹譏揣　譏諷抨擊。譏，諷刺；譏笑。揣，捶打；抨擊。❺尤隙　嚴重的裂痕；很大的怨隙。❻功曹　功曹史的簡稱，為郡守的屬吏，相當於郡守的總務長，除掌人事外，並得與聞一郡的政務。❼岑晊　字公孝，南陽郡棘陽縣（今河南新野）人。曾勸太守成瑨捕殺富商張汎，後成瑨下獄，岑晊遂逃亡齊、魯間。被赦後，徵召並不就。黨錮事起，又逃匿而終。事詳本傳中。❽南陽宗資主畫諾　這是說汝南郡的重要政務，都由范滂來決策，南陽郡人宗資名為太守，實際上僅僅畫押簽字，徒有虛名。畫諾，指上級官員在文書上簽字批示，同意照辦。❾弘農成瑨但坐嘯　這是說南陽郡的重要政務，都是岑晊一手包辦；弘農郡人成瑨不過是名義上的太守，只知道整天閒坐嘯詠。坐嘯，閒坐嘯詠，誦讀詩文。❿郭林宗　郭泰，字林宗，太原郡界休縣（今山西介休）人。遊學洛陽時與李膺相友善，遂名震京師。後返歸鄉里時，諸儒送行，有車數千輛。性明於知人，好獎訓士類。黨錮事起，他閉門教授，弟子達數千人。事詳本書卷六十八。⓫賈偉節　賈彪，字偉節，潁川郡定陵縣（今河南郾城）人。初仕州郡，任新息長。黨錮事起，乃勸說竇武等援救黨人。終因黨禁卒於家。事詳本傳中。⓬李膺　字元禮，潁川郡襄城縣（今河南襄城）人。桓帝時，官河南尹，與郭泰等結交，反對宦官專權。延熹九年，宦官誣告他們結黨誹謗朝廷，被逮入獄。釋放後，禁錮終身。靈帝即位後，外戚竇武執政，起用為長樂少府，與陳蕃等謀誅宦官失敗，死於牢獄。事詳本傳中。⓭陳蕃　字仲舉，汝南郡平輿縣（今河南平輿）人。以忠正清廉、正大無私聞名於世。曾任大鴻臚、光祿勳、尚書僕射、太尉等職。桓帝時，和李膺等反對宦官專權，為太學生所敬重。數上書諫諍而辭嚴理正，然桓帝多不聽納。靈帝立，任太傅，封高陽侯。與外戚竇武謀誅宦官，後事洩，被殺。事詳本書卷六十六。⓮王暢　字叔茂，山陽郡高平縣人。少以清實為稱，舉茂才，遷為尚書令，出任齊相。後坐事免官，得太尉陳蕃舉薦，復為尚書，不久任為南陽太守。其提倡儉約，壓抑豪族，郡中稱化。後徵為長樂衛尉，遷司空，因水災免官。明年，卒於家。事詳本書卷五十六。⓯公族進階　複姓公族，名進階，渤海郡人。生平事跡不詳。⓰危言深論　這是說並能不懼危難而直言正論，所言皆深刻峻嚴。⓱屣履到門　事情急迫，來不及穿好鞋子就急忙前去拜訪。屣履，拖著鞋子走路。⓲風角　古代占卜吉凶的一種迷信術數，其依據節令占候四方、四隅之風以預測吉凶禍福。⓳案殺　考查案驗其罪行後，依法治罪將其殺死。案，考察；查究。⓴以方伎交通宦官　憑著善說風角的方術技能交結宮中的宦官。方伎，即方術。中國古代對天文（包括占候、星占）、醫學（包括巫醫）、神仙術、占卜、相術、堪輿、遁甲等各類技術的總稱。㉑頗誶其占　指經常問訊其占卜之事。誶，詰問；訊問。錢大昕曰：「『誶』當作『訊』。詩『訊之占夢』，訊，問也。古書訊、誶二字多相亂。然『訊』訓問，『誶』訓告，音義全別。」㉒部黨　朋黨；徒黨。由朋徒同類組成的團夥。㉓誹訕　誹謗譏諷。訕，譏謗；譏笑。㉔陳寔　字仲弓，潁川郡許縣（今河南許昌）人。出身於單微而有志好學。初為小吏，以有德被辟舉，補聞喜長，後遷任太丘長。其間修德清靜，百姓安緝；後以沛相賦斂違法，棄官而去。及後逮捕黨人，事亦連及，以其待人處事平心正直，無私不爭，故終得全宥。黨禁事解，屢被徵召而閉門不起。年八十四，卒於家。事詳本書卷六十二。㉕懸金購募　指懸設賞金，購求犯罪之人。購，購求。㉖竇武　字游平，扶風郡平陵縣（今陝西咸陽）人。其女立為桓帝皇后，竇武因遷為越騎校尉，封槐里侯。明年，拜為城門校尉。桓帝死，迎立靈帝，任大將軍，封聞喜侯，掌握朝廷大權。他常有翦除宦官之意，遂起用李膺、杜密等人。建寧元年，與陳蕃謀誅宦官，後事洩，被殺。事詳本書卷六十九。㉗禁錮　限制不准做官。㉘王府　猶王朝，朝廷。《資治通鑑》作「三府」，指司空、司馬、司徒三公之府。㉙希風　仰慕迎合一時流行的風尚。希，通「睎」。企望；仰慕。㉚標搒　同「標榜」。指相互稱揚。㉛三君　指此三人若君王之尊而為眾人所宗仰。㉜八元八凱　為古代傳說中的才德之士。據《左傳·文公十八年》載，傳說古時高辛氏有才子八人，「忠肅共懿，宣慈惠和」，稱為八元。高陽氏有才子八人，「齊聖廣淵，明允篤誠」，稱為八凱。元，善。指善於成事。凱，和悅，指和於眾人。㉝劉淑　字仲承，河間國樂成縣（今河北獻縣）人。初隱居講授，桓帝時被召，對策第一。遷任侍中、虎賁中郎將等職。上疏請罷宦官，措辭切直。靈帝時，宦官誣陷他和竇武通謀，被捕下獄，自殺。事詳本傳。㉞承望中常侍侯覽意旨　指逢迎中常侍侯覽的意旨行事。承望，逢迎別人旨意；看人眼色行事。中常侍，官名。秦始置，西漢沿置，出入宮廷內外，侍從皇帝左右。本是列侯至郎中的加官，東漢時，專用宦官充任；掌傳達詔令和處理文書，權力很大。侯覽，山陽郡防東縣（今山東金鄉）人。桓帝初，任中常侍，後封高鄉侯。他大受賄賂，奪人田宅，放縱僕從，欺凌百姓。擁有宅第十六所，建築樓臺池苑，仿效皇宮制度。靈帝初，被劾，自殺。事詳本書卷七十八。㉟別相署號　於本人姓名之外再另行署置名號。㊱立墠　指設立祭壇以共誓結盟。墠，古代祭祀或會盟時使用的場所。㊲刊章　指削掉奏章上所書舉報人的姓名。刊，刪削；削除。朝廷不欲宣露上書之人，故削除其姓名，然後交由主管部門依照奏章所列名單逮捕諸人。㊳大長秋曹節　大長秋，掌宣達皇后旨意，管理宮中事宜，為皇后的近身侍從。秦稱將行，漢景帝時改稱大長秋，多用宦者充任。曹節，字漢豐，南陽郡新野縣（今河南新野）人。順帝時為小黃門，桓帝時遷中常侍，靈帝時以定策封長安鄉侯。又以誅陳蕃、竇武之功遷長樂衛尉，封育陽侯；不久轉為大長秋。事詳本書卷七十八。㊴睚眦之忿　指互相瞪眼怒視的小小怨忿。睚眦，亦作「睚眥」。怒目而視。㊵交關　交往關連；勾通連絡。㊶離　通「罹」。遭受。㊷熹平　東漢靈帝劉宏年號，西元一七二—一七八年。㊸永昌　永昌郡。屬益州刺史部。郡治在今雲南保山市東北。㊹大訟黨人　指上書朝廷竭力為遭受黨禁的士人申訴冤情。㊺送槐里獄掠殺之　指送入朝廷設在槐里的牢獄將其笞掠殺死。槐里，縣名。西漢初改廢丘縣設置。治今陝西興平。掠，拷打；笞擊。㊻故吏　指過去曾任為屬吏者。㊼爰及五屬　即後文的「錮及五族」。五屬，謂五服內的親屬。舊時的喪服制度，以親疏為等差，分斬衰、齊衰、大功、小功、緦麻五等，統稱五服。㊽光和　東漢靈帝劉宏的年號，西元一七八—一八四年。㊾上祿　為武都郡屬縣。治今甘肅成縣。㊿從祖兄弟　指同一曾祖的族兄弟。亦即祖輩為兄弟的同族親屬。從祖，即伯祖、叔祖。(51)既乖典訓之文二句　一方面違背經典中有關的訓示內容，一方面乖離國家實行的法律條令。典指〈康誥〉。據《左傳·昭公二十年》載，齊大夫苑何忌言：「在〈康誥〉曰：『父子兄弟，罪不相及。』」有，通「又」。今本《尚書·康誥》無此文，或者為苑何忌概括〈康誥〉文義而這樣說的。(52)中平　東漢靈帝劉宏年號，西元一八四—一八九年。(53)張角　鉅鹿（今河北平鄉）人。東漢末黃巾軍的首領。靈帝時，他創立了太平道，自稱大賢良師，假借為人治病而傳教，祕密進行組織工作。十餘年間，徒眾多達數十萬人，範圍遍及青、徐、幽、冀、荊、揚、兗、豫八州。於中平元年發動起事，農民軍頭纏黃巾為標誌，因稱黃巾軍。先後擊退了北中郎將盧植、東中郎將董卓等的進攻。不久病死。(54)綱紀文章　泛指各種維持封建統治的法紀制度和禮樂秩序。(55)東平壽張　東平國壽張縣。治今山東東平西南。(56)陳留平丘　陳留郡平丘縣。治今河南開封東北。(57)東萊曲城　東萊郡曲城縣。治今山東招遠西北。

【語　譯】起初，桓帝為蠡吾侯時，曾受學於甘陵郡的周福，當了皇帝以後，便提拔周福做了尚書。當時同郡人河南尹房植也在朝廷中很有名望，甘陵同鄉因此就編造了歌謠說：「天下的規矩是房伯武，因師而做官的是周仲進。」於是，兩家的賓客互相譏諷抨擊，各自招納同夥，逐漸形成了很深的嫌疑和怨隙。這樣甘陵便有了南北二部的派別，黨人的說法也從此開始出現。後來汝南太守宗資將政事委託給功曹范滂，南陽太守成瑨則將政事交付給功曹岑晊，二郡中遂編造出歌謠說：「汝南的太守是范孟博，南陽的宗資只管簽字畫諾。南陽的太守是岑公孝，弘農的成瑨只是閒坐吟誦。」後來這些流言轉入太學中，太學諸生三萬多人，便以郭林宗、賈偉節為首領，與李膺、陳蕃、王暢等人互相褒揚推重。太學中傳言說：「天下的模楷為李元禮，不畏強暴的有陳仲舉，天下的俊秀是王叔茂。」另外，渤海郡的公族進階、扶風郡的魏齊卿，都能直言深論，不避豪強。自公卿以下的官員，全都畏懼他們會對自己有批評貶議，於是你來我往，競相登門拜望。

2 當時，河內郡的張成擅長以推說風角來占卜吉凶，他推占出朝廷將要大赦，於是就教唆他的兒子殺人。李膺為河南尹，遂督促官吏將其子抓捕，不久果然遇有大赦而免罪，李膺越發憤恨，查明事實後竟然不顧赦令把他誅殺了。先前，張成因為善於方術而與宦官多有交往，皇帝也時而向他問訊占語。張成的弟子牢脩於是就上書朝廷，誣告李膺等人收養太學遊士，交結各郡學生，互相奔走聯絡，共同結成團夥，誹謗朝廷政令，惑亂社會風俗。天子因此心中震怒，詔令立即頒下郡國，逮捕所有黨人，並且布告天下各地，使人人都忿恨黨人，於是就逮捕關押了李膺等。審訊招供所牽連涉及的陳寔等共有二百多人也都下令抓捕，其中有人逃亡躲避的，又都懸賞購求。一時間使者四出，彼此相望於道。第二年，尚書霍諝、城門校尉竇武等一起上表為他們求情，桓帝的怒氣才稍稍緩解，於是赦免其罪，讓他們返歸故里，但卻禁錮終身不得做官。黨人的名籍，也全部記錄在朝廷之中備案。

3 從此以後，正直的人士全都遭到廢黜而棄置不用，邪枉的勢力則勾結在一起非常囂張。海內那些迎合社會風尚仰慕名士風節的人，於是就共相稱揚，標榜天下名士，給他們加上稱號。最高的稱為「三君」，其次為「八俊」，其次為「八顧」，又次為「八及」，又次為「八廚」，就如同古代的「八元」、「八凱」一樣。竇武、劉淑、陳蕃為「三君」。稱名為「君」，是說他們並為當代社會所尊奉景仰。李膺、荀翌、杜密、王暢、劉祐、魏朗、趙典、朱寓為「八俊」，稱名為「俊」，是說他們為人中之英傑。郭林宗、宗慈、巴肅、夏馥、范滂、尹勳、蔡衍、羊陟為「八顧」，稱名為「顧」，是說他們能以美德善行導引大眾。張儉、岑晊、劉表、陳翔、孔昱、苑康、檀敷、翟超為「八及」。稱名為「及」，是說他們能帶領眾人追隨所宗仰的名士。度尚、張邈、王考、劉儒、胡母班、秦周、蕃嚮、王章為「八廚」。稱名為「廚」，是說他們能夠施予財貨救助他人。

4 另外，張儉的同鄉朱並順承中常侍侯覽的旨意，上書告發張儉與其同鄉二十四人互相署立稱號，共同結成部黨，圖謀危害國家。以張儉及檀彬、褚鳳、張肅、薛蘭、馮禧、魏玄、徐乾為「八俊」，田林、張隱、劉表、薛郁、王訪、劉祗、宣靖、公緒恭為「八顧」，朱楷、田槃、疎耽、薛敦、宋布、唐龍、嬴咨、宣褒為「八及」，刻石立碑，設置祭壇，共同盟誓，結成部黨，而以張儉為首領。靈帝於是下詔刊削去奏章上朱並的姓名，命有司直接按照奏章所開列的名單逮捕張儉等人。大長秋曹節也藉機暗示有司奏請抓捕先前的黨人。這樣，故司空虞放、太僕杜密、長樂少府李膺、司隸校尉朱寓、潁川太守巴肅、沛相荀翌、河內太守魏朗、山陽太守翟超、任城相劉儒、太尉掾范滂等一百餘人，全都死在獄中。其他人或者先已死去，或者因逃亡他鄉而未能捕獲。從此那些稍微有點怨仇的人，也乘機互相陷害，有的只因瞪眼瞋目的小忿，便遭誣陷而胡亂地被列入部黨之中。甚至有的州郡逢迎上司的旨意，一些原本與黨人從不交往的人，也遭遇到禍害。大概這次災禍中誅死流徙、廢官禁錮的共有六、七百人。

5 熹平五年，永昌太守曹鸞上書朝廷，極力替黨人申冤鳴屈，其言詞特別激切率直。靈帝閱覽奏章後大怒，立即詔令司隸校尉和益州刺史逮捕曹鸞，並用檻車押送至槐里監獄，後以酷刑拷掠致死。接著又詔令各州郡，進一步考查黨人的門生、故吏、父子、兄弟，所有在任為官的，一律免官禁錮，這就牽連包括了五服之內的親屬。

6 光和二年，上祿縣長和海上書說：「依照古禮，同曾祖的同族兄弟，已經分家別居，離析了財產，親情恩義已經變得極其輕微，族屬的關係也較為疏遠。然而現今對黨人的禁錮卻擴大到了五服以內的親屬，這樣的作法既違背了先王典訓的規定，又不合乎國家歷來的法律條文。」靈帝看後有所覺悟，於是下令，自伯祖、叔祖以下，黨人親族被禁錮的全都予以解除。

7 中平元年，黃巾暴動，中常侍呂彊對靈帝說：「朝廷對黨人的禁錮已經很久了，人情多有怨恨。如果遲遲不予寬赦，萬一這些人與張角合謀造反，變亂就會蔓延擴大。到那時候再後悔，就無法挽救了。」靈帝聽到這些話，心中有些害怕，急忙大赦黨人。那些已被誅殺流徙的家族，也允許他們返歸故里。其後，黃巾軍的勢力日益強盛，朝野上下分崩離析，國家的政教法紀、禮樂制度也就蕩然無存了。

8 總之，黨人之事始自於甘陵、汝南二郡，而形成於李膺、張儉二人，四海之內因此而陷於水火之中長達二十多年。那些被牽連獲罪的，都是天下的忠臣善士。三君、八俊等三十五人中，其姓名事跡仍有存留的，都記載於本篇。陳蕃、竇武、王暢、劉表、度尚、郭林宗另有專傳。荀翌附載於他的祖父〈荀淑傳〉中。張邈附載於〈呂布傳〉中。胡母班附載於〈袁紹傳〉中。王考字文祖，東平郡壽張縣人，曾為冀州刺史；秦周字平王，陳留郡平丘縣人，曾任北海國相；蕃嚮字嘉景，魯國人，曾任郎中；王璋字伯儀，東萊郡曲城縣人，曾為少府卿：他們的職位事跡都不顯著。翟超，曾任山陽太守，事見〈陳蕃傳〉中，他的字和籍貫不詳。朱寓，沛郡人，和杜密等人都死在獄中。只有趙典，僅見其姓名而已。

劉淑，字仲承，河閒樂成❶人也。祖父稱，司隸校尉。淑少學明五經，遂隱居，立精舍❷講授，諸生常數百人。州郡禮請，五府連辟❸，並不就。永興❹二年，司徒种暠舉淑賢良方正❺，辭以疾。桓帝聞淑高名，切責州郡，使輿病詣京師❻。淑不得已而赴洛陽，對策❼為天下第一，拜議郎❽。又陳時政得失，災異之占，事皆效驗。再遷尚書❾，納忠建議，多所補益。又再遷侍中❿、虎賁中郎將⓫。上疏以為宜罷宦官，辭甚切直，帝雖不能用，亦不罪焉。以淑宗室⓬之賢，特加敬異，每有疑事，常密諮問之。靈帝即位，宦官譖淑與竇武等通謀，下獄自殺。

【章旨】以上記載了「三君」之一的劉淑的生平事跡。劉淑以宗室之賢，納忠建議，多所補益。而最終卻因遭宦官之譖而下獄自殺。

【注釋】❶河閒樂成　河閒國樂成縣。治今河北獻縣東南。❷精舍　舊時指書齋、學舍等讀書之所，亦為召集生徒講學之處。❸五府連辟　指五府先後辟召他為掾屬。五府指太傅、太尉、司徒、司空、大將軍諸府。❹永興　東漢桓帝劉志年號，西元一五三—一五四年。❺賢良方正　漢代選拔人才的科目之一。西漢文帝時始詔「舉賢良方正能直言極諫者」，武帝時詔「舉賢良」或「賢良文學」，名稱時或不同，性質仍無差異。❻使輿病詣京師　讓人用車拉著病者前往京城。輿，車。即用車載運。❼對策　漢代被薦舉者徵召入京，回答皇帝有關政治、經義的策問稱作「對策」。❽議郎　官名。西漢始置，隸屬於光祿勳，掌顧問應對。雖為郎官但不入直宿衛，官秩也比侍郎、郎中等略高。東漢時得參與朝政。❾再遷尚書　經兩次遷轉而升任尚書之職。❿侍中　官名。秦始置，為自列侯以下至郎中的加官，無定員。以侍從皇帝左右，出入宮廷內外，遂由伺應雜事而漸成貴重親近之職。⓫虎賁中郎將　為掌管皇宮護衛的衛戍部隊的將領。虎賁，形容武勇之士若猛虎奔走逐獸一樣。⓬宗室　同一祖宗的貴族。此指漢朝皇帝的宗族。

【語譯】劉淑，字仲承，河間國樂成縣人。祖父劉稱，曾任職司隸校尉。劉淑年輕時即學通《五經》，後遂隱居不仕，設立精舍講學授徒，常有學生多達數百人。州郡、五府先後禮請他任職為官，他都辭謝不去。桓帝永興二年，司徒种暠舉薦劉淑為賢良方正，他又以疾病相辭。桓帝聽說劉淑很有名望，便責令州郡用車馬載著抱病的劉淑抵達京師。劉淑不得已而赴洛陽，對策朝廷，為天下第一，遂任職為議郎。之後，他上書陳述時政得失，占測災異的徵兆，所論之事均有效驗。再遷而為尚書，他向朝廷獻納忠心而建言立議，對於朝政多有補益。又再遷為侍中、虎賁中郎將。他上疏桓帝，認為應該罷逐宦官，言詞十分激切率直，桓帝雖然不能採納，卻也並不加罪於他。因為劉淑是宗室中的賢者，所以朝廷特別給予禮敬，每有疑難之事，常常祕密諮訪他。靈帝即位後，宦官誣陷劉淑與竇武等人勾結通謀，遂被捕下獄而自殺。

1 李膺，字元禮，潁川襄城❶人也。祖父脩，安帝時為太尉。父益，趙國相。膺性簡亢，無所交接❷，唯以同郡荀淑❸、陳寔為師友。

2 初舉孝廉，為司徒胡廣所辟，舉高第❹，再遷青州刺史❺。守令畏威明，多望風棄官。復徵，再遷漁陽太守❻。尋轉蜀郡太守，以母老乞不之官。轉護烏桓校尉❼。鮮卑數犯塞，膺常蒙矢石，每破走之，虜甚憚懾。以公事免官，還居綸氏❽，教授常千人。南陽樊陵求為門徒，膺謝不受。陵後以阿附宦官，致位太尉，為節志者所羞。荀爽嘗就謁膺，因為其御❾，既還，喜曰：「今日乃得御李君矣。」其見慕如此。

3 永壽[10]二年，鮮卑寇雲中[11]，桓帝聞膺能，乃復徵為度遼將軍[12]。先是羌虜及疏勒、龜茲[13]，數出攻鈔張掖、酒泉、雲中諸郡[14]，百姓屢被其害。自膺到邊，皆望風懼服，先所掠男女，悉送還塞下。自是之後，聲振遠域。

4 延熹[15]二年徵，再遷河南尹[16]。時宛陵大姓[17]羊元羣罷北海郡[18]，臧罪狼藉，郡舍溷軒[19]有奇巧，乃載之以歸。膺表欲按其罪，元羣行賂宦豎，膺反坐輸作左校[20]。

5 初，膺與廷尉馮緄[21]、大司農劉祐[22]等共同心志，糾罰姦倖，緄、祐時亦得罪輸作。司隸校尉應奉[23]上疏理膺等曰：「昔秦人觀寶於楚，昭奚恤莅以群賢[24]；梁惠王瑋其照乘之珠，齊威王荅以四臣[25]。夫忠賢武將，國之心膂[26]。竊見左校弛刑徒[27]前廷尉馮緄、大司農劉祐、河南尹李膺等，執法不撓，誅舉邪臣，肆之以法[28]，眾庶稱宜。昔季孫行父親逆君命，逐出莒僕，於舜之功二十之一[29]。今膺等投身彊禦[30]，畢力致罪，陛下既不聽察，而猥受譖訴[31]，遂令忠臣同愆元惡[32]。自春迄冬，不蒙降恕，遐邇觀聽，為之歎息。夫立政之要，記功忘失，是以武帝捨安國於徒中[33]，宣帝徵張敞於亡命[34]。緄前討蠻荊，均吉甫之功[35]。祐數臨督司，有不吐茹之節[36]。膺著威幽、并，遺愛度遼[37]。今三垂[38]蠢動，王旅未振。易稱『雷雨作解，君子以赦過宥罪』[39]。乞原膺等，以備不虞。」書奏，乃悉免其刑。

6 再遷，復拜司隸校尉。時張讓[40]弟朔為野王[41]令，貪殘無道，至乃殺孕婦，聞膺厲威嚴，懼罪逃還京師，因匿兄讓弟舍[42]，藏於合柱[43]中。膺知其狀，率將吏卒破柱取朔，付洛陽獄。受辭畢，即殺之。讓訴冤於帝，詔膺入殿，御親臨軒，詰以不先請便加誅辟之意[44]。膺對曰：「昔晉文公執衛成公歸于京師，春秋是焉[45]。禮云公族有罪，雖曰宥之，有司執憲不從[46]。昔仲尼為魯司寇，七日而誅少正卯[47]。今臣到官已積一旬，私懼以稽留為愆[48]，不意獲速疾之罪。誠自知釁責，死不旋踵[49]，特乞留五日，剋殄元惡，退就鼎鑊[50]，始生之願也。」帝無復言，顧謂讓曰：「此汝弟之罪，司隸何愆？」乃遣出之。自此諸黃門常侍[51]皆鞠躬屏氣，休沐[52]不敢復出宮省。帝怪問其故，並叩頭泣曰：「畏李校尉。」

7 是時朝庭日亂，綱紀穨阤[53]，膺獨持風裁[54]，以聲名自高。士有被其容接者，名為登龍門。及遭黨事，當考實膺等。案經三府[55]，太尉陳蕃卻之，曰：「今所考案，皆海內人譽[56]，憂國忠公之臣。此等猶將十世宥也[57]，豈有罪名不章而致收掠者乎？」不肯平署[58]。帝愈怒，遂下膺等於黃門北寺獄[59]。膺等頗引宦官子弟，宦官多懼，請帝以天時宜赦，於是大赦天下。膺免歸鄉里，居陽城山[60]中，天下士大夫皆高尚其道，而汙穢朝廷。

8 及陳蕃免太尉，朝野屬意[61]於膺，荀爽[62]恐其名高致禍，欲令屈節以全亂世，為書貽曰：「久廢過庭[63]，不聞善誘，陟岵瞻望，惟日為歲[64]。知以直道不容於時，悅山樂水，家于陽城。道近路夷，當即聘問，無狀嬰疾[65]，闕於所仰。頃聞上帝震怒，貶黜鼎臣[66]，人鬼同謀[67]，以為天子當貞觀二五，利見大人[68]，不謂夷之初旦，明而未融[69]，虹蜺揚煇，棄和取同[70]。方今天地氣閉，大人休否[71]，智者見險，投以遠害。雖匱人望，內合私願[72]。想甚欣然，不為恨也。願怡神無事，偃息衡門[73]，任其飛沈，與時抑揚。」頃之，帝崩。陳蕃為太傅，與大將軍竇武共秉朝政，連謀誅諸宦官，故引用天下名士，乃以膺為長樂少府[74]。及陳、竇之敗，膺等復廢。

9 後張儉事起，收捕鉤黨[75]，鄉人謂膺曰：「可去矣。」對曰：「事不辭難，罪不逃刑，臣之節也[76]。吾年已六十，死生有命，去將安之？」乃詣詔獄[77]。考死，妻子徙邊，門生[78]、故吏及其父兄，並被禁錮[79]。

10 時侍御史[80]蜀郡景毅子顧為膺門徒，而未有錄牒[81]，故不及於譴。毅乃慨然曰：「本謂膺賢，遣子師之，豈可以漏奪名籍，苟安而已！」遂自表免歸，時人義之。

11 膺子瓚，位至東平相[82]。初，曹操微時，瓚異其才，將沒，謂子宣等曰：「時將亂矣，天下英雄無過曹操。張孟卓[83]與吾善，袁本初[84]汝外親，雖爾[85]勿依，必歸曹氏。」諸子從之，並免於亂世。

【章　旨】以上記載了「八俊」之一的名士李膺的生平事跡。李膺出身大族而性情簡亢，其辟徵為官則威明忠正，還居教授則眾士仰慕，任職邊郡則聲振遠域，理政朝廷則奸邪懾伏。然而卻因秉公執法，糾罰奸倖以反坐罪輸作左校，最終以黨事牽連下獄而拷掠致死，妻子徙邊而門生故吏亦遭禁錮。

【注　釋】❶潁川襄城　潁川郡襄城縣。戰國時為魏襄城邑，秦始置縣。治今河南襄城。❷性簡亢二句　指性情簡直清高，不喜與常人交往。亢，高傲。❸荀淑　字季和，潁川郡潁陰縣（今河南許昌）人。少有高行，博學而不好章句。當世名賢李固、李膺等皆師宗之。曾任當塗長、朗陵侯相等職。後棄官歸居，桓帝建和三年卒。事詳本書卷六十二。❹高第　即優等。舊稱參加考試或官吏考績列入優等者為高第。第，等第。❺青州刺史　青州，轄濟南國、平原郡、樂安國、北海國、東萊郡、齊國等地，相當於今山東北部地方。刺史，官名。西漢武帝時，分全國為十三部，各部置刺史以監察郡縣之政。部即相當於州，成帝時因改稱刺史為州牧。東漢初復稱刺史。其位居郡守之上而掌握一州的軍政大權。靈帝時為鎮壓黃巾軍，又改為州牧。❻漁陽太守　漁陽郡的最高行政長官。漁陽郡屬幽州刺史部。治今北京市密雲西南。太守，為一郡的最高行政長官。本為戰國時郡守的尊稱，西漢景帝時改郡守為太守。❼護烏桓校尉　官名。主烏桓族事務。西漢武帝時霍去病率軍打敗匈奴，被其奴役的烏桓人遂遷居於上谷、漁陽、右北平、遼西、遼東等郡塞外，漢朝政府因此設置了護烏桓校尉。東漢及魏晉時沿置此官。❽綸氏　縣名。屬潁川郡。治今河南登封西南。❾因為其御　趁此機會而為李膺駕御車馬。❿永壽　東漢桓帝劉志年號，西元一五五—一五八年。⓫雲中　郡名。屬并州刺史部。治今內蒙古托克托東北。東漢末年廢置。⓬度遼將軍　官名。不常置，西漢武帝時初用范明友任此職。東漢明帝永平八年復置此官，以防衛南單于新降之眾中有二心而為亂者。後以數有不安，遂為常守。⑬疏勒龜茲　並為西域古國。疏勒位於今新疆喀什一帶，居民主要從事農業生產，精工藝，冶銅鐵，有城郭、文字。龜茲位於今新疆庫車一帶，居民以務農為主，兼營畜牧，冶鑄、釀酒等也較發達，有文字，善音樂。⑭攻鈔張掖酒泉雲中諸郡　指攻殺諸郡而擄掠其民眾財物。鈔，亦作「抄」。強取；掠奪。張掖、酒泉二郡屬涼州刺史部。轄地相當於今甘肅張掖、酒泉地區。⑮延熹　東漢桓帝劉志年號，西元一五八—一六七年。⑯河南尹　河南郡的最高行政長官。河南郡為漢高帝改秦時三川郡所置。治所在雒陽。東漢時雒陽為京都，漢代以都城所在郡的行政長官稱尹而不稱太守，故稱河南尹。⑰宛陵大姓　宛陵縣的世家大族。宛陵，治今安徽宣城，漢時為丹陽郡治所。⑱北海郡　屬青州刺史部。東漢時改為北海國。治今山東昌樂西。⑲溷軒　即廁所。⑳膺反坐輸作左校　指李膺以反坐罪，被判罰入左校中服役勞作。反坐，法律用語；指按誣告別人的罪名對誣告人定罪懲罰。輸作，因罪判刑而發配勞作。左校，官署名，掌左工徒，有左校令主管。漢代處刑較輕的囚徒，常發配到左校中勞作。㉑廷尉馮緄　廷尉，官名，掌刑獄。秦始置，為九卿之一。後或稱大理、廷尉卿等。馮緄，字鴻卿，巴郡宕渠（今四川渠縣）人。家富好施，賑濟窮急，為州里所歸愛。歷官廣漢屬國都尉、御史中丞、隴西太守、遼東太守、京兆尹、司隸校尉、廷尉、太常等職。因為任廷尉時考問宦官單超之弟山陽太守單遷致死，被中官誣罪而輸作左校。事詳本書卷三十八。㉒大司農劉祐　大司農，官名。掌租稅錢穀鹽鐵和國家的財政收支，為九卿之一。秦始置稱治粟內史，西漢景帝時改稱大農令，武帝時改稱大司農。劉祐，字伯祖，中山安國（今河北博野）人。任尚書侍郎時，閒練故事，文札強辨。任河東太守時，政績為三河之表。後歷任宗正、大司農等職，以罰沒宦官貪濁之產而獲罪輸作。遇赦得出，遂杜門絕跡。事詳本傳。㉓應奉　字世叔，汝南郡南頓縣（今河南項城）人。少聰明，善記憶，讀書五行並下。舉茂才，拜武陵太守。以從事中郎之職與馮緄俱征武陵蠻。破敵有功，被馮緄薦為司隸校尉。事詳本書卷四十八。㉔秦人觀寶於楚二句　秦王欲伐楚，遂派使者前往察觀楚國的寶器。楚王召見昭奚恤問取對策，昭奚恤回答說：「秦王這是要觀察我國的政教得失而圖謀於我，所謂寶器，在於賢臣。」於是楚王派昭奚恤接待應對秦國的使者。事見劉向《新序》。㉕梁惠王二句　據司馬遷《史記・田敬仲完世家》記載：齊威王與魏惠王相會於郊外田獵時，魏惠王問：「威王有什麼寶物嗎？」威王說：「沒有。」惠王說：「我們魏國是個小國，尚且有直徑一寸，能夠照明前後十二輛車的寶珠十顆，你們齊國這個萬乘大國怎麼會沒有寶物呢？」齊威王說：「我所認為的寶物與惠王的寶物不同。我的大臣有個叫檀子的，讓他守護南城，那楚人就不敢入侵寇掠，泗水地區的十二個諸侯小國都來朝請。我的大臣有個叫盼子的，讓他駐守高唐，那趙人就不敢向東到黃河中捕魚。我的大臣有個叫黔夫的，派他駐守徐州，那燕人就在北門祭祀求福，趙人就在西門祭祀求福，遷徙而附從於齊國的有七千多家。我的大臣有個叫種首的，派他防備盜賊，於是就路不拾遺。我以這些大臣為寶物，他們能夠照亮千里之地，豈止是十二輛車！」魏王遂慚愧而去。瑋，珍奇；貴重。引申為珍視，寶愛。西元前三六一年，魏遷都大梁，此後魏也被稱為梁，故梁惠王即魏惠王。㉖心膂　比喻忠信而得力的大臣。心，心臟。膂，脊骨。都是人體的重要器官。㉗弛刑徒　指解除刑具（如束項鐵圈及腳鐐等）而服役勞作的犯人。弛，或作「弛」。免除；解除。㉘肆之以法　指依法誅殺罪犯且陳屍於市。肆，古代處死刑後在街市陳屍。㉙昔季孫行父三句　據《左傳·文公十八年》載，莒紀公生太子僕及季佗，愛季佗而黜於僕。太子僕於是借助國人之力而弒紀公，並攜帶其寶玉投靠魯國而獻納於宣公。魯宣公命令給予他封邑，且言：「今日一定要授給他封邑！」季孫行父聞知後，使司寇驅逐太子僕出境，且言：「今日一定要送達境外！」宣公問其故，季孫行父使太史克回答說：「先大夫臧文仲曾教給我侍奉國君的禮節，行父我一直遵奉行事而不敢失墜。文仲說：『見到有禮於其君王的，對待他要像孝子事養父母一樣恭敬；見到無禮於其君王的，懲罰誅殺他要像鷹鸇逐食鳥雀一樣兇猛。』先君周公制定周禮時說：『禮則以觀人之德，德以處事，事以度功，功以食民。』行父我詳審明察了莒僕的行為處事，完全沒有合於禮則的。孝敬忠信為吉德，盜賊藏奸為凶德。莒僕這個人，用孝敬的禮則衡量他，則逆弒君父；用忠信的禮則衡量他，則盜竊寶玉。其人則為盜賊，其器則為奸邪之物。若保護其人而獲取其器，則為掩匿盜賊。這些作法皆在於凶德，因此要逐之出境。舜曾薦舉十六吉人為相又去除四個凶人，共有大功二十而成為天子。現在季孫行父我雖然未曾舉薦一個吉人，但卻去除了一個凶人。以舜的功績衡量，則為其二十分之一，這或許能夠使我免於罪罰。」㉚彊禦　亦作「彊圉」。強暴；威勢。㉛猥受譖訴　指隨隨便便地聽信別人造謠中傷李膺的讒言。猥，苟且。譖，說別人壞話。㉜同愆元惡　與首惡之人罪過相同。愆，過失；罪咎。㉝武帝捨安國於徒中　據《史記·韓長孺列傳》載，西漢景帝時，韓安國為梁王使者，協和勸解了景帝對梁孝王的責怨，遂由此顯名。其後安國坐法抵罪，而不久梁內史有缺，景帝於是派使者拜韓安國為梁內史，起身刑徒之中而為二千石之官。此言武帝，誤，實為景帝時事。㉞宣帝徵張敞於亡命　據《漢書·趙尹韓張兩王傳》記載，張敞任京兆尹時，光祿勳楊惲坐大逆被誅，而張敞與楊惲交往厚善，公卿因此奏請免去張敞之職。當時張敞委派賊捕掾絜舜有所案驗，而絜舜不肯究治其事。張敞於是將絜舜收繫入獄，並最終論罪棄市。而依法絜舜應當釋出，張敞因此以妄殺被治罪。宣帝從輕處理，免為庶人；而張敞則詣闕上印綬，隨即亡命他邑。數月後，冀州部中有大賊，宣帝即令使者即其家徵召張敞，拜為冀州刺史。㉟緄前討蠻荊二句　車騎將軍馮緄，率軍進擊荊州武陵蠻夷，斬降眾多，他的功績相當於周宣王時的尹吉甫征伐玁狁而宣揚天子之威。吉甫，即周宣王時大臣尹吉甫。《詩·六月》敘寫了他奉命北伐玁狁取勝之事，說：「薄伐玁狁，至於大原。文武吉甫，萬邦為憲。」㊱祐數臨督司二

句　此指劉祐舉奏大將軍梁冀的從弟會稽太守梁旻，及其任職司隸校尉時威行朝廷而使權貴子弟畏懼懾伏，就像周宣王的大臣仲山甫一樣有不畏彊禦的志節。《詩・烝民》：「人亦有言：『柔則茹之，剛則吐之。』維仲山甫，柔亦不茹，剛亦不吐；不侮矜寡，不畏彊禦。」極力讚揚仲山甫忠直無私的美德。㊲膺著威幽并二句　這是說李膺任職漁陽太守、護烏桓校尉時，常率步騎士卒臨陣交戰，親蒙矢石，每破敵斬首而使敵虜憚懾，故言「著威幽、并」。其後任度遼將軍時，羌人及疏勒、龜茲等望風懼服，將先前所掠男女人眾送還塞下，使涼州諸郡百姓免被其害，故言「遺愛度遼」。㊳三垂　泛指邊疆各地。垂，通「陲」。邊境。㊴易稱雷雨作解二句　此為《易・解卦・象辭》之語。意思是說雷雨交作，然後陰陽和暢，萬物得其自然。君子見此而效法之，亦赦免有過之人，寬恕有罪之士。按：應奉引用此語，意在勸說桓帝應在震怒過後寬宥李膺而赦免其罪。㊵張讓　潁川人，桓帝、靈帝時宦官，位至中常侍，封列侯。一時間威勢烜赫，恣意妄為。後被袁紹追殺，投河而死。事詳本書卷七十八。㊶野王　為河內郡屬縣。治今河南沁陽。㊷弟舍　府第館舍。弟，通「第」。宅第；府第。㊸合柱　指兩柱並立兩屋相合之處。王先謙《後漢書集解》引《資治通鑑》胡三省注：「合木為柱，安足以容人？合柱謂兩柱相直兩屋相合處也。」㊹詰以不先請句　指責問他為什麼不先奏請朝廷便自己決定刑殺野王令張朔。建武三年，光武帝曾詔令：「吏不滿六百石，下至墨綬長、相，有罪先請。」張朔為野王令，依令當先行奏請朝廷，然後加刑。㊺昔晉文公執衛成公二句　據《春秋》及《左傳・僖公二十八年》記載，晉楚爭霸時，衛成公親近楚國而不附於晉。城濮之戰後晉文公勝楚，衛成公遂懼而奔楚。後來成公又復歸於衛，與親近晉國的元咺爭權。晉文公遂執衛侯而歸之於京師，因置於深室。《春秋》記載此事時並不責備晉侯，而讚揚他行文教，以德攻，因此說《春秋》是焉。是，對。表示肯定與贊成的意思。李膺言此事在於證明晉文公不先請於周天子而執衛成公，孔子所修的《春秋》是肯定的，以此為自己不先奏請朝廷即誅殺張朔尋找依據。㊻禮云公族有罪三句　《禮記》：「公族有罪，獄成，有司讞於公曰：『某之罪在大辟。』公曰：『宥之。』有司又曰：『在大辟。』公又曰：『宥之。』及三宥不對，致刑於甸人。公又使人追之，曰：『雖然，必宥之。』有司曰：『無及也。』反命於公，公素服如其倫之喪。」就是說，雖然國君有命，再三命寬宥其罪，而司法之官則須依法致刑而不從君命。㊼昔仲尼為魯司寇二句　據《史記・孔子世家》載，魯定公十四年，孔子五十六歲，由大司寇行攝相事，於是刑殺了魯大夫之亂政者少正卯。仲尼，孔子名丘，字仲尼。司寇，官名。掌管刑獄、糾察等事。西周時始置，春秋戰國時沿置。㊽以稽留為愆　因為辦事拖延遲緩而出現過失，受以指責。㊾旋踵　轉動腳跟。引申為退縮，拖延。㊿剋殄元惡二句　指誅滅元兇首惡之人，然後回來接受鼎鑊之刑而被處死。鼎鑊，用鼎鑊烹殺人。也稱湯鑊，為古代的一種酷刑。(51)黃門常侍　指宦官。漢代給事內廷的有黃門令、中黃門、小黃門等官，皆以宦者充任，且官以中常侍之職，故稱黃門常侍。52休沐　休息沐浴。指古代官吏的休假日。53綱紀穨阤　指法制嚴重敗壞而社會秩序混亂。穨，「頹」的異體字。阤，崩頹。54風裁　猶風憲、風紀。55三府　指太尉、司徒、司空三府。56人譽　指為眾人所稱譽。57猶將十世宥也　據《左傳・襄公二十一年》載，晉范宣子殺叔向之弟羊舌虎而囚叔向，告老家居的祁奚聞知後，立即乘傳車會見范宣子，對他說：「晉國能夠善謀而無誤，惠訓君臣而從不倦怠的，只有叔向其人。這是國家的柱石，甚至應該寬宥保護他的十代子孫，來勸勉激勵那些有才能的人。現在如果不免除其身而誅殺他，就會危害到社稷江山，這不是很糊塗嗎？」宣子悅而進言平公，最終赦免了叔向。58平署　即連署，在公文案卷上一起簽署名字。59黃門北寺獄　屬黃門署，桓帝九年黨事始發時，遭逮捕者即傳送黃門北寺獄考問。李賢注引《漢書音義》：「即若盧獄也。」60陽城山　又名馬嶺山，俗名車嶺山。在今河南登封嵩山東北，為嵩山的東支。61屬意　歸心；歸向。62荀爽　字慈明，荀淑之子。幼而好學，年十二時能通《春秋》、《論語》。其耽思經書，徵命不應。後遭黨禁，隱於海上；又逃遁於漢水之濱，以著述為事，遂稱為碩儒。獻帝即位之初，徵為平原相。上任途中追拜光祿勳，視事三日又進拜司空。後與司徒王允等欲謀除董卓，會病卒。事詳本書卷六十二。63過庭　謂拜望父親並接受教誨。語出《論語・季氏》「鯉趨而過庭」，記孔子教訓兒子孔鯉學詩學禮一事。荀爽致敬於李膺，故以父為喻。64陟岵瞻望二句　登高山而眺遠方，思念您的心情非常迫切，故一日不見，如隔三秋。陟，登。岵，長有草木的山。《詩・陟岵》：「陟彼岵兮，瞻望父兮。」《詩・采葛》：「一日不見，如三歲兮。」此則依詩意而為言，以表達思念李膺的迫切心情。65無狀嬰疾　意思是說我沒有禮貌並為疾病所困，因而缺禮於您而未能前去看望。無狀，沒有禮貌。嬰疾，疾病纏身；被疾病所困迫。66鼎臣　國家的重臣。此指陳蕃。67人鬼同謀　此指既謀問於賢人，又通過占卜謀於鬼神。語本《易・繫辭下》：「天地設位，聖人成能，人謀鬼謀，百姓與能。八卦以象告，爻彖以情言，剛柔雜居而吉凶可見矣。」68貞觀二五二句　通過占卜而得〈乾卦〉中九二、九五兩爻，兩爻斷辭皆為「利見大人」，則預見李膺當脫離困境而升遷顯達。《易・繫辭下》：「吉凶者，貞勝者也。天地之道，貞觀者也。」貞觀，為人們通過占卜以測知天地之道。貞，占卜；卜問。又九二爻的爻辭為：「見龍在田，利見大人。」九五爻的爻辭為：「飛龍在天，利見大人。」大人，同「君子」。指有官位者。遇此二爻，見大人而利之，則將顯達升遷。69夷之初旦二句　如同〈明夷卦〉之辭，正當初旦之時，雖將日出天明卻未能通明。夷，指〈明夷卦〉，卦形為䷣，〈離〉下〈坤〉上。離為日，為明；坤為地。日入地中，所以稱明夷。融，大明；通明。70虹蜺揚煇二句　虹霓在天空顯現輝彩的時候，因此人君惑於奸邪，棄置君子而取用小人。蜺，「霓」的異體字。煇，「輝」的異體字。和，代指君子。同，代指小人。語本《論語・子路》載子曰：

「君子和而不同，小人同而不和。」虹霓指陽光射入水滴，經反射、折射、衍射而形成在雨幕或霧幕上的彩色圓弧。常見的有主虹和副虹兩種，副虹又稱為霓。《易傳》：「蜺之比無德，以色親也。」《演孔圖》：「天子外苦兵，威內奪，臣無忠，則天投蜺。」《春秋考異郵》：「虹蜺出，亂惑棄和。」則當時人認為，虹霓揚輝為人主惑於毀譽，不聞忠言，威權假於他人的徵象。(71)天地氣閉二句　指天地間陰陽之氣不合順暢通，而人君之威權正處於廢黜否塞之時。休否，休止而否塞。(72)雖匱人望二句　雖然不能滿足眾人的願望，但卻符合於自己的心意和個人的利益。人望，眾人所屬望。(73)偃息衡門　指杜門不出而在家頤養休息。衡門，橫木為門，關門後再以木門緊閉之。又《詩・陳風》中有〈衡門〉篇，表達一種甘於貧賤，不求富貴的思想。後人因以衡門寓意士人的安貧樂道，與世無爭。(74)長樂少府　掌皇太后宮中御衣、寶貨、珍膳等事，秩二千石。以太后居長樂宮，故稱長樂少府。(75)後張儉事起二句　張儉，字元節，山陽郡高平縣（今山東微山縣）人。延熹八年，拜為東部督郵。因舉劾宦官侯覽及其母親的貪賄之罪並奏請朝廷誅之，卻被侯覽遏絕章表並不得通達於桓帝，由此結為仇家。其後侯覽指使鄉人朱並上書告發張儉與同鄉結為部黨，圖危社稷。於是朝廷詔令刊章討捕，因大批抓獲黨人。鉤黨，鉤取同黨。指轉相牽連出同夥而抓捕之。(76)事不辭難三句　據《左傳・襄公三年》載：雞澤會盟時，晉侯之弟楊干擾亂軍行，魏絳於是戮其僕從。晉侯怒，命羊舌赤「必殺魏絳而無失」。羊舌赤回答說：「魏絳忠心為國，事君不避於難，有罪不逃於刑，他自己肯定會前來說明，何用我去追殺。」果然，魏絳親至晉侯之所，交給職官奏章後就要伏劍自殺，士魴、張老等急忙阻止住他。(77)詔獄　奉皇帝詔令拘禁犯人的監獄。(78)門生　原指轉相傳授學業的生徒。東漢時未曾受業而登入門生名錄者也稱門生，後來甚至有依附名勢者也稱門生。歐陽修《集古錄》卷二載後漢〈孔宙碑陰題名〉：「其親授業者為弟子，轉相傳授者為門生。」(79)禁錮　限制不許做官。(80)侍御史　官名。在御史大夫下，或給事殿中，或舉劾非法，或督察郡縣，或奉使外出。秦始置，兩漢沿置，東漢又別置治書侍御史。(81)錄牒　登錄生徒的名籍。(82)東平相　東平侯國之相。國相秩二千石，職權與郡守相當。東平國屬兗州刺史部，轄地在今山東濟寧一帶，治今山東東平東。(83)張孟卓　張邈，字孟卓，東平人。曾任陳留太守，與曹操共舉兵反對董卓，後又與呂布結夥反曹，結果被曹操所敗而為部將殺死。(84)袁本初　袁紹。字本初，汝南郡汝陽縣人。出身於四世三公的大官僚家庭。初為司隸校尉，靈帝時他盡誅宦官；後董卓專權，他起兵反卓，成為北方最為強盛的割據勢力。建安五年，在官渡之戰中敗於曹操，不久病死。事詳本書卷七十四。(85)雖爾　即使這樣；縱然如此。

【語　譯】李膺，字元禮，潁川郡襄城縣人。祖父李脩，安帝時為太尉。父親李益，曾為趙國相。李膺秉性簡傲亢直，不好與人交往，只是與同郡的荀淑、陳寔結為師友。

2 起初，李膺察舉為孝廉，被司徒胡廣辟為屬吏，又以考績時列為優等，再遷任為青州刺史。青州所屬的郡守縣令懼怕他的威厲嚴明，很多都望風棄官而去。又得朝廷徵召，再遷為漁陽太守。不久轉任蜀郡太守，因為母親年老懇請不任此官，遂轉職為護烏桓校尉。當時鮮卑人屢屢侵犯邊塞，李膺常常親冒矢石迎戰並擊退他們，鮮卑人因此非常懼怕他。後因公事免官返鄉，安家於綸氏縣，以教授為業，弟子常有千餘人。南陽樊陵請求做他的門徒，他辭謝不受。後來樊陵因為阿附宦官而升任太尉，卻為有氣節的士人所鄙視。荀爽曾經去拜謁李膺，還藉機為李膺親自駕馭車馬，回鄉後高興地說：「今天我有幸為李君駕御了車馬。」他被士人所仰慕竟至如此之程度。

3 永壽二年，鮮卑入寇雲中郡，桓帝聽說李膺有才能，又徵召他為度遼將軍。此前，羌族及疏勒、龜茲等，曾多次出兵攻擊抄掠張掖、酒泉、雲中諸郡，邊塞百姓屢受其害。自從李膺到任後，羌人等全都望風懼服，並把先前所劫掠的男女之眾，全部送還到塞下。從此以後，李膺的聲威即遠振異域。

4 延熹二年，李膺被朝廷徵召，再遷為河南尹。當時宛陵縣的大姓羊元羣由北海郡守罷職，此人貪汙受賄、聲名狼藉，北海郡官署的廁所有奇巧之物，也被他用車載運回家。李膺上奏朝廷想要糾治其罪，不料元羣行賄於宦官，李膺反而因此得罪，被送入左校署中罰作苦工。

5 先前，李膺與廷尉馮緄、大司農劉祐等齊心協力，糾罰懲處奸倖非法之徒，馮緄、劉祐那時也被治罪而罰作苦工，司隸校尉應奉於是上疏為李膺等申辯。說：「從前秦人曾兵臨楚國，要求觀看楚國的寶器，楚將昭奚恤以賢明之臣為楚國之寶來應對秦使；梁惠王也曾誇耀自己的寶物為夜明照乘之珠，而齊威王則以自己的四位賢臣乃國之珍寶來回答他。因此說忠賢之臣、勇武之將，才是國家的重要核心和骨幹。據我觀察，在左校中服刑勞作的前廷尉馮緄、大司農劉祐、河南尹李膺等，秉公執法，剛正不阿，糾舉奸邪，繩之以法，庶民群臣全都稱讚他們做的完全正確。從前季孫行父違背魯國國君的命令，驅逐了殺君盜寶來投奔魯國的莒僕，並宣稱自己去除一個奸凶的功績，相當於舜帝當時舉賢除奸之功的二十分之一。今天李膺等人投身為國以抗禦奸凶，竭盡全力反而遭受罪罰，陛下既不聽取他們的申訴，也不考察審核事實的真相，輕易地聽信別人的謠言誣告，使得忠正之臣與元惡之人受到同樣的罪罰。自春至冬這麼長時間，仍然得不到皇上的降詔寬恕，遠近之人聽說此事，無不為之感慨歎息。立政治國的關鍵，是要記錄功績而寬恕過失，因此漢武帝赦免韓安國之罪而起用於刑徒之中，漢宣帝徵召張敞復其官職而在其獲罪亡命之時。馮緄以前曾討伐武陵蠻，其功勞可與周宣王時的尹吉甫相媲美。劉祐也曾數次任職督察之官，有不畏強暴，剛柔不吐的氣節。李膺則曾顯揚威武於幽、并二州，遺愛百姓於度遼將軍一職。如今三陲之寇蠢蠢欲動，而王師尚未能宣威震服。《易》中說『雷雨交作而天地之怒消解，陰陽之氣和暢，君子也應該赦免有過而寬宥有罪』。因此，懇請皇上原宥李膺等人，重新起用，以備不測之事。」書奏之後，朝廷因此免除了對他們的刑罰。

6 李膺再遷之後，又任職為司隸校尉。當時張讓的弟弟張朔為野王縣令，貪殘暴虐，無惡不作，甚至於殺害孕婦。聽說李膺非常切厲威嚴，畏罪而逃回京師，躲在他哥哥張讓家中，藏在合柱之內。李膺偵察到情況後，遂率領吏卒打破合柱抓走張朔，交付洛陽獄關押。審問受取完口供後，立即就把他誅殺了。張讓在皇帝面前訴冤，桓帝便詔令李膺入殿，親自臨軒責問李膺為什麼不先行奏請便妄加誅殺。李膺回答說：「從前晉文公抓獲衛成公，押回京師送交給周天子，《春秋》經對此是肯定的。《禮記》中說，公族之人有罪，國君雖說可以原諒他，但有司仍然應該依法處置而不能聽從國君的話。從前孔子為魯國司寇，任職七日就誅殺了少正卯。現在我到任已經十多天，內心惟恐因為辦案遲緩而有過錯，不想卻會因辦案認真有效而獲罪。誠然我知道自己的罪責難逃，應該立即受死，但我仍然特請朝廷寬延五日，待我除盡大惡，然後再領受鼎鑊之刑，以實現我平生的志願。」桓帝聽後也不再說什麼，回頭對張讓說：「這都是你弟弟的罪惡，司隸校尉又有什麼過錯？」於是就讓李膺出宮離去。從此之後，那些黃門常侍全都恭敬謹慎，小心從事而不敢囂張，連休沐假日也不敢出宮。桓帝感到非常奇怪，問其緣故，宦官都叩頭哭訴說：「害怕李校尉。」

7 這時，朝廷政務日趨混亂，綱紀法令日漸頹廢，李膺仍舊堅持獨力維護整個社會的風教綱紀，他的聲望自然也就越發高漲。士人中有人被他禮遇接納的，甚至名為「登龍門」。及至遭遇黨事，必須考問審核李膺等人。案卷經由三府審理，太尉陳蕃退回其案，說：「如今所考察的，都是被海內眾士所稱譽而憂心國家盡忠公事的大臣。這些人應該世世代代受到保護寬宥，怎麼能罪名還不清楚就被逮捕拷掠呢？」因此不肯連署。桓帝因此越發惱怒，即刻詔令把李膺等關押進黃門北寺獄中。李膺等招供時常常牽連到宦官子弟，那些宦官害怕引火焚身，便以天時宜赦為由，請求皇帝大赦天下。於是李膺被赦免而回歸鄉里，居住在陽城山中。天下的士大夫全都崇敬他的高尚德操，而斥責朝廷的汙穢行徑。

8 及至陳蕃免去太尉後，朝野上下均屬意歸心於李膺。荀爽恐怕他的聲望太高反而招致禍害，便想勸他屈節全身以避禍於亂世，就寫信給他，說：「許久沒有前去探望請安，也未能聆聽您的教誨，然而登高山而眺遠方，我心中十分掛念您，如遊子之思父母，往往度日如年。知道您由於正道直行而不容於世，所以才遊山樂水而家於陽城山中。若陽城距此地路近道平，我即當前去拜望，無奈患病在身而不能成行，故此缺禮於您而未能前往問候。最近聽說天子震怒，貶黜了陳蕃等朝廷重臣，謀於眾人而卜之鬼神，均以為天子當循行天地之正道，如〈乾卦〉九二、九五之爻辭『利見大人』，您很快會脫離困境。不想事態仍若〈明夷〉之卦，猶如日之初出，始有微亮而未見大明。虹蜺揚輝，橫貫天空，顯示出天子惑於奸邪之毀譽，棄離君子而取用小人。當此天地氣閉、賢才隱退、君子否運之時，智者見其危殆在前，即當投奔他方以遠離禍害。這樣做雖然不甚合於眾望，但卻符合全身自保的私願。想到這些也就會欣然自慰，而並不感到遺憾了。但願您怡養精神，靜心休息，深閉柴門，無所事事，任其浮沉，與時俯仰，順其自然也就是了。」不久，桓帝去世。陳蕃任為太傅，與大將軍竇武共掌朝政，合謀欲誅除宦官，並引用天下名士，於是任用李膺為長樂少府。等到陳蕃、竇武敗亡後，李膺等人遂又被罷官廢職。

9 以後張儉之事發生了，遂又大肆勾連收捕黨人。同鄉人勸李膺說：「應該及早逃離。」李膺回答道：「臨事不避難，有罪不逃刑，這是為臣的節操。我已經六十歲了，死生自有天命，逃又逃到哪裡去呢？」於是自首去投詔獄，後被拷掠致死。妻子兒女流放到邊遠之地，門生、故吏以及他們的父兄，也都被禁錮終身。

10 時任侍御史的蜀郡人景毅的兒子景顧是李膺的門徒，但他的名字未見於名籍，所以沒有受到牽連。景毅慷慨地說：「原本因為李膺很賢德，所以才讓兒子師從於他，豈能因為脫漏名籍，就苟且偷生！」於是就自己上表請求免官歸鄉，當時人們紛紛稱讚他的義行。

11 李膺的兒子李瓚，官至東平國相。起初，曹操尚且微賤時，李瓚即驚異於他的才能，臨死之前，他對兒子李宣等說：「時世行將大亂，天下英雄沒有能超過曹操的。張孟卓與我關係親近，袁本初是你的外親，雖然如此，也不要去依附他們，一定要去投靠曹操。」他的兒子們聽從他的話，因此都免於禍亂。

1 杜密，字周甫，潁川陽城❶人也。為人沈質，少有厲俗志。為司徒胡廣❷所辟，稍遷❸代郡❹太守。徵，三遷太山❺太守、北海❻相。其宦官子弟為令長有姦惡者，輒捕案❼之。行春❽到高密❾縣，見鄭玄❿為鄉佐，知其異器，即召署郡職⓫，遂遣就學。

2 後密去官還家，每謁守令，多所陳託。同郡劉勝，亦自蜀郡告歸鄉里，閉門埽軌⓬，無所干及。太守王昱謂密曰：「劉季陵⓭清高士，公卿多舉之者。」密知昱激己，對曰：「劉勝位為大夫，見禮上賓，而知善不薦，聞惡無言，隱情惜己，自同寒蟬⓮，此罪人也。今志義力行⓯之賢而密達之，違道失節之士而密糾之，使明府⓰賞刑得中，令問休揚⓱，不亦萬分之一乎？」昱慚服，待之彌厚。

3 後桓帝徵拜尚書令⓲，遷河南尹，轉太僕⓳。黨事既起，免歸本郡，與李膺俱坐，而名行相次，故時人亦稱「李杜」⑳焉。後太傅㉑陳蕃輔政，復為太僕。明年，坐黨事被徵，自殺。

【章旨】以上記述了杜密的生平事跡。杜密性情沉穩質直，少時即有厲俗之志。為官任職能忠心除奸，雖去官還鄉亦能薦賢糾失，難怪時人將其與李膺並稱為「李杜」。而終以黨事獲罪自殺，實在可惜。

【注釋】❶潁川陽城　潁川郡陽城縣。治今河南登封東南告成鎮。❷司徒胡廣　司徒，官名。西周始置，春秋時沿置，掌管國家的土地和人民。漢代稱為丞相。西漢末改為大司徒，建武二十七年去「大」字，改稱司徒。胡廣，字伯始，南郡華容縣（今湖北潛江市）人。少孤貧，親執家苦。後察孝廉，試以章奏，安帝以為天下第一，遂拜尚書郎，後遷尚書僕射。典機事十年，出為濟陰太守，以舉吏不實免官。後復為汝南太守，入拜大司農。順帝漢安元年，遷為司徒。事詳本書卷四十四。❸稍遷　逐漸地升遷官職。❹代郡　屬并州刺史部。西漢時治今河北蔚縣東北。東漢時治今山西陽高，且改屬於幽州刺史部。❺太山　即泰山郡。治今山東泰安東。因境內有泰山而得名。❻北海　即北海國。治今山東昌樂西。西漢景帝時分齊郡而置北海郡，東漢時改為國。❼捕案　抓捕其人且判定其罪。案，案驗；查明案情以定其罪。❽行春　指郡國守相在春季巡行所轄地區，視察民情。❾高密　為北海國屬縣。治今山東高密西。❿鄭玄　字康成，北海高密人。受業太學後，又外出遊學十餘年。返歸鄉里時，學徒相隨者已數百千人。及黨事起，與同郡四十餘人俱被禁錮，於是杜門不出，隱修經業。黨事解後，大將軍何進辟召他任職，不就。董卓時任為趙相，亦不至。袁紹總兵冀州時舉鄭玄為茂才，表為中郎將，並不就。年七十四，以病卒。曾遍注《五經》等儒家經典，又著書百餘萬言，時人宗為大儒。事詳本書卷三十五。⓫署郡職　暫任郡吏之職。署，指代理、暫任、兼理或試充官職。⓬閉門埽軌　即杜門不出，絕交人事。埽軌，清除車跡。指與人絕斷交往。埽，同「掃」。⓭劉季陵　即劉勝。勝字季陵。⓮自同寒蟬　比喻如同寒蟬一樣，不能表達自己的意見。寒蟬，蟬至寒天則不能鳴叫，比喻不敢說話。⓯志義力行　指心志忠義且力行其事。⓰明府　「明府君」的省稱。漢代尊稱郡守為明府君。⓱令問休揚　美好的聲譽廣為傳揚。問，通「聞」。聲譽。休，喜慶；美善。⓲尚書令　官名。本為少府的屬官，掌章奏文書。漢武帝以後職權漸重。東漢時政務皆歸尚書，尚書令遂成為直接對皇帝負責而總攬一切政令的首腦。⓳太僕　官名。始置於春秋，秦漢時為九卿之一。掌管皇帝的輿馬及馬政。⑳亦稱李杜　桓帝時，李固、杜喬二人忠心司職，同心合力，被梁冀誣害而死，暴屍於城北，世人稱之為「李杜」。此李膺與杜密遇黨事而俱坐，故此言「亦稱李杜」。㉑太傅　為輔弼國君之官。西漢時位次太師下，後世沿置，轉為加銜而無實職。

【語譯】杜密，字周甫，潁川郡陽城縣人。為人沉靜質樸，年輕時就有振興社會砥礪世風的大志。後被司徒胡廣辟召，逐步升遷為代郡太守。又得朝廷的徵召，三遷至泰山太守、北海國相。那些宦官子弟任職屬縣令長而有惡名劣跡的，他總是立即逮捕考問而懲治其罪。春季巡行到高密縣時，見到鄭玄被任為鄉佐，察知他具有傑出的才器，即召任他為郡吏之職，隨後又送他入太學學習。

2 後來杜密辭官回家，每當去拜見郡守縣令時，常常陳述己見而參與政事。同郡的劉勝，也從蜀郡辭職回鄉，他卻閉門謝客，無論政務人事從不干預。太守王昱因此對杜密說：「劉季陵是位清高之士，公卿中許多人都稱譽他。」杜密知道王昱是在激刺自己，便回答說：「劉勝身處大夫的高位，敬受上賓的禮遇，卻明知有才能的賢人而不舉薦，聞聽有劣跡的惡人也不揭發，隱瞞實情顧惜自身，如同寒蟬一般寂默無語，這是國家的罪人。現在那些志於仁義而盡力行善的賢才，我杜密便向上推薦；那些違背道義而不守節操的惡人，我杜密便予以糾舉，從而使太守您能夠刑賞得宜，美名遠播，我不是也盡了一點綿薄之力嗎？」王昱聽後既慚愧又佩服，與他的交往更為密切。

3 後來，桓帝徵召杜密為尚書令，又遷任河南尹，轉為太僕卿。黨錮之禍發生後，免官回歸本郡。因與李膺同時獲罪，兩人的名聲行事也相差不多，所以當時人也並稱他們為「李杜」。以後太傅陳蕃輔佐朝政，杜密又任為太僕卿。第二年，即因黨事而獲罪被徵，遂自殺身亡。

1 劉祐，字伯祖，中山安國❶人也。安國後別屬博陵❷。祐初察孝廉，補尚書侍郎❸，閑練故事❹，文札強辨❺，每有奏議，應對無滯，為僚類所歸。

除任城[6]令，兗州舉為尤異[7]，遷揚州[8]刺史。是時會稽[9]太守梁旻，大將軍冀之從弟也。祐舉奏其罪，旻坐徵。復遷祐河東[10]太守。時屬縣令長率多中官子弟，百姓患之。祐到，黜其權強，平理冤結，政為三河表[11]。

再遷，延熹四年，拜尚書令，又出為河南尹，轉司隸校尉。時權貴子弟罷州郡還入京師者，每至界首[12]，輒改易輿服，隱匿財寶，威行朝廷。

拜宗正[13]，三轉大司農。時中常侍蘇康、管霸用事於內，遂固天下良田美業，山林湖澤，民庶窮困，州郡累氣[14]。祐移書所在，依科品[15]沒入之。桓帝大怒，論祐輸左校[16]。

後得赦出，復歷三卿[17]，輒以疾辭，乞骸骨歸田里。詔拜中散大夫[18]，遂杜門絕迹。每三公缺，朝廷皆屬意於祐，以譖毀不用。延篤[19]貽之書曰：「昔太伯三讓，人無德而稱焉[20]。延陵高揖，華夏仰風[21]。吾子懷蘧氏之可卷，體甯子之如愚[22]，微妙玄通，沖而不盈[23]，蔑三光之明，未暇以天下為事，何其劭與[24]！」

靈帝初，陳蕃輔政，以祐為河南尹。及蕃敗，祐黜歸，卒于家。明年[25]，大誅黨人，幸不及禍。

【章　旨】以上記述了劉祐的生平事跡。劉祐補尚書之官則閑練故事，文札強辨；遷守令之任則政績優異，而為三河表率；拜公卿之職則黜強權，理冤獄，威行朝廷。然亦以觸怒專權宦官而獲罪輸作；後遇赦得出，即返歸田里，杜門絕跡。靈帝時雖以陳蕃輔政而復出任職，但不久蕃敗被黜，卒於家中。

【注　釋】❶中山安國　中山國安國縣。治今河北博野東南。❷博陵　東漢質帝本初元年置郡。治今河北蠡縣南。獻帝建安末年廢。❸尚書侍郎　官名。東漢官制規定，選取孝廉中有才能者入尚書臺，在皇帝左右處理政務。初入臺稱守尚書郎中，滿一年稱尚書郎，滿三年稱尚書侍郎。❹閑練故事　指精熟明習於辦理政事的典制與成例。閑，通「嫻」。熟習。故事，成例；舊時的典章制度。❺文札強辨　指所撰文詞、信札、章奏等文筆犀利，理據充分，有極強的邏輯性與說服力。❻任城　為任城國屬縣。治今山東濟寧東南。任城國屬兗州刺史部。❼尤異　政績特別突出。❽揚州　即揚州刺史部。轄九江、丹陽、廬江、會稽、吳郡、豫章諸郡。地當今安徽、江蘇南部及浙江、福建、江西等地。❾會稽　為揚州刺史部屬郡。郡治今浙江紹興。❿河東　為司隸校尉部屬郡。治今山西夏縣西北。⓫政為三河表　政教為三河地區的表率。三河，漢時稱河東、河內、河南三郡為三河。⓬界首　郡界之端；境域區劃的邊界。⓭宗正　官名。秦始置，漢沿置。多由皇族中人充任，為九卿之一，掌管皇帝宗族中事物，秩中二千石。⓮累氣　失氣；喪氣。指屏息不敢出言。累，疲乏無力。⓯科品　指法律條例。⓰論祐輸左校　判定劉祐之罪而送抵左校署中服刑勞作。⓱復歷三卿　此指歷任多個高級長官之位。三為虛數，泛指多個。卿，古代高級官員或爵位的稱謂。秦漢時三公以下設有九卿。⓲中散大夫　為顧問之官。本書志二十五〈百官志〉：「凡大夫、議郎皆掌顧問應對，無常事，唯詔令所使。」有光祿、太中、中散、諫議大夫等名稱。中散大夫，秩六百石。⓳延篤　字叔堅，南陽郡犨縣（今河南平頂山市）人。博通經傳及百家之言，有名京師。桓帝時以博士徵，拜議郎，著作東觀。後遷左馮翊，徙任京兆尹。為政寬仁，憂恤民黎。以病免歸，教授家鄉。事詳本書卷六十四。⓴昔太伯三讓二句　意思是說從前吳太伯多次謙讓而把君位傳給其弟季歷，人們簡直不知道用什麼樣的言詞來稱頌他。語見《論語・泰伯》：「子曰：『泰伯其可謂至德也已矣，三以天下讓，民無得而稱焉。』」太伯為周文王長子，欲讓王位於其弟季歷。太王有疾，太伯因往吳越之地采藥，太王薨而不返，季歷遂為喪主，這是一讓。季歷赴之而不來奔喪，這是二讓。終喪之後，遂斷髮紋身，居於吳越，這是三讓。此事《史記・吳太伯世家》載為：吳太伯、太伯弟仲雍，皆周太王之子，而王季歷之兄也。季歷賢，而有聖子昌，太王欲立季歷以及昌，於是太伯、仲雍二人乃奔荊蠻，文身斷髮，示不可用，以避季歷。㉑延陵高揖二句　這是說延陵季子謙讓王位而遷移他鄉，中原各國全都仰慕他的高尚品德。延陵，春秋時吳邑，季札所居，故稱季札為延陵季子。吳王壽夢卒，長子諸樊除喪之後，想要讓弟弟季札立為吳王。季札棄其家室而耕於他鄉，諸樊這才放棄了這個念頭。事詳《左傳·襄公十四年》。華夏，古代漢族的自稱。泛指黃河中下游地區的中原各國。㉒吾子懷蘧氏之可卷二句　意思是說先生您懷念著蘧伯玉的邦無道則卷束收藏自己的處世之道，體行著甯武子的邦無道則緘默如愚的行事原則。蘧氏，指蘧伯玉。名瑗，春秋時衛國人。《論語·衛靈公》載子曰：「直哉史魚，邦有道，如矢。君子哉蘧伯玉，邦有道，則仕；邦無道，則可卷而懷之。」謂國家政治黑暗時，能夠卷收自己的本領而隱遁不仕。甯子，指甯武子。姓甯，名俞，春秋時衛國大夫。《論語·公冶長》載子曰：「甯武子，邦有道，則知；邦無道，則愚。其知可及也，其愚不可及也。」愚，心智而佯愚，就是裝傻，裝糊塗。㉓微妙玄通二句　指其心志隱微玄妙，通於大道，故能守沖持虛，清靜無為。沖，空虛。語本《老子》：「古之善為道者，微妙玄通，深不可識。」（〈十五章〉）「道沖，而用之或不盈，淵兮似萬物之宗。」（〈四章〉）㉔蔑三光之明三句　意思是說如同日、月、星隱蔽自己的光芒不照明天下一樣，先生也無暇顧及天下之事，這是多麼正確，多麼美妙啊。劭，美好。㉕明年　指劉祐卒後的第二年，即靈帝建寧二年。據〈靈帝紀〉載：（二年）冬十月丁亥，制詔州郡大舉鉤黨。

【語譯】劉祐，字伯祖，中山國安國縣人。安國後來改屬於博陵郡。劉祐起初被察舉為孝廉，任職為尚書侍郎。由於他通曉熟練於典章舊事，文章也論理明晰雄辯有力，每有奏議，總能從容應對、暢達條理，所以深為同僚所佩服。

2 之後任職為任城縣令，被兗州舉薦為治績優異，升任為揚州刺史。當時任會稽太守的梁旻，是大將軍梁冀的堂弟。劉祐上奏朝廷舉報他的罪行，梁旻因此受到懲處。後來劉祐又遷為河東太守。當時河東郡屬下的縣令縣長大多是宦官子弟，百姓非常痛恨他們。劉祐上任後，首先貶黜其中的恃權橫暴者，接著又公平審理冤獄錯案，政績在河東、河內、河南三郡成為表率。

3 再次升遷後，延熹四年，被任命為尚書令，不久即外任為河南尹，又轉為司隸校尉。那時，有權有勢的貴族子弟被罷官由州郡返回京都，到了劉祐管轄的地界，便趕緊更換車馬服飾，隱藏金銀財寶，以防被其糾劾。劉祐的威嚴震懾於朝廷內外。

4 後被任命為宗正，又經三次遷轉而任為大司農。當時中常侍蘇康、管霸在宮廷內執掌大權，遂霸占天下各地的良田美業，山林湖澤，弄得黎民百姓窮困不堪，而州郡之官則屏息不敢作聲。劉祐於是下達文書給各個州郡，按照律條類例予以罰沒收繳。桓帝聞訊大怒，將劉祐判罪處刑，遣送到左校去服苦役。

5 後得赦出，又經歷了多個卿官之職，他總是以疾病為由辭官，請求退休回鄉養老終生。後來桓帝下詔封他為中散大夫，從此他便閉門不出，斷絕與外界往來。每當三公之位缺職，朝廷總是有意委任劉祐，卻因有人中傷詆謗而不得進用。延篤便給他寫信說：「從前太伯三讓天下，百姓甚至找不出更高的美稱來讚譽他的品德。吳國的季札推讓王位，華夏人士也都仰慕他的風節。先生您既能心懷蘧伯玉的邦無道則收藏自己的才能以蜷伏處世的思想，又能體行甯武子的邦無道則順其自然大智若愚的行為，持守微妙玄通之大道，行用沖虛不盈之大德，隱蔽自己如同日月星辰的三光之明，無暇操心於天下煩亂之事，這是多麼的高尚美妙啊！」

6 靈帝初年，陳蕃輔理朝政，任命劉祐為河南尹。及至陳蕃敗亡，劉祐也被罷黜回鄉，不久死於家中。第二年，大肆誅殺黨人，劉祐則幸免於禍。

1 魏朗，字少英，會稽上虞❶人也。少為縣吏。兄為鄉人所殺，朗白日操刃報讎於縣中，遂亡命到陳國❷。從博士郤仲信學春秋圖緯❸，又詣太學受五經，京師長者李膺之徒爭從之。

2 初辟司徒府，再遷彭城❹令。時中官子弟為國相，多行非法，朗與更相章奏，幸臣忿疾，欲中之❺。會九真❻賊起，乃共薦朗為九真都尉❼。到官，獎厲吏兵，討破群賊，斬首二千級。桓帝美其功，徵拜議郎。頃之，遷尚書。屢陳便宜❽，有所補益。出為河內太守，政稱三河表。尚書令陳蕃薦朗公忠亮直，宜在機密，復徵為尚書。會被黨議，免歸家。

3 朗性矜嚴，閉門整法度，家人不見惰容。後竇武等誅，朗以黨被急徵，行至牛渚❾，自殺。著書數篇，號魏子云。

【章　旨】以上記述了魏朗的生平事跡。魏朗學通《五經》，而性謹嚴忠直。任郡縣之職，政績有稱；遷機密之官，多所補益。後遭遇黨議而免職歸家，又以黨事被急徵而自殺。

【注　釋】❶會稽上虞　會稽郡上虞縣。治今浙江上虞。❷亡命到陳國　指脫逃名籍，逃亡到陳國。陳國，秦時置陳郡，西漢改為淮陽國，東漢章和二年改為陳國，治今河南淮陽。❸春秋圖緯　其書已佚。李賢注：「孔子作《春秋緯》十二篇。」《太平御覽》引用書目中亦有《春秋緯》，而不知是否即為同一書。❹彭城　為彭城國屬縣。治今江蘇徐州。❺中之　製造謠言誣陷中傷他。中，中傷。❻九真　郡名。本為南越王趙佗所置。東漢時屬交州刺史部。轄地今在越南境內。❼都尉　西漢景帝時改郡尉為都尉，輔佐郡守並掌全郡的軍事。❽屢陳便宜　屢次奏報陳述便利適宜之策。❾牛渚　即牛渚山，又名牛渚圻。在安徽當塗西北長江邊，其北部突入江中，名采石磯。

【語　譯】魏朗，字少英，會稽郡上虞縣人。年輕時為縣吏。哥哥被同鄉殺害，魏朗大白天就在縣衙持刀殺人為哥哥報仇，於是逃亡到陳國。跟隨博士郤仲信學習《春秋圖緯》，又到太學中學習《五經》，京師裡有名望的長者如李膺等人爭相和他交往。

2 起初辟為司徒府的掾屬，接著升遷為彭城令。當時宦官子弟擔任國相，常常幹些非法之事，魏朗再三向朝廷奏報，佞幸之臣因此非常忿恨，便想要誣陷中傷他。正逢九真郡發生了叛亂，於是共同舉薦魏朗為九真都尉。魏朗到任後，獎勵將士，平定叛亂，斬首二千人。桓帝嘉獎他的功勞，遂徵召他為議郎。不久，又升遷為尚書。他屢次向朝廷陳述國家應該辦理的要事，對政教多所補益。後出任河內太守，政績為三河地區的表率。尚書令陳蕃薦舉魏朗為人公正忠直，適宜在機密部門任職，於是再次被徵召為尚書。正好遭遇黨禁之議，遂被免職回家。

3 魏朗的性格謹嚴莊重，閉門整頓家法，家人個個都端謹勤勉，從來沒有懶散怠惰的狀態。後來竇武等人被殺，魏朗因同黨而被緊急徵召，行至牛渚時，自殺而死。他曾著書數篇，世人稱作《魏子》。

1 夏馥，字子治，陳留圉❶人也。少為書生，言行質直。同縣高氏、蔡氏並皆富殖❷，郡人畏而事之，唯馥比門❸不與交通，由是為豪姓所仇。桓帝初，舉直言❹，不就。

2 馥雖不交時宦，然以聲名為中官所憚，遂與范滂、張儉等俱被誣陷，詔下州郡，捕為黨魁。

3 及儉等亡命，經歷之處，皆被收考，辭所連引，布徧天下。馥乃頓足❺而歎曰：「孽自己作，空汙良善，一人逃死，禍及萬家，何以生為！」乃自翦須變形，入林慮山❻中，隱匿姓名，為治家傭。親突煙炭，形貌毀瘁，積二三年，人無知者。後馥弟靜，乘車馬，載縑帛，追之於涅陽❼市中。遇馥不識，聞其言聲，乃覺而拜之。馥避不與語，靜追隨至客舍，共宿。夜中密呼靜曰：「吾以守道疾惡，故為權宦所陷。且念營苟全❽，以庇性命，弟柰何載物相求？是以禍見追❾也！」明旦，別去。黨禁未解而卒。

【章　旨】以上記述了夏馥的生平事跡。馥以聲名為宦官所憚，遂與張儉等被誣陷為黨魁。於是夏馥乃剪鬚變形，隱匿姓名，逃身亡命。後黨禁未解而卒。

【注　釋】❶陳留圉　陳留郡圉縣。治今河南杞縣南偏西。❷富殖　經商而富有家財。殖，貨殖；經商。❸比門　並門而居。❹直言　漢代選舉科目之一。武帝建元元年，始詔令大臣選舉賢良方正、直言極諫之士。❺頓足　以腳叩地，表示情緒激憤的樣子。❻林慮山　本名隆慮山，因避東漢殤帝劉隆諱改名林慮山，在河南林州西。❼涅陽　南陽郡屬縣。治今河南南陽西南。❽念營苟全　考慮並謀求苟全性命。營，謀求。❾以禍見追　用災禍追迫我。見，用在動詞前面表示對我如何。

【語　譯】夏馥，字子治，陳留郡圉縣人。年輕時做學生，就言行質樸正直。同縣的高姓蔡姓兩家都很富有，郡人因畏懼其勢力而不得不侍奉他們，只有夏馥雖與他們並門而居卻不與之往來，因此被豪族大姓所仇視。桓帝初年，被舉薦為直言，但他未去任職。

2　夏馥雖然不與在位的官員交往，但由於他的名聲很大，故此也遭到宦官畏忌，而與范滂、張儉等一起被誣陷，朝廷詔命州郡，把他作為黨魁逮捕。

3　及至張儉等逃亡外鄉，凡所經過的地方，都有人被拘捕考問，供辭所牽連串引的，遍及天下。夏馥因此悲痛萬分，他傷歎道：「罪孽由自己引發，卻平白無故地連累許多善良之家，一個人逃死而去，卻給萬家帶來了災禍，這樣活著又有什麼意義！」於是自己剪去鬚髮改變形貌，藏入林慮山中，隱姓埋名，在冶鐵作坊裡作傭工。親自遭受煙炭的熏烤，變得容貌憔瘁身體瘦弱，過了兩三年後，已經沒有人能夠認出他了。後來他的弟弟夏靜乘駕車馬，裝載著縑帛，追蹤尋找他到了涅陽市中。遇見夏馥也不認識，聽到他說話的聲音，才辨認出來，於是上前拜見，夏馥則故意避開不和他說話。夏靜追隨至客舍中，和他共住一處。深夜裡，夏馥才偷偷地把夏靜喚起，對他說：「我因為堅守道義，痛恨奸惡而被當權的宦官陷害。如今只想苟全於世以保住性命，弟弟為何定要以車載物到處追尋我呢？這簡直是用禍患來追逼我呀！」第二天天剛亮，便隻身離去。黨禁尚未解除時，他就死去了。

宗慈，字孝初，南陽安眾❶人也。舉孝廉，九辟公府，有道徵❷，不就。後為脩武❸令。時太守出自權豪，多取貨賂，慈遂棄官去。徵拜議郎，未到，道疾卒。南陽群士皆重其義行。

巴肅，字恭祖，勃海高城❹人也。初察孝廉，歷慎❺令、貝丘❻長，皆以郡守非其人，辭病去。辟公府❼，稍遷拜議郎。與竇武、陳蕃等謀誅閹官，武等遇害，肅亦坐黨禁錮❽。中常侍曹節後聞其謀，收之。肅自載詣縣。縣令見肅，入閤解印綬與俱去。肅曰：「為人臣者，有謀不敢隱，有罪不逃刑。既不隱其謀矣，又敢逃其刑乎？」遂被害。刺史賈琮❾刊石立銘❿以記之。

【章　旨】以上記述了宗慈與巴肅二人的生平事跡。宗慈生前以義行重於南陽，巴肅死後被銘石紀念。二人任縣令時，並以郡守非其人而棄官離去。後宗慈以疾病卒去，幸而未及黨錮之禍。巴肅則坐黨禁錮，旋即被害死獄中。

【注　釋】❶南陽安眾　南陽郡安眾縣。治今河南鄧州東北。❷有道徵　以有道之士的科目被朝廷徵召。有道，指有學問有才藝，或道德高尚的士人。❸脩武　為河內郡屬縣。治今河南獲嘉。❹勃海高城　渤海郡高城縣。治今河北鹽山縣東南。❺慎　汝南郡慎縣。治今安徽阜陽東南。❻貝丘　為清河國屬縣。治今山東臨清東南。❼辟公府　被辟召入三公之府為屬官。❽坐黨禁錮　因為黨人之事而被治罪，禁錮終身不得為官。坐，特指辦罪的因由。❾賈琮　字孟堅，東郡聊城（今山東聊城）人。以前後刺史多無清行而激發吏民怨恨，中平年間，交阯屯兵反叛，朝廷遂選任賈琮為交州刺史。到任後，訊問調查，發布告示，使吏民各安其業；又誅斬渠帥為大害者，簡選良吏試守諸縣，很快就使叛亂平息，百姓以安。後徵拜議郎。黃巾新破之後，賈琮被用為冀州刺史，其諸有臧過者，皆望風解印綬逃去，州界翕然。後卒於度遼將軍之職。事詳本書卷三十一。❿刊石立銘　樹立碑石刊刻銘文以記載其事。

【語　譯】宗慈，字孝初，南陽郡安眾縣人。被舉為孝廉，多次被三公之府所辟舉，又以有道被朝廷徵召，皆未就職。後任為脩武縣令，當時，太守出自權豪之家，往往勒索財貨，宗慈遂棄官而去。後來朝廷又徵召他為議郎，尚未到職，在途中病死。南陽郡的士人都很敬重他的義行。

巴肅，字恭祖，渤海郡高城縣人。起初被察舉為孝廉，歷任慎縣令、貝丘縣長，都因為郡守不能稱職，而託病辭去。又為公府辟為屬吏，逐漸升遷為議郎。與竇武、陳蕃等密謀誅除宦官，竇武等遇害，巴肅也以同黨之罪被禁錮，終身不得為官。中常侍曹節後來聽說巴肅曾經參與謀議，遂下令將其逮捕。巴肅自己坐車到縣衙中投案自首。縣令見到巴肅，立即返入閤室解去印綬，要同他一道逃走。巴肅說：「為人臣子的，心有策謀不敢隱瞞，身有罪責不敢逃刑。我既然毫不隱瞞參與謀議，又怎敢避罪逃刑呢？」遂被殺害。冀州刺史賈琮為刻石立銘以記載其事。

1

范滂，字孟博，汝南征羌❶人也。少厲清節❷，為州里所服，舉孝廉、光祿四行❸。時冀州飢荒，盜賊群起，乃以滂為清詔使❹，案察之。滂登車攬轡，慨然有澄清天下之志。及至州境，守令自知臧汙❺，望風解印綬去。其所舉奏，莫不厭塞❻眾議。遷光祿勳主事。時陳蕃為光祿勳，滂執公儀❼詣蕃，蕃不止之，滂懷恨，投版❽棄官而去。郭林宗聞而讓蕃曰：「若范孟博者，豈宜以公禮格之？今成其去就之名，得無自取不優之議也？」蕃乃謝焉。

2 復為太尉黃瓊❾所辟。後詔三府掾屬舉謠言❿，滂奏刺史、二千石權豪之黨二十餘人。尚書責滂所劾猥多，疑有私故。滂對曰：「臣之所舉，自非叨穢姦暴⓫，深為民害，豈以汙簡札哉！間以會日迫促，故先舉所急，其未審者，方更參實。臣聞農夫去草，嘉穀必茂；忠臣除姦，王道以清。若臣言有貳⓬，甘受顯戮。」吏不能詰。滂覩時方艱，知意不行，因投劾⓭去。

3 太守宗資⓮先聞其名，請署功曹，委任政事。滂在職，嚴整疾惡。其有行違孝悌，不軌仁義者，皆埽迹斥逐，不與共朝。顯薦異節，抽拔幽陋⓯。滂外甥西平⓰李頌，公族子孫，而為鄉曲所棄，中常侍唐衡⓱以頌請資，資用為吏。滂以非其人，寢而不召。資遷怒，捶書佐⓲朱零。零仰曰：「范滂清裁⓳，猶以利刃齒腐朽。今日寧受笞死，而滂不可違。」資乃止。郡中中人⓴以下，莫不歸怨，乃指滂之所用以為「范黨」。

4 後牢脩誣言鉤黨㉑，滂坐繫黃門北寺獄。獄吏謂曰：「凡坐繫皆祭皐陶。」

滂曰：「皐陶賢者，古之直臣。知滂無罪，將理之於帝㉒；如其有罪，祭之何益！」眾人由此亦止。獄吏將加掠考，滂以同囚多嬰病，乃請先就格㉓，遂與同郡袁忠爭受楚毒㉔。桓帝使中常侍王甫以次辨詰㉕，滂等皆三木囊頭，暴於階下㉖。餘人在前，或對或否，滂、忠於後越次而進。王甫詰曰：「君為人臣，不惟忠國，而共造部黨，自相褒舉，評論朝廷，虛搆無端㉗，諸所謀結，並欲何為？皆以情對，不得隱飾。」滂對曰：「臣聞仲尼之言，『見善如不及，見惡如探湯㉘』。欲使善善同其清，惡惡同其汙，謂王政之所願聞，不悟更以為黨。」甫曰：「卿更相拔舉，迭為脣齒，有不合者，見則排斥，其意如何？」滂乃慷慨仰天曰：「古之循善，自求多福；今之循善，身陷大戮。身死之日，願埋滂於首陽山㉙側，上不負皇天，下不愧夷、齊㉚。」甫愍然為之改容。乃得並解桎梏㉛。

5 滂後事釋，南歸。始發京師，汝南、南陽士大夫迎之者數千兩。同囚鄉人殷陶、黃穆，亦免俱歸，並衛侍於滂，應對賓客。滂顧謂陶等曰：「今子相隨，是重吾禍也。」遂遁還鄉里㉜。

6 初，滂等繫獄，尚書霍諝理之。及得免，到京師，往候諝而不為謝。或有讓㉝滂者，對曰：「昔叔向嬰罪，祁奚救之，未聞羊舌有謝恩之辭，祁老有自伐之色。㉞」

竟無所言。

7 建寧㉟二年，遂大誅黨人，詔下急捕滂等。督郵㊱吳導至縣，抱詔書，閉傳舍㊲，伏牀而泣。滂聞之，曰：「必為我也。」即自詣獄。縣令郭揖大驚，出解印綬，引與俱亡。曰：「天下大矣，子何為在此？」滂曰：「滂死則禍塞，何敢以罪累君，又令老母流離乎！」其母就與之訣。滂白母曰：「仲博孝敬，足以供養，滂從龍舒君歸黃泉，存亡各得其所㊳。惟大人割不可忍之恩，勿增感戚。」母曰：「汝今得與李、杜㊴齊名，死亦何恨！既有令名，復求壽考，可兼得乎？」滂跪受教，再拜而辭。顧謂其子曰：「吾欲使汝為惡，則惡不可為；使汝為善，則我不為惡㊵。」行路聞之，莫不流涕。時年三十三。

【章 旨】以上記載了范滂的生平事跡。滂少厲清節，為州里所服。後任職朝中，慨然有澄清天下之志，因舉劾權豪之黨二十餘人。後以己志不行而辭官，又被郡守宗資任為功曹。坐黨事入獄，而凜然不屈，理正辭嚴。後獲免南歸，又在第二次黨錮事件中自詣牢獄而壯烈赴死，聞者莫不悲其行而讚其義。

【注 釋】❶汝南征羌 汝南郡征羌縣。治今河南漯河市東。❷少厲清節 指年輕時厲行清廉之節。厲，通「勵」。勸勉。❸光祿四行 光祿勳每年以此四行評定郎、從官是否合格，因此稱光祿四行。四行，指質樸、敦厚、遜讓、有行義。或說四行為質樸、敦厚、遜讓、節儉。❹清詔使 朝廷特派到州郡宣達詔命，案察情況的使官。負責廉察災害、盜賊等情況，及舉奏二千石以下之貪濁違法者。一般由公卿掾屬承擔其職。❺臧汙 有貪受賄賂等汙穢非法的行為。臧，同「贓」。指貪汙受賄。

❻厭塞　滿足。❼公儀　即公禮。官府中正式場合所行用的禮儀。❽投版　丟棄笏版。笏版，即「朝笏」。古時大臣朝見時手中所執的狹長板子，作為指劃及記事之用，多以玉、象牙、竹片製成。❾黃瓊　字世英，江夏郡安陸縣（今湖北安陸）人。徵拜議郎，稍遷為尚書僕射，多有書奏而順帝從之。又遷尚書令。後出為魏郡太守，復遷任太常、司空、太僕、司徒、太尉等職。以不阿附梁冀封為邟鄉侯。梁冀誅後，黃瓊首居公位，舉奏州郡素行貪汙而罪至死徙者十餘人，由此海內翕然望之。事詳本書卷六十一。❿謠言　指民間流傳的歌謠或諺語。能反映出民眾的疾苦及政理之善否，由此可察知社情民風以資治道。因此朝廷時或命群臣奏舉報告，稱「舉謠言」。⓫叨穢姦暴　貪求貨賄且奸邪暴虐。⓬有貳　有貳心。指有私心行事而不忠於朝廷。⓭投劾　古代官員呈上彈劾自己、請求去職的狀子叫投劾。⓮宗資　字叔都，南陽安眾人。少在京師學《孟氏易》、《歐陽尚書》。舉孝廉，拜議郎，補御史中丞，遷汝南太守。延熹三年，朝廷以宗資為中郎將督兵攻討泰山寇賊。⓯顯薦異節二句　表彰薦舉志節高尚之士，提拔選用隱微單陋之人。⓰西平　汝南郡西平縣。治今河南舞陽東南。⓱唐衡　潁川郡郾縣（今河南漯河市）人。宦官，桓帝時以謀誅大將軍梁冀遷中常侍，封為汝陽侯。與單超、徐璜、具瑗、左悺等同日並封，故世人謂之「五侯」。事詳本書卷七十八。⓲書佐　為州郡諸曹的屬吏，主文書。⓳清裁　此指清心公正地裁決政務。⓴中人　此指才德品行列入中間一等的人。㉑誣言鉤黨　以誣陷之言上書告發，進而引起逮捕黨人之事。㉒理之於帝　向天帝申訴冤情而請求公斷明理。㉓就格　接受拷打。格，擊打。㉔楚毒　指慘毒痛苦的拷打。楚，痛苦。㉕辨詰　通過詰問追究而辨別是非，審察真偽。㉖三木囊頭二句　指給犯人脖項、手、足施加獄械，用布囊蒙覆其頭而曝曬於臺階之下。三木，指頸枷、手梏、足梏。囊頭，頭蒙以物。暴，「曝」的古字。在烈日下曬。㉗虛搆無端　憑空揑造沒有根據的事情。㉘見善如不及二句　看見美善之事就努力追求，就像尚未企及而更加奮力一樣。見到邪惡的事情就急忙避開，就像把手伸進沸水裡而迅速擺脫一樣。語見《論語・季氏》：「見善如不及，見不善如探湯。」㉙首陽山　在洛陽東北。相傳伯夷、叔齊即餓死於首陽山。據清王先謙《後漢書集解》：惠棟曰：「袁山松《書》：滂曰：『願賜一幡於首陽山側。』」㉚上不負皇天二句　既不虧負於皇天上帝，又不虧負於伯夷、叔齊。伯夷、叔齊，商末孤竹君之子。起初，孤竹君以次子叔齊為繼承人。孤竹君死後，叔齊讓位於長子伯夷而伯夷不受。後二人投奔於周，及武王伐紂時，二人叩馬而諫，極力反對。武王滅商後，二人遂逃入首陽山，不食周粟而死。因而被世人稱讚為志節高尚之士。事詳《史記・伯夷列傳》。㉛桎梏　古代用來拘繫囚犯手腳的刑具。施於足者為桎，施於手者為梏。㉜遁還鄉里　隱身避世而逃回家鄉。㉝讓　責怪；責備。㉞昔叔向嬰罪四句　從前叔向獲罪而祁奚營救了他，沒有聽說叔向對祁奚有過謝恩之語，也沒有聽說祁奚因此而自伐其功。叔向，春秋時晉大夫，羊舌氏，名肸。晉侯討

伐欒盈及其同黨，殺死了叔向的弟弟羊舌虎，並且拘繫了叔向。祁奚聞知後，急忙進見執政范宣子，說：「為晉國用心策謀而鮮有錯誤，良言信語以教導臣民而無悔不倦的，唯有叔向其人。為了社稷的穩固與國家的安定，甚至應該保護他的十代子孫來勸勉激勵賢能之士。現在要是不能免除其罪予以解釋，反而將他殺死使其遺棄社稷，這不是很糊塗的作法嗎？」范宣子聽後遂釋放了叔向。祁奚並不會見叔向而返回了家中，叔向也不告知祁奚自己釋放的事而上朝理政去了。事見《左傳・襄公二十一年》。㉟建寧　東漢靈帝劉宏年號，西元一六八—一七二年。㊱督郵　官名。漢代郡國的重要屬吏，掌督察縣鄉，宣達教令，兼司獄訟捕亡等事。據本書志二十五〈百官志〉：「其監屬縣，有五部督郵，曹掾一人。」五部，指東西南北中五部。㊲傳舍　即驛舍。古時供往來公務人員宿住的館舍。㊳仲博孝敬四句　意思是說弟弟仲博有孝敬之心，完全能夠供給贍養母親。范滂我則跟隨父親歸赴黃泉，這樣生死存亡各得所需。仲博，為范滂之弟。龍舒君，即范滂之父范顯，以曾任故龍舒侯國相，故有此稱。龍舒國屬廬江郡。明帝永平元年，封其弟楚王劉英舅子許昌為龍舒侯。㊴李杜　指李膺、杜密。㊵使汝為善二句　想要教你做善行之事，而我不做惡事卻得此惡果。後半句隱而不言，令人思之而倍感悲憤。

【語　譯】范滂，字孟博，汝南郡征羌縣人。年輕時以厲行清廉之節，為鄉里所佩服，被推薦為孝廉、光祿四行。當時，冀州饑荒，盜賊四起，於是朝廷以范滂為清詔使，巡行察治其事。范滂登車攬轡，慷慨激昂有澄清天下的壯志。進入冀州境內，郡守縣令們自知貪贓枉法，紛紛望風解印而逃。凡是他所劾奏的人，眾人都表示滿意。後升任光祿勳主事，當時陳蕃任光祿勳，范滂按照官場中屬下進見上司的禮儀去見陳蕃，陳蕃未加制止，范滂因此心懷忿恨，遂投置笏版棄官而去。郭林宗聽說此事後責備陳蕃說：「像范孟博這樣的人，豈能以官場常禮要求他？現在倒成全了他不重官職而重氣節的名聲，豈不是你自取不優遇名士的貶議嗎？」陳蕃於是謝過致歉。

2　范滂又被太尉黃瓊辟為屬吏。之後皇帝詔令三府屬吏舉奏自己所聽到的民間流傳的歌謠和傳言，范滂舉奏刺史、二千石等權門豪黨二十多人。尚書責備范滂所舉劾者猥雜煩多，懷疑其中夾帶有私忿故怨。范滂回答說：「我所舉劾的，如果不是貪汙殘暴深為民害的，豈不是玷汙了簡札文書嗎！因為距離規定的會期過於短促，所以我先舉奏一些重要急迫的，那些尚未確實弄清的，還須參驗證實。我曾聽說：農夫去除雜草，嘉穀自然茂盛；忠臣剷除奸賊，王道才得以清正。如果我的舉奏懷有私己之心，甘願受到嚴懲。」主管的官吏只好不再詰難他。范滂眼見得時政艱難，知道自己的意見不會被採納，便遞上辭呈棄官而去。

3 太守宗資久聞其名，便請他出任功曹一職，郡中政事全都交給他處置。范滂在職時，嚴肅整治，疾惡如仇。那些違背孝悌之道，不遵從仁義之德的人，都要被斥逐出去，絕不與之同朝共事。又表彰舉薦那些節操堅貞的士人，選拔委任那些身隱位卑的賢才。范滂的外甥西平人李頌，也是三公世家的子孫，但品行不好而被鄉里所鄙棄。中常侍唐衡特為李頌請託於宗資，宗資任用為屬吏。范滂認為李頌不稱其職，遲遲不予召用。宗資遷怒，遂痛打了書佐朱零。朱零昂首回答說：「范滂能夠清心公正地裁斷其事，猶如以利刃截割腐朽。今天我寧可挨打至死，也絕不能違背范滂之意。」宗資只得作罷。郡中那些邪枉小人，全都怨恨范滂，甚至指責范滂所任用的官吏稱為「范黨」。

4 後來因為牢脩上書誣告而拘捕黨人，范滂因此被關押入黃門北寺獄。獄吏對他說：「凡被拘押治罪的人都要祭祀皋陶。」范滂說：「皋陶是位賢人，古代有名的正直之臣。他知道我無罪，肯定會在天帝面前申理此事；如果我真的有罪，祭祀他又有什麼用呢！」大家從此也不再祭祀皋陶了。獄吏將要拷打他們，范滂見同獄的許多人都生了病，就請求先受拷打，於是與同郡人袁忠爭受獄吏的刑杖毒打。桓帝使中常侍王甫依次詰問審察罪囚，范滂等人都被戴上刑具，曝曬在臺階之下。許多人排列在前，有的回答有的不回答，范滂、袁忠遂越過眾人走到前面。王甫責問道：「你為人臣子，不想著如何忠心報國，卻夥同別人結黨營私，相互吹捧，譏評朝政，無中生有，虛造事端，你們勾結在一起陰謀策劃，都是想要幹什麼？必須如實招供，不得隱瞞。」范滂回答說：「我聽孔子說過，『見到善事唯恐自己不及而努力追趕，見到惡事猶如以手探湯而趕緊避開』。我們就是因為親近善人而願天下人和他一同清廉，痛恨惡人而使天下人不同流合汙。原本以為這是朝廷政教所希望看到的，不想卻反而被看成結黨營私。」王甫說：「你們互相薦舉，彼此提拔，勾結為黨，如同唇齒，與你們意見不合的，就排斥打擊，究竟想幹什麼？」范滂於是慷慨激昂，仰天而歎，說：「古時候循善行道，可以自求多福；如今循守善道，反而身陷大戮。我身死之日，希望把我埋葬在首陽山旁，這樣上不負皇天上帝之恩，下無愧伯夷、叔齊之賢。」王甫聽後也有所同情，面色也大為緩和。於是大家才得以解除腳鐐手銬等刑具。

5 范滂後來獲釋而南行歸鄉。剛從洛陽出發，就有汝南、南陽二郡的士大夫乘車數千輛前來相迎。一起被關押的同鄉殷陶、黃穆也獲釋同歸，兩人侍立在范滂身邊應對賓客。范滂回頭對殷陶等人說：「今天你們相隨返鄉，這是在加重我的災禍呀。」於是便一人偷偷逃歸鄉里。

6 起初，范滂等人被拘押入獄，由尚書霍諝審理。等到免罪獲釋，去京師看望霍諝時卻沒有言語致謝。有的人因此責怪范滂，范滂說：「從前晉國的叔向獲罪，祁奚解救了他，沒有聽說羊舌肸有什麼謝恩之語，也沒聽說祁老有居功自伐的態度呀。」最終范滂也沒說什麼謝恩之言。

7 建寧二年，開始大肆誅殺黨人，並下詔緊急逮捕范滂等人。督郵吳導到達縣內，懷抱詔書而閉身驛舍之中，伏在床上哭泣。范滂聞聽後說：「這一定是因為我的事情。」於是即刻自己投案入獄。縣令郭揖聞知大驚，解去印綬，要棄官同他一道逃走。他對范滂說：「天下大得很呀，你為什麼非要留在這兒？」范滂說：「我范滂一死，那災禍就可以停止蔓延，怎麼能因為我的罪責而連累你，又使得老母遭受流離之苦呢！」他的母親找到他與他訣別，范滂對母親說：「弟弟仲博有孝敬之心，完全能夠贍養母親，我隨父親龍舒君歸命黃泉，這樣一來我們生死各得其所。只是希望母親大人要割捨這不能割捨的親子之情，千萬不要悲痛憂傷。」他的母親說：「你如今能與李膺、杜密齊名，死了又有什麼遺憾！已經有了美名善譽，還想要長壽不死，這怎麼可以兼得呢？」范滂跪下接受母親的教導，再拜而起身辭別。然後回過頭來對自己的兒子說：「我要讓你做惡事吧，那惡事是不能做的；我要讓你做善事吧，可我自己並沒有為惡卻得了惡果。」路途中人聽了他的話，沒有不悲傷流淚的。死時他才三十三歲。

論曰：李膺振拔汙險之中❶，藴義生風，以鼓動流俗❷，激素行❸以恥威權，立廉尚以振貴埶❹，使天下之士奮迅感槩❺，波蕩而從之，幽深牢破室族而不顧，至于子伏其死而母歡其義。壯矣哉！子曰：「道之將廢也與？命也❻！」

【章　旨】以上為史家由黨事而發的評論。其感慨於李膺等名士振風俗，蘊正義，使得天下的士人如風起雲湧般追隨響應，雖破家死難而不顧，真可謂氣壯山河！而其最終卻遭遇失敗，則完全是命運使然。

【注　釋】❶振拔汙險之中　謂振興奮起於汙穢險惡的社會環境之中。汙險，指東漢桓、靈之時的宦官專權，政治腐敗，民生塗炭，社會動亂。❷蘊義生風二句　意謂蘊積正義之性倡導廉尚之行，以鼓勵振興當時的社會風氣。流俗，即世俗。《孟子．盡心下》：「同乎流俗，合乎汙世。」朱熹注：「流俗者，風俗頹靡，如水之下流，眾莫不然也。」❸素行　指質樸誠信、清白廉潔的行為處事。與貪汙賄賂、盜取劫奪之義相反。❹振貴埶　使地位尊顯而有權勢的貴族感到震懾。振，同「震」。震動；震驚。埶，同「勢」。❺奮迅感槩　奮發迅疾而起，感慨憤激而為。指情緒激昂，意氣風發。槩，「概」的異體字。概，通「慨」。❻道之將廢也與命也　李膺等士子雖然感慨奮發，前仆後繼，而最終卻歸於敗亡，這完全是天命時運使其然。語見《論語．憲問》載子曰：「道之將行也與？命也；道之將廢也與？命也。公伯寮其如命何！」

【語　譯】史家評論說：李膺奮起於汙濁險惡的社會環境之中，蘊蓄忠義之氣，發揚清正之風，以鼓舞振興世風民俗，激勵質樸正直的言行以使那些行威權者感到羞恥，樹立清正廉潔的風尚以使那些有貴勢者感到震懾，從而使得天下群士感慨奮起，風起雲湧一般追隨於他，即使被幽閉牢獄之中，有破族滅家之禍也都無所顧忌，甚至於兒子心甘情願地去死節，而母親則為兒子的豪情俠義感到欣慰。這是多麼壯烈的場景啊！然而，就如孔子所說：「大道將要廢棄而不得通行了嗎？這全是天命啊！」

1 尹勳，字伯元，河南鞏❶人也。家世衣冠❷。伯父睦為司徒，兄頌為太尉，宗族多居貴位者，而勳獨持清操❸，不以地埶尚人。州郡連辟，察孝廉，三遷邯鄲❹令，政有異迹。後舉高第，五遷尚書令。及桓帝誅大將軍梁冀，勳參建大謀，封都鄉侯❺。遷汝南太守。上書解釋范滂、袁忠等黨議禁錮。尋徵拜將作大匠❻，轉大司農。坐竇武等事，下獄自殺。

2 蔡衍，字孟喜，汝南項❼人也。少明經❽講授，以禮讓化鄉里。鄉里有爭訟者，輒詣衍決之，其所平處❾，皆曰無怨。

3 舉孝廉，稍遷冀州刺史。中常侍具瑗託其弟恭舉茂才，衍不受，乃收齎書者案之❿。又劾奏河間相曹鼎臧罪千萬。鼎者，中常侍騰之弟也。騰使大將軍梁冀為書請之，衍不荅，鼎竟坐輸作左校。乃徵衍拜議郎、符節令⓫。梁冀聞衍賢，請欲相見，衍辭疾不往，冀恨之。時南陽太守成瑨等以收糾宦官考廷尉，衍與議郎劉瑜表救之，言甚切厲⓬，坐免官還家，杜門不出。靈帝即位，復拜議郎，會病卒。

【章　旨】以上記述了尹勳與蔡衍的生平事跡。尹勳雖家世權貴而獨持清操，曾上書朝廷請求解除范滂、袁忠等遭黨議禁錮之士。終因牽連竇武事，下獄自殺。蔡衍亦以清節聞名，舉劾奸邪，救助忠賢，以為己任；後免官還鄉而病卒。

【注　釋】❶河南鞏　河南尹鞏縣。治今河南鞏義西。❷衣冠　古代士以上身分的人戴冠。衣冠連稱，指貴族所穿的服裝，代指士紳、世族。❸清操　清高的操守。❹邯鄲　為趙國屬縣，亦為趙國治所所在，在今河北邯鄲。❺都鄉侯　漢代所封鄉侯、亭侯的一種，位在列侯之下，關內侯之上。都鄉，古代城治區劃名，猶今之城市街區。顧炎武《日知錄》：「都鄉，蓋即今之坊廂也。」❻將作大匠　官名。秦始置，名將作少府，西漢景帝時改為將作大匠。掌修作宗廟、路寢、宮室、陵園等木土工程。❼汝南項　汝南郡項縣。治今河南沈丘。❽明經　指明通儒家經典。❾平處　評判處置。平，通「評」。❿收齎書者案之　收捕攜帶書信來請託的人案查究治。⓫符節令　為少府屬官，秩六百石。主符節事，凡遣使掌授節。⓬言甚切厲　指言詞切直嚴厲，情緒強烈激憤。

【語　譯】尹勳，字伯元，河南尹鞏縣人。其家世代為官宦大族，伯父尹睦為司徒，哥哥尹頌為太尉，宗族中許多人都身居高位，而尹勳獨自堅守清廉之節，不以地位權勢凌駕人上。州郡接連辟召他為屬吏，又察舉為孝廉，三次升遷任為邯鄲縣令，行政施教均有優異之跡。後被舉薦為績效優等，五遷而為尚書令。至桓帝誅殺大將軍梁冀時，尹勳以參與策謀擁立桓帝，封為都鄉侯。又遷任汝南太守。上書桓帝請求解除對范滂、袁忠等人因黨議所受的禁錮。不久，徵拜為將作大匠，轉任大司農。終因竇武等事牽連獲罪而被捕入獄，遂自殺身死。

2　蔡衍，字孟喜，汝南郡項縣人。年輕時即通曉經術，講經授徒。以禮讓慈愛教化鄉里，鄉人發生爭執，往往去請蔡衍裁決，經過他的評判處置，大家都沒有怨言。

3　舉為孝廉，逐漸升遷為冀州刺史。中常侍具瑗請託蔡衍舉薦他的弟弟具恭為茂才，蔡衍拒不接受，並把送書信者逮捕拷問。又上書朝廷揭發河間國相曹鼎貪贓千萬的罪行。曹鼎是中常侍曹騰的弟弟，曹騰於是請大將軍梁冀寫信說情，蔡衍不予理睬。最終，曹鼎獲罪被遣送入左校服役勞作。之後朝廷徵召蔡衍拜為議郎、符節令。梁冀聽說蔡衍賢能，想和他見面，蔡衍藉口有病推辭，梁冀因此懷恨在心。當時南陽太守成瑨等因拘捕糾治宦官而被廷尉考問，蔡衍與議郎劉瑜遂共同上表解救，詞語非常激切嚴厲，因此被免官回家，從此便閉門不出。靈帝即位時，又任為議郎，遇有疾病而死去。

羊陟，字嗣祖，太山梁父❶人也。家世冠族❷。陟少清直有學行❸，舉孝廉，辟太尉李固府，舉高第，拜侍御史❹。會固被誅，陟以故吏禁錮歷年。復舉高第，再遷冀州刺史。奏案貪濁，所在肅然。又再遷虎賁中郎將❺、城門校尉❻，三遷尚書令。時太尉張顥、司徒樊陵、大鴻臚郭防、太僕曹陵、大司農馮方並與宦豎相姻私❼，公行貨賂，並奏罷黜之，不納。以前太尉劉寵、司隸校尉許冰、幽州刺史楊熙、涼州刺史劉恭、益州刺史龐艾清亮在公❽，薦舉升進。帝嘉之，拜陟河南尹。計日受奉❾，常食乾飯茹菜，禁制豪右❿，京師憚之。會黨事起，免官禁錮，卒於家。

【章　旨】以上記述了羊陟的生平事跡。羊陟少時清直有學行，後任職朝中，遂奏請罷黜貪濁之官，又薦舉忠公之臣，得皇帝嘉賞。拜河南尹後，抑制豪右，京師畏憚之。遇黨事免官禁錮，後卒於家。

【注　釋】❶太山梁父　泰山郡梁甫縣。治今山東新泰西。梁父，或作「梁甫」。❷冠族　即冠蓋之族。指仕宦之家。冠蓋，仕宦所用的冠服和車蓋。❸學行　指學問品行。❹侍御史　官名。秦始置，漢沿置。位在御史大夫下，掌察舉非法，受公卿群吏奏事，有違失則舉劾之。或給事殿中，或奉詔出使州郡以糾察百官。❺虎賁中郎將　皇宮中衛戍部隊的將領。主虎賁宿衛，秩比二千石。虎賁，勇士之稱，言其武猛若虎之奔走逐獸。❻城門校尉　掌雒陽十二所城門之戍衛，秩比二千石。❼太尉張顥句　張顥，字智明，常山郡（今河北元氏）人。得永樂門史霍玉進薦，叨時幸而得榮貴。司徒樊陵，字德雲，南陽郡胡陽縣（今河南唐河縣）人。以諂事宦官聞名。曾任永樂少府、太尉、司徒、司隸校尉等職，靈帝死後，與閹宦一起被袁紹捕殺。大鴻臚郭防，事跡不詳。太僕曹陵，亦事跡不詳。大司農馮方，為中常侍曹節女婿。❽前太尉劉寵句　劉寵，字祖榮，東萊牟平（今山東煙台）人。以明經舉孝廉，除東平陵令。後遷豫章太守，又任會稽太守，轉為宗正、大鴻臚、司空、將作大匠、太尉等職。清約省素，家無貨積。以老病卒於家。事詳本書卷七十六。司隸校尉許冰、幽州刺史楊熙、涼州刺史劉恭、益州刺史龐艾，生平事跡並不詳。❾計日受奉　按照自己任職理事的日數來領取俸祿，以示無私不貪。漢法，百官受俸為月俸。二千石俸，月百二十斛；千石俸，月八十斛；百石俸，月十六斛；斗食俸，月十一斛。凡諸受俸，皆半錢半穀。❿豪右　指豪門大族。古代以右為上，漢魏以後因稱世家大族為「右姓」或「右族」。

【語譯】羊陟，字嗣祖，太山郡梁父縣人。世代為官宦之家。羊陟年輕時清正率直而有學問，被舉為孝廉，太尉李固府辟召為屬吏。以考績列為優等，任職為侍御史。恰逢李固獲罪被誅，羊陟由於是李固的故吏而被禁錮多年。後又被推舉為優等，再遷而為冀州刺史。在職期間奏請查辦貪汙受賄的官吏，所在之地因此法紀嚴明，政令敬肅。又再遷為虎賁中郎將、城門校尉，三遷而為尚書令。當時，太尉張顥、司徒樊陵、大鴻臚郭防、太僕曹陵、大司農馮方全都與權倖宦官結為姻親，公然貪取貨賄，羊陟於是奏請朝廷罷黜他們，而皇帝未予採納。羊陟又認為前任太尉劉寵、司隸校尉許冰、幽州刺史楊熙、涼州刺史劉恭、益州刺史龐艾等清廉明達、忠誠為公，於是舉薦他們升職進用。皇帝因此嘉獎他，任命他為河南尹。羊陟計日領取俸祿，生活過得清貧簡樸，經常吃一些簡單粗糙的飯菜。因為他抑制豪強大族，京城中很多人都畏憚懼怕他。後來逢遇黨事發生，被免官禁錮，死於家中。

1　張儉，字元節，山陽高平❶人，趙王張耳❷之後也。父成，江夏❸太守。儉初舉茂才，以刺史非其人，謝病不起。

2　延熹八年，太守翟超請為東部督郵。時中常侍侯覽❹家在防東，殘暴百姓，所為不軌。儉舉劾覽及其母罪惡，請誅之。覽遏絕章表，並不得通，由是結仇。

鄉人朱並，素性佞邪，為儉所棄，並懷怨恚，遂上書告儉與同郡二十四人為黨，於是刊章討捕。儉得亡命，困迫遁走，望門投止，莫不重其名行，破家相容❺。後流轉東萊❻，止李篤❼家。外黃❽令毛欽操兵到門，篤引欽謂曰：「張儉知名天下，而亡非其罪❾。縱儉可得，寧忍執之乎？」欽因起撫篤曰：「蘧伯玉恥獨為君子，足下如何自專仁義❿？」篤曰：「篤雖好義，明廷⓫今日載其半矣。」欽歎息而去。篤因緣⓬送儉出塞，以故得免。其所經歷，伏重誅者以十數，宗親並皆殄滅，郡縣為之殘破。

3 中平元年，黨事解，乃還鄉里。大將軍、三公並辟，又舉敦朴⓭，公車⓮特徵，起家拜少府，皆不就。獻帝初，百姓飢荒，而儉資計差溫⓯，乃傾竭財產，與邑里共之，賴其存者以百數。

4 建安⓰初，徵為衛尉⓱，不得已而起。儉見曹氏世德⓲已萌，乃闔門懸車，不豫政事。歲餘卒于許下⓳。年八十四。

5 論曰：昔魏齊違死，虞卿解印⓴；季布逃亡，朱家甘罪㉑。而張儉見怒時王，顛沛假命㉒，天下聞其風者，莫不憐其壯志，而爭為之主。至乃捐城委爵、破族屠身，蓋數十百所，豈不賢哉？然儉以區區一掌，而欲獨堙江河㉓，終嬰疾甚之亂㉔，多見其不知量也。

【章旨】以上記述了張儉的生平事跡。儉以舉劾宦官侯覽而與其結仇，侯覽遂使人上書告發張儉與同郡二十四人結為部黨，由此引發了第二次黨錮之禍。張儉雖得人救助逃亡獲免，而牽連獲罪以至於滅族屠身者則不計其數。後黨禁解除，儉遂返歸鄉里，杜門不出，卒於家。作者評論其事認為：張儉以區區一身而欲獨遏權奸滔滔之勢，終成疾甚之亂而使天下為之殘破，由此亦足見其自不量力。

【注釋】❶山陽高平　山陽郡高平縣。治今山東微山縣西北。❷趙王張耳　大梁人。漢初諸侯王，秦末與陳餘一起隨從武臣北定趙地，武臣為趙王，張耳為丞相。後被項羽封為常山王。投奔劉邦後，改封為趙王。❸江夏　荊州刺史部屬郡。治今湖北新洲西。❹侯覽　山陽郡防東縣（今山東金鄉）人。桓帝初為中常侍，以佞猾進用，倚勢貪放。又以與議誅梁冀功，進封高鄉侯，覽得此益放縱。其兄侯參為益州刺史，往往以誣陷富室大逆罪誅滅其家而奪其財物，前後數億計。建寧二年，督郵張儉舉奏侯覽貪侈奢縱諸罪狀，請誅之。侯覽遂誣告張儉而大為鉤黨，及長樂少府李膺、太僕杜密等，並皆夷滅。而侯覽則代曹節領長樂太僕。至熹平元年，有司舉奏其專權驕奢，命收其印綬，侯覽遂自殺。事詳本書卷七十八。❺破家相容　指冒著被官府逮捕以致家破人亡的危險而收容接納張儉。❻東萊　即東萊郡。治今山東掖縣東。屬青州刺史部。❼李篤　生卒事跡不詳。❽外黃　為陳留郡屬縣。治今河南民權西北。❾亡非其罪　因罪其不當有之罪而逃亡在外。非其罪，不是與他相符合的罪名。❿蘧伯玉恥獨為君子二句　蘧伯玉有君子之德而與人俱行仁義，先生你為何自行仁義而獨為君子呢？蘧伯玉，名瑗，春秋時衛大夫，孔子稱讚他說：「君子哉蘧伯玉！邦有道則仕，邦無道，則可卷而懷之。」語見《論語・衛靈公》。又據《史記・衛康叔世家》：「（獻公後元）三年，吳延陵季子使過衛，見蘧伯玉、史鰌，曰：『衛多君子，其國無故。』」由此可知蘧伯玉以獨為君子而潔身自好為恥辱。⓫明廷　猶明府。此指外黃令毛欽。⓬因緣　憑藉著機會；順隨著機緣。⓭敦朴　敦厚質樸，為光祿四行選舉科目之一。⓮公車　官署名。掌殿司馬門，天下上事及徵召皆總領之。本書志二十五〈百官志〉云：公車司馬令一人，六百石。本注曰：「掌宮南闕門，凡吏民上章，四方貢獻及徵詣公車者。」⓯資計差溫　謂家中資財略有盈餘。資計，資產；資業。⓰建安　東漢獻帝劉協年號，當西元一九六－二二〇年。⓱衛尉　官名。漢時為九卿之一。掌宮門衛士，宮中徼循事。徼循，巡察緝捕盜賊。⑱世德　此指世代相承的德業功績。⑲許下　許縣地區。許縣，治今河南許昌東。建安元年，曹操迎獻帝都此。三國魏黃初二年（西元二二一年）改名許昌。下，指時間、處所、範圍。如年下、舍下、手下等。⑳昔魏齊違死二句　據《史記・范睢蔡澤列傳》載，魏齊為魏國之公子，曾任魏相。范睢本魏人，曾被魏齊笞擊折脅，佯死而逃生，遂生仇恨。後范睢逃亡至秦，秦昭王拜為相。范睢恐嚇魏王云「持魏齊頭來」，魏齊恐而亡走趙。趙王之弟平原君入秦見昭王時被秦扣留，昭王又遺趙王書信言：「王之弟在秦，范君之仇魏齊在平原君之家，王使人疾持其頭來！不然，吾舉兵而伐趙，又不出王之弟出關。」趙王畏秦，發兵圍平原君家捕魏齊，魏齊乘夜逃出，見趙相虞卿。虞卿思度其勢不能說服趙王寬釋魏齊，遂解除相印而與魏齊一起逃往大梁見信陵君魏無忌，想通過他的幫助逃走楚國。信陵君初有猶豫之色而後才駕車迎接，魏齊聞知，怒而自剄。趙王取其頭予秦，秦亦出平原君歸趙。違死，避死。㉑季布逃亡二句　據《史記・季布欒布列傳》載，季布本楚人而驍勇善戰，項籍使為軍將，多次使漢王劉邦困窘迫急。項羽敗後，劉邦遂以千金購求季布，詔令天下：「敢有舍匿者，罪及三族。」季布遂髡鉗，衣褐衣而賣入魯朱家為奴。朱家心知是季布，於是前往洛陽見汝陰侯灌嬰而說之：「臣各為其主，季布為項籍用力，是在盡職。君何不從容為上言說以寬解其意。」後劉邦得汝陰侯之言而赦免季布，召見而拜為郎中。甘罪，情願獲罪於身。㉒見怒時王二句　此指被當世的帝王所惱怒憤恨而詔命逮捕，遂狼狽出逃，顛沛困頓以求保全性命。時王，當世的君主。假，寬貸；寬容。假命，借出逃而延命存身。㉓獨堙江河　以獨自一人之力而塞堵江河之水。堙，堵塞。㉔終嬰疾甚之亂　最終被疾甚之亂困繞其身而不能自拔。疾甚之亂，因痛恨不仁而行為過分，使不仁者無所自容所導致的禍亂。語本《論語・泰伯》載子曰：「好勇疾貧，亂也；人而不仁，疾之已甚，亂也。」

【語　譯】 張儉，字元節，山陽郡高平縣人，是西漢之初趙王張耳的後人。父親張成，任職江夏太守。張儉起初被察舉為茂才，因為刺史才德並失而不能稱職，便託病辭官而家居不出。

2　延熹八年，太守翟超奏請朝廷任命張儉為東部督郵。那時中常侍侯覽的家在防東縣，他殘酷地剝削欺壓百姓，做了很多違法之事。張儉於是舉劾侯覽及其母親的殘暴罪行，請求朝廷予以誅殺。侯覽乘機扣壓阻截張儉的奏章，使其不能上達於皇帝，並因此結下了仇怨。張儉的同鄉朱並，素來性情奸佞險詐，為張儉所鄙棄，也常常心懷怨恨，於是便上書告發張儉與同郡二十四人結為同黨。靈帝於是詔命削去奏章上朱並的名字，根據奏章上所開列的名單進行抓捕。張儉得以逃脫亡命，遂困迫遁走，狼狽不堪，遇見人家便去投身。世人無不敬重他的名行，便冒著破家滅族的危險接納容留他。後來輾轉到東萊郡，住在李篤家。外黃縣令毛欽帶著兵器來到李家抓捕，李篤接待了毛欽並對他說：「張儉知名於天下，之所以逃亡並非他真正有罪。縱使你能找到張儉，難道就忍心把他捆綁抓走嗎？」毛欽起身拍著李篤的手說：「從前蘧伯玉以自己獨為君子感到羞恥，如今足下為何要自己獨得仁義的美名呢？」李篤說：「我雖然好行仁義，但是今天明府君的義舉已經先得其半了。」毛欽遂感慨歎息而去。李篤又尋找機會送張儉出塞，這樣才得以免禍。張儉所經過的地方，有十幾處遭受到誅殺的重刑，宗族親戚都被滅絕，郡縣的吏民也都牽連受害為之殘破。

3　中平元年，黨禁解除之後，張儉便返回了鄉里。大將軍、三公等都辟召他任職，又被察舉為敦朴，由公車特行徵召而起身任為少府，他都一概不去就職。獻帝初年，百姓遭遇饑荒，而張儉家中的資財還較為充裕，於是他傾竭全部財產，與鄉里之人共同享用。靠著他的救助而存活下來的有好幾百人。

4　建安初年，被徵為衛尉，不得已而赴任。張儉見曹操統治天下的德業已見端倪，便閉門懸車，不再參與政事。過了一年多時間，遂死於許昌。時年八十四歲。

5　史家評論說：從前魏齊為了躲避趙王的誅殺而投奔虞卿，虞卿解去相印同他一起逃亡；高祖劉邦購求季布而季布投奔於朱家，朱家甘冒罪及三族的大禍來收容他。而今張儉被當時的君王所惱怒憤恨，遂顛沛流離，逃身保命。天下之人聞知其事，莫不憐惜其志而爭相收留他，以至於捐棄城邑丟掉爵祿、殘破親族屠滅自身而全然不顧，大概共有數十百處，這難道不正是因為他的賢能嗎？然而張儉以區區一身之力，卻想要獨自堵塞江河，最終卻因疾惡過甚而招致禍亂，可見他是多麼自不量力啊。

岑晊，字公孝，南陽棘陽❶人也。父豫，為南郡❷太守，以貪叨❸誅死。晊年少未知名，往候❹同郡宗慈，慈方以有道見徵，賓客滿門，以晊非良家子❺，不肯見。晊留門下數日，晚乃引入。慈與語，大奇之，遂將俱至洛陽，因詣太學❻受業。

晊有高才，郭林宗、朱公叔等皆為友，李膺、王暢稱其有幹國器❼，雖在閭里，慨然有董正天下❽之志。太守弘農成瑨下車，欲振威嚴，聞晊高名，請為功曹，又以張牧為中賊曹吏❾。瑨委心晊、牧，褒善糾違，肅清朝府。宛有富賈張汎者，桓帝美人❿之外親⓫，善巧雕鏤玩好之物，頗以賂遺中官，以此並得顯位，恃其伎巧⓬，用埶縱橫。晊與牧勸瑨收捕汎等，既而遇赦，晊竟誅之，并收其宗族賓客，殺二百餘人，後乃奏聞。於是中常侍侯覽使汎妻上書訟其冤。帝大震怒，徵瑨，下獄死。晊與牧亡匿齊魯之間。會赦出。後州郡察舉，三府交辟⓭，並不就。及李、杜之誅，因復逃竄，終于江夏山中云。

【章旨】以上記述了岑晊的生平事跡。岑晊素有高才，大為名士所敬重。被弘農成瑨任為功曹時，褒善糾違，郡內肅靜。以勸說成瑨誅殺富商張汎宗族賓客二百餘人獲罪，後遇赦免。黨錮禍起，卒於江夏山中。

【注釋】❶南陽棘陽　南陽郡棘陽縣。治今河南新野東北。❷南郡　屬荊州刺史部。治今湖北江陵。❸貪叨　貪求貨賄。叨，通「饕」。貪婪。一說：叨，殘虐；殘暴。❹往候　前去問候探望。❺良家子　此指身世清白人家的子弟。❻太學　中國古代的大學。漢武帝元朔五年設《五經》博士，弟子五十人，為漢代太學建立之始。東漢太學大為擴展，生徒多至數萬人。

❼幹國器　指國家棟梁之材。❽董正天下　治理國家使其穩固安定。❾中賊曹吏　為郡守所屬諸曹掾史之一，掌兵禁，捕盜賊。❿美人　皇帝後宮妃嬪的稱號，西漢始置。據本書卷十〈皇后紀〉：「及光武中興，斲彫為樸，六宮稱號，唯皇后、貴人。貴人金印紫綬，奉不過粟數十斛。又置美人、宮人、采女三等，並無爵秩，歲時賞賜充給而已。」⓫外親　指內外姨表關係的戚屬。如母、祖母的本生親屬；女、孫女、姐妹、姪女及姑母的子孫等都包括其中。⓬伎巧　指熟練專精的技藝。伎，同「技」。⓭三府交辟　指太尉、司徒、司空三府先後辟召其為屬吏。

【語　譯】岑晊，字公孝，南陽郡棘陽縣人，父親岑豫，曾任南郡太守，因貪賄殘虐被誅殺。岑晊年少尚未知名時，前去拜訪同郡人宗慈，當時宗慈因為道德高尚被朝廷徵召入京，前去看望的賓客盈室滿門，由於岑晊並非良家子，宗慈不肯見他。岑晊在門下等候數日，最後才被引入召見。宗慈同他交談之後，非常驚異於他的才能，於是帶領他一同到了洛陽，因而進入到太學中受業學習。

岑晊具有非常傑出的才華，郭林宗、朱公叔等人都與他結為朋友。李膺、王暢稱讚他有治國輔政的才幹。雖然身處於鄉野之間，仍然激昂慷慨，存有澄清天下安定國家的雄心壯志。南陽太守弘農人成瑨到任之初，想要振威嚴以勵風俗，聽說岑晊聲望很高，便延請他出任功曹，又任用張牧為中賊曹吏。成瑨誠心實意地委政於岑晊和張牧，他們褒揚善行而糾劾違法，很快就整肅了郡政。宛縣有個富商名叫張汎，是桓帝美人的外姻之親，擅長於雕鏤玩好之物，並常用這些東西去賄賂宦官，由此得到了高官顯位。依恃著他的這些精巧伎倆，縱勢橫行，恣意妄為。岑晊、張牧一起勸說成瑨拘捕了張汎等人，不久卻遇上了朝廷的赦令，岑晊仍然把他誅殺掉，並拘捕了他的宗族賓客，總共誅殺了二百多人，然後才上奏朝廷。於是，中常侍侯覽便指使張汎的妻子上書申訴冤情。皇帝聞聽大為震怒，詔令立即徵召成瑨入京，遂下獄而死。岑晊與張牧則逃亡隱匿在齊魯之間。後來逢遇大赦，才敢公開露面。此後岑晊被州郡察舉為吏，三府也先後辟召他為官，他都不去就職。及至李膺、杜密因黨事被殺，他又再次逃竄躲藏，最後死於江夏郡的山中。

陳翔，字子麟，汝南邵陵❶人也。祖父珍，司隸校尉。翔少知名，善交結。察孝廉，太尉周景❷辟舉高第，拜侍御史。時正旦朝賀❸，大將軍梁冀威儀❹不整，翔奏冀恃貴不敬，請收案罪，時人奇之。遷定襄❺太守，徵拜議郎，遷揚州刺史。舉奏豫章❻太守王永奏事中官❼，吳郡❽太守徐參在職貪穢，並徵詣廷尉。參，中常侍璜之弟也。由此威名大振。又徵拜議郎，補御史中丞❾。坐黨事考黃門北寺獄，以無驗見原，卒于家。

孔昱，字元世，魯國魯❿人也。七世祖霸，成帝時歷九卿，封褒成侯⓫。自霸至昱，爵位相係，其卿相牧守五十三人，列侯七人。昱少習家學⓬，大將軍梁冀辟，不應。太尉舉方正，對策⓭不合，乃辭病去。後遭黨事禁錮。靈帝即位，公車徵拜議郎，補洛陽令，以師喪棄官，卒於家。

【章旨】以上記述了陳翔、孔昱二人的生平事跡。陳翔以舉劾宦官徐璜之弟在職貪穢而威名大振，坐黨事入獄，以無驗得出，卒於家。孔昱出身世家，通習《尚書》。亦遭黨事被禁錮。靈帝時以師喪棄官，卒於家。

【注釋】❶汝南邵陵　汝南郡邵陵縣。治今河南漯河市東北。邵，或作「召」。❷周景　字仲饗，廬江舒縣（今安徽廬江縣）人。辟大將軍梁冀府，後任豫州刺史、河內太守、將作大匠等職。好賢愛士，其拔才薦善，常恐不及。及梁冀被誅，周景以故吏被免官禁錮。以其素著忠正，不久又拜為尚書令，遷任太僕、衛尉、司空等職。後代陳蕃為太尉。建寧元年卒。事見本書卷四十五。❸正旦朝賀　指正月初一時天子臨朝會見群臣，共慶新年。❹威儀　指舉行典禮時進退動作的儀式及接人待物的儀節。❺定襄　并州刺史部屬郡。治今山西右玉南。❻豫章　郡名。屬揚州刺史部。治今江西南昌。❼奏事中官　此指向宦官奏報請示政事而不向朝廷奏請。❽吳郡　揚州刺史部屬郡。治今江蘇蘇州。❾御史中丞　官名。漢代以御史中丞為御史大夫之佐，東漢時威權頗重。據蔡質《漢儀》：「丞，故二千石為之，或選侍御史高第。執憲中司，朝會獨坐，內掌蘭臺，督諸州刺史，糾察百寮，出為二千石。」❿魯國魯　魯國魯縣。治今山東曲阜。⓫成帝時歷九卿二句　孔霸字次儒，世習《尚書》，西漢昭帝末年為博士，宣帝時為太中大夫。以選授皇太子經遷任詹事，又任高密相。元帝即位，孔霸以帝師賜爵關內侯，號褒成君。事見《漢書·匡張孔馬傳》。此言成帝時，又言封侯，有誤。太子詹事及國相俱二千石，故言歷九卿。⓬家學　家傳之學。自孔安國、孔延年皆以治《尚書》為武帝博士，後孔霸亦治《尚書》，傳至孔昱，世習《尚書》，故言家學。⓭對策　漢代被察舉者應答皇帝有關政治、經濟等軍國大事的策問，稱對策。

【語　譯】陳翔，字子麟，汝南郡邵陵縣人。祖父陳珍，曾任司隸校尉。陳翔年輕時就已知名於世，且善於結交朋友。被察舉為孝廉，太尉周景辟召他為官，並推舉他為治績優等，遂任職為侍御史。在正月初一朝賀時，大將軍梁冀儀態不嚴整，陳翔立即奏劾梁冀仗恃自己為貴戚而驕縱不敬，請求逮捕問罪。當時人因此認為他有奇才。後升遷為定襄太守，又被徵召為議郎，遷任揚州刺史。在任內曾舉奏豫章太守王永向宦官妄奏政事，吳郡太守徐參在職期間貪汙受賄，二人都被徵召至廷尉治罪。徐參，乃是中常侍徐璜的弟弟。陳翔由此威名大振。又徵召入京，任為議郎，補為御史中丞。後以黨事被收押在黃門北寺獄拷問，因為沒有確實證據而被寬宥免罪，遂死於家中。

孔昱，字元世，魯國魯縣人。七世祖孔霸，西漢成帝時歷任九卿之職，封褒成侯。自孔霸至孔昱，累代官爵相連不絕，擔任卿相牧守的就有五十三人，封為列侯的有七人。孔昱自幼傳習家學而精研《尚書》，大將軍梁冀辟召他為屬吏，他不去應職。太尉薦舉他為方正，對策所論又不合皇帝意旨，於是便以病辭去。後遭遇黨事被禁錮而不得為官。靈帝即位後，由公車徵召入京，拜為議郎，補任洛陽令。後因護守師喪而棄官，死於家中。

1 苑康，字仲真，勃海重合❶人也。少受業太學，與郭林宗親善。舉孝廉，再遷潁陰❷令，有能迹。

2 遷太山太守。郡內豪姓多不法，康至，奮威怒，施嚴令，莫有干犯❸者。先所請奪人田宅，皆遽還之。

3 是時山陽張儉殺常侍侯覽母，案其宗黨賓客❹，或有迸匿❺太山界者，康既常疾閹官，因此皆窮相收掩，無得遺脫。覽大怨之，誣康與兗州刺史第五種及都尉壺嘉詐上賊降❻，徵康詣廷尉獄，減死罪一等❼，徙日南❽。潁陰人及太山羊陟等詣闕為訟，乃原還本郡❾，卒於家。

4 檀敷，字文有，山陽瑕丘人也❿。少為諸生，家貧而志清，不受鄉里施惠。舉孝廉，連辟公府，皆不就。立精舍教授，遠方至者常數百人。桓帝時，博士⓫徵，不就。靈帝即位，太尉黃瓊舉方正，對策合時宜，再遷議郎，補蒙⓬令。以郡守非其人，棄官去。家無產業，子孫同衣而出⓭。年八十，卒於家。

5 劉儒，字叔林，東郡陽平⓮人也。郭林宗常謂儒口訥心辯，有珪璋之質⓯。察孝廉，舉高第，三遷侍中。桓帝時，數有灾異，下策博求直言，儒上封事⓰十條，極言得失，辭甚忠切。帝不能納，出為任城⓱相。頃之，徵拜議郎。會竇武事，下獄自殺。

【章　旨】以上記述了苑康、檀敷、劉儒三人的生平概況。苑康治有能跡，以憎恨宦官貪虐，抓捕侯覽宗黨而被誣害入獄。後得救還鄉，卒於家。檀敷家貧而志清，立精舍教授生徒而不求為官，亦卒於家。劉儒口訥心辯，質美如玉。桓帝時上封事言得失，辭甚忠切。遇竇武事牽連入獄，遂自殺。

【注　釋】❶勃海重合　渤海郡重合縣。治今山東樂陵西北。❷潁陰　潁川郡屬縣。治今河南許昌。❸干犯　觸犯；冒犯。❹宗黨賓客　指同宗同族的親屬及歸附依從的人戶。賓客，東漢以後世家豪族對依附人口的一種稱謂。❺迸匿　分散逃匿；散亂隱匿。迸，散亂。❻詐上賊降　以欺詐之言向朝廷奏報賊盜降服的情況，以邀功取賞。第五種為兗州刺史時，中常侍單超兄子單匡為濟陰太守，負勢而貪穢放縱。第五種遂命其從事衛羽糾發其贓，並奏劾單超。時泰山郡農民軍叔孫無忌勢力強盛，州郡不能討捕，衛羽因撫慰勸說，叔孫無忌遂帥眾投降。單超積忿懷恨，乃與侯覽等以欺騙朝廷，謊報賊降事構陷刺史第五種、都尉壺嘉及苑康等人，苑康因此獲罪。❼減死罪一等　漢法，減死一等為斬左趾；除肉刑後改為笞二百，後則改為徙邊戍。❽日南　日南郡。武帝元鼎六年置。轄境在今越南中部地區。❾乃原還本郡　指赦免其罪，使返歸原籍之地。原，原諒；赦罪。❿檀敷三句　檀敷，或作「檀敷」。敷，「敷」的異體字。山陽瑕丘，山陽郡瑕丘縣。治今山東兗州北。⓫博士　指經學博士。漢武帝立《五經》博士，收弟子員傳授經學。東漢相沿，亦置博士官。⓬蒙　梁國蒙縣。治今河南商丘東北。⓭同衣而出　指家中貧窮不能人各有衣，而須穿同一件衣服輪換外出。⓮東郡陽平　東郡陽平縣。治今山東莘縣。⓯珪璋之質　珪璋為貴重的玉製禮器，此喻純正高貴的品德器質。⓰上封事　向朝廷奏報機要之事。古代臣民奏事，為防洩漏而用黑色袋封緘，稱為封事。⓱任城　即任城國。章帝元和元年，分東平之地立為任城，治今山東濟寧東南。

【語　譯】苑康，字仲真，渤海郡重合縣人。年輕時入太學學習，與郭林宗親密友善。被薦舉為孝廉，再遷而為潁陰令，善於行政有政績。

2　後升任為太山太守，郡內的豪門大姓很多都不遵法度，苑康到任後，振奮威權，嚴施法令，沒有人再敢違法犯罪。從前所巧取強奪別人的田宅，都趕緊退還給人家。

3 這時，山陽郡人張儉誅殺了中常侍侯覽的母親，並抓捕拷問他的宗親賓客，其中有人逃匿入太山郡界。苑康一向極其痛恨宦官，所以對這些人就極力搜捕，使他們沒人能夠逃脫。侯覽對此非常怨恨，遂誣陷苑康與兗州刺史第五種及都尉壺嘉欺瞞朝廷謊報盜賊投降的情況。皇帝於是下詔逮捕苑康關押廷尉獄中，後判刑為減死罪一等，流放到日南郡。潁陰縣人及太山郡人羊陟等到宮殿前替他申辯訴冤，這才恕免其罪而責令放歸本郡，最後死於家中。

4 檀敷，字文有，山陽郡瑕丘縣人。年輕時為儒生，家境貧窮但志節清廉，從不接受同鄉人的施捨饋贈。後被舉為孝廉，接連被三公府辟召為屬吏，他都不去就職。自己建立精舍教授學生，從遠方來向他求學的常常多達數百人。桓帝時，朝廷徵召他為博士，他也未去就任。靈帝即位後，太尉黃瓊薦舉他為方正，以對策所論合於時宜，再遷任為議郎。又出補蒙縣令，因為郡守缺失才德不能稱職，遂棄官而去。家中沒有經營產業，子孫往往共用一套出門穿的衣服。年八十歲時，死於家中。

5 劉儒，字叔林，東郡陽平縣人。郭林宗常常稱讚他說，劉儒雖然不善言詞，但內心很聰慧明辯，有著珪璋寶玉一樣貞潔的品質。後察舉為孝廉，又被薦舉為治績優等，三遷而任為侍中。桓帝時，頻頻出現災異現象，朝廷於是下詔廣泛徵求率直中肯的批評意見，劉儒密封奏事十餘條，懇切地諫言朝政之得失，言詞非常忠直而恰當。但桓帝未能採納，命他出任任城國相。不久，又徵召他任為議郎。後遭逢竇武之事，被捕下獄而自殺。

1 賈彪，字偉節，潁川定陵❶人也。少遊京師，志節慷慨❷，與同郡荀爽齊名。

2 初仕州郡，舉孝廉，補新息❸長。小民困貧，多不養子，彪嚴為其制，與殺人同罪。城南有盜劫害人者，北有婦人殺子者，彪出案發❹，而掾吏欲引南。彪怒曰：「賊寇害人，此則常理，母子相殘，逆天違道。」遂驅車北行，案驗其罪。城南賊聞之，亦面縛❺自首。數年間，人養子者千數，僉曰「賈父所長」，生男名為「賈子」，生女名為「賈女」。

延熹九年，黨事起，太尉陳蕃爭之不能得，朝廷寒心❻，莫敢復言。彪謂同志曰：「吾不西行，大禍不解。」乃入洛陽，說城門校尉竇武、尚書霍諝❼，武等訟之，桓帝以此大赦黨人。李膺出，曰：「吾得免此，賈生之謀也。」

先是岑晊以黨事逃亡，親友多匿焉，彪獨閉門不納，時人望之❽。彪曰：「傳言『相時而動，無累後人❾』。公孝以要君致釁❿，自遺其咎，吾以不能奮戈相待，反可容隱⓫之乎？」於是咸服其裁正⓬。

以黨禁錮，卒于家。初，彪兄弟三人，並有高名，而彪最優，故天下稱曰「賈氏三虎，偉節最怒」。

【章旨】以上記述了賈彪的生平事跡。彪初仕州郡即嚴為立制，以糾理小民棄子不養之陋習。及黨事起，賈彪西入洛陽，勸說竇武等大訟黨人冤情，桓帝以此詔令赦免黨人。後黨錮再起，卒於家。

【注釋】❶潁川定陵 潁川郡定陵縣。治今河南郾城西。❷志節慷慨 形容志向高遠，氣節堅貞，激揚奮發，銳意向上的樣子。❸新息 汝南郡新息縣。治今河南息縣。❹案發 指調查案驗發生殺人事件的現場情況。❺面縛 兩手反背而綁縛。

❻朝廷寒心　這是說朝廷大臣人人有所戒懼而言行謹慎。❼霍諝　字叔智，魏郡鄴縣（今河北磁縣）人。少有才志，舉孝廉，稍遷金城太守。後任北海相、尚書僕射等職。梁冀被誅後，桓帝嘉其忠節，封為鄴都亭侯。事詳本書卷四十八。❽時人望之　當時人們都責怨他。望，埋怨；責備。❾相時而動二句　凡事要察看好時機然後再行動，千萬不要連累後代子孫使憂懼不安。語出《左傳・隱公十一年》：「相時而動，無累後人，可謂知禮矣。」❿以要君致釁　因為要脅君王而招致事端。釁，事端；爭端。⓫容隱　容留其身且隱匿之。⓬裁正　裁決處斷公正無私。

【語　譯】賈彪，字偉節，潁川郡定陵縣人。年輕時遊學京師，志節慷慨而品德高尚，與同郡人荀爽齊名並譽。

2 起初在州郡任職，後被察舉為孝廉，補任新息縣長。當地的百姓非常貧困，許多人家生了孩子都不願養活。賈彪於是制定嚴厲的法令制度，生子而不養則與殺人同罪。當時在城南發生了盜賊搶劫害人的案件，城北則有婦人殺死所生孩子的案件，賈彪親自出赴現場查驗，而掾屬想要駕車前去城南。賈彪生氣地說：「賊寇劫掠害人，這是習見常有之事，而母親殘害子女，是違背人性天道的大事。」於是驅車向北，查驗婦人的罪行。城南的盜賊聽說此事，也反綁著雙手向官府投案自首了。數年之間，老百姓生養孩子的有幾千人，都說「這孩子是因賈父才育養的」，生男孩的就名為「賈子」，生女孩的就名為「賈女」。

3 延熹九年，黨錮之事再起，太尉陳蕃上書極力爭諫而桓帝不聽，滿朝的文武官員都很寒心，沒有誰再敢進諫勸阻。賈彪對志同道合的人說：「我如果不西行入京極言直諫，大禍看來是不會解除的。」於是他西至洛陽，勸說城門校尉竇武、尚書霍諝出面勸諫。竇武等於是為他們申辯訴冤，桓帝這才大赦黨人。李膺獲釋出獄後說：「我們能夠免於此難，全是靠著賈彪的出力謀劃。」

4 此前，岑晊因為黨事而逃身亡命，親戚朋友很多人爭相藏匿隱蔽他的行蹤，只有賈彪閉門不納。當時人們都埋怨他，賈彪說：「《左傳》中說『看準時機然後行動，一定不要連累後人』。岑公孝以要脅君主而招致罪戾，完全是自取禍害，我沒有舉戈相向就夠便宜他了，反而還要容留隱匿他嗎？」大家因此都佩服他的裁斷公正。

5 後來賈彪由於黨事而被禁錮不得為官，遂死於家中。起初，賈彪兄弟三人，都有高名美譽，而賈彪的才能最為優異，所以天下人稱讚說「賈氏三隻虎，偉節最威武」。

1 何顒，字伯求，南陽襄鄉❶人也。少遊學洛陽。顒雖後進，而郭林宗、賈偉節等與之相好，顯名太學。友人虞偉高有父讎未報，而篤病將終，顒往候之，偉高泣而訴。顒感其義，為復讎，以頭醊其墓❷。

2 及陳蕃、李膺之敗，顒以與蕃、膺善，遂為宦官所陷，乃變姓名，亡匿汝南間。所至皆親其豪桀，有聲荊豫之域❸。袁紹慕之，私與往來，結為奔走之友❹。是時黨事起，天下多離其難，顒常私入洛陽，從紹計議。其窮困閉戹者，為求援救，以濟其患。有被掩捕者，則廣設權計❺，使得逃隱，全免者甚眾。

3 及黨錮解，顒辟司空府。每三府會議，莫不推顒之長。累遷。及董卓秉政，逼顒以為長史❻，託疾不就，乃與司空荀爽、司徒王允等共謀卓。會爽薨，顒以它事為卓所繫，憂憤而卒。初，顒見曹操，歎曰：「漢家將亡，安天下者必此人也。」操以是嘉之。嘗稱「潁川荀彧，王佐之器」。及彧為尚書令，遣人西迎叔父爽，并致顒屍，而葬之爽之冢傍❼。

【章旨】以上記述了何顒的生平事跡。顒少遊洛陽而顯名太學，以俠義豪桀為眾士仰慕，袁紹與之結為奔走之友。黨錮之禍起，又救難濟患，全免者甚眾。及董卓秉政，顒與荀爽等共謀誅之。事未成，遂憂憤而卒。

【注　釋】❶南陽襄鄉　南陽郡襄鄉縣。治今湖北棗陽東北。❷以頭醊其墓　以仇家的人頭祭奠其墓冢。醊，祭祀時用酒酹地，亦用以指祭奠。❸荊豫之域　指荊州刺史部及豫州刺史部所轄郡縣之地。包括今河南、湖北、湖南大部及安徽部分地域。❹奔走之友　指相互敬重欣慕而四處宣揚稱譽其品德聲望的朋友。語本《詩・緜》：「予曰有胥附，予曰有先後，予曰有奔走，予曰有禦侮。」毛萇注：「諭德宣譽曰奔走。」❺廣設權計　指想方設法以謀成權變應急之策。❻長史　官名。東漢時太尉、司徒、司空三公府的掾屬，均設有長史之職。號為三公輔佐，職任頗重。❼遣人西迎叔父爽三句　據本書卷六十二〈荀韓鍾陳列傳〉：董卓當朝時，備禮徵召荀爽等，爽不得已而至，遂由平原相遷為光祿勳，後拜為司空，又隨董卓自洛陽遷都長安，不久病卒。則荀彧拜官尚書令後，遣人西迎叔父，乃迎其屍骨。同時又將何顒之屍也一併運回，葬於荀爽墳冢旁邊。

【語　譯】何顒，字伯求，南陽郡襄鄉縣人。年輕時遊學洛陽。他雖然年少後進，而郭林宗、賈偉節等人卻與他親近相好，在太學中名聲顯赫。他的朋友虞偉高有父仇而未報，卻已身患重病將不久於人世。何顒前去探望問候時，偉高向他哭訴其事。何顒為他的仗義所感動，替他報了仇，並將仇家的人頭祭奠於他的墓前。

2　等到陳蕃、李膺因謀誅宦官失敗後，何顒因與陳蕃、李膺相友善，遂遭到宦官的陷害。他於是更名改姓，逃亡隱匿到汝南一帶。所到之處都交結當地的豪傑之士，在荊、豫二州遂有很高的聲望。袁紹仰慕他的為人，暗中與他往來，兩人結交為彼此敬重、互相幫助的親密朋友。當時，黨禁之事在各地發生，天下許多士人都遭遇禍難，何顒經常偷偷到洛陽去，跟袁紹商議謀劃。那些因黨事而窮困窘迫的，何顒就為他們謀求援助，以救濟他們的危難；那些被搜捕入獄的，何顒則想方設法替他們籌謀劃策，使他們得以逃亡隱遁。因此而得以全身免難的人非常之多。

3　等到黨錮解除之後，何顒被辟召入司空府任職。每當三府會議時，眾人全都推舉何顒主持其事。又曾多次升遷官職，到董卓執掌朝政時，遂逼迫何顒擔任他的長史，何顒假託疾病而不去應職。之後，便與司空荀爽、司徒王允等共同謀劃誅殺董卓。適逢荀爽去世，何顒也因為其他事情被董卓拘捕入獄，最終憂憤而死。

起初，何顒見到曹操，感歎說：「漢家將要滅亡，能使天下安定的一定是這個人啊！」曹操因此非常讚賞他。又曾經稱讚說「潁川郡的荀彧，是輔佐帝王的英才偉器」。後來荀彧擔任了尚書令，派人西去洛陽迎取叔父荀爽的遺骨，也將何顒的屍體一併運載回來，把他埋葬在荀爽的墳冢旁邊。

贊曰：渭以涇濁，玉以礫貞❶。物性既區，嗜惡從形❷。蘭蕕無並，銷長相傾❸。徒恨芳膏，煎灼燈明❹。

【章旨】史家就列傳所載黨人事跡發表的議論，表彰讚美這些士人的清貞之性與高尚之行，並表達對他們無私忘我精神的敬佩之情。

【注釋】❶渭以涇濁二句　意思是說渭水清，涇水濁，渭水以有涇水流入而顯得混濁，玉石因為有砂礫的粗惡無華而顯得潤潔堅貞。涇水為渭水支流，以流經黃土高原挾帶大量泥沙而變得混濁。《詩・谷風》：「涇以渭濁。」意為涇水因為渭水之清而顯得混濁。以下句「玉以礫貞」例之，范書此處「濁」或當為「清」。❷物性既區二句　萬物之質性相互區別，所愛所惡從其形體之美醜而彼此不同。此隱含之意為：李膺等形全體善，故性行亦善美可稱；宦官等形缺體虧，故性質亦醜惡可憎。❸蘭蕕無並二句　如同蘭花和臭草不能並存同器一樣，君子與小人也此消彼長，而不能並立於朝。蕕，臭草，亦用以指惡人。❹徒恨芳膏二句　只是愛憐痛惜那些芳香的膏脂，煎灼自身而照亮他人。恨，疼愛；愛憐。因愛而生恨。芳膏，以喻遭黨禁之君子。

【語譯】史官評議說：渭水因為涇水的清澈而益顯其渾濁，美玉因為礫石的粗惡才益顯其堅貞。眾人的品性已然相互區別而彼此不同，善惡嗜好也隨其形貌的美醜而顯現差異。高雅幽香的蘭花與猥雜腐臭的花草不能並存同器，君子之道與小人之道也總是此消彼長，一方壓倒另一方。只是遺憾這些令人敬重的賢士，像芳膏一樣煎灼燃燒掉自身，卻為人們點亮了那盞希望的明燈。

【研析】范曄所撰的《後漢書》，除沿襲《史記》、《漢書》中的〈循吏〉、〈酷吏〉、〈宦者〉、〈儒林〉四傳的體例外，又創制了〈黨錮〉、〈文苑〉、〈獨行〉、〈方術〉、〈逸民〉、〈列女〉六種類傳。〈黨錮列傳〉記載遭遇黨錮之禍的名士，〈獨行列傳〉、〈逸民列傳〉表彰遁世隱逸的高士，〈方術列傳〉記述發明創造的科技人物，〈文苑列傳〉專載長於文學的才士，〈列女傳〉則記述言行卓越的女子。這些類傳的創立，一方面如實記錄了當時社會生活中出現的許多特殊情況，為歷史研究提供了有價值的資料；一方面表現了范曄本人深刻的歷史見解，為後代史家提供了新的寫史方法。

再者，對於本卷前後的序、論、贊，也應給予足夠的注意。魏晉南北朝時期，社會上盛行著清談和美文的風氣。受此影響，范曄也以奇情壯采之文相尚，他很重視紀傳中的序、論、贊的寫作，並以此炫耀自己的文學才華。今本《後漢書》無作者自序，其撰著之旨趣，可由范曄〈獄中與甥姪書〉窺見。其中有言：「詳觀古今著述及評論，殆少可意者。」又說：「吾雜傳論，皆有精意深旨，既有裁味，故約其詞句。至於〈循吏〉以下及六夷諸序論，筆勢縱放，實天下之奇作。」「又欲因事就卷內發論，以正一代得失，意復未果。贊自是吾文之傑思，殆無一字空設，奇變不窮，同含異體，乃自不知所以稱之。此書行，故應有賞音者。」雖其稱情狂言，意在矯世人貴古賤今之弊，然由此亦可見其用功之深。

另外，〈黨錮列傳〉中所記述的名士，都是或多或少參與朝政的士大夫，他們挺身反對宦官的專權，也屬於統治階級內部的鬥爭。但是，閱讀〈黨錮列傳〉，只有同情遭遇黨錮的士人的，沒有同情那些宦官的。這是因為在范曄書中，「貴德義，抑勢利，進處士，黜奸雄」。遵循著這樣的原則，他所記述表彰的，都是東漢社會中「尚氣節」的人物，是同當時人民所痛恨的宦官進行堅決鬥爭的名士。由此我們亦可以看出作者范曄的莊嚴正史與崇尚德義的精神面貌，而這也正是每個史家應有的可貴品質。（辛戰軍注譯）

卷六十八

郭符許列傳第五十八

【題　解】本卷為郭泰、符融、許劭三人的合傳，三人並以明鑑知人、好獎拔士類而著名於世，且其為人行事常能循道守節，多有儒者之風，故並列於同卷中。郭泰鑑人拔士皆卓有效驗，其事廣為傳播而被附益誇張得神乎其神，由此亦足見其名望之高。而其雖善人倫，卻從不為危言深論，故雖當宦官專權之世而未被其害。符融識郭泰於沉隱不名之時，薦進於李膺而使其名振天下。又察知晉文經等徒有空名虛譽，實則輕薄無行。雖僅數事，亦可見其能。許劭與郭泰齊名並稱，而多得群士敬重。其評鑑曹操乃「清平之姦賊，亂世之英雄」，歷代被人認同和肯定。可惜其生於亂世，顛沛流離而中年早逝。

1

郭太，字林宗❶，太原界休❷人也。家世貧賤。早孤，母欲使給事縣廷❸。林宗曰：「大丈夫焉能處斗筲之役❹乎？」遂辭。就成皋❺屈伯彥學，三年業畢，博通墳籍❻。善談論，美音制❼。乃游於洛陽。始見河南尹李膺，膺大奇之，遂相友善，於是名震京師。後歸鄉里，衣冠諸儒❽送至河上，車數千兩。林宗唯與李膺同舟而濟，眾賓望之，以為神仙焉。

2 司徒黃瓊辟，太常趙典⑨舉有道。或勸林宗仕進⑩者，對曰：「吾夜觀乾象⑪，晝察人事，天之所廢，不可支也。」遂並不應。性明知人，好獎訓士類。身長八尺，容貌魁偉，褒衣博帶⑫，周遊郡國。嘗於陳梁⑬間行遇雨，巾一角墊⑭，時人乃故折巾一角，以為「林宗巾」。其見慕⑮皆如此。或問汝南范滂曰：「郭林宗何如人？」滂曰：「隱不違親⑯，貞不絕俗⑰，天子不得臣，諸侯不得友⑱，吾不知其它。」後遭母憂，有至孝稱⑲。林宗雖善人倫⑳，而不為危言覈論㉑，故宦官擅政而不能傷也。及黨事起，知名之士多被其害，唯林宗及汝南袁閎㉒得免焉。遂閉門教授，弟子以千數。

3 建寧㉓元年，太傅陳蕃、大將軍竇武為閹人所害，林宗哭之於野，慟。既而歎曰：「『人之云亡，邦國殄瘁㉔』。『瞻烏爰止，不知于誰之屋㉕』耳。」

4 明年春，卒于家，時年四十二。四方之士千餘人，皆來會葬㉖。同志者乃共刻石立碑，蔡邕為其文，既而謂涿郡盧植㉗曰：「吾為碑銘多矣，皆有慚德，唯郭有道無愧色耳㉘。」

5 其獎拔士人，皆如所鑒㉙。後之好事，或附益增張，故多華辭不經，又類卜相之書㉚。今錄其章章㉛效於事者，著之篇末。

【章　旨】以上為〈郭泰傳〉。郭泰家貧早孤而胸有大志，以苦學博通墳籍。後遊於洛陽，與李膺友善，遂名震京師。性明於知人，好獎訓士類。平生不為危言深論，故宦官擅權而不曾傷害，雖黨禁事起，亦免遭其禍。其憂心國事，體道行德，深得群士敬重。其知人善鑑，獎拔士類，則尤為世人所稱道。

【注　釋】❶郭太字林宗　「太」本作「泰」。唐李賢注：「范曄父名泰，故改為此『太』。」❷太原界休　太原郡界休縣，治今山西介休東南。❸給事縣廷　指到縣衙中供職。縣廷，即縣衙，令長處理政事的公堂。❹斗筲之役　凡庸之人所從事的勞苦之役。筲，一種竹器，僅容一斗二升。斗、筲都是很小的容器，用以比喻才識短淺，凡庸無能。❺成皋　縣名。屬河南尹。治今河南滎陽西北。❻墳籍　猶「墳典」。泛指古書。孔安國〈尚書序〉：「伏羲、神農、黃帝之書，謂之《三墳》，言大道也；少昊、顓頊、高辛、唐、虞之書，謂之《五典》，言常道也。」《三墳》《五典》簡稱《墳》《典》。❼美音制　指精熟於音律聲樂的變化節奏與規律。❽衣冠諸儒　泛指士紳大族和學者名流。古代士以上戴冠，衣冠連稱，則引申指貴族、士紳。❾太常趙典　太常，掌宗廟禮儀，兼掌選試博士。秦始置稱奉常，漢景帝時改稱太常，為九卿之一。趙典，字仲經，蜀郡成都人。少博學經書，桓帝建和初年徵拜議郎。侍講禁內，遷為侍中。歷官弘農太守、右扶風、大鴻臚、太僕、太常等職。靈帝時任長樂少府、衛尉之職。病卒，謚曰獻侯。事詳本書卷二十七。❿仕進　泛指應辟召舉薦而進身為官。仕，做官。⓫乾象　指天象。乾為八卦之一。《易．說卦》：「乾為天，為圜，為君，為父。」則乾象又象徵君王。⓬褒衣博帶　猶言寬袍大帶，為古代儒生學者的裝束。褒，指衣襟寬大。⓭陳梁　指陳國和梁國，當今河南淮陽至商丘一帶。⓮角墊　此指葛巾因雨溼而一角下垂。墊，陷下；垂下。⓯見慕　被眾人仰慕。李賢注引〈郭泰別傳〉：「泰名顯，士爭歸之，載刺常盈車。」刺，名帖。猶如今之名片。⓰隱不違親　指雖隱身逃遁而不棄離其親。此喻指郭泰之行事有如介子推一樣。據《左傳》載，晉文公賞賜跟隨他流亡的人時，介子推沒有提出要求，晉文公也沒有給予賞賜。介子推認為，文公返國為君是上天所安排，而隨從者卻以為自己之功而受賞，此君臣上下欺蒙於天，故以為自己難與相處而心生隱遁之意。他的母親很讚賞他不求賞賜的行為，對他說：「能夠這樣處事很好。我同你一起逃隱。」遂隱於綿山而死。⓱貞不絕俗　指雖講究禮節、循守禮法而不背離鄉風民俗。此喻指郭泰之行事有如柳下惠一樣。柳下惠即展禽，春秋時魯國大夫。以善於講究貴族禮節著名。據《左傳》載，僖公二十六年，齊國進攻魯國，展禽使人依禮應答齊侯，指出先王有命曰：「世世子孫無相害也！」且桓公即據此「糾合諸侯而謀其不協，彌縫其闕而匡救其災。」今君即位，亦必不「棄命廢職」。齊侯心知失禮，乃還。⑱天子不得臣二句　意思是說郭泰為純儒之人，守大道，行大節，完全不類世俗中人的行為處事。語本《禮記・儒行》「儒有上不臣天子，下不事諸侯」演化而來。⑲遭母憂二句　此指郭泰遭遇母親之喪，其間嘔血發病，歷年乃瘳。因此得到「至孝」的稱譽。⑳善人倫　指善於鑑識人生的尊卑貴賤、通塞泰否等事。㉑危言覈論　指直切峻刻而嚴正確實的言論評說。覈，確實。㉒袁閎　字夏甫，汝南汝陽（今河南商水縣）人。少勵操行，苦身修節。居處簡陋，以耕學為業。叔父袁逢、袁隗皆貴盛，數饋之而無所受。延熹末年，黨事將作，袁閎遂散髮絕世，潛身十八年。後黃巾事起，百姓驚散，袁閎誦經不移。病卒。事詳本書卷四十五。㉓建寧　東漢靈帝劉宏年號，西元一六八─一七二年。㉔人之云亡二句　賢智之士去世之後，國家也因此受到影響而衰亡。語出《詩・瞻卬》。㉕瞻烏爰止二句　瞻望那飛翔的烏鴉，不知要降落止息於誰家的屋頂。意思是說不知道帝王之業當歸於何人。語本《詩・正月》：「哀我人斯，于何從祿？瞻烏爰止，于誰之屋？」㉖皆來會葬　據李賢注引謝承《後漢書》：「泰以建寧二年正月卒，自弘農郡函谷關以西，河內郡湯陰以北，二千里負笈荷擔彌路，柴車葦裝塞塗，蓋有萬數來赴。」㉗盧植　字子幹，涿郡涿縣人。少與鄭玄俱學於馬融，博通古今，好研精而不守章句。性剛毅有大節，常懷濟世之志。州郡數辟舉皆不就。建寧中徵為博士，始起身仕進。熹平四年，拜九江太守，後以疾去官。歲餘後徵拜議郎，校書東觀。又轉為侍中，遷尚書。黃巾事起，盧植率諸郡兵征之。以宦官誣陷，帝怒，遂命檻車徵植，減死罪一等。後得平反，復為尚書。以不同於董卓而罷其百官之會，幾乎被殺。得蔡邕等救助，免官而已。後隱於上谷郡，不交人事，初平三年卒。事詳本書卷六十四。㉘吾為碑銘多矣三句　我給人撰寫墓碑銘文很多篇，其人之操行與碑銘所稱皆有慚愧，只有郭泰的行事與碑文所稱相互符合而無所愧疚。慙德，指生平行事有缺欠而不合於碑銘所稱揚的美德。郭泰被太常趙典舉為「有道」，且其行事為眾人所尊崇，因此稱為「郭有道」。㉙皆如所鑒　都像當初他對士人鑑識評判的結論一樣。鑒，鑑識；鑑裁。指對別人的鑑定評判。㉚卜相之書　指有關占卜、相術方面的書籍。以其中所言多誇大其詞，荒誕不經，故使人常存懷疑。㉛章章　猶昭昭。非常顯明的樣子。

【語　譯】郭泰，字林宗，太原郡界休縣人。他的家族世代貧困低賤，又早年喪父，母親就想讓他在縣衙服役當差。他說：「大丈夫怎麼能甘居於如此低賤的差役呢？」於是便拒絕了。此後郭泰跟隨著成皋人屈伯彥學習，用三年時間完成了學業，遂博通於古代典籍。又善於高談闊論，並愛好精通於音律。不久郭泰到洛陽遊歷。初次與河南尹李膺會見時，李膺就非常驚異於他的才華而對他十分欣賞，二人遂相交為友而關係親近，從此郭泰就名震京都。後來返歸故鄉時，官宦士族和儒生學者為他送行到黃河岸邊，前後的車馬有數千輛。郭泰只是單獨與李膺同船共渡，送行的賓客遠遠望去，都以為是天上的神仙。

2 司徒黃瓊曾辟召他入府為官，太常趙典也舉薦他為有道之士。有人因此勸說他進身仕途，他回答說：「我夜晚觀測天象變化，白天又考察社會人事，預料當今的朝廷已被上天所拋棄，將無法再支持下去。」於是拒絕了對他的辟舉。郭泰生性能明鑑人才，樂於褒獎和教誨那些士子。他身高八尺，相貌堂堂而體態魁偉，常常穿著褒衣寬帶，周遊各個郡國。一次遊歷到陳、梁之間，途中遭遇風雨，他所戴的頭巾被淋溼而有一角彎折下垂，當時的士人就故意將頭巾彎折一角戴在頭上，並稱之為「林宗巾」。可見他被時人所敬慕已經到了這種地步。有人曾問汝南郡人范滂說：「郭林宗是怎樣的一個人？」范滂說：「他雖然退隱山野但並不棄離自己的親人，雖然保持堅貞的節操卻從不與世俗隔絕，天子不能使他到朝廷做官為臣，諸侯也無法與他交往而相親為友，除此之外，我不知道其他。」後來母親去世行喪時，他嘔血發病而被人們稱譽為至孝。郭泰雖然善於鑑識和評價人倫流品，但是從來也不講說那些危言聳聽、深刻刺激的話，所以雖然宦官專權也未能對他有所傷害。到黨錮之禍發生時，許多的知名人士都被宦官迫害，只有郭泰和汝南郡人袁閎得以幸免。後來他就閉門教書，入門的弟子數以千計。

3 靈帝建寧元年，太傅陳蕃、大將軍竇武被宦官殺害，郭泰聞訊後痛哭於原野之中，內心悲慟萬分。之後他慨歎道：「『賢人善士一個個都喪家亡身，國家從此也就破敗衰亡了』。『看那飛翔在天空的烏鳥，不知又將要落在誰家的屋宇上啊』。」

4 第二年春天，郭泰逝世於家中，時年四十二歲。各地的名士有一千多人，都來集會為他行送葬之禮。那些同心共志的好友一起刻石立碑以表紀念，而由陳留蔡邕為他撰寫碑文。之後，蔡邕對涿郡人盧植說：「我所撰寫的碑銘之文數量很多，其碑主均有誇張溢美而言過其實，唯獨郭泰面對讚頌的碑銘毫無愧色。」

5 郭泰獎勵提拔的士人，其後的行為處事都如當初他所評鑑的那樣。後來有喜歡多事的人，又往往附會誇張增益補充，所以社會上流傳的許多關於他的故事都為華辭虛語、荒誕不經，甚至與卜相之書多有類似。現在我選擇其中事實確鑿且有明顯效驗的人事，著錄於本篇的後面。

1 左原者，陳留人也。為郡學生，犯法見斥❶。林宗嘗遇諸路，為設酒肴以慰之。謂曰：「昔顏涿聚梁甫之巨盜，段干木晉國之大駔，卒為齊之忠臣，魏之名賢❷。蘧瑗、顏回尚不能無過❸，況其餘乎？慎勿恚恨，責躬❹而已。」原納其言而去。或有譏林宗不絕惡人者，對曰：「人而不仁，疾之以甚，亂也❺。」原後忽更懷忿，結客欲報諸生。其日林宗在學，原愧負前言，因遂罷去。後事露，眾人咸謝服焉。

2 茅容，字季偉，陳留人也。年四十餘，耕於野，時與等輩避雨樹下，眾皆夷踞❻相對，容獨危坐❼愈恭。林宗行見之而奇其異，遂與共言，因請寓宿。旦日，容殺雞為饌，林宗謂為己設，既而以供其母，自以草蔬與客同飯。林宗起拜之曰：「卿賢乎哉！」因勸令學，卒以成德❽。

3 孟敏，字叔達，鉅鹿楊氏❾人也。客居太原。荷甑❿墮地，不顧而去。林宗見而問其意。對曰：「甑以破矣，視之何益？」林宗以此異之，因勸令遊學。十年知名，三公俱辟，並不屈云⑪。

4 庾乘，字世遊，潁川鄢陵⑫人也。少給事縣廷為門士⑬。林宗見而拔之，勸遊學官，遂為諸生傭。後能講論，自以卑第⑭，每處下坐，諸生博士皆就讎問⑮，由是學中以下坐為貴。後徵辟並不起，號曰「徵君」。

5 宋果，字仲乙，扶風⑯人也。性輕悍，憙與人報讎，為郡縣所疾。林宗乃訓之義方⑰，懼以禍敗。果感悔，叩頭謝負⑱，遂改節自勑⑲。後以烈氣⑳聞，辟公府，侍御史、并州刺史，所在能化。

6 賈淑，字子厚，林宗鄉人也。雖世有冠冕㉑，而性險害㉒，邑里患之。林宗遭母憂，淑來修弔，既而鉅鹿孫威直亦至。威直以林宗賢而受惡人弔，心怪之，不進而去。林宗追而謝之曰：「賈子厚誠實凶德，然洗心向善。仲尼不逆互鄉，故吾許其進也㉓。」淑聞之，改過自厲，終成善士。鄉里有憂患者，淑輒傾身營救，為州閭㉔所稱。

7 史叔賓者，陳留人也。少有盛名。林宗見而告人曰：「牆高基下，雖得必失。」後果以論議阿枉㉕敗名云。

8 黃允，字子艾，濟陰㉖人也。以儁才知名。林宗見而謂曰：「卿有絕人之才，足成偉器。然恐守道不篤㉗，將失之矣。」後司徒袁隗欲為從女㉘求姻，見允而歎曰：「得壻如是足矣。」允聞而黜遣其妻夏侯氏。婦謂姑㉙曰：「今當見棄，方與黃氏長辭，乞一會親屬，以展離訣之情。」於是大集賓客三百餘人，婦中坐，攘袂㉚數允隱匿穢惡十五事，言畢，登車而去。允以此廢於時。

9 謝甄，字子微，汝南召陵㉛人也。與陳留邊讓㉜並善談論，俱有盛名。每共候林宗，未嘗不連日達夜。林宗謂門人曰：「二子英才有餘，而並不入道㉝，惜乎！」甄後不拘細行，為時所毀。讓以輕侮曹操，操殺之。

10 王柔，字叔優，弟澤，字季道，林宗同郡晉陽縣㉞人也。兄弟總角㉟共候林宗，以訪才行所宜。林宗曰：「叔優當以仕進顯，季道當以經術㊱通，然違方改務㊲，亦不能至也。」後果如所言，柔為護匈奴中郎將㊳，澤為代郡㊴太守。

11 又識張孝仲芻牧之中，知范特祖郵置之役㊵，召公子、許偉康並出屠酤，司馬子威拔自卒伍，及同郡郭長信、王長文、韓文布、李子政、曹子元、定襄㊶周康子、西河㊷王季然、雲中㊸丘季智、郝禮真等六十人，並以成名㊹。

【章旨】以上附記郭泰獎訓士人和識才知人的事跡。左原雖有惡行，郭泰並不絕棄他，反而鼓勵其改過從善。茅容守禮行孝，孟敏明於事理，郭泰並勸勉令學，卒以成德。庚乘少為縣廷門卒，宋果被郡縣所厭惡，賈淑性險而為鄉里所患，郭泰或拔舉勸學，或訓以義方，或勵之洗心向善，最終並有成就而為人稱道。若史叔賓、黃允、謝甄、邊讓等雖有盛名，而郭泰知其必失。若王柔兄弟雖總角之時，郭泰亦知其才行所宜。其餘出身微賤而為郭泰所拔舉成名者，前後多達數十人。

【注　釋】❶犯法見斥　因為犯法而被郡學斥逐離去。❷昔顏涿聚四句　意思是說像顏涿聚由巨盜變為齊國的忠臣，段干木由大駔成為魏國的名賢一樣，壞人也是可以變好的。顏涿聚，春秋時人，為梁甫山之大盜，後學於孔子而為齊大夫。在晉國攻打齊國的黎丘戰役中，齊師敗績，被擒而死。段干木，本為晉國的大駔，即買賣牲畜的經紀人。據劉向《新序》載，魏文侯過段干木之閭而軾之，遂致祿百萬，而時往問之。國人皆喜，相與誦之曰：「吾君好正，段干木之敬；吾君好忠，段干木之隆。」秦欲攻魏，司馬唐諫曰：「段干木賢者也，而魏禮之，天下莫不聞，無乃不可加兵乎？」秦君以為然。❸蘧瑗顏回尚不能無過　意思是說像蘧瑗、顏回這樣的賢人尚且不能沒有過錯。蘧瑗，字伯玉，春秋時衛大夫。《論語・憲問》：「蘧伯玉使人於孔子。孔子與之坐而問焉，曰：『夫子何為？』對曰：『夫子欲寡其過而未能也。』」顏回，孔子弟子。《論語・雍也》：「孔子對曰：『有顏回者好學，不遷怒，不貳過。』」故此郭泰言蘧瑗、顏回尚不能無過。❹責躬　責問自己；責備自身。❺人而不仁三句　意思是說人若不仁而大家卻過分責備怨恨他，就會使他作亂。語出《論語・泰伯》：「好勇疾貧，亂也。人而不仁，疾之已甚，亂也。」鄭玄注：「不仁之人，當以風化之。若疾之以甚，是益使為亂也。」❻夷踞　蹲踞於地。不拘禮節而懶散隨便的樣子。❼危坐　正身端坐。危，正直。❽卒以成德　最終成就了他的功業和名望。❾鉅鹿楊氏　治今河北寧晉。❿甑　古代一種蒸食的炊器。⓫並不屈云　指司徒、司空、太尉三公之府辟召他時，全都沒有屈身就職。云，句末語助詞，無義。⓬潁川鄢陵　治今河南鄢陵西北。⓭門士　指守門之卒。⓮卑第　指身分低賤而處於卑下之位。第，等級；次第。⓯讎問　即答問。讎，應答；回答提問。⓰扶風　即右扶風。治今陝西興平。⓱義方　指行為處事應該遵守的規矩法度。⓲謝負　即謝罪。認錯道歉。⓳改節自勑　改勵節操而整飭自己的言行。勑，「敕」的異體字。通「飭」。整治；整頓。⓴烈氣　剛毅正直而勇決重義。㉑世有冠冕　家族中世代有人仕宦為官。冠冕，仕宦的代稱。㉒性險害　指性行陰險狠毒。㉓仲尼不逆互鄉二句　意謂孔子並不拒絕會見互鄉的惡人，因此我也就允許他前來弔唁。仲尼之事見《論語・述而》，互鄉的人都很尖刻而很難與人交往談說，一個童子求見孔子而孔子接見了他，門人因此感到疑惑。孔子說：「我們贊成他的進步，不贊成他的退步，何必做得太過分呢？人家清心潔身而來，便應當贊成他的清潔，不要總是死記著別人過去的缺點。」㉔州

閭　州里；鄉里。㉕論議阿枉　指言談議論時曲從迎合於奸佞邪枉之人。㉖濟陰　郡名。屬兗州刺史部。治今山東定陶西北。㉗守道不篤　指遵守道德與持守事業不能堅持始終。㉘從女　即姪女。兄弟的女兒稱從女。㉙姑　舊時稱丈夫的母親為姑，即婆婆。㉚攘袂　意同「攘臂」。指捋袖伸臂，形容極為憤怒的樣子。袂，衣袖。㉛汝南召陵　治今河南漯河市東北。㉜邊讓　字文禮，陳留浚儀（今河南開封）人。少辯博，能屬文，深得蔡邕等敬重。曾官九江太守，不以為能，後去官還家。恃才氣，不屈於曹操，多輕侮之言。建安中被殺。事見本書卷八十下。㉝入道　此指思想言行符合於道德禮教的規範準則。㉞晉陽縣　為太原郡屬縣。治今山西太原西南。㉟總角　指兒童之時。古時兒童收髮結成小髻，稱為總角。㊱經術　指經學儒術。即訓解和闡述儒家的經典，宣揚儒家的宗旨和思想。㊲違方改務　指違背個人的特長與優勢，改變自己所應當從事的術業。方，猶道術。務，事業。㊳護匈奴中郎將　又稱使匈奴中郎將，比二千石。主護匈奴南單于，置從事二人，有事隨時增之。㊴代郡　為幽州刺史部屬郡。治今山西陽高。㊵郵置之役　指從事傳舍郵驛之事。郵，傳；驛。古代傳遞文書，供應食宿和車馬的驛站。置，漢改郵名置，謂度其遠近之間而置之。㊶定襄　為并州刺史部屬郡。治今山西左雲西。㊷西河　為并州刺史部屬郡。治今山西離石。㊸雲中　雲中郡。屬并州刺史部。治今內蒙古自治區呼和浩特西南。㊹並以成名　李賢注引三國吳人謝承《後漢書》：「子師位至司徒，季然北地太守，其餘多典州郡者。」子師為王長文之弟。

【語譯】 左原，陳留郡人。在郡學中做學生時，因犯法而被斥逐出校。郭泰曾在路上與他相遇，並擺設酒餚來勸慰他。對他說：「從前顏涿聚是梁甫山的大盜，段干木則是晉國的市儈，最終他們一個成為齊國的忠正之臣，一個成為魏國的著名賢者。就連蘧瑗、顏回這樣的賢人尚且不能沒有過錯，何況是其他人呢？千萬不要自棄，反責自身，認真思過也就是了。」左原聽從了他的勸告就離去了。有的人卻因此指責郭泰不能與惡人絕交，郭泰回答說：「一個人如果不仁義的話，大家對他過於厭惡痛恨，反而會促使他作亂。」左原後來忽然舊恨再起，勾結外人想要到郡學報復那些學生。正好那天郭泰也在郡學，左原一見郭泰，自愧於有負先前的諾言，於是作罷離去。後來此事的內情暴露出來，眾人都對郭泰心存感激又非常信服。

2 茅容，字季偉，陳留郡人。四十多歲時，在田野中耕作，與同伴在樹下避雨，別人都懶散地相對蹲踞在一起，唯獨茅容正身端坐，神情恭敬。郭泰正巧路經此處，見到茅容這般不同尋常的神態很是驚奇，遂與他攀談起來，並因此請求借宿於茅容家中。次日天明時，茅容殺雞而烹煮飯食，郭泰心中以為這是為自己準備的；不一會兒茅容把雞肉送給母親去吃，自己則以普通的菜蔬同客人一起用餐。郭泰見狀遂起身行禮敬拜，說：「閣下真是賢良啊！」於是勉勵茅容用心於學業，最終使他成為一名賢德之人。

3 孟敏，字叔達，鉅鹿郡楊氏縣人，而客居於太原郡。一次他肩挑的陶甑落到地下摔破了，他看也不看就離去了。郭泰見此情景就問他為何竟然不顧而去，他回答道：「陶甑已經被打碎了，看它又有什麼用處呢？」郭泰因此認為他與眾不同，就鼓勵他到外地遊歷求學。十年之後，孟敏果然知名於世，三公府都辟召他入朝做官，但他並未屈己而應召。

4 庾乘，字世遊，潁川郡鄢陵縣人。年輕時在縣衙供職做門衛。郭泰見到他後，就想要提攜拔舉他，遂勸他去學校學習，於是庾乘到學校做了學生們的傭工。後來庾乘的學問日益進步而逐漸能夠講經論道，但他自知身分低微，常常就坐於下座。那些儒生、博士都找他相互辯難答問，以至於此後在學校中便以坐在下座表示學問精深與地位尊貴。後來朝廷屢次徵召他入仕，他都沒有應召任職，當時人因此稱他為「徵君」。

5 宋果，字仲乙，扶風郡人。性情輕妄而兇悍，喜歡替人報仇，為郡縣之官所憎恨。郭泰就用做人必須遵循的正確原則訓導他，用仇恨禍患給人們帶來的危害來警告他。宋果因此而感動悔恨，對郭泰叩頭謝恩表示慚愧，從此便嚴格約束自己且痛改前非。後來，宋果以剛正不阿為人稱道，被三公府徵辟入仕，歷任侍御史、并州刺史等職。所在之處，都能教化百姓而改變世風。

6 賈淑，字子厚，為郭泰的同鄉。雖然出身於世代為官的家庭，但他的性情卻陰險狠毒，鄉親們都深以為患。郭泰的母親去世時，賈淑前來修禮弔唁，隨後鉅鹿人孫威直也來到郭家弔唁。威直認為郭泰身為名賢，竟然接受賈淑這種惡人的弔喪，遂心生疑怪，沒進門就返身離去了。郭泰聞訊後追趕上孫威直，並向他道歉說：「賈淑這個人確實性情兇狠，但是已經願意洗心革面而有了向善之志。孔子尚且不拒絕互鄉之人來訪，所以我就允許他進入家中弔唁了。」賈淑後來聽說了這些話，於是堅決改過自新，最終成為了一名善士。鄉里之人無論誰有患難危急，他都傾身營救，因此受到鄉里的普遍稱讚。

7 史叔賓，陳留郡人。年輕時已負有盛名。郭泰會見此人後對別人說：「此人有如大牆太高而基礎薄弱，雖然現在有所得，而最終必然有所失。」後來果然因為迎逢附和權貴奸邪而敗壞了自己的名聲。

8 黃允，字子艾，濟陰郡人。以才智出眾而知名於世。郭泰與其相見後對他說：「閣下具有超人的才華，足以成為偉大傑出的人物。唯一擔心的是你不能誠心實意地堅守道義，那就將會喪失一切。」後來，司徒袁隗想為姪女求親，見到黃允後感歎地說：「能夠找個像黃允這樣的女婿我就心滿意足了。」黃允聞聽此言就休了他的妻子夏侯氏。夏侯氏因此對婆婆說：「現在我被休棄，就要與黃家辭別了。我只想請求與親屬們再聚會一次，以便表達我訣別分離的心情。」於是黃家召集了賓客三百多人聚會。夏侯氏端坐中央，挽起衣袖憤怒地數說斥責黃允那些見不得人的骯髒卑劣之事十五件，說罷遂登車而去。黃允從此即被眾人所唾棄而廢黜不用。

9 謝甄，字子微，汝南郡召陵縣人。他與陳留郡人邊讓都善於談論，二人也都負有盛名。常常一同來拜訪看望郭泰，每次總是通宵達旦地傾心長談。郭泰對自己的學生說：「這兩人的卓越才能全都綽綽有餘，但卻未能進入道義層面，真是太可惜了！」謝甄後來因為不拘小節，遭到時人的譏諷詆毀。邊讓則因為輕蔑侮辱曹操，而被曹操所誅殺。

10 王柔，字叔優；弟弟王澤字季道，是與郭泰同郡的晉陽縣人。兄弟倆還在兒童之時就一同去拜訪郭泰，詢問根據自己的才能品行今後應當如何發展。郭泰說：「王柔應當入仕從政以進身，王澤應當研究經學來通顯。然而如果廢棄了目標、改變了追求，就無法達到尊貴通顯的佳境。」後來，二人的發展皆如郭泰所預言的那樣，王柔任職為護匈奴中郎將，王澤任職為代郡太守。

11 郭泰還從芻牧牛羊的人群中識拔張孝仲，從傳送文書的驛站役卒中識拔范特祖。其餘由他賞識推薦的，如召公子、許偉康出自於屠戶酒肆，司馬子威拔舉自士卒之中。還有同郡人郭長信、王長文、韓文布、李子政、曹子元，定襄郡人周康子，西河郡人王季然，雲中郡人丘季智、郝禮真等六十人，也都因為他的舉薦而成名。

論曰：莊周❶有言，人情險於山川，以其動靜可識，而沉阻難徵❷。故深厚之性，詭於情貌❸；「則哲」之鑒，惟帝所難❹。而林宗雅俗無所失，將其明性特有主乎？然而遜言危行，終亨時晦❺，恂恂善導，使士慕成名，雖墨、孟之徒，不能絕也❻。

【章　旨】以上為史家對郭泰之鑑人識性所作的評論，以為人情詭於情貌而沉阻難徵，知人明鑑連帝堯都難做到，而郭泰卻能「雅俗無所失」，這大概是其特有明鑑人品的專長與才能吧。且其循循善誘而教導士類，亦不遜於墨翟、孟軻等名賢大家。

【注　釋】❶莊周　即莊子。戰國時哲學家，宋國蒙（今河南商丘）人。曾擔任過蒙的漆園小吏。他繼承老子「道法自然」的觀點，強調事物的自生自化，否認有神的主宰。他的思想包含有樸素的辯證法因素。為道家的重要人物之一。著有《莊子》一書。❷沉阻難徵　沉潛阻隔而難於明瞭其真偽。沉，幽深沉隱。徵，證明；驗明。❸詭於情貌　指內心所思所想與表情外貌所展現的情形不同。詭，違背；背離。❹則哲之鑒二句　能夠具有知人明鑑的睿智，即使是帝堯也難於做到。語本《尚書・皋陶謨》：「知人則哲，惟帝為難。」哲，指聰明睿智超乎尋常。❺遜言危行二句　這是說郭泰的言談話語能謙遜辭讓，而行為處事則正身直行。其生平雖時或遇有隱晦沉阻，而最終卻都能亨通明達。亨，通達。❻雖墨孟之徒二句　即使是墨翟、孟軻等人也不能有所超越。墨翟，即墨子，墨家學派的創始人。春秋戰國之際的思想家，政治家。他的思想在當時影響很大，與儒學並稱為顯學。著有《墨子》一書。孟軻，即孟子，戰國時的政治家，思想家。是孔子之後儒家學派的代表人物，孔子學說的繼承者。著有《孟子》一書。絕，越過；超過。

【語　譯】史家評論說：莊周曾經說過，人的性情要比山川更為險惡。這是因為雖然他的舉止動靜可以看到，但性情卻深沉隱蔽而難於證實。故此內斂深藏的個性，總是與人的表情相貌並不一致；知人善用的明鑑深識，即使是帝堯也難於做到。然而郭泰的識鑑人才，卻不論雅俗貴賤都能非常準確，莫非明察人性之事在他身上是特有的專長嗎？並且他的言詞謙遜而行為正直，雖時而或有隱晦沉阻，而最終卻能亨通明達。他又能循循善誘，使士人仰慕嚮往而奮發成名。所有這些，即使是墨翟、孟軻之輩也都無法超越。

1 符融，字偉明，陳留浚儀人也。少為都官吏❶，恥之，委去。後遊太學，師事少府李膺。膺風性高簡❷，每見融，輒絕它賓客，聽其言論。融幅巾奮袖❸，談辭如雲，膺每捧手歎息。郭林宗始入京師，時人莫識，融一見嗟服❹，因以介於李膺，由是知名。

2 時漢中❺晉文經、梁國❻黃子艾，並恃其才智，炫曜上京❼，臥託養疾，無所通接。洛中士大夫好事者，承其聲名，坐門問疾，猶不得見❽。三公所辟召者，輒以詢訪之，隨所臧否，以為與奪❾。融察其非真，乃到太學，并見李膺曰：「二子行業❿無聞，以豪桀自置，遂使公卿問疾，王臣坐門。融恐其小道破義⓫，空譽違實，特宜察焉。」膺然之。二人自是名論⓬漸衰，賓徒稍省，旬日之間，慚歎逃去。後果為輕薄子⓭，並以罪廢棄。

3 融益以知名。州郡禮請，舉孝廉，公府連辟，皆不應。太守馮岱有名稱⓮，到官，請融相見。融一往，薦達郡士⓯范冉、韓卓、孔伷等三人，因辭病自絕⓰。

會有黨事，亦遭禁錮。

4　妻亡，貧無殯斂⑰，鄉人欲為具棺服，融不肯受。曰：「古之亡者，棄之中野⑱。唯妻子可以行志⑲，但即土埋藏而已。」

5　融同郡田盛，字仲嚮，與郭林宗同好，亦名知人，優遊不仕⑳，並以壽終。

【章旨】以上為〈符融傳〉。符融曾師事李膺，而大為李膺讚賞。亦以善於鑑才識人而知名，其揭露晉文經、黃子艾之欺世盜譽一事尤為精彩。然其無意於仕進，州郡禮請，公府連辟，皆不應。後遭黨事禁錮，卒於家。

【注釋】❶都官吏　都官從事的屬吏。都官從事，主察舉百官之犯法者，屬司隸校尉。❷風性高簡　指性情高潔而簡約。❸幅巾奮褎　符融頭戴幅絹之巾以束髮，身著寬衣大袖之服，盡顯出儒雅之士的風采。褎，古「袖」字。奮袖，指衣袖寬大張揚。時人以幅巾束首，寬衣褎袖為儒雅之士的裝束。❹嗟服　讚歎佩服。❺漢中　漢中郡。屬益州刺史部。治今陝西漢中。❻梁國　屬豫州刺史部。治今河南商丘南。❼上京　指京都洛陽。❽坐門問疾二句　據李賢注引三國吳人謝承《後漢書》：「文經、子艾，曜名遠近，聲價已定。徵辟不就，療病京師，不通賓客。公卿將相大夫遣門生旦暮問疾，郎吏公府掾屬雜坐其門，不得見也。」❾隨所臧否二句　指聽從他們的褒貶議論來決定是否辟召為官。臧否，褒貶；讚揚或批評。臧，善；美。❿行業　品行與學業。⓫小道破義　此指以旁門左道之術，敗壞傷害儒家傳統的禮樂政教。⓬名論　猶名譽、聲望。⓭輕薄子　指輕浮淺薄、不學無術之人。⓮有名稱　指有很高的名望稱譽。⓯郡士　一郡之中有才學道術的傑出人士。⓰辭病自絕　推辭自己有病而拒絕仕進。⓱貧無殯斂　指家貧不能具棺木喪服而入殮殯葬。斂，通「殮」。給屍體穿衣下棺。⓲古之亡者二句　語本《易・繫辭下》：「葬之中野，不封不樹。」中野，荒野之中。⓳行志　按照自己的意志行事。⓴優遊不仕　悠閒自得不求仕進做官。

【語譯】符融，字偉明，陳留郡浚儀縣人。年輕時曾在都官從事手下當屬吏，符融認為其事低賤可恥，因此就離職而去。後來到京都的太學去學習，師從於少府李膺。李膺的性情高潔而行事簡約，而每次會見符融時，則往往謝絕其他賓客，只是傾聽符融一個人談論。符融則頭戴幅巾，寬衣大袖，慷慨陳辭，妙語連珠，李膺每次都聽得捧手歎息。郭泰最初進入京都時，沒有人真正了解他，符融一見到他就對他的才華大為歎服，於是便把他介紹給了李膺，郭泰從此也就知名於天下。

2 當時，漢中郡的晉文經、梁國的黃子艾都自恃有很高的才智，在京城中百般炫耀。甚至於假裝有病而臥床不起，不屑於和其他人聯絡交往。而洛陽士大夫中那些好事者則追捧他們的名聲，常常派人前去問候疾病，總是在門前坐等很久還不能見到他們。太尉、司徒、司空三府想要辟召任用職官，也往往要向他們諮詢。依據他們二人的稱譽或詆毀，來決定是否任用。符融察知到晉文經、黃子艾並沒有真才實學，於是就來到太學中拜見了李膺，對他說：「這兩個人並沒有聽說有什麼優異的品行和學業，卻以天下的豪傑英俊自居，以至於使得公卿都派人問候疾病，朝臣屬吏在兩家門口坐等。我擔心他們用自己的歪門邪道敗壞掉忠正誠信的大義，那些空虛的讚譽也完全違背他們的真實情況，因此應該特意地考察一下。」李膺認為符融說得很有道理。此後這兩個人名譽遂日益衰落，追隨他們的賓客也逐漸減少。大約十天之後，晉文經、黃子艾就慚愧地逃離了京都。後來證實，二人果然都是輕浮之輩，一併因為違法犯罪而被廢棄終身。

3 這件事之後，符融更加知名於天下。州郡都禮請他任職，舉薦他為孝廉，三公府也多次辟召他去做官，但他都沒有接受。太守馮岱素來就有很好的名聲，到任之後，就邀請符融相見，並想延請符融為官。符融只去了一次，推薦了本郡的通達之士范冉、韓卓、孔伷等三人，接著就稱說自己有病而謝絕了太守的好意。後來，遭遇到黨錮之禍，符融因此也被禁錮終身。

4 符融的妻子死後，因為家中貧困，沒有錢物來裝殮殯葬，同鄉之人想為他的妻子置辦棺柩和喪服，符融都不肯接受。說：「古時人死後，就是棄置在荒野之中。只有我的妻子兒女可以按照我自己持守古道的心願行事，只要挖個土坑埋葬就可以了。」

5 符融的同郡人田盛，字仲嚮，與郭泰有著同樣的愛好，也以善於鑑識人倫而知名於世。他一生悠閒自得而不肯做官，同樣也以年老去世。

1 許劭，字子將，汝南平輿❶人也。少峻名節，好人倫❷，多所賞識。若樊子昭、和陽士❸者，並顯名於世。故天下言拔士者，咸稱許、郭。

2 初為郡功曹，太守徐璆❹甚敬之。府中聞子將為吏，莫不改操飾行。同郡袁紹，公族豪俠❺，去濮陽令歸，車徒甚盛，將入郡界，乃謝遣賓客，曰：「吾輿服❻豈可使許子將見。」遂以單車歸家。

3 劭嘗到潁川，多長者之遊，唯不候陳寔。又陳蕃喪妻還葬，鄉人畢至，而劭獨不往。或問其故，劭曰：「太丘❼道廣，廣則難周；仲舉性峻，峻則少通。故不造❽也。」其多所裁量若此。

4 曹操微時，常卑辭厚禮，求為己目❾。劭鄙其人而不肯對，操乃伺隙脅劭，劭不得已，曰：「君清平之姦賊，亂世之英雄。」操大悅而去。

5 劭從祖敬，敬子訓，訓子相，並為三公，相以能諂事宦官，故自致台司封侯❿，數遣請劭。劭惡其薄行，終不候之。

6 劭邑人李逵，壯直有高氣，劭初善之，而後為隙，又與從兄靖不睦⓫，時議以此少之。初，劭與靖俱有高名，好共覈論鄉黨⑫人物，每月輒更其品題⑬，故汝南俗有「月旦評⑭」焉。

7 司空楊彪辟，舉方正、敦樸⑮，徵，皆不就。或勸劭仕，對曰：「方今小人道長，王室將亂，吾欲避地淮海，以全老幼。」乃南到廣陵⑯。徐州刺史陶謙⑰禮之甚厚。劭不自安，告其徒曰：「陶恭祖外慕聲名，內非真正。待吾雖厚，其埶必薄。不如去之。」遂復投揚州刺史劉繇⑱於曲阿⑲。其後陶謙果捕諸寓士⑳。

8 及孫策㉑平吳，劭與繇南奔豫章而卒，時年四十六。兄虔亦知名，汝南人稱平輿淵有二龍焉。

【章旨】以上為〈許劭傳〉。許劭亦好人倫而多所賞識，與郭泰並譽齊稱。然許劭特立獨行，裁量世事多與眾不同，其厭惡從兄許相諂事宦官，又與從兄許靖互不和睦，因此遭時人貶議。漢末，許劭預見王室將亂，遂避地廣陵，最終南奔豫章而卒。

【注釋】❶汝南平輿　治今河南平輿北。❷好人倫　善於識別明鑑各類人物。❸和陽士　和洽，字陽士，汝南西平（今河南舞陽）人。初舉孝廉，大將軍府辟召，不就。魏國建立，任為侍中。❹徐璆　字孟玉，廣陵海西（今江蘇灌南）人。少博學，辟公府，舉高第。後遷任荊州刺史，舉奏董太后姐子南陽太守張忠贓罪，又舉奏五郡太守及屬縣之贓汙者，並徵入治罪。後被陷免官歸家。獻帝都許，以廷尉徵。後拜太常，卒於官。事詳本書卷四十八。❺公族豪俠　為三公家族中的豪傑俠義之士。袁紹，字本初，出身於四世三公的大官僚家庭。其祖袁湯曾任司徒；其生父袁逢任司空，繼父袁成時任五官中郎將。袁紹後亦任司隸校尉，拜太尉。且其愛士養名，士無貴賤莫不與之抗禮，故此稱為公族豪俠。❻輿服　指所乘坐使用的車馬、儀仗、服飾的總稱。❼太丘　即陳寔。以其曾任太丘長，因以為稱。❽不造　不登門拜訪。造，往；到。❾求為己目　請求為自己相視評鑑。目，看；視。指相面視形而品評識鑑。❿致台司封侯　指任官於臺省之職且被封授侯爵。⓫與從兄靖不睦　據《三國志・蜀書》載，許靖字文休，少與從弟劭俱知名，並有人倫臧否之稱，而私情不協。許劭為郡功曹，排擯靖不得齒敘收錄為族兄，致使許靖以驟馬磨麵自給。⓬鄉黨　鄉里；同鄉。周制以五百家為黨，一萬二千五百家為鄉，後因以鄉黨泛指鄉里。⓭品題　指評論人物而定其高下。⓮月旦評　月旦猶月朔，指每月初一。因每月變更其品題之人物與內容，故約定俗成，名為「月旦評」。⓯方正敦樸　並為漢代選舉的科目。方正，指正直守道之士，或稱「賢良方正」。敦樸，指純厚質樸之士。⓰廣陵　為徐州刺史部屬郡。治今江蘇揚州西北。⓱陶謙　字恭祖，丹陽郡丹陽縣（今安徽馬鞍山市）人。少為諸生，後仕州郡。黃巾之亂事時，任徐州刺史。以用人不當，守地漸亂。興平元年，曹操攻擊陶謙，謙欲敗走丹陽，是歲，病死。事詳本書卷七十三。⓲劉繇　字正禮，太尉劉寵的姪子。興平中，為揚州牧、振威將軍。後自淮南移居曲阿，值中原喪亂而士友南奔，劉繇接收供養，甚得名稱。⓳曲阿　吳郡曲阿縣。治今江蘇丹陽。⓴寓士　棄離故鄉而寄居他鄉的士人。㉑孫策　字伯符，吳郡富春（今浙江富陽）人。孫堅之子。孫堅被劉表將黃祖射死後，遂收領殘餘部曲千餘人。後率軍渡江，據有吳、會稽等郡，在江東地區建立孫氏政權。後遇刺死，其弟孫權遂繼位。

【語譯】許劭，字子將，汝南郡平輿縣人。年輕時就嚴於律己而有高尚的名譽節操，又善於鑑識和品評人物，很多人士都曾得到他的賞識。例如樊子昭、和陽士等人，在當時都揚名於世。因此天下人說起鑑識與選拔人才時，全都稱讚許劭和郭泰。

2　起初，許劭任職為郡府的功曹，太守徐璆對他非常敬重。郡府中的官吏聽說許劭入府為吏，沒有不趕快改正節操、謹慎言行的。同郡人袁紹，為三公族屬而雄豪俠義，離任濮陽縣令回歸故里時，隨行的車騎與僕從數量眾多，將要進入汝南郡界的時候，他就辭謝遣散賓客，說：「我這麼多的車馬服飾怎麼能讓許子將看到。」於是自己單獨乘車回到了家中。

3　許劭曾經到過潁川郡，同許多長者名士都有交往，唯獨不曾拜問過陳寔。另外，陳蕃的妻子死後送葬回鄉時，鄉親們都去看望他，而許劭卻偏偏不去。有人問起其中的原因，許劭說：「陳寔的道術太過寬泛，寬泛了就難以周全；陳蕃的性情過於峻急，峻急了就不能通達。因此才不去造訪他們。」他對許多人物的裁斷評判都是這樣的簡明。

4 曹操在起初地位低下時，常常說些謙卑恭敬的話，並送上豐厚的禮品，請求許劭為他作出品評鑑定。許劭鄙視他的人品而不肯應答，曹操就尋找機會威脅逼迫許劭，許劭不得已，為他評定說：「你是清平之世的奸賊，動亂之世的英雄。」曹操得此評價，十分高興地離去。

5 許劭的堂祖父叫許敬，許敬的兒子許訓，許訓的兒子許相，全都擔任過三公之職；許相自己因為能夠巴結迎奉宦官，因而爬上了臺司的職位後還被封侯，他曾幾次派人來邀請許劭。許劭厭惡他那鄙陋淺薄的行徑，始終沒有前去探望他。

6 許劭的同縣人李逵，壯勇正直而氣度不凡，許劭起初和他關係很友善，後來卻有了隔閡。另外他還與堂兄許靖不和睦，當時的輿論因此常常批評指責他。起初，許劭與許靖同時負有盛名，兩人又喜歡在一起覈審評論鄉里中的人物，每個月總要變換他們所品評的題目，因此汝南郡中有所謂「月旦評」之說。

7 司空楊彪曾想辟召許劭入府為官，郡縣又舉薦他為方正、敦樸等，朝廷也曾徵召他任職，許劭都沒有應聘就職。有人勸他入仕為官，他說：「當今之世，小人之道倡狂，王室即將動亂，我想要躲避災禍而移居到淮河或沿海一帶，以便保全一家老小的性命。」於是南遷到了廣陵郡。徐州刺史陶謙對他招待得十分周全，許劭內心卻深感不安，他告訴隨從說：「陶恭祖外表看來非常敬慕有名望的人士，其實內心並非真的如此。他現在對我的招待雖然十分周到，日後的情勢必定疏遠。不如趁早離開為好。」於是便又到曲阿投奔了揚州刺史劉繇。後來陶謙果然捕捉了那些寄居在他那裡的士人。到孫策平定了東吳後，許劭與劉繇又向南逃亡到了豫章，並且死在那裡，時年四十六歲。

8 他的哥哥許虔也很有名望，汝南郡人稱讚他二人說：平輿的深淵中生有兩條蛟龍。

贊曰：林宗懷寶，識深甄藻❶。明發周流，永言時道❷。符融鑒真，子將人倫。守節好恥，並亦逡巡❸。

【章　旨】以上為史家所作的贊語，稱揚郭泰、符融、許劭的明鑑人倫。

【注　釋】❶識深甄藻　識鑑其深隱之性而明辨其藻飾之情。甄，鑑別；辨別。藻，藻飾。❷明發周流二句　意思是說郭泰總是能確切地發現各種人物的才性特長，他的評說鑑識總是順乎時世而合於大道。❸逡巡　亦作「逡循」。退卻；退讓。此指自願退職而不求仕進。

【語　譯】史官評議說：郭泰其人身懷鑑才識性之寶，能夠見識深隱而甄明藻飾。他總是能確切發現各種人物的才性特長，其評議鑑識經常能合於時世而順乎大道。符融其人長於鑑別真偽，許劭亦能善於識評人品。他們總是那樣持守節操而看重廉恥，又都能夠卑身自退而隱居不仕。

【研　析】我們知道，自古至今社會上歷來卜相者眾多，卜相之書亦盛傳於世。然而，恰如莊子所言：人情之險惡難明，甚於山川。山川有動靜之變，而可以察驗認識其性；人情則詭於情貌而隱蔽沉阻，令人很難鑑識。因此，靠相人面貌以預測禍福吉凶，實為一種騙人的方術而已。卜相者多以勸喜解憂而得人錢財，被相者也並不追究其驗證與否。然而，本卷中所記載的郭泰、符融、許劭之善鑑人倫，與卜相者絕不相同。他們是通過與其人的交往接觸，或與之言談，或察其行為，然後明通其性，知鑑其人的，並無相面觀掌之事。當然，他們也必定用心研究過一般人們的性格特徵、行為特徵與事業成就的關係，具有今天我們稱為社會學、心理學以及生理學、人才學等各方面知識，然後才能作到識深而鑑真，雅俗皆無所失的。

另外，郭泰在司徒黃瓊、太常趙典辟舉時並不應，只是閉門教授弟子。符融被州郡禮請，舉孝廉，公府連辟，亦皆不應而辭病自絕。許劭初雖為郡功曹，後則司空楊彪辟舉方正、敦樸，朝廷徵召，皆不就。符融同郡田盛，亦名知人，優遊不仕而以壽終。可以看出，虛靜無欲而逡巡不仕，是這些善於知人鑑士者的共同特點。若依才學而論，三人亦皆非等閒之輩。郭泰「博通墳籍」，「名震京師」；符融「後遊太學，師事少府李膺」，膺「輒絕它賓客，聽其言論」；許劭則與兄虔被人稱為「平輿淵有二龍」。孔子曰：「學而優則仕。」而三人並皆精英卻學而不仕。究其原因，並非三人不遵孔聖之教，實在是因為時代變遷，社會風氣的影響使其然。即所謂「世異時移，變法宜矣」。由此觀之，後世所謂居廊廟之高者並非人人賢能，而處江湖之遠者亦非個個凡庸。草野之中，往往臥虎藏龍而多有人才；布衣草鞋之輩，亦萬萬不可等閒視之！（辛戰軍注譯）

卷六十九

竇何列傳第五十九

【題解】本卷為外戚竇武與何進二人的合傳。竇武的長女立為桓帝皇后，而何進的妹妹立為靈帝皇后，兩人並以貴戚身分據輔政之權而行天庭之威。且兩人俱內倚太后臨朝之威，外取群英乘風之勢，欲謀劃除宦官專權之害，然而最終卻反敗於閹豎之手，身死功頹而為世所悲，故並列於同卷之中。觀竇武為營救遭黨事拷逮的李膺、杜密等人所上的奏章，可知其清身疾惡而忠心為國，對宦官專權擅政禍國殃民之事無比痛恨。靈帝初年拜為大將軍後，遂常有翦除閹宦之意。雖其多引天下名士共定計策，終以決事不斷，慮事不周，反被宦官朱瑀等攻伐誅殺。何進秉持朝政後雖亦謀誅宦官，且多得智士策謀與名士協力，然其秉性則素不能決斷，又被太后掣肘，自然不能成事。而其聽信袁紹劃策，召引四方之兵入京，遂使董卓等禍亂暴虐，不但何氏罹難誅滅，漢室亦自此敗亂衰亡。

竇武，字游平，扶風平陵❶人，安豐戴侯融❷之玄孫❸也。父奉，定襄太守。武少以經行❹著稱，常教授於大澤中，不交時事，名顯關西❺。

延熹八年，長女選入掖庭❻，桓帝以為貴人❼，拜武郎中。其冬，貴人立為皇后，武遷越騎校尉❽，封槐里侯，五千戶。明年冬，拜城門校尉。在位多辟名士，清身疾惡，禮賂不通，妻子衣食裁❾充足而已。是時羌蠻寇難❿，歲儉民飢。武得兩宮⓫賞賜，悉散與太學諸生，及載肴糧於路，匄施⓬貧民。兄子紹，為虎賁中郎將，性疎簡奢侈⓭。武每數切厲⓮相戒，猶不覺悟，乃上書求退紹位，又自責不能訓導，當先受罪⓯。由是紹更遵節，大小莫敢違犯。

【章旨】以上為〈竇武傳〉的第一部分。記述竇武少以經行著稱，名顯關西。其長女立為桓帝皇后，遷為城門校尉。在位時多辟名士，且正身疾惡而禮賂不通。

【注釋】❶扶風平陵　治今陝西咸陽西北。❷安豐戴侯融　即竇融。建武八年夏，光武帝劉秀詔令以安豐、陽泉、蓼、安風四縣封竇融為安豐侯。安豐等四縣並屬廬江郡。安豐治今河南固始東南。陽泉治今安徽霍丘西北。蓼縣治今河南固始東北。安風治今安徽霍丘西南。❸玄孫　指本身以下的第五代孫。《爾雅・釋親》：「曾孫之子為玄孫。」❹經行　指明通《五經》而德行美善。❺關西　此泛指函谷關以西的地區。❻掖庭　後宮嬪妃所住的地方。以其為皇宮中的旁舍，如同附掖，因名為掖庭。❼貴人　妃嬪的封號。東漢光武帝時始置，地位僅次於皇后。❽越騎校尉　掌皇帝宿衛之官，秩比二千石。《漢書・百官公卿表》：「越騎校尉，掌越騎。」晉灼注：「取其才力超越也。」本書志二十五〈百官志〉：「越騎校尉，掌宿衛兵。」據〈光武帝紀〉：建武九年三月，「初置青巾左校尉官。」建武十五年六月，「改青巾左校尉為越騎校尉」。❾裁　通「才」。僅僅。❿羌蠻寇難　延熹初年，長沙蠻始叛而寇益陽；至延熹三年十一月，武陵蠻亦寇掠江陵。西羌則自延熹二年始，燒當等八種羌發動叛亂，寇隴右；至延熹四年，零吾羌與先零諸種並反叛而寇三輔地區。連綿數載，西羌南蠻之寇難不斷。⓫兩宮　此指皇帝與皇后。⓬匄施　施予；給予。匄，「丐」的異體字。⓭疎簡奢侈　指性情疏放而處事隨便，生活奢侈而不能檢點。⑭切厲　嚴厲責備。⑮受罪　此指接受罪罰、受到懲治。

【語　譯】竇武，字游平，扶風郡平陵縣人，是安豐戴侯竇融的玄孫。他的父親竇奉，曾任職定襄太守。竇武年輕時以明經術、有品行著稱於世，且經常隱居於大澤之中教授學生，而不與社會時事相接觸，在關西地區聲望很高。

延熹八年，竇武的長女被選入皇宮，桓帝將她封為貴人，竇武則被任命為郎中。這年冬天，竇貴人被桓帝立為皇后，竇武遂升任為越騎校尉，封槐里侯，食邑五千戶。第二年冬天，竇武又被任命為城門校尉。竇武在職期間，辟用了很多名士，自身則清廉忠正而疾恨惡行，從不接受別人饋贈的禮物錢財，因此家境清貧，妻子兒女僅僅能夠維持衣食溫飽而已。當時正發生西羌、南蠻等族的叛亂，因此寇難不斷，以至於莊稼歉收而百姓飢貧。竇武在得到皇帝、皇后兩宮所賞賜的錢帛後，全都散發給太學的諸生，有時還裝載著糧食菜餚到大街上，施予分發給貧民食用。他的姪子竇紹，官任虎賁中郎將，性格放蕩而不能檢點，生活奢靡而任意揮霍。竇武經常嚴厲地訓斥告誡他，而竇紹仍不覺悟，於是竇武上書桓帝請求撤掉竇紹的職位，又責備自己不能教誨訓導，應當先行受到處罰。由此竇紹才改過棄惡而遵守節度，大小之事沒有再敢違犯朝廷禮法。

1　時國政多失，內官專寵，李膺、杜密等為黨事考逮❶。永康❷元年，上疏諫曰：「臣聞明主不諱譏刺之言，以探幽暗之實；忠臣不恤❸諫爭之患，以暢萬端之事。是以君臣並熙❹，名奮百世。臣幸得遭盛明之世，逢文武之化❺，豈敢懷祿逃罪，不竭其誠！陛下初從藩國，爰登聖祚❻，天下逸豫❼，謂當中興❽。自即位以來，未聞善政。梁、孫、寇、鄧❾雖或誅滅，而常侍黃門續為禍虐，欺罔陛下，競行譎詐[10]，自造制度，妄爵非人[11]，朝政日衰，姦臣日彊。伏尋西京[12]放恣王氏[13]，佞臣執政，終喪天下。今不慮前事之失，復循覆車之軌，臣恐二世之難，必將復及，趙高之變，不朝則夕[14]。近者姦臣牢脩，造設黨議[15]，遂收前司隸校尉李膺、太僕杜密、御史中丞陳翔、太尉掾范滂等逮考，連及數百人，曠年拘錄[16]，事無效驗。臣惟膺等建忠抗節，志經王室[17]，此誠陛下稷、卨、伊、呂[18]之佐，而虛為姦臣賊子之所誣枉，天下寒心，海內失望。惟陛下留神澄省，時見理出，以厭人鬼喁喁之心[19]。

2 「臣聞古之明君，必須賢佐，以成政道。今臺閣近臣，尚書令陳蕃，僕射胡廣[20]，尚書朱寓[21]、荀緄[22]、劉祐、魏朗、劉矩[23]、尹勳等，皆國之貞士，朝之良佐。尚書郎張陵[24]、嬀皓[25]、苑康、楊喬[26]、邊韶[27]、戴恢[28]等，文質彬彬，明達國典。內外之職，群才並列。而陛下委任近習，專樹饕餮[29]，外典州郡，內幹心膂[30]。宜以次貶黜，案罪糾罰，抑奪宦官欺國之封，案其無狀誣罔之罪[31]，信任忠良，平決臧否[32]，使邪正毀譽，各得其所，寶愛天官[33]，唯善是授。如此，咎徵可消，天應可待[34]。間者有嘉禾、芝草、黃龍之見[35]。夫瑞生必於嘉士，福至實由善人，在德為瑞，無德為災。陛下所行，不合天意，不宜稱慶。」

3 書奏，因以病上還城門校尉、槐里侯印綬。帝不許，有詔原李膺、杜密等，自黃門北寺若盧、都內諸獄㊱，繫囚罪輕者皆出之。

【章　旨】以上為〈竇武傳〉的第二部分。記載黨錮之禍時李膺、杜密等被逮捕拷問，竇武遂上疏救援一事。其讚揚李膺等人建忠抗節，乃國之賢佐，勸說桓帝即時理出，以順應人心。又諫言桓帝應重用陳蕃等賢臣貞士，而貶黜近習之官，抑奪閹官之權。並告病辭官，上還印綬。終於迫使桓帝下詔釋放被關押的黨人出獄。

【注　釋】❶考逮　逮捕拷問追查其罪。❷永康　東漢桓帝劉志年號，西元一六七年。❸卹　「恤」的異體字。憂慮；顧慮。❹君臣並熙　指君臣上下和諧吉祥。熙，興盛；興旺。亦通「禧」。吉祥。❺文武之化　指國家在文治和武功兩方面都取得成就而使社會安定。❻初從藩國二句　指桓帝劉志初從蠡吾侯即位稱帝之時。桓帝劉志為河間孝王劉開之孫，襲父爵而封為蠡吾侯。本初元年，質帝崩，皇太后與大將軍梁冀定策迎入南宮，即皇帝位。故言「初從藩國，爰登聖祚」。藩國，指諸侯封國。爰，乃；於是。❼逸豫　安閒自在；祥和安逸。❽中興　指國家由衰微而重新振興。❾梁孫寇鄧　指梁冀、孫壽、寇榮、鄧萬世。梁冀以密謀為亂，於延熹二年八月被迫與妻子孫壽自殺。延熹八年二月，皇后鄧氏廢，鄧后之叔父、河南尹鄧萬世下獄死。寇榮為東漢初大將寇恂的曾孫，桓帝時為侍中，亦於延熹年間被誅死。❿譎詐　欺蒙詐騙。譎，詭詐；欺誑。⓫自造制度二句　隨心所欲地擅自訂立國家的法令制度，胡亂地拜官封爵給那些不稱職的奸邪小人。⓬西京　西漢的都城長安。此代指西漢朝廷。⓭王氏　指王莽及其家族。西漢元、成二帝時，外戚王氏掌權，最終導致王莽的竊奪國柄，毒殺平帝而另立「新」朝。⓮二世之難四句　指秦始皇死後，中車府令趙高先與丞相李斯偽造始皇遺詔殺害始皇長子扶蘇及大將蒙恬，擁立少子胡亥為二世皇帝。之後趙高又奪政專權，殺死李斯及二世胡亥而另立子嬰為秦王，最終造成了秦朝滅亡。⓯造設黨議　此指牢脩編造罪名，誣構士子學者互相攀附，結為部黨，圖謀危害社稷。並向朝廷奏報一事。⓰拘錄　拘繫；逮捕拘禁。錄，逮捕。⓱志經王室　用心專志於治理好朝廷之政與國家之事。⓲稷禼伊呂　稷，亦稱后稷。為周代的始祖，堯舜時曾任農官，教民耕種而使天下大治。禼，或作「卨」，通作「契」、「偰」。為商代始祖，曾助大禹治水而有功，被舜任為司徒，掌管教化百姓。伊，指伊尹。呂，指呂尚。伊尹輔佐商湯統治天下；呂尚佐助周武王滅商立國，二人並稱為賢相。⑲留神澄省三句　寧神靜思以辨明真偽，即時審理而明其無罪並釋放出獄，以滿足神靈及世人仰望企盼得到公正裁決的心願。厭，滿足。喁喁，眾多魚口向上求食的樣子，形容眾人敬仰嚮慕的情景。⑳僕射胡廣　僕射，官名。起於秦代。凡侍中、尚書、博士、謁者、郎等官，都有僕射為其首長。根據所領職事給予稱號，如尚書僕射、謁者僕射等。胡廣，字伯始，南郡華容（今湖北潛江市）人。察孝廉，試以章奏，安帝以為天下第一，旬月拜尚書郎，五遷為尚書僕射。前後典機要之事十年，出為濟陰太守，轉任汝南太守。入為大司農、司徒、太尉、司空、太常等職。靈帝時，與太傅陳蕃參錄尚書事。達練事體，明解朝章，雖無謇直之風，屢有補闕之益。熹平元年卒，年八十二。事詳本書卷四十四。㉑朱寓　生卒年籍貫不詳。任尚書時，為竇武所稱道，有名天下，被稱號為「八俊」之一。後遭黨禁解職，得竇武救助，復出為廬江太守，遷司隸校尉。竇武被宦官誅殺後，朱寓被逮捕而害死獄中。㉒荀緄　潁川潁陰人，為荀淑之子，荀爽之父。曾官濟南相。㉓劉矩　字叔方，沛國蕭縣（今安徽蕭縣）人。曾任雍丘令、尚書令、常山相、宗正、太常等職。延熹四年，代黃瓊為太尉。與司空黃瓊、司徒种暠同心輔政，號為賢相。事詳本書卷七十六。㉔張陵　字處沖，蜀郡成都人。為張霸之孫。舉孝廉，官至尚書。性剛直公正。元嘉中，歲首朝賀，大將軍梁冀帶劍入省，張陵呵叱令出，敕羽林、虎賁奪梁冀之劍，百僚肅然。㉕嬀皓　生平事跡不詳。㉖楊喬　會稽烏傷（今浙江義烏）人。父楊扶，官任交州刺史，有理能之名。楊喬為尚書，容儀偉麗，數上言政事。桓帝愛其才貌，詔妻以公主。楊喬固辭而不聽，遂閉口絕食，七日而死。㉗邊韶　字孝先，陳留浚儀（今河南開封）人。以文章知名，教授數百人。桓帝時任為臨潁侯相，徵拜太中大夫，著作東觀。再遷北地太守，入拜尚書令。後為陳國相，卒於官。事見本書卷八十上。㉘戴恢　生平事跡不詳。㉙委任近習二句　指委任近侍親信之人為官，寵信重用貪婪兇惡之人理事。近習，親信的近臣。饕餮，傳說中一種貪食的惡獸。此以喻貪婪兇殘的惡人。㉚內幹心膂　此指在朝廷內作為心腹之臣主持機要之事。心膂，指心臟、脊骨，都是身體的重要器官。比喻親信得力之人。㉛抑奪宦官欺國之封二句　應該限制並收回那些專權宦官欺瞞人君而恣意妄為所封賞的官職爵位，案查並糾治那些專權宦官違法背禮而誣罔欺瞞朝廷所犯下的種種罪行。㉜平決臧否　評論判定其優劣好壞。平，通「評」。㉝天官　指朝廷所命之官。㉞咎徵可消二句　指上天降臨的災禍可以消除，上天顯示的祥瑞可以期待降臨。咎徵，上天懲誡人君而降臨的禍殃。天應，此指上天因社會安定所顯示的祥和神瑞的各種現象。㉟間者有嘉禾句　據本書卷七〈孝桓帝紀〉：「(永康元年) 秋八月，魏郡言嘉禾生，甘露降。巴郡言黃龍見。」嘉禾，生長得特別茁壯的禾稻，穗大粒飽，異於常禾，稱為嘉禾，古人視為瑞徵。芝草，亦稱靈芝，為真菌之一種，生於山地枯樹根上，古人以為瑞草。黃龍，據《續漢志》：「時人欲入沱江洗浴，見沱水混濁，因戲笑相恐嚇：『此中有黃龍。』此語遂傳行人間，後聞於郡守，欲以此為美事，遂上言朝廷，而史官記載帝紀中。」㊱黃門北寺若盧都內諸獄　黃門北寺獄，屬黃門署。宮省禁門曰黃闥，主之者曰黃門令，則黃門北寺獄蓋設置在宮省之內。若盧獄，西漢時置，屬少府。《漢舊儀》：「主鞫將相大臣。」東漢初省，和帝永元九年復置。都內獄，蓋為內府所置獄。唐李賢注：「都內，主藏官名。《前書》有都內令丞，屬大司農也。」

【語　譯】當時，朝政多有失當之處，宦官則乘機專權固寵，李膺、杜密等人因為黨事被抓捕入獄而遭拷問追查。永康元年，竇武遂上書勸諫說：「我聽說聖明之君從不忌諱臣民嘲諷譏刺自己的言論，而是據此以審核查明那些深隱暗藏的真實情況；忠臣從不顧慮因為諫言諍議而引發後患與禍災，因此能夠暢言萬事。這樣一來，君臣上下都能協和興盛，從而揚名百世。我有幸遇到了當今的盛明之世，遭逢到了文王、武王那樣仁惠的教化，又怎敢拿著國家俸祿而畏懼罪責，不竭盡自己的誠心而直言無諱呢！陛下當初從藩國侯王登上皇帝大位時，天下百姓安樂祥和，認為國家將從此中興。但是自從陛下即位以來，至今並未聽到有什麼好的政令。梁冀、孫壽、寇榮、鄧萬世雖然已被誅滅，但常侍黃門這些宦官仍在繼續作惡，危害天下。他們蒙蔽欺騙陛下，競相玩弄詭詐之術，私自偽造朝廷的法令制度，胡亂地將爵級官位授給那些邪枉小人，因而使得朝政日漸衰敗，奸臣的勢力益愈強盛。我尋思西漢王朝就因為放縱王氏，而使奸佞之臣執掌朝政，最終喪失了天下。現在如果不認真考慮前事的失誤原因，仍然繼續沿著翻車的道路盲目前行，恐怕秦二世亡家喪國那樣的禍災，一定會再次到來；趙高干國亂政那樣的叛亂，早晚將會再次發生。最近，奸臣牢脩虛構捏造黨事之議，於是收捕了前司隸校尉李膺、太僕杜密、御史中丞陳翔、太尉掾范滂等人入獄拷問，牽連涉及的多達數百人，雖經多年的拘押審問，而所加罪名並沒有實據。我想，李膺等人全都是忠心耿耿，盡心竭力於輔佐王室，確實是陛下的稷、契、伊尹、呂尚那樣的賢輔良佐，而現在卻毫無根據地被奸臣賊子誣枉陷害，使得天下士民為此寒心，四海之內盡失希望。但願陛下能夠用心察審以辨明真偽，早日將他們釋放出獄，來滿足民眾和神靈的企盼之情。

2　「我聽說古代的明君，一定要有賢良的輔佐，才能成其善政仁道。現在的臺閣近臣中，尚書令陳蕃、尚書僕射胡廣、尚書朱寓、荀緄、劉祐、魏朗、劉矩、尹勳等人，都是國家的忠貞之士，朝廷的賢良之佐。尚書郎張陵、嬀皓、苑康、楊喬、邊韶、戴恢等人，文質彬彬而品德高尚，通曉國家的典章制度。朝廷內外的各級職官，群賢並列，人才濟濟。然而陛下您卻寵愛聽信那些近習親倖的宦官，專門起用那些貪婪兇殘的惡人，使他們在外掌管州郡大權，在內主持朝廷機要。現在應該依次將他們貶斥黜退，追究他們的罪惡嚴加懲處。削奪宦官欺騙朝廷所得的封爵，查劾糾治他們誣陷欺瞞的罪行。相信任用忠良之臣，公平地評判善惡是非，使邪惡與正直、譭謗與讚譽，都能名符其實，各得其所。珍視愛惜朝廷的官職，只授予善良正直的士人。如果能夠這樣做的話，各種災禍的徵兆就可以消除，上天降臨的瑞應就可以顯現。近來有嘉禾、芝草、黃龍等先後出現，而祥瑞的出現一定是由於嘉士在朝，福祉的到來完全是因為善人主政。有德才是祥瑞，無德就是災禍。而陛下的所作所為，並不符合天意，因此也就不應該稱慶。」

3 此書上奏之後，竇武就稱病請求辭官，並要交還城門校尉、槐里侯的印綬。桓帝不予准許，遂下詔赦免李膺、杜密等人，黃門北寺獄、若盧獄及都內獄等在押囚犯中罪行輕微的，也全都被赦免出獄。

其冬帝崩，無嗣。武召侍御史河間劉儵❶，參問❷其國中王子侯❸之賢者，儵稱解瀆亭❹侯宏。武入白太后，遂徵立之，是為靈帝。拜武為大將軍，常居禁中。帝既立，論定策功，更封武為聞喜侯；子機渭陽侯，拜侍中；兄子紹鄠侯，遷步兵校尉；紹弟靖西鄉侯，為侍中，監羽林左騎❺。

武既輔朝政，常有誅翦宦官之意，太傅陳蕃亦素有謀。時共會朝堂，蕃私謂武曰：「中常侍曹節、王甫等，自先帝時操弄國權，濁亂海內，百姓匈匈，歸咎於此⑥。今不誅節等，後必難圖。」武深然之。蕃大喜，以手推席而起。武於是引同志⑦尹勳為尚書令，劉瑜⑧為侍中，馮述⑨為屯騎校尉⑩；又徵天下名士廢黜者前司隸李膺、宗正劉猛、太僕杜密、廬江太守朱寓等，列於朝廷；請前越嶲太守荀翌為從事中郎⑪，辟潁川陳寔為屬，共定計策。於是天下雄俊，知其風旨⑫，莫不延頸企踵，思奮其智力。

【章　旨】以上為〈竇武傳〉的第三部分。記述竇武以定策擁立靈帝之功拜為大將軍而輔理朝政，並與太傅陳蕃共謀誅除宦官，遂聚引同志及名士如尹勳、李膺等列於朝廷之中。

【注　釋】❶劉儵　原任侍御史之職，以與竇武合謀迎立劉宏為靈帝，遷為侍中。宦官曹節畏其親近而間己，遂設計使出為泰山太守，又迫令司隸促殺之。其弟劉郃位至司徒，立志欲誅除宦官，後被宦官曹節等誣陷，下獄死。❷參問　參與徵詢其事。❸王子侯　指諸侯王的兒子被封賜為侯或襲封侯位者。西漢建元年間，主父偃建議實行推恩分封諸侯王子弟，以削弱侯國實力之策，武帝採納其議而詔命御史施行之。自此，諸侯王子弟之侯者眾多而疆土小弱。❹解瀆亭　故址在今河北安國東北。❺監羽林左騎　即任為羽林左監之官。本書志二十五〈百官志〉：「羽林中郎將，比二千石。主羽林郎。羽林左監一人，六百石。主羽林左騎。」❻百姓匈匈二句　指百姓驚恐畏懼，擾攘不安的原因，完全歸罪於宦官的弄權亂國。匈匈，同「恟恟」。形容恐懼驚駭的樣子。❼同志　指同心同德之人。❽劉瑜　字季節，廣陵（今江蘇揚州）人。少好經學，尤善圖讖、天文、曆算之術。州郡禮請，不就。靈帝時，竇武欲誅宦官，乃引用為侍中，參與謀劃，後事敗被誅。❾馮述　生平事跡不詳。❿屯騎校尉　掌宿衛兵，與越騎、步兵、長水、射聲並稱為五營校尉。⓫越嶲太守荀翌句　越嶲郡屬益州刺史部，治今四川西昌東。荀翌，事跡不詳。從事中郎，為大將軍屬官，職參謀議，秩六百石。⓬風旨　意旨；主張。

【語　譯】這年冬天，桓帝去世而沒有子嗣。竇武遂召見侍御史河間人劉儵，徵詢他河間王國的那些被封侯的王子中何人具有賢才，劉儵稱說解瀆亭侯劉宏。竇武於是入宮稟告竇太后，遂徵召劉宏入京並擁立為帝，這就是靈帝。又任命竇武為大將軍，令他常住於宮禁之中。靈帝即位之後，評定策立之功，改封竇武為聞喜侯；其子竇機為渭陽侯，擔任侍中；其侄竇紹為鄠侯，升任步兵校尉；竇紹之弟竇靖為西鄉侯，擔任侍中，主監羽林左騎。

竇武輔理朝政後，常有誅除宦官的想法，太傅陳蕃也一直有這個意願。在群臣共會於朝堂的時候，陳蕃私下對竇武說：「中常侍曹節、王甫等人，自先帝時就操縱竊弄朝廷大權，使得四海之內混亂不堪；平民百姓擾攘恐懼，全都歸罪於此。現在不除掉曹節等人，以後就更不好處置他們了。」竇武非常贊同他的意見。陳蕃大喜，用手推開座席躍身而起。竇武於是引薦與他志同道合的尹勳擔任尚書令，劉瑜擔任侍中，馮述擔任屯騎校尉；又徵辟各地曾被廢黜的名士前司隸校尉李膺、宗正劉猛、太僕杜密、廬江太守朱寓等人，任職於朝廷；又延請前越巂太守荀翌為從事中郎，辟舉潁川郡人陳寔為掾屬，共同商定計策。從此，天下才智英俊之士，全都聞知了竇武等人的意旨，無不翹首以待而殷切盼望，想要盡早貢獻出自己的才智和力量。

會五月日食，蕃復說武曰：「昔蕭望之困一石顯❶，近者李、杜諸公❷禍及妻子，況今石顯數十輩乎！蕃以八十之年，欲為將軍除害，今可且因日食，斥罷宦官，以塞天變❸。又趙夫人及女尚書，旦夕亂太后❹，急宜退絕。惟將軍慮焉。」武乃白太后曰：「故事，黃門、常侍但當給事省內，典門戶，主近署❺財物耳。今乃使與政事而任權重，子弟布列，專為貪暴。天下匈匈，正以此故。宜悉誅廢，以清朝廷。」太后曰：「漢來故事世有，但當誅其有罪，豈可盡廢邪？」時中常侍管霸❻頗有才略，專制省內❼。武先白誅霸及中常侍蘇康等，竟死。武復數白誅曹節等，太后冘豫未忍❽，故事久不發。

至八月，太白出西方❾。劉瑜素善天官❿，惡之，上書皇太后曰：「太白犯房左驂⓫，上將星入太微⓬，其占⓭宮門當閉，將相不利，姦人在主傍。願急防之。」又與武、蕃書，以星辰錯繆，不利大臣，宜速斷大計。武、蕃得書將發，於是以朱寓為司隸校尉，劉祐為河南尹，虞祁為洛陽令。武乃奏免黃門令魏彪⓮，以所親小黃門山冰⓯代之。使冰奏素狡猾尤無狀者長樂尚書鄭颯⓰，送北寺獄。蕃謂武曰：「此曹子⓱便當收殺，何復考為！」武不從，令冰與尹勳、侍御史祝瑨雜考颯，辭連及曹節、王甫。勳、冰即奏收節等，使劉瑜內奏。

【章旨】以上為〈竇武傳〉的第四部份。記述竇武與陳蕃欲藉日蝕天變之機悉誅宦官，而太后猶豫未忍。其後劉瑜又以太白出西方之天變勸說竇武速斷大計，竇武將要發動其事，遂奏免宦官魏彪等。

【注釋】❶昔蕭望之困一石顯　指西漢元帝時宦官石顯數譖毀陷害大臣蕭望之，最終逼迫其自殺身亡。蕭望之，字長倩，東海郡蘭陵縣（今山東蒼山縣）人。西漢宣帝時歷任左馮翊、大鴻臚、太子太傅等官，曾主持石渠閣會議討論儒生對《五經》異同的意見。元帝時任御史大夫。石顯，元帝時宦官，任中書令，甚得元帝寵信。❷李杜諸公　指李膺、杜密等人。❸以塞天變　指推行善政以阻止日蝕等災異天象的出現。❹趙夫人及女尚書二句　趙夫人指趙嬈，為靈帝乳母。女尚書，指宮內女官。她們與中常侍曹節、王甫等宦官相互勾結而諂事太后，以誣言影響太后的決策，故此陳蕃有此言。❺近署　指宮省中的官署。❻管霸　為中常侍宦官，桓帝時與蘇康等復被任用，乃排陷忠良，共相阿媚，其專斷用事於內，且多取天下良田美業、山林湖澤占為己有，以此遂被竇武誅殺。❼專制省內　專權總管宮禁內省之中的大小事務。❽冘豫未忍　指猶豫不決，不忍心誅殺中常侍曹節。冘豫，同「猶豫」。遲疑不決。❾太白出西方　這是說朝廷義虧言失，而太白出西方以見天罰。太白，古稱「明星」。黎明時見於東方，也叫「啟明」；黃昏時見於西方，也叫「長庚」。即太陽系九大行星之一的金星。《漢書・天文志》：「太白曰西方秋金，義也，言也。義虧言失，逆秋令，傷金氣，罰見太白。」❿善天官　指精通天文學。唐司馬貞《史記索隱》注《史記・天官書》：「天文有五官。官者，星官也。星座有尊卑，若人之官曹列位，故曰天官。」⓫太白犯房左驂　這是說太白星運行到了房宿的左側。房，即房宿。亦稱「天駟」，二十八宿之一。《漢書・天文志》：「房為天府，曰天駟。」太白犯房，即象徵著有惡人對皇宮禁省不利。故下文言「其占宮門當閉」。⓬上將星入太微　太微，指太微垣，星官名。其以五帝座為中樞，另有十顆星組成藩屏匡衛的形狀。上將星為太微垣的組成之星，太微左垣的稱東上將，太微右垣的稱西上將。《史記・天官書》：「太微，三光之廷。」《索隱》：「宋均曰『太微，天帝南宮也。三光，日、月、五星也。』」上將星入太微，表示「群下不從謀也」，故下文言「將相不利」。⓭占　指觀察天象的變化並據其徵兆而推算預測吉凶福禍。⓮黃門令魏彪　黃門令，主管省中諸宦官，秩六百石。魏彪，生平事跡不詳。⓯小黃門山冰　小黃門，掌侍從皇帝左右及受尚書事，秩六百石。山冰，生平事跡不詳。⓰長樂尚書鄭颯　長樂尚書，為長樂宮尚書，掌宮中文書，秩次同中宮尚書。長樂宮為太后所居地。鄭颯，事見本傳中。颯，「颯」的異體字。⓱此曹子　這些人；這群人。

【語譯】正巧五月有日蝕出現，陳蕃遂再次勸說竇武：「從前蕭望之只被石顯一個宦官所困迫，近時李膺、杜密等許多名士都遭遇宦官誣陷而株連到妻子兒女，何況如今像石顯那樣奸佞的宦官有幾十個呢！陳蕃我以八十歲的年紀，還想要為將軍翦除大害。現在可以借助日蝕出現的機會，全部廢黜宦官，以阻止上天災異之變。還有夫人趙嬈和女尚書們，從早到晚在那兒以妖言惑亂太后，應當趕快將她們也全部斥退屏除。希望將軍能認真考慮此事。」竇武於是稟告太后說：「按照歷朝的慣例，黃門、常侍這些宦官應該只是在省禁之內供職效力，掌管宮廷門戶，及主管內署的財物而已。現在卻使他們參與朝廷政事，並且任掌大權，擔負重職；他們的子弟也分布於朝廷內外及郡國各地，專門做那些貪婪殘暴的惡事。天下擾攘不安，群情激憤，正是因為這個原因。應該將他們全部廢絕誅滅，以肅清朝廷。」太后說：「漢代的慣例歷朝都有，也不能完全照搬。

只是應當誅滅那些有罪的宦官，怎麼能將他們全部廢黜呢？」當時，中常侍管霸很有才略，專斷省內的大小事務。竇武就首先稟告太后請誅殺管霸及中常侍蘇康等人，並最終將他們二人處死了。竇武又多次稟告太后請求誅殺曹節等人，太后未能忍心而猶豫不定，因此事情拖延了很久也未能動手。

到八月時，太白星在西方出現。劉瑜素來擅長於天文星占之事，認為這種現象對於朝廷非常不利，遂上書太后說：「太白星侵犯房宿的左驂，上將星進入太微垣內，這種天象預示著宮門應當關閉，將相大臣將有不利的事情，奸邪之人正圍繞在人主的近旁，希望能趕緊做好防備。」劉瑜又給竇武、陳蕃寫信，認為天上的星辰位序顛倒錯亂，將不利於您和朝廷大臣，告誡他們應當迅速決斷斥逐奸邪宦官的大計。竇武、陳蕃得信後決定即刻動手，於是任用朱寓為司隸校尉，劉祐為河南尹，虞祁為洛陽令。隨後，竇武上書奏免了黃門令魏彪，用自己所親信的小黃門山冰代替其職。又讓山冰劾奏素來狡猾奸佞且恣意妄為的長樂尚書鄭颯，送往黃門北寺獄關押。陳蕃對竇武說：「這幫人就應當立刻抓來殺掉，還審問他們做什麼！」竇武不聽，命令山冰與尹勳、侍御史祝瑨一起審問鄭颯，其供辭牽連到曹節、王甫等。尹勳、山冰遂立即奏請收捕曹節等人，並使劉瑜入宮向太后奏報。

時武出宿歸府，典中書者先以告長樂五官史朱瑀❶。瑀盜發武奏，罵曰：「中官放縱者，自可誅耳。我曹何罪，而當盡見族滅？」因大呼曰：「陳蕃、竇武奏白太后廢帝，為大逆！」乃夜召素所親壯健者長樂從官史共普、張亮等十七人，喢血共盟❷誅武等。曹節聞之，驚起，白帝曰：「外間切切❸，請出御德陽前殿。」令帝拔劍踊躍，使乳母趙嬈等擁衛左右，取棨信❹，閉諸禁門。召尚書官屬，脅以白刃，使作詔板❺。拜王甫為黃門令，持節至北寺獄收尹勳、山冰。冰疑，不受詔，甫格殺之。遂害勳，出鄭颯。還共劫太后，奪璽書。令中謁者❻守南宮，閉門，絕複道❼。使鄭颯等持節，及侍御史、謁者捕收武等。武不受詔，馳入步兵營，與紹❽共射殺使者。召會北軍五校士數千人屯都亭下❾，令軍士曰：「黃門常侍反，盡力者封侯重賞。」詔以少府周靖行車騎將軍❿，加節⓫，與護匈奴中郎將張奐率五營士討武。夜漏盡⓬，王甫將虎賁、羽林、廄騶、都候、劍戟士⓭，合千餘人，出屯朱雀掖門⓮，與奐等合。明日悉軍闕下，與武對陳。甫兵漸盛，使其士大呼武軍曰：「竇武反，汝皆禁兵，當宿衛宮省，何故隨反者乎？先降有賞！」營府素畏服中官，於是武軍稍稍歸甫。自旦至食時，兵降略盡。武、紹走，諸軍追圍之，皆自殺，梟首洛陽都亭。收捕宗親、賓客、姻屬，悉誅之，及劉瑜、馮述，皆夷其族。徙武家屬日南⓯，遷太后於雲臺⓰。

【章　旨】以上為〈竇武傳〉的第五部分。記載宦官朱瑀等盜取竇武奏章，竊知竇武等欲盡誅宦官，遂先發制人，共盟誅武。宦官挾制靈帝，劫持太后，奪取璽書，詔令收捕竇武等。竇武雖擁軍反抗，終因兵敗而自殺身亡。

【注　釋】❶長樂五官史朱瑀　長樂五官史為長樂少府屬官。朱瑀，以誅殺竇武、陳蕃事封都鄉侯，後更封華容侯。郎中審忠曾上書劾奏其罪，而章寢不報。後病卒，以養子傳其封國。❷喢血共盟　舉行歃血的儀式共同盟誓。喢，同「歃」。一說為口含血；一說為以指蘸血塗於口旁。❸外間切切　指外間宮室中傳出低微急促的聲音。❹棨信　古時所用刻木而成的一種符信，進出宮省時執以為憑。李賢注引《漢官儀》：「凡居宮中，皆施籍於掖門，案姓名當入者，本宮為封棨傳，審印信，然後受之。」❺詔板　即詔書。以詔令書寫於方板之上，因稱詔板。❻中謁者　當即中宮謁者，秩四百石，主報中章；有中宮謁者令主其事。❼複道　即閣道。如淳曰：「上下有道，故謂之複道。」❽紹　指竇紹。竇武的姪子，以定策功封為鄠侯，遷步兵校尉。❾召會北軍五校士句　召集北軍中候所監管的五校尉兵士數千人屯紮在洛陽都亭下。漢時置屯騎校尉、越騎校尉、步兵校尉、長水校尉、射聲校尉各一人，分掌五營宿衛之兵。又置北軍中候一人監管五營之事，因稱其五校尉兵士為北軍五校士。都亭，凡設置在城內和近郊的亭稱都亭。❿少府周靖行車騎將軍　少府，官名。東漢時掌宮中服御諸衣物、寶貨、珍膳等。周靖，生平事跡不詳。行車騎將軍，指兼任車騎將軍之職。車騎將軍，漢時將軍之一，掌征伐背叛事，秩比三公。⓫加節　在原有官職上加授符節，以增重其權。⓬夜漏盡　指夜間計時所用漏壺的滴水即將滴完。漏，也叫漏刻，指漏壺。為中國古代用以計時的器具。⓭虎賁羽林廄騶句　虎賁，主皇宮宿衛之兵，由虎賁中郎將統領，無常員，多至千人。羽林，指羽林郎，掌宿衛侍從，由羽林中郎將統領。廄騶，指御廄中的騎士。本為廄中馭者，後又令為騎士，因稱為騶騎。都候，為衛尉屬官，有左右都候各一人，主劍戟士，徼循宮省及天子有所收考。劍戟士，執劍戟以宿衛天子的兵卒。⓮朱雀掖門　為東漢時皇宮七門之一，即南掖門。⓯日南　指日南郡。轄地在今越南境內。⓰雲臺　在南宮中，即顯宗孝明帝追感前世功臣，圖畫光武近臣二十八將之處。

【語　譯】這時竇武出宮回到了自己的府第歇宿，掌管宮中文書的宦官之前已將此事告訴了長樂五官史朱瑀。朱瑀偷出竇武的奏章一看，罵道：「那些胡作非為的宦官，當然可以殺掉。我們這些人有什麼罪惡，也要被全部誅殺滅族？」於是就大聲呼喊：「陳蕃、竇武上書稟告太后，要廢黜皇帝，欲行大逆不道！」當夜便召集他平素所親信且體格健壯的長樂從官史共普、張亮等十七人喢血為盟，發誓定要共誅竇武等人。曹節聽到消息後，驚懼而起，稟告靈帝說：「外間突然傳出急促的響動，請陛下趕快去到德陽前殿。」又讓靈帝拔劍出鞘踴躍前行，讓乳母趙嬈等人簇擁護衛於左右。取出棨信，傳令關閉宮省中所有禁門。又傳召尚書臺的官員，用刀劍威脅逼迫著讓他們製作詔書。當即任命王甫為黃門令，持節到黃門北寺獄抓捕尹勳、山冰等人。

山冰心生疑慮，不肯受詔，王甫遂將他殺死。接著又殺害了尹勳，釋放出鄭颯。返回來又一起劫持了竇太后，並奪取了璽書。命令中謁者把守南宮，關閉宮門，斷絕南、北宮之間的複道。派鄭颯等人拿著符節，會同侍御史、謁者前往逮捕竇武等人。竇武拒絕接受詔書，快馬馳入步兵校尉的軍營，與竇紹一起射殺了使者。又召集北軍五營的士卒數千人屯駐在都亭附近，命令軍士說：「黃門常侍謀逆造反，凡盡力拼殺者封侯重賞。」這時，宦官又讓靈帝下詔任命少府周靖代行車騎將軍，並加授給他符節，命他與護匈奴中郎將張奐率領五營的士兵討伐竇武。黎明時，王甫率領著虎賁、羽林、廄騶、都候、劍戟士等共有千餘人，出宮屯於朱雀掖門，與張奐等人會合。天明後，遂將軍隊全部屯駐於宮闕下，與竇武軍對陣。王甫的軍勢逐漸壯大，又讓士卒們大聲召喚竇武的軍士說：「竇武反叛朝廷，你們都是宮省的禁衛之兵，應該保衛宮省，為什麼要跟隨謀反叛亂的人呢？先投降的有賞！」各營府的士卒原本就畏服宦官，因此竇武的軍士漸漸地歸順了王甫。從晨旦到早飯的時間內，竇武的軍士就快要走光了。竇武、竇紹只好逃走，王甫指揮眾軍追趕包圍，兩人遂被迫自殺，他們的頭顱被砍下來掛在洛陽都亭示眾。隨後，又逮捕了竇武的宗族親屬、門人賓客、姻親家屬等全部殺掉。還有劉瑜、馮述等人，也都被誅殺滅族。竇武的家屬被流放到日南郡，竇太后也被遷到了雲臺宮。

1 當是時，凶豎得志，士大夫皆喪其氣矣。武府掾桂陽胡騰❶，少師事武，獨殯斂行喪，坐以禁錮。

2 武孫輔，時年二歲，逃竄得全。事覺，節等捕之急。胡騰及令史❷南陽張敞共逃輔於零陵❸界，詐云已死，騰以為己子，而使聘娶焉。後舉桂陽孝廉。至建安❹中，荊州牧劉表❺聞而辟焉，以為從事❻，使還竇姓，以事列上❼。會表卒，曹操定荊州，輔與宗人⑧徙居於鄴，辟丞相府。從征馬超，為流矢所中死。

初，武母產武而并產一蛇，送之林中。後母卒，及葬未窆⑨，有大蛇自榛草而出，徑至喪所，以頭擊柩，涕血皆流，俯仰蛣屈⑩，若哀泣之容，有頃而去。時人知為竇氏之祥⑪。

騰字子升。初，桓帝巡狩南陽，以騰為護駕從事。公卿貴戚車騎萬計，徵求費役⑫，不可勝極。騰上言：「天子無外，乘輿所幸，即為京師。臣請以荊州刺史比司隸校尉，臣自同都官從事⑬。」帝從之。自是肅然，莫敢妄有干欲⑭，騰以此顯名。黨錮解，官至尚書。

張敞者，太尉溫⑮之弟也。

【章旨】以上為〈竇武傳〉的第六部分。記載竇武被誅後，閹宦得志，眾士喪氣。竇武之孫竇輔當時二歲，得掾屬胡騰及張敞救護始得保全。

【注釋】❶桂陽胡騰　桂陽，為荊州刺史部屬郡。治今湖南郴州。胡騰，事跡詳下文。❷令史　即大將軍府令史，為府員之職。❸零陵　為荊州刺史部屬郡。治今湖南零陵。❹建安　東漢獻帝劉協年號，西元一九六—二二〇年。❺荊州牧劉表　荊州牧，為荊州最高的軍政長官。劉表，字景升，山陽高平（今山東魚台）人。為東漢遠支皇族。任荊州牧時，對當時軍閥混戰採取觀望態度，使所據地區較少遭遇戰亂，而來此避難者甚眾。後病死，少子劉琮以荊州降於曹操。事詳本書卷七十四下。❻從事　官名。漢代三公及州郡長官皆自辟僚屬，多以從事為稱。如從事史、從事中郎、別駕從事、治中從事等。❼以

事列上　將其生平之事條列清楚上報給朝廷。❽宗人　同宗族的親屬。❾窆　指落棺下葬於墓中。❿蛣屈　亦作「佶屈」、「詰屈」。曲折；彎曲。⓫祥　指吉凶之事發生前的徵兆。此處蓋指竇氏族屬被誅的凶兆。⓬徵求費役　指徵責錢財糧草等物及調發徭役更卒之事。⓭以荊州刺史二句　天子親幸南陽，南陽地屬荊州，因以南陽為京師之制，而以荊州刺史比同司隸校尉之職，而護駕從事則相當於都官從事之職。都官從事，主京都百官，朝會時職掌與三府掾相同。⓮干欲　責求貪取。干，求取。⓯太尉溫　張溫，字伯慎，南陽郡穰縣（今河南鄧州）人。少有名譽，累登公卿，曾任大司農、司空、車騎將軍、太尉等職，初平二年冬十月，太史望氣，奏言當有大臣誅死，董卓遂取張溫笞殺於市以應之。

【語譯】當此之時，兇惡邪枉的小人洋洋得意，而賢士大夫皆落魄喪氣。竇武大將軍府的掾屬桂陽郡人胡騰，年輕時便師從於竇武，遂獨自殯殮了竇武，為他服喪，結果因此坐罪，遭到禁錮。

2 竇武的孫子竇輔，當時年僅兩歲，因逃竄在外而保全了性命。事情被發現後，曹節等人追捕得特別急迫。胡騰和大將軍府令史南陽郡人張敞一起帶著竇輔逃往零陵郡境內，對外則欺瞞說竇輔已經死掉。胡騰把竇輔養作自己的兒子，並給他聘娶了妻室。後來竇輔被桂陽郡察舉為孝廉。建安年間，荊州牧劉表聽說了竇輔的事情，遂將他辟召為從事，並讓他恢復了竇姓，又將此事奏報給朝廷。恰逢劉表在此時死去，而曹操平定了荊州，竇輔遂與同族的人遷移到鄴城居住，後被辟召入丞相府任職，在隨從曹操征討馬超時，身中流箭而死。

3 當初，竇武的母親生產竇武時一起生出了一條小蛇，家人將牠送入樹林中。後來竇武的母親去世，在舉行喪禮而即將落棺下葬時，有一條大蛇從樹叢荒草中爬出，徑直爬到棺柩跟前，用頭撞擊靈柩，淚血流淌，身體扭曲俯仰，顯出悲傷哀泣的樣子，過了一會兒就爬走了。當時人知道這是竇家將有凶禍的徵兆。

4 胡騰字子升。當初，桓帝巡狩南陽時，任命胡騰為護駕從事。公卿貴戚的車輛馬匹數以萬計，所徵責收取的資費力役，數不勝數。胡騰遂上奏說：「對天子來說，沒有所謂外地，凡是車駕所在之處，就是京師。我請求把荊州刺史比同司隸校尉之職，我自己則相當於都官從事並行其職責。」桓帝批准了他的請求。從此以後公卿貴戚肅然守法，沒有人再敢妄自索求，胡騰因此而名聲顯赫。黨錮之禁解除後，他的官職升至尚書。

5 張敞，是太尉張溫的弟弟。

1 何進，字遂高，南陽宛❶人也。異母女弟選入掖庭❷為貴人，有寵於靈帝，拜進郎中，再遷虎賁中郎將，出為潁川太守。光和❸三年，貴人立為皇后，徵進入，拜侍中、將作大匠、河南尹。

2 中平❹元年，黃巾賊張角❺等起，以進為大將軍，率左右羽林五營士屯都亭，修理器械，以鎮京師。張角別黨馬元義❻謀起洛陽，進發其姦，以功封慎侯。

3 四年，滎陽賊數千人群起，攻燒郡縣，殺中牟❼縣令，詔使進弟河南尹苗出擊之。苗攻破群賊，平定而還。詔遣使者迎於成皐❽，拜苗為車騎將軍❾，封濟陽侯。

【章旨】以上為〈何進傳〉的第一部分。記述何進的妹妹被立為靈帝皇后，何進遂於中平元年任為大將軍，又以發現並平定黃巾別黨馬元義在洛陽起事之功封為慎侯。

【注釋】❶南陽宛　南陽郡宛縣。治今河南南陽。❷掖庭　皇宮中的旁舍，嬪妃所居住的地方。❸光和　東漢靈帝劉宏年號，西元一七八－一八四年。❹中平　東漢靈帝劉宏年號，西元一八四－一八九年。❺黃巾賊張角　黃巾賊是對黃巾農民軍的蔑稱。張角，鉅鹿（今河北平鄉）人，黃巾軍的首領。靈帝時創立「太平道」，自稱「大賢良師」，藉為人治病祕密傳教，在各地進行組織工作。十餘年間，徒眾多達數十萬人，遍及青、徐、幽、冀、荊、揚、兗、豫八州。於中平元年起事，以頭纏黃巾為標誌，稱為黃巾軍。後病死。❻馬元義　黃巾軍的組織者之一，長期在京師洛陽祕密活動。中平元年黃巾起事時準備攻占京師洛陽，因叛徒告密被捕，後被車裂於洛陽，徒眾一千多人也同時被害。❼中牟　為河南尹屬縣。治今河南中牟東。❽成皐　為河南尹屬縣。治今河南滎陽汜水鎮。❾車騎將軍　為漢置將軍之一，掌征伐背叛事，位在大將軍、驃騎將軍之下。

【語　譯】何進，字遂高，南陽郡宛縣人。他同父異母的妹妹被選入後宮封為貴人，深得靈帝的寵愛。何進也因此被任命為郎中，兩次遷升後任為虎賁中郎將，不久又出外為官，任職潁川太守。光和三年，何貴人被靈帝立為皇后，於是又徵召何進入朝，任命為侍中、將作大匠、河南尹等職。

2 中平元年，黃巾軍領袖張角等人起事後，靈帝任命何進為大將軍，詔令他率領左、右羽林及北軍五校尉營所屬的軍士屯駐於都亭，修理好各種軍械，以鎮守京師。張角部下的馬元義計劃在洛陽起事，何進發覺了他的陰謀，以功而封為慎侯。

3 中平四年，滎陽的黃巾軍數千人起事作亂，攻打焚燒郡縣城邑，還殺死了中牟縣令。靈帝詔令何進的弟弟河南尹何苗出兵攻打，何苗攻破了黃巾軍，遂平定滎陽而還。朝廷下詔派遣使者前往成皋迎接何苗，又任命何苗為車騎將軍，封為濟陽侯。

1 五年，天下滋亂，望氣❶者以為京師當有大兵，兩宮❷流血。大將軍司馬❸許涼、假司馬❹伍宕說進曰：「太公六韜❺有天子將兵事，可以威厭❻四方。」進以為然，入言之於帝。於是乃詔進大發四方兵，講武❼於平樂觀❽下。起大壇，上建十二重五采華蓋❾，高十丈，壇東北為小壇，復建九重華蓋，高九丈，列步兵、騎士數萬人，結營為陳。天子親出臨軍，駐大華蓋下，進駐小華蓋下。禮畢，帝躬擐甲介馬❿，稱「無上將軍」，行陳⓫三匝而還。詔使進悉領兵屯於觀下。是時置西園⓬八校尉，以小黃門蹇碩⓭為上軍校尉，虎賁中郎將袁紹⓮為中軍校尉，屯騎都尉鮑鴻⑮為下軍校尉，議郎曹操⑯為典軍校尉，趙融⑰為助軍校尉，淳于瓊⑱為佐軍校尉，又有左右校尉。帝以蹇碩壯健而有武略，特親任之，以為元帥，督司隸校尉以下，雖大將軍亦領屬焉。

2 碩雖擅兵於中，而猶畏忌於進，乃與諸常侍共說帝遣進西擊邊章、韓遂⑲。帝從之，賜兵車百乘，虎賁斧鉞⑳。進陰知其謀，乃上遣袁紹東擊徐兗二州兵㉑，須紹還，即戎事，以稽行期㉒。

3 初，何皇后生皇子辯，王貴人生皇子協。群臣請立太子，帝以辯輕佻㉓無威儀，不可為人主，然皇后有寵，且進又居重權，故久不決。

【章旨】以上為〈何進傳〉的第二部分。記載由於天下混亂，黃巾勢盛，何進遂於平樂觀下修起大壇以習兵講武，使天子親出臨軍，以壯大自己的勢力。而靈帝又置西園八校尉，以親信宦官蹇碩為元帥。進、碩兩人於暗中較勁，爭奪權勢，遂使諸事久拖不決。

【注釋】❶望氣　指通過望觀雲氣及天象變化以預測人事的吉凶禍福，為古代方士的一種占候術。❷兩宮　舊史中遇帝與后、帝與太后、帝與太上皇並舉時均可稱兩宮，此指靈帝與何皇后。❸大將軍司馬　為大將軍屬官。司馬主兵，秩千石。❹假司馬　暫時代理司馬之職。❺太公六韜　《六韜》為中國古代兵書，相傳為姜太公（即西周初之呂尚）所作，因稱為《太公六韜》。現存六卷，後人研究認為是戰國時期作品。❻厭　通「壓」。鎮服；壓制。❼講武　講習武事。指對兵法戰術的研究討論及訓練、演習軍陣等。❽平樂觀　位置在洛陽城西。❾華蓋　傳說黃帝與蚩尤戰於涿鹿之野，常有五色雲氣止於帝上，有花葩之象，黃帝因而作華蓋。後世仿效之以象徵帝王親征而必獲全勝。❿擐甲介馬　指穿著好甲冑，裝備好戰馬。擐，穿；

套。介，亦指甲冑。用如動詞，指為戰馬裝備好護甲鞍具之類。⑪行陳　指巡視軍陣。行，巡視。⑫西園　在禁省之中。靈帝數遊戲於西園，如駕四白驢驅馳，弄狗著冠帶綬，弄狗以配人等；又於其中公然賣官，立庫以貯賣官錢；又造萬金堂而發司農錢充實之。⑬蹇碩　靈帝時宦官。得寵信而被任命為上軍校尉，且為八校尉之元帥而統領其事。後以謀立渤海王劉協被發覺，下獄死。⑭袁紹　字本初，汝南郡汝陽縣人。初為司隸校尉，勸何進謀誅宦官，後何進以遲疑反被殺害，袁紹遂盡誅宦官。董卓專權時，袁紹逃奔冀州起兵討卓，後成為占據冀、青、幽、并四州的割據勢力。建安五年，在官渡之戰中大敗於曹操，不久病死。事詳本書卷七十四。⑮鮑鴻　中平元年曾任右扶風，後被任命為下軍校尉。又率兵攻討葛陂（今河南新蔡北）黃巾。後下獄死。其他事跡不詳。⑯曹操　字孟德，沛國譙（今安徽亳州）人。自任典軍校尉後，在平定黃巾軍中逐步擴充軍事力量。建安元年，迎獻帝都於許縣（今河南許昌東）。後封為魏王。子曹丕稱帝後，追尊為魏武帝。為三國時期著名的政治家、軍事家及詩人。⑰趙融　生平事跡不詳。⑱淳于瓊　潁川人，後與同鄉郭圖俱從袁紹。官渡之戰中，淳于瓊率軍迎取糧運，被曹操襲破斬殺之。⑲邊章韓遂　中平元年十一月，湟中義從胡與先零羌反叛，以金城人邊章、韓遂為軍帥，攻殺護羌校尉及金城太守等。朝廷派兵征討而不能勝，士氣遂大盛。後韓遂殺邊章等人，擁兵十餘萬，進圍隴西。朝廷命董卓、皇甫嵩合兵擊破之，韓遂等爭權奪利，更相殺害，諸部遂分離。後為曹操所破，韓遂為其帳下所殺。⑳斧鉞　古代軍法中用以刑殺的大斧，為最高軍事權力的象徵。賜以斧鉞表示代表皇帝親征。㉑徐兗二州兵　指在徐州、兗州復起而盛的黃巾軍。㉒稽行期　指延遲拖後出兵征伐的日期。㉓輕佻　言行輕薄；無威儀而不莊重。

【語　譯】中平五年，天下愈加混亂，望氣占候的人預言京師將有嚴重的刀兵之亂，皇帝與皇后兩宮都將有血光之災。大將軍司馬許涼、假司馬伍宕勸告何進說：「《太公六韜》中記有天子親自統帥軍隊作戰的事情，可以用天子的威嚴來鎮壓四方。」何進認為有理，遂進宮報告了靈帝。於是靈帝詔令何進調發四方的軍隊，在洛陽平樂觀下講武習兵。在講武場中修築了大壇，壇上樹立起十二層的五彩華蓋，高有十丈，在大壇東北處又修築了小壇，上面樹立起九層的華蓋，高有九丈，場內又排列步兵、騎兵數萬人，各自結營為陣。靈帝親自出來檢閱軍隊，停駐於大華蓋下，何進則停駐於小華蓋下。行禮結束後，靈帝身披甲冑騎著裝備鎧甲的戰馬，號稱「無上將軍」，親自巡視軍陣，繞行三圈而後返回。詔令何進率領全部軍隊屯駐於平樂觀下。這時靈帝又設置了西園八校尉，以小黃門蹇碩為上軍校尉，虎賁中郎將袁紹為中軍校尉，屯騎都尉鮑鴻為下軍校尉，議郎曹操為典軍校尉，趙融為助軍校尉，淳于瓊為佐軍校尉，另外還有左、右二校尉。靈帝以為蹇碩身體健壯且頗有武略，對他特別親近信任，遂任命他為元帥，總督司隸校尉以下的百官，就是大將軍何進也要歸他來指揮。

2　蹇碩雖然在朝中掌握全部兵權，但仍然懼怕疑忌於何進，便與常侍宦官共同勸說靈帝派遣何進去攻打西邊金城郡的邊章、韓遂。靈帝聽取了他們的建議，賞賜給何進兵車百輛及虎賁斧鉞，命令他率兵西征。何進暗中知道了蹇碩的陰謀，便上表請求先派袁紹向東進攻徐、兗二州的叛軍，等到袁紹得勝而還，然後自己再率軍平定西戎，以此來拖延行期。

3　當初，何皇后生了皇子劉辯，王貴人生了皇子劉協。群臣奏請策立太子時，靈帝認為劉辯輕浮，沒有威儀，將來不能做君主。但因為何皇后特別受寵愛，並且何進又手握大權，因而事情久拖不決。

1　六年，帝疾篤，屬協於蹇碩。碩既受遺詔，且素輕忌於進兄弟，及帝崩，碩時在內，欲先誅進而立協。及進從外入，碩司馬潘隱與進早舊，迎而目之。進驚，馳從儳道歸營，引兵入屯百郡邸❶，因稱疾不入。碩謀不行，皇子辯乃即位，何太后臨朝，進與太傅袁隗❷輔政，錄尚書事❸。

2　進素知中官天下所疾，兼忿蹇碩圖己，及秉朝政，陰規誅之。袁紹亦素有謀，因進親客張津❹勸之曰：「黃門常侍權重日久，又與長樂太后❺專通姦利，將軍宜更清選賢良，整齊天下，為國家除患。」進然其言。又以袁氏累世寵貴❻，海內所歸，而紹素善養士，能得豪傑用，其從弟虎賁中郎將術亦尚氣俠，故並厚待之。因復博徵智謀之士逄紀、何顒、荀攸❼等，與同腹心。

3 蹇碩疑不自安，與中常侍趙忠等書曰：「大將軍兄弟秉國專朝，今與天下黨人謀誅先帝左右，埽滅我曹❽。但以碩典禁兵，故且沈吟❾。今宜共閉上閤❿，急捕誅之。」中常侍郭勝⓫，進同郡人也。太后及進之貴幸，勝有力焉。故勝親信何氏，遂共趙忠等議，不從碩計，而以其書示進。進乃使黃門令收碩，誅之，因領其屯兵⓬。

【章　旨】以上為〈何進傳〉的第三部分。記載靈帝遺詔蹇碩擁立皇子劉協為帝，蹇碩欲先誅何進而後立劉協。何進察知其謀而敗壞其事，遂立皇子劉辯為帝而秉持朝政。並與袁紹等結為腹心而博徵智謀之士，陰謀誅除宦官。不久，即捕殺蹇碩而領其屯兵。

【注　釋】❶馳從儳道歸營二句　這是說何進急忙驅馬馳行，抄近道歸營，然後帶領軍隊屯駐於百郡邸。儳道，近道；捷徑。李賢注引《廣雅》：「儳，疾也。」百郡邸，指各郡國在京都設立的辦事處。❷袁隗　字次陽，汝南汝陽人。為袁紹叔父。早歷顯官，靈帝熹平元年由大鴻臚遷為司徒。皇子劉辯即位後，由後將軍遷任太傅。初平元年，為董卓所殺。❸錄尚書事　即總攬朝政。錄，總領之意。東漢以來，政歸尚書，總領尚書諸曹事務，則軍政大權都在掌握之中。本書志二十五〈百官志〉：「太傅，掌以善導，無常職。本注云：每帝初即位，置太傅錄尚書事。」❹張津　生平事跡不詳。❺長樂太后　指靈帝母董太后，因居於長樂宮中，故有此稱。❻袁氏累世寵貴　袁安，章帝時為司空、司徒；安孫湯，桓帝時為司空、司徒、太尉；湯子逢，靈帝時為司空；袁紹父成，曾官左中郎將；紹則由虎賁中郎將遷為中軍校尉。又袁安次子敞，和帝、安帝時亦為太僕、司空等職。因此說袁氏累世寵貴。❼逢紀何顒荀攸　逢紀，字元圖，以聰達有計謀甚得袁紹親信，後為袁紹統軍事。官渡之戰後，袁紹病卒；逢紀與審配擁立次子袁尚為嗣，而不久即被袁紹長子袁譚怒殺。何顒，字伯求，南陽襄鄉人。事詳本書卷六十七。荀攸，字公達，潁川潁陰人。為荀彧的姪子。何進被害而董卓作亂後，與何顒等謀誅董卓，失敗後逃亡。後荀彧薦於曹操而為所用，官至尚書令。從征孫權時，道卒。事詳《三國志・魏書・荀彧荀攸賈詡列傳》。❽埽滅我曹　全部誅殺我們這些人。埽，同「掃」。清除。❾沈吟　沉思吟味。引申為猶豫不決。❿上閤　指皇帝居住的樓閣。閤，「閣」的異體字。為四周設有欄杆迴廊的樓房。⓫郭勝　生平事跡不詳。⓬領其屯兵　指統管其所部之駐防軍卒。蹇碩為西園八校尉之上軍校尉，故有駐屯之兵。

【語　譯】中平六年，靈帝病重不起，遂將劉協託付給蹇碩。蹇碩接受了靈帝的遺詔，且平素又常輕視而疑忌於何進兄弟，靈帝去世時蹇碩正好留守在宮內，於是便想先殺掉何進再擁立劉協為帝。等到何進從外面入宮時，蹇碩的司馬潘隱因與何進早有舊情，便迎著何進走去並用眼色向他暗示。何進領悟其意而心中大驚，趕忙從近路急馳回營，率兵入屯百郡邸，然後就稱病而不再入宮。蹇碩的計謀沒有成功，皇子劉辯遂得以即位為帝，何太后則臨朝聽政，何進與太傅袁隗共同輔政，並總領尚書事。

2　何進一向就知道宦官被天下人所痛恨，又加上忿恨蹇碩暗中算計自己，在他執掌朝政後，便祕密謀劃要誅殺蹇碩。袁紹一直也有這個心思，便通過何進所親近的賓客張津勸何進說：「黃門、常侍這些宦官掌握大權已經有很長時間了，他們還與長樂宮董太后暗中串通以行私取利，將軍您應當重新選用忠正賢良之士，治理整頓天下，並為國家剷除禍患。」何進認為他的話很對。又因為袁氏數代以來一直為朝廷的貴寵大臣，素來為海內人士所歸心敬服，而且袁紹向來善於收攬士人，能得豪傑賢能為其出力，他的堂弟虎賁中郎將袁術也喜好仗義行俠，因此何進對於袁氏兄弟總是優禮厚待。之後何進又廣泛徵聘智謀之士如逢紀、何顒、荀攸等人，與他們親近信任如同腹心。

3　蹇碩則心中疑慮不能自安，他給中常侍趙忠等寫信說：「大將軍兄弟執掌大權專斷朝政，現在要與天下的黨人同謀誅殺先帝的左右親信，全都消滅我們這些人。只是因為我蹇碩主管禁兵，所以暫時還在猶豫不決。

現在我們應當關閉皇帝居住的殿閣，立即將他們抓起來殺掉。」中常侍郭勝與何進是同郡人，何太后與何進能得到尊貴寵幸，郭勝曾出了很大的力氣，以此郭勝親信於何氏。郭勝於是同趙忠等人商議，拒絕聽從蹇碩的計謀，並將他的書信交給何進看。何進於是命令黃門令逮捕蹇碩，將其殺掉，並且親自統領了蹇碩所部的屯兵。

袁紹復說進曰：「前竇武欲誅內寵而反為所害者，以其言語漏泄，而五營❶百官服畏中人故也。今將軍既有元舅❷之重，而兄弟並領勁兵，部曲❸將吏皆英俊名士，樂盡力命，事在掌握，此天贊之時❹也。將軍宜一為天下除患，名垂後世。雖周之申伯❺，何足道哉！今大行❻在前殿，將軍受詔領禁兵，不宜輕出入宮省。」進甚然之，乃稱疾不入陪喪，又不送山陵❼。遂與紹定籌策，而以其計白太后。太后不聽，曰：「中官統領禁省，自古及今，漢家故事，不可廢也。且先帝新棄天下，我柰何楚楚與士人對共事乎❽？」進難違太后意，且欲誅其放縱者。紹以為中官親近至尊，出入號令❾，今不悉廢，後必為患。而太后母舞陽君❿及苗數受諸宦官賂遺，知進欲誅之，數白太后，為其障蔽。又言：「大將軍專殺左右，擅權以弱社稷。」太后疑以為然。中官在省闥者或數十年，封侯貴寵，膠固內外。進新當重任，素敬憚之，雖外收大名而內不能斷，故事久不決。

紹等又為畫策⑪，多召四方猛將及諸豪傑，使並引兵向京城，以脅太后。進然之。主簿陳琳⑫入諫曰：「易稱『即鹿無虞⑬』，諺有『掩目捕雀』。夫微物尚不可欺以得志，況國之大事，其可以詐立乎？今將軍總皇威，握兵要，龍驤虎步⑭，高下在心，此猶鼓洪爐燎毛髮耳。夫違經合道⑮，天人所順，而反委釋利器，更徵外助。大兵聚會，彊者為雄，所謂倒持干戈，授人以柄⑯，功必不成，秖為亂階⑰。」進不聽。遂西召前將軍董卓屯關中上林苑⑱，又使府掾太山王匡東發其郡強弩⑲，并召東郡太守橋瑁屯城皋⑳，使武猛都尉丁原燒孟津㉑，火照城中，皆以誅宦官為言。太后猶不從。

【章　旨】以上為〈何進傳〉的第四部分。記載袁紹以竇武欲誅宦官而反為所害之事勸說何進抓緊時機盡誅閹宦，何進報告太后而太后不聽，何進雖外有大名而內不能斷，故使其事久拖不決。何進又聽從袁紹之計召集董卓等各路兵馬進圍京師以脅太后，為董卓之亂埋下了禍根。

【注　釋】❶五營　指五官中郎將、左中郎將、右中郎將、虎賁中郎將、羽林中郎將所統屬的宿衛侍從的五營將士。❷元舅　皇帝的舅父。❸部曲　指大將軍所統領軍隊的各級編制。據本書志二十五〈百官志〉：將軍之領軍皆有部曲。大將軍營分五部，部有校尉一人、軍司馬一人。部下有曲，曲有軍候一人。曲下有屯，設屯長一人。❹天贊之時　指得到上天保佑的時候。❺周之申伯　申伯，周申后之父，周宣王的母舅。〈詩・崧高〉：「維申及甫，維周之翰。」據此則申伯為周天子的輔翼之臣。❻大行　人主駕崩而未有謚號時，稱為大行。韋昭曰：「大行者，不返之辭也。」舊時臣下諱言皇帝之死，故以大行稱喻剛剛去世的皇帝。❼山陵　舊稱帝王的陵墓。《水經注・渭水》：「秦名天子塚曰山，漢曰陵，故通曰山陵矣。」❽柰何楚楚句我怎麼能衣冠楚楚穿著華麗地直接面對那些士人男子來共議朝政呢。楚楚，形象鮮明整潔的樣子。語本《詩・蜉蝣之羽，衣裳楚楚。」❾出入號令　指宦官出入宮廷內外，而宣達皇帝的詔令。❿舞陽君　指靈思何皇后的母親。光和三年，何貴人立為皇后，第二年，追號皇后之父何真為車騎將軍、舞陽宣德侯。因封皇后之母興為舞陽君。時靈帝已崩，故稱何后為太后。⓫畫策　籌策；謀劃。⓬主簿陳琳　主簿為典領文書，辦理事務之官，漢時中央及郡縣官署均置此官。陳琳，字孔璋，廣陵人。為建安七子之一。初，何進用為主簿；後避難冀州，袁紹使典文章。袁紹敗後，歸於曹操。以善為文章著名，與阮瑀並為曹操管記室。軍國書檄，多陳琳、阮瑀所作。⓭即鹿無虞　逐鹿而沒有虞人之助，則其雖入於林中而不可獲得。語見《易・屯卦》六三爻辭：「即鹿無虞，惟入於林中，君子幾不如舍，往吝。」虞，掌山澤之官。⓮龍驤虎步　形容神勇威武強健奮發的樣子。驤，昂首奮發。⓯違經合道　此謂雖違背常理，卻符合道義。⓰倒持干戈二句　反而把控制權交給別人掌握，使自己處於被動危險之地。⓱秖為亂階　只能成為導致禍亂的階梯。秖，「衹」的異體字。⓲關中上林苑　故址在今陝西西安西及周至、戶縣界。本為秦都咸陽時置，漢初荒廢，武帝時恢復。周圍至二百餘里，苑內放養禽獸供皇帝射獵，並建有宮觀、離館數十處。東漢時在京都洛陽附近又置上林苑，此則稱關中上林苑。⓳強弩　當為郡尉所領軍中的弓弩之士。⓴召東郡太守橋瑁屯城皐　東郡，屬兗州刺史部。治今河南濮陽南偏西。橋瑁，字元瑋，橋玄族子。曾任兗州刺史等職，後與袁紹等俱起兵討董卓，又以負眾怙亂，陵蔑同盟，忿妒同類而殞命。城皐，或作「城皋」。為河南尹屬縣。故址在今河南滎陽西北。㉑使武猛都尉丁原燒孟津　武猛都尉，李賢注：「武猛謂有武藝而勇猛者，取其嘉名，因以名官也。」孟津，漢時屬河內郡河陽縣。其地在今河南孟津東北、孟州西南。東漢時置關於此，與函谷、廣城、伊闕、大谷、轘轅、旋門、小平津稱為八關，共同拱衛京師洛陽。此時丁原火燒孟津其實是為驚恐太后而迫其下令誅殺宦官。據本書〈靈帝紀〉與〈董卓傳〉載，丁原曾任并州刺史，後為騎都尉，駐屯河內。靈帝崩，受何進召，將兵詣洛陽，任為執金吾。何進敗後，董卓誘使部將呂布殺之。如此，則丁原似未曾擔任武猛都尉一職。或騎都尉別稱為武猛都尉。

【語譯】袁紹又勸何進說：「先前竇武曾想誅殺宦官反而被宦官所殺害，就是因為他的言語洩漏於外，並且五營軍士及內外官員畏懼服從於宦官的緣故。現在將軍您既有國舅的威重身分，兄弟二人也都統領著精兵，屬下的部曲將吏都是英俊名士，願意為您盡命竭力，凡事盡在您的掌握之中，此時正是上天保佑的大好機會。將軍您應當一舉而為天下剷除禍害，從而使您名垂萬世。那樣一來，即使是周朝的申伯，又有什麼可以值得稱說的呢！現在大行皇帝的靈柩就停放在前殿，將軍您受詔統領禁兵，不應該輕易出入宮省以防發生事變。」何進認為他說的很對，遂謊稱有病而不入宮殿陪喪，也沒有護送靈帝的靈柩到陵墓下葬。接著何進又與袁紹商議密謀，然後把他們的計策稟告於太后。太后不能聽從他們的計策，說：「宦官統領禁省之事，從古至今都是如此，而且也是漢家的舊例，當然不能廢棄不用。況且先帝剛剛棄離天下而去，我怎麼能衣冠楚楚地與士人直面相對共議朝政呢？」何進難於違抗太后的意願，便想僅僅殺掉那些恣肆放縱的宦官。袁紹認為宦官能親近取信於皇帝，隨時可以出入宮禁而宣達詔令，現在如果不將其全部廢黜，以後一定會產生禍害。太后的母親舞陽君及何苗屢次收受宦官們賄賂的財物，他們知道何進想要誅殺宦官後，三番五次地進言於太后，為宦官庇護遮掩。又揚言：「大將軍自作主張誅殺左右之臣，是要獨攬大權以削弱皇權。」太后由此也懷疑事情確實如此。另外，宦官在宮省中有的已長達數十年之久，他們被封侯貴寵，因此頗有權勢，蔓延膠固於朝廷內外。何進剛剛承當大將軍的重任，向來又敬憚宦官，雖然在外傳揚的名聲很大，而其實並不能明審決斷，因此其事遂久拖不決。

袁紹等人又為何進籌策謀劃，讓他廣為召集四方猛將及各地豪傑，命令他們統率軍隊一併向京師開進，以此脅迫太后。何進以為這個辦法很好，主簿陳琳則勸諫何進說：「《易》中說『捕捉麋鹿而沒有虞人之助就不能有所收穫』，諺語也有『蒙著眼睛捕雀必定空無所得』的話。平常小事尚且不能靠虛妄欺騙而得逞，何況是國家大事，怎麼可以用欺詐的手段來辦好呢？現在將軍您執掌朝政而握持兵權，如龍驤虎步一般神勇威武而為所欲為，誅除宦官就如同鼓動爐火去燒焦毛髮一樣輕而易舉。違背庸常之理而合於道義，上天和萬眾都會順應服從；現在反而要捨棄自己所有的兵權威勢，另外徵求外郡將士的援助。四方的軍隊聚集到京都，那兵力強盛的就要稱雄稱霸，這正是所謂倒持著兵戈，把權柄交給別人。這樣一來事情必定無法成功，反而只能成為導致禍亂的階梯。」何進不聽。於是從西邊召引前將軍董卓率軍屯駐關中上林苑中，又命令府掾泰山郡人王匡從關東調發郡中的強弩之士，並召引東郡太守橋瑁率兵屯駐城皋，派武猛都尉丁原縱火燒毀孟津。火光映照到洛陽城中，眾人又皆以誅殺宦官為辭勸說太后，而太后仍然堅持不從。

苗謂進曰：「始共從南陽來，俱以貧賤，依省內❶以致貴富。國家之事，亦何容易！覆水不可收。宜深思之，且與省內和也。」進意更狐疑。紹懼進變計，乃脅之曰：「交搆❷已成，形埶已露，事留變生，將軍復欲何待，而不早決之乎？」進於是以紹為司隸校尉，假節❸，專命擊斷；從事中郎王允❹為河南尹。紹使洛陽方略武吏司察宦者❺，而促董卓等使馳驛上❻，欲進兵平樂觀。太后乃恐，悉罷中常侍小黃門，使還里舍❼，唯留進素所私人，以守省中。諸常侍小黃門皆詣進謝罪，唯所措置。進謂曰：「天下匈匈，正患諸君耳。今董卓垂至，諸君何不早各就國❽？」袁紹勸進便於此決之，至于再三。進不許。紹又為書告諸州郡，詐宣進意，使捕案中官親屬❾。

進謀積日，頗泄，中官懼而思變。張讓❿子婦，太后之妹也。讓向子婦叩頭曰：「老臣得罪，當與新婦俱歸私門。惟受恩累世，今當遠離宮殿，情懷戀戀，願復一入直⓫，得暫奉望太后、陛下顏色⓬，然後退就溝壑，死不恨矣。」子婦言於舞陽君，入白太后，乃詔諸常侍皆復入直。

【章　旨】以上為〈何進傳〉的第五部分。記載何進之弟何苗勸其與宦官和好而何進狐疑不決，袁紹又威脅何進早做決斷誅除宦官，且使董卓以進兵平樂觀相逼，太后不得已而悉罷宦官使歸里舍。而此後不久，太后又詔令宦官皆復入直宮省。

【注　釋】❶省內　此指省禁之內的宦官。❷交搆　指與宦官的交惡構怨。搆，「構」的異體字。❸假節　即授予大臣符節，使具有誅殺違犯軍令者的權力。假，給與；授予。節，符節。❹從事中郎王允　從事中郎為大將軍屬官，掌參與謀議軍事，秩六百石。王允，字子師，太原郡祁縣（今山西祁縣）人。初為郡吏，曾捕殺宦官黨羽。後以揭發中常侍張讓奸事，被其中傷下獄。被解釋後，乃避身河內、陳留間。何進欲誅宦官，召與謀事，遂任為河南尹。獻帝初平元年，任為司徒。後與呂布密謀，遂誅殺董卓。不久又被董卓部將殺死。事詳本書卷六十六。❺方略武吏司察宦者　指揮布置武勇之吏伺察偵探宦官的動靜行蹤。方略，指揮；布置。司，同「伺」。伺察，偵察；窺探。❻使馳驛上　催促董卓等讓他們沿驛道急馳入京。馳驛，古代沿驛道設有驛站，凡官員急召入京或奉差外出，由驛站供給馬匹、糧草等物，兼程而進，中途不停歇耽擱的叫馳驛。❼里舍　指宮省之外宦者的居處之所。舍，第舍；居所。❽就國　指侯、王等有封國者離開京城，回到其封國中居住生活。❾中官親屬　泛指宦官的內外親戚。❿張讓　潁川人，桓帝時為小黃門，靈帝時遷中常侍，封列侯。雖貴寵貪殘，而暗中多與張角等有勾通。後為避禍保身而益專橫，靈帝崩，張讓與趙忠等共殺何進。後被袁紹軍追逼，投河而死。事詳本書卷七十八。⓫入直　指官吏進入宮禁中值班供職。直，同「值」。⓬顏色　指顏面容貌。

【語　譯】何苗對何進說：「最初我們從南陽來的時候，都是貧賤之人，依靠著宮省宦官的提攜才有了今日的富貴。國家的政治大事，哪有那麼容易辦成的！潑出去的水就不能再收回來，還是認真仔細的考慮此事，趕快與省內的宦官和好吧。」何進聽後更加狐疑不定。袁紹恐怕何進改變主意，便威脅他說：「與宦官的交構結仇已成事實，形勢已經完全顯露，事情再這樣拖延下去就會生變，將軍您還要等待什麼而不早作決斷呢？」於是，何進便以袁紹為司隸校尉，授予他符節，允許他遇事專命獨斷，先斬後奏；任命從事中郎王允為河南尹。袁紹命令洛陽安排布置勇武之吏偵探伺察宦官的行蹤，又催促董卓等人讓他們快馬馳行急速進京，準備進兵平樂觀。太后這才恐慌害怕，將中常侍、小黃門等宦官全部罷免其職，讓他們出宮回到自己的第舍居住，只留下何進平常親近的宦官來守衛禁內。那些常侍、黃門等宦官都向何進認錯謝罪，聽憑何進處置。何進對他們說：「天下煩亂擾攘，眾口洶洶，正是因為憂慮你們這些人。現在董卓馬上就要到京，你們為什麼還不及早歸就各自的封國呢？」袁紹勸說何進就趁此時立即誅殺宦官，至於再三請求而何進堅持不許。袁紹又作書信告示各個州郡，假宣何進的旨意，命令他們逮捕懲治宦官的親屬。

何進已經謀劃了很多時日，事情遂頗有洩漏，宦官日益畏懼而想要發動叛變。張讓的兒媳，是何太后的妹妹。張讓向兒媳叩頭說：「老臣我身犯罪過，應當與新媳婦一同返歸自己家中。只是我想累世蒙受朝廷的恩惠，現在要遠離宮廷而去，心中很有些戀戀不捨；願意再進宮當值一次，使我能夠再看一眼太后和陛下的容顏，然後退身出宮而歸就於鄉野溝壑，老死我也沒有遺憾了。」張讓的兒媳將這些話告訴給舞陽君，舞陽君又進宮稟報給太后，太后於是又詔命那些常侍宦官全都入宮當值。

1 八月，進入長樂白太后，請盡誅諸常侍以下，選三署郎❶入守宦官廬❷。諸宦官相謂曰：「大將軍稱疾不臨喪，不送葬，今欻❸入省，此意何為？竇氏事竟復起邪❹？」又張讓等使人潛聽，具聞❺其語，乃率常侍段珪❻、畢嵐❼等數十人，持兵竊自側闥入，伏省中。及進出，因詐以太后詔召進。入坐省闥，讓等詰進曰：「天下憒憒❽，亦非獨我曹罪也。先帝嘗與太后不快，幾至成敗❾，我曹涕泣救解，各出家財千萬為禮，和悅上意，但欲託卿門戶耳。今乃欲滅我曹種族❿，不亦太甚乎？卿言省內穢濁，公卿以下忠清者為誰？」於是尚方監渠穆拔劍斬進於嘉德殿前⓫。讓、珪等為詔，以故太尉樊陵⓬為司隸校尉，少府許相⓭為河南尹。尚書得詔板，疑之，曰：「請大將軍出共議。」中黃門以進頭擲與尚書，曰：「何進謀反，已伏誅矣。」

2 進部曲將吳匡、張璋⑭，素所親幸，在外聞進被害，欲將兵入宮，宮閤閉。袁術與匡共斫攻之，中黃門持兵守閤。會日暮，術因燒南宮九龍門及東西宮，欲以脅出讓等。讓等入白太后，言大將軍兵反，燒宮，攻尚書闥，因將太后、天子及陳留王⑮，又劫省內官屬，從複道走北宮⑯。尚書盧植⑰執戈於閣道窗下，仰數段珪。段珪等懼，乃釋太后。太后投閣得免⑱。

3 袁紹與叔父隗矯詔召樊陵、許相，斬之。苗、紹乃引兵屯朱雀闕下，捕得趙忠等，斬之。吳匡等素怨苗不與進同心，而又疑其與宦官同謀，乃令軍中曰：「殺大將軍者即車騎⑲也，士吏能為報讎乎？」進素有仁恩，士卒皆流涕曰：「願致死！」匡遂引兵與董卓弟奉車都尉旻⑳攻殺苗，棄其屍於苑中。紹遂閉北宮門，勒兵捕宦者，無少長皆殺之。或有無須而誤死者，至自發露㉑然後得免。死者二千餘人。紹因進兵排宮㉒，或上端門㉓屋，以攻省內。

4 張讓、段珪等困迫，遂將帝與陳留王數十人步出穀門㉔，奔小平津㉕。公卿並出平樂觀，無得從者，唯尚書盧植夜馳河上，王允遣河南中部掾閔貢㉖隨植後。貢至，手劍斬數人，餘皆投河而死。明日，公卿百官乃奉迎天子還宮，以貢為郎中，封都亭侯。董卓遂廢帝，又迫殺太后，殺舞陽君，何氏遂亡㉗，而漢室亦自此敗亂。

【章　旨】以上為〈何進傳〉的第六部分。記載宦官張讓等先發制人而斬殺何進。何進部將袁術等共燒宮省，欲脅迫張讓等出宮而殺之，張讓等遂挾持天子及省內官屬逃走北宮中。後困迫無奈，又出城逃奔小平津。王允使人追殺宦官而奉迎天子還宮。而隨後董卓專權，廢黜少帝，迫殺太后，何氏遂亡。

【注　釋】❶三署郎　指太尉、司徒、司空三府中的郎吏。❷廬　值宿官員於宮省中所居處的屋室。❸欻　忽然。❹竇氏事竟復起邪　像竇武那樣於皇帝死後擁立新帝而專權跋扈、謀誅宦官之事，難道又要再次發生嗎。❺具聞　全都聞聽。具，通「俱」。完全；全都。❻段珪　濟陰人，原為小黃門，與宦官侯覽為同鄉。靈帝時為中常侍，封侯貴寵。靈帝崩，段珪與張讓共謀，遂誅殺大將軍何進。又劫持天子及陳留王等出宮逃奔小平津，後王允遣兵追殺之。❼畢嵐　靈帝時亦為中常侍，封侯貴寵。曾任掖庭令之職，後從張讓等誅何進而被袁紹勒兵誅殺。❽憒憒　昏亂；混亂。《說文》：「憒憒，亂也。」❾先帝嘗與太后不快二句　這是說何皇后生皇子劉辯，其後王貴人又生皇子劉協，何皇后遂心懷怨恨而酖殺王貴人。靈帝大怒，欲廢棄何皇后，諸宦官固請而得止。其後靈帝以劉辯輕佻無威儀，不欲立為太子。❿種族　此指宗親後嗣。⓫於是尚方監句　尚方監，為少府屬官，掌宮廷中手工製作御刀劍及各種玩好器物，由宦者擔任其職。渠穆，生平事跡不詳。⓬樊陵　字德雲，南陽湖陽（今河南唐河縣）人。求為李膺門生，李膺不收。後以輸貨財並依附宦官升至太尉，此時又被宦官任為司隸校尉，不久即被袁紹斬殺。⓭許相　字公弼，汝南平輿（今河南平輿）人。曾任司空、司徒、少府等官，此時被宦官任為河南尹，不久即被袁紹斬殺。⓮吳匡張璋　生平事跡不詳。⓯陳留王　即靈帝子劉協。皇子辯即位後封為陳留王。⓰從複道走北宮　通過複道逃走至北宮中。複道，即閣道。清王先謙《後漢書集解》引惠棟：「案：東京有南北宮，相去七里，中央作大屋複道三道行。天子從中道，從官夾左右，十步一衛。」⓱盧植　字子幹，涿郡涿縣人。為海內大儒，人望所歸。少與鄭玄俱事馬融，學通古今，好精研而不守章句。性剛毅有大節，常懷濟世之志。後徵為博士，熹平四年，拜為九江太守。又徵拜議郎，轉為侍中，遷尚書。畏懼董卓之禍，以老病求歸。初平三年卒。事詳本書卷六十四。⓲投閣得免　投身於宮閣之中而得免於戰亂之禍。⓳車騎 即車騎將軍。何苗時任其職，因以此稱呼之。⓴奉車都尉旻 奉車都尉，掌御乘輿車。無員數，秩比二千石。董旻，字叔穎，為董卓之弟。董卓擁立陳留王劉協為獻帝後，自為相國，入朝不趨，劍履上殿。又以其弟董旻為左將軍，封鄠侯。董卓敗後，董旻被皇甫嵩攻殺身死。㉑發露 指解衣脫褲顯露其男性生殖器以區別於閹宦。㉒排宮 逐一排查清除宮舍以搜捕宦官。㉓端門 宮殿的正門。㉔穀門 洛陽城的北面當中之門名穀門。㉕小平津 為東漢都城洛陽周圍八關之一。今河南鞏義西北。㉖河南中部掾閔貢 河南中部掾，為河南尹所屬的掌管中部地區諸縣事務的掾史之官。閔貢，生平事跡不詳。據《獻帝春秋》：河南中部掾見天子出，率騎追之，比曉到河上。天子饑渴，閔貢宰羊進之。厲聲責張讓等，讓等惶怖，叉手再拜叩頭，向天子辭曰：「臣等死，陛下自愛。」遂投河而死。㉗董卓遂廢帝四句 董卓以并州牧擁兵入洛陽，殺執金吾丁原，免司空劉弘而自為司空，遂脅迫太后廢少帝為弘農王，另立陳留王劉協為帝。之後，又議太后幽死董皇后事而弒於永安宮，並殺死太后母舞陽君。

【語 譯】八月，何進到長樂宮稟告太后，請求全部誅殺那些常侍以下的宦官，另選太尉、司徒、司空三府的郎吏入守宦官的廬室當值。眾多宦官相互傳言說：「大將軍稱病不臨先帝之喪，也不為先帝送葬，現在卻忽然進入內省，這是想要幹什麼？難道當年竇氏專權濫殺之事竟然還要重演嗎？」另外張讓等派人偷聽，何進所說的話全都被他們知道了。於是張讓率領常侍段珪、畢嵐等數十人，挾持兵器偷偷從側門進入內省埋伏起來。等到何進出來，張讓等人遂假稱太后詔令傳召何進入省。宦官們入坐禁門之中，張讓等人斥責何進說：「天下昏亂，也不都是我們這些人的罪過。先帝在世時曾經與太后不相和睦，太后幾乎要被廢黜，是我們哭訴解救，又各自拿出自家錢財千萬為禮物，以和悅先帝的心意。我們就是想依託你們何家的門戶啊！現在你竟然想誅滅我們的宗族親屬，這不也太過分了嗎？你說省禁內官貪穢汙濁，那麼公卿以下的百官又有哪個忠正清廉呢？」接著尚方監渠穆拔出刀劍將何進斬殺於嘉德殿前。張讓、段珪等人於是偽造詔書，任命故太尉樊陵為司隸校尉，故少府許相為河南尹。尚書們接到詔書，十分懷疑，便說：「請大將軍出宮共同商議此事。」中黃門將何進的人頭扔給尚書，說：「何進謀反，已經被誅殺了。」

2 何進的部曲將吳匡、張璋素來為何進所親幸信任，在外面聽說何進被害，便想要率兵入宮，而宮門已經緊閉。袁術與吳匡遂一同砍門進攻，中黃門則手持兵器守衛宮門。正好這時天色已晚，袁術便縱火焚燒南宮的九龍門及東、西宮，想以此逼迫張讓等人出宮。張讓等人入內稟告太后，聲稱大將軍的兵士造反，火燒南宮，又攻打尚書省門。於是便擁衛著太后、天子及陳留王，又劫持了省禁內的官屬，從複道內逃奔北宮。尚書盧植持戈站在閣道窗下，仰頭數說斥責段珪之罪。段珪等人害怕，這才釋放了太后，太后返回到宮閣內藏身才得以免禍。

3 袁紹與叔父袁隗假稱詔令傳召樊陵、許相，遂將二人斬殺。何苗、袁紹又率兵屯駐於朱雀闕下，抓捕到趙忠等人並將其誅殺。吳匡等人素來就怨恨何苗不與何進同心共事，又懷疑他與宦官同謀，便號令軍士說：「殺害大將軍的人就是車騎將軍何苗，吏士們能為他報仇嗎？」何進部下素來懷有仁義之恩，士卒都流淚痛哭說：「願意為大將軍戰死！」吳匡便率領所部與董卓之弟奉車都尉董旻合力進攻，遂殺死了何苗，而將其屍體丟棄在苑囿之中。袁紹接著關閉了北宮門，指揮士兵搜捕宦官，不分年齡大小全部殺掉。有的人就因為沒有鬍鬚而被誤殺身死，有的人甚至於自己脫衣解褲顯露陰部才免於被殺。當時宦官死者有二千餘人。袁紹又進兵排查清除宮省，有的軍士甚至登上端門的屋室，以進攻省內。

4 張讓、段珪等人困迫無奈，便擁衛著少帝和陳留王等數十人步行出穀門，往小平津逃奔。公卿百官都是從平樂觀逃出的，因而沒有誰能夠隨從皇帝。只有尚書盧植連夜急馳到黃河邊上，王允則派河南中部掾閔貢跟隨在盧植的後面。閔貢追上以後，持劍斬殺了幾個宦官，餘下的全都投河而死。第二天，公卿百官才趕來奉迎天子回宮。遂任命閔貢為郎中，封為都亭侯。

5 董卓接著就廢掉了少帝劉辯，逼殺了皇太后，又殺死了舞陽君，何氏於是被滿門誅滅，而漢室自此也陷於衰亡敗亂。

論曰：竇武、何進藉元舅之資，據輔政之權，內倚太后臨朝之威，外迎群英乘風之埶❶，卒而事敗閹豎，身死功穨，為世所悲，豈智不足而權有餘乎❷？傳曰：「天之廢商久矣，君將興之❸。」斯宋襄公所以敗於泓也。

贊曰：武生蛇祥，進自屠羊❹。惟女惟弟，來儀紫房❺。上惛下嬖，人靈動怨❻。將糾邪慝，以合人願。道之屈矣，代離凶困❼。

【章　旨】以上載史家評論之語，認為竇武、何進據權威，乘風勢，最終卻身死功潰而事敗閹宦，完全是由於漢室已被上天所廢棄的緣故。

【注　釋】❶外迎群英乘風之埶　指在朝廷之外迎取並利用各地英才名士，廣泛動員各種社會力量所形成的旺盛氣勢。❷豈智不足而權有餘乎　這是說其智力並非不足，權勢亦綽綽有餘，然而最終卻身死功敗，則完全是天意。❸天之廢商久矣二句　此以天之棄商而使宋國敗亡，喻指竇武、何進之敗亦乃天意。據《左傳》載：僖公二十二年，夏，宋公伐鄭。八月，楚人伐宋以救鄭。宋公將戰，大司馬固諫曰：「天之棄商久矣，君將興之，弗可赦也已。」弗聽。而戰爭的結果是宋師敗績，宋公傷股。❹武生蛇祥二句　這是說竇武出生時即有蛇與之並生的徵兆，而何進則生自屠羊之家。❺來儀紫房　指竇武的長女，何進的妹妹先後被選入宮，成為皇后。紫房，亦稱「紫宮」，即皇宮。古代以紫微星垣比喻皇帝所居宮廷，因稱皇宮為「紫宮」。❻人靈動怨　這是說由於當時的天子昏憒而臣下邪辟，下至萬民上自天神皆生怨憤之情。❼道之屈矣二句　意思是說漢室的統治，即治國牧民之道已經屈竭至於盡頭，所以竇武、何進兩人先後都遭受了凶困之險。

【語　譯】史家評論說：竇武、何進憑藉著皇帝長舅的身分，掌握控制著輔理朝政的大權，在內依恃太后臨朝聽政的尊顯貴重之威，於外迎合眾多賢良英俊的歸附之勢，最終卻敗亡於宦官閹豎，身死功滅而為世人所悲憫，難道是因為才智不足或權力有餘嗎？《左傳》中說：「上天廢棄商朝已經很久了，你卻要使它興盛。」這就是宋襄公所以敗軍於泓的緣故啊。

史官評議說：竇武生下時即有小蛇並出的徵兆，何進則出自屠羊之家。但竇武的長女與何進的妹妹，則入居於宮禁紫房之中。當時主上昏憒而臣下邪辟，民人天神同生怨恨。他們想要剔除朝中的奸佞，以順從人心民意。只因漢室的運數已盡，遂使他們遭受了凶困之禍。

【研　析】本卷所載竇武、何進二人雖同為外戚貴臣，總皇威，握兵要，龍驤虎步，高下在心；又同欲謀誅閹豎而反被宦官殺害，然其中亦有區別。竇武為東漢名臣安豐戴侯竇融玄孫，其父竇奉亦曾任定襄太守，可謂出身官宦之家。竇武少時即以經行著稱，且以教授生徒名顯關西。其平素清身疾惡，禮賂不通，仁惠節儉，尊賢重士，頗有儒者之風。且其痛恨宦官而必欲除之，完全是因為宦官「續為禍虐，欺罔陛下，競行譎詐，自造制度，妄爵非人」，是要「案其無狀誣罔之罪」。又查看竇武行事，不但多得天下名士出謀劃策，且自己亦有主見，只是未能說服太后決斷，而處事亦欠周密，故功虧一簣而事敗垂成。而何進則以貧賤之身從南陽來京，又依賴省內宦官援助以致富貴。再看何進的行事亦遠不及竇武。其陰謀誅除宦官，是因為看到宦官為天下所憎恨，且內心忿恨宦官蹇碩暗中圖己。再看何進的行事亦遠不及竇武，其本人素來即心無主見，雖外收大名而內不能斷。及太后母舞陽君與其弟何苗為宦官障蔽，太后遲疑不決時，袁紹為其劃策，「多召四方猛將及諸豪傑，使並引兵向京城，以脅太后」。主簿陳琳嚴正指出，此法即「所謂倒持干戈，授人以柄，功必不成，秖為亂階」，何進卻充耳不聽。其處事猶豫不決而胸無大計，如何不敗？

另外，范曄在論及漢室之敗時，以為「西漢自外戚失祚，東都緣閹尹傾國」。其實，這只是說對了一半。誠然，東漢閹宦的擅權專政達到了前所未有的程度。自明帝以後，不但其員數增多，委任加重，且從永巷掖庭中走出，兼領朝廷卿署之職，甚至苴茅分虎，拜爵封侯。他們一個個「手握王爵，口含天憲」，「舉動回山海，呼吸變霜露。阿旨曲求，則光寵三族；直情忤意，則參夷五宗」。連位崇戚近的竇武、何進，雖「乘九服之囂怨，協群英之勢力」，亦被其誅滅。正是由於閹宦所行的敗國蠹政之事，才使得「海內嗟毒，志士窮棲，寇劇緣間，搖亂區夏」。但是，再往深層追問一句，就會發現造成這種局面的根源，同外戚間的爭權奪勢與輔立幼主有著密切的關係。東漢自和帝以幼弱即祚始，後乃相沿成習。外戚為要掌控政權，先後把幾個小孩子擁立為帝，大的十來歲，小的甚至在襁褓之中。而隨著年齡的增長，他們當然不甘心於只作玩偶，必然要奪回權力當一回真正的天子。而「內外臣僚，莫由親接，所與居者，唯閹宦而已」。他們要想實現自己的願望，只能依靠這些宦官。而當他們的願望實現以後，就必然要封賞有功的宦官。因此，宦官乘機專奪政權也就成為當然之事。其禍國殃民以至於亂政傾國，也就在必然之中。因此說，東漢的傾國喪家，不僅是緣於閹豎的敗國蠹政，而且還緣於外戚的行私專權。（辛戰軍注譯）

卷七十

鄭孔荀列傳第六十

【題解】本卷為鄭泰、孔融、荀彧三人的合傳，三人並通明有才略，又都身處東漢末年動亂之時，且忠心扶助漢室，然而卻未能得其善終，故並列同卷之中。鄭泰在董卓逼問下詭詞應對，以近千言從十個方面論述勿須大發士卒討伐山東之事，其思路之縝密，權變之機敏，令人稱奇。孔融幼有異才，長而仁孝，秉忠正之節，行儒教之事，素有重名顯揚於天下。傳中所載其諫阻朝廷為馬日磾加禮、不宜恢復古代肉刑、宜諱言隱忍劉表僭偽之行等數事，足見其正身明禮以維護皇權之本意。正因為此，其對曹操挾制天子竊奪威權多有微詞而侮慢不敬，最終以嫌忌積深而被加罪重誅。荀彧最善計謀而有王佐之才，曹操所行軍國大事往往與其相商。傳中所述曹操於官渡之戰大敗袁紹，進而平定冀、青、幽、并等河北廣大之地，其深謀遠慮起著最為重要的作用。然荀彧之本志在於匡振漢室而並非助曹代漢，則其終為曹操所害，亦為事之必然。

1　鄭太❶，字公業，河南開封❷人，司農眾❸之曾孫也。少有才略❹。靈帝末，知天下將亂，陰交結豪桀。家富於財，有田四百頃，而食常不足，名聞山東❺。

2 初舉孝廉，三府辟，公車徵，皆不就。及大將軍何進輔政，徵用名士，以公業為尚書侍郎❻，遷侍御史。進將誅閹官，欲召并州牧❼董卓為助。公業謂進曰：「董卓彊忍寡義❽，志欲無猒。若借之朝政，授以大事，將恣凶慾❾，必危朝廷。明公以親德之重❿，據阿衡之權⓫，秉意獨斷，誅除有罪，誠不宜假卓以為資援也。且事留變生，殷鑒不遠⓬。」又為陳時務之所急數事。進不能用，乃棄官去。謂潁川人荀攸曰：「何公未易輔也。」

3 進尋見害，卓果作亂。公業等與侍中伍瓊⓭、卓長史何顒共說卓，以袁紹為勃海太守，以發山東之謀⓮。及義兵起，卓乃會公卿議，大發卒討之，群僚莫敢忤旨。公業恐其眾多益橫，凶彊難制，獨曰：「夫政在德，不在眾也。」卓不悅，曰：「如卿此言，兵為無用邪？」公業懼，乃詭詞⓯更對曰：「非謂無用，以為山東不足加大兵耳。如有不信，試為明公⓰略陳其要。今山東合謀，州郡連結，人庶相動，非不強盛。然光武以來，中國無警，百姓優逸，忘戰日久。仲尼有言：『不教人戰，是謂棄之。』⓱其眾雖多，不能為害，一也。明公出自西州⓲，少為國將，閑習軍事⓳，數踐戰場，名振當世，人懷懾服⓴，二也。袁本初㉑公卿子弟，生處京師。張孟卓㉒東平長者，坐不闚堂㉓。孔公緒㉔清談高論，噓枯吹生㉕。

並無軍旅之才，執銳之幹，臨鋒決敵，非公之儔，三也。山東之士，素乏精悍㉖。未有孟賁之勇，慶忌之捷，聊城之守，良、平之謀㉗，可任以偏師㉘，責以成功，四也。就有其人，而尊卑無序，王爵不加㉙，若恃眾怙力㉚，將各棊峙㉛，以觀成敗，不肯同心共膽，與齊進退，五也。關西諸郡，頗習兵事，自頃以來㉜，數與羌戰，婦女猶戴戟操矛，挾弓負矢，況其壯勇之士，以當妄戰之人乎！其勝可必，六也。且天下彊勇，百姓所畏者，有并、涼之人，及匈奴屠各、湟中義從、西羌八種㉝，而明公擁之，以為爪牙，譬驅虎兕㉞以赴犬羊，七也。又明公將帥，皆中表腹心，周旋㉟日久，恩信淳著，忠誠可任，智謀可恃。以膠固之眾，當解合之埶㊱，猶以烈風埽彼枯葉，八也。夫戰有三亡，以亂攻理者亡，以邪攻正者亡，以逆攻順者亡。今明公秉國平正，討滅宦豎，忠義克立。以此三德，待彼三亡，奉辭伐罪㊲，誰敢禦之！九也。東州鄭玄學該古今，北海邴原清高直亮㊳，皆儒生所仰，群士楷式。彼諸將若詢其計畫，足知彊弱。且燕、趙、齊、梁非不盛也，終滅於秦；吳、楚七國非不眾也，卒敗滎陽㊴。況今德政赫赫，股肱惟良，彼豈讚成其謀，造亂長寇哉？其不然，十也。若其所陳少有可採，無事徵兵以驚天下，使患役之民相聚為非，棄德恃眾，自虧威重。」卓乃悅，以公業為將軍，使統諸軍討擊關東。或說卓曰：「鄭公業智略過人，而結謀外寇，今資之士馬，就其黨與[40]，竊為明公懼之。」卓乃收還其兵，留拜議郎。

4 卓既遷都長安，天下飢亂，士大夫多不得其命[41]。而公業家有餘資，日引賓客高會倡樂[42]，所贍救者甚眾。乃與何顒、荀攸共謀殺卓。事洩，顒等被執，公業脫身自武關[43]走，東歸袁術。術上以為揚州刺史[44]。未至官，道卒，年四十一。

【章　旨】以上為〈鄭泰傳〉。通過其勸阻何進切勿召用董卓入京，及其為何進陳述時務之所急數事，表現鄭泰的富有才略與志存王室。又通過其明知董卓的強忍寡義與志欲無厭，以及被董卓逼問時詭詞更對並取得董卓信任，表現鄭泰的有膽有識與智略過人。

【注　釋】❶鄭太　太，本作「泰」。以范曄生父名「泰」，避其父之名諱而改作「太」。❷河南開封　河南尹開封縣。治今河南開封西南。❸司農眾　司農，即大司農。掌管租稅錢穀金帛鹽鐵和國家的財政收支等，為九卿之一。鄭眾，字仲師，河南開封人。隨父鄭興受《左氏春秋》，兼通《易》、《詩》，知名於世。明帝永平初年，辟司空府，又以明經給事中，後拜為中郎將，使護西域。遷武威太守，又遷左馮翊。章帝建初六年，代鄧彪為大司農。事詳本書卷三十六。❹才略　指軍事或政治方面的才幹和謀略。❺山東　此蓋指太行山以東的地區。戰國、秦、漢時，一般稱崤山或華山以東為山東，與關東含義略同。❻尚書侍郎　據本書〈百官志〉，東漢時尚書凡六曹，掌錄文書期會等政務；侍郎三十六人，每曹六人，主作文書起草。❼并州牧　并州的最高軍政長官。西漢武帝時，分全國為十三部，部置刺史一人，按詔書六條督責檢查地方豪強和郡縣之官。西漢後期，刺史改稱州牧。東漢時，復稱刺史。靈帝中平五年，為平定農民暴動，再次改稱為州牧，權力增大，掌管一州的軍政大權。并州轄上黨、太原、上郡、西河、五原、雲中、定襄、雁門、朔方九郡。❽彊忍寡義　兇暴強橫而殘忍狠毒，缺少仁義之心。彊，「強」的異體字。❾凶慾　兇殘的志欲。慾，「欲」的異體字。❿親德之重　指何進的妹妹立為皇后，而何進位至大將軍，因此何進有外戚之親而居於貴重之位。⑪據阿衡之權　擁有阿衡那樣的輔佐帝王的大權。阿衡，即伊尹，名摯。為商初大臣，因輔佐商湯討伐夏桀而受命立國，被尊為阿衡。湯死後，其孫太甲繼位為商王，然縱欲無道，伊尹遂放之於桐。三年後太甲悔過從善，伊尹又迎歸而復為商王。《詩·長發》：「實維阿衡，實左右商王。」⑫事留變生二句　指事情稽留遲延而不能決斷，時久則有變故發生；像歷史上出現的許多事情一樣，往往容易導致敗亡。殷鑒，泛指後世可以鑑戒的往事。《詩·蕩》：「殷鑒不遠，在夏后之世。」意為殷的子孫後代應以夏的滅亡作為鑑戒，後泛稱可以借鑑的史事。⑬伍瓊　字德瑜，汝南郡人。曾任侍中，雖為董卓所任用而實為討伐董卓的內應，後以違忤董卓志意而被殺。⑭發山東之謀　指發動實施當初在山東時密謀的討伐董卓叛逆朝廷的計劃。⑮詭詞　詐偽之言。此指為搪塞應付董卓所說的假話。⑯明公　古代對有官位有名望的士人的尊稱。⑰仲尼有言三句　孔子認為：用未經訓練過的民眾去作戰，就等於拋棄他們。這裡是說山東反抗董卓的人眾沒有戰鬥力。孔子之言原作：「以不教民戰，是謂棄之。」見《論語·子路》。⑱出自西州　董卓本為涼州豪強，涼州在中原之西，漢晉時稱為西州。⑲閑習軍事　指精通熟知於戰陣用兵之道。閑，通「嫻」。熟悉；精通。⑳慴服　亦作「慴伏」。因心懷畏懼而屈服於人。㉑袁本初　即袁紹。紹，字本初，汝南郡汝陽縣人。為公卿子弟，以生長於京都而養尊處優，逸樂安閒，未能經歷戰陣磨練，故志大才疏，不能成事。事詳本書卷七十四。㉒張孟卓　即張邈。邈，字孟卓，東平國人。少以俠聞。初辟公府，稍遷為陳留太守。董卓之亂時，與曹操共舉義兵，後與曹操有隙而敗亡。㉓坐不闚堂　謂正襟危坐而目不妄視。此言有儒者之風而非軍旅之才。㉔孔公緒　即孔伷。伷，字公緒，陳留郡人。以符融舉薦而用為上計吏，董卓入京後任為豫州刺史。初平元年，興舉義兵討伐董卓。㉕噓枯吹生　枯者噓之使其生，生者吹之使其枯。指評說他人時任情隨意而妄自抑揚。㉖精悍　指精明機智、勇武強悍之將。㉗孟賁之勇四句　孟賁，戰國時勇士。《孟子·公孫丑》正義引《帝王世紀》：「秦武王好多力之士，齊孟賁之徒並歸焉。孟賁生拔牛角，是謂之勇士也。」又《說苑》：「孟賁水行不避鮫龍，陸行不避虎狼，發怒吐氣，聲響動天。」聊城之守，李賢注：「史記，燕將攻下聊城，因保守之，齊將田單攻之，歲餘不能下。」張良、陳平，並為高祖劉邦的謀士。張良字子房，劉邦曾說：「運籌策帷幄之中，決勝千里之外，子房之功也。」又曾對陳平說：「吾用先生謀計，戰勝剋敵。」㉘偏師　指軍隊的非主力部隊。㉙尊卑無序二句　指山東諸侯雖起兵討伐董卓，而天子在董卓挾持之下，不對山東諸將封授官爵，故此尊卑無序而不能同心共力。王爵，指朝廷的爵命。㉚恃眾怙力　依仗著人數眾多力量強盛。怙，依靠；憑藉。㉛棊峙　若棋子一樣各自獨立而不相統一。棊，「棋」的異體字。㉜自頃以來　自不久之前至於今日。頃，頃刻；不久。㉝匈奴屠各句　匈奴屠各，指匈奴中的屠各部落，為東漢至西晉時匈奴部落之一，雜居於西北沿邊各郡。湟中義從，指居住在湟中地區的義從胡。湟中，地名。指今青海湟水兩岸，漢代為漢、羌、月氏胡等各族雜居之地。義從，指從歸順漢朝的各少數民族居民中挑選出的勇武之士。西羌八種，東漢時對內徙羌人的稱呼。居住在金城、隴西、漢陽等郡（今甘肅蘭州、臨洮、天水市一帶）的羌人稱西羌，西羌內部分為八個部族，因稱為西羌八種。㉞虎兕　猛虎、犀牛一類的野獸。兕，古代稱犀牛為兕。㉟周旋　交往；交際。本指依據禮節進退揖讓的行禮動作。㊱解合之埶　指貌似統一相合而實際面臨分化瓦解的形勢。解，分解；瓦解。㊲奉辭伐罪　接受君王的命令而討伐有罪。辭，指帝王的詔令。㊳東州鄭玄學該古今二句　這是說山東的鄭玄學問淵博，北海郡的邴原品德高尚。鄭玄，字康成，北海郡高密縣（今山東高密）人。為東漢著名的經學大家，曾遍注群經，在整理古代文獻中有很大貢獻。高密在山東，因稱為東州。事詳本書卷三十五。邴原，字根矩，北海郡朱虛縣（今山東昌樂）人。少與管寧俱以操尚稱於世。後為曹操辟為司空掾，徙署丞相徵事，遷為五官將長史。從征東吳時，卒。事詳《三國志・魏書・邴原傳》。㊴吳楚七國二句　西漢初期，諸侯王國的勢力日益強盛，成為對中央政權的嚴重威脅。文帝、景帝時，遂採用賈誼、鼂錯的建議，逐步削減王國的封地，這就引起了諸侯王的不滿。景帝前元三年，吳王劉濞同楚、趙、膠東、膠西、濟南、淄川等七個諸侯王國以誅鼂錯為名發動了叛亂。朝廷於是派遣大將周亞夫率兵鎮壓，先在滎陽大敗叛軍，又在三個月內擊平吳、楚，其他五國也先後平定，諸侯王或自殺或被殺。史稱此事為「吳楚之亂」。㊵就其黨與　成全他結盟同夥。就，完成；成全。黨與，朋黨；團夥。㊶不得其命　指死於饑亂災禍而不能終其天年。㊷倡樂　歡歌樂舞以取樂。㊸武關　在陝西、河南交界處，秦時始置關，由楚地入秦地須經過此關。㊹揚州刺史　揚州刺史部轄九江、廬江、丹陽、吳、會稽、豫章諸郡，即今安徽、浙江、上海、江西、福建之地。

【語　譯】鄭泰，字公業，河南尹開封縣人，大司農鄭眾的曾孫。鄭泰年輕時就有才幹謀略。靈帝末年，鄭泰察知天下將要發生動亂，於是暗中結交豪傑之士。他的家中原本富於資財，有田地四百頃，卻因資助豪傑、賓客而衣食常常不足，以此鄭泰在山東一帶極有聲望。

2　起初，鄭泰被察舉為孝廉，太尉、司空、司徒三府都要辟召他為屬吏，他卻一概沒有接受。等到大將軍何進輔理朝政時，徵召任用天下的名士，遂以鄭泰擔任尚書侍郎，又升遷為侍御史。後來何進將要誅殺宦官，並想召用并州牧董卓率兵入京幫助自己。鄭泰遂勸阻何進說：「董卓強暴殘忍、寡仁少義，他的欲望沒有得到滿足的時候。如果把朝廷大權交給他，由他來處理國家大事，那麼董卓肯定會恣肆放縱而逞其凶欲，必然會嚴重危及朝廷。您處在皇帝親戚的重要地位，掌握著朝廷宰輔的大權，完全可以根據自己的志意作出決斷，誅殺那些有罪的宦官，實在不需要借助董卓的力量作為自己的後援。況且事情往往因為疑留不斷而發生變故，前代的慘痛教訓距離我們並不遙遠，應該深深引以為戒。」並向何進陳述了當時應當趕緊做好的幾件要事。然而何進卻根本不能採納他的建議，於是鄭泰遂棄官離職而去。鄭泰對潁川郡人荀攸說：「何進這個人是不值得輔佐的。」

3 不久何進被殺害，董卓果然反叛了朝廷。鄭泰等人於是和侍中伍瓊、董卓的長史何顒一起勸說董卓，讓他任用袁紹來擔任渤海太守，想以此來發動並實現先前在山東時策謀的誅伐董卓的計劃。等到各地討伐董卓護衛王室的義軍紛紛起兵後，董卓遂召集公卿大臣來開會商議，要調發大軍進行征討。百官中沒有人敢於違背董卓的意旨，鄭泰唯恐董卓的兵馬眾多後越發地驕橫，以至於兇暴強盛而難以控制，於是便獨自站出來說：「能否執掌國政在於德行是否美善，而不在於擁有眾多的兵馬。」董卓聽了這話很不高興，反問說：「依照您的說法，那軍隊是沒有什麼用處了？」鄭泰心中害怕，於是便用虛詐的言詞權變應對說：「我不是說兵馬沒有用處，而是認為討伐山東根本不值得調發大兵。如果您不相信的話，就請讓我為您簡略地陳述一下主要理由。現在山東各個州郡同謀共計，彼此間互相聯絡，民眾也紛紛而起，勢力不能說不強盛。然而從光武帝中興以來，中原地區一直都沒有戰爭警報，老百姓優閒自在地生活著，忘記戰爭的時間已經很久了。孔子說：『不進行教化訓練就讓百姓去參戰，那等於是讓民眾去送死。』所以山東各地雖然兵眾很多，但不能為害於我，這是其一。您出身於關西之地，年輕時就是國家將領，熟悉軍事且多次征戰沙場，威名遠揚而震服當世，人們心裡都恐懼敬畏您，這是其二。袁紹是公卿貴族子弟，從小在京都長大。張孟卓是東平郡的年長儒者，行為舉止謹守禮法，坐在那裡非禮不視。孔伷則清談高論，抑揚任意，噓吹由情。他們全都沒有統率軍隊的才能和指揮作戰的謀略。雙方臨陣決戰，肯定不是您的對手，這是其三。山東的人士，素來缺少機智武勇。根本沒有一個像孟賁那樣勇敢，像慶忌那樣敏捷，像聊城的燕將那樣能固守，像陳平、張良那樣善謀劃的人才，可以讓他統領一支軍隊，責成其取得勝利，這是其四。就算山東有那種人才，但是他們之間沒有尊卑分明的秩序，也沒有朝廷授予的爵位官職，他們只是依靠人多兵眾，各自分散獨立而觀望成敗，絕不肯同心合力來協同作戰，這是其五。關西各郡的民眾都很熟習作戰之事，不久以來，曾多次與羌人作戰，就是婦女都能持戟操矛，背弓負箭，何況用那些壯勇的士卒，來抵擋那些挑起戰事的狂妄之人呢！關西一定能取得勝利，這是其六。況且天下最為強悍勇敢以及百姓平時所畏懼的，是并州、涼州一帶的人以及匈奴屠各、湟中義從、西羌八種部落等，現在您擁有他們且用為爪牙，這就好像驅趕猛虎犀牛撲向弱小的羊犬一樣，這是其七。同外，您所任用的將帥上下內外都是你的腹心之人，和您的交往時間很久，與您的感情深厚。他們的忠誠您可以任用，他們的智謀您可以依賴。用這些團結一致的卒眾去迎擊那些分崩離析的敵人，就像猛烈的秋風橫掃枯萎的樹葉一樣，這是其八。戰爭中有三種情況必然導致敗亡：用混亂之卒進攻治理有序的，一定要失敗；用邪枉之師進攻忠正仁義的，一定要失敗；用叛逆之兵進攻順乎天道的，一定要失敗。現在您主持國家大政，討伐誅殺宦官，建樹起忠義之節。用這三種善行美德對付他們三種必亡的形勢，遵從朝廷命令去討伐有罪的山東州郡，又有誰能夠抵禦您呢！這是其九。況且東州的鄭玄，學問貫通古今；北海的邴原，品行清正高尚；他們都是儒生群士所仰慕的楷模。山東州郡的將領們如果向鄭玄、邴原詢問謀略，當然他們會知道當今天下誰強誰弱。況且戰國時代燕國、趙國、齊國、梁國並非不強盛，而最終都被秦國滅亡；景帝時吳、楚七國反叛朝廷，兵力不是不強大，而最終都在滎陽被條侯周亞夫率兵打敗。何況當今您主持朝政功德顯赫，輔佐之臣個個賢能，他們難道能佐助實現山東諸將的陰謀，興風作浪製造禍亂來助長寇盜嗎？事情絕對不會這樣，這是其十。如果我所陳述的意見，有些許值得採納的，就請不要大肆徵兵而驚動天下，使害怕兵役的百姓聚眾作亂。拋棄德政而依仗勢眾，只能損害自己的威信聲望。」董卓聽後，這才高興起來，因此任用鄭泰為將軍，讓他統帥各軍去討伐關東之兵。有人勸說董卓：「鄭泰智略過人，並且與山東州郡交結密謀，現在您供給他士卒兵馬，與他的同黨合力，我們都非常替您擔心。」董卓於是收回了鄭泰的兵權，把他留在京都而授職為議郎。

4 董卓遷都到長安後，天下各地發生了饑荒與動亂，士大夫中許多人都死於非命。鄭泰家中有很充裕的資財，每天都召集賓客聚會歡歌以作樂，因此被救助活命的人有很多。後來鄭泰和何顒、荀攸共同策謀誅殺董卓，事情洩露後，何顒等人被逮捕，鄭泰則脫身從武關逃走，向東去投奔袁術。袁術任用鄭泰為揚州刺史，但還沒有到任，就在路上死去了，時年四十一歲。

1

孔融，字文舉，魯國❶人，孔子二十世孫也。七世祖霸，為元帝師❷，位至侍中。父宙，太山都尉❸。

2

融幼有異才。年十歲，隨父詣京師。時河南尹李膺以簡重自居，不妄接士賓客，敕外自非當世名人及與通家❹，皆不得白。融欲觀其人，故造膺門。語門者曰：「我是李君通家子弟。」門者言之❺。膺請融，問曰：「高明❻祖父嘗與僕有恩舊乎？」融曰：「然。先君孔子❼與君先人李老君❽同德比義❾，而相師友，則融與君累世通家。」眾坐莫不歎息。太中大夫陳煒後至，坐中以告煒。煒曰：「夫人小而聰了❿，大未必奇。」融應聲曰：「觀君所言，將不早惠⓫乎？」膺大笑曰：「高明必為偉器。」

3

年十三，喪父，哀悴過毀⓬，扶而後起。州里歸其孝⓭。性好學，博涉多該覽⓮。

4

山陽張儉為中常侍侯覽所怨，覽為刊章⓯下州郡，以名捕儉。儉與融兄褒有舊，亡抵於褒，不遇。時融年十六，儉少之而不告。融見其有窘色，謂曰：「兄雖在外，吾獨不能為君主邪？」因留舍之。後事泄，國相以下，密就掩捕。儉得脫走，遂并收褒、融送獄。二人未知所坐⑯。融曰：「保納舍藏者，融也，當坐之。」褒曰：「彼來求我，非弟之過，請甘其罪⑰。」吏問其母，母曰：「家事任長，妾當其辜。」一門爭死，郡縣疑不能決，乃上讞⑱之。詔書竟坐褒焉。融由是顯名，與平原陶丘洪⑲、陳留邊讓⑳齊聲稱。州郡禮命，皆不就。

辟司徒楊賜㉑府。時隱覈㉒官僚之貪濁者，將加貶黜，融多舉中官親族㉓。尚書畏迫內寵㉔，召掾屬㉕詰責之。融陳對罪惡，言無阿撓㉖。河南尹何進當遷為大將軍，楊賜遣融奉謁㉗賀進，不時通，融即奪謁還府，投劾㉘而去。河南官屬恥之，私遣劍客欲追殺融。客有言於進曰：「孔文舉有重名，將軍若造怨此人，則四方之士引領㉙而去矣。不如因而禮之，可以示廣於天下。」進然之，既拜而辟融。舉高第，為侍御史。與中丞㉚趙舍不同，託病歸家。

後辟司空掾，拜中軍候㉛。在職三日，遷虎賁中郎將。會董卓廢立㉜，融每因對荅，輒有匡正之言，以忤卓旨，轉為議郎。時黃巾寇數州，而北海最為賊衝㉝，卓乃諷三府㉞同舉融為北海相。

7

融到郡，收合士民，起兵講武，馳檄飛翰㉟，引謀州郡。賊張饒等群輩二十萬眾從冀州還，融逆擊，為饒所敗，乃收散兵保朱虛縣。稍復鳩集吏民為黃巾所誤㊱者男女四萬餘人，更置城邑，立學校，表顯儒術，薦舉賢良鄭玄、彭璆、邴原等。郡人甄子然、臨孝存知名早卒，融恨不及之，乃命配食縣社㊲。其餘雖一介之善，莫不加禮焉。郡人無後及四方游士有死亡者，皆為棺具而斂葬之。時黃巾復來侵暴，融乃出屯都昌㊳，為賊管亥所圍。融逼急，乃遣東萊太史慈㊴求救於平原相劉備㊵。備驚曰：「孔北海乃復知天下有劉備邪！」即遣兵三千救之，賊乃散走。

【章旨】此章為〈孔融傳〉的第一部分。記述孔融辟舉為官後舉劾宦官親族之貪濁者，及蔑視大將軍何進的特權無禮，顯示出他的剛直不阿，不畏強權。其任北海相時的全力保護郡縣百姓，以及立學校，表儒術，舉賢良，禮善士，葬亡人，無不表現出他的好學崇儒，仁慈愛民。

【注釋】❶魯國　為諸侯王封國。治今山東曲阜。❷七世祖霸二句　孔霸，字次儒，孔子第十三世之孫。治《尚書》，事太傅夏侯勝，昭帝末年為博士。宣帝時為太中大夫，以選授皇太子經，遷任詹事、高密相。元帝即位，以師賜爵關內侯，食邑八百戶，號褒成君。事詳《漢書．孔光傳》。❸太山都尉　即泰山郡都尉。都尉主輔佐郡守，並掌全郡的軍事。❹通家　世代相交且經常往來的人家。❺融欲觀其人五句　李賢原注：「膺，潁川襄城人。〈融家傳〉曰：『聞漢中李公清節直亮，意慕之，遂造公門。』李固，漢中人，為太尉。與此傳不同也。」❻高明　對人的尊稱，指有身分有地位或有學問有見識的人。❼先君孔子　我的祖先孔子。先君，祖先。孔融為孔子的第二十世孫，故有此言。❽李老君　李耳。字聃，世稱老子，故此稱李老君。據《孔子家語》載，孔子謂南宮敬叔曰：「吾聞老聃博古而達今，通禮樂之源，明道德之歸，即吾師也。今將往矣。」遂至周，問禮於老聃焉。❾同德比義　指所宗奉的原則相同，所從事的事業相近。❿聰了　聰明敏慧。⓫將不早惠　莫不就是早惠吧。將不，莫非；莫不是。惠，通「慧」。聰明。⓬哀悴過毀　指居喪時過於哀痛悲傷，導致身體受到嚴重損傷而病重不起。⓭歸其孝　稱讚敬佩他能夠守孝道。歸，歸心；歸附。引申為敬佩、佩服。⓮博涉多該覽　指讀書很多，涉獵面廣而學識淵博。該，通「賅」。完備；兼備。⓯刊章　指將奏章中舉報人的姓名刊削刪除。刊，削除。⓰未知所坐　不知道因為什麼原因而被逮捕治罪。坐，指治罪的因由。⓱請甘其罪　自請甘結其罪而受到懲處。甘結，為舊時官署處理訟案後，由受審理人出具的一種結文，謂自己承認此案所供屬實。⓲上讞　上報朝廷而請求審判定案。⓳平原陶丘洪　李賢注引《青州先賢傳》：「洪字子林，平原人也。清達辯博，文冠當代。舉孝廉，不行；辟太尉府。年三十卒。」⓴陳留邊讓　字文禮，陳留浚義人。少辯博，能屬文。後以高才擢進，遷九江太守。恃才氣，不屈於曹操，多輕侮之言。建安中被殺。事詳本書卷八十下。㉑司徒楊賜　賜，字伯獻，弘農郡華陰縣人。為名臣楊震之孫。少傳家學，篤志博聞，隱居而教授門徒。後徵召為靈帝師，侍講於華光殿，遷少府，光祿勳。又歷任司空、司徒、太尉等職。數以奏言忤宦官意。中平二年卒。事詳本書卷五十四。㉒隱覈　暗中調查核實。㉓中官親族　泛指宦官的內外親戚。㉔內寵　此指受到皇帝寵信的宦官，以其居於省禁之中，因稱為內寵。㉕掾屬　即掾史屬吏。古代屬官通稱為掾，漢代職權較重的長官多自行辟舉掾屬，分曹治事。㉖言無阿撓　指陳述時理直氣壯，無迎合屈從之意。阿，曲從；迎合。㉗奉謁　持著名帖。謁，名帖。㉘投劾　古代官員投呈彈劾自己，請求去職的狀子。㉙引領　伸長脖子遠望。形容企望、盼望。引申為追隨。㉚中丞　中丞即御史中丞，本為御史大夫之丞，西漢成帝末御史大夫轉為司空時，因別留省中，而為御史臺之長。後又屬少府。李賢注引蔡質《漢儀》：「丞，故二千石為之，或選侍御史高第。執憲中司，朝會獨坐。內掌蘭臺，督諸州刺史，糾察百僚。出為二千石。」㉛中軍候　當即北軍中候。本書〈百官志〉：「北軍中候一人，六百石。掌監五營（宿衛之兵）。」據《太平御覽》載，《續漢書》：孔文舉拜北軍中候。㉜董卓廢立　指董卓廢少帝劉辯而另立陳留王劉協為帝。㉝賊衝　指黃巾軍兵力最強盛，攻勢最猛烈的地方。衝，重要之地。㉞諷三府　將意旨暗示諷喻於太尉、司空、司徒三府。㉟馳檄飛翰　指往來書信，傳布命令。檄，官府的文書。翰，原指羽毛，後借指毛筆、書信等。㊱為黃巾所誤　指曾聽信黃巾軍的宣傳而加入黃巾軍。㊲配食縣社　在縣社中配享祔祭。縣社，為郡縣地方祭祀社神之所。㊳都昌　北海國屬縣。治今山東昌邑西。㊴東萊太史慈　太史慈，字子義，東萊郡人。少好學，仕郡奏曹史。避禍逃至遼東，為北海孔融所知。又以勇武為東吳之主孫策所愛，拜為折衝中郎將。孫權統事時，委以南方之事。年四十一卒。事詳《三國志・吳書》。東萊郡，屬青州刺史部。轄地在今山東半島東端。治今山東蓬萊西南。❹⓪平原相劉備　平原郡屬青州刺史部。東漢時或為諸侯王國。治今山東平原縣西南。當時劉備以平原令兼領平原相，故有此稱。

【語譯】孔融，字文舉，魯國人，是孔子的二十代孫。他的七世祖孔霸，是漢元帝的老師，官職升到了侍中。父親孔宙，為泰山郡的都尉。

2 孔融幼年時就有奇異的才能。十歲時，他跟隨父親到京城。當時河南尹李膺以簡約端重自居，不隨便接待士人賓客，並命令守門人除非當今名人及自己的世交，一律不得稟告。孔融很想見識一下李膺，便前往李府拜訪，對守門人說：「我是李君世交之家的子弟。」守門人照此通報後，李膺便請孔融相見。問他：「您的祖父一輩曾經與我家有恩情舊交嗎？」孔融回答說：「是啊，我的祖先孔子和您的祖先李老君因道德相近而仁義相同，遂成為師友。那麼，我與您自然就是多少代的世交了。」那些在座的賓客聽說此言無不感慨讚歎。太中大夫陳煒來得晚了一會兒，在座的人把這件事告訴他，陳煒說：「一個人小時候聰慧異常，長大後不一定有什麼驚人的才能。」孔融應聲回答說：「聽您這話，該不就是您幼時一定特別聰明吧？」李膺大笑著說：「您將來一定是能成就大事的奇才。」

3 孔融十三歲時，父親去世。他守喪時因過度悲哀而損害了身體，要人扶著才能勉強起身。為此州郡鄉鄰無不稱讚他為篤孝。孔融稟性好學，涉獵廣博而飽覽群書。

4 山陽郡人張儉被中常侍侯覽所怨恨，侯覽想方設法讓朝廷刊章而下發至各州郡，以其中所列名冊逮捕張儉等人。張儉因與孔融的哥哥孔褒有交情，便逃亡到孔褒家避難，不巧而未能相遇。這時，孔融年僅十六歲，張儉以為他年齡太小遂不以實情相告。孔融見他面帶窘迫的神色，就對他說：「哥哥雖然不在家，難道我就不能作為主人接待您嗎？」於是便收留張儉住在家裡。後來事情洩露出去，魯國相遂布置安排屬下的吏卒，祕密來到孔家突襲搜捕。張儉得以逃脫，便把孔褒、孔融逮捕關入監獄。但兄弟二人卻不知犯了什麼罪。孔融說：「是我收留張儉而讓他藏身家中的，應當判我的罪。」孔褒說：「張儉是來求助我的，這不是弟弟的過失，我甘願認罪並接受懲罰。」官吏見無法判斷此事，就又去問他們的母親，母親卻說：「家裡的事情全都聽從長輩做主，所以應當由我來擔當罪責。」就這樣，一家人爭著承擔死罪，郡縣官吏疑惑不能斷案，便將此案呈送朝廷審定判決。最後，朝廷下詔判定孔褒一人有罪。孔融因此而美名傳揚，與平原郡的陶丘洪、陳留郡的邊讓同樣享有很高的聲譽。當時州郡先後聘請他任職，而孔融均未接受。

5 後來，司徒楊賜辟召孔融入府任職。當時曾祕密審核官吏中那些貪汙納賄的，如有發現一律給予降職處罰，孔融檢舉的大多是宦官的內外親屬。尚書因畏懼宦官的權勢，便召來府掾等辦事官員詰問斥責。孔融一一陳述貪官的罪惡，義正辭嚴，毫不屈服。河南尹何進將要晉升為大將軍時，楊賜派孔融呈奉名帖前去祝賀，看到守門人不能及時通報，孔融便氣惱地奪回名帖返身回府，然後留下辭職的狀子棄官而去。河南尹的官屬認為這是使自己蒙受恥辱，就暗中派遣劍客想要追殺孔融。賓客中有人勸諫何進說：「孔文舉有著極高的名望，您如果與他結立怨仇，各地的豪傑志士就都會追隨他離您而去。還不如藉此而待以厚禮，來向天下顯示您招攬名士的寬廣胸懷。」何進接受了這個建議，在正式任職大將軍後就辟召孔融為屬吏。因為在政績考核中被舉為優異，孔融又遷升為侍御史。後來，因與御史中丞趙舍的意見不合，便託病辭官返回家中。

6 後來，孔融又被辟召為司空府的掾屬，任職為北軍中候。在職僅僅三天，就被提拔為虎賁中郎將。當時，恰逢董卓專權而廢黜少帝另立獻帝。孔融每當應答董卓詢問的時候，往往陳述一些匡正補救的意見，因此便違忤觸怒了董卓，於是被轉任為議郎。當時黃巾軍已經侵擾了幾個州，其中北海國是黃巾軍勢力最為強盛的地方，董卓便暗示給太尉、司徒、司空三府旨意，由他們共同舉薦，孔融遂任職為北海國相。

7 孔融到任北海之後，一面招聚士民組成軍隊練兵習武，一面迅速傳遞文書發布命令，聯合其他州郡協防共謀。當黃巾將領張饒等率領二十萬大軍從冀州返回時，孔融出兵迎擊，卻被張饒的軍隊打敗，於是只好收集散兵退守朱虛縣。不久，孔融又糾集了曾受黃巾軍蒙蔽的男女吏民共四萬餘人，重新修建城邑，設立學校，提倡並表彰儒學，薦舉賢良之士鄭玄、彭璆、邴原等人。郡民甄子然、臨孝存二人，都很有名望卻早年去世，孔融遺憾自己沒能和他們相識，便命令二人在縣社中配享祔祭。其他有點滴善行的人，孔融也都加以禮敬。

那些沒有子孫的民眾和暫住此地的四方遊士，凡有死亡的，也都給予棺具收殮安葬。此時，黃巾軍又來侵擾劫掠，孔融於是出兵屯駐都昌縣，但又被管亥統率的黃巾軍所圍困。孔融被逼急了，只好派東萊郡人太史慈向平原相劉備求救。劉備十分驚異地說：「孔北海竟然還知道天下有我劉備呀！」隨即遣兵三千前往營救，黃巾軍這才潰散離去。

1 時袁、曹方盛，而融無所協附。左丞祖者，稱有意謀❶，勸融有所結納。融知紹、操終圖漢室，不欲與同，故怒而殺之。

2 融負其高氣，志在靖難❷，而才疏意廣，迄無成功❸。在郡六年，劉備表領青州❹刺史。建安❺元年，為袁譚❻所攻，自春至夏，戰士所餘裁數百人，流矢雨集，戈矛內接。融隱几讀書❼，談笑自若。城夜陷，乃奔東山，妻子為譚所虜。

3 及獻帝都許❽，徵融為將作大匠❾，遷少府。每朝會訪對，融輒引正定議❿，公卿大夫皆隸名而已。

4 初，太傅馬日磾⓫奉使山東，及至淮南，數有意於袁術。術輕侮之，遂奪取其節，求去又不聽，因欲逼為軍帥。日磾深自恨，遂嘔血而斃⓬。及喪還，朝廷議欲加禮。融乃獨議曰：「日磾以上公⓭之尊，秉髦節⓮之使，銜命直指⓯，寧輯東夏，而曲媚姦臣，為所牽率⓰，章表署用，輒使首名，附下罔上，姦以事君。

昔國佐當晉軍而不撓⑰，宜僚臨白刃而正色⑱。王室大臣，豈得以見脅為辭⑲！又袁術僭逆，非一朝一夕，日磾隨從，周旋歷歲。漢律⑳與罪人交關㉑三日已上，皆應知情。春秋魯叔孫得臣卒，以不發揚襄仲之罪，貶不書日㉒。鄭人討幽公之亂，斲子家之棺㉓。聖上哀矜舊臣，未忍追案㉔，不宜加禮。」朝廷從之。

時論者多欲復肉刑㉕。融乃建議曰：「古者敦厖㉖，善否不別，吏端刑清，政無過失。百姓有罪，皆自取之。末世陵遲㉗，風化壞亂，政撓其俗，法害其人。故曰上失其道，民散久矣。而欲繩之以古刑，投之以殘棄㉘，非所謂與時消息㉙者也。紂斮朝涉之脛㉚，天下謂為無道。夫九牧之地，千八百君㉛，若各刖一人，是下常有千八百紂也。求俗休和㉜，弗可得已。且被刑之人，慮不念生，志在思死，類多趨惡㉝，莫復歸正。夙沙亂齊㉞，伊戾禍宋㉟，趙高、英布，為世大患㊱。不能止人遂為非也，適足絕人還為善耳。雖忠如鬻拳㊲，信如卞和㊳，智如孫臏㊴，冤如巷伯㊵，才如史遷㊶，達如子政㊷，一離刀鋸㊸，沒世不齒。是太甲之思庸㊹，穆公之霸秦㊺，南睢之骨立㊻，衛武之初筵㊼，陳湯之都賴㊽，魏尚之守邊㊾，無所復施也。漢開改惡之路，凡為此也。故明德之君，遠度深惟，棄短就長㊿，不苟革其政者也。」朝廷善之，卒不改焉。

6　是時荊州牧劉表不供職貢[51]，多行僭偽[52]，遂乃郊祀[53]天地，擬斥乘輿[54]。詔書班下其事[55]。融上疏曰：「竊聞領荊州牧劉表桀逆放恣，所為不軌，至乃郊祭天地，擬儀社稷[56]。雖昏僭惡極，罪不容誅，至於國體，宜且諱之[57]。何者？萬乘[58]至重，天王至尊，身為聖躬[59]，國為神器，陛級縣遠[60]，祿位限絕，猶天之不可階，日月之不可踰也。每有一豎臣[61]，輒云圖之，若形之四方，非所以杜塞邪萌。愚謂雖有重戾[62]，必宜隱忍。賈誼所謂『擲鼠忌器[63]』，蓋謂此也。是以齊兵次楚，唯責包茅[64]；王師敗績，不書晉人[65]。前以露袁術之罪[66]，今復下劉表之事，是使跛牂[67]欲闚高岸，天險可得而登也。案表跋扈，擅誅列侯，遏絕詔命，斷盜貢篚[68]，招呼元惡，以自營衛，專為群逆，主萃淵藪[69]。郜鼎在廟，章孰甚焉[70]！桑落瓦解，其埶可見。臣愚以為宜隱郊祀之事，以崇國防[71]。」

7　五年，南陽王馮、東海王祗[72]薨，帝傷其早歿，欲為脩四時之祭[73]，以訪於融。融對曰：「聖恩敦睦，感時增思，悼二王之靈，發哀愍之詔，稽度前典[74]，以正禮制。竊觀故事[75]，前梁懷王、臨江愍王、齊哀王、臨淮懷王並薨無後，同產昆弟，即景、武、昭、明四帝是也[76]，未聞前朝修立祭祀。若臨時所施，則不列傳紀。臣愚以為諸在沖齓[77]，聖慈哀悼，禮同成人，加以號謚[78]者，宜稱上恩，祭祀禮畢，而後絕之。至於一歲之限(79)，不合禮意，又違先帝已然之法，所未敢處(80)。」

【章　旨】以上為〈孔融傳〉的第二部分。記述孔融忠於漢室而志在靖難及其維護封建禮制，痛恨奸臣叛逆的幾件事情，並記載其幾件建議奏言。當四海動亂之時，孔融仍能特立獨行，守義秉德，足見其膽氣之豪邁，志節之高尚。從其奏言中，亦可見其認識分析世事之通達務實。

【注　釋】❶稱有意謀　被人稱許為善於計謀。意謀，心計；謀略。❷靖難　平定禍難。❸迄無成功　最終也沒有獲得成功。迄，竟；最後。❹表領青州　上表朝廷請求批准他兼任青州刺史。表，上表請求。領，兼任官職。❺建安　東漢獻帝劉協年號，西元一九六—二二〇年。❻袁譚　字顯思。袁紹的長子，先為青州刺史，官渡之戰後，袁紹發病而卒，大將逢紀、審配奉幼子袁尚為嗣，袁譚遂自稱為車騎將軍。後袁譚被曹操所攻而敗退，又與袁尚不合而相互攻殺，導致慘敗，最終困迫而死。事詳本書卷七十四。❼隱几讀書　憑坐著桌几而閱讀書籍。隱，倚憑。❽獻帝都許　建安元年，曹操以洛陽殘荒為由，挾持獻帝移駕都許縣，自此遂權歸曹氏。許，春秋時許國，秦漢時為許縣。治今河南許昌東。三國魏黃初二年改名許昌。❾將作大匠　掌修作宗廟、路寢、宮室、陵園等土木工程，並栽種桐、梓之類樹木列於道側。秩二千石。❿引正定議　引經據典發表意見，以確定群臣會議的最終結論。⓫馬日磾　字翁叔，名儒馬融的族孫。少傳馬融之業，以才學進身。與楊彪、盧植、蔡邕等於東觀典校中書。歷任九卿，位至太傅。⓬嘔血而斃　吐血而死。初平四年，袁紹據有淮南。至興平元年，因為先前見讖書言「代漢者當塗高」，認為自己的名字應合其事。又以為袁氏出於陳，為舜帝之後，若代漢而立符合以黃代赤的德運之序，遂有僭逆之謀。馬日磾此時與其有交往而有意於袁術，故有奉使山東而曲媚袁術之事。其年十二月，日磾憂恨而卒於壽春。此後於建安二年，袁術遂僭號稱帝，置公卿百官，郊祀天地。⓭上公　指位尊權重的公卿大臣。⓮髦節　泛指朝廷所派使臣持用的幡幢符節等信物。髦，通「旄」。指作為儀仗用的旗幡。節，符節。⓯銜命直指　接受朝廷詔命而擔任直指特使。漢朝政府特派官員衣繡衣，持節發兵，有權誅殺不法的官吏，稱為繡衣直指，或稱直指繡衣使者。⓰牽率　亦作「牽帥」。牽制控馭；約束控制。⓱國佐當晉軍而不撓　指齊國的使臣國佐面對晉軍的強大壓力而毫不屈服。《春秋公羊傳》：鞌之戰，齊師大敗。齊侯使國佐如師。晉人郤克曰：「與我紀侯之甗，反魯、衛之侵地，使耕者東西其畝，以蕭同叔子為質，則吾舍子（即放棄攻齊）。」國佐曰：「與我紀侯之甗，請諾。使反魯、衛之侵，請諾。使耕者東西其畝，是則土齊也。蕭同叔子者，齊君母也，齊君母猶晉君之母也，曰不可。請戰，一戰而不勝，請再戰，再戰而不勝，請三戰，三戰不勝，則齊國盡子之有也，何必蕭同叔子為質！」揖而去之。⑱宜僚臨白刃而正色　指楚國的賢臣宜僚面對叛亂之臣以刀劍脅迫而正義凜然。《春秋左氏傳》：楚白公勝欲為亂，謂石乞曰：「王卿士皆以五百人當之則可。」乞曰：「不可得也。」曰：「市南有熊相宜僚者，若得之，可以當五百人矣。」乃從白公而見之。與言，悅；告之故，辭；承之以劍，不動。⑲以見脅為辭　以被人脅迫為託辭替自己不忠於朝廷的罪責辯解開脫。⑳漢律　為漢代所定法律條令的總稱。此言蓋指高祖時制定的九章律，其中主要規定了有關罪責刑罰的內容。㉑交關　交往接觸。㉒叔孫得臣卒三句　這是說《春秋》中記載魯國叔孫得臣卒去時，沒有寫明具體日期，是因為他事先知道了公子遂（即襄仲）將欲作亂的事情卻不揭露其罪行，故此對他予以貶斥。事見《春秋公羊傳》。㉓鄭人討幽公之亂二句　這是說鄭國之卿子家曾作亂而殺幽公，在他死後，鄭人為了討伐其罪，便將他的棺木砍斫得單薄一些，使其不符合卿大夫的禮儀。事見《春秋左氏傳》。㉔追案　追究查處其罪。㉕復肉刑　肉刑指古代施行的殘斷肢體或割裂肌膚的墨（也叫黥，刺面之刑）、劓（割鼻之刑）、剕（也叫刖，斷足之刑）、宮（閹割性器之刑）等刑罰。西漢文帝時，以為「刑至斷支體刻肌膚，終身不息，何其刑之痛而不德也」，遂下令廢除肉刑。後人或以為除肉刑而導致了刑罰的輕重失當，以致有不當死而被處死者，遂議論而欲恢復使用肉刑。㉖敦庬　敦厚質樸。㉗陵遲　義同「陵夷」、「陵替」。日益衰頹；逐漸衰敗。㉘殘棄　指施以肉刑而傷殘廢毀其肢體及功能。㉙與時消息　隨著時間的推移發展而相應的予以增減變化。語出《易·豐·彖辭》：「日中則昃，月盈則食；天地盈虛，與時消息。」消，消滅。息，增長。指生死盛衰的變化。㉚紂斮朝涉之脛　語出《尚書·泰誓》，孔安國注：紂王見有人在冬天的早晨涉水過河，以為他的小腿耐寒，便斬斷其腿而仔細察看。斮，斬斷；削砍。脛，小腿。㉛九牧之地二句　意指天下各地當有一千八百個國君。九牧，即九州。傳說古代天下分為九州，州的長官叫州牧。又有人說周初曾分封了一千八百個侯國。㉜休和　祥和安定。休，吉慶；美善。㉝類多趨惡　大多數都趨向於生惡心做惡事。類，大抵；大多數。㉞夙沙亂齊　指刑臣夙沙衛曾叛變而造成齊國的混亂。夙沙，夙沙衛，為齊國的宦官，故稱刑臣。據《左傳》載，齊靈公廢太子光而另立公子牙後，使大臣高厚為公子牙之傅，夙沙衛為少傅。夙沙衛由此輕視太子光而不表禮敬。不久，太子光得執政崔杼迎立成為莊公，夙沙衛遂逃奔於高唐，據城而發動叛亂。㉟伊戾禍宋　指閹宦伊戾曾栽贓誣陷太子痤而造成宋國的災禍。據《左傳》載，楚國使臣訪問晉國時經過宋國，宋太子痤請求在野外招待楚國使者。伊戾本為太子內師而無寵，隨從太子到達現場後，遂挖坑用牲而祭祀，還製作了盟書。然後就立即報告宋公，說「太子痤要發動叛亂，已經與楚國使者舉行了盟誓。」宋公派使臣前往調查，則完全相信了伊戾的誣陷，認為確有證據，於是關押了太子痤。太子無以自明，遂自縊而亡。後來宋公逐漸調查清楚了事實，於是烹殺了伊戾。㊱趙高英布二句　趙高為秦國的宦官，秦始皇死時任中車府令，與丞相李斯及始皇少子胡亥一起詐為秦始皇遺詔，立少子胡亥為帝而殺長子扶蘇。其後趙高得二世胡亥信用而專奪大權，先後殺死李斯、胡亥而最終導致秦朝的滅亡。英布因犯法而被黥面，並判罪輸往驪山服役，後逃亡至九江為盜。秦末之亂，英布歸於項羽，常為先鋒而攻城陷陣。後歸降於劉邦，以功封為九江王。最終以謀反罪被誅殺。㊲忠如鬻拳　指像鬻拳那樣忠心。據《左傳》載，鬻拳本為楚臣，曾強諫楚王而楚王不從，於是便以兵器脅迫，楚王不得已而聽從了他。鬻拳認為，「我以刀劍來逼迫大王，真是罪大惡極」，於是就自己斬斷了雙足。後來，楚人任用他為守門人。有識者因此評論說：「鬻拳可謂是忠心愛君的人。竭力勸諫而對自己施加刖刑，雖遭受刑罰仍不忘勸君從善。」㊳信如卞和　指像卞和那樣的誠信。卞和，楚國人。據《韓非子》載，楚人和氏得璞玉而獻於武王，玉人相之而誤以為石，武王認為卞和欺謾自己，遂刖其左足。及文王即位，卞和又奉其璞以獻，玉人又誤以為石，又刖其右足。成王即位後，卞和乃抱其玉而哭於楚山之下，三日三夜，泣盡而繼之以血。成王使人剖璞才得到寶物。㊴智如孫臏　指像孫臏那樣的智慧多謀。據《史記》載，孫臏與龐涓俱學兵法，龐涓事魏惠王為將軍，而自以為才能不及孫臏，乃陰使召至孫臏，斷其兩足而黥之。孫臏後逃亡至齊，而被威王任為軍師。後來，他利用三晉之兵素來悍勇輕齊的心理，設減灶之計引誘魏兵倍日並行至於馬陵，又利用馬陵道狹多險的條件夾道伏兵，萬弩俱發射殺魏軍，終於大敗魏軍而龐涓亦自剄身亡。㊵冤如巷伯　指像巷伯孟子那樣蒙受冤屈。巷伯，是寺人孟子的官名。《詩》毛萇注：「巷伯，內小臣也。掌王后之命于宮中，故謂之巷伯。」據《詩・序》說，《詩・巷伯》是西周王朝的寺人孟子遭人讒毀，發洩怨憤的詩。其中有言：「彼譖人者，亦已太甚！」「取彼譖人，投畀豺虎！」㊶才如史遷　指像史家司馬遷那樣具有才識。據《漢書・司馬遷傳》載，司馬遷為太史公司馬談之子，早年曾到各地遊歷，考察風俗，收集傳說。繼任太史令後，又遍讀史官所藏圖書，成為當代有名的大學問家。太初元年，與唐都、落下閎等共同修訂了《太初曆》。後因替投降匈奴的李陵辯護，得罪下獄而遭受腐刑。出獄後發憤著書，繼續完成了宏篇鉅製《太史公書》，後稱《史記》，對後世的文學和史學都產生了深遠的影響。論者皆稱司馬遷有良史之才，服其善序事理而美其博物洽聞。㊷達如子政　指像劉子政那樣博通明達。劉向，字子政，西漢時著名的經學家、文學家、文獻學家。《漢書・劉向傳》載，宣帝時，劉向以通達能屬文辭得進對。成帝時，曾校閱群書而撰成《別錄》，為我國目錄學之祖。所作〈九歎〉等辭賦三十三篇多已亡佚，另有《洪範五行傳》、《說苑》、《列女傳》等作品傳世。班固將他同董仲舒、司馬遷、揚雄數人並論，稱譽其「博物洽聞，通達古今」。㊸一離刀鋸　指一旦遭受肉刑。離，通「罹」。遭受。李賢注：「《國語》：『中刑用刀鋸』也。」㊹太甲之思庸　指像太甲那樣的改過思庸，守道立功。太甲，商湯的嫡長孫。庸，功績。《尚書》載，太甲即位後，因破壞商湯之法，不理國政，而被伊尹放逐。三年後悔過而復位，遂勵精圖治，結果「諸侯歸殷，百姓以寧」。㊺穆公之霸秦　指像秦穆公那樣改過從善而使秦國稱霸西戎。《左傳》載，穆公使孟明、白乙等伐鄭，蹇叔諫阻而不從，結果被晉國敗於崤而俘虜孟明等。後孟明等人放歸，穆公公開向他們承認錯誤，重新任用他們執政。最終使秦國力強盛，遂霸西戎。㊻南睢之骨立　此事未詳。㊼衛武之初筵　指像衛武公那樣考慮到飲酒過量則呼號叫嚷，因而悔過守禮，敬戒謹慎。《詩》中有〈賓之初筵〉篇，敘述了宴會上的禮節，也描繪了人們醉酒的醜態。《韓詩》說，這是衛武公飲酒悔過之作。「言賓客初就筵之時，賓主秩秩然，俱謹敬也。賓既醉止，載號載呶，不知其為惡也。」㊽陳湯之都賴　指像陳湯那樣能改過自新而立功於西域之都賴水上。《漢書》載，陳湯以父死不奔喪，被司隸舉奏而下獄論罪。後復薦為郎，遂求使外國。久之，遷西域副校尉。先時，西域諸國往往困辱漢朝使臣。陳湯以為郅支單于最為強大，遂矯制發兵，大戰於郅支城都賴水上，單于被創死，閼氏、太子、名王以下一千五百人被斬殺，降虜千餘人。從此西域服從，邊境安定。㊾魏尚之守邊　指像魏尚那樣被免於治罪而復用守邊，最終使得邊疆安寧。《漢書》載，魏尚，槐里人，文帝時為雲中郡太守。坐上功首虜差六級，削其爵而罰作之。後馮唐為其言於文帝，遂特赦之而復為雲中太守。從此匈奴遠避，不近雲中之塞。㊿棄短就長　這是說凡事必有利弊得失，執政行法當避其所短而用其所長。(51)職貢　古代藩屬之國與州郡之長以時向朝廷獻納賦稅及土貢特產之物。(52)僭偽　指超越本分而妄稱尊號。(53)郊祀　古代帝王在郊外舉行祭祀天地之禮。(54)擬斥乘輿　指摹擬造作並駕乘皇帝所使用的車輿。乘輿，帝王所使用的車輿。(55)班下其事　公布其僭偽之事告知於天下。班下，班布。同「頒布」。(56)擬儀社稷　摹擬仿照朝廷的禮儀制度祭祀天地。(57)至於國體二句　這是說至於從國家的大體看來，應該暫時先避諱這件事。國體，指國家的體面。(58)萬乘　代指國家。西周制度，王畿之地方千里，能出兵車萬乘。後因以「萬乘」指帝王或國家。(59)身為聖躬　指帝王之身為聖明之體。(60)陛級縣遠　指由臣子到帝王之間的距離遙遠，階梯懸絕。縣，同「懸」。(61)豎臣　對叛臣的賤稱。舊稱童僕為豎。(62)重戾　重大的罪惡。(63)擲鼠忌器　想用東西投擲擊打老鼠，又恐怕損傷旁邊的器物。比喻做事有所顧忌。《漢書·賈誼傳》：「里諺曰：『欲投鼠而忌器。』此善喻也。鼠近於器，尚憚不投，恐傷其器，況於貴臣之近主乎！」(64)齊兵次楚二句　齊國的軍隊停駐在楚國，只是責成他們向周天子貢獻包茅。次，駐紮軍隊。凡軍隊停留，一宿為舍，再宿為信，三宿以上為次。《左傳》：僖公四年，齊侯以諸侯之師伐楚，楚子派使臣責問說：「君處北海，寡人處南海，唯是風馬牛不相及也，不虞君之涉吾地也，何故？」管仲回答說：「爾貢包茅不入，王祭不共，無以縮酒。寡人是徵。」師進，次於陘。65王師敗績二句　這是指成公元年秋，周天子的軍隊被晉人戰敗，而《春秋》諱言其事。《春秋》中記載此事為「王師敗績于茅戎。」《公羊傳》：「孰敗之？蓋晉敗之。曷為不言晉敗之？王者無敵，莫敢當也。」66前以露袁術之罪　此指建安二年春，袁術於淮南自稱天子，置公卿百官，郊祀天地。曹操乃奉詔率軍親征之。以，通「已」。已經。67跛牂　跛足瘸腿的山羊。牂，母羊。68斷盜貢篚　攔阻盜取貢獻給天子的物品。篚，盛東西的竹器。69專為群逆二句　劉表作為天下叛逆之人的魁主，專門召集不法之徒，成為他們的聚集藏匿之所。萃，聚集。淵藪，魚鱉和野獸聚居的地方。70郜鼎在廟二句　這是說如同奪取郜鼎並遷納於太廟一樣，劉表所做的背德違命之事是多麼的彰顯啊。《左傳》載，桓公二年四月，宋國取郜國的大鼎，且納於太廟。這種作法不合乎禮制。臧哀伯諫曰：「君人者，昭德塞違以臨照百官，百官於是乎戒懼。郜鼎在廟，彰孰甚焉！」71以崇國防　以崇敬和維護國家的禮教法律的制度。國防，國家的大防。指國家的禮教與法律的制度。72南陽王馮二句　二人並為獻帝幼子。73脩四時之祭　謂在每年四季之中依禮制舉行祭祀。74稽度前典　稽核考查前代的典章制度。75故事　以往的成例；舊時的典制。76前梁懷王三句　梁懷王揖，為景帝之弟，立為王十年後死去。臨江愍王榮，為武帝之兄。本為皇太子，四歲時廢為王，坐侵廟壖地自殺。齊懷王閎，武帝之子，昭帝異母弟，立為王八年後死去。（齊哀王，為悼惠王之子，高帝之孫，非昭帝兄弟。當為齊懷王，作「哀王」誤。）臨淮公衡，為明帝之弟，未及立為王而死去。（此稱其為「王」，誤。）昆弟，指同族的眾兄弟。77沖齓　幼年；童年。沖，幼小。齓，同「齔」。指幼童脫去乳齒，長出恆齒。78加以號謚　指死後為其加封稱號。古代在帝王、貴族、大臣死後，依據其生前的行事給予稱號，叫做「謚」。79一歲之限　指一年四時之中為其舉行祭祀之禮的規定。80所未敢處　這是我所感到不安的。處，指安心。

【語　譯】當時，袁紹、曹操的勢力正盛，而孔融卻沒有協附於任何一方。有個叫左丞祖的人，自稱善於計謀，勸說孔融應該對袁紹、曹操有所結交。孔融深知袁紹與曹操這樣的人，最終是要圖謀漢朝政權的，根本不願意與他們同流合汙，所以他便憤怒地將左丞祖誅殺了。

2　孔融自恃自己的氣節清高，立志要平定國難，但志大才疏，所以最終也沒能成功。在擔任北海相六年後，劉備上書朝廷推薦他兼任為青州刺史。建安元年，青州受到袁譚的進攻，從春到夏雙方一直交戰，孔融的士卒只剩下幾百人了，當時雙方的飛箭就像急雨般密集，戈矛相接幾乎就要攻及其身。孔融卻依然憑几讀書，談笑自若，毫無畏懼之色。到了夜裡，城邑終於被攻陷了，孔融遂逃往東山藏身，他的妻室兒女則被袁譚所俘獲。

3 等到獻帝遷都許縣時，朝廷徵召孔融擔任將作大匠，又遷任為少府。每當百官朝會商議國政時，孔融總是引證經典來正論決議，其餘的公卿大夫只不過列名附和。

4 起初，太傅馬日磾奉命出使山東，但是他走到淮南時，卻屢屢對袁術表示他的擁戴投靠之意。袁術輕視並侮辱他，就奪去了朝廷給他的符節，後來馬日磾請求離去，袁術又不允許，想要逼迫他來做自己的將帥。馬日磾自己深感悔恨，最終吐血而死。等到馬日磾的喪柩運回京城時，朝廷想要為他舉行超規格的喪禮。孔融於是獨自上書評議說：「馬日磾以朝廷公卿的尊貴身分，秉持髦節而擔當重要使臣，接受詔命去安緝山東之地，然而他卻曲從獻媚於奸逆之臣，甘心聽命於袁術的擺布利用。袁術在所上的章表中，都把他的名字署列在首位，這正是他迎附奸臣，欺罔朝廷，以奸邪之心對待君王的表現。過去齊國的國佐面對強大晉軍的逼迫毫不屈服，楚國的熊相宜僚面對叛臣白公勝威逼的刀劍也毫不畏懼。身為王公大臣，怎麼能以受到威嚇脅迫作為失節從敵的藉口呢！再說袁術的僭越謀逆，並非只是一朝一夕，馬日磾附和於他，交往周旋先後已有一年之久。《漢律》規定，與罪犯交往相處三日以上的，均屬於知曉實情。《春秋》中記有魯國『叔孫得臣卒』，卻沒有寫明日期，是因為叔孫得臣沒有揭發襄仲想要謀殺君主的罪行，孔子以此表示對他貶損的評價。為了懲罰鄭子家弒殺幽公的罪行，鄭人將他的棺木砍薄，不讓他再享有卿大夫的喪葬禮儀。如今聖上若因憐憫馬日磾曾是您的侍從老臣，而不忍心追究此事是可以的，但是絕不應該再對他超規格厚葬。」朝廷最後採納了孔融的意見。

5 當時，還有很多議論想要恢復古代殘害肢體的肉刑。孔融對此建議說：「古時之人性情敦厚質樸，人人皆有善心善行而無惡意惡行，因此也就沒有什麼善否好壞的區別，那時的吏治端直公平而刑獄也清正廉明，施政行教也沒有什麼過失。所以百姓如果確有過惡，便都會自責其咎而取其罪罰。然而到後來則世道逐漸衰頹，社會風氣變得敗壞混亂，不僅官府施政擾亂了淳樸的鄉風民俗，朝廷的法令也毀壞了百姓的敦厚純質而使其變得奸猾虛偽。所以說是當政之人既已失去了仁義愛民之道，平民百姓也早就乖背渙散、離心離德了。在這種情況下，如果對他們仍然使用古代的刑罰，使他們的肢體遭到傷害而殘廢，我想這就沒有能夠體現出與時俱進而順時通變。從前殷紂王砍斷清晨涉水之人的脛骨，被天下稱為無道。中國的九州之地，有著一千八百個君主，假如他們各自殘傷一人，那麼天下就該存有一千八百個紂王那樣的暴君了。這樣的話，再要求社會實現安定和平，也就絕對不可能了。況且那些受到刑殘的人已經不再有思戀生存的意念，所考慮的只是如何去死，這類人大多都走向罪惡之途而不再歸復正路。如齊國的刑臣夙沙衛因反叛而亂齊，宋國的閹人伊戾以造謠而禍宋，宦官趙高、刑徒英布相繼成為當時社會的大害等。這都說明使用肉刑並不能阻止人們的為非作歹，而只能斷絕刑人棄惡歸善的途徑。盡管有著像鬻拳那樣的忠心，像卞和那樣的誠信，像孫臏那樣的機智多謀，像巷伯那樣的蒙受冤屈，像司馬遷那樣的卓識高才，像劉子政那樣的博聞通達，一旦遭受了刀鋸之刑，就會至死都被人所鄙視。這就使得太甲的改過思庸而守道立功，穆公的悔罪自新而強秦稱霸，南睢的痛改前非而形毀骨立，衛武公的賦〈賓之初筵〉以示悔過，陳湯的都賴水上斬敵立功，魏尚的雲中郡中固守邊塞，都不能夠得以展現了。漢代之所以要廢除肉刑而開闢改惡向善的途徑，就是因為這個緣故。因此，聖明睿智的君主，都能遠謀深慮，棄其所短而用其所長，決不輕易改變他的施政行教的政策。」朝廷認為孔融所言確實有理，最終也沒有恢復古代的肉刑。

6 這時，荊州牧劉表不僅不向朝廷供奉應該繳納的賦稅，還做了很多僭越非法的事情，甚至於公然舉行祭祀天地的典禮，摹仿造作並駕馭使用帝王的乘輿。朝廷詔令要向天下頒布劉表這些惡事。孔融遂上疏說：「我聽說荊州牧劉表兇暴恣肆，行為不軌，所作所為越禮違常，甚至於公然祭祀天地，效仿天子祭祀社稷的禮儀。但是我認為，盡管劉表昏妄僭越而罪大惡極，處以死刑都不足以懲罰其罪，然而因為此事涉及到國家的體面，最好暫且避諱而不要宣揚。這是為什麼呢？因為萬乘之主最為尊貴，帝王之位最為崇顯，天子之身就是聖明之體，天子之國就是神明之器，其至高無上而階級懸遠，猶如昊天之極不可登臨；其至尊無比而祿位隔絕，猶如日月之遙不能超越。每有逆臣叛豎出現，就說想要謀篡皇位，假如將這些事情都公告天下而四處張揚，就不能杜塞各種陰謀邪念的萌生。我認為儘管這些叛逆之臣都有重罪，還是應該隱諱含忍而不予揭露。賈誼所謂的『擲鼠忌器』，也正是說得這個道理。所以齊國的軍隊屯駐在楚國，只是譴責它們不向朝廷進貢包茅，並不揭露楚國的叛逆之罪；周天子的軍隊打了敗仗，《春秋》並不寫明被晉人所敗，以此來維護王者至尊的體面。此前，朝廷已經揭露了袁術稱帝的罪行，現在又下詔論列劉表的僭逆之事，這樣做正好使跛足之羊能夠窺視陡峭的高岸，使其心存妄想以為天險也能攀登而上。考察劉表的所作所為，其專橫跋扈，擅自誅殺列侯，隔絕朝廷的詔令，劫掠向朝廷交納的貢獻之物，招攬首惡之人以擴張經營自己的勢力，專門招降納叛而成為群豎眾逆的聚集之所。就像宋國的郜鼎擺放在魯國的太廟裡一樣，又有什麼能比這些事實更清楚地顯露出他的罪惡野心呢！然而，如同桑葉的枯黃敗落，屋瓦的崩解離析一樣，逆賊的敗勢早已顯然可見。所以，我認為朝廷應該隱諱劉表郊祀天地的僭越之事，以加強和提高朝廷的尊嚴，維護國家的禮教大防。」

7 建安五年，獻帝的兒子南陽王劉馮、東海王劉祗相繼死去，獻帝哀傷他們幼年早歿，要為他們在每年四季之中舉行祭祀，並以此事向孔融咨訪。孔融回答說：「陛下的親情敦厚和睦，常常有感於四時而更加思念憂傷，為了哀悼二王的魂靈，您哀憫地發布詔書，要稽考以往的典制，使祭祀之事能夠符合禮儀制度。我認真考察了以往的成例，過去梁懷王、臨江愍王、齊哀王、臨淮懷王，都是去世後沒有後代，他們的同母兄弟就是景帝、武帝、昭帝和明帝，可是我們沒有聽說過前朝有為他們設立祭祀的事。如果是臨時的祭祀，那就不載入史籍。因此我認為，二王均在幼小的年齡，陛下因慈愛而哀悼他們，採用同成年人一樣的喪葬禮儀，又加封了諡號，這些作法應該說已經能夠表達出陛下的慈愛之情了。祭祀的禮儀舉行完畢，以後就應該絕止了。至於對他們一年四季都予以祭祀的規定，既不合乎禮儀制度，也有違先帝已然確定的成法，因此也是我所不敢贊同的。」

1 初，曹操攻屠鄴城❶，袁氏婦子多見侵略，而操子丕私納袁熙妻甄氏❷。融乃與操書，稱「武王伐紂，以妲己賜周公❸」。操不悟，後問出何經典。對曰：「以今度之，想當然耳。」後操討烏桓❹，又嘲之曰：「大將軍遠征，蕭條海外。昔肅慎不貢楛矢❺，丁零盜蘇武牛羊❻，可并案❼也。」

2 時年飢兵興，操表制酒禁❽，融頻書爭之，多侮慢之辭。既見操雄詐漸著，數不能堪，故發辭偏宕，多致乖忤❾。又嘗奏宜準古王畿之制，千里寰內，不以封建諸侯❿。操疑其所論建⓫漸廣，益憚之。然以融名重天下，外相容忍，而潛忌正議，慮鯁大業⓬。

3 山陽郗慮⓭承望風旨⓮，以微法奏免融官。因顯明讎怨，操故書激厲融曰：「蓋聞唐虞之朝，有克讓之臣⓯，故麟鳳來而頌聲作⓰也。後世德薄，猶有殺身為君，破家為國⓱。及至其敝，睚眦⓲之怨必讎，一餐之惠必報。故鼂錯念國，遘禍於袁盎⓳；屈平悼楚，受譖於椒、蘭⓴；彭寵傾亂，起自朱浮㉑；鄧禹威損，失於宗、馮㉒。由此言之，喜怒怨愛，禍福所因，可不慎與！昔廉、藺小國之臣，猶能相下㉓；寇、賈倉卒武夫，屈節崇好㉔；光武不問伯升之怨㉕；齊侯不疑射鉤之虜㉖。夫立大操㉗者，豈累細故哉！往聞二君有執法之平，以為小介，當收舊好；而怨毒漸積，志相危害。聞之憮然，中夜而起。昔國家東遷㉘，文舉盛歎鴻豫名實相副，綜達經學，出於鄭玄，又明司馬法㉙；鴻豫亦稱文舉奇逸博聞，誠怪今者與始相違。孤與文舉既非舊好，又於鴻豫亦無恩紀㉚，然願人之相美，不樂人之相傷，是以區區㉛思協歡好。又知二君群小所搆，孤為人臣，進不能風化海內㉜，退不能建德和人，然撫養戰士，殺身為國，破浮華交會之徒，計有餘矣。」

4 融報曰：「猥惠書教㉝，告所不逮。融與鴻豫州里比郡㉞，知之最早。雖嘗陳其功美，欲以厚於見私，信於為國㉟，不求其覆過掩惡，有罪望不坐也。前者黜退，懽欣受之。昔趙宣子朝登韓厥，夕被其戮，喜而求賀㊱。況無彼人之功，而敢枉當官之平哉！忠非三閭㊲，智非鼂錯，竊位為過，免罪為幸。乃使餘論㊳遠聞，所以慙懼也。朱、彭、寇、賈㊴，為世壯士，愛惡相攻，能為國憂。至於輕弱薄劣，猶昆蟲之相齧，適足還害其身，誠無所至也。晉侯嘉其臣所爭者大，而師曠以為不如心競㊵。性既遲緩，與人無傷，雖出胯下之負，榆次之辱㊶，不知貶毀之於己，猶蚊虻之一過㊷也。子產謂人心不相似㊸，或矜執者，欲以取勝為榮，不念宋人待四海之客，大鑪不欲令酒酸也㊹。至於屈穀巨瓠，堅而無竅，當以無用罪之耳㊺。它者奉遵嚴教，不敢失墜。郗為故吏，融所推進㊻。趙衰之拔郤穀，不輕公叔之升臣也㊼。知同其愛，訓誨發中㊽。雖懿伯之忌，猶不得念㊾；況恃舊交，而欲自外於賢吏㊿哉！輒布腹心，脩好如初。苦言至意51，終身誦之。」

【章　旨】以上為〈孔融傳〉的第三部分。所載數事已經表露出孔融的逢操必反，意氣用事。其中或譏諷曹操不遵禮制，或嘲笑曹操恃權妄為，或回信反駁曹操，完全是一副同曹操做對的架式。曹操只是以其名重天下，才勉強容忍而已。

【注　釋】❶鄴城　故址在今河北臨漳西南。春秋時齊桓公始築城，戰國時魏文侯都於此。東漢時為魏郡治所，曹操稱魏王時亦都此。曹丕代漢後定都洛陽，鄴城仍為五都之一。❷袁熙妻甄氏　袁熙，袁紹之子。妻子甄氏，中山國無極縣人，漢太保甄邯的後代。《魏略》載，曹軍攻鄴城時，袁熙外出在幽州，妻子甄氏在家中侍從於姑。及鄴城破，曹丕入袁紹家中，見甄氏顏色非凡，悅之。曹操聞知其意而為迎取之。❸以妲己賜周公　妲己，有蘇氏之女，商紂王之妃。紂王聽用其言而毒虐眾庶。武王克商時將其斬殺。周公，名旦，武王之弟。因采邑在周，稱為周公。孔融以曹丕納取袁熙妻甄氏一事推測當年武王曾將妲己賞賜弟弟周公旦，意在表示對曹操的輕侮和嘲諷。❹烏桓　東胡族的一支，以游牧射獵為生，秦末遷居於烏桓山，因稱名「烏桓」。建安十二年，曹操率軍攻破烏桓，將其大部遷入中原，部分留居原地，後漸與漢族融合。❺肅慎不貢楛矢　肅慎，商、周時古部族，其地在夫餘國北，東濱大海。《國語》：「昔武王剋商，通於九夷百蠻，於是肅慎氏貢楛矢石砮，其長尺有咫。」楛矢，用楛木所做的箭矢。肅慎不貢楛矢一事，史無明載，蓋在未臣於周時。❻丁零盜蘇武牛羊　丁零，古族名。西漢時主要分布在今貝加爾湖以南地區。據《漢書》載，西漢武帝時，蘇武出使匈奴而被扣押，後來單于將蘇武徙於北海上放牧，而丁零盜取其牛羊，蘇武遂陷於窮困之中。❼并案　一併糾治其罪。案，查驗；查究。❽表制酒禁　上表朝廷要求制定禁止造酒與飲酒的法令。❾發辭偏宕二句　指言語論說時偏激放縱，情緒憤恨而言詞過當，因此出現許多乖戾違逆的情況。❿又嘗奏宜準三句　這是說孔融又曾奏請朝廷依照古代典制，在京都周圍千里的範圍之內不許封建諸侯王國。王畿，古代直接屬於天子統轄的區域。據《周禮》說，王畿方圓千里，其外五百里為侯畿。王畿之外始封建侯國。孔融之意，在於遠隔曹操的封國，以抑制其挾持天子號令諸侯的權勢。⓫論建　指論說與建議的事情。⓬慮鯁大業　擔心他阻撓破壞自己的大事。⑬郗慮　字鴻豫，山陽郡高平縣人。少受學於鄭玄，曾任光祿勳、御史大夫等職。李賢注引虞溥《江表傳》，獻帝嘗時見郗慮及孔融，問融：「鴻豫何所優長？」融曰：「可與適道，未可與權。」郗慮答曰：「融昔宰北海，政疏人流，其權安在？」遂與融互相長短，以致不睦。⑭承望風旨　順承別人的旨意，察看別人的臉色。⑮克讓之臣　能夠相互禮讓的大臣。據《尚書》載，舜以伯禹為司空，禹讓於稷、契及皋陶。以益為朕虞，益讓於朱虎、熊羆。以伯夷為秩宗，伯夷讓於夔、龍。⑯麟鳳來而頌聲作　意思是說引來了麒麟、鳳凰等珍異之物，興起了《九韶》等頌揚之聲。《史記》載，四海之內咸戴帝舜之功，於是禹乃興《九韶》之樂，致異物，鳳凰來翔。⑰殺身為君二句　如齊孟陽代替其君居於床上以待賊，漢紀信乘黃屋假扮劉邦以誑楚，此為殺身為君。若春秋末要離焚毀妻子以殉吳，西漢時李通誅滅宗族以從漢，此乃破家為國。⑱睚眦　發怒時瞪大眼睛。借指極小的仇怨。⑲鼂錯念國二句　這是說鼂錯憂慮思念國家大事，想要削弱諸侯的權勢，結果卻招致平素與自己有怨隙的袁盎構成災禍而被誅殺。《史記》載，袁盎與鼂錯素不相善，有睚眥之怨。鼂錯所居坐，袁盎即離去；盎坐，錯亦離去，兩人未嘗同堂語。⑳屈平悼楚二句　此指屈原傷悼悲痛於懷王受張儀的詐騙而國勢日削，結果卻被子椒、子蘭譖毀於頃襄王而廢官丟職。據《史記》載，秦昭王使張儀譎詐楚懷王，使其斷絕與齊國的外交。又誘請懷王會於武關，三閭大夫屈原諫阻懷王而懷王不聽，最終懷王客死於秦。頃襄王即位後，其弟子椒、子蘭使人譖毀屈原於頃襄王，襄王怒而放逐屈原。㉑彭寵傾亂二句　這是說將軍彭寵的發兵叛亂，起自於朱浮與其有隙且對他譖毀構害。本書〈彭寵傳〉，彭寵，字伯通，南陽宛人。從吳漢歸於光武帝劉秀，封建忠侯，號大將軍。其後以自負其功而心懷不平，劉秀以問幽州牧朱浮，浮答言「寵失望有怨意」。其後朱浮與彭寵不相睦而數譖構之，日久則彭寵越發自疑，最終至於發兵反叛。㉒鄧禹威損二句　這是說大將鄧禹的威望受到損傷，是因為失察於宗歆、馮愔二人的仇怨相攻。本書〈鄧禹傳〉載，光武帝劉秀命鄧禹討赤眉，禹遣馮愔、宗歆守栒邑。二人爭權相攻，馮愔遂殺害宗歆，而後引兵進擊鄧禹。㉓廉藺小國之臣二句　從前廉頗、藺相如雖為弱小的趙國之臣，還能夠互相謙讓居下。按：廉頗、藺相如為戰國時趙國的武將和文臣，廉頗初以自伐其功與相如相爭，後認識到自己的錯誤而負荊請罪。兩人最終從國家利益出發，謙虛禮讓，甘居人下，團結合作，抗禦強秦。㉔寇賈倉卒武夫二句　寇恂、賈復兩人雖然是粗俗躁急的武夫，還能夠屈節降身而與人和好。本書〈寇恂傳〉載，寇恂、賈復並為光武帝之將，賈復部將殺人而被寇恂執法誅戮，因此心懷不滿；寇恂效法藺相如屈節禮讓之義，謙虛相待以求與賈復和好。二人最終得劉秀和解而結友共歡。㉕光武不問伯升之怨　此指光武帝劉秀明於大計而不去追究其兄伯升被殺的仇怨。〈光武帝紀〉載，昆陽大戰中，劉秀勇武異常，大敗王莽將王尋、嚴尤、王邑軍；恰在此時其兄伯升被更始帝殺害，劉秀未嘗自伐昆陽之功，又不敢為伯升服喪，飲食言笑如平常。㉖齊侯不疑射鉤之虜　這是說齊桓公不記恨管仲的射鉤之仇而任用管仲為相。《史記》載，管仲與鮑叔牙相善，後來鮑叔事公子小白，而管仲事公子糾。在爭奪王位時，管仲射中了公子小白的帶鉤。後小白立為桓公，公子糾死而管仲被囚。得鮑叔推薦，桓公任用管仲為相。管仲施政於齊而桓公以霸，九合諸侯，一匡天下。㉗大操　指平時所操持的事業，即國家的大事。㉘國家東遷　指朝廷由洛陽遷都於許縣。㉙司馬法　中國古代的兵書。《史記》載，戰國時，齊威王命大臣整理古時的司馬兵法，並以司馬穰苴的兵法附之其後，名為《司馬穰苴兵法》，後人因此誤為司馬穰苴所作。㉚恩紀　恩愛友好的記錄。紀，同「記」。㉛區區　義同「拳拳」。忠實誠懇的意思。又為自稱的謙辭。㉜風化海內　教化全國的百姓。㉝猥惠書教　委屈您惠寄書信以指教於我。猥，謙辭，猶如使您受辱。㉞州里比郡　指其二人的家鄉為相鄰之郡。州里，鄉里。郗慮，山陽郡人；孔融，魯國人。魯國與山陽郡相鄰。㉟厚於見私二句　加深交往而相互知心，彼此信任而為國出力。見私，加深相互的了解。㊱昔趙宣子三句　這是說從前趙宣子剛剛提拔了韓厥，很快就受到了他的懲治處罰，趙宣子卻高興地讓別人恭賀他。宣子，趙盾的諡號。《國語》載，宣子進言於晉靈公，任命韓厥為司馬。河曲之役時，趙宣子使人以其乘車衝亂了軍列，韓厥抓獲並懲治了那個人。大家都說：「韓厥肯定要被趙宣子誅殺而不能善終了。早晨剛剛把他提拔上去，傍晚就處罰了他的乘車，有誰能夠安然處之呢？」宣子卻以禮召見韓厥，並對諸位大夫說：「你們應當恭賀我呀！我舉薦韓厥任職，事實證明完全正確。我現在知道今後自己可以免於罪罰了！」㊲三閭　指屈原。以其曾任楚國的三閭大夫，故此代稱之。㊳餘論　多餘的論說。此指孔融對郗慮的評說。㊴朱彭寇賈　即曹操書信中所提到的朱浮、彭寵、寇恂、賈復等人。㊵晉侯嘉其臣二句　這是說晉平公以為大臣叔向力爭的事情關係重大，而師曠卻認為是因為公族的權勢卑弱，而使得臣下不能競相忠心為國卻力爭個人的私利。《左傳》載，秦使來晉舉行和平商談時，叔向下令叫行人子員參加。行人子朱要求前往而叔向不答應，子朱遂怒而撫劍從之。叔向說：「秦晉已經很久不能相和了，今天的和談，有幸能夠成功，則晉國會賴之得福。如果不能成功，兩國就會發生戰爭。子員能處事無私，而你卻常常相反。藏奸心以事君的，我當然要抵制了。」遂拂衣從之。晉平公說：「晉國大概要至於大治了，這些大臣所爭論的事情意義重大。」師曠則說：「公室恐怕要更加卑微了。大臣不競相忠心為國，卻撫劍爭力；不務行德義而爭為己善，私欲如此強盛，公室能不卑弱嗎？」㊶胯下之負二句　指韓信受胯下之辱，荊軻在榆次被人怒目的受辱。《史記》載，韓信少時貧賤無行，不得推擇為吏，又不能治生商賈。淮陰少年侮辱他說：「信能死，刺我；不能死，出我胯下。」韓信熟視之，俯身出胯下。市人皆嘲笑韓信而以為怯弱。又荊軻曾遊歷榆次，與蓋聶論劍，蓋聶怒而目之，荊軻遂出，駕車而去。㊷猶蚊虻之一過　就像蚊子、虻蟲從身旁飛過一樣，雖有可咬而未為大害。虻，形似蠅而稍大的一種昆蟲，有刺吸式口器，常刺吸牛的血液。㊸子產謂人心不相似　《左傳》載，子產對子皮說：「人心不同，就如人面不同一樣。吾豈敢說你的面相如同我的面相嗎？」㊹宋人待四海之客二句　這是說宋人設大罏安放酒甕，以美酒招待四海之客，是欲酒速售而不欲酒酸。罏，安放酒甕的高臺，累土為之，四邊隆起，一面高如鍛罏，故名罏。《韓非子》載，宋人有沽酒者，斗概既平，遇客甚謹，為酒甚美，而酒不售，酒酸。怪其故，長者告訴他，狗猛而人畏，孺子懷錢挈壺往沽而狗咬之，此酒所以酸而不售也。㊺屈穀巨瓠三句　這是說屈穀的巨瓠，堅硬而無竅，只能說是無用的廢物。《韓非子》載，齊國有居士田仲，宋人屈穀往見之，對他說：「聽說先生高義，不待求人而自食。我屈穀有個栽種瓠子的方法，種的瓠子堅硬如石，厚而無竅，想要獻給您。」田仲說：「您不要給我說這些。種瓠是為了能盛東西，我不需要你的瓠子。」屈穀說：「那我就把它扔掉。」今田仲不恃仰人而食，亦無益人國，亦堅瓠之類。㊻郗為故吏二句　指郗慮作為曹操的故吏，原本是由孔融所推舉進用的。故吏，過去的屬吏。㊼趙衰之拔郤穀二句　晉國的趙衰薦舉大夫郤穀為元帥，並不看輕衛國的公叔文子推薦提拔自己的家臣為大夫。《左傳》載，晉文公作三軍，謀元帥，趙衰曰：「郤穀可。我多次聽到他的言談，愛好禮、樂而敦重詩、書。詩、書是仁義的府庫，禮、樂是道德的準則；而德、義是利國的根本。您就試用他吧。」又《論語》載，公叔文子，衛大夫，其家臣名僎，言行品德與文子同。遂升之於公，與之並為大夫。㊽訓誨發中　指對郗慮的訓導教誨都是發自內心的。㊾雖懿伯之忌二句　即使有懿伯那樣的怨恨，也不能掛念在心。忌，怨恨。《禮記・檀弓》載，滕成公之喪，使子叔敬叔弔，子服惠伯為介。及郊，為懿伯之忌不入。惠伯曰：「政也，不可以叔父之私不將公事。」遂入。㊿自外於賢吏　指自己站在郗慮的對立面。賢吏，指郗慮。(51)苦言至意　指善良之言與至誠之意。諺語：「良藥苦口利於病，忠言逆耳便於行。」苦言，指忠言；良言。

【語　譯】當初，曹操攻破鄴城，袁紹家的婦孺很多都遭到了侵凌，而曹操的兒子曹丕則私下納娶了袁熙的妻子甄氏。於是孔融寫信給曹操，說「武王伐紂的時候，把殷紂王的愛妃妲己賜給了他的弟弟周公旦」。曹操看不明白什麼意思，事後詢問孔融這是出自於什麼典籍。孔融笑答說：「是用現今發生的事情來推測，想當然罷了。」後來，曹操征討烏桓，孔融又嘲諷說：「大將軍遠征夷狄，使海外之地蕭條破敗。過去肅慎族就曾不向周朝進貢楛矢，丁零人也曾竊奪蘇武牧放的牛羊使他陷入困厄，這兩件事，也應該一併案驗治罪。」

2　當時，正值荒年且戰事不斷，導致了糧食不足，曹操遂上表朝廷請求制定禁酒令，為此孔融多次寫信與曹操爭辯，信中還常常對曹操有侮辱的言詞。而當見到曹操稱雄奪國的野心日益明顯之後，孔融心中往往不能容忍，因此在發表言論時多有偏激佚蕩而不合常理，也就常常乖離違忤曹操的旨意。孔融還曾經奏請朝廷，說是應該按照古代的王畿制度，在京都周圍方圓千里以內，不許封建諸侯王國。曹操非常擔心孔融的這些建言立論會逐漸擴展到其他許多方面而對自己不利，便日益加深對他的疑慮和忌恨。但是因為孔融的名聲重於天下，所以表面上對他仍然寬待和容忍，其實內心是非常忌諱孔融的這些言論，惟恐他阻撓破壞了自己的大事。

3 山陽郡人郗慮順承迎合曹操的意旨，伺機以一些細小的過失為理由，奏請朝廷罷免孔融的官職。隨著彼此間的怨恨被公開挑明，曹操故意寫信激厲孔融說：「聽說在堯舜二帝的時代，朝中有許多能夠謙讓的大臣，因此能有麒麟鳳凰前來致意，各地也出現了許多稱頌讚揚的詩歌。後世帝王雖然道德逐漸淺薄了，但仍然有許多殺身為君，破家為國的忠正之臣。等到進入了衰敗之世，瞪眼怒視之類的微小怨懟也一定要報復，招待一餐便飯之類的細小恩惠也一定要答謝。所以鼂錯雖然一心為國家著想，卻因為得罪了袁盎，而招致殺身之禍；屈原雖然忠於懷王而傷悼楚國，卻無故受到了子椒、子蘭的譖毀誣陷而棄職丟官；將軍彭寵的發動叛亂，緣起於朱浮的挑撥陷害；而鄧禹之所以戰敗損威，完全是由於宗歆、馮愔的相互爭鬥。由此說來，喜怒怨愛等個人情緒，往往是招致福禍的起因，對此人們又怎麼能不慎重呢！以前，廉頗、藺相如雖然身為小國之臣，還能夠相互禮讓；寇恂、賈復雖然僅是魯莽的武夫，也能夠降節卑身委曲求和；光武帝為顧全大局而沒有追究更始帝誅殺其兄長伯升的罪過；齊桓公也寬宏大量而毫不懷疑曾經射中自己帶鉤的管仲。因此，作為立有大志、成就大業的人，哪裡會計較那些無關緊要的事情呢！過去我聽說你和郗慮二人因為執法而產生了一些芥蒂，我想你們還是應該捐棄前嫌，恢復舊時的友誼；可是你們的怨怒卻不斷積深，甚至於還決心相互侵害。聽到這些，我內心深深地感到不安，就連睡覺都不能沉穩，往往會半夜而起。先前從洛陽遷都到許縣時，文舉你曾經盛讚過鴻豫為名實相符、通達經學，既出於大師鄭玄門下，又能通解古《司馬法》；鴻豫也經常讚歎文舉你奇絕飄逸、博聞強識，我實在是奇怪你們今天為什麼竟然與當初背道而馳。我與文舉你既非舊時的好友，也與鴻豫沒有往日的恩情可言，但是我衷心希望你們能夠相互讚美，而不願你們相互傷害，所以我誠心誠意地希望能調和你們之間的關係，使得你們二人歡樂友好。我聽說你們彼此的怨懟是因為受到小人的離間造成的，我身為人臣，既不能教化感召整個社會，又不能建立功德使人民和睦團結，但是撫養征戰的士卒使其殺身為國，並且破除那些以輕浮虛華與人交會的小人，想必還是行有餘力的。」

4 孔融回答說：「您屈尊惠寄書信賜教於我，告訴我自己的不足之處。我與鴻豫的原籍比州鄰郡，很早就已經相互了解了。雖然我曾經稱讚過他的才能美德，但那是希望我們之間能夠加深交往以增進友誼，使得彼此信任而為國出力，而不是想要他為我掩蓋過錯庇護罪責，使得有罪時不被懲治處罰。前不久他上書請求朝廷黜退我的官職，我是欣然接受的。從前，趙宣子早晨剛剛推舉韓厥擔任司馬之職，傍晚就被韓厥依法懲處了自己的部下，趙宣子欣喜地要求大家恭賀他舉薦得人。我自己沒有趙宣子那樣的薦賢之功，又怎敢平空承擔起為官公正的評定呢！我深知自己的忠誠比不上屈原，才智也比不上鼂錯，竊位為官就是有過，免官脫罪即為有幸。現在郤還要把我的意見講給您聽，這真使我深深地感到慚愧和不安。您來信所說的朱浮、彭寵、寇恂、賈復等，都是當世的壯士，他們雖然因為好惡愛憎的不同而相互攻擊，但卻都能夠為國家考慮。至於那些輕浮薄劣之輩的彼此相攻，就好比是昆蟲間的相互咬殺，只能反過來使他們自己受害，實在是沒有什麼別的效果。晉侯曾嘉許讚揚他的臣子所爭執的事情非常重要，然而師曠卻認為這是公室卑弱而使得群臣不能競相忠心為國卻力爭個人的私利。我的性情一向平淡遲緩，從來不會傷害別人，即使是受到像韓信那種從別人胯下爬過的欺侮，或是像荊軻在榆次遭人怒目的那種屈辱，他們不把此事看作是對自己的貶毀，僅僅看作是蚊虻從身邊飛過一樣。子產曾經說過人心如面，原本是互不相似的，那些自矜權勢的，總是以個人取勝為榮，根本想像不到宋人為了接待四海賓客，設造大爐以置酒甕，只是希望多售美酒而不願酒酸。至於像屈轂的巨瓠那樣，堅硬無竅而沉默不語的人，也只能承當無用於世的罪名了。其他所述之事，我都遵奉您的嚴厲教誨，實在不敢稍有失誤。郗慮作為您以前的屬吏，是我孔融親自推舉進用的。就像趙衰推舉郤縠為元帥，並不看輕公叔文子提拔家臣僎為大夫一樣。您與我都是同樣地關愛郗慮，對他的訓誡教誨也都是發自內心的。

即使有著像敬叔對懿伯那樣的怨恨，也不能掛念在心；更何況依恃著我和郗慮舊日的交情，我又怎麼能自外於郗慮而站到他的對立面呢！我把自己的腹心之言告訴給您，就是希望能與郗慮修好如初。您對於這件事的良苦之言和至誠之意，我將終身誦讀，念念不忘。」

1 歲餘，復拜太中大夫❶。性寬容少忌，好士，喜誘益後進。及退閑職❷，賓客日盈其門。常歎曰：「坐上客恆滿，尊中酒不空，吾無憂矣。」與蔡邕❸素善，邕卒後，有虎賁士貌類於邕，融每酒酣，引與同坐，曰：「雖無老成人，且有典刑❹。」融聞人之善，若出諸己；言有可採，必演而成之❺；面告其短，而退稱所長；薦達賢士，多所獎進；知而未言，以為己過，故海內英俊皆信服之。

2 曹操既積嫌忌❻，而郗慮復搆成其罪，遂令丞相軍謀祭酒路粹❼枉狀❽奏融曰：「少府孔融，昔在北海，見王室不靜，而招合徒眾，欲規不軌，云『我大聖之後，而見滅於宋❾。有天下者，何必卯金刀❿』。及與孫權使語，謗訕朝廷⓫。又融為九列⓬，不遵朝儀，禿巾微行，唐突宮掖⓭。又前與白衣禰衡⓮跌蕩放言，云『父之於子，當有何親？論其本意，實為情欲發耳。子之於母，亦復奚為？譬如寄物缻中，出則離矣⓯』。既而與衡更相贊揚，衡謂融曰『仲尼不死』，融答曰『顏回復生⓰』。大逆不道，宜極重誅。」書奏，下獄棄市⓱，時年五十六。妻子皆被誅。

3　初，女年七歲，男年九歲，以其幼弱得全，寄它舍。二子方弈棊，融被收而不動。左右曰：「父執而不起，何也？」荅曰：「安有巢毀而卵不破乎！」主人有遺肉汁，男渴而飲之；女曰：「今日之禍，豈得久活，何賴知肉味⑱乎？」兄號泣而止。或言於曹操，遂盡殺之。及收至，謂兄曰：「若死者有知，得見父母，豈非至願！」乃延頸就刑，顏色不變，莫不傷之。

4　初，京兆人脂習元升⑲，與融相善，每戒融剛直。及被害，許下莫敢收者，習往撫尸曰：「文舉舍我死，吾何用生為？」操聞大怒，將收習殺之，後得赦出。

5　魏文帝深好融文辭，每歎曰：「楊、班儔也⑳。」募天下有上融文章者，輒賞以金帛。所著詩、頌、碑文、論議、六言、策文、表、檄、教令、書記凡二十五篇㉑。文帝以習有欒布之節㉒，加中散大夫㉓。

【章旨】以上為〈孔融傳〉的第四部分。記述孔融寬容少忌，獎進賢士，為海內英俊所信服，而曹操最終以嫌忌積深，令人枉狀奏言孔融罪行，並將其下獄棄市及誅滅全家。通過脂習冒死為孔融收屍、魏文帝曹丕的深愛孔融文辭，則頌揚了孔融的聲望和才華。

【注釋】❶太中大夫　掌顧問應對，屬光祿勳。❷閑職　太中大夫不主管具體政事，其職在於建言立議，故言。❸蔡邕字伯喈，陳留郡圉縣（今河南杞縣）人。東漢著名的文學家、書法家。通經史、音律、天文等；工篆隸，尤以善隸書著稱。靈帝時為議郎，以上書論議朝政得失獲罪，流放朔方。遇赦後畏懼宦官陷害，亡命江湖十餘年。董卓專權時任為侍御史，後被王允所捕，死於獄中。❹雖無老成人二句　意為雖然老友蔡邕已經去世，但仍然藉此虎賁士的相貌來想見他的音容行事。典刑，標準；法則；範式。刑，通「型」。語出《詩・蕩》：「雖無老成人，尚有典刑。曾是莫聽，大命以傾。」❺演而成之　這是說要推演闡述其言之善，使人採用實行其事。❻嫌忌　猜疑忌恨。❼丞相軍謀祭酒路粹　丞相軍謀祭酒，丞相府中的屬吏。古代饗宴祭祀時，由年高望重的長者舉酒致祭，稱為祭酒，是一種尊敬的稱號，後來遂以為官名。路粹，字文蔚，陳留郡人。少學於蔡邕，建安初，擢為尚書郎。後為軍謀祭酒，與陳琳、阮瑀等典記室。獻帝建安十三年六月，罷三公官，置丞相、御史大夫，隨後則曹操自為丞相，遂總攬朝政。❽枉狀　歪曲事實。❾我大聖之後二句　意為我們孔氏乃大聖商湯的後代，後被宋人滅絕了祖祀。據《史記》載，魯大夫孟釐子說：「孔丘，聖人之後，滅於宋。」服虔注：「聖人謂商湯也。孔子六代祖孔父嘉為宋華督所殺，其子奔魯也。」❿卯金刀　三字合體而成「劉」字，暗指漢家天下。⓫謗訕朝廷　誹謗誣𧬊朝廷。訕，譏笑；謗毀。《三國志註》引《魏氏春秋》：「十三年，融對孫權使，有訕謗之言，坐棄市。」⓬九列　指九卿。少府為九卿之一。⓭禿巾微行二句　這是說孔融頭上不戴巾幘，身上不著官服而隨便穿衣外出，放蕩無拘，冒犯衝撞宮省禁地。唐突，亂闖；冒犯。⓮白衣禰衡　白衣，指無官職的平民。禰衡，字正平，平原郡般縣（今山東樂陵）人。少有才辯，長於筆札。性剛直傲物，曹操欲見之，自稱狂病不肯往。後曹操召為鼓吏，欲當眾辱之，反被禰衡所辱。操怒，遂轉送荊州劉表，後被黃祖所殺。⓯寄物缻中二句　意謂母親懷育其子，好比把東西寄存於陶缶之中，產子之後恩情也就斷離了。⓰顏回復生　顏回再生於世。顏回，即顏淵，名回，字子淵，春秋末魯國人。孔子的弟子。貧居陋巷，簞食瓢飲而不改其樂。孔子曾稱讚他的德行，說他「不遷怒，不貳過」，「其心三月不違仁」。⓱棄市　古代在對罪犯執行死刑後，又將其屍體暴露於街市。據本書〈獻帝紀〉載，建元十三年八月壬子，曹操殺太中大夫孔融，夷其族。⓲何賴知肉味　何必定要喝肉湯解渴。以不能久活，雖喝亦死，故不必依賴肉汁。⓳脂習元升　姓脂名習，字元升。生平事跡不詳。⓴楊班儔也　指同楊雄、班固為同一類的大家。楊雄，亦作「揚雄」。字子雲，蜀郡成都人。西漢文學家、哲學家、語言學家。成帝時為給事黃門郎。王莽時曾校書天祿閣。為人口吃，不能劇談，善為文章。所作〈長楊賦〉、〈甘泉賦〉等鋪張華麗，富於文采。後遂鄙薄辭賦，研究哲學，仿《論語》作《法言》，仿《易經》作《太玄》。又曾著《方言》一書，為研究古代語言的重要資料。班固，字孟堅，扶風郡安陵縣（今陝西咸陽）人。東漢史學家、文學家。曾任蘭臺令史，遷為郎，典校祕書。所著《漢書》，文辭淵雅，敘事詳贍，為紀傳體斷代史之祖。又善作賦，有〈兩都賦〉等。從大將軍竇憲擊匈奴時為中護軍，後牽連入獄而死。㉑所著詩頌句　詩，文學體裁之一，通過凝鍊而形象生動的語言反映生活，抒發情感。具有節奏、韻律，一般分行排列。頌，古代文體之一，其文辭典雅清礫，較之賦無華侈鋪張，較之銘無申鑑規戒。碑文，指秦漢時興起的刻於碑碣上用以紀事頌德的文字。論議，屬於議論文的文體，論說條理、思辨縝密而觀點明確，用以論事說理或陳述意見。六言，蓋東漢時所行的一種文體，班固亦有作，其文章體式不詳。策文，為臣屬給帝王所上的文書。本為策問時臣屬針對問題所陳述的對策，後遂成為一種文體。表，古代章奏的文體之一，臣屬用以陳述自己的意見。檄，古代用於聲討罪責及曉諭、徵召等的文書。多用以宣揚自己盛德，聲討對方罪惡。教令，為教化、訓導之言。書記，為書牘信札之作。㉒有欒布之節　具有欒布那樣的節操。據《漢書》載，欒布，西漢梁國（今河南商丘）人。為梁王彭越的大夫，出使於齊，尚未返回而高祖誅殺彭越，梟首洛陽。欒布自齊還，奏事彭越頭下，祠而哭。為吏所捕，高祖釋其罪而用為都尉。㉓中散大夫　掌顧問應對，無常事，唯詔令所使。

【語　譯】一年以後，孔融又被任命為太中大夫。他的性情一向是對人寬容而很少忌恨，喜好與士人交往，也樂於鼓勵和幫助那些晚生後輩之人。等到他退居於閒散的職位後，每天總是賓客盈門。他常常感慨地說：「座上客常滿，杯中酒不空，我沒有什麼可以憂慮的了。」孔融與蔡邕一向很友好，蔡邕去世後，有位虎賁軍士的相貌酷似蔡邕，每當孔融酒酣耳熱的時候，就把這位軍士叫來同坐，感歎地說：「雖然沒有了我的老朋友蔡邕，但是還有他的形象坐在我的身旁。」每當孔融聽到別人做了什麼好事，就像是自己做的一樣非常高興；別人的言論中有什麼好的意見，他必定要補充完善並促成其事；他往往當面指出別人的缺點，但在背後卻總是稱讚人家的長處；他常常竭力舉薦那些賢能之士，很多人都曾受到他的鼓勵、稱讚和推舉；如果知道誰有賢才而未被舉薦，就認為是自己的嚴重過失，因此四海之內的英才俊士對他都很敬佩信服。

2　由於曹操內心已經對孔融有很多猜疑忌恨，再加上郗慮又給孔融搆陷捏造了罪名，於是曹操便令丞相府的軍謀祭酒路粹上奏朝廷，誣告孔融說：「少府孔融以往在北海郡時，見王室危急動蕩，便招集徒眾妄想圖謀不軌，聲稱『我們孔氏本是大聖人商湯的後代，而先祖被宋國的華督所殺害。擁有天下的帝王，何必非要姓劉的』。另外，他與孫權的使者談論時，也曾大肆謗毀譏諷朝廷。還有，孔融雖然身列九卿之位，卻不遵守朝廷的禮儀，不戴巾幘而微服出行，恣意放蕩而衝撞後宮。再有，孔融以前曾與賤民禰衡放縱無禮，狂言『父親對於子女，哪有什麼親情？論其原本之意，不過是情欲發作交媾而成。子女對於母親，同樣又有什麼親情呢？懷孕就像在陶缶中寄存的物品，拿出來也就彼此無關了』。之後不久，他還與禰衡相互吹捧，禰衡稱他是『仲尼不死』，他則答稱禰衡為『顏回復生』。這些言行都是大逆不道，應當立即予以重誅嚴懲。」奏章上報朝廷後，孔融遂被逮捕入獄，不久就被刑殺棄市，時年五十六歲。他的妻子兒女也都被誅殺。

3 起初，孔融的女兒七歲，兒子九歲，因為年齡幼小而得以保全，寄養在別人家裡。那天，兩個孩子正在下棋，當孔融被抓走時，他們都沒有任何舉動。左右的鄰人問他們：「父親被抓走了，你們為什麼都坐著不動呢？」他們回答說：「哪裡有鳥巢被毀掉，鳥卵還能保全不破的道理呢！」主人送給他們肉湯喝，男孩子口渴，就接過來喝了；女孩子卻說：「今天有這樣的災禍，又能活多久呢，還有什麼必要去喝肉湯呢？」哥哥因此大哭起來，再也喝不下肉湯了。有人把這些事情報告給曹操，於是便把兄妹二人也都誅殺了。就在抓捕他們的人到來時，妹妹對哥哥說：「要是人死了還能有知覺，就能夠見到父母了，這不正是我們最大的願望嗎！」於是伸著脖子接受刑戮，面色絲毫也沒有改變，在場的人沒有不悲傷憐惜他們的。

4 先前，有個叫脂習字元升的京兆尹人，與孔融親善友好，常常提醒他不要過分剛直。等到孔融被害後，許都城內沒有人敢去收屍，脂習走到近前撫摸著孔融的屍體說：「文舉拋下我先走了，我還活著有什麼用呢？」曹操聽說此事勃然大怒，便下令逮捕脂習，也要將他殺死，後來遇到朝廷大赦才被放免出獄。

5 魏文帝曹丕非常喜歡孔融的文辭，常常感歎說：「孔融是楊雄、班固一流的人。」並且公開招募於天下，凡有獻上孔融文章的人，就賞賜給金錢綢帛。孔融一生所著的詩、頌、碑文、論議、六言、策文、表、檄、教令、書記等共有二十五篇。同時，魏文帝也因為脂習有欒布一樣的節義，特意給他加官，任為中散大夫。

論曰：昔諫大夫鄭昌❶有言：「山有猛獸者，藜藿❷為之不採。」是以孔父正色，不容弒虐之謀❸；平仲立朝，有紓盜齊之望❹。若夫文舉之高志直情，其足以動義槩❺而忤雄心。故使移鼎之迹，事隔於人存❻；代終之規，啟機於身後也❼。夫嚴氣正性，覆折而已。豈有員园委屈❽，可以每其生哉！懍懍❾焉，皜皜❿焉，其與琨玉秋霜比質可也。

【章旨】以上為作者所作的評論，稱譽孔融的高志直情和嚴氣正性，敬佩之情溢於言表。

【注釋】❶鄭昌 字次卿，泰山郡剛縣（今山東寧陽）人。好學明經，通法律政事。曾任太原、涿郡太守，有治績。宣帝時，司隸校尉蓋寬饒以直言得罪，鄭昌憫傷其忠直憂國而為文吏所詆毀，遂上書為之訟冤。❷藜藿 古時食用的粗賤菜蔬。藜，似藿而表赤，嫩葉可食。藿，豆葉。❸孔父正色二句 意謂只要大司馬孔父正色立於朝中，就沒有人敢動篡弒叛逆的心思。弒，古時稱臣殺君，子殺父為弒。孔父，名嘉，字孔父，春秋時宋國貴族，官大司馬。受宋穆公遺囑，立殤公；後因太宰華督謀立莊公而將其殺死。《春秋公羊傳》：「孔父正色而立於朝，則人莫敢過而致難於其君者，孔父可謂義形於色矣。」❹平仲立朝二句 意謂齊國只要有晏嬰在朝，就能延緩和排除田常盜取齊國政權的意願。紓，排除；延緩。晏嬰，字平仲，夷維（今山東高密）人。春秋時齊大夫。歷仕靈公、莊公、景公三朝。曾在與晉大夫叔向議論齊政時，預言齊國之政終將為田氏所取代。❺動義槩 激發人們正義的氣節和操行。槩，「概」的異體字。❻使移鼎之迹二句 這是說使曹操代漢稱帝的行為，在其生存於世的時候斷絕停止。隔，斷離。據說禹鑄九鼎為國之寶器，後世遂以「移鼎」、「鼎新」喻指改朝換代。《左傳》說：桀有昏德，鼎遷於商；商紂暴虐，鼎遷於周。❼代終之規二句 意謂曹操代漢終祚的圖謀，只能在他死後由其子曹丕發動實行。機，指事情變化的關鍵時刻或重要環節。❽員园委屈 指處世圓滑，八面討好，曲意遷就，迎合別人。員，通「圓」。园，通「刓」。磨滅稜角。❾懍懍 嚴正肅穆的樣子。李賢注：「懍懍，言勁烈如秋霜也。」❿皜皜 清白潔淨的樣子。李賢注：「皜皜，言堅貞如白玉也。」

【語譯】史家評論說：過去諫大夫鄭昌曾經說過：「有猛獸出沒的山中，藜藿等野菜就不會被人採摘。」所以當孔父嚴正地主持宋國朝政時，就沒有人敢有弒君篡權的陰謀；而只要晏平仲還在朝廷執掌國政，田常便不敢有竊取齊國大權的欲望。像孔文舉這種高尚的心志和率真的性情，足以感動激發人們正義的氣節而抑制阻遏奸雄的野心。正因為此，才使得曹操篡奪謀取漢家政權的企圖在他生前不能實現，而替代終結漢朝國祚的謀略只能在他死後得以完成。當然，具有威嚴的氣節和正義的品格，只不過會使人遭受摧折、傾覆身家罷了。豈能委曲圓滑、貪生怕死呢！多麼肅穆威嚴啊，多麼淨潔堅貞啊，孔融的品格是可以同美玉和冰霜相媲美的。

1 荀彧，字文若，潁川潁陰❶人，朗陵❷令淑之孫也。父緄，為濟南❸相。緄畏憚宦官，乃為彧娶中常侍唐衡❹女。彧以少有才名，故得免於譏議。南陽何顒❺名知人，見彧而異之，曰：「王佐才也。」

2 中平六年，舉孝廉，再遷亢父❻令。董卓之亂，棄官歸鄉里。同郡韓融時將宗親千餘家，避亂密西山❼中。彧謂父老曰：「潁川，四戰之地❽也。天下有變，常為兵衝。密雖小固，不足以扞大難，宜亟避之❾。」鄉人多懷土不能去。會冀州牧同郡韓馥❿遣騎迎之，彧乃獨將宗族從馥，留者後多為董卓將李傕所殺略焉。

3 彧比至冀州，而袁紹已奪馥位，紹待彧以上賓之禮。彧明有意數⓫，見漢室崩亂，每懷匡佐之義。時曹操在東郡⓬，彧聞操有雄略，而度紹終不能定大業。

初平二年，乃去紹從操。操與語大悅，曰：「吾子房⑬也。」以為奮武司馬⑭，時年二十九。明年，又為操鎮東司馬⑮。

【章旨】以上為〈荀彧傳〉的第一部分。介紹荀彧的簡要情況，從其雖娶宦官之女而免於譏議及何顒讚歎其為「王佐才也」，可見其才名之高。從其率宗族逃避密縣戰亂及脫離袁紹轉而隨從曹操並得到賞識，可見其工於心計。

【注釋】❶潁川潁陰　潁川郡潁陰縣。治今河南許昌。❷朗陵　汝南郡屬縣。治今河南確山縣西南。❸濟南　即濟南國。屬青州刺史部。治今山東章丘西北。❹唐衡　潁川郾（今河南漯河市）人。桓帝時宦官，以誅梁冀功，封為汝陽侯。後專權跋扈，恣意妄為，鄉謠號為「唐兩墮」，言其挾制兩家，或左或右，隨情任意，而最終並敗之。❺南陽何顒　字伯求，南陽襄鄉（今湖北棗陽）人。少遊學洛陽，與郭林宗、賈偉節相好。遭黨錮之禍而逃亡避難。解禁後辟司空府。後與荀爽等共謀誅伐董卓，被董卓囚繫而卒。❻亢父　任城國屬縣。治今山東濟寧南。❼密西山　指密縣之西山。密縣，屬河南郡。在河南中部嵩山東麓，治今河南新密東南。❽四戰之地　謂四面平坦，容易受攻之地。❾宜亟避之　應該趕快逃離此地以避災禍。亟，趕快；急忙。❿韓馥　字文節，潁川人。董卓廢立時以尚書任為冀州刺史。後興兵討卓，以刺史之位讓於袁紹。以不善用人而失眾，遂疑懼自殺。⓫意數　心數；心計。⓬東郡　為兗州刺史部屬郡。治今河南濮陽西南。⓭子房　張良，字子房，為高祖劉邦的重要謀臣。劉邦曾稱讚他說：「夫運籌帷幄之中，決勝千里之外，吾不如子房也。」⓮奮武司馬　初平元年正月，曹操行奮武將軍，奮武司馬為其屬官，主管軍事。⓯鎮東司馬　建安元年夏六月，曹操遷任鎮東將軍，鎮東司馬為其屬官。

【語譯】荀彧，字文若，潁川郡潁陰縣人，朗陵縣令荀淑的孫子。父親荀緄，任職濟南國相。荀緄懼怕宦官的權勢，於是為荀彧娶了中常侍唐衡的女兒為妻。荀彧因為年少有才而聞名天下，才得以免遭時人譏評。南陽郡的何顒以善於知人聞名，面見荀彧後感到十分驚異，說：「此人乃是帝王的輔佐之才。」

2 中平六年，荀彧被察舉為孝廉，二次升遷後任為亢父縣令。董卓反叛的事情發生後，荀彧棄官辭職，返歸故里。同郡的韓融當時正帶著宗族親屬一千多家，在密縣西山中避亂。荀彧對家鄉的父老說：「潁川的地勢平坦，無險可守，是個四面都易受攻之地。天下發生變亂時，常常成為兵爭戰場。密縣雖然有些防禦設施，不足以抵抗大亂，應趕快離開這裡。」鄉人大多懷戀故土而不願離開。恰逢時任冀州刺史的同郡人韓馥派遣騎兵來迎接荀彧，荀彧於是單獨帶領他的同族之人跟隨韓馥離去。後來，那些留在密縣的人多數都被董卓的部將李傕所攻殺劫掠。

3 等到荀彧到達冀州時，袁紹已經奪取了韓馥的職位，袁紹遂用上賓的禮儀來接待荀彧。荀彧是個聰慧明達而頗有心計的人，看到漢王朝分崩離析，常常懷有匡正輔佐漢室的心志。當時曹操在東郡，荀彧聽說曹操有雄才大略，而預料袁紹終究不能成就大業。於是在獻帝初平二年，荀彧就離開了袁紹而依從於曹操。曹操與荀彧交談後非常高興，說：「荀彧就是我的謀臣張良啊。」於是任命他為奮武司馬，當時荀彧二十九歲。第二年，又任為曹操的鎮東司馬。

興平❶元年，操東擊陶謙❷，使彧守甄城❸，任以留事。會張邈、陳宮以兗州反操❹，而潛迎呂布。布既至，諸城悉應之。邈乃使人譎彧曰：「呂將軍來助曹使君❺擊陶謙，宜亟供軍實。」彧知邈有變，即勒兵設備❻，故邈計不行。豫州刺史郭貢率兵數萬來到城下，求見彧。彧將往，東郡太守夏侯惇❼等止之。曰：「何知貢不與呂布同謀，而輕欲見之。今君為一州之鎮，往必危也。」彧曰：「貢與邈等分非素結❽，今來速者，計必未定，及其猶豫，宜時說之，縱不為用，可使中立。若先懷疑嫌❾，彼將怒而成謀，不如往也。」貢既見彧無懼意，知城不可攻，遂引而去。或乃使程昱說范、東阿⑩，使固其守，卒全三城以待操焉。

二年，陶謙死，操欲遂取徐州，還定呂布。或諫曰：「昔高祖保關中，光武據河內，皆深根固本，以制天下⑪。進可以勝敵，退足以堅守，故雖有困敗，而終濟大業。將軍本以兗州首事⑫，故能平定山東，此實天下之要地，而將軍之關河也。若不先定之，根本將何寄乎？宜急分討陳宮，使虜不得西顧，乘其間而收孰麥，約食稸穀⑬，以資一舉，則呂布不足破也。今舍之而東⑭，未見其便。多留兵則力不勝敵，少留兵則後不足固。布乘虛寇暴，震動人心，縱數城或全，其餘非復己有，則將軍尚安歸乎？且前討徐州，威罰實行，其子弟念父兄之恥，必人自為守。就能破之，尚不可保。彼若懼而相結，共為表裡，堅壁清野，以待將軍，將軍攻之不拔，掠之無獲，不出一旬，則十萬之眾未戰而自困矣。夫事固有棄彼取此，以權一時之埶，願將軍慮焉⑮。」操於是大收孰麥，復與布戰。布敗走，因分定諸縣，兗州遂平。

【章旨】以上為〈荀彧傳〉的第二部分。記載興平年間荀彧為曹操留守甄城及勸諫曹操先破呂布平定兗州二事，由此展現出荀彧的聰慧智略。

【注釋】❶興平　東漢獻帝劉協年號，西元一九四—一九五年。❷陶謙　字恭祖，丹陽郡丹陽縣（今安徽馬鞍山市）人。

少為諸生，仕州郡，後遷為徐州刺史。以用非其人，刑政不理，使徐州漸亂。又因部下襲殺曹操之父曹嵩，被曹軍攻擊，死傷甚眾。興平元年，被曹操再次攻擊，後遂病死。事詳本書卷七十三。❸甄城　即鄄城。為濟陰郡屬縣。治今山東鄄城北。❹會張邈陳宮以兗州反操　張邈，字孟卓，東平郡人。少以俠聞。初辟公府，稍遷為陳留太守。董卓之亂，與曹操共舉義兵。後從陳宮言，與呂布合兵據濮陽。曹操征破呂布，張邈求救於袁紹，而為其兵所害。陳宮，字公臺，東郡人。性剛直壯烈，少與海內知名之士相連結。始隨曹操，後自疑，乃從呂布。為呂布策劃而布常不從，終被曹操捕殺之。呂布，字奉先，五原郡九原縣（今內蒙古包頭）人。初以弓馬驍武給事并州，刺史丁原任為騎都尉。後董卓誘殺丁原而從卓，又聽王允策謀而殺卓。時人以為呂布有勇無謀，輕於去就。先後投靠於袁術、袁紹、張邈、劉備等，最終被曹操俘獲而縊殺之。❺曹使君　對曹操的尊稱。古時稱奉命出使之人為使君；漢時稱刺史為使君，後來遂用作對州郡長官的稱呼。曹操時任東郡太守，因稱曹使君。❻勒兵設備　指揮部署軍隊設防備戰。❼夏侯惇　字元讓，沛國譙縣（今安徽亳州）人。性壯烈勇武。曹操初起時，惇常為裨將而隨從征伐。從征呂布時，為流矢所中，傷左目，軍中號為盲夏侯。曹操對夏侯惇極其信任，賞賜甚重。常與同載，出入臥內，諸將莫得相比。曹丕即位後，任命為大將軍，數月後死去。事詳《三國志・魏書・夏侯惇傳》。❽分非素結　恩義情分並非平素相親而結成。❾疑嫌　即嫌疑。猜疑；疑忌。❿乃使程昱說范東阿　程昱，生平事跡不詳。范、東阿，並為東郡屬縣。范縣治今山東梁山縣西北。東阿縣治今山東東阿西南。⓫高祖保關中四句　高祖劉邦與楚王項羽爭奪天下時，常留蕭何駐守關中作為根據地，以給食足兵，不絕軍資，最終奪得了天下。光武帝劉秀在鎮壓和收編了銅馬等農民軍之後，又盡收河內及中山、趙國之地，勢力不斷壯大，遂南下入洛陽，進而削平各地的割據勢力，最終統一全國。關中，此泛指函谷關以西的廣大地區，包括漢中、巴蜀在內。河內，此泛指黃河以北地區，主要包括今河北南部、河南北部之地。⓬本以兗州首事　指曹操原本以兗州首倡義事而取得成功。初平三年，青州黃巾百萬餘眾攻入兗州，殺刺史劉岱。濟北相鮑信等遂迎曹操領兗州牧。曹操進擊黃巾於壽張東，又追至濟北，受降卒三十餘萬，男女之眾百餘萬口，取其精銳整編後，號為「青州兵」。遂以此為中堅力量，削平割據勢力，統一中國北部廣大地區。⓭約食稸穀　指收集並蓄積糧食。稸，同「蓄」。⓮今舍之而東　謂放棄攻取兗州的陳宮、呂布，而往東進攻徐州的陶謙。⓯夫事固有棄彼取此三句　此處文字語意不明，疑有誤。據《三國志・荀彧傳》：「夫事固有棄此取彼者，以大易小可也，以安易危可也，權一時之勢，不患本之不固可也。今三者莫利，願將軍熟慮之。」

【語　譯】興平元年，曹操向東進攻陶謙，遂派荀彧駐守濟陽郡的甄城，並委任他全權處置留守之事。恰逢張邈、陳宮在兗州準備反對曹操，並且暗中迎接呂布。呂布到達兗州後，各縣全都響應他。張邈於是派人欺騙荀彧說：「呂將軍前來幫助曹操進攻陶謙，您現在應該趕快供給呂將軍器械糧草。」荀彧察知張邈心生叛意，就整飭軍隊而布置設防，使得張邈的計謀未能得逞。豫州刺史郭貢率領數萬兵眾來到甄城城下，求見荀彧。荀彧將要前去會見郭貢，東郡太守夏侯惇等人阻止荀彧，說：「我們怎麼知道郭貢不是和呂布同謀，你卻輕易地要去見他。現在您是一州的鎮守之官，去那裡是很危險的。」荀彧說：「郭貢和張邈並不是素來相知的老朋友，現在他來得這麼急迫，一定是還沒有作出決定，到底是跟隨呂布還是跟隨曹操。趁著他現在還在猶豫不決，應該及時勸說他，即使將來郭貢不為我們所用，也可以使他保持中立。如果我們心中先有疑忌，郭貢就會氣憤怨恨，轉而和呂布等人合謀，因此不如我現在前去見他。」郭貢看到荀彧沒有一點懼怕的意思，知道甄城有備而不能攻破，於是就帶領他的部隊離開了。荀彧於是委派程昱遊說范縣、東阿等，讓他們堅守城池，終於保全了這三座城邑而等待曹操的歸來。

興平二年，陶謙死後，曹操想要先奪取徐州，然後返回頭來平定呂布。荀彧勸諫說：「過去高祖劉邦常常保固關中，光武帝劉秀則據守河內，都是努力地鞏固自己的根本，進而制馭天下。這樣一來，進攻可以勝敵，退兵足以堅守，所以他們雖然有困頓挫敗的時候，但最終則能成就大業。將軍您原本是在兗州首先起事的，以此能夠平定山東。兗州的確是天下最為重要的地方，也就是將軍您的關中、河內那樣的根本所在。如果不先安定兗州，您的根基打算放置在哪裡呢？因此現在應該趕快派兵討伐陳宮，使敵人無力向西邊進攻。我們則乘機收取熟麥，約集糧食，蓄積穀米，以此來資助大事，那麼呂布就會不堪一擊。如果現在捨棄這種機會而向東進兵，我看不出這其中會有什麼好處。您如果率兵去攻打徐州，那麼多留一些兵力駐守此地，前線的力量就不夠勝敵；而少留一些兵卒駐守，後方則不能穩固。假如呂布乘虛來寇略，就會震動人心。縱然有幾座城邑得以保全，其餘的已不再為我們所有，那麼將軍您還到哪裡安身呢？況且前次征討徐州時，您在那裡實行了威猛之政，徐州的子弟顧念到父兄的恥辱，必定會人自為戰而團結堅守。就算您能攻下它，還是不能保有它。如果他們因為害怕您的進攻而相互聯合，彼此支援，堅壁清野來對付您的話，那您進攻徐州而不能攻克，掠奪財物也毫無所得，不出十天，十萬大軍就會不戰而陷入困境。凡事總有個棄短取長，棄彼取此，權衡一時的形勢和利害，希望將軍您詳細地考慮這件事。」曹操於是全力收割已經成熟的小麥，然後才與呂布打仗。呂布戰敗逃走，曹操隨後分別平定了各縣，兗州境內全都安定了。

1 建安元年，獻帝自河東還洛陽，操議欲奉迎車駕，徙都於許❶。眾多以山東未定，韓暹、楊奉負功恣睢❷，未可卒制❸。彧乃勸操曰：「昔晉文公納周襄王，而諸侯景從❹；漢高祖為義帝縞素，而天下歸心❺。自天子蒙塵❻，將軍首唱義兵，徒以山東擾亂，未遑遠赴❼，雖御難於外，乃心無不在王室。今鑾駕旋軫，東京榛蕪❽，義士有存本之思，兆人❾懷感舊之哀。誠因此時奉主上以從人望，大順也；秉至公以服天下，大略❿也；扶弘義以致英俊，大德也。四方雖有逆節⓫，其何能為？韓暹、楊奉，安足恤哉！若不時定，使豪桀生心，後雖為慮，亦無及矣。」操從之。

2 及帝都許，以彧為侍中，守尚書令⓬。操每征伐在外，其軍國之事，皆與彧籌焉。彧又進操計謀之士從子攸、及鍾繇、郭嘉、陳群、杜襲、司馬懿、戲志才等⓭，皆稱其舉。唯嚴象⓮為揚州，韋康⓯為涼州，後並負敗焉。

3

袁紹既兼河朔之地⑯，有驕氣。而操敗於張繡⑰，紹與操書甚倨⑱。操大怒，欲先攻之，而患力不敵，以謀於彧。彧量紹雖強，終為操所制，乃說先取呂布，然後圖紹，操從之。三年，遂擒呂布，定徐州。

【章旨】以上為〈荀彧傳〉的第三部分。記述荀彧勸說曹操排除眾議而奉迎獻帝徙都於許，薦進許攸、鍾繇、郭嘉等計謀之士，及說服曹操擒呂布定徐州，為決戰袁紹做好充分準備。

【注釋】❶建安元年四句　初平年間，獻帝被董卓遷至長安。後董卓被誅，其部將李傕、郭汜等遂劫持獻帝。楊奉、董承等朝臣乃誑詐李傕等與其連和，而密遣間使至河東招故白波帥李樂、韓暹等，使率兵迎奉天子。韓暹、楊奉等共擊李傕等，大破之，遂護衛獻帝得全，而於建安元年秋七月返回洛陽。建安元年，當西元一九六年。❷韓暹楊奉負功恣睢　獻帝還至洛陽後，以功拜楊奉為車騎將軍，韓暹為大將軍領司隸校尉，皆假節鉞。後韓暹等矜功恣睢，干亂國政，董承遂召曹操至洛陽，而楊奉、韓暹乃投奔於袁術。❸未可卒制　不能馬上將他們制服。卒，同「猝」。❹晉文公納周襄王二句　這是說晉文公護衛周襄王返回王城，使得各個諸侯信服影從，遂定霸業。景，同「影」。影從，如影隨形一樣相從。周襄王以避母弟之難，出居於鄭，且派使臣告訴晉侯。卜偃曰：「求諸侯莫如勤王，諸侯信之，且大義也。」晉文公於是以左師迎奉襄王入於王城；以右師取大叔於溫而殺之於隰城。晉文公朝見周王，王享醴，命之宥。從此，諸侯服從，遂定霸業。❺漢高祖為義帝二句　這是說高祖劉邦為義帝發喪而兵皆縞素，則天下諸侯歸心於漢。縞素，白色的絹帛，此指身穿白色的喪服。秦朝滅亡後，項羽自立為西楚霸王，背約而立劉邦為漢王，不久又使人誅殺義帝於郴。劉邦遂為義帝發喪，袒而大哭，哀臨三日。且遣使告諸侯曰：「天下共立義帝，北面事之。今項羽放殺義帝，大逆無道。寡人親為發喪，兵皆縞素。」從此以後，各路諸侯怨望楚王項羽而歸心漢王劉邦。❻天子蒙塵　指漢獻帝被董卓挾持離京，在外顛沛流離而蒙受風塵。❼未遑遠赴　沒有來得及自遠處趕來赴敵救難。❽鑾駕旋軫二句　此指皇帝的車駕返回京都洛陽，而洛陽則是殘破不堪，荒草叢生。軫，車後橫木，此為車的代稱。東京，西漢都長安，東漢都洛陽，洛陽因稱東京。❾兆人　眾人；庶民。兆，古代十萬曰億，十億曰兆；極言其多。❿大略　長遠的規劃；重大的謀略。⓫逆節　叛逆的行為。⓬守尚書令　署理尚書令的職務。守，猶「攝」。代理。⓭從

子攸及鍾繇句　從子攸，指荀彧的姪子荀攸。荀攸，字公達。曹操素聞其名，迎獻帝都許後，遂徵召荀攸任為汝南太守，入為尚書。與語大悅，對荀彧、鍾繇說：「公達，非常人也。吾得與之計事，天下當何憂哉！」後從曹操征伐，常謀謨帷幄，撫寧內外，可謂功勳卓著。從征孫權時，卒於道途。鍾繇，字元常，潁川長社（今河南長葛）人。始舉孝廉，又辟三府，為廷尉正、黃門侍郎。後以功封東武亭侯，遷侍中、尚書僕射。曹操執政時，上表以為侍中守司隸校尉，持節督關中諸軍。其經營關中，招集流散，恢復生產，使曹操無西顧之憂，而常得其軍資之助。此外，鍾繇兼善各體書法，尤精於隸、楷，與王羲之並稱為「鍾王」。郭嘉，字奉孝，潁川陽翟（今河南禹州）人。荀彧薦郭嘉，曹操召見討論天下事，喜曰：「使孤成大業者，必此人也。」郭嘉精明有算略，且通達於情事，輔助曹操臨敵決策，常收奇功。年三十八時，英年早逝。陳群，字長文，潁川許縣（今河南許昌）人。初為劉備別駕，後歸於曹操，任司空掾。曹丕代漢後任為尚書。魏明帝時任司空，錄尚書事。他提出任選官吏實行九品中正制的建議，實行後逐漸成為世族地主壟斷政權的工具。杜襲，字子緒，潁川定陵（今河南郾城）人。荀彧薦杜襲，曹操以為丞相軍謀祭酒。魏國建立後，任為侍中，後領丞相長史。參議政事，出謀劃策，多收實效。魏明帝時病卒。司馬懿，字仲達，河內郡溫縣（今河南溫縣）人。多謀略，善權變。初為曹操主簿，後任太子中庶子，為曹丕所親信。魏明帝時多次率軍對抗諸葛亮，為魏之重臣。後殺曹爽而奪權專國，至其孫司馬炎時終於廢魏立晉，被追尊為晉宣帝。戲志才，早卒，為曹操之籌劃士，生平事跡不詳。⓮嚴象　字文則，京兆人。少聰博有膽智，被任為揚州刺史。後為孫策廬江太守李術所殺。⓯韋康　字元將，京兆人。其父韋端從涼州牧徵入為太僕，韋康代為涼州刺史，時人榮之。後被馬超所殺。⓰袁紹既兼河朔之地　指袁紹兼併河朔之地以後。河朔，泛指黃河以北的廣大地區。初平二年，冀州刺史韓馥被袁紹逼迫而讓位，袁紹遂領冀州牧，由此則「威陵河朔，名重天下」。⓱操敗於張繡　此指張繡在南陽降於曹操，既而悔之，復叛去。曹操與戰而軍敗，為流矢所中。張繡，武威祖厲（今甘肅靖遠）人。驃騎將軍張濟之子，濟中流矢而死，張繡遂領其眾。後與劉表合，曹操南征，率眾降。操密謀殺掉張繡，計洩漏，張繡遂襲擊曹操，大敗曹軍。⓲紹與操書甚倨　指袁紹寫給曹操的書信非常傲慢無禮。據〈袁紹傳〉載陳琳為袁紹所作檄文，其中歷數曹氏三代，言操之祖曹騰「與左悺、徐璜並作妖孽，饕餮放橫，傷化虐人」；操之父曹嵩「乞匄攜養，因臧買位，輿金輦寶，輸貨權門，竊盜鼎司，傾覆重器」；操本人「贅閹遺醜，本無令德，僄狡鋒俠，好亂樂禍」。由此可見袁紹倨傲之狀。

【語　譯】建安元年，獻帝從河東回到洛陽時，曹操就提議去迎接獻帝的車駕，把都城遷移到許縣。許多人都認為山東尚未安定下來，韓暹、楊奉仰仗著護衛鑾駕有功而張狂恣睢，還不能立刻制服他們。荀彧於是規勸曹操說：「過去晉文公奉迎周襄王返入王城，各地的諸侯都影從追隨於晉文公；高祖劉邦為義帝發喪而兵皆縞素，天下的民眾都歸心服從於漢高祖。自從天子蒙受董卓之難而顛沛流離，將軍您最早興舉義兵，只是因為山東各地形勢擾亂，才沒能來得及遠來赴敵救難。雖然將軍在外郡奮威禦寇，但您的赤心無時不在為王室憂慮。現在皇帝的車駕回到了洛陽，而洛陽已變得殘破荒蕪，忠臣義士都懷有保存國家根本的心志，百萬民眾也都懷有感念往事的哀思。如果確實能在這個時候敬奉獻帝而滿足天下人的心願，就是最大的順利；以至公無私的舉動而使眾人心悅誠服，就是最大的謀略；扶助朝廷以招致天下的英雄豪傑，就是最大的功德。四方即使有人違忤背逆，他們又能怎麼樣呢？韓暹、楊奉又有什麼值得憂慮的呢！如果不趁此時確定大計，以後即使用盡心機謀慮此事，恐怕也都來不及了。」曹操最終聽從了荀彧的建議。

2　等到獻帝遷都許縣後，就任用荀彧為侍中，署理尚書令。曹操每次外出征討攻伐，有關軍事、政治方面的大事，都與荀彧籌劃商量。荀彧又向曹操推薦了善於計謀的人士，有自己的姪子荀攸以及鍾繇、郭嘉、陳群、杜襲、司馬懿、戲志才等人，這些人的才幹都與荀彧推薦時的評價相符合。只有嚴象為揚州刺史、韋康為涼州刺史，後來兩個人都遇挫失敗了。

3　袁紹兼併了黃河以北的廣大地區後，驕氣漸盛。而曹操則被張繡戰敗了，袁紹在給曹操的書信中言語極其傲慢不恭。曹操大怒，想先下手攻打袁紹，又擔心自己的兵力不如袁紹強大，就去跟荀彧商量。荀彧估量目前袁紹雖然力量強盛，而最終還是會被曹操制服，於是就勸說曹操先行攻殺呂布，然後再來謀取袁紹，曹操接受了他的意見。建安三年，遂擒獲了呂布，平定了徐州。

1　五年，袁紹率大眾以攻許，操與相距。紹甲兵甚盛，議者咸懷惶懼。少府孔融謂彧曰：「袁紹地廣兵彊，田豐、許攸❶智計之士為其謀，審配、逄紀❷盡忠之臣任其事，顏良、文醜❸勇冠三軍，統其兵，殆難克乎？」彧曰：「紹兵雖多而法不整，田豐剛而犯上，許攸貪而不正，審配專而無謀，逢紀果而自用，顏良、文醜匹夫之勇，可一戰而擒也。」後皆如彧之籌，事在袁紹傳。

2 操保官度❹，與紹連戰，雖勝而軍糧方盡，書與彧議，欲還許以致紹師❺。彧報曰：「今穀食雖少，未若楚漢在滎陽、成皋間也❻。是時劉項莫肯先退者，以為先退則埶屈也。公以十分居一之眾❼，畫地而守之，搤其喉而不得進，已半年矣。情見埶竭，必將有變，此用奇之時，不可失也。」操從之，乃堅壁持之。遂以奇兵破紹，紹退走❽。封彧萬歲亭侯❾，邑一千戶。

3 六年，操以紹新破，未能為患，但欲留兵衛之，自欲南征劉表，以計問彧。彧對曰：「紹既新敗，眾懼人擾，今不因而定之，而欲遠兵江漢，若紹收離糾散❿，乘虛以出，則公之事去矣。」操乃止。

4 九年，操拔鄴，自領冀州牧。有說操宜復置九州⓫者，以為冀部所統既廣，則天下易服。操將從之。彧言曰：「今若依古制，是為冀州所統，悉有河東、馮翊、扶風、西河、幽、并之地也⓬。公前屠鄴城，海內震駭，各懼不得保其土宇，守其兵眾。今若一處被侵，必謂以次見奪，人心易動，若一旦生變，天下未可圖也。願公先定河北，然後修復舊京⑬，南臨楚郢⑭，責王貢之不入。天下咸知公意，則人人自安。須海內大定，乃議古制，此社稷長久之利也。」操報曰：「微足下之相難⑮，所失多矣！」遂寢九州議。

【章　旨】以上為〈荀彧傳〉的第四部分。這裡記述荀彧為曹操出謀劃策以決戰袁紹至拔取鄴城的經過，及勸阻曹操放棄復置古九州之議以安定海內的諫言，從中可以看出荀彧的深謀遠慮與過人的膽識。

【注　釋】❶田豐許攸　田豐，字元皓，鉅鹿人。天姿瓌麗，權略多奇。以不得志於冀州刺史韓馥，與審配共投袁紹。多為袁紹出謀劃策，如勸袁紹迎奉天子以攻曹操等，然袁紹常不從其計。後以強諫違忤袁紹之意而被械繫，乃遂殺之。許攸，字子遠，少與袁紹、曹操友善。官渡之戰，諫袁紹勿與曹操相攻，紹不聽。許攸知其不可為謀，乃投奔曹操，助操破紹而得冀州。後以恃功非禮而被曹操收捕。❷審配逢紀　審配，字正南，魏郡人。忠烈慷慨，有不可犯之色。袁紹領冀州，而委於審配腹心之任。官渡之戰後，袁紹憂懼而死，審配遂奉其子袁尚為嗣。為袁尚守鄴城，意氣壯烈，無所畏懼。城破被曹操斬殺。逢紀，字元圖。袁紹以逢紀聰達有計策，對他甚為信任。紹為冀州牧後，逢紀與審配並統軍事。袁紹死後，奉幼子袁尚為嗣而排擠長子袁譚，袁譚怒而殺之。❸顏良文醜　二人並為袁紹將領，在攻曹操別將劉延於白馬時，顏良為曹軍所殺。後文醜等挑戰，亦被曹軍斬殺。❹操保官度　指曹軍據守於官度與袁紹軍決戰。官度，亦作「官渡」。故址在今河南中牟東北。曹操在此擊敗袁紹主力，為統一北方奠定了基礎。今尚有土壘遺存，稱中牟臺，又稱曹公臺。❺欲還許以致紹師　指曹操想要撤回許都，以誘使袁紹的軍隊至於許都，然後再戰。致，引至；引來。《兵法》：「善戰者致人，不致於人。」故曹操有此想法。❻未若楚漢句　指楚王項羽與漢王劉邦在滎陽、成皋間爭戰時，雙方連戰數年而持久不決，精疲力竭而穀食不繼。滎陽、成皋並為河南郡屬縣。滎陽縣治在今河南滎陽東北。成皋縣治在今河南滎陽西北。❼公以十分居一之眾　這是說曹操與袁紹的兵力相較，眾寡懸殊若十分之一。❽遂以奇兵破紹二句　此指曹操屯官渡，袁紹進保陽武。兩軍對陣而紹軍佔先。曹操派遣奇兵襲擊袁紹運糧車隊，大破之，盡焚其穀食。又親率步騎五千人夜襲四十里外的紹軍大將淳于瓊，悉斬之。於是紹軍驚擾而大潰敗。❾萬歲亭侯　東漢之制，列侯功大者食縣為縣侯，功小者食鄉、亭為鄉侯、亭侯。萬歲亭，故址在今河南登封北。

西漢武帝元封元年，武帝幸緱氏，登太室，聞聽山上傳呼「萬歲」之聲三次，因名其地為萬歲亭。❿收離糾散　指收聚集結其離散的士卒。糾，集合；集結。⓫復置九州　恢復古代九州的區劃建置。九州，為傳說中的我國古代行政區劃，其說法不一。《尚書・禹貢》作：冀、兗、青、徐、揚、荊、豫、梁、雍。《周禮・職方》有幽、并二州而無徐、梁二州。《呂氏春秋・有始覽》有幽州而無梁州。《爾雅・釋地》則有幽、營二州而無青、梁二州。⓬悉有河東馮翊句　指冀州包括了現在的河東、馮翊、扶風、西河四郡和幽州、并州刺史部的廣大地區。河東郡在今山西西南部。馮翊、扶風二郡在今陝西中部。西河郡在今山西西北與陝西東北部。幽州、并州之地則在今河北、山西、陝西北部和內蒙古南部及遼東等地區。⓭脩復舊京　指重新修復東漢的都城洛陽。經董卓之亂，洛陽舊城多被焚毀，二百里內無復孑遺，故需修復。⓮楚郢　代指荊州牧劉表。楚，亦稱荊。郢，春秋時楚國都城。在今湖北江陵西北。楚郢，泛指荊州之地。⓯微足下之相難　如果沒有您的駁詰問難。微，無；沒有。難，詰責；質問。

【語　譯】建安五年，袁紹率領大軍進攻許都，曹操率兵和袁紹對峙。袁紹的軍隊陣容非常強大，議論預測戰事的人都心懷惶恐。少府孔融對荀彧說：「袁紹地廣兵強，又有田豐、許攸等智謀之士替他出謀劃策，審配、逢紀等盡忠之臣為他指揮部署，顏良、文醜則勇冠三軍而統帥作戰，大概很難戰勝他們吧？」荀彧說：「袁紹的兵眾雖多但法紀不嚴，田豐剛愎自用而冒犯於上，許攸貪愛財貨而行為不端，審配專斷於事但沒有計謀，逢紀果決勇敢卻自以為是，顏良、文醜只是逞匹夫之勇，這些人可一戰而全部擒獲。」後來戰事的發展果然完全像荀彧預料的那樣，這些事記載在〈袁紹傳〉中。

2　曹操據守於官渡，與袁紹接連交戰，雖然多有勝利但軍糧快要用完了，便寫信跟荀彧商量，想回師許都而引誘袁紹的軍隊然後再戰。荀彧回信說：「現在大軍雖然糧食很少，但是還不像楚王項羽與漢王劉邦在滎陽、成皋之間交戰時那麼缺糧。那時，劉邦和項羽誰都不肯先行向後退卻，是因為誰先退兵就會使形勢失利。現在您用僅僅相當於袁紹軍力十分之一的部隊，劃地分界且堅守不失，扼阻咽喉之要而使袁紹不能前進已經半年時間了。在這勝負難分且交戰雙方情勢困迫之時，一定會發生重大的變化轉折，而這正是使用奇兵奇計的關鍵時刻，千萬不可失去機會。」曹操聽從了荀彧的意見，繼續堅固壁壘堅持戰鬥。最後利用奇兵襲擊袁紹的糧車而攻破袁紹，袁紹只好先從官渡敗走。荀彧因此被封為萬歲亭侯，食邑一千戶。

3 建安六年，曹操認為袁紹剛剛被打敗，不能再造成什麼危害了，便想留下部分兵力防備他，自己則率軍南進征討劉表。曹操就此向荀彧詢問計謀，荀彧回答說：「袁紹剛剛失敗，士卒畏懼而人人憂心，現在不抓緊時機平定他，卻想遠征江漢之地。如果袁紹糾集離散的兵卒，乘著許都空虛而出兵攻打，那麼您就會前功盡棄了。」曹操這才停止了南征劉表。

4 建安九年，曹操攻取鄴城後，自己兼任冀州牧。有人勸說曹操應該恢復設置古代的九州，認為冀州統轄的地區廣大而兵力強盛後，那麼其他州郡就容易臣服。曹操想要聽從這個建議，荀彧說：「現在如果依照古代的制度，那麼冀州所統轄的區域，應該包括有河東郡、左馮翊、右扶風、西河郡及幽州、并州等廣大地區。您先前屠破鄴城時，四海之內都很震驚，人們都害怕今後將不能保全自己的地盤、擁有自己的兵眾了。現在如果有一個地方被您占領，人們必定認為其他地方也會依次被奪取，人心是很容易改變的，如果一旦發生事變，那麼天下也就不再可能謀取到手了。希望您先行平定河北之地，然後再修復舊京洛陽，進而率軍南征兵臨楚郢之城，率領王師責問那些不對朝廷盡忠納職的人。這樣，天下之人全都明瞭您的意圖，人人就會各自安心。等到天下基本穩定之後，再來討論恢復古代制度，這才是國家長治久安的利益所在。」曹操答覆荀彧說：「要是沒有您對我的駁詰問難，將會造成多大的損失啊！」於是就停止了恢復九州的動議。

十二年，操上書表彧曰：「昔袁紹作逆，連兵官度，時眾寡糧單，圖欲還許。尚書令荀彧深建宜任之便，遠恢進討之略，起發臣心，革易愚慮，堅營固守，徼其軍實❶，遂摧撲大寇，濟危以安。紹既破敗，臣糧亦盡，將舍河北之規，改就荊南之策❷。彧復備陳得失，用移臣議，故得反旆冀土，克平四州❸。向使臣退軍官度，紹必鼓行而前❹，敵人懷利以自百❺，臣眾怯沮以喪氣，有必敗之形，無一捷之埶。復若南征劉表，委棄兗、豫，飢軍深入，踰越江、沔❻，利既難要，將失本據❼。而彧建二策，以亡為存，以禍為福，謀殊功異，臣所不及。是故先帝貴指縱之功，薄搏獲之賞❽；古人尚帷幄之規，下攻拔之力❾。原其績效❿，足享高爵。而海內未喻其狀，所受不侔其功，臣誠惜之。乞重平議，增疇戶邑⓫。」彧深辭讓。操譬之曰：「昔介子推有言：『竊人之財，猶謂之盜。』況君奇謨拔出，興亡所係，可專有之邪？雖慕魯連沖高之迹，將為聖人達節之義乎⓬！」於是增封千戶，并前二千戶。又欲授以正司⓭，彧使荀攸深自陳讓，至于十數，乃止。操將伐劉表，問彧所策。彧曰：「今華夏以平，荊、漢知亡矣，可聲出宛、葉而間行輕進⓮，以掩其不意。」操從之。會表病死。

十七年，董昭等欲共進操爵國公，九錫備物⓯，密以訪彧。彧曰：「曹公本興義兵，以匡振漢朝，雖勳庸崇著，猶秉忠貞之節。君子愛人以德，不宜如此。」事遂寑。操心不能平。會南征孫權⓰，表請彧勞軍于譙⓱，因表留彧曰：「臣聞古之遺將，上設監督之重，下建副二之任⓲，所以尊嚴國命，謀而鮮過者也。臣今當濟江，奉辭伐罪，宜有大使肅將王命⓳。文武並用，自古有之。使持節⓴侍中守尚書令萬歲亭侯彧，國之重臣，德洽華夏，既停軍所次㉑，便宜與臣俱進，宣示國命，威懷醜虜㉒。軍禮尚速，不及先請，臣輒留彧，依以為重。」書奏，帝從之，遂以彧為侍中、光祿大夫，持節，參丞相軍事。至濡須㉓，彧病留壽春㉔，操饋之食，發視，乃空器也，於是飲藥而卒。時年五十。帝哀惜之，祖日為之廢讌樂㉕。謚曰敬侯㉖。明年，操遂稱魏公㉗云。

【章　旨】以上為〈荀彧傳〉的第五部分。記載曹操上表為荀彧請功，荀彧卻深自陳讓，至於十數乃止，可知荀彧所思在於盡職國事而不謀私利，與曹操有著完全不同的心志，最終仍被曹操逼迫致死。

【注　釋】❶徼其軍實　攔截繳獲其軍用器械與糧草物資。徼，通「邀」。攔截。❷將舍河北之規二句　這是說曹操想要放棄原來的謀取黃河以北地區的計劃，而改為實行南征荊州牧劉表的策略。就，接近。引申為實行。❸故得反旆冀土二句　因此得以重新擁軍北上，直指冀州袁紹，最終攻克並平定了冀、青、幽、并等北方四州。旆，旗幟；軍旗。❹鼓行而前　擊鼓進軍，勇往直前。❺懷利以自百　指心懷謀取獲利之志而人人百倍其勇。❻踰越江沔　指渡越長江、漢水去進攻劉表。江，指長江。沔，指沔水。古代通稱漢水（亦稱漢江）為沔水。❼利既難要二句　謂攻取荊州的利益肯定難於獲得，又將失掉自己的根本和基礎。要，通「邀」。求取。❽先帝貴指縱二句　高祖劉邦尊顯蕭何的發縱指揮的功績，而看輕群臣的搏殺捕獲的功勞。據《史記》載，高祖以蕭何功最盛，而封賞最重。功臣皆曰：「臣等身被堅執銳，多者百餘戰，少者數十合，攻城掠地，大小各有差。今蕭何未嘗有汗馬之勞，徒持文墨議論，不戰顧反居臣等上，何也？」高帝曰：「夫獵，追殺獸兔者狗也，而發縱指示獸處者人也。今諸君徒能得走獸耳，功狗也。至如蕭何，發縱指示，功人也。」群臣皆莫敢言。❾古人尚帷幄二句　這是說古人也看重運籌帷幄之策謀規劃，而輕視攻城拔地之力戰。據《史記》載，漢六年正月，高祖封功臣。張良未嘗有戰功，高帝曰：「運籌策帷帳中，決勝千里外，子房功也。自擇齊三萬戶。」乃封張良為留侯。張良，字子房。❿原其績效　推尋考察荀彧的成效功績。原，推尋本原。⓫乞重平議二句　請求重新公平合理地議定對他的封賞，增加他的食邑戶數以酬報其巨大功績。疇，通「酬」。⑫雖慕魯連二句　縱然你仰慕魯仲連虛靜高潔的行為，還真的想要體行並實現聖人無欲無私的志節嗎。沖，虛靜；空虛。達節，指體行忘我無私的志節，暢達於無欲無為的境界。《左傳》：「聖達節，次守節。」據《史記》載，魯仲連義不帝秦而救趙之圍，平原君欲封魯連。魯連辭讓再三，終不肯受。又置酒而以千金為魯連祝壽，魯連笑曰：「所貴於天下之士者，為人排患釋難解紛亂而無取也。即有取者，是商賈之事也，而連不忍為也。」遂辭而去。⑬正司　正職。荀彧此前為守尚書令，今欲正式任命為尚書令。⑭可聲出宛葉句　意謂可以公開揚言從宛縣、葉縣出兵南下而實際派兵從小道潛行輕進趕往荊州。宛，漢代南陽郡屬縣。治今河南南陽。葉，為南陽郡屬縣。治今河南葉縣西南。間行，抄小路潛行。⑮董昭等欲共進操二句　指董昭等想要請求朝廷授予曹操國公之爵，並封賞他九賜備物。董昭，字公仁，濟陰郡人。曾任廮陶長、柏人令。後為袁紹參軍、魏郡太守。後歸曹操。曹睿時拜司徒，封樂平侯。國公，爵位名，其位次於諸侯王。九錫備物，指朝廷賜予重臣的最高禮遇所用的各種器物。錫，通「賜」。李賢注引《禮含文嘉》：「九錫，一曰車馬，二曰衣服，三曰樂器，四曰朱戶，五曰納陛，六曰虎賁百人，七曰斧鉞，八曰弓矢，九曰秬鬯，謂之九錫。錫，與也，九錫皆如其德。」⑯孫權　字仲謀，吳郡富春縣（今浙江富陽）人。孫堅之子。東漢末，其兄孫策遇刺身亡後，孫權繼承其業而據有江東六郡。建安十三年，和劉備聯合大敗曹操，後又在彝陵之戰大敗劉備，於黃龍元年遂稱帝而建立吳國。⑰勞軍于譙　代表皇帝到譙縣去慰勞軍士。譙，沛國屬縣。治今安徽亳州。⑱副二之任　指輔佐將帥的副職。副職位次排為第二，故稱副二。⑲宜有大使肅將王命　應該安排皇帝的特使嚴肅地傳達落實朝廷的詔命。⑳使持節　為最高級別的特使，具有誅殺中級以下官吏的特權。次一等的稱持節，可以誅殺無官職的人。再次一等的稱假節，可以誅殺犯軍令的人。㉑既停軍所次　已經停留在軍隊所駐紮的地方。次，凡軍隊停駐一宿為舍，兩宿為信，三宿以上為次。㉒威懷醜虜　威懾和懷柔醜惡之敵。醜虜，指孫權。㉓濡須　即濡須水。在今安徽境內，源出巢湖，東南流經無為注入長江，入江處稱濡須口。㉔壽春　淮南郡屬縣。治今安徽壽縣。㉕祖日為之廢讌樂　在祭祀祖神之日廢止了宴飲歌樂。讌，「宴」的異體字。㉖謚曰敬侯　死後給他的稱號叫敬侯。謚，帝王或大臣死後，依據其生前的行事給予稱號叫謚。㉗操遂稱魏公　曹操於是自立為魏國公。曹操立為魏公，雖有皇帝策命，其實是他自己安排的。史家明於此，故言遂稱魏公。據〈獻帝紀〉載，建安十八年，夏五月丙申，曹操自立為魏公，加九賜。獻帝之策命說：「今以冀州之河東、河內、魏郡、趙國、中山、常山、鉅鹿、安平、甘陵、平原凡十郡，封君為魏公。」「魏國置丞相以下群卿百僚，皆如漢初諸侯王之制。」

【語　譯】建安十二年，曹操上書向獻帝表彰荀彧說：「過去袁紹背叛朝廷，在官度集結兵力與我接連交戰，當時我方兵力弱小且糧草不足，我曾考慮率兵返回許都。尚書令荀彧則極力建言堅守官度的好處，極力宣揚進討袁紹的遠略。他的建議啟發了我的思路，改變了我的愚陋之見；於是我堅固營壘據守官渡，襲擊截取了袁紹的軍需物資，最終摧毀了敵寇而轉危為安。袁紹被攻敗之後，我方的糧食也已用盡，我打算放棄平定河北的計劃，改為向南進兵荊州的策略。荀彧又詳細地陳述了其中的得失利害，從而改變了我的意見，因此我才指揮軍隊北上進攻冀州，終於克取平定了冀、青、幽、并四州。假使我當初從官渡退兵，袁紹的軍隊一定會鳴鼓前進而無所畏懼；這樣一來，敵人就會為謀利獲益而能以一當百，我方的兵士就會怯懦沮喪而洩氣失利，必定會有敗亡的結局而沒有取勝的希望。再有，假如向南進軍去征討劉表，而放棄兗、豫二州，以飢餓疲憊的軍隊深入南方，而渡越長江、沔水，這樣既難以取得勝利，還將失去我們的根基。而荀彧提出的兩項計策，轉危亡為生存，變禍為福，可謂謀略奇異，功勳卓著，這些都是我所做不到的。先前高祖劉邦推重蕭何那樣發縱指示的功勳，而看輕群臣搏殺捕獲的勞績；而古人則崇尚運籌帷幄之謀劃，輕視攻城掠地的力戰。推究荀彧的功績，完全應該享受高爵重賞。但是天下之人未能明瞭荀彧的作為，現在他所享受的爵祿根本不能與他的功績相稱，這使我心中確實感到非常惋惜。我請求重新公正地評議荀彧的爵賞，增加他所享受的封邑。」荀彧極力地予以推辭，曹操則勸喻說：「從前介子推說過：『偷竊別人的財物，還稱之為盜。』何況您多次提出神奇莫測的計謀，這些都關係到國家的興亡盛衰，我怎麼可以獨占其功呢？縱然您仰慕魯仲連虛靜謙讓、輕財重義的高尚節操，還真的想要體行聖人無私忘我、無欲無為的達節境界嗎！」於是又給荀彧增加了食邑一千戶，連同以前的共有二千戶。並打算正式授任荀彧為尚書令，荀彧遂讓荀攸去陳述自己堅決辭讓的心志，至於十多次，曹操才作罷。曹操在攻討劉表之前，向荀彧詢問計策。荀彧說：「現在中原地區已經平定，荊漢地區的劉表已經知道自己很快就要被滅亡了，將軍可以揚言造勢從宛、葉二縣出發，但實際上抄小路輕裝前進，以出其不意攻其不備。」曹操接受了荀彧的計謀，恰好這時劉表病死了。

建安十七年，董昭等人想要共同奏請獻帝給曹操加授國公的爵號，並且賞賜給他帝王所用的車馬、衣服、樂器、朱戶、納陛、百人虎賁、斧鉞、弓矢、秬鬯等九種禮儀所用的器物及人員，為此特意祕密地詢訪於荀彧。荀彧說：「曹公興舉正義之師，本是為了匡復與振興漢室，雖然功勳卓著，但他仍然對漢朝保持著忠貞的節操。君子如果敬愛他人，就應該愛惜並維護他的名德，不應該勸他做這些事情。」進封曹操為國公的事情因此就停止了。曹操於是內心頗感不平而產生了怨懟。恰逢此時要向南進兵征討孫權，曹操就上表獻帝請求派荀彧到譙縣去慰勞軍隊。荀彧到了譙縣，曹操便又上表藉故留住荀彧，說：「我聽說古代派遣將帥出征，既設有監督的重任，又設有副貳的官職，目的是使朝廷的命令顯得尊嚴，也使將帥的謀劃少出錯誤。現在我正當渡江進軍，按照朝廷的詔令討伐有罪之人，也應該有朝廷重臣嚴肅地護持皇帝的詔令。任用文臣武將協同效力，自古以來就都是這樣做的。使持節、侍中、代理尚書令、萬歲亭侯荀彧，是國家的重臣，此人品德高尚而和洽於華夏，現在他已經停住在大軍所駐紮的地方，非常適合同我一起統軍前進，以宣布朝廷的命令，用威德來震懾和安撫敵將孫權所轄之民。用兵之事崇尚快捷，因此我來不及先向陛下請示，就留下了荀彧，並依靠他作為重要的輔佐。」曹操的章表奏上後，獻帝聽從了曹操的意見，於是任命荀彧為侍中、光祿大夫，以持節之使參謀丞相府的軍事。行軍到濡須口後，荀彧病重，於是便留在了壽春。後來曹操贈送食物給荀彧，打開盒子一看，卻是一個空盒子，荀彧因此明白了曹操的用意，遂自飲毒藥而死。時年五十歲。獻帝內心極其哀憐荀彧，在祭祀祖神的那天，特意為荀彧停止了宴飲歌樂。朝廷封授荀彧的諡號為「敬侯」。第二年，曹操於是就自己稱為魏公。

論曰：自遷帝西京❶，山東騰沸，天下之命倒縣矣。荀君乃越河、冀，間關以從曹氏❷。察其定舉措，立言策，崇明王略❸，以急國艱，豈云因亂假義，以就違正之謀乎❹？誠仁為己任，期紓民於倉卒❺也。及阻董昭之議，以致非命❻，豈數也夫！世言荀君者，通塞或過矣。常以為中賢以下，道無求備，智筭有所研疎❼，原始未必要末，斯理之不可全詰者也。夫以衛賜之賢，一說而斃兩國❽。彼非薄於仁而欲之，蓋有全必有喪也，斯又功之不兼者也。方時運之屯邅❾，非雄才無以濟其溺；功高埶彊，則皇器❿自移矣。此又時之不可並也。蓋取其歸正而已，亦殺身以成仁⓫之義也。

贊曰：公業稱豪，駿聲升騰。權詭時偪⓬，揮金僚朋。北海天逸⓭，音情頓挫。越俗易驚，孤音少和。直轡⓮安歸，高謀誰佐？彧之有弼，誠感國疾。功申運改，迹疑心一⓯。

【章旨】以上為作者評論之語，以為荀彧「誠仁為己任，期紓民於倉卒也」，其隨從曹操而立言策，定舉措，崇明王略，以急國艱，蓋為取其歸正而已，根本沒有幫助曹操謀取漢室的思量。其阻董昭之議而死於非命，蓋亦命運使然。

【注釋】❶西京　指長安。初平元年春，山東州郡起兵討伐董卓，董卓遂驅徙洛陽百姓全部西入關而遷都長安，三月乙巳，獻帝車駕入長安，幸未央宮。❷間關以從曹氏　意謂崎嶇輾轉而自洛陽經河、冀之地至於東郡投奔曹操。間關，猶如「輾轉」。❸崇明王略　尊崇與彰顯朝廷的綱紀法度。❹因亂假義二句　這是說根據社會動亂的現實，借助於仁義的力量，來推動並實現糾亂扶正、輔助漢室的謀略。❺紓民於倉卒　緩解百姓的困迫危難於動亂驚慌之時。❻非命　指遭遇意外的災禍而致死。❼研疎　精細和粗疏。❽衛賜之賢二句　這是說齊國田常欲伐魯，孔子令衛賜出使於齊而勸田常伐吳，田常許之。衛賜又至吳國，請吳王夫差伐齊。最終，促使吳伐齊而救助了魯國。衛賜，即端木賜，字子貢，春秋時衛國人。孔子的弟子。曾經商曹、魯之間，富至千金。又善於辭令。❾方時運之屯邅　正趕上漢朝的時運處於困頓的情況下。屯邅，難行不進的樣子。《易·屯》：「屯如邅如。」〈彖〉曰：「屯，剛柔始交而難生。動乎險中。」有今人解釋為：「有困頓艱難前進的象徵」。❿皇器　帝王之器。指皇位、國祚。⓫殺身以成仁　指勇於犧牲自己來成全仁義之德。語本《論語·衛靈公》載子曰：「志士仁人，無求生以害仁，有殺身以成仁。」⓬權詭時偪　此指以權變詭辭應對董卓即時的逼問。偪，「逼」的異體字。⓭天逸　意同天縱，指上天所降生的聰明之士。⓮直轡　代指直道。轡，駕馭牲口所用的銜勒和韁繩，亦借指馬車。⓯迹疑心一　意思是說荀彧做的事情（指輔佐曹操成就功業而使得曹操代漢稱魏）雖若可疑，而他的心志卻始終如一（指崇明漢王室的綱紀）。

【語　譯】史家評論說：自從董卓把獻帝遷到長安之後，山東各個州郡紛紛舉兵討卓而即刻沸騰起來，天下的百姓就像被倒懸一樣陷入困苦不堪之境。荀彧於是越過河南、冀州之地，輾轉跋涉而隨從並輔佐曹操。考察荀彧所決定的種種行政舉措，以及為曹操所提出的建言策謀，都是尊崇彰顯漢王室的綱紀法度，扶助挽救國家的困急危難。難道這是荀彧在天下大亂的時候，借助於仁義的名義，來實現他糾正違逆以恢復漢室的謀略嗎？荀彧確確實實是以仁義為己任，期望解救百姓於倉卒困迫之中啊！等到荀彧阻撓董昭想要進封曹操為國公的建議後，也就因此招致了災禍而使自己死於非命，這大概也就是他的命運吧！世人在評說荀彧一生的通達與否塞時，往往超出了當時的客觀情況。我常常認為自中等的賢人以下，對他的要求不能太完備，智謀計略也時而精細時而疏失，推究事物之本未必一定詳明其終，這就是說天下的道理不可以全都搞得那麼清楚明白。以端木賜那樣的賢明之才，一去出使遊說而使得齊、吳兩國或亂或敗。這並不是因為他缺少仁德而想要使兩國敗亂，而是因為事物的規律就是有所成全則必定有所亂敗，也就是說成全之功和仁德之心是不能夠兩全兼得的啊。正當社會遭遇動亂而陷於困境時，除非雄武英才，否則根本不足以解救其危困；而如果英雄的功高勢強，那麼國家的大權自然也就會歸移於他。這就是說時運權威不可能君臣並有啊。大概荀彧的本志就是要使得天下歸於安定而已，這也應該是殺身以成仁所具有的含義吧。

史官評議說：鄭泰素有豪俠的美名，他的聲譽直上雲天。詭辭權變以應付董卓的逼問，揮金散財以救助自己的賓朋。孔融則具有天生的英才，他的言論總是抑揚頓挫鏗然有聲。然而違背世俗就容易讓人驚異，曲高音寡就很少有人附和。他的直道而行將歸向何處，高謀深算又能輔佐誰呢？荀彧的輔弼曹操並使其成就功業，其實是感慨於禍亂的興作而要拯救國難。功業完成了而他的時運也隨之改變，他的行跡雖遭人質疑但他的心志卻始終如一。

【研析】古語云：「愚者闇於成事，智者見於未萌。」觀鄭泰、孔融、荀彧傳中所載三人的行事，皆遠見而明察，誠為智術賢能之士。如鄭泰諫何進勿召董卓入京為助，以為其「將恣凶慾，必危朝廷」，後果如所言。孔融諫阻朝廷切勿加禮於曲媚奸臣袁術的馬日磾，建議朝廷不要輕易更改法令而恢復肉刑，及建議朝廷宜隱忍劉表的僭偽放恣以至郊祀天地之事，其所論皆能明識大體，通達全局，既能深知其原委，又能遠度其影響。而荀彧察微知著，預見變化，更是常人所不及。其諫言曹操先破陳宮、呂布以鞏固根本而不要遠取徐州，又力勸曹操奉迎獻帝徙都於許以從人望而服天下，及官渡之戰時勸說曹操堅持固守對抗袁紹大軍且出奇制勝等事，皆為運籌帷幄而決勝千里之奇謀妙策。

然而，這樣的智術之士卻不能終其天年，鄭泰雖得逃脫而免被董卓所殺，後亦卒於道途。孔融、荀彧二人則並死於曹操之手。據《三國志》所載，曹操曾多次下令求賢，命部下唯才是舉，雖出身微賤，負汙辱之名，有盜嫂受金之行者亦不拒絕，可謂求賢若渴。並且最終也是依靠著這些賢智之士成就了大業。那麼，孔融、荀彧卻何以遭此不測呢？

本卷〈孔融傳〉：「時袁、曹方盛，而融無所協附。左丞祖者，稱有意謀，勸融有所結納。融知紹、操終圖漢室，不欲與同，故怒而殺之。」「融負其高氣，志在靖難，」「既見操雄詐漸著，數不能堪，故發辭偏宕，多致乖忤。」「操疑其所論建漸廣，益憚之。」「曹操既積嫌忌」，遂令人枉狀奏融。〈荀彧傳〉云：「董昭等欲共進操爵國公，九錫備物，密以訪彧。彧曰：『曹公本興義兵，以匡振漢朝，雖勳庸崇著，猶秉忠貞之節。君子愛人以德，不宜如此。』事遂寢。操心不能平。」據此可知，孔融、荀彧二人正德嚴性，乃心在漢，其所以助謀曹操，在於復興漢室。當曹操「功高埶彊，則皇器自移」之時，其必然成為反對派；曹操有

鑑於此，亦必定誅除之。也就是說，孔融、荀彧之死於非命，非其不智也，實其德性使然，亦即所謂氣數所定也。(辛戰軍注譯)

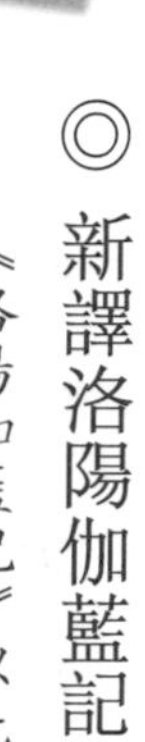

◎新譯洛陽伽藍記

劉九洲／注譯　侯迺慧／校閱

《洛陽伽藍記》以北魏京城洛陽之佛寺、園林為記敘主線，繫以當時的政治、經濟、人文、風俗、地理、掌故傳聞等等，其目的在對北魏王公貴族建寺造塔、勞民傷財的惡行加以貶斥，表明佞佛誤國的觀點。書中行文結構巧妙，手法多樣，語言穠麗秀逸，優美生動，記敘傳說掌故，趣味盎然。不僅是一本地理著作，同時也是歷史著作和文學著作，相當值得一讀。

◎新譯東京夢華錄

嚴文儒／注譯　侯迺慧／校閱

《東京夢華錄》可說是一本「文字版的清明上河圖」，所記為宋徽宗時期北宋都城東京開封的方方面面，描繪其間上至王公貴族、下及庶民百姓的日常生活情景，是研究北宋都市社會生活、經濟文化的重要歷史文獻。本書注譯吸取了近年相關研究的最新成果，並在「研析」中對於內文的重要章節，從歷史、文化等方面作了評說，是愛好民俗學、風俗學、歷史學的讀者不容錯過的佳作。

◎新譯高僧傳

朱恒夫、王學鈞等／注譯　潘栢世／校閱

慧皎的《高僧傳》詳細記錄了從東漢至南朝梁時佛教主體——僧人的活動，使後人能全面了解佛教傳入中國之後，經過宣傳、融合而至佔據哲學領域顯要地位的歷史。其中正傳二百五十七人，附見二百三十九人，不僅鮮活表現佛教在此一時期的風貌，是研究佛教史的重要參考資料，也是十分優秀的傳記散文傑作。本書參酌歷來各種版本，詳加考校注譯，通俗明白，有助讀者輕鬆通讀全書。